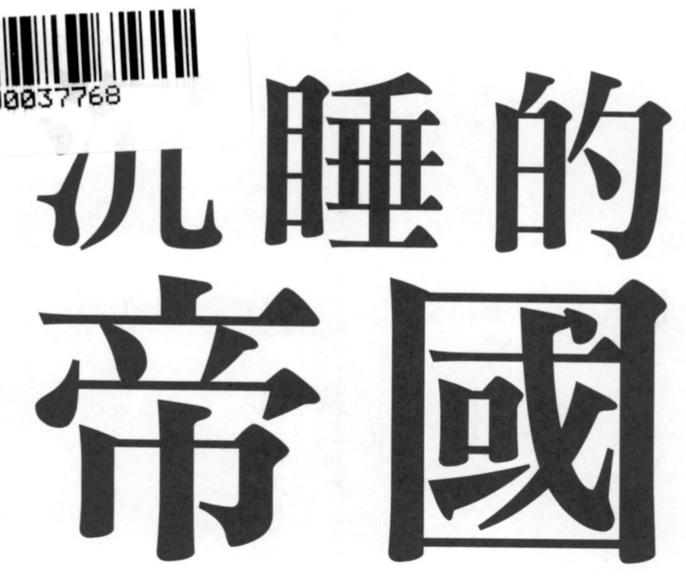
U0037768

沉睡的帝國

魏鑒勛、張國慶、蔣瑋 ◎ 合著

皇權的篡奪與
后妃、外戚、宦官間的寵鬥

448

梳頭太監，得寵終生

梳一次時髦的髮型，便獲寵終生，真是「馬屁」拍到了「點」子上。

劉邦鏟除異姓諸王

功高震王，對他猶如惡夢；兔死狗烹，對他不啻良方。

劉邦平定天下以後，為了穩定局勢，確保自己的統治，便大封功臣，以一些財產、部分權力來安撫那些跟隨自己出生入死打天下的人們。曾幾何時，「功高震主」猶如惡夢一般纏繞著他，令他食不甘味，寢不安席。當年，自己那些手下為自己爭天下，大效犬馬之勞，不惜拋頭顱灑熱血。如今，倖存者被自己封為王爵，坐鎮一方。有誰能保證這些與自己一樣的「無賴」們不會對自己搗蛋，又有誰能料定這些殺人不眨眼的「魔王」在自己死後不起來爭奪皇帝的寶座？

「怎麼辦？自己應該怎麼辦？」深深地困擾著當上西漢皇帝的劉邦。終於，他從「狡兔死，走狗烹；飛鳥盡，良弓藏；敵國破，謀臣亡。」這古訓中受到了大大的啟示。

劉邦把他的「三尺劍」指向了他親封的那些手足般的異姓諸王。

首當其衝的是功勞最大的齊王韓信。

韓信是個奇才。劉邦之所以能統一天下，大半是韓信的功勞。韓信為劉邦制定了建功立業的大計，平定三秦，擒魏王豹，奪取代國，征服趙國，吞併燕國、齊國，最後垓下一戰滅了楚國。劉邦對韓信則是解衣衣之，推食食之，言聽計從，情過兄弟。兩人之間裂痕的產生，是在漢高祖四年（西元前二〇三年），韓信率軍滅掉齊國之後。韓信俘虜了齊王田廣以後，派人給遠在滎陽，正與楚軍苦戰的劉邦送去一封信。韓信在信中說，齊

國一向詭詐多變，是個有名的反復無常的國家。如今雖然已被攻下，但局勢不容樂觀。其南部邊界與楚國為鄰，請求批准自己為代理齊王，坐鎮這裡，否則難以安定齊國。從當時的全局看，韓信的這個主張沒有錯誤，如果說有點問題，就是韓信要求權位之心太急了一點，儘管如此，韓信也還是留有餘地的，他只要求當個代理齊王。

劉邦接到這封信時，正與張良、陳平研究如何突破楚軍的包圍，軍情很急，心情更急。劉邦一見韓信要當代理齊王，不由得把桌子一拍，怒沖沖地罵道：「老子被圍困在這裡，日夜盼望你小子來解圍，你小子卻要當什麼代理齊王！」

張良、陳平不約而同地踢了踢劉邦的腳尖，示意他不要再當著送信人的面說什麼了。劉邦立即止住了話頭，瞅了二人一眼。張良、陳平湊到劉邦的耳邊說：「目前我們陷入包圍，情況很不利，難道還有法子約束韓信嗎？不如送個順水人情，讓他當齊王，使他全心全意守住齊國，否則，他要叛亂的。」

劉邦一聽，不由得打了個冷顫。他急忙開口罵說：「他娘的，大丈夫平定諸侯就該當個正經的王，當什麼代理王！」

說罷，當場命令張良負責去鑄齊王大印，然後親給韓信送去。隔年二月，張良趕到齊國，代表劉邦把齊王大印授與韓信，任命他為齊王，並命他調動軍隊去攻打楚軍。

這時，楚霸王項羽為了拉攏韓信，派武涉到齊國遊說。武涉見到韓信便說：「天下被暴秦折磨已經很久了，所以人們紛紛揭竿而起，聯合反秦。推翻秦朝以後，本該按功勞分封諸侯，馬放南山，刀槍入庫，可是，萬萬沒料到劉邦又挑起戰爭，打出函谷關，還要消滅楚國，他是不吞併天下絕不會罷休的。劉邦是個無賴小人，項王本有許多機會可以輕而易舉地殺了他，每次他都花言巧語，甚至起誓發願，項王可憐他，給他一條活路。可是，他一脫離危險，立刻變卦，背信棄義地攻擊項王。將軍您與他交情很深，為了他，您出生入死，依我看，將來有一天，將軍您也要落在他的手中，沒有好下場。當前，他之所以不動您，是因為有項王在，他要

依靠您攻打項王。在楚漢相爭的過程中，將軍您的作用是有決定性的，您偏向誰，誰就獲勝。我敢斷言，一旦項王失敗，劉邦獲勝，他馬上就會向您開刀。將軍您與項王是老相識了，為什麼此時不站出來與楚國聯合呢？這樣一來，天下就形成三分之勢，齊、楚、漢各自稱王又有什麼不好呢？如果將軍失去這個機會，仍像從前那樣站在劉邦一方，與楚國作對，我實在不敢首肯哪！以將軍的遠見卓識，肯定也不會如此吧？」

韓信聽罷，微笑著說：「從前我曾侍候過項王，在他部下當過執戟郎，人微言輕，進言不聽，獻計不納，所以我才離開項王投奔漢王。漢王授我上將軍大印，統率全軍，把自己身上穿的衣服脫下來給我披上，把自己吃的食物推到我面前叫我吃，對我是言聽計從，所以我才有今天。漢王對我如此有恩，我怎能背叛他呢！我至死也不會對漢王有貳心，請您代我向項王表示歉意。」

武涉說不動韓信，只好灰心地走了。

武涉去後，謀士蒯徹以給韓信相面為由，勸說韓信獨立。蒯徹對韓信說：「看大王的臉，不過是個諸侯相貌，而且註定要遭到許多危險；看大王的背啊，那可是大貴之相，無法形容。」

韓信認真地問：「先生，你這話是什麼意思？」

蒯徹認真地答：「當初天下英雄起兵反秦時，想的只是如何才能推翻秦朝。現在楚漢相爭，為時已久，天下百姓遭殃，生靈塗炭，屍骨遍地。楚霸王曾威震天下於一時，現在困在京縣和索邑之間，再也無力前進一步；漢王率數十萬大軍據守鞏縣和洛陽之間，一天數戰卻毫無戰功，連受挫折，無力自救。綜上所述，智者、勇者都已經陷入困境。百姓無以為生，怨聲載道。據我的看法，如果不是聖賢出世，天下是沒辦法了。當前，楚霸王和漢王兩個人的命運就懸在大王您一人手中。您為漢出力，漢就獲勝；您為楚出力，楚就獲勝。大王如果聽我的話，莫如讓楚漢兩家都存在，大王與他們三分天下。一旦出現鼎立局面，誰也不敢先動手。那時，憑大王的賢才聖德，文韜武略，以齊國之大，戰士之多，聯合燕國和趙國，占領楚漢的中間地帶，扼住薄弱環節，箝制他們的後方，順天應人呼籲楚漢停戰，天下各國誰能不聽從，誰敢違抗大王命令？然後，將大國領

土分割，增加新的封國，眾諸侯得到封賞，哪個不感激大王？大王坐鎮齊國，控制膠河、泗水流域，交好各諸侯，則天下國君便都爭先恐後來齊國朝拜了。大王切記天意不可違，機會不可失啊！違背天意受懲，失卻機會遭殃呀！」

韓信說：「先生差矣。漢王待我恩重如山，我怎麼能貪富貴而忘道義呢！」

蒯徹接著說：「大王一定記得，當年常山王張耳和成安君陳餘曾是布衣之交、換命的朋友，可是，後來常山王還不是殺了成安君？此二人的交情乃是最深厚的，為什麼最終反目成仇了呢？原因就在於欲望多而人心難測呀！現在，大王與漢王的交情肯定不會比當年張耳與陳餘的交情深，而大王與漢王之間將要出現的矛盾肯定比張耳、陳餘的矛盾大。因此大王認為漢王將來不會加害自己，肯定是錯的。從前，文種拯救越國，使勾踐成為霸主，功成之後，文種還不是被殺了。狡兔死，走狗烹啊，古今一理！大王與漢王之間，交情不如張耳、陳餘，忠誠不如文種對勾踐。歷史上的教訓可要借鑑啊！常言說功高震主，大功不封。現在，大王的處境就是如此，危險不請就要自到了。望大王三思。」

韓信對蒯徹說：「先生的意思我明白了。請暫時回去，容我仔細考慮。」

蒯徹起身告辭走了。

幾天以後，蒯徹又來見韓信。一進門，蒯徹就說：「聽取正確的意見，是成功的預兆；周密的計畫，是成功的關鍵。聽取錯誤的意見，而計畫失誤，想長治久安就太少了。做事果斷才算明智，猶豫遲疑難以成功。在小事上用盡心計，就會忽略天下大事。憑智慧知道事情該怎樣做，但決定之後又不實行，這是失敗的根源。成功很難，失敗卻很容易啊！時機得來不易，失去就不會再來呀！」

說罷，盯著韓信。韓信仍然猶豫不決，總以為自己功勞大，漢王不會虧待自己，下不了決心背叛漢王。蒯徹見狀，急忙告辭，連家也沒回就出逃了。

漢高祖五年（西元前二〇二年）十月，劉邦率大軍追擊項羽至固陵（今河南淮陽縣），事前與齊王韓信和

魏國丞相彭越約定，二人率軍前來會戰，可是到時卻不見二人前來。結果楚軍還擊，大敗劉邦。劉邦只得深溝高壘堅壁自衛。焦急萬分的劉邦向張良求計。張良建議劉邦增加韓信的封地，晉封彭越為王，明確封地，二人肯定領兵前來解圍。劉邦立即下令把淮陽以東直到海濱的大片土地劃歸韓信，把淮陽以北至東阿縣的土地劃給彭越並封他為梁王。

韓信、彭越聞訊後，立即提兵前來參加會戰，兩個月之後，在垓下消滅了項羽。

劉邦消滅項羽之後，感到必須解決功臣宿將尾大不掉的問題了。對韓信、彭越這樣的人，如果再遷就，後果就不堪設想了。因為韓信的影響最大，所以他選準了韓信下手。十二月，漢王在消滅項羽凱旋路過定陶（今山東定陶縣）時，突然進入韓信的大營，在猝不及防的情況下，奪了韓信的兵權。不久，又下令把韓信改封為楚王，把他從山東遷到淮北，以下邳為楚國的都城。韓信被調離齊國心情自然不舒暢，但是，對劉邦的忠誠還沒有改變。

漢高祖六年（西元前二〇一年）十月，有人向劉邦上書告發楚王韓信謀反。劉邦立即召集眾將研究對策。眾將異口同聲地說：「立即出兵把韓信那小子宰了！」

劉邦又問陳平，陳平卻反問劉邦：「別人揭發韓信謀反，韓信知不知道？」

劉邦說：「他不知道。」

陳平又問：「陛下的兵力與韓信的兵力誰強誰弱？」

劉邦沉吟一會兒，說：「咱們的兵力恐怕抵不過。」

陳平還問：「陛下的領兵將領中，能力有超過韓信的嗎？」

劉邦說：「沒有。」

這時，陳平掃了大家一眼，才慢條斯理地說：「既然我們的兵不如韓信的兵，我們的將也不如韓信的將，如果現在去攻打韓信，這只能加速韓信造反。我深為陛下不安。」

劉邦急不可耐地問：「那你到底認為該怎麼辦呢？」

陳平說：「依臣愚見，陛下可學古代天子巡狩的樣子，宣布去雲夢澤巡視，在陳郡（今河南淮陽）會見各國王侯。陳郡在楚國北部邊界，韓信肯定應召前來，他以為陛下外出巡遊，不會存什麼戒心。陛下可趁他前來朝拜之時，用一名衛兵就可以把他活捉了。」

劉邦採納了陳平的建議，派使臣四處宣布自己出遊雲夢澤，在陳郡會見各地諸侯。使臣剛離京，劉邦也緊跟著動身了。

韓信得知劉邦出遊並會見諸侯的消息後，心裡也開始琢磨，懷疑劉邦可能對自己又要採取行動了，自己不知如何是好。他的謀士建議殺死項羽的降將鍾離昧，再去拜見劉邦，劉邦一定很高興，就可以免去一場是非了。韓信於是把鍾離昧叫來，問他對劉邦此行有何對策。鍾離昧已感到韓信要出賣自己了。於是，就對韓信說：「朝廷所以不出兵來攻打，是因為我在大王您這裡。我今天死了，明天大王也就垮了。」說罷，拔出佩刀抹了脖子。

第二天，韓信前往陳郡會見劉邦。劉邦一見韓信，立即命令武士把他綁上，拴在自己座車的後邊。韓信這時才感到自己又幹了一件蠢事，他仰天長嘆：「狡兔死，走狗烹；飛鳥盡，良弓藏；敵國滅，謀臣亡！現在，天下已經平定，該我韓信掉腦袋了！」

劉邦扭過頭來向韓信喝道：「有人告你謀反！」

說罷，命令啟駕返回洛陽。回到洛陽後，劉邦沒有殺韓信，將他降為淮陰侯，軟禁在京。

被降了級的韓信心裡明白，這是劉邦猜疑畏懼自己所致。一想到現在自己與遠比自己低下的周勃、灌嬰等人為伍，心裡就悶悶不樂。因此，只在家中待坐，從不外出，就連朝拜皇帝的例行公事，他也不參與。

漢高祖十年（西元前一九七年），陽夏侯陳豨被劉邦封為丞相，離京去趙國、代國邊境。出發前，陳豨來向韓信告別。韓信拉著他的手，單獨與他在庭院中密談。韓信說：「你能和我談談心嗎？」

陳豨說：「任何時候我都聽從將軍的命令。」

韓信說：「你這次離京，責大任重，要監控趙國、代國的軍隊。燕趙之地是精兵屯聚之處，你又是陛下的寵臣，這可是如虎添翼呀！你可曾想過，一旦有人指控你造反，第一次，陛下絕不相信，可是第二次再告，陛下就要懷疑在心了，等第三次再告，陛下一定要親自帶兵去討伐你了。如果發生這種事，你也別慌，我在京裡起兵策應你，天下的大局也就定了！」

陳豨一向崇拜韓信，如今經他這麼一分析，真有不寒而慄之感。於是，陳豨連忙說：「多虧明公點撥，我一定按您的吩咐辦。」

陳豨離京不久，果然有人上報劉邦說他要謀反，依據是他門下多養豪傑之士。劉邦聞報後就派人北上去調查，結果查出陳豨的門客有許多違法事件，且與陳豨有關涉。對此，陳豨很害怕。

投降匈奴的韓王得知這一情況後，立即派部下來遊說陳豨，想乘機把陳豨拉過去。

不久，劉邦徵召陳豨返京。陳豨擔心有去無回，便謊稱有病，不能進京。在九月份，他便在韓王使者的策動下叛變了，自稱代王。

劉邦親率大軍討伐陳豨，很快便抵達邯鄲。命令趙國丞相周昌在當地選拔將領，有四個應徵者被選中。當這四位壯士來拜見劉邦時，一進門就挨了劉邦一頓臭罵：「就憑你們這幾個小子還想當將軍嗎？」

這四個人被羞辱得無地自容，只有不斷地叩頭。結果更出乎他們的意料，劉邦罵完之後，就封他們為將，而且每人還賞封邑一千戶。對此，劉邦的侍從們也很不理解，劉邦笑著指點侍從的官員：「陳豨的勢力很大，趙國、代國被他占了許多地方。現在，我雖然緊急徵調各地的軍隊，可是哪個封國也沒派兵來！我現在只得依靠趙國的人力物力了。重賞這四個小子，趙國的百姓就會踴躍出征，為我所用了！」同時，劉邦還用重金拉攏、分化陳豨的部將，使之多數都叛離了陳豨，投向了劉邦。

半年以後，陳豨就垮了。

當劉邦離京討伐陳豨時，韓信以為時機已到，他裝病沒有跟劉邦上前線，積極策劃政變。他準備假傳聖旨赦免監獄中的犯人，解放京內的奴婢，依靠這些人襲擊皇宮及各衙門，殺死呂后和太子。準備就緒後就派人給陳豨送信，只等回信一到便開始行動。

正在這關鍵時刻，韓信的一個門客因得罪了韓信，被關起來並要處死。這個門客的弟弟為了搭救哥哥，便把韓信的政變計畫全盤報告給呂后，呂后就與丞相蕭何商議如何除掉韓信。計議已定，便由蕭何出面去找韓信，說：「皇上已把陳豨處死了，報捷的使者剛到京城，呂后要接見群臣，以示慶賀。你雖然有病，也應勉強進宮打個照面，表表態度才好呀！」

韓信上了蕭何的當，毫無戒備便進宮去見呂后。萬萬沒料到，一見呂后的面，就被綁住了。呂后下令立即將他殺死。臨死前，韓信嘆了一口氣，說：「我真後悔沒聽蒯徹的話，今天竟被一個女人算計了，這難道是天意嗎？」

韓信死後，呂后又下令剿滅了他的三族。

劉邦鎮壓了陳豨叛亂，返回洛陽，聽說韓信被處死，心情很矛盾，既高興又憐惜。他問呂后：「韓信臨死時留下了什麼話沒有？」

呂后說：「他說後悔沒聽蒯徹的話。」

劉邦把手一拍，說：「對啦，還有那個能言善辯的蒯徹！」說罷，立刻下令通緝蒯徹。

蒯徹離開韓信後，變裝流亡，靠相面算卦掩護。儘管如此，還是很快被捉住，押送到京城。劉邦親自提審他：「我問你，是你教韓信造反的嗎？」

蒯徹不慌不忙地答道：「是的，我給他獻過計，可惜這小子不聽，才送了命。如果當年聽我的話，陛下又怎能殺死他呢！」

劉邦一聽，氣得七竅生煙，連連拍著桌子喊道：「來呀，把這個王八蛋給我烹了！」

蒯徹也高聲喊道：「烹死我冤枉！」

劉邦瞪大了眼睛說：「不是你教唆他造反的嘛，你還有什麼冤枉？真他娘的！」

蒯徹慢條斯理地說：「亡秦無道，中原逐鹿，身手快的占先。古時盜蹠的狗對著堯也汪汪叫，不是堯不仁，而是盜蹠的狗忠實於主人。當年，我只知道韓信的才能，卻不知道陛下的才能，何況，天下英雄豪傑特別多，也都像陛下那樣爭天下，只不過能力有限才沒爭成，難道今天都要把他們烹死嗎？」

劉邦聽了這段話，沉吟一會兒，忽然噗哧一笑，對武士們說：「饒了這小子吧！」

劉邦在除掉了韓信以後，又接連除掉了梁王彭越、淮南王黥布和燕王盧綰。

彭越在秦末為生活所迫為盜，劉邦起義後，他參加了義軍。因為屢立戰功，甚得劉邦的倚重。彭越當了梁王之後，劉邦對他也很不放心。當劉邦征伐陳豨向各王國調兵時，彭越與其他諸王一樣，沒有出兵。後來，勉強派出一些軍隊前去，自己卻稱病沒有率軍前往。劉邦對此很生氣，從邯鄲派使臣責備彭越。彭越很害怕，連連向使臣請罪，並表示立即去面見劉邦。但是，他的部下卻反對他去邯鄲，勸他道：「大王開始不率軍前去，而受了責備之後又要隻身前去，一到邯鄲肯定要被逮捕，不如乘此機會也起兵造反。」

當時，彭越並未採納部下的建議。但是，也沒有去面見劉邦。

劉邦鎮壓陳豨，回到了京城長安，一直想找機會懲治彭越。恰巧，彭越手下的一個官員犯了法，為逃避彭越的懲處，就跑到長安向朝廷檢舉彭越曾與部將密謀造反。

劉邦在洛陽聞報後，表面上未動聲色，暗中派人去梁國，乘彭越不備，突然逮捕了他。然後，將彭越押在洛陽。這時，才命大臣調查彭越造反的問題。結果，彭越以謀反罪被判死刑。但是，劉邦卻將他赦免了。彭越被削去王爵，流放蜀地。

彭越在被押送到四川的途中，於陝西華縣碰上了由長安去洛陽的呂后。彭越見到呂后，痛哭流涕，表明自己確實沒有反心，哀求呂后把他送往故鄉昌邑為民，不去四川。呂后聽罷，滿口答應，並命令彭越跟隨自己一

同去洛陽，彭越懷著希望跟呂后向洛陽前進。

呂后一到洛陽，便迫不及待地對劉邦說：「彭越是天下有名的壯士，陛下今天把他流放到四川，這不是留下個後患嘛！依我看，不如找個藉口把他殺了。因此，我把他帶回洛陽來了。」

劉邦聽後不住點頭稱是。於是，呂后就指使彭越的一個門客告發彭越又要謀反。彭越立即被送審，很快被斬首，家人也都被殺。他的頭還被掛在洛陽城頭示眾。劉邦還發布詔令：「誰敢為彭越收屍，與他同罪。」

不久，彭越被捕前派往齊國公出的大夫欒布回來了。他匆忙趕到洛陽，跪在懸掛彭越人頭的城樓下，大聲報告自己出使齊國的情形，報告完後，又痛哭流涕地祭奠彭越。欒布的這一舉動，轟動了洛陽城。他被逮捕，劉邦親自審訊他。劉邦一見欒布，就破口大罵，下令把他扔到滾油鍋裡烹了。當武士們把欒布拖到掀開的油鍋前時，欒布回過頭掙扎著說：「我要說一句話，然後再死。」

劉邦說：「你還有什麼話講？」

欒布平靜地說：「陛下可記得，當年被項羽困在彭城時，在滎陽、成皋間吃了敗仗，項羽他為什麼不能西進？就是因為彭越在梁地打擊項羽部隊，支持了漢軍的緣故。當時，彭越如倒向項羽，漢軍就必敗無疑；如果支持漢軍，項羽就必滅亡。再說，垓下會戰時，彭越如不參加，項羽也就不會一敗塗地。陛下平定天下，彭越被封為梁王，他也想世世代代地傳下去呀！萬萬沒想到，陛下一次徵調，他因病不能率軍前往，就被認為是謀反。究其實，他根本就沒有一點造反的跡象！陛下苛求，以小過斬大將，還滅了他的三族。我真擔心所有的功臣都會因此而寒心，人人自危呀！現在，梁王已經屈死了，我還活著幹什麼？我說完了，請陛下把我烹了吧！」

說罷，欒布扭過身去，朝油鍋大步走去。

「慢！」劉邦大喊了一聲。人們立刻靜了下來，只聽得鍋中的油在滋滋地響。「欒布，真有你的。朕免你一死，封你為都尉！今後好好效忠朝廷。」劉邦一字一板地大聲說。

欒布與在場的群臣都跪下來高呼萬歲。

韓信、彭越之死，嚴重地刺激了淮南王黥布。黥布，本姓英，在秦末因犯法被處以黥刑，在驪山服苦役。他率領犯人暴動，淪為江湖盜賊。後來，參加了農民起義軍，在項梁部下為將。項梁死後，他又在項羽部下。黥布擅長以少勝多，屢戰屢勝。後來，他因不滿項羽而投降了劉邦。漢高祖四年（西元前二〇三年）黥布因戰功卓著被封為淮南王。呂后殺死韓信，黥布內心就感到恐懼了。不久，彭越又被劉邦處死，黥布感覺到下一個就要輪到自己被殺，終日惴惴不安。七月間，劉邦把彭越的屍體剁成肉醬送給各地諸侯，意在警告他們。黥布正在打獵時，朝廷的使臣把彭越的肉醬送到了。黥布見狀，汗如雨下。當即就決心造反。他暗中調兵遣將，偵察鄰近郡縣的動態，只等部署好軍隊就公開扯旗造反。

正在這千鈞一髮之時，黥布家中發生了一件「醜聞」，打亂了他整個計畫。黥布有一個漂亮的姬妾，很得他的寵愛，因病常到一位名醫家中就診。而黥布的下屬中大夫賁赫正好住在這位醫生的對面。賁赫想巴結黥布的寵妾，以便她在黥布面前提拔自己，企圖以此達到升官的目的。賁赫既存此心，便留意寵妾的行蹤。一天，看到寵妾又來醫生家時，賁赫便帶著厚禮去見寵妾。寵妾收下了禮物，賁赫還陪她吃了一頓飯。寵妾認為賁赫這個人很熱情，很忠厚，便答應替他疏通關係。

一次，寵妾趁黥布高興的時候，便說：「中大夫賁赫這個人不錯，是個忠厚長者，有機會該提拔重用。」

黥布感到很奇怪，就追問了一句：「你怎麼認識賁赫？」

寵妾就把在醫生家見到賁赫的情況一五一十都對黥布講了。黥布一聽，大犯疑惑，認為自己的寵妾與賁赫肯定有了姦情。於是把寵妾臭罵了一頓，還要逮捕賁赫。賁赫聞訊後，連夜逃奔京城長安。一到長安，就向朝廷揭發黥布的造反陰謀，並建言朝廷先發制人，立即殺黥布。

劉邦看過賁赫的奏章後，就和丞相蕭何研究對策。蕭何說：「黥布不可能造反，這大概是仇人誣陷他。最好先把賁赫囚禁起來，然後派官員到淮南去調查核實。」

劉邦採納了蕭何的辦法，把賁赫關押起來。正在考慮派誰去淮南調查時，從淮南送來了黥布造反的報告。原來，黥布發現賁赫逃跑後，感到問題嚴重，立刻把賁赫的家屬全殺了，當即出兵造反。劉邦接到黥布造反的報告後，立即釋放了賁赫，並升他為將軍。

同時，劉邦還召集諸將研究征討黥布的方略。眾將異口同聲地要求立即出兵，殺死黥布。但是，卻沒有什麼具體安排。汝陰侯滕公對劉邦說：「陛下，臣有一個門客叫薛公，是從前楚國的令尹，他很有頭腦，不妨叫他來談談。」

劉邦把薛公召來，向他問計。薛公說：「黥布造反是必然的。」

劉邦表示不解。薛公解釋道：「黥布、韓信、彭越是三位一體的人物，論功勞、論地位都是一樣的。他見韓、彭二人被殺，就懷疑自己也好不了。因此之故，他造反是必然的。」

劉邦點點頭，示意他繼續講下去。薛公說：「黥布造反後，有三種選擇。如果他採用上策，崤山以東可就全歸他了；如果他採用中策，朝廷與他的勝負還不能確定；如果他採用下策，陛下就可以高枕無憂了。」

劉邦被弄糊塗了，連聲問：「什麼是上策？什麼是中策？什麼是下策？快快講來！」

薛公不疾不徐地說：「所謂上策，黥布應向東攻占吳國，向西攻占楚國，向北吞併齊國，奪取山東，然後再發布文告命令燕國、趙國不要輕舉妄動，固守邊境，保證互不侵犯。這樣一來，崤山以東的廣大地方就不再屬於朝廷了。」

劉邦急忙插話：「中策又如何呢？」

薛公說：「黥布的中策，是東攻吳，西攻楚，向北攻占韓國、魏國，奪取敖倉的存糧，封鎖成皋的交通。這樣一來，朝廷能否獲勝在兩可之間。」

劉邦又追問：「那下策呢？」

薛公說：「黥布的下策，是向東攻吳，向西攻占下蔡，然後，把重要物資運到越地去，而他自己則在長

沙。這樣，陛下就可以高枕無憂了。」

劉邦問：「據你看，黥布將會選擇哪種呢？」

薛公斬釘截鐵地說：「臣以為，黥布肯定選擇下策！」

劉邦問：「黥布為什麼不採用上策、中策，非要下策呢？你給老子說說！」

薛公竭力忍住笑，答道：「黥布是個苦役犯出身，突然間變成了王爺，他目光短淺，一心為己而不顧及百姓，也不為子孫後代著想，所以他一定採用下策！」

劉邦把手一拍，說：「有理，說的好！」說罷就封薛公為千戶侯。

之後，劉邦決定出兵征伐黥布，因自己的身體不好，準備叫太子劉盈掛帥出征。於是，封太子劉盈為淮南王，取代了黥布的爵位。

太子的幾個門客出於維護太子的利益，就一起去找太子的舅舅、呂后的弟弟建成侯呂釋之，他們異口同聲地說：「皇上命太子領兵出征，打勝了，太子也無法升官；萬一失敗了，可就遭殃了。請您見見皇后，把我等的意見轉報，為了太子著想，可別讓皇帝派他掛帥出征啊！」

呂釋之立即去見呂后，按太子的賓客教他的話說：「黥布，眾人皆知是天下有名的猛將，皇上命太子出征，這不是像用羊趕狼一樣嘛！再說，出征諸將都是與皇帝一起打天下的人，哪一個也不是安分的人，他們自恃是開國功臣，有誰會服從太子的調遣呢！叫太子出征，後果實在不堪設想啊！只有皇后出面去求皇上，才能改變皇上的決定，太子是國本，怎麼能冒險去呢？皇上雖說身體欠安，但是，可以躺在車上指揮。只有皇上去，諸將才能聽命令呀！」

呂后聽罷，感到很有道理，連夜向劉邦哭訴，要他關心兒子，為了老婆、孩子，必須親征。劉邦被呂后糾纏得無法可想，只得答應了。劉邦把劉盈喊來罵道：「我就知道你小子當不了重任，把你娘又抬了出來，得了，拼上我這把老骨頭，你老子替你去打黥布！」

黥布起兵後，對手下眾將說：「皇上歲數大了，身體又不好，打仗也打膩了，他肯定不能親自出馬。他不來，咱就不用怕。朝中諸將除了韓信和彭越，沒有抵得過我的。如今，韓信和彭越早變成了屈死鬼兒，你們就放心大膽地跟著老子幹吧！」

眾將一聽，個個磨拳擦掌，歡呼雀躍。果然不出薛公之所料，黥布採用了下策，出兵打跑了荊王劉賈，吞併了荊國，然後渡過淮河打敗了楚國，一路西進。

漢高祖十二年（西元前一九五年）十月，劉邦統率的大軍與黥布的叛軍在蘄縣（今安徽宿縣東南）碰上。黥布的軍隊兵精將勇，劉邦避其鋒芒堅守庸城暫不交兵。劉邦在樓頭上瞭望敵軍，只見叛軍在黥布的指揮下，布下的陣勢與當年項羽的陣法非常相似。突然，城下一陣鼓聲過後，黥布騎著高頭大馬，在眾將的簇擁下，衝出陣來。劉邦在城頭上，指著黥布，遙相問道：「你小子為什麼要造反？老子哪點對不住人？」

黥布哈哈大笑，高聲說道：「我想當皇帝！」

劉邦聽罷，破口大罵：「你這個驪山的苦刑犯，也不看看你的德行，就憑你還能當皇帝！」罵罷，下令兵士放箭。飛蝗般的箭齊向黥布射去。黥布退後了一段，劉邦便指揮軍隊衝出城去，與黥布的軍隊開始混戰。

兩軍廝殺，喊聲震天，煙塵蔽日，刀光劍影纏身，人仰馬翻，血流遍地。最後，黥布的軍隊不支，逃過了淮河。黥布指揮部隊幾次反撲，都被劉邦打退。黥布率領親兵百餘名逃往長江以南。劉邦派兵隨後緊追不捨。黥布逃奔越地，企圖向番君吳芮求援。在路過番陽（今江西鄱陽縣）時，被吳芮的兒子吳臣派人殺死。與此同時，在北方，陳豨的殘部也被肅清。陳豨的一個副將被俘後供稱燕王盧綰與陳豨有勾結，曾派人參與陳豨叛亂。

劉邦在平定了黥布之後，派人徵召燕王盧綰。盧綰沒敢應召前來，謊稱有病拒絕進京。劉邦派辟陽侯審食其和御史大夫趙堯去燕國迎接燕王並順便調查。結果，查清了燕王盧綰從前上報朝廷處死的部下張勝，沒有被處死，而恰恰是這個張勝，充當了燕王與陳豨的聯絡員。

盧綰得知審食其、趙堯的調查結果後，嚇得躲藏起來。他對親信說：「外姓人現在封王的，只剩下我和長

沙王兩個了。韓信、彭越接連被殺，都是呂后的主張。現在皇上患病，呂后專權，她是不會放過我的！」不久，劉邦派樊噲領兵攻打盧綰。盧綰藏身不住，投降了匈奴。

至此，異姓諸王全被清洗掉了。空出的王位，劉邦派自己的子侄出任。他滿心以為，除掉了異姓諸王，全由劉氏子孫當王，肯定會效忠朝廷，成為自己及未來繼自己當皇帝的兒孫們忠誠又得力的屏障，劉氏王朝便可無憂了。他萬萬沒有料到，他親口封的同姓諸王在他死後，便挺身而出，與他的子孫爭奪皇帝寶座。而他的子孫倒是在一些異姓大臣們的維護下保住了皇位。

歷史給劉邦提供了難得的機遇，可是又給劉邦開了一個天大的玩笑。

劉濞倡亂

以血緣關係來維護統治，不過是一廂情願。

漢高祖劉邦生前為了避免自己死後發生分裂，功臣宿將尾大不掉，確保劉家天下長治久安，他與權臣們殺白馬立誓，不准異姓封王，將來一旦出現非劉姓之人封王，要全國共討之。劉邦在不准異姓封王的同時，大封劉氏子孫為王，分駐全國各地，形成捍衛中央朝廷的藩籬。在劉邦看來，以血緣關係來維護劉氏王朝是萬無一失的了；稱王一方的劉氏子孫總不會出來挖劉家王朝的牆腳吧！

劉邦這種想法其實不過是一廂情願罷了。這種落後的分封制不僅不是中央集權國家安定的保證，相反，卻是破壞國家統一的禍根。

劉邦死後不到二十年，劉氏諸王便一個一個起來反對皇帝，都想取而代之。因為都是劉邦的子孫，爭起帝位來都理直氣壯。

漢文帝劉恆是西漢的第三代皇帝，他即位不到三年，淮南王劉長便向皇帝的絕對權威挑戰了。

劉長是劉邦的「臨時夫人」生的。提起「臨時夫人」，還有一段風流而又血腥的故事。漢高祖七年（西元前二百年），韓國的王叛亂，劉邦親自率兵征討。第二年，劉邦勝利歸來，途經趙國。趙王是劉邦的女婿，為了討岳父的歡心，派自己宮中的趙美人給劉邦伴宿。劉邦離開趙國之後，趙王發現美人懷孕了。於是，趙王沒讓美人回宮，另外安排地方給她住。後來，趙王的丞相貫高陰謀刺殺劉邦，事發被捕，牽連了趙王入獄，美人也被押了起來。在獄中，美人報告獄吏，自己曾陪伴過漢高祖，並懷了孕。獄吏不敢怠慢，立即上報劉邦。當時劉邦因貫高謀反一事特別生氣，對美人懷孕一事未予理會。美人的弟弟趙兼為此去求辟陽侯審食其，請他向

呂后說情。呂后由於嫉妒而未答應援救趙美人。趙美人生下兒子以後，便絕望地自殺了。獄吏把美人生的小孩給劉邦送去。劉邦見狀很後悔，給孩子取名劉長，叫呂后撫養。在漢高祖十一年（西元前一九六年）劉邦封劉長為淮南王。

淮南王長大之後，不僅身體強壯，武藝高強，而且力量大得驚人。他特別恨審食其，認為他應對自己的母親之死負責。一天，他在袖筒裡藏把銅錘，去求見審食其。一見面，就拿出銅錘把審食其打死了。然後，他便去向漢文帝自首。漢文帝因為這個小弟弟自幼就失去了母親，而且劉邦與呂后生前對他均很疼愛，所以並沒有處罰他。劉長自此更加驕橫了。他常與漢文帝坐一輛車，不稱皇上而叫大哥。就連漢文帝的生母薄太后對劉長也讓三分。

劉長在自己的封地就更無法無天了。他的衣物器具全都仿效皇帝的規格，甚至自制法令，通行國內。對皇帝派來的官員，稍不中意就加以驅逐。漢文帝越是對他忍讓，他越是得寸進尺，後來竟然發展到要當皇帝了。

西元前一七四年，劉長接到漢文帝的舅舅薄昭規勸自己的一封信。他閱後不僅不思悔改，反而怨恨起皇帝來了。於是，他公然發動軍事政變。命令下屬七十餘人利用戰車四十輛準備從谷口（今陝西禮泉東北涇水流出山谷的地方）偷襲京城，同時還派人到閩越及匈奴地方聯絡。

劉長的這一陰謀被發覺，他被皇帝召進京城長安。朝臣主張將其處死，漢文帝批示赦免他的死罪，廢黜爵位，流放四川。途中，劉長絕食而亡。漢文帝於心不忍，封劉長的兒子劉安為淮南王。

淮南王劉長死後，中央與各王國的矛盾更加激化了。在朝廷方面，加大了限制各王國的力度，以避免藩王造反；在各王國，宗室諸王採取種種辦法進行反限制，甚至多個王國串通一氣，聯合對付中央，而有的藩王則變本加厲地謀劃政變。在漢文帝死後三年，暴發了以吳王劉濞為首的七個王國聯合反對中央的「七國之叛」。

漢文帝死後，由其子劉啟繼位，史稱漢景帝。諸藩王因景帝年輕，更不把他放在心上了；而景帝因剛即位，尤其擔心藩王們不聽朝廷詔令。中央與地方猜疑加深。大臣晁錯向景帝建言，推行削藩令，壓縮各個藩王

的地盤，削弱他們的勢力，使其不敢與朝廷對抗。

當時，在眾藩王之中，齊王、楚王、吳王占有的地盤大，齊王封地達七十餘縣、楚王封地達四十餘縣、吳王封地達五十餘縣。在這三王之中，吳王最富有。所以吳王與朝廷的矛盾也最大。早在景帝即位之前，吳王對景帝就有了仇恨。景帝當太子時，一次吳王的兒子劉賢進京朝見，劉賢與太子劉啟下棋，二人因爭著走棋發生口角。太子劉啟一時性起，操起棋盤向劉賢砸去。說也湊巧，一下子把劉賢砸得腦漿四溢，當場死亡。

當朝廷把劉賢的靈柩送回吳國時，吳王劉濞憤怒地對使臣說：「天下姓劉的是一家，劉賢死了埋在長安不就行了，何必一定要給我送回來呢！」說罷，不由分說立即命令把劉賢的屍體再拉回長安。此後，劉濞便開始稱病不進京朝拜了，對朝廷的命令也都置若罔聞。

朝廷對劉濞這種態度不以為然，便把吳國的使臣押起來審問。對此，吳王深感恐慌，便想起來造反。後來，只是因為受審的吳國使臣向漢文帝說，吳王本來就沒有病，他是擔心朝廷要處置他，才不敢進京朝見，再說，吳王的兒子劉賢的確死得冤枉。漢文帝聽後，也自知理虧，於是就下令將吳國使臣放回，並宣布賜給吳王几案、手杖，念在他年老體弱，今後可免去親自進京朝拜。劉濞見朝廷採取了寬大態度，不追究自己，於是就打消了造反的念頭。但對太子劉啟打死自己兒子一事，一直耿耿於懷。

劉啟當皇帝後，採納晁錯的建議，削弱諸王的勢力，楚王劉戊、趙王劉遂、膠西王劉印先後受處分，被削減了封地。劉濞深信，自己早晚也得挨整削地。舊恨加新仇，促使劉濞再萌反心。

於是，劉濞首先派人去聯合膠西王劉印。開始劉印還不敢造反，經使者遊說，劉印感到吳國地盤大，財力雄厚，造反可能成功，況且吳王應允事成之後與自己平分天下。在財產與權力的引誘下，劉印一反初衷，答應與吳國聯合起兵反對朝廷。同時，劉印還派人去聯絡齊王、淄川王、膠東王、濟南王。這些藩王均表態支持吳王與膠西王，答應共同出兵，統一行動。

接著，吳王劉濞又與楚王及趙王聯絡，二人一拍即合，都同意共同起兵。至此，吳、楚、膠西、膠東、

趙、菑川、濟南七個王國結成了反對朝廷的聯盟。

西元前一五四年，朝廷削減吳國的會稽郡、豫章郡的詔書一下達，吳王劉濞立即起兵造反了。接著，膠西、膠東、菑川、濟南、楚、趙等六國也都興兵造反。

當然，在各王國內，反對造反的也大有人在，比如：楚國的丞相張尚、太傅趙夷吾都勸阻楚王劉戊不要反叛朝廷，結果二人被殺死；趙國的丞相、內史也勸阻趙王劉遂，結果被燒死。齊王本來是參與造反的，但臨期忽然反悔，退出了聯盟。濟北王劉志本來也打算起兵，可是被郎中令劫持，結果濟北王沒能如願。

吳王劉濞在吳國徵調了二十萬大兵，上至六十二歲，下至十四歲的男子都被強徵入伍。他還派出使者到閩越、東越，請兩國派兵參戰。吳王劉濞親率大軍由廣陵（今揚州）出動，西進渡過淮河，與楚國的軍隊會師，然後又向各地派出使者指控晁錯蒙蔽皇帝，離間皇族，遊說其他王國出兵「清君側」，殺晁錯。

吳楚聯軍北上攻打梁國（都城在今河南商丘），殺傷梁孝王兵士數萬人，兵鋒直逼商丘。膠西王劉印、膠東王劉雄渠則指揮大軍與菑川國、濟南國的軍隊會合，共同進攻齊國，將齊國都城臨淄團團圍住。趙王劉遂則集結將軍隊在西部邊界以待吳楚聯軍，同時派使者去匈奴聯絡搬兵。一時間，中國境內沸沸揚揚，西漢王朝大有朝不保夕之狀。

漢景帝也不示弱，任命周亞夫為太尉，統率三十六名大將出兵迎擊吳楚聯軍。同時，派曲周侯酈寄率軍攻打趙國，派將軍欒布率軍直撲齊國，命令大將軍竇嬰坐鎮滎陽。

這時，晁錯建議漢景帝率軍親征，而由自己留守長安，還建議把安徽泗縣東南、東北沒有被吳楚聯軍占領的地方劃給吳國。漢景帝對此感到不解，於是對晁錯有了猜疑。一向反對晁錯而又接受吳王賄賂的大臣袁盎見有機可乘，便單獨求見皇帝，說：「吳楚七國之所以造反，全是晁錯逼的。如今要想叫吳楚七國退兵，不用大動干戈，只要把晁錯殺了，然後派使臣安撫一下，把七國的封地恢復，七國肯定俯首稱臣。」

漢景帝沉思有頃，說道：「不知七國有否誠意？我不會愛惜一個人的生命，必要時我也可以向天下道歉。」

袁盎聽漢景帝居然要犧牲晁錯換取七國休兵，心中大喜過望，可是，他卻不形之於外，又將了皇帝一軍，一字一頓地說：「陛下，臣就有此一計，請陛下深思。」

漢景帝當即任命袁盎為太常（祭祀時負責禮樂的官員），並派他祕密準備去吳國。十天之後，漢景帝授意丞相陶青等三名權臣聯章彈劾晁錯，罪名是欺君誤國，不能宣揚皇帝恩德，別有用心地主張把城池給吳國，大逆不道，無人臣之禮，應腰斬於市，抄滅全家。這道本章一遞上去，漢景帝立即批復「照辦」。晁錯此時尚被蒙在鼓裡，一點消息也不知道。

漢景帝派人傳召晁錯進宮議事，晁錯如同往常應召時一樣，換上官服乘車直奔皇宮。當經過東市的時候，預先埋伏好的武士們一擁而上，將晁錯從車上拉下來，當場將他攔腰斬斷。就這樣，一心為著鞏固君權的晁錯，稀裡糊塗地中了皇帝精心設計的圈套。

晁錯被處死後，漢景帝立即命令袁盎帶著吳王劉濞的侄兒劉通一起出使吳國，讓吳楚等軍隊各自撤回原地。袁盎、劉通剛剛離京，校尉鄧公便從前線回來向漢景帝報告軍情。漢景帝詢問：「處死晁錯後，吳楚等國撤兵沒有？」

鄧公答道：「吳王蓄意謀反已有十多年了。削地只不過是個導火線，他們提出殺晁錯、清君側，不過是藉口。他們對晁錯之死，根本就不介意。如今，晁錯一死，天下的忠臣義士可都寒心了。」

漢景帝不解地問道：「這是為何？」

鄧公解釋道：「晁錯主張削弱各王國，是為了壯大朝廷的力量，這本來是利國利民的大好事。想不到，理想沒實現，自己倒先被處死。晁錯之死所起的作用，對內堵住了忠臣的嘴，對外替造反的諸王報了仇，真是一箭雙鵰啊！臣以為這個做法實在是不利於陛下，實在是不可取啊！」

漢景帝一聽，茅塞頓開，後悔不迭，長吁短嘆地說：「你說得對，朕悔之晚矣！」

再說袁盎與劉通到達吳國時，劉濞不與袁盎面見，而透過劉通轉告袁盎：「我已稱東帝，我還拜受誰的詔

書？」同時，還叫劉通勸袁盎投降吳國。袁盎一口回絕了吳王的勸降，吳王就把他扣留在軍中。後來，見袁盎堅絕不降，吳王就要殺死他。袁盎見形勢凶險，就決心脫逃。一天，趁看守沒注意，他逃出了吳王的軍營，一路不敢停留，晝夜兼程逃回長安向皇帝報信，

漢景帝見吳楚等七國並不因為自己殺了晁錯和做出許多讓步而停止進攻，心中也很焦急。太尉周亞夫向皇帝建言：「吳楚的士兵剽悍善戰，一時難以與他們分出個勝負，依臣愚見，不如放棄援救梁國，而以精兵深入敵後斷絕吳楚聯軍的糧道，然後才能打敗他們。」

焦急的漢景帝立即採納了周亞夫的建議。周亞夫離京奔赴前線路過霸上（今西安市東南，白鹿原）時，趙涉攔住車隊，對周亞夫說：「吳王財力充足，長期豢養一批刺客。此番太尉東征，他一定派刺客埋伏在崤山澠池之間的險要之處。自古兵不厭詐，太尉何不由此向右轉走藍田（今陝西藍田西）那條路，出武關（今陝西商南縣東南），祕密抵洛陽。走這條路不過晚到一二日。太尉到洛陽後立即進入武庫，命人擂響戰鼓。這樣一來，誰都會以為太尉是從天而降的。」

周亞夫採納了趙涉的建議，並任命他當護軍。周亞夫派出一小股部隊，在崤山澠池之間搜索，果然抓住了埋伏在險要路段的吳國刺客。

周亞夫到洛陽後，指揮大軍向山東的昌邑挺進。吳軍猛攻梁的睢陽，形勢嚴峻，梁國接二連三派人向周亞夫求救，周亞夫一兵一卒也不派出。梁孝王於是派人進京向漢景帝控告周亞夫見死不救。漢景帝立刻派使臣命令周亞夫出兵救梁，周亞夫仍按既定的方針辦，拒不執行援救梁國的命令。同時，卻派精兵奔襲淮河、泗水河口，深入吳楚聯軍背後，切斷了吳楚聯軍的後勤補給線。

梁國在外援無望的情況下，將士拼命防守，擋住了吳楚軍隊的進攻。吳楚聯軍在睢陽受挫，西進不得，於是調過頭東進，攻打周亞夫。周亞夫深溝高壘堅守不出。吳楚聯軍供應斷絕，有餓死的，有落跑的，士兵鬥志動搖了。周亞夫指揮若定，處變不驚，終於迫使吳楚聯軍撤退了。

周亞夫以逸待勞，見吳楚撤軍，立即指揮部隊追擊。吳楚聯軍在周亞夫的窮追猛打之下，狼狽逃竄，潰不成軍。吳王劉濞看大勢已去，在衛隊的保護下，連夜逃命；楚王劉戊身陷重圍，自殺身死。叛軍的兩個首領一死一逃，失去了指揮，紛紛解甲繳械，或向周亞夫投降，或向梁國投降。

吳王劉濞倉皇渡過淮河，逃到丹徒，這才稍作喘息，收集殘兵敗將，打算退守東越。

東越王感到吳王一旦來到國內，自己的地位肯定不保，於是表面上裝出熱情的樣子，派人告知吳王，請他前去慰問部隊；暗中布置刺客，只等吳王一來便將其刺死。

吳王劉濞中了計，毫無戒備地應邀前去慰問東越國的部隊。結果，被刺客用長矛刺殺。東越王命人將吳王劉濞的腦袋割了下來，派人晝夜兼程送往京城長安。劉濞死後，他的大兒子劉駒逃到閩越安身。

膠西王、膠東王、甾川王率三國兵馬圍攻齊國，歷時三個月，齊國都城臨淄也未被攻占。齊王派使者路中大夫進原向漢景帝請救兵，漢景帝命路中大夫速返齊國傳達詔令，命齊王堅守待援，並說周亞夫很快就能平定吳楚叛軍，以此鼓舞士氣。路中大夫回到齊國後，因臨淄被圍難以進城，正在徘徊之時，被三國聯軍俘獲。三國聯軍的將領正以攻不下臨淄犯愁，捉住路中大夫後，如獲至寶，強迫路中大夫到城下向城裡喊話，要他說朝廷的軍隊已被吳楚軍隊打敗，齊國應立即投降，否則城破之後，聯軍要大肆屠殺，一個活口也不留。路中大夫答應了聯軍將領的要求，於是，被送到城下。

齊王聽到路中大夫已到城下的消息，立即登上城樓。路中大夫遙望齊王大聲喊道：「朝廷派出百萬雄師，太尉周亞夫已擊敗吳楚聯軍，現在正領兵前來救援咱們。請大王一定堅守，千萬不要投降！」

聯軍將領萬萬沒料到路中大夫會是這個樣子，又急又氣，當場把路中大夫殺死了。

後來，吳楚聯軍潰敗，膠西、膠東、甾川三國匆匆忙忙各自撤軍歸國。結果，被朝廷派來的軍隊打得大敗。臨淄解圍之後，朝廷獲知當初齊王也曾參與叛亂，於是，命軍隊攻城。齊王劉將閭得到消息後，畏罪服毒而亡。

膠西、膠東、甾川三王帶領殘部回國後，分別向朝廷請罪，等候處分。膠西王劉印光著腳，睡在草席上，以表示服罪。他的兒子劉德勸他再與朝廷派來的軍隊交鋒，他說：「咱們的軍隊士氣低落，不堪一擊了！」

這時，朝廷的軍隊在弓高侯韓頹當的率領下已進抵膠西國都城。韓頹當給膠西王送去一封信，寫道：「我奉皇帝詔令，率軍誅殺叛逆。投降者免予處分，頑抗者堅決予以消滅。大王如何抉擇？我等您決定之後再行動。」

膠西王接到此信，立即脫去上衣，反綁雙手，徒步來到韓頹當軍營請罪。他以罪人的身分跪在韓頹當面前，說：「劉印不能遵守國法，驚擾了百姓，有勞將軍遠道來到敝國，懇請將軍依法嚴懲，千刀萬剮也是罪有應得！」

韓頹當威嚴地說：「大王為兵戎所勞，我想聽聽你為什麼起兵？」

膠西王叩了一個頭，往前爬行了一步，恭恭敬敬地答道：「晁錯成為天子的寵臣，獨攬大權，一再變更高祖的法令，削奪各王國的封地，我們認為他這樣做不合道義，更擔心他擾亂天下，所以七國才聯合起兵清君側。我等起兵目的只有一個，就是為了殺晁錯。現在聽說天子已將晁錯殺了，所以我們就撤兵歸國了。」

很顯然，膠西王這是在詭辯，為造反開脫罪責。因此，韓頹當義正辭嚴地反駁說：「大王你如果認為晁錯的行為不合道義，就應該及時報告皇上，請皇上處置。在沒有得到皇帝命令的情況下，為什麼擅自出兵攻打忠於皇上的王國呢？由此看來，你們的目的根本不是什麼殺晁錯！」

說到這裡，韓頹當站起身來，拿出皇帝的聖旨，向膠西王宣讀，之後，韓頹當說：「後果請大王自己考慮吧！」

膠西王跪著聽罷聖旨，連連叩頭，說：「劉印等人罪該萬死，死有餘辜！」

然後，膠西王就自殺了。他的家屬也都被處死。膠東王劉熊渠、甾川王劉賢、濟南王劉辟光也都相繼被處死。

朝廷的另一支部隊在酈寄的統率下攻打趙國。趙王劉遂在邯鄲堅守，酈寄攻打七個月也沒能攻下來。欒布

在解決了齊國問題以後，率軍攻趙國，與酈寄合兵一處，採取掘溝用河水灌城的辦法，攻下了邯鄲。趙王劉遂畏罪自殺。

濟北王劉志深感必死無疑，為了保全妻子，想自殺了結。公孫玃對他說：「大王先別自裁，我去求梁王，請他向天子說情。如果我勞而無功，大王再自殺也不遲。」

公孫玃見到梁王，說：「濟北國東邊是強大的齊國，南面是吳國、越國，北面有燕國和趙國，根本無力自保，迫於吳王的壓力，濟北王曾說了一些錯話，幹了一些蠢事，但絕不是發自內心的。如果濟北王當初不屈服於吳王，那麼，濟北國早就叫吳楚聯軍給滅了。一旦濟北國被吳楚聯軍占領，燕國與趙國的軍隊就可以和他們合在一起了，而崤山以東可就連成一片，在吳王手中豈不成了鐵板一塊？正因為濟北王在萬難中堅持，所以吳王才沒能把關東連成一片，因而也就失去了盟國的不少支持，才出現進展遲緩，孤軍深入的局面，最後終於一敗塗地。這中間未必沒有濟北國的貢獻呀！弱小的濟北國怎麼能與強大兇橫的吳楚爭衡呢？這不是如同羊羔對抗猛虎嘛！處此形勢之下，濟北國居然能保持大節，做出貢獻，可是卻遭到朝廷懷疑。濟北王終日如坐針氈，後悔當初沒有孤注一擲去拼死。濟北王如此處境，這對國家來講也不是一件好事。我真擔心將要引起忠於職守的藩王們的疑慮。我想，天下只有大王您可以途經西山直達長安皇宮，去伸張正義。果真如此，大王可以保全一個將亡的小國，積下無量的功德，使百姓有口皆碑，敢請大王深思！」

梁孝王劉武被公孫玃這番說辭所打動，「一頂高帽子」把他弄得昏頭暈腦。他當即派人給漢景帝送去自己的奏章，替濟北王辯解。因此，濟北王才逃脫了懲罰，改封為甾川王。

至此，七國叛亂完全被平定了。漢景帝在處理善後時，也網開一面。他把齊王的兒子劉壽封為齊王，繼承其父的封爵；把劉通封為吳王；把楚元王劉交之子劉禮封為楚王。

但是，竇太后卻極力主張不准吳國復國。她對漢景帝說：「劉濞資歷最老，本應成為皇族的榜樣，可是他卻帶領七國叛亂，擾亂天下，不能再封他的後人了！」

漢景帝遵竇太后指示，封淮陰王劉余為魯王，封汝南王劉非為江都王，令此二王治理吳國故地，將吳國取消了。

吳楚七國之亂，是地方封建割據勢力與中央集權鬥爭的必然結果，其性質是分裂主義。封建禮教作為封建社會的意識形態，一直宣揚等級觀念，樹立君主的無上權威，而等級觀念、君主權威又與血緣關係緊密相連。忠、孝、仁、義構成了封建意識的核心，而漢朝尤其強調孝。吳楚七國之亂，雄辯地證明瞭封建意識形態的虛偽性，在統治集團內部從來數第一位的是財產與權力，而決非什麼親情。為了爭權奪利，統治集團內部父子可以相殺，兄弟可以相殘，夫妻可以相叛，平時所宣揚的倫理道德規範可以變成一紙空文。

吳楚七國之亂決非偶然，更非特例。吳楚七國之亂雖然很快就平定下來了，可是晁錯被殺一事，不僅在當時人們的心中烙上了不可磨滅的印痕，而且在後世也成為「伴君如伴虎」這句箴言的一個永久性的注腳。倫理道德在統治者的心目中，從來都是騙人的麻藥，害人的枷鎖，他們本人是從未想認真履行的。

漢武帝殺太子

父子相殘，夫妻恩絕，濫殺無辜，固然是迷信所致，但終極原因還是為了那頂皇冠。

以英明君主著稱的漢武帝，到了晚年十分迷信，心甘情願的受方士們的愚弄，不惜花費無數金錢，到處求神訪仙，以期得到不死之藥，長生不老，永遠當皇帝。

在對神仙懷著無限的期望的同時，漢武帝又被死亡的恐懼所纏繞。他日裡夜裡都擔心有人謀害自己。征和二年（西元前九十一年）的一天，漢武帝午睡時做了一個惡夢，夢見數千木偶人手舉棍棒，朝自己劈頭蓋臉打來。他大叫一聲，從夢中醒來，心蹦蹦亂跳，汗順著臉往下直淌。此後，漢武帝在好長一段時日裡，精神恍惚，夜不成眠。他的心腹大臣江充，別有用心地對他說，這是巫蠱造成的。所謂巫蠱，是巫師給木偶人施法術，埋到地下，以此傷害活人。對神仙的迷信，對死亡的恐懼，對被人暗害的氣惱，使漢武帝喪失了理智。他當即命令江充負責，追查「巫蠱事件」，不管牽涉到什麼人，都要追究到底！

可是，他又哪裡料到，這個白日惡夢竟給國家帶來了巨大的混亂，給他的親人帶來了深重的災難，給他本人也帶來了不可名狀的痛苦。

江充是何許人？他為什麼提出「巫蠱事件」？為什麼漢武帝對「巫蠱」的這一說法確信不疑？

江充是邯鄲人，本來是趙敬肅王劉彭祖的門客。因為得罪了劉彭祖的兒子，畏罪逃往京城長安。進京後，他告發劉彭祖兒子的種種惡行醜聞，劉彭祖的兒子被取消了王子資格。漢武帝因此很賞識他，任命他為繡衣使

者，專門負責糾查不法的皇親國戚及大臣們。江充執法如山，敢於碰硬，更加得到漢武帝的寵信。一次，江充跟隨漢武帝去甘泉宮，碰上了皇太子劉據派出的使者坐著車在專供皇帝行走的馳道上飛跑。這違犯了法規，江充把太子的使者連人帶車扣了起來。太子聞訊後，立即派人向江充表示：「我教訓屬下無方，該受到責備。我不是愛惜車輛馬匹，希望江老先生能寬恕。」

對此，江充沒予理會，照樣把太子的使者治了罪，並且還將此事報告了漢武帝。漢武帝嘉獎了他，並稱讚道：「作為人臣應如此忠誠！」從此，江充更加受到皇帝的信任。他的威勢震懾了貴族和官僚，太子卻對他懷恨在心。江充深知將來皇帝死後，太子甚至皇后，肯定不會放過自己，為了自保，最上策就是找機會先把太子鬥垮，只有這樣，自己才能保住性命和榮華富貴。因此，當漢武帝為惡夢所苦惱的時候，江充利用這個機會，製造了「巫蠱事件」以陷害太子。

漢武帝之所以輕信巫蠱為害，也是有緣由的。宮廷內部，在漢武帝的帶動下，許多人都迷信神仙。尤其那些不見天日，數以千計的宮女，更容易受女巫的騙。在宮女們甚至妃嬪的房間裡，差不多都有巫婆埋下的木偶人，這些痛苦無告的宮女及由於嫉妒而心理變態的妃嬪，以此來發洩怨恨。她們之中還有許多人互相告發，以達到個人的目的。巫蠱，在宮廷中早已屢見不鮮了。漢武帝也曾親自處理過宮女們舉報的用巫蠱詛咒皇上的案件。

另外，在漢武帝做惡夢數月之前，建章宮裡發生了一起非常事件。有一個男子手持寶劍闖進了中華門，漢武帝懷疑是刺客，就命令衛士去捕捉。那個男人扔下寶劍就跑了，衛士們到處追捕搜查卻不見蹤影。漢武帝十分氣憤，處死了守中華門的官員。這件案子直到「巫蠱事件」發生，也沒有破。漢武帝輕信「巫蠱事件」最關鍵的因素，是他早就對太子不滿意，認為太子缺少才能，不像自己。

太子劉據是皇后衛子夫在漢武帝二十九歲那年生的。劉據剛出生時，漢武帝愛如掌上明珠，時常抱著玩。太子長大後，性情溫和寬厚，對此漢武帝很不欣賞，認為太子仁弱，不像自己，逐漸由愛變嫌了。

後來，漢武帝的妃子們接連生子，尤其太始三年（西元前九十四年）寵妃趙婕妤生了劉弗陵以後，漢武帝

對太子劉據更不滿意了。劉弗陵是趙婕妤懷胎十四個月生的，對此，迷信的漢武帝欣喜不已，對旁人說：「聽說古代堯也是十四個月才出世的。」言外之意，自己這個兒子將來一定是個聖君，與堯一樣。漢武帝在高興之餘，把趙婕妤住的鉤弋宮的宮門改名為「堯母門」。並把趙婕妤視作堯母。

這樣一來，太子劉據及皇后衛子夫壓力很大，擔心自己的地位有朝一日會被劉弗陵及趙婕妤所取代。漢武帝發覺皇后與太子惴惴不安，便把皇后的弟弟大將軍衛青找來談話：「我漢朝百業待興，周邊的夷人又常內犯，朕如不變更制度，後世就不好辦了。因此，朕才勞苦天下百姓，興師出征。後世之人如果也照此行事，那豈不是重蹈秦朝的覆轍了嘛！皇太子溫柔敦厚，相信他一定能保證天下太平，不會使我有後顧之憂。朕需要的還是一位守成之君來繼承我的基業，作為守成之君，沒有任何一個人比皇太子更合格的了。聽說皇后及太子近來常惴惴不安，實在太沒有必要了。愛卿把我的想法轉告皇后與太子，莫作他想。」

衛青把這番話傳達給皇后與太子之後，皇后立即去向漢武帝謝罪、謝恩。太子也不再憂慮了。當漢武帝又派兵出征時，太子還屢次進行勸阻。對此，漢武帝笑著回答：「我勞苦給你換來安逸，這還不好嗎？」

漢武帝每逢外出，就把國事託付給太子。太子根據己意處理一些問題，漢武帝返京後也從不表示異議。於是，太子更放開手腳了。他甚至在漢武帝外出期間，平反一些冤案。此舉雖然很得民心，但卻為一些當權的大臣所不滿。漢武帝用法嚴苛，所重用之人也多為酷吏。圍繞太子平反冤案問題，這些酷吏們甚至散布流言蜚語。

皇后得知這些之後，很替太子擔心，唯恐這些權臣在漢武帝面前進讒言，陷害太子。所以皇后經常告誡太子：「你可要留心皇上的好惡，切不可擅自決定。」

可是，漢武帝對皇后的這種說法卻很不以為然，鼓勵太子照自己的想法行事。這樣一來，朝臣們很快便分成了兩派，一些主張仁政，性情寬和的官員擁護太子，而那些力主法治以嚴酷著稱的官吏則、反對太子。一些邪惡之輩甚至造謠中傷太子。

一次，太子去皇后宮中拜見母親，待的時間長了一些，太監蘇文就在漢武帝面前詆毀太子，說太子與宮女

們調笑，都不想離開皇后的寢宮了。漢武帝聽後，立即下令給太子宮中增加宮女名額，多達二百餘名。後來，太子得知蘇文中傷自己，十分氣惱。蘇文非但不加收斂，反而變本加厲，竟然指使小太監暗中監視太子，常常羅織一些過失，向漢武帝打小報告。太子發覺後，把這些事和母親談了。衛皇后也很氣憤，就叫太子去報告皇帝，請求殺掉蘇文等三人。仁厚的太子卻對母親說：「只要孩兒沒有過失，就不怕蘇文之流。父皇英明，不會被讒言蒙蔽，不值得憂慮。」

還有一次，漢武帝生病時，派太監常融去找太子來。常融是蘇文的同夥，他從太子宮回來之後，對漢武帝說：「啟稟皇上，太子聽說陛下聖體欠安，卻面帶笑容。」

等太子應召來到漢武帝面前時，漢武帝注意觀察，發現太子臉上有眼淚痕跡，卻強作笑容。漢武帝當即盤問太子為何面帶淚痕，太子只好直說：「孩兒因父親生病，心中難過，沒等淚乾便急於來見父皇，惹得父皇盤問，孩兒該死！」

漢武帝一聽，就下令把太監常融推出斬首。皇后聽說此事後，除了提醒太子要處處留神，謹防暗算外，自己也更加小心，竭力避嫌。因此之故，皇后雖然早已失寵，但還能受到皇帝禮遇。這一時期，漢武帝與太子的關係是很微妙的。漢武帝雖然不滿意太子，但還沒下決心廢黜他。而江充製造的「巫蠱事件」，使漢武帝與太子的關係發生了根本性的變化。

江充接受漢武帝委派調查「巫蠱事件」後，立即行動了起來。他帶著一個女巫，領著兵丁在京城中逐家搜索。江充為凸出自己的「成績」，不惜採取暗害別人的手法，把一些在夜裡祭祀鬼神的人也誣為進行蠱惑，嚴加審訊；更為傷天害理的是，居然預先把一些木偶人灑上血污，偷偷埋到他準備迫害的人的住處附近，然後帶著女巫人等前去挖掘，結果自然人贓俱獲，對被捕之人酷刑逼供，甚至用燒紅的烙鐵烙皮肉，直到屈打成招為止。同時，還強逼犯人供出「同夥」，大肆株連無辜。不僅在京城內羅織罪狀，而且把「法網」擴張到京城以外，在不長的時間裡就殺了一萬多人。

江充製造的恐怖氣氛，不僅使得京城內外人人自危，更使得漢武帝疑懼重重。年事已高的漢武帝越發堅信有不少人在暗算自己，越發聽不進勸諫，到最後，已經無人敢說個「不」字了。

江充見時機已經成熟，便把矛頭指向了太子。他先與漢武帝講，根據他請來的女法師所觀察，皇宮內廷也充滿了邪氣，如果不及時驅除，對皇上將極為不利。漢武帝聽後，馬上命令幾位官員協助江充，領著那個女巫，帶著衛士們進宮搜索。江充有了這把尚方寶劍，就更加肆無忌憚了。

江充領著人在宮中到處挖掘。首先從金鑾殿開始，為了深挖木偶人，甚至把皇帝坐的龍椅御座都拆了。然後，又在太監蘇文的引領下，在後宮開始搜索。先從不受寵的妃嬪住處挖起，依次挖到皇后及太子宮中。所到之處可謂一片狼藉，就連皇后睡的床都搬開了，到處都翻了個底朝上。最後，江充一行來到太子宮深挖，結果大大出乎太子意料，不僅挖出了木偶人，而且數量最多。這其中的奧祕只有江充、女巫和太監蘇文心裡明白，因為是他們三個勾結作的手腳，太子簡直都嚇呆了。江充得意洋洋地向漢武帝「如實」進行了報告。

太子劉據焦急萬分，急忙向師傅請問對策。少傅石德一則感到事態嚴重，二則害怕自己受株連，就向太子建議：「迄今為止，因巫蠱問題而遭殺戮的人可不在少數了，就連丞相父子以及公主都不能倖免。如今，太子宮中卻挖出了這些東西，究竟是誰放置的，咱們說不清楚，很可能是那個女巫搞的鬼，但咱們沒有證據啊！現在只好先發制人了，假傳一次聖旨，派人把江充等人抓起來，拷問他們的陰謀。反正皇上正在生病，住在甘泉宮，就連皇后與太子派去問候的使者都不見，誰知道皇上是否還健在呢？宮中搞成這個樣子，誰敢保證是皇上的旨意？奸臣們如此囂張，實在可疑呀！太子可要牢記秦朝太子扶蘇的教訓呀！」

太子劉據聽後不以為然，說：「我身為太子，怎能假傳聖旨，擅自亂來呢？不如去甘泉宮面見父皇，當面向父皇請罪，也許有一線生機。」還沒等太子離東宮去甘泉宮，江充已經派人把太子監視起來了。面臨時刻都有被捉、被殺的危險局面，太子心亂如麻，毫無辦法可想了。太子被逼不過，最後心一橫，採納了少傅石德的建議。

七月初九日，太子派屬下人裝扮成皇帝的使者，帶人去捉拿江充。奉旨協助江充挖掘木偶的大臣韓說懷疑

使者是假的，拒不奉命，當時便被假使者殺了。然後，把江充、女巫逮捕起來，宣布處以死刑，由太子監斬。太子指著江充咬牙切齒地罵道：「你這個趙國的逃犯，你害死了趙王父子還不滿足，又來挑撥我們父子，你真是死有餘辜！」

太子下令殺死江充後，又下令把女巫拖到上林苑燒死。

太子也深知這個「禍」闖得不小，於是連夜派人到長秋殿向母后報告，同時，又下令打開武器庫，把弓箭刀槍發給徵調來的衛兵。這時，長安城裡一片混亂，流言四起，都說太子起兵造反了。太監蘇文見勢不妙，早就溜之大吉，一口氣跑到甘泉宮向漢武帝報告太子殺江充，起兵造反的經過。漢武帝聽後，說道：「這是太子心裡害怕，又憎恨江充才演成的事變。」

說罷，便派使臣去召太子。使臣不敢進長安城，只在城外轉了一轉便回到甘泉宮，向漢武帝打個假報告：「太子造反是實，還要殺臣下，臣下是逃回來的！」

漢武帝一聽，勃然大怒。恰巧，這時丞相派來的使者也到達了，也向漢武帝報告太子起兵造反。漢武帝怒氣沖沖地下詔令：「捕殺反賊有重賞。城裡要用牛車把街道堵上，不要短兵相接，以免殺害更多的人。關閉城門，不准反賊逃走！」

接著，漢武帝便起身返回長安。剛進城就看到了太子發布的通告：「皇上在甘泉宮病重，奸臣們趁皇上病情惡化乘機作亂。」漢武帝住進了建章宮，下詔徵調長安郊縣的駐軍，並明令由丞相統一指揮。太子也派出使者，以皇帝的名義赦免監獄中的囚犯，由少傅石德和張光二人統率，同時，還把長水、宣曲兩地的胡人騎兵調進長安。漢武帝派使臣把太子派去調胡人騎兵的使者殺了，並向胡人騎兵宣布：「剛才那個使者是假的，你們不能聽他調遣！」

漢武帝得知太子使用符節調兵的消息之後，立即下令在原來的符節上面加一條黃色的旄纓，以示與太子所使用的符節相區別，並通令宣布不加黃色旄纓的符節廢止使用。這樣一來，太子再用符節徵調軍隊時，有一些官員就拒不服從了。

太子的部隊連同囚犯和市民在內，不過幾萬人，在長樂宮西門外與丞相指揮的軍隊血戰了五天五夜，雙方死傷數以萬計，血流成河。太子的軍隊越戰越少而丞相統率的軍隊卻越來越多。

七月十五日，太子兵敗逃往城南覆盎門，把守城門的兵士放太子出了城。

漢武帝得知太子出逃，十分震怒，將守城部隊的主官處以死刑。他又派兩位官員到皇后宮中，把皇后的印信收繳了回來。皇后衛子夫在愛子下落不明，自己又即將被廢黜的情況下，自殺了。

漢武帝鎮壓了這場叛亂，立即加封有功人員，而對參與叛亂的人則予以嚴懲，甚至當初持觀望態度的官員也被處以死刑。

太子逃到湖縣（今河南省靈寶縣西北），躲藏在泉鳩里（今陝西潼關東北）一戶窮人家裡。這個窮人靠賣草鞋供養太子。太子為窮困所迫，就派人去湖縣找昔日一個老部下，結果被發覺。八月初八日，湖縣的官兵前來逮捕太子。太子知道難以逃脫，就在屋內上吊自殺了。這家主人被官兵砍死，太子的兩個兒子也被殺死。漢武帝聽到兒子、孫子的死訊，默默無語，長嘆一聲，流下了眼淚。

隔年（征和三年，西元前九十年）九月，經察實，去年在「巫蠱事件」中被江充定罪的官、民，多屬冤案。這對漢武帝不啻服了一劑清醒劑，他完全明白了，太子根本不是反對自己起兵奪權，而是由於受江充等人的陷害，出於惶恐和自保的心理，才鋌而走險的。這時，又收到大臣田千秋給太子辯冤的緊急奏本，上面寫道：「兒子玩弄父親的兵馬，論罪只該鞭打。皇上的太子誤殺了人，該判什麼罪呢？臣下昨天夢見一位白髮老人與我這麼說的。」

漢武帝召見田千秋，說：「父子之間的事，外人是很難說清的，你卻能說清楚。這是高祖皇帝在天之靈啟示你的呀！你是我的好輔臣。」當即把給漢高祖看守陵廟的田千秋破格提拔為大鴻臚，成為九卿之一，負責典禮及接待外賓。同時，漢武帝還下令把江充的家族論罪處斬，把太監蘇文押赴橫橋燒死，還把在湖縣傷害皇

孫、威逼太子的官兵處死，並滅族。為了追思太子，漢武帝還下令在湖縣建造思子宮、歸來望思台。此舉，使不少人聞之落淚。

巫蠱事件，看似偶然，其實有著必然性。它是漢武帝迷信的惡果，也是統治階級內部矛盾的集中表現。巫蠱事件，再一次證實了統治者是多麼兇殘、昏聵、惡毒，更證實了皇帝所宣揚的所謂仁義忠信的封建倫理道德，不過是自欺欺人的把戲。在帝王之家根本就沒有什麼仁愛，為了權力和財產，父子可以相殺，夫妻可以成仇，君臣可以為敵，可以使百萬人頭落地。而一旦獲勝的一方牢牢地控制了國家權力，他們又會編出一套套忠孝仁義的神話，來麻痺廣大人民。像漢武帝這樣的明君，尚且逃不脫這個怪圈，其他等而下之的君王，則更是害人害己，殘民以逞的元兇了。

上官父子與霍氏母子

為了篡位當皇帝，連身家性命都豁出去了。

漢武帝生前，尤其在晚年，為了維護君權不受侵犯，不惜屢興大獄，屠戮無辜，甚至對自己的親兒子也不放過。但統治集團內部對至高無上的君權爭奪，是不以人的意志為轉移的，遲早要發生的，這是一條歷史規律。正是統治階級內部為了財產與權力的再分配無時不在進行鬥爭的這條鐵律，與漢武帝開了個不大不小的玩笑，就在漢武帝死後不久，他生前最信任的心腹權臣上官桀及其兒子上官安便策劃了一場篡位陰謀，險些把漢昭帝殺掉，把劉氏的江山變為上官家的天下。

後元二年（西元前八十七年），漢武帝病勢垂危，他滿懷著不能長生不老的遺憾，他更擔心死後政權不穩，江山易姓。儘管他為了鞏固漢朝的統治，曾毫不手軟地殺了許多大臣，甚至連太子也被他逼死了；他為了保證君權交接時太平無事，在自己死後不發生內鬨，忍痛把自己的寵妃置於死地。漢武帝的用心可謂良苦矣。

輾轉病榻的漢武帝，憑直覺感到這次患病非同以往，不僅茶飯不思，而且精神恍惚，尤其那些不願回憶的往事卻偏偏接二連三地浮現在眼前，甚至光天化日之下，自己的耳邊居然響起了那些屈死冤魂索命的聲音……，漢武帝一生從未服過輸，這次，他在死神的面前認輸了。他看著自己最心愛的兒子劉弗陵，不由得五內如焚，這個自己皇位的繼承人才只有八歲，他能駕馭那些大臣嗎？他能壓服那些皇族嗎？漢武帝越想這些，病勢越加沉重；病勢越加沉重，他就越想這些揪心的問題。

漢武帝不愧是一位大有作為的皇帝，在臨終前，他終於絞盡腦汁，為保證愛子劉弗陵順利繼位，物色了兩名托孤之臣；為保證天下太平，設計了一整套方案。精疲力竭的漢武帝睡著了，他再也不會醒過來了。

漢武帝物色的托孤重臣，一個叫霍光，另一個叫上官桀。把自己身後長治久安的希望寄託在這兩個關鍵人物的身上，認為自己的兒子劉弗陵有他倆輔佐，就會平安無事。漢武帝之所以如此自信，也有他的道理。

霍光是大將軍霍去病的同父異母弟弟，十幾歲時就在霍去病身邊。由於霍去病的關係，他當上了郎官，不久又升為侍中。霍去病死後，霍光被漢武帝提升為奉車都尉、光祿大夫，成為漢武帝的親信。霍光為人小心謹慎，辦事認真，行動有節。同僚們曾暗中留心觀察他，發現他每次出入宮殿時，途經宮殿大門時，都在同一個地方落腳停留。

有些好事的人在暗中做了記號，發現他在門口的落腳點今天的竟與昨天的分毫不差。霍光在漢武帝跟前從無過錯，甚得漢武帝歡心。因此，漢武帝早就選中他輔佐太子。當年幼的劉弗陵尚未被冊立為太子時，漢武帝就曾派人給霍光送去一幅畫，上面畫著周公輔佐年幼的周成王朝見各路諸侯的故事。用意很明白，告訴霍光要像當年周公輔佐成王那樣，輔佐未來的小皇帝。當漢武帝在後元二年（西元前八十七年）春天病危之時，尚未立太子，霍光便朝見漢武帝，詢問將來由哪位皇子繼位。漢武帝睜大了無光的眼睛，上氣不接下氣地說：「你難道不明白我前幾年給你那幅畫的用意嗎？讓我的小兒子，趙夫人所生的弗陵為太子，我死後由弗陵繼位，你像周公那樣輔佐他，代行政事！」

霍光聽後深為感動，但是考慮自己一個人勢力孤單，很多事情難以妥善處理，當時就在病榻前向漢武帝推薦金日磾，與自己共同輔佐太子。漢武帝沉思有頃，同意了霍光的請求。當場封霍光為大司馬、大將軍，金日磾為車騎將軍。同時，漢武帝又提出兩個人給霍光當助手，一個是上官桀，一個是桑弘羊，並當場宣布封上官桀為左將軍，桑弘羊為御史大夫。

接著，漢武帝命人將金日磾、上官桀、桑弘羊召來。漢武帝等三人到來後，就向霍光等四人安排後事。第二天，漢武帝就死了。霍光等四人根據漢武帝的遺詔，擁戴八歲的太子劉弗陵繼位當了皇帝，朝政由霍光決定。

對於霍光輔政，並不是所有的朝臣都贊同。侍中王忽便第一個跳出來反對。原來，漢武帝臨死前，還有一

道詔書封霍光、金日磾、上官桀為侯。當霍光向眾臣宣讀這道遺詔時，王忽卻揚言：「老皇帝晏駕時，我守在身邊，我可沒聽說有什麼遺詔封他們三人為侯。這全是那幾個小人偽造的！」

霍光聽到這件事以後，深感事態嚴重，如不堅決處置，將來可就無法輔政了。於是，霍光把王忽的父親王莽叫來，王莽當時是衛尉，負責宮門警衛。霍光聲色俱厲地質問王莽，王忽說的這番話是何居心！王莽雖握有一定兵權，但畢竟不敢與霍光等人較量，他深知弄不好可能全家被殺。於是，王莽急忙地向霍光請罪，並說王忽是小孩子，不知好歹，所說的話全是一派胡言，自己回家後一定嚴厲處置王忽。對此，霍光沒再說什麼。王莽回家後，就用毒藥酒把兒子王忽毒死了。之後，又匆匆趕到霍光府上報告、請罪。霍光見王莽如此馴順，而且王忽已死，也就不再追究了。

霍光在處理朝政時，能夠以國家為重，而不以個人的好惡為轉移。比如，有一次霍光在宮中值宿，忽然聽見有人亂喊：「妖精，妖精來啦！」衛士們紛紛操起兵器，值夜班的大臣們也個個心驚膽戰，剎時，宮裡亂了套。霍光怕有人乘機圖謀不軌，就急急忙忙趕到存放皇帝玉璽的地方，把保管玉璽的官吏叫來，命令把玉璽交給自己看管。但是，負責保管玉璽的官吏拒不服從，認為霍光這一命令違背了朝廷的有關規定。霍光焦急萬分，伸出手就要搶奪玉璽。掌璽官員刷的一聲拔出寶劍，嚴厲地說道：「我的頭可丟，玉璽絕不能丟！」

霍光見狀，立刻住了手，微笑著點點頭，表揚掌璽官克盡職守，忠勇可嘉。然後，霍光就回到自己辦公的地方。

宮中的混亂局面漸漸平定了下來，本沒有什麼妖精，不過鬧了一場虛驚。

第二天，霍光下令把掌璽官員的俸祿提了兩級，以示嘉獎。此舉，博得朝臣們的稱許，都讚揚大將軍不以個人好惡為準繩，能以國事為先，不愧顧命之臣。

與霍光相反，上官桀則是另一番情形了。上官桀年輕時給漢武帝當警衛，官職是羽林郎。他在一個偶然的機會中，得到了漢武帝的青睞，才平步青雲。一次，上官桀跟隨漢武帝去甘泉宮，途中忽然遇上了大風，皇帝

座駕被大風吹得不能前行，最後只得把車蓋卸下來，減輕阻力，以便繼續前進。車蓋卸下來之後，由上官桀拿著。上官桀高舉著車蓋，緊緊跟著漢武帝的座車，頂著大風昂首前行，一步也不落後。突然間，天又下起了大雨。上官桀頂風冒雨，高舉著傘狀車蓋，給漢武帝擋風遮雨。漢武帝很賞識上官桀的忠勇，當場提升他為未央廄令，負責給皇帝養專用的馬匹。

事情過後，漢武帝也就把上官桀忘懷了。過了一段時間，漢武帝生了一場病。病癒後，信步走到馬廄，就進去看看自己平素喜愛的幾匹大宛馬。漢武帝一看馬，不由得勃然大怒，連聲叫把養馬的傳來。原來，漢武帝發現，在自己患病期間，幾匹心愛的寶馬居然都掉膘了。身為未央廄令的上官桀，聽到皇帝傳喚，不敢怠慢，三步併作兩步，跑過來跪在地上叩響頭。漢武帝指著上官桀罵道：「你好大的狗膽，居然把我的馬餵成這個樣子，難道是要把寶馬餓死，存心讓我再也見不到心愛的馬匹不成？」

說罷，呼呼地喘粗氣，看樣子非要將上官桀治罪不可。上官桀沒等皇帝再開口，連叩三個響頭，一邊流淚一邊抽咽著說：「啟奏陛下，小臣上官桀聽說皇上龍體欠安，日夜憂慮，廢寢忘餐，更甭說餵馬了，所以……。」他趴在地上泣不成聲。

這時，漢武帝猛然想起，面前跪著的這個人就是頂風冒雨給自己撐車蓋的那個衛士。另外，再聽他剛才講的那番話，深深被上官桀對自己的耿耿忠心所打動，立刻轉怒為喜，哈哈大笑起來，當場嘉獎一番，提升他為侍中，隨侍左右。

後來，上官桀因跟隨二師將軍李廣利攻伐大宛，搶馬有功，晉升為少府。不久，又提升為太僕，成為皇帝的車馬總管，位列九卿。後來，上官桀又與霍光一道在平定莽何羅、莽通兄弟叛亂時，立下了功勞，被封為安陽侯，成為漢武帝的心腹重臣。漢武帝病危時，他是臨危受命的四大臣之一，與大將軍霍光一起輔佐太子。漢武帝死後，上官桀在朝中的地位僅次於霍光。工於心計的上官桀為鞏固自己的地位，他與霍光結成了親家，將霍光的女兒嫁給兒子上官安。有了這層關係，霍光對上官桀自然就倚重非常，每逢自己休假時，便叫上官桀代

行自己的職權。

上官安的詭詐，絕不亞於乃父。他為了個人的前程，居然想把僅六歲的女兒送進宮裡給漢昭帝劉弗陵當皇后。他為了達到此目的，就去找岳父霍光合計，請他做主。可是，霍光因為外孫女年紀太小，表示不同意。上官安碰了一鼻子灰，仍不死心。他轉而去找自己的酒肉朋友丁外人。丁外人吃喝嫖賭樣樣精通，尤令上官安眼紅的是，他居然能成為漢昭帝的大姐蓋長公主的情夫。蓋長公主是宮裡的實權人物，因為弟弟劉弗陵年幼，她便一直住在宮中照顧弟弟。漢昭帝對這位年長的大姐十分親近、敬重。蓋長公主與丁外人私通這件醜聞，漢昭帝與霍光都知道。漢昭帝為了博得姐姐的歡心，下了一道詔書，命令丁外人侍奉蓋長公主。這道詔書輕輕地把蓋長公主的醜行遮蓋住了，無異於是給了蓋長公主與丁外人曖昧關係合法化的證書。

上官安也是個聲色犬馬之徒，與丁外人早就臭味相投，兩人過從甚密。上官安為了能和蓋長公主拉上關係，就對丁外人格外阿諛奉承。

上官安為了實現當皇帝老丈人的美夢，就請丁外人出頭向蓋長公主說項。他特意去見丁外人，低聲下氣地說：「聽說蓋長公主要給咱們的皇上選皇后，我有個女兒，是大將軍的親外孫女，德言工貌無一不佳，如果您老先生能出面向蓋長公主說說，我這個女兒一定能被選中。那時，我可就是國丈了，以我們上官家在朝廷的地位，再加上皇親國戚這層特殊關係，我也就別無所求了！可是，要想如此，非老先生您成全不可呀！老先生如果肯在蓋長公主面前美言幾句，玉成此事，不僅我和我父親對老先生的大恩大德沒齒不忘，就連大將軍也要對您老先生感激不盡啊！一旦咱的孩子進宮當了皇后，我保證，我和我老爹一定出面向皇上進言，一定封您老先生為侯！咱們漢朝有老規矩，凡是娶公主的人都要封侯的哪！」上官安說到最後這句，還猥褻地朝丁外人擠擠眼睛，言外之意是：你幫我女兒當皇后，我就幫你娶蓋長公主為妻。

丁外人聽罷，會心地哈哈大笑起來，連連鼓掌，忙不迭地說：「上官家的千金，霍大將軍的外孫女，本來就是金枝玉葉嘛！依我看，這當今皇后，非令嬡莫屬了！老先生放心，放心……我立刻就去報告蓋長公主。至

見蓋長公主。

於封侯一事，將來還要請老先生幫忙了。哈哈哈……。」丁外人還真是說辦就辦，前腳送走上官安，後腳就去

丁外人一見蓋長公主，沒說話就先給蓋長公主道喜。他的這個突如其來的舉動，把蓋長公主都弄糊塗了。丁外人給蓋長公主道過喜之後，才不慌不忙地說：「我打聽清楚了，上官桀的孫女、霍光的外孫女美貌賢淑，堪為后妃。公主現正為皇上選皇后，這可是個最佳人選！」

蓋長公主一向對丁外人言聽計從，現在聽他提這門親事，也感到十分合適，如果自己做主把上官桀的孫女選為皇后，上官家及霍家都要感激自己，而這兩個家族可是漢朝的兩根支柱。自己有這兩個家族的支持，任何時候都可以高枕無憂了。想到這裡，蓋長公主順手拍了丁外人的肩頭一把，笑吟吟地說：「我的眼力果真不差，你辦事無一不合我的心！」

丁外人連忙作揖鞠躬，嘻皮笑臉地對蓋長公主說：「全憑蓋長公主厚愛！」

當下，蓋長公主就下令召上官安的女兒進宮，一見面，就封她為婕妤。一個月之後，就立她為皇后了。上官安借女兒的光，先被封為騎都尉，後來又晉升為車騎將軍，賜爵桑樂侯，食邑一千五百戶。

上官安暴發以後，驕橫跋扈不可一世，生活更加糜爛。每次從皇宮中出來，都大言不慚地對人們講：「嘿！剛才我又和我女婿一塊兒喝酒來著，這才叫痛快。這酒醉得真痛快呀！」他在家中就更沒人樣了。一喝醉，便把渾身上下衣服全脫光，赤條條地滿屋亂竄，見到女人就姦污，就連他的後母及他父親的小老婆也不放過。

上官安為了籠絡丁外人，在當上國丈之後，還真的去找霍光商量，要封丁外人為侯爵。霍光為人正直，沒答應女婿這個要求。上官安見自己說話不靈，就把老爹上官桀搬出來，爺兒倆一起去找霍光為丁外人封侯說項。霍光仍是不應承。上官桀父子就糾纏不休，三天兩日便去霍光家一趟。最後，把霍光惹惱了，就斬釘截鐵地說：「別說我沒有封侯這個權，就是皇上發話封丁外人為侯，我也要抗旨。丁外人實在不配封侯呀！朝廷的官爵怎麼能隨隨便便給人呢？你我都是顧命之臣，可不能幹對不起先帝的勾當呀！」

上官氏父子也惱羞成怒，結果不歡而散。回到家中，這爺兒倆仍大罵霍光不講人情，不識時務，目中無人。父子倆冷靜下來之後，便商量對策，但實在拿霍光沒辦法。今後來日方長，有霍光這個攔路虎、絆腳石，就不可能為所欲為。上官安牙一咬，說道：「既然他無情，就怪不得咱無義了！丁外人封侯不封侯倒是小事，今後，有他在，就沒有咱爺們的好，乾脆把他……。」上官安把下面的話咽了下去，本能地向左右看了看，見旁邊沒有外人，這才把手往下一揮，作出了一個砍頭的動作。上官桀盯著兒子的一舉一動，聽著兒子的一字一句，不住地連連點頭，最後，幾乎是在兒子舉起的手落下的同時，從牙縫裡蹦出一個字：「好！」

接著，這父子倆把頭湊到一起，小聲地嘀咕起來……。

第二天，上官桀父子就去聯繫燕王劉旦。劉旦是漢昭帝的哥哥，因為沒當上皇帝，心懷不滿，對霍光也一直反感。上官桀父子為了整霍光，首先想到他。在與燕王劉旦祕密聯繫的同時，上官桀父子暗中大量搜集有關霍光的資料，對他的一言一行也不放過，然後專門揀選出有關過失的部分，進行渲染，整理加工後就給劉旦送去，透過劉旦把這些攻擊霍光的證據送給漢昭帝。上官桀父子還請劉旦出面與皇帝說情，達到丁外人封侯的目的。劉旦一看上官桀父子如此曲意奉承自己，也昏昏然、飄飄然了。對上官桀父子是言聽計從。他找一個機會，去見漢昭帝，先敘手足之情，然後話鋒一轉，說：「咱哥倆只有一位大姐，大姐對咱不亞於父母。陛下十分敬愛大姐，甚至下過詔令讓丁外人侍候大姐，既然如此，按咱們漢朝的傳統規矩，應封丁外人為侯，這對咱姐也是個安慰呀！」

漢昭帝聽後雖感到此話有一定道理，但丁外人畢竟不是蓋長公主的丈夫，可否對他封侯，心中無數。於是，就把霍光找來詢問。霍光堅決反對封丁外人為侯，漢昭帝被霍光說服，駁回了劉旦的建議。劉旦原本就嫉視霍光，這樣一來，變嫉視為仇視了。於是，便把上官桀父子送來的那些整霍光的資料歸納了一番，湊成五大罪狀，劉旦親自寫奏章呈皇上，請求將霍光治罪。這五條罪狀是：一、擅自檢閱羽林軍，並在路上戒嚴；二、擅自命皇帝的御廚房給自己準備飯菜；三、任人唯私，就連他的小祕書楊敞，也被提拔為搜粟都尉；四、擅自

增加個人的衛士；五、專權，居心叵測。這五條只要落實一條，霍光也要受處分。最後，劉旦還聳人聽聞地提出：「為了預防政變，自己要離開封地進京保衛陛下。」

在劉旦上奏章彈劾霍光的同時，上官桀父子進行了精心的配合。上官桀趁霍光休假之機，把劉旦的奏章直接呈給皇帝。在他想來，只要皇帝一點頭，他就可以命令親信桑弘羊領兵去逮捕霍光。可是，出乎他意料的是，皇帝閱過劉旦的奏章後就壓下了，根本沒予批示。

第二天早朝時，霍光便得到了消息。因此待在朝房裡，沒有去朝見皇帝。漢昭帝不見霍光，就問：「大將軍哪裡去了？」

上官桀立即搶著回答：「他因為燕王彈劾，不敢上殿。」

漢昭帝聽罷立即宣召大將軍上殿。霍光來到金殿，摘下帽子，跪在地上，邊叩頭邊說：「微臣有罪！」

漢昭帝說：「大將軍請把帽子戴好，朕瞭解這道奏章是偽造的，大將軍沒有罪過。」

霍光站起身後，問道：「皇上怎麼知道這奏章是偽造的呢？」

漢昭帝說：「第一，大將軍你去檢閱羽林軍是祕密前往，僅宮中的警衛知道。第二，大將軍增加衛隊才不過十天，燕王遠離京城，怎麼會立即知道此事？大將軍如果要謀反，也用不著增加衛隊呀！」

上官桀父子聽皇帝這麼一講，立即傻眼了。皇帝接著下令逮捕上奏章之人。上官桀父子怕露了餡，連忙向皇帝建言：「對這件小事，不必追究了。況且，上奏章的人早已不見了。」

皇帝不予理會，仍嚴令追捕已逃亡的上奏章者。

上官桀父子一計不成，又生一計。不久，又唆使黨羽告霍光的黑狀。漢昭帝對此十分惱怒，對眾臣說：「大將軍是位忠臣，先帝遺囑命他輔佐朕。今後，如果再有人膽敢誹謗、誣告大將軍，罪當反坐！」此後，上官桀父子收斂了，不敢再議論霍光短長了。

但是，上官桀父子賊心不死。見霍光除不掉，就把矛頭一轉，直接對準了漢昭帝。於是，上官桀、上官

安、與蓋長公主、丁外人、桑弘羊等密謀，決定由蓋長公主出面請霍光喝酒，在酒席宴上將他殺死，然後宣布廢黜漢昭帝，對外宣布擁戴燕王劉旦繼位當皇帝，等劉旦進京後，也將他除掉。然後，由上官桀登極稱帝。一切計議妥帖之後，突然有人問道：「這樣幹，好倒是好，但怎麼安置皇后呢？」

上官安連忙插嘴道：「追麋鹿的狗可不能顧小兔子！我們是可以借皇后的光，可是，如果皇帝一旦變了心，我們這些外戚想當個普通小百姓也不成了。現在可是千載難逢的大好機會，不能因小失大，絕不能動搖！」人們見上官安連親生女兒都不顧了，自然也就沒有什麼可說的了。這樣，上官桀父子策劃的「殺霍光，廢昭帝」的陰謀就開始付諸實施了。

出乎意料，這個陰謀被稻田使者燕倉知道了。燕倉急忙報告了上級大司農楊敞。楊敞本來是霍光一手提拔起來的，但他膽小怕事，一聽到報告，連忙請了病假。同時，他把上官桀父子陰謀篡位的事告訴了諫議大夫杜延年。杜延年聞訊後，立即向霍光匯報了。霍光當機立斷，立即採取行動，先發制人，粉碎了這場篡位陰謀。上官桀、上官安被斬首、抄家。上官皇后因為年幼，而且沒有參與政變，又是霍光的外孫女，未被追究；桑弘羊、丁外人均被滿門抄斬；蓋長公主和燕王劉旦自殺。

上官桀父子野心膨脹，妄想篡位當皇帝，弒君不成，害人不果，自己反丟了腦袋，家族也跟著遭了殃，落得個身敗名裂的下場。

一般說來，皇帝是不能隨便廢黜的，尤其異姓的大臣如果廢黜皇帝，往往被視作謀反，那是要遭到舉國上下聲討的。因為封建的倫理綱常堅決禁止以下犯上。臣子反對君父，是十惡不赦的罪狀。

但是，世上的事情是複雜的，有時，統治階級的根本利益與君主個人行為發生衝突時，尤其君主的行為危及統治階級根本利益的時候，異姓大臣起而廢黜君主，另立皇族為新君而不是由自己取而代之，封建的倫理綱常對此是予以肯定和讚賞的。

前者如上官桀父子，被封建史家釘在了恥辱柱上，因為他們純為一己之私利，不惜使用骯髒的手段，陷害別人，所以儘管時代變了，他們的恥辱卻得不到洗雪，遺臭千古，永世不得翻身。

後者如霍光，他在漢昭帝死後，因為繼位的新君荒淫無道，危及了國家，危及了統治階級的根本利益，他將新君廢黜了，又立新君，挽救了漢朝，維護了地主階級的根本利益，所以他被封建史家所稱道，留名青史。直至今天，人們對霍光基本上還是予以肯定的，尤其他那「公忠體國」的精神，是被認同的。他與上官桀父子形成了鮮明的對照。

漢昭帝在位十二年，弱冠之時便一命嗚呼。他死後，因為沒有兒子，所以由誰繼位成了大臣們議論的中心，更為霍光所關注。有人主張從漢武帝的兒子中即漢昭帝的兄弟間選一個新君。漢武帝共有六個兒子，當時只剩下廣陵王劉胥一人。劉胥長得膀大腰圓，很有力氣，武勇非常，能空手抓野豬、狗熊，特別喜歡遊樂，言談舉止非常粗俗，從不把禮儀放在心上。當年漢武帝在冊封他為廣陵王時，曾在冊書上特別提示他不要擅作威福，要恪守法度，要敬上愛下，不要沉湎酒樂，凡事要小心謹慎，不要給自己惹麻煩，否則要蒙受大恥大辱，追悔莫及。知子莫若父，漢武帝對劉胥的認識很符合實際，從沒給以重任，早早就把他打發到封地去了。

漢昭帝繼位後，對劉胥給以禮遇，增加封地，多賜金銀。劉胥見漢昭帝沒有兒子，就打定主意將來有朝一日自己當皇帝。於是，他大造輿論，甚至請巫婆神漢來給他宣傳。湖北有個巫婆叫李女須，頗有名氣，劉胥就把她請來下神。李女須早已識破了劉胥的用意，於是，在裝神弄鬼時，她淚流滿面地說：「孝武皇帝叫我傳話！」

圍觀的人一聽漢武帝下神了，立即跪倒在地，側耳傾聽。李女須裝腔作勢地說：「我是漢武帝，我一定讓我兒劉胥將來當皇帝。」

人們信以為真，到處傳布女巫的謠言。劉胥見此情景，高興萬分，賞給李女須許多銀錢，並叫她到巫山去作禱告，祈求神仙顯靈，叫漢昭帝早日死掉，以便劉胥繼位當皇帝。

偏偏事有湊巧，這時從京城傳來了漢昭帝的死訊。劉胥一聽，樂得蹦起老高，擼胳膊挽袖子地大喊：「李女

須真是個活神仙呀！」立刻吩咐殺牛宰羊祭神還願。同時，做好動身的一切準備，只等使臣來迎接自己進京了。

不出劉胥所料，京中大臣們多數主張請劉胥繼位。而霍光卻力排眾議，他認為漢武帝生前就不重用劉胥，而劉胥也不具備當皇帝的素質。他主張由漢武帝的孫子，昌邑王劉髆的兒子劉賀繼位稱帝。

結果，劉胥空歡喜了一陣子。朝中大臣們被霍光說服，一致擁戴劉賀繼位。

劉賀一點也不比劉胥強，其驕奢淫逸的程度比劉胥有過之而無不及。他在應詔進京的路上，急著進京當皇帝，出盡了醜。他半天便跑了三百五十里地，拉車的馬累死就扔在道旁，沿途死馬相望於道。走到濟陽時，聽說此地產的雞打鳴聲音長，人稱長鳴雞，他便派人四處搜求。途中只要聽說有好玩的，便派人弄來。到弘農時，劉賀又派人買了一些美女，讓她們坐在自己的座車內，隨自己進京。到達長安東門時，按禮儀規定，劉賀應痛哭致哀。可是，劉賀卻說：「我嗓子疼，不能哭。」

劉賀當上皇帝後，更加肆行無忌。不顧國喪期間不准奏樂的禮節，日日夜夜在宮中宴飲作樂，酒醉之後就與妃子、宮女胡搞，把宮廷弄得烏煙瘴氣。

對此，霍光十分氣憤，更深恨自己看錯了人。於是，就與親信大司農田延年商議辦法。田延年為人有主見，有魄力，當年在鏟除上官桀父子的鬥爭中，曾起過關鍵作用。他對霍光直言不諱地說：「大將軍您是國家的柱石，既然看透此人不堪為君，為什麼不立即奏明太后，乾脆把他廢黜！另外再選賢明之人當皇帝，豈不很好？」

事關重大，霍光下不了決心，疑疑遲遲地說：「照你所說，在古代可有先例？」田延年朗聲答道：「豈止有先例，而且例子太多了。商朝宰相伊尹見君主太甲荒淫無道，就把太甲放逐了，更立新君，史書上說伊尹是商朝的大忠臣。大將軍如能像伊尹那樣幹，不就是漢朝的大忠臣嗎？不就是當今的伊尹嘛！」

霍光聽後，下定了決心。立刻派人把車騎將軍張安世找來，三人共同商議。

第二天，霍光就召集丞相、御史、將軍以及俸祿在二千石以上的大臣在未央宮開會。霍光首先發言：「昌

邑王劉賀荒淫無道，大家也都有耳聞吧！讓他如此鬧下去，漢朝就垮了，大家也完了，諸位有何高見？」

群臣一聽，大驚失色，深感事態萬分嚴重，都含含糊糊不敢明確表態。這時，田延年挺身而出，手握寶劍，厲聲說道：「先帝把小皇帝和國家大事託付給你大將軍，這是有遺詔可證的，也是人所共知的。先帝之所以如此器重大將軍，還不是因為大將軍你能忠於朝廷，保衛劉家嘛！如今，民怨沸騰，國家眼看就垮了。漢朝的傳家寶是一個孝字，所以才能綿延不絕，長有天下。如今，把孝字丟了，國家能不亡嘛！你大將軍死後有何面目見先帝？今天應速議速決，不要沒完沒了的，誰不同意，我請求讓我的寶劍和他商量！」

霍光站起身，朝田延年深深行個禮，說：「田先生責備我很對！我應該對今天這個混亂局面負責。」

大家見狀，立刻紛紛搶著表態：「大將軍是國家棟梁，我聽大將軍的吩咐！」「國家興亡、百姓死活，全憑大將軍，大將軍下令吧！我們堅決聽命！」……。當下決定廢黜劉賀，大家一起去面見太后。

霍光見大勢已定，就派人去請太后到未央宮承明殿。太后是霍光的外孫女，是漢昭帝的皇后，當時只有十八歲，自然要聽霍光的了。太后到來之後，霍光把群臣的意見說了一遍，然後就下令：除皇帝外，其他任何人一律不准放進宮門。劉賀接到通知來朝見太后，一點也沒有別的想法，與太后見過禮，他就坐上自己的輦回宮了。當他來到自己的宮門時，發現警衛森嚴，兩個太監手把著兩扇大門，表現十分緊張。劉賀照舊大模大樣進了宮門，他剛一進去，只聽身後「碰」的一聲，兩扇大門便緊緊關上了。劉賀回頭一看，自己的隨從全被關在了門外。劉賀感到很奇怪，就問：「這是幹什麼呀？」

霍光聞聲走過來，跪在劉賀面前，說：「皇太后有詔，不准昌邑王的隨從進宮。」

劉賀未察覺出危險，大大咧咧地說：「可以慢慢關門的嘛，幹啥嚇了我一跳？」

霍光站起身，不再理他了。吩咐門外的禁衛軍把昌邑王的隨從一律趕到金馬門外去。車騎將軍張安世早就率領部隊等在金馬門外了。一見到劉賀的隨從，立即把手一揮，喝令軍士將他們全都捆起來。一共抓了二百多人，全都送進監獄去了。

在宮內，霍光命令漢昭帝生前的侍衛們將劉賀嚴加看守，並嚴肅地囑咐道：「千萬小心，絕不能讓他自殺。你們可別叫我背上弒君的罪名啊！」

昏庸的劉賀至此尚不瞭解自己被廢黜了。他對看守們說：「我的隨從犯了什麼罪？為什麼大將軍把他們都抓了起來？」

人們誰也不理他。過沒多久，太后派人來傳劉賀。這時，劉賀才感到不妙，上牙敲著下牙說：「我有什麼罪過，怎麼太后傳我？」

當劉賀被衛士們押到太后面前時，那個場面把他嚇呆了。只見太后身穿大禮服，端坐在大殿之上，由數百名全副武裝的羽林軍保衛著，朝臣們按部就班站列兩側。劉賀被人帶至殿中跪好，尚書就開始宣讀由大將軍霍光、丞相楊敞、車騎將軍張安世等領銜的三十多名大臣聯名要求廢黜劉賀的奏章。奏章中列舉了劉賀種種罪狀，當尚書宣讀到：「昌邑王與孝昭皇帝宮人淫亂，還威脅太監們不准洩露，否則腰斬」時，太后厲聲喝道：「停下。」然後指著劉賀怒斥道：「你這個繼承人就如此悖亂嘛？」

劉賀嚇得大氣也不敢出，只有連連叩響頭的份。

接著，尚書又繼續宣讀。最後，當尚書抑揚頓挫地讀到：「劉賀上不可以奉宗廟，下不能治理百姓，應予廢黜」時，太后又發話了：「應該廢掉！」

劉賀癱軟在地，渾身抖個不停。當霍光叫他叩頭領旨謝恩時，劉賀才清醒過來，硬著頭皮掙扎著說：「我聽說過，天子有七個好大臣，就是再糊塗也不會把天下丟了。」

霍光二目圓睜，高聲地打斷了劉賀：「皇太后已下詔令把你廢黜了，你沒資格稱天子！」說罷，邁開大步走到劉賀面前，用一隻手抓住他的雙手，用另一隻手把他身上佩帶的玉璽解了下來。然後，雙手捧著玉璽獻給了太后。之後，轉過身，拉著劉賀就朝殿外走去。

霍光一直把劉賀拽出金馬門，後面跟著一大群朝臣。劉賀到了門外，完全絕望了。他朝西行了一個禮，

說：「我傻乎乎的，幹不了這朝廷的事！」說罷，登上早已給他備好的車子。霍光押著他直奔昌邑王在京城設的府邸。霍光在與劉賀分手時，含著眼淚說道：「弄到這步田地，全是王您自己搞的，我寧可辜負王您，也不能辜負漢朝。請王今後珍重自己，我不能來看您了。」

很快，劉賀又被送回原來的封地，太后還下詔，賞給他二千戶人家，而他的隨從則全被處死。

當了二十七天皇帝的劉賀被霍光趕下了台，天子寶座又空虛了。霍光再次召集大臣們商議擁立新君，最後確定擁戴漢武帝的曾孫，戾太子的孫子劉詢繼位，史稱漢宣帝。

地節二年（西元前六十八年）春天，霍光病死。漢宣帝親手撰寫詔書，稱他「功如蕭何」。霍光對漢朝可稱得上全始全終，無論是輔佐幼君或是廢黜昏君抑或是擁戴新君，霍光主要考慮的是劉氏王朝，所以儘管他專橫跋扈，聚斂財富，但是當時人們對他還是給予了較高的評價，原因就在於他是為朝廷廢黜君主，而不是自己想篡位。霍光死後三年，霍家便一敗塗地了。原因是霍光的妻子野心惡性膨脹，居然想搞政變，把漢宣帝趕下台，由兒子霍禹當皇帝。

其實，在霍光還活著的時候，霍家與漢宣帝就有摩擦了。霍光是三朝元老，又是太后的外祖父，漢宣帝一見他渾身都不自在。漢宣帝每次外出，霍光都與他同坐一輛車，漢宣帝就像背後扎了刺，坐不安席。霍光為了鞏固自己的地位，把自己的女兒送進宮中，給漢宣帝當妃子。可是，他萬萬沒想到，敗家的禍根就此栽下。霍光的妻子總想叫女兒當皇后。於是，在漢宣帝的許皇后患病時，她買通女醫生，將許皇后毒死，女兒霍妃便當上了皇后。

不久，有人上書皇帝指控女醫生應對許皇后之死負責。因此，女醫生被捕入獄。霍光的妻子怕女醫生如實招供，後果不堪設想，便把勾結女醫生害死許皇后的經過告訴了霍光。霍光聽後大吃一驚，著實把妻子埋怨一通。霍妻說：「事已至此，說什麼也沒用了，我還不是為了女兒才這樣幹。你快點給審案的官員打個招呼，別讓他們逼女醫生招供，否則，咱們霍家得滿門抄斬啊！」

霍光深感問題嚴重，就利用職權，宣布女醫生無罪釋放，並向漢宣帝報告女醫生與許皇后之死實在無關。事情就這樣遮掩過去了。

經過這番「震動」，霍妻不僅不加收斂，反而更加肆無忌憚了。霍光一死，霍妻更加無拘無束，隨心所欲了。她先是嫌霍光生前修的陵墓太小，於是重新擴建；接著，又嫌住宅太窄，又大興土木翻蓋；還嫌車子不華貴，就用黃金裝飾座車，用皮革裹絲綿包住車輪，讓侍女們用五色絲繩拉車。霍妻又難耐寂寞，便與管家馮子都私通。她的兒子霍禹、霍山、霍雲都位居顯要，可是卻不願處理政事，日夜沉湎於酒色，不願上朝就叫奴僕到朝房應個卯。對此，無人敢過問。

霍光死後一年，漢宣帝打算立已故許皇后之子為太子。霍光的妻子十分惱怒，竟公然對人們說：「已故許后的兒子是在民間生的，怎麼有資格當太子？難道我女兒這堂堂正正的皇后，將來生兒子只能當個王嗎？」越說越氣，直氣得大口吐血，飲食俱廢。

霍光妻子在氣憤之餘，又生毒計，急忙進宮去見女兒，教女兒找機會把太子害死，以絕後患。霍女照母親的話做了。數次給太子東西吃，只是因為服侍太子的人要先嘗過，然後太子才能吃，所以無法下毒，太子才得以保命。

後來，有人向皇帝揭露，許皇后之死肯定與女醫生有關，而霍光又包庇女醫生，這裡面大有問題。因為事關重大，證據也不充分，漢宣帝就沒有追究。但是，對霍家的人已開始不信任了。不久，便將霍家子弟及親屬從重要的崗位上調離。霍禹被免去右將軍之職，成了空頭大司馬，沒有了兵權；霍光的幾個女婿有的被解除統率禁衛軍的官職，有的乾脆被調出京城。這一系列調動，震撼了霍家的人。霍禹稱病不上朝，每天都大發牢騷，抱怨皇帝，公開對眾人講：「我有什麼不是？當今皇帝要不是我家老將軍擁戴，還不是在民間待著，能有今天嗎？我家老將軍墳上的土還沒乾，他就把我們甩了，真叫人想不通！」

霍山也到處講：「如今丞相辦事，把我家大將軍當年立的規矩，全扔到一邊，這不是有意出我家大將軍的

醜嗎？皇帝信任那群儒生，叫他們可以直接上書給皇帝。這幫窮酸天天上書，大談什麼大將軍在世時主弱臣強；大將軍死後，子孫當政，對朝廷不利。這不是衝著我們霍家來了嘛！」

霍光的妻子更沉不住氣了，她把子侄們召來，說：「當年許皇后之死，是我讓女醫生下的毒藥，聽說，皇帝又要追究了。」

霍禹、霍山、霍雲等人聽後，這才恍然大悟，異口同聲地說：「怪不得皇上疏遠我們，把咱們的兵權都奪走了！這可不得了，不早做準備，大禍就要臨頭了！」

於是，霍家的人決定搞一場政變，把漢宣帝除掉。霍雲的舅舅李竟找好朋友張赦商量，如何使霍家擺脫困境。張赦獻計道：「如今朝廷的大權在太子的外祖父許廣漢和丞相魏相手中。可先請霍太后出面，把這兩個人殺了。然後，再把皇帝廢了。霍家的好與壞，就在霍太后一句話！」

這番話被一個叫張章的人向朝廷揭發了。開始，漢宣帝下令追查，張赦也被捕了。可是不久，皇帝又下令不再追究，把張赦也放了。

對此，霍氏兄弟們更加害怕了。他們認為皇帝是礙於霍太后才不追究了，問題已暴露，早晚難免抄家滅門的大禍。與其坐而待斃，不如先發制人。於是，把出嫁的姑姑奶奶們都請回娘家，告訴他們快快通知各自的丈夫，事到如今，只有破釜沉舟幹到底了。各親戚家都要做好準備，只等時機選準，便一齊動手。

同時，又擬出了政變計畫：請霍太后出面擺酒招待皇上的外祖母，讓丞相魏相及皇帝的岳父許廣漢等大臣作陪。席間由霍光的兩個女婿范明友和鄧廣漢把魏相和許廣漢殺掉，然後把漢宣帝廢黜，立霍禹為皇帝。

這一險惡的政變計畫尚未付諸實施，便被漢宣帝發覺了。霍雲、霍山、范明友畏罪自殺，霍光的妻子、霍禹、鄧廣漢被逮捕。最後，霍禹被腰斬，霍光的妻子及家中的男男女女被斬首。霍光的女兒霍皇后被廢黜，關在昭台宮。受霍家株連被抄家滅門的達數千家。

至此，出了兩個皇后、四個列侯，顯赫三朝的霍家，一敗塗地了。

從漢武帝死後，在十五年的時間裡，漢朝宮廷大事迭起，上官桀父子篡位、霍光廢黜劉賀、霍禹母子篡位，無一不暴露出統治集團內部鬥爭的殘酷與醜惡。在金錢和權力面前，野心家是從不講仁義道德的。

王莽篡漢

王莽是個高級雙面人，他靠耍兩面派手法，騙取了信任和擁戴；但是他篡漢成功，卻主要不是靠兩面派手法奏效的。他的活動證明了開歷史倒車的人無出路。

西漢王朝從漢元帝時起就走上了下坡路，而到了漢成帝時，國家已是衰形畢露了。土地兼併日趨嚴重，賦稅勞役繁多，造成大量農民逃亡或淪為奴隸。繁重的經濟剝削，殘苛的政治壓迫，逼得廣大農民不斷起來進行反抗鬥爭。封建統治已呈動蕩不安的局面。而在邊疆地區，由於民族矛盾尖銳，更是兵連禍結。西漢統治者已喪失了漢武帝時代的武功，只得靠「和親」妥協來換得暫時的安寧。

在統治集團內部，由於皇帝沉溺酒色或者年紀太小而不過問朝政，致使大權落在外戚手中。僅以漢成帝統治時期為例，在二十多年的時間裡，外戚王家就有十人封侯，五人相繼出任大司馬，如公卿、大夫、侍中、諸曹等要職也為王氏子弟占據，而各郡國的長官及藩王封地的相也都為王氏門中人。絕大多數的外戚只顧一家之私利，仗恃特殊的權力盤剝百姓，欺凌眾官員，排斥智士賢人，把朝政搞得一團漆黑，使得統治階級內部矛盾異常尖銳。

一些頭腦清醒的官吏，主張改良，藉以緩和社會諸矛盾，維繫危機四伏的西漢王朝。比如漢哀帝時，大司馬師丹就曾提出「限田」的主張，企圖緩解土地兼併及奴婢過多的問題。規定貴族、高官占有土地不能超過

三十頃，占有奴婢依品級不同，最高不得超過一百人，一般以三十人為限。儘管這項改良措施對大貴族、大官僚多有優待，但仍遭到他們的反對，尤其丁、傅兩家外戚，反對得更兇。因此，師丹的改良也就失利了。改良的失敗，使更多的人失望。人心離散，使封建政權處於風雨飄搖之中。

在這種歷史大背景之下，王莽憑著外戚輔政的特殊地位，推行一些改良措施，博得了百姓的好感；同時，他又以謙恭、勤政、節儉的面貌出現，騙得了儒生的讚譽。最後，王莽利用人心思亂，對改朝換代的希冀，有計畫分步驟地篡奪了西漢王朝的最高權力。

可以說，王莽篡漢是有著歷史必然性的。因此，評價王莽也像評價歷史上諸多的篡位者一樣，主要不以他是如何取得最高權力為依據，而以他是如何運用這最高權力及對社會歷史所產生的作用為主旨的。

王莽（西元前四十五年至前二十三年），字巨君，是漢元帝皇后王政君的娘家侄兒，漢成帝的表弟。漢成帝繼位後，大封舅舅們，王譚、王商、王立、王根、王逢五人同日被封為侯爵。王莽的父親王曼早死，沒能趕上封侯，因此，王莽在家族中的地位最初並不顯赫。

論富貴奢侈、權勢壓眾，王莽不能與叔伯們同日而語，就是與兄弟子侄輩相比也相差甚遠。但是，王莽卻採取出奇制勝一招，使得世人對他刮目相看。他十分注意克制自己，生活很儉樸，衣著與普通士人毫無二致。這在驕奢淫逸的王氏族中，無疑如同烏鴉群裡立著一隻白鶴，反差特別大。王莽努力攻讀，切磋學問，以自己的學識，博得了儒生們的稱道。

王莽特別注重孝悌，對守寡的母親小心侍奉，對亡兄遺下的兒子愛如己出，對族中人無不待之以禮，他成了遠近聞名的大孝子。王莽還廣交英雄豪傑，禮賢下士，頗受時人的好評。王莽的苦心沒有白費，就連深宮裡的皇上也知道他是一個有道德有學問的人才。而王太后更以自己有這樣一個侄兒欣然自得，對他偏存憐愛之心。

王莽得以步入仕途並飛黃騰達，也是憑著他的這番克己的功夫。大將軍王鳳是王莽的叔父，在患病期間，

王莽日夜守候在病床前，在王鳳吃藥時，王莽都要先親口嘗過，才把藥碗送給王鳳。他忙得連臉都顧不上洗，一連數月都沒有脫衣服睡個囫圇覺。王莽的孝順，深深感動了王鳳。王鳳在臨死時，還念念不忘向漢成帝和王太后推薦王莽。

因此，王莽被封為黃門郎，不久又被提升為射聲校尉。王莽官是有了，但財富還差得很多。可是，擅於克己的王莽，很快又來了財運。他的另一個叔叔成都侯王商主動向皇帝提出，願把自己的封地拿出一部分給王莽。不僅族人為王莽的富貴著想，就連朝廷的大臣們也紛紛給皇帝上奏章，請求重用他。在眾權貴的推舉下，王莽在永始（西元前十六年）五月，被封為新都侯，升任騎都尉、光祿大夫、侍中，成了皇帝的近臣。

王莽雖然官越做越大，但是待人卻越來越謙恭。他仗義疏財，用自己的財物周濟名士，甚至把自己的車馬、皮衣都送給了賓客。得到了他實惠的名士和賓客們，到處替他宣揚，稱頌他的美德。王莽的這一招真有奇效，不久，他的美名就超過了其他手握大權的叔伯們。

王莽的行為是裝給別人看的，所以有時也難免露出馬腳。一次，他偷偷買了一名美女，供自己淫樂。不料，被族內的弟兄們知道了，消息立刻哄傳開，「王莽也玩女人呀！」

老練的王莽聽到之後，毫不驚慌，他找了一個機會對弟兄們說：「後將軍朱子元沒有兒子，我聽說這個女人有多子之相，所以我替朱將軍買了回來！怎麼能忍心朱將軍那樣的好人絕後呢！」

說完這番話，就派車馬把這個美女給朱將軍送去了。人們的嘴一下子被封住了。儘管有人懷疑此舉是否出於真心，但面對事實也不好再多議論了。於此可見王莽手段之老辣。

在一般情況下，王莽給人的印象是謙恭克己，禮賢下士，溫良恭儉讓。可是，在統治集團內部互相傾軋時，在王莽認為需要時，他完全變成了另一副模樣，是那麼兇殘、陰險，與平日的王莽判若兩人。王莽在與姑表兄弟淳于長爭權奪勢的鬥爭中，兇殘、陰險、毒辣的本性發揮得淋漓盡致。

淳于長是王太后姐姐的兒子，最初是黃門郎，由於大司馬王鳳臨死前的推薦而升官，比王莽略早進入仕

途。在漢成帝立寵妃趙飛燕為皇后時，因為趙飛燕是歌女出身，遭到王太后的反對。淳于長靠著特殊身分，在王太后面前極力攛掇，終於說服了王太后，趙飛燕才得以立為皇后。為此，漢成帝十分感謝淳于長，封他為侯爵，十分寵信他。朝臣們對淳于長無不側目，不敢與他爭衡，紛紛依附他，收取的賄賂及賞金多達億萬。淳于長過著荒淫的生活。他與許皇后守寡的姐姐許孊通姦，後來又娶回家中為妾。因此與許皇后也攀上了關係。後來，許皇后被廢黜，想透過淳于長向皇帝求情，不斷送金錢給他。淳于長欺騙許皇后，他已向皇帝求情，並答應不久可封為左皇后。淳于長透過許孊與許皇后書來信往，久之，竟發展到用言語挑逗、調戲許皇后的程度。許皇后為求他歡心，也只得虛與周旋，長達數年。

漢成帝綏和元年（西元前八年）冬季，大司馬曲陽侯王根因久病要辭職。淳于長身居九卿之位，又是太后的外甥，還深得皇帝寵信，自然可以接替王根的職務了。王莽對淳于長十分嫉妒，就暗中搜集淳于長的資料，以便時機成熟，置淳于長於死地。

當王莽得知叔父王根辭職已被批准時，他以探病為名，去見王根，趁機說：「淳于長見您久病，十分高興，滿以為可以接替您的職務，到處封官許願，籠絡人心。」

王根一聽，自然很生氣。王莽見時機成熟了，就把平日搜集的證據一股腦兒講給了王根。對於接受許皇后禮物，與其書信往來，更是大加渲染。王根聽罷，怒沖沖地說：「情況如此嚴重，為什麼不早報告我！」

王莽連忙低聲下氣地說：「不知大將軍的想法，所以孩兒不敢貿然稟告。」

王根氣喘吁吁地說：「快，快進宮向太后報告，就說我讓你去的！」一邊說還邊朝外揮手。

王莽不慌不忙地給叔父行過禮，又一再請叔父保重身體，然後才不疾不徐地走了。

王莽一出王根的府門，立即快馬加鞭進宮去見太后。王莽見到太后，就急忙把淳于長與許孊通姦以及與許皇后通信的事報告給了太后。還把淳于長急切要取代王根的事，加油添醋地描述了一番。王太后聽罷，非常氣憤，板著臉說：「沒想到這個孩子竟然墮落成這個樣子，太令我失望了。你快去報告皇上！」

於是，王莽打著太后的旗號，向漢成帝把淳于長的劣跡全部揭發了。漢成帝尚念舊情，又考慮淳于長畢竟是太后的外甥，只下詔令免去淳于長的官職，遣送回封地，沒有治罪。

淳于長在離京前，王莽的族弟王融向淳于長要車輛馬匹，淳于長便把自己的豪華座車送給了王融，同時，還拿出許多珠寶叫王融轉送他的父親紅陽侯王立，希望王立出面向皇帝講講情。王立從前與淳于長不和，認為自己沒當上大將軍，是淳于長在皇帝面前說了壞話。王立為此還曾向漢成帝申訴，反映了自己對淳于長的不滿之意。如今，接到淳于長的重金以後，盡釋前嫌，立即給皇帝上奏章，請求不要免除淳于長的官職。漢成帝接到奏章後，產生了懷疑，便下令有關衙門查清王立為什麼一反從前的態度，出面給淳于長講情。於是，王融首當其衝，被關了起來。王立怕兒子招供牽連自己，就利用權力叫王融自殺，以達到滅口的目的。對此，漢成帝的疑心更大了，懷疑淳于長等人有更大的陰謀。於是，下令把淳于長抓進牢獄，嚴加審訊。

在刑訊之下，淳于長招認了全部罪狀。結果被判處死刑，妻子兒女被充軍廣東，母親王若被遣送回鄉，許皇后也被命令自盡。

王莽由於揭發了淳于長，很受皇帝賞識，王根就推薦由王莽繼任自己的職務。就這樣，王莽當上了大司馬，成了輔政大臣。淳于長至死還不知道是王莽把他送上了斷頭台。

當上大司馬的王莽，已成為眾臣之首，他此時所想的是，如何使自己的政績超過前輩。他的叔父王鳳、王音、王商、王根都當過大司馬，連王莽在內，外戚王家已先後有五位大司馬了。上任伊始，王莽也的確信心十足，要勵精圖治。所以他並不因為自己在一人之下，萬人之上，便稍有懈怠，仍一如既往勤政不息，嚴以自律，盡量克制自己的私欲，廣泛聘任賢人擔當自己的僚佐。如獲賞賜，仍像從前那樣，把財物分給士人，就連在封地內所得的稅收，也不獨吞，而和貧士共用。自己仍過著儉樸的生活。一次，王莽的母親患病，朝中公卿大臣的夫人們相繼前來問候。王莽的妻子出門迎接，穿著打扮與一般民婦毫無二致，致使前來問安的貴婦們把她誤認為婢女。當貴婦們得知眼前這位「民婦」居然就是大司馬夫人時，無不驚訝得瞠目結舌。王莽為官不驕的美名，傳遍了天下。如果說，王莽的這種行為有矯揉造作的成分，並不為過，但據此便得出他這是為了篡權，尚為時過早，與實際不符。須知，漢朝專權、篡權的權貴幾乎無一不驕奢淫逸，像王莽這樣的確實鳳毛麟角，而驕奢淫逸並不是篡權的障礙，王莽無需在這上面偽裝。不應以王莽後來篡權而否認王莽前此的節儉。

在漢成帝生前，王莽根本就沒有篡漢的想法，就是在成帝死後，漢哀帝繼位之初，王莽也能恪盡臣職，並無非分之思，這由哀帝繼位後，王莽歸隱一事便可足資證明。漢哀帝是漢元帝的庶出孫子，是定陶恭王劉康之子，他的祖母傅太后擅權，傅太后的堂弟傅喜出任衛尉，主管宮禁。哀帝的舅父丁明也以外戚之尊出任要職。太皇太后王政君擔心王莽與傅、丁兩家外戚發生衝突，按傳統朝政應由傅、丁兩家外戚輔佐，於是就指令王莽交權歸隱。對此，王莽欣然應命，辭職回家。

漢哀帝繼位後本想有一番作為，而傅喜、丁明二人也比較賢明，於是又請王莽出山，因為王莽在他們看來畢竟是個難得的人才，而且在官民之中還有著較高的威信。所以，王莽辭職時間不長，又應皇帝之命重新入朝為官了。王莽復出以後，銳意整頓朝政。於是與擅權而又頗有心計的傅太后發生了衝突。一次，高昌侯董宏上書，提議給尚健在的傅太后之母親丁姬上尊號。對此，王莽與師丹均持反對意見，而且彈劾董宏這個提議毫無道理，是誤國之舉。當然，不能讓傅太后滿意了。不久，王莽又與傅太后發生了一次直接衝突。漢哀帝在未央宮設宴，太監頭頭指令小太監把傅太后的座位與太皇太后王政君的座位並排在一起。王莽在開宴之前，到宴會廳巡視，發現座位擺放不合規矩，就把太監頭頭叫來，痛斥道：「傅太后本來是封國的王妃，怎麼能和太皇太后並肩而坐呢！」說罷，命令重新安排座次。

當然，傅太后很快便得到了報告，不由得勃然大怒，拒絕出席宴會。王莽見不好收場，迫於無奈向皇帝提出辭呈。漢哀帝懾於祖母傅太后的淫威，批准王莽辭職回家閒居。漢哀帝很看重王莽，儘管讓他回家，但還給予一些特權，如特准他每月初一、十五日上朝，禮儀與三公一樣，還封他特進、給事中名義，並賞給五百斤黃金、四匹馬拉的豪華專車，增加封地等。

王莽丟官一年，傅太后和母親丁姬都上了尊號。丞相朱博、御史大夫趙玄則提出要追究王莽當年反對上尊號一事，認為不處死他已很寬大了，應將他貶為平民，收回爵位及封地。漢哀帝被迫採取了一個折衷方案，不削奪王莽的爵位及封地，而讓他離開京城，遣送回封地。

王莽被攆回封地後，閉門思過，安分守己。一天，他的次子王獲殺死家奴，這是違法的。王莽命兒子王獲自殺謝罪。可見他克己到了這種地步。

王莽在封地一待就是三年，終日謹小慎微，當然是為了避禍，自然也不能排除他刻意保全自己是在等待復出之機。這期間，有許多官員和百姓上書朝廷，替王莽鳴不平。元壽元年（西元前二年）若干應舉的士人，在考試中竟然作文稱讚王莽的功德。漢哀帝見王莽眾望所歸，就乘勢將他調回京城，命他陪侍太皇太后王政君。王莽雖然沒有實任官職，但可以出入宮廷，這遠非一般大臣可比了。

王莽返京一年，漢哀帝便死了。而傅太后和丁太后則先於哀帝而死。因此，太皇太后王政君又控制了朝廷。在哀帝死亡的當天，太皇太后便趕到未央宮，收取了皇帝的玉璽，並下詔令眾大臣推舉可出任大司馬的人選。大司徒孔光、大司空彭宣推薦王莽，前將軍何武推薦後將軍公孫祿，公孫祿則推薦何武。最後，太皇太后決定王莽再次出任大司馬，得到百官的擁護。

這次王莽當政，才萌發了專權之心，並大要手腕，一步一步達到專權的目的。

王莽為了保住自己的地位，他採取了兩個辦法。一是排除政敵，二是控制皇帝。王莽利用大司徒孔光膽小怕事的弱點，讓他做自己的代言人。王莽用高官厚祿把孔光的女婿甄邯收為自己的心腹，一旦王莽要除掉自己不滿意的大臣時，就整理好資料，命甄邯交給孔光，由他上報太皇太后，對下則說這是太皇太后交辦的。同時，王莽又在太皇太后面前建言批准孔光的奏本。這樣，由王莽策劃，孔光出頭，太皇太后批准的一場場罷官戲就在王莽的導演下接二連三地上演了。首先倒楣的是何武和公孫祿，接著便是當年提議給傅太后上尊號的董宏兒子董武……，一批接一批被王莽看不中的大臣被免職，有的還被判刑。

王莽在肅清政敵的過程中，對自己家族中的人也不放過。他首先對叔叔紅陽侯王立下了手。王立雖然沒有任官職，但畢竟是太皇太后王政君的親弟弟，其影響無疑是巨大的。王莽擔心這位叔叔萬一在太后面前發了話，肯定就會限制了自己，自己是鬥不過這位叔叔的。王莽為了排除這個潛在的威脅，又讓大司徒孔光出面揭發王立的問題，說王立當年收受淳于長的賄賂，就包庇、說情，對朝廷不忠，且在立太子這大事上，王立曾主張立宮婢的私生子為太子，企圖重演當年呂后與少帝的故事，自己乘機撈好處，引起了天下的議論，因此，應把王立遣回封地。對此，太皇太后表示不同意，王莽卻從旁進言：「如今漢朝衰落，兩代皇帝皆沒有太子，太后獨自支撐，代幼主管理朝政，即使全力以赴，大公無私，也很難達到人人心服口服的境地。現在，因為考慮親兄弟而駁回大司徒的奏本，難保眾臣不產生誤會，從而離心離德，禍亂可就難免了。以孩兒愚見，應遣王立離京回封地去才妥當。更何況，王立又不擔任官職，離開京城也無妨。」

這一席話，把太后說得無言以對，只得依了王莽。之後不久，王莽又將大司徒彭宣擠下了台，「歸鄉養老」。王莽就這樣上下其手，以君權壓臣子，以臣子逼君主，自己則從中獲實利。

在漢哀帝去世三個月之後，在王莽的導演下，把年僅九歲的中山王劉衍扶上了皇帝寶座，史稱漢平帝。名義上由太皇太后臨朝聽政，其實朝廷大權完全掌握在王莽之手。王莽在朝臣中一方面打擊異己，一方面培植個人勢力，很快便形成了一個實力集團，王莽的一言一行，無不立即產生影響，可以毫不誇張地說，王莽已完全能夠挾天子以令諸侯了。

膽小怕事的大司空孔光雖說凡事聽從王莽，但是，他唯恐王莽遲早會整到自己頭上，就在漢平帝繼位不久，便主動提出辭職。正中王莽下懷，於是建議太皇太后免去孔光大司空的職務，改任他為皇帝師傅。就這樣，與王莽同時出任朝廷三公的，只剩下王莽一個了。

可是，王莽仍不滿足。他又指使朝臣們給太皇太后上奏章，加封自己為安漢公，以與古代周公相比。當太皇太后批准之後，王莽又故作姿態，上奏章聲稱：「在擁立新皇帝的過程中，孔光、王舜、甄豐、甄邯都出了

力，不應僅封我一個人，孔光等都應得到封賞，對我可不予考慮。」

王莽連續上書推辭封爵，朝廷自然照封不誤。王莽為了欺騙輿論，收買人心，最後乾脆稱病不上朝了。直到孔光、王舜、甄豐、甄邯也都加官晉爵了，王莽才接受「安漢公」的稱號。與此同時，王莽又提議，大封皇族，結果有三十六名皇族被封為侯爵，兩名皇族晉封王爵，而一些因罪被剝奪爵位的皇族，在王莽的建議下也都恢復了爵位。王莽還建議給已退休的官吏發津貼，相當原來俸祿的三分之一，對平民百姓也都給以實惠。這樣一來，王莽博得了舉國上下的好感。

王莽見時機已經成熟，他便指使朝臣給太皇太后建言，以太后年事已高，不適宜再管小事為名，請太后保養身體，一些行政事務可責成安漢公處理。太后當即表態：「今後只有封爵位的事上報給我，其他朝政悉由安漢公決斷。高級官吏的任免也由安漢公出面。」

這樣一來，王莽的權力已完全等同皇帝了。只是在此時，漢平帝元始元年（西元一年），王莽才萌生了篡權的願望。

王莽為了讓自己篡漢的野心得逞，他又向太后建言：「應吸取哀帝時外戚傅氏及丁氏專權的教訓，當今皇上年幼，更不應顧及私親。」言外之意就是要竭力限制漢平帝的舅家衛氏的權力。結果，由太后發下詔旨，授予漢平帝的母親、兩個舅父、三個妹妹爵位，但卻不准進京。從而解除了漢平帝的外戚對王莽的威脅。

王莽深知，嚴格說起來，他早就不是外戚了，只因太皇太后尚健在，他還沾點外戚的光，一旦太皇太后去世，他就不再有以外戚的身分輔政的條件了。因此，王莽想把女兒送給漢平帝當皇后，這樣，他就是名符其實的外戚了。於是，王莽給朝廷上奏章，聲稱皇帝繼位已三年，尚未冊立皇后，甚至連妃子也沒選。從前國家危難迭起，都是因為皇帝沒有兒子的緣故。現在應以《五經》為依據，制定迎娶皇后、選納妃嬪的制度。應給天子娶十二位后妃，以便多生皇子。而皇后及妃嬪應從商王、周王、周公和孔子的後代中挑選，另外，漢朝列侯其生長在長安的嫡系閨女也可入選。王莽的這個「建議」，立即被批轉到有關衙門，照此辦理。

很快，入選后妃的花名冊就做好了。王莽家族的大多數姑娘都上了名單。王莽擔心自己的女兒競爭不過，就採取以退為進的手法，給太皇太后上書：「兒臣王莽無德無行，小女少才無能，不應與眾多賢女一同入選。」可是，大大出乎王莽意料，太皇太后居然認以為真，竟下了一道詔旨：「王氏家族的女孩兒，是我娘家的人，在挑選后妃時，不要選她們！」

王莽見自己弄巧成拙，急忙採取措施挽回，立即指使眾朝臣上書，連普通的儒生及平民百姓也發動起來了。每天都有成千的人跪在宮門外請願，聲稱安漢公功德顯赫，把他的女兒從候選皇后的名單上劃掉，天下人怎麼會答應。我們渴望安漢公之女當皇后。對於這種局面，王莽又耍起了兩面派，他表面上派出官員去勸阻，暗中卻加派人員到宮門前請願，所以王莽越勸阻，請願的人越多！

最後，太皇太后王政君在不得已的情況下，只好收回自己的成命，同意王莽的女兒參加選皇后。對此，王莽又假惺惺地推辭，朝中的眾公卿一致與王莽爭辯，說：「不應再選別人家的女孩了，那樣豈不破壞了正統！」更可笑的是，有不少朝廷大官，竟然為了讓王莽的女兒入選，與王莽爭得面紅耳赤，吐沫橫飛，出盡了醜態！最後，王莽也是在「不得已」的情況下，「勉勉強強」地同意了眾公卿的意見！

元始三年（西元三年）春，太皇太后派官員帶著禮物，去王莽家相看未來的皇后。眾官回朝後，異口同聲地說：「安漢公的女兒有德有才有貌，太適合當皇后了！只有像安漢公女兒這樣的賢女才能接續帝王世系，侍奉皇帝的家廟。」

接著，又由一群公卿進行占卜，得的卦都是大吉。經過這番折騰，選皇后的事總算走完了過場，宮中拿出兩萬斤黃金作聘禮，王莽堅絕不收，最後「勉強」收下四分之一，把剩下的金錢分給了十一戶陪嫁女兒的人家及王氏家族中的窮人。

正當王莽沉浸在當上國丈的歡樂之中時，他的大兒子王宇卻公然與他作對。王宇一直反對王莽排斥漢平帝的外戚衛氏家族，害怕將來招致禍殃。於是，暗中與漢平帝的舅舅衛寶聯繫，並建議由漢平帝的生母衛后給太

皇太后寫信，一方面譴責哀帝時丁、傅兩家外戚的罪惡，一方面請求進京探視皇上。王莽得知此事後，給太皇太后出主意，可加封衛后封地，但不准進京。對此，王宇與自己的老師吳章及妻兄呂寬商議辦法。吳章提出王莽迷信，可用怪異之事嚇唬他，逼他答應衛后進京，並由吳章出面，勸王莽將政權交付外戚衛氏。結果，王宇叫呂寬乘夜將血灑到王莽的家門口，以此來嚇唬王莽。

不料，呂寬在灑血時，被王莽的門衛捉住。因此，計畫敗露。王莽把兒子王宇關進獄中，用毒藥害死了他；把懷孕的兒媳也關進監獄，等生產後再處死。同時，王莽還以謀反的罪名，把外戚衛氏家族中除漢平帝的生母衛后一人之外，全部殺死。吳章也被腰斬於市。還追究呂寬的同黨，並乘機大肆株連無辜之人，凡是王莽厭惡之人，一律被扣上呂寬同黨的帽子處以死刑。比如，漢元帝的妹妹、王莽的叔叔王立、王仁都被害死。至於朝臣受牽連的就更多了。剎時間，數百人頭落地。王莽的政敵幾乎全被清除掉了。劉家王朝成了王家的天下。

隔年（元始四年，即西元四年）二月初七日，漢平帝與王莽的女兒成婚，王莽成為名副其實的外戚，皇上的老丈人了。一些拍馬屁之輩，在夏天時糾集八千多人給朝廷上書，要求對安漢公王莽增加封賞。結果，王莽不但增加了兩個縣的封邑，還得到了新野及黃郵聚的田地，並得到了「宰衡」這一兼古代周公、伊尹二人所有的封號（周公被封為冢宰，伊尹被封為阿衡），位在三公之上。王莽的母親被封為功顯君，兩個兒子也都被封為侯。對此，王莽仍不滿足，表面上卻一再推辭。不久，在眾朝臣的「請求」下，皇帝又下詔賞賜王莽九錫，位在侯、王之上。所謂九錫，是九種器物，是為臣的最崇高的待遇。歷史證明，得到九錫的人，往往都取代了皇帝。

常言道，權大震主。漢平帝儘管是王莽的女婿，但是，面對王莽那有增無減的權勢，也日漸不安。尤其隨著年齡的增長，他開始忌恨王莽了。他深怨王莽殺害了舅父全家，阻斷自己和母親見面。不滿之情，平時難免有所流露。王莽在漢平帝身邊安插許多耳目，因此，皇帝的一言一行都及時掌握了。王莽發現漢平帝對自己心懷不滿，便起了殺機。在年終時，王莽乘宮內祭祀眾神之機，給漢平帝送上了一杯毒酒。漢平帝毫無所知，喝

了酒就病倒了。王莽還假惺惺地求天告神，請求神靈保佑皇帝，並請求天帝准許自己替漢平帝去死。

不久，漢平帝死了。在擁立新皇帝的時候，王莽竭力主張立幼小的人，其用意是不言自明的了。

新皇帝還沒立出來，新奇的事卻發生了。武功縣縣長在淘井時，「意外」發掘出一塊白色石頭，上圓下方，石頭上還有紅色的字：「告安漢公王莽當皇帝」。王莽得報後，立即報告了太皇太后王政君，太皇太后不屑一顧地說：「這是騙局，不可信，不能行！」

王莽碰了個大釘子，只好灰心地離開了。緊接著，便由親信太保王舜出面向太后進言：「事情已到了這個地步，想阻止王莽也辦不到了。何況王莽也不敢有別的打算，只是想得到個攝政的名義罷了。他加強權力，也還是為了鎮服天下。」

太后權衡再三，明知不可，但也無能為力，最後只得違心地答應了。王舜等人又讓太后發下詔旨，稱：「平帝逝世以後，沒有太子，只能從皇族中選取，所選之人年幼，如無有德有才之人輔佐，朝政將受極大影響。安漢公王莽曾輔佐三代帝王，功業可與周公相比美。現在，武功縣發現符命，這是天意。所說『當皇帝』的意思是代行皇帝的權力，相當於皇帝。因此可以命令安漢公代行皇帝權力，就像古代周公輔佐成王那樣。群臣可制定典禮儀式，上報朝廷。」

眾朝臣對太后的這道旨意，一片贊頌之聲，都說太后英明，能上符天意，下合民心。安漢公應登上皇位，穿戴皇帝的衣冠，在背後要樹立畫有斧形的屏風，面朝南接受群臣跪拜，處理朝政。出入宮廷時，所經之路要戒嚴。總之，一切都應按天子的制度施行。在文告中自稱「假皇帝」，百姓和官員則稱「攝皇帝」。安漢公朝見太皇太后及平帝皇后時，仍行人臣禮節。安漢公在自己家中，按諸侯的禮儀行事。

朝臣們的這個意見，立刻被太皇太后批准了。

三月份，只有二歲的劉嬰被正式立為太子，年號改稱居攝元年（西元六年），此因王莽攝行皇帝權力之故。劉嬰是漢宣帝的玄孫，廣戚侯劉顯的兒子。他之所以在應選太子的二十三名皇族中被選中，名義上是在占

卜時，他得的卦最吉利，其實，是因為他年紀最小，便於王莽專權。

王莽把劉嬰當作傀儡，凡事都由自己決斷。幫他登上假皇帝寶座的王舜、甄豐、甄邯等心腹均提升了官職。王莽攝政稱帝，遭到了一部分皇族的反對。安眾侯劉崇就很不以為然，率領部屬百餘人起兵，結果很快就被鎮壓下去了。劉崇等「反叛」的家被毀為污水池塘。

劉崇被鎮壓後，朝臣們便上奏章，稱：「劉崇等人之所以謀反，是因為攝皇帝的權力太輕，應加強攝皇帝的權力，否則難以治國。」

於是，太皇太后又下詔，命王莽在朝見自己時稱「假皇帝」而不稱「臣」了。接著，又將王莽在宮中休息的地方改稱「攝省」，辦公的地方稱「攝殿」，住宅稱「攝宮」。至此，除了多一個「攝」字而外，王莽與皇帝沒什麼區別了。

王莽是事與願違。他越是變法加強權力，反對他的人卻越多。居攝二年（西元七年）五月，東郡太守翟義與都尉劉宇、嚴鄉侯劉信、武平侯劉璜結盟，乘九月考武士時起兵，殺死觀縣縣令，立劉信為天子，向全國發布檄文，聲討王莽篡權。此舉震動了天下，很快便攻占了河南山陽，隊伍擴大到十餘萬人。

王莽聞訊後，寢食難安。太皇太后王政君對身邊的人說：「人心相同啊！我雖然是個女人，也知道王莽為此一定很害怕。」

王莽驚魂甫定，就派出自己的親信統率大軍去進攻翟義。這時，長安郊縣乘京城空虛，也舉起了反對王莽的旗幟，從茂陵西至沂縣共二十三個縣同時起兵，由百姓趙朋、霍鳴為首，召集各地「盜賊」，攻城掠地，殺死官員。隊伍很快增至十萬人。就連在未央宮都能看到義軍的火光了。王莽又急忙派兵迎擊，並由王舜、甄豐等親信日夜在宮中巡邏。王莽則抱著小皇帝劉嬰每天都到祖廟去禱告。十月份，王莽為了欺騙人心，派大夫桓譚向全國宣布，自己一定把皇位還給劉嬰，同時，還大封前線將領，有五十五人一次被封為列侯。十二月，翟義兵敗被俘，慘遭車裂。第二年春季，趙朋等也被殲滅。

王莽在白虎殿設宴慶祝勝利，大封有功將士，一次獲侯、伯、子、男爵位者共計三百九十五人，獲關內侯者也高達數百名。而對叛逆則大加屠戮，把翟義的祖墳刨開，將棺材、屍骨燒成灰；把活著的親族全部處死，連嬰兒也不能倖免，將屍體堆在一個大坑中掩埋。還把翟義、趙朋、霍鳴的屍體依次放到濮陽、無鹽、圉、槐里、盩厔等地的大道邊上示眾，並插上木牌子，上面大書「反虜、逆賊被殺戮」。

王莽被勝利沖昏了頭腦，滿以為翟義、趙朋等被殲滅，是天意人心相助自己的結果。於是，決心把自己頭上「假皇帝」的假字徹底拋開，完全取代漢朝皇帝。

王莽首先把自己的兒子王安、王臨封為公爵，把孫子王宗封為新都侯，把侄兒王光封為衍功侯。當年九月份，他母親病死時，自己的孝服完全按天子的規格置辦，經過這一系列帶有試探性的舉動之後，王莽見人們沒什麼不同的反應，於是，他更放開手腳大幹了。

十一月二十一日，王莽向太皇太后王政君上奏章，說：「現在陛下即將遇上漢朝十二代二百二十一年的厄運，上天屢屢示警，七月在臨淄縣，昌興亭長一夜連做了幾個夢，夢見有人對他講：『我是天帝的使者，老天爺命我告訴你，攝皇帝應當做真皇帝！你如果不信，你這個驛亭明天就會出現一口新井。』該亭長早起一看，果然出現一口新井，深可百尺。十一月，巴郡出現石牛，雍縣出現碑文，這兩件東西都送到了未央宮前。我與王舜去察看時，忽然刮起了大風，天昏地暗，伸手不見五指。風停以後，面前發現一塊銅板，上面寫著『上天通告皇帝的符命，進獻的人封侯爵』。對此，我不敢違抗。今後，我要取消『攝』字，把年號居攝三年改為始初元年。我今天雖然取消攝皇帝的攝字，我將來還是要把皇位還給小皇帝劉嬰的。」

王莽取消「攝」字，也遭到部分朝臣的反對，期門郎張充等六人，策劃要劫持王莽，立楚王劉紆為皇帝。但事情敗露，張充等人被殺。

王莽擔心夜長夢多，加快了篡漢的步伐。

碰巧，有一個在長安讀書的四川人，名叫哀章，他喜歡吹牛拍馬屁，缺德少才，很為同學所不齒。可是，

他卻摸透了王莽急於當真皇帝的心思。於是，他僱人打造了一只銅櫃，自己偽造了一道策書，畫了一道符。策書以漢高祖劉邦的口吻，命令太皇太后按照天意叫王莽當皇帝，另外，還開列了一張輔佐王莽稱帝的大臣名單，共十一個人，哀章把自己的名字也填了上去。在銅櫃的外邊，哀章還寫了兩道封條「天帝行璽金匱圖」、「赤帝璽某傳予皇帝金策書」，將銅櫃封好。然後，在當天黃昏，哀章換上黃袍子，捧著銅櫃，來到漢高祖的陵廟，把這個銅櫃交給守廟官員，自己便飄然而去。

守廟官員不敢怠慢，立即報告了朝廷。王莽親自到漢高祖陵廟去瞻仰銅櫃。他打開銅櫃，看了策書及名單，大喜過望。王莽回宮後，直奔太皇太后寢宮，把金櫃策書符命的事原原本本說了一遍，最後表示自己要登極坐殿，請太皇太后把漢朝傳國的玉璽交出來。太皇太后一聽，又驚又氣，沒想到自己的親侄兒要篡奪漢朝的天下。太皇太后堅絕不交出玉璽。王莽回到未央宮前殿，一邊派王舜去再向太皇太后索要玉璽。一邊換上天子服裝，向全國頒布文告，宣稱自己雖然無德無能，但不敢不按照天意行事，決定接受漢高祖的策命，即天子之位，改國號為「新」，改年號為「始建國」，今年十二月初一日為始建國元年正月初一日。

王舜一見到太皇太后的面，便挨了一頓臭罵。太后把王莽一家人罵了個狗血噴頭，最後咬著牙說：「我是漢朝的一個老寡婦，早晚要死的，我要和這顆玉璽一同埋葬，他永遠別想得到！」

王舜看著淚流滿面的太皇太后說：「王莽一定要得到這顆玉璽，我們也沒什麼話可說的了。太后難道真能永遠不給他嗎？」

太皇太后知道王莽志在必得，這是先禮而後兵，看來玉璽是肯定保不住了。太皇太后抽泣著，從懷裡解下玉璽，狠狠地摔到地上，對王舜說：「我老得快要死了，你們兄弟也快要被抄家滅門了！」說罷，掩面痛哭不止。

王舜急忙從地上撿起玉璽，一溜煙朝未央宮前殿跑去。

當王莽從王舜手裡接過玉璽時，真是心花怒放。他仔細把玩，突然，發現玉璽掉了一塊角，王舜說這是剛才太皇太后摔掉的。王莽撫摸著殘缺的玉璽，興高采烈地吩咐：「在漸台擺宴！」

王莽當上新朝的皇帝後，覺得自己的姑母太皇太后王政君仍襲用漢朝的封號，實在令自己不堪，想給姑母更換封號，又怕她至死不從。這時，王莽的遠支族人王諫建言：「太皇太后不應使用漢朝封號，應使用新朝的封號，稱『新室文母太皇太后』為好。」

王莽一邊命人刻「新室文母太皇太后」的印，一邊把王諫的奏章送給太皇太后。王政君氣呼呼地說：「這個王諫說的太對了！」

王莽知道太皇太后這是說的氣話、反話，於是便順著太皇太后的口氣說：「這個王諫背離為臣之道，實在該殺！」

說來好笑，就在王莽把新刻的「新室文母太皇太后」的印交給太后的同時，下令毒死了王諫。

漢平帝的皇后，王莽這個不滿二十歲的女兒，自從王莽篡漢以後，深居定安宮，稱病不給王莽面見。王莽對這個女兒又怕又憐，在太皇太后改變封號後，王莽又把身為太后的女兒其封號改為「黃皇室主」，以此表示與漢朝斷絕關係。這個做法，真的把女兒氣病了。王莽想把女兒改嫁，就物色了一位「乘龍快婿」，讓他身著盛裝，在醫生的陪同下，以探病為名去見「黃皇室主」，藉以觀察女兒的意向。

大大出乎王莽的預料，未來的新女婿剛一邁進定安宮，女兒聞訊便勃然大怒，把身邊的宮女用鞭子打了一頓，然後躺在床上失聲痛哭。弄得那位「乘龍快婿」進又不敢進，退又不敢退，像泥塑木雕一般僵在了那裡。

王莽見女兒如此「執迷不悟」，此後便再也不管她了。

至於那個根本沒登極的小皇帝劉嬰的下場就更慘了。王莽封他為定安公，住進一間徒有四壁的房子，與外界完全斷絕來往，就連乳母也不准與他說話，劉嬰長大後成了一個白癡，連豬狗都不認得。

王莽篡漢之後，以聖君自居，接二連三地拋出改革朝政的方案，企圖以此挽救社會危機。王莽的改革是一場復古的鬧劇。一切改革措施都是依照儒家經典再加上他自己的穿鑿附會之意而形成，比如：他把官名、地名根據所謂的古籍改得莫名其妙，一塌糊塗，平空增添許多不便。而他的幾項重大改革，如恢復井田制、推行五

均六筦、禁止私人鑄錢等等，雖然是針對社會矛盾而發的，但是或因遭反對實行不了，或因開歷史的倒車根本就無實效，結果也都以失敗告終。像恢復井田制，規定把天下土地均更名為王田，不准買賣，奴婢也不准買賣，重新按一夫一婦授田百畝來重新分配全國耕地。這無疑是針對當時土地兼併嚴重而提出來的，意在限制豪強兼併。可是，在大地主的反對下，又宣布取消，使井田制成為一紙空文；又如「五均六筦」，意在平衡物價及確立國家專賣，可是由於貪官汙吏藉機盤剝，不僅沒能減輕人民負擔，反而加重了人民的負擔；再者，禁私錢，改幣制，意在穩定金融，可是卻造成了不利流通，破壞經濟的惡果。王莽復古改制的結局，反而使社會矛盾更加激化，「農商失業，食貨俱廢，民人至涕泣於市道」。

再加上王莽為了樹立個人權威，對邊疆少數民族肆意欺凌、壓迫，激化了民族摩擦，常年用兵邊地，給全國帶來了災難。王莽還在京城大興土木，耗費數百巨萬，工役死者以萬計，勞民傷財。

王莽打著改革的旗號，大肆復古，而且還朝令夕改，造成了社會混亂，破壞了生產，人民在死亡線上掙扎。由於階級矛盾的尖銳激化，農民起義的烽火此起彼伏，釀成了全國規模的大起義，王莽最後走投無路，葬身火海。

王莽由克己到篡權進而復古，演出了許多醜劇和鬧劇，儘管對他有不同的評價，但有一點卻是明確無誤的，王莽的活動，再一次證明了開歷史倒車的人是無前途的。

司馬昭之心

「司馬昭之心，路人皆知也。」本是魏國傀儡皇帝曹髦被篡弒前的哀鳴，後來卻成為野心家棄陰謀耍陽謀的絕妙寫照。

曹魏政權，是曹操父子篡奪東漢王朝建立起來的；而司馬氏晉朝，則是司馬昭父子篡奪曹魏政權建立起來的。歷史的發展有時真有驚人的相似之處。

曹魏政權由魏文帝曹丕經明帝曹叡到齊王曹芳，是每況愈下。而司馬氏家族由司馬懿到司馬師、司馬昭，勢力則越來越大。

齊王曹芳繼位稱帝時，年僅八歲。太傅司馬懿與大將軍曹爽共同輔政。論才幹、智謀，曹爽均遠不如司馬懿。但是，曹爽身為皇族，又握有兵權，而且還深得一幫知名之士（如：何晏、鄧颺、李勝、丁謐）的支持。這些名士出身世家大族，並擔任要職。司馬懿雖出身大族，但地位畢竟不如曹爽；雖握有重兵，但沒掌握由文人組成的官僚集團。所以，他的勢力還不能與曹爽相抗衡。以權謀著稱於世的司馬懿，採取了韜晦策略，稱病家居，積極籌劃，以待時機與曹爽爭雄。

嘉平元年（西元二四九年）正月初六日，皇帝曹芳在大將軍曹爽的陪同下，到離洛陽九十里地的高平陵去祭祀。司馬懿乘京內空虛，發動了一場政變。他指使擔任中護軍的兒子司馬師領兵進駐司馬門，自己指揮部隊占領了城內各處要害之地，並給太后上了一道奏章，要求清除曹爽。然後，他又統兵出城，在洛水北岸擺下陣勢。

曹爽得知司馬懿發動兵變的消息後，異常驚慌，急忙令所帶人馬在洛水南岸布防，並把大樹砍伐許多做鹿砦，阻擋司馬懿軍隊。

在曹爽驚魂未定之時，司馬懿以給皇帝上奏章的形式，宣布曹爽的罪狀，說他有篡權的野心和行動，生活荒淫奢侈；說自己奉了太后的旨意清除曹爽，保衛皇帝，安定國家。最後，又表明只要曹爽交出兵權，仍可以享受侯爵的待遇。這樣一來，不僅孤立了曹爽，借用皇帝的旗幟，而且還美化了自己。

曹爽急忙召集謀士商討對策，有識之士主張陪著皇帝去許昌，然後召集天下兵馬征討司馬懿。對此上策，曹爽不僅未採納，反而被司馬懿所騙，決意交出兵權下野，過貴族生活。於是，夜裡派親信去司馬懿兵營，探聽司馬懿動態，並與之討價還價。司馬懿對曹爽派來的使者把曹爽的罪過又數落一番，最後誠懇地表態，只要曹爽交出兵權，可以回家安享富貴。

隨後，司馬懿又派出平素與曹爽關係較密切的人充當使者，到曹爽營中通報司馬懿的決定，並指著洛水發誓，只要曹爽接受條件下台，保證他生命財產安全。

對此，曹爽動心了。他對周圍的人說：「司馬老先生不過是為了向我奪權，我下台回家還可以當侯，仍不失為富家翁！我答應他的條件。」

就這樣，曹爽乖乖地交出了兵權，辭去了大將軍職務，回家享受。可是，他怎能料到，奸詐的司馬懿焉能放過他，叫他當「富家翁」。曹爽回家不久，司馬懿就指使官吏揭發曹爽與張當、何晏等人謀反。司馬懿立即將曹爽兄弟及其黨羽全部投進監獄，以謀反罪處死。

司馬懿除掉曹爽以後，便當上了丞相。皇帝曹芳為了討好他，還賜給他八個縣二萬戶封邑，並賜給他九錫，上朝不向皇帝施禮，奏章不署姓名。司馬懿一人獨掌朝政，挾天子以令諸侯。

司馬懿死後，由其長子司馬師出任大將軍，輔佐朝政，另一個兒子司馬昭也手握重兵，駐守許昌。司馬氏兄弟是實權人物，皇帝在他二人掌握之中。司馬師儘管大權在握仍擔心皇帝要擺脫他的羈絆，特別留心，在皇

宮內布滿了眼線，皇帝的一舉一動他都能及時知道。

當時，中書令李豐、太常卿夏侯玄、皇后的父親張緝來往密切，而李豐還不時被皇帝單獨召見，進行密談。這一切自然逃不過司馬師的耳目，引起了司馬師的懷疑，擔心這幾個人將不利於自己。於是，司馬師便把李豐召來，詢問他與皇帝都說些什麼，李豐支支吾吾，不正面回答。司馬師見狀，勃然大怒，當場就把李豐打死了。然後又下令把李豐的兒子李韜、夏侯玄、張緝抓起來審訊。

嚴刑之下，這三個人供認：「李豐與太監蘇鑠、樂敦、劉賢陰謀策劃，在皇帝冊封妃子那天，布置禁衛軍當場捕殺大將軍司馬師，如果皇帝不同意，就劫持皇帝，以皇帝的名義假傳聖旨。成功後，由夏侯玄出任大將軍，張緝出任驃騎將軍。」

司馬師下令將李韜、夏侯玄、張緝、蘇鑠、樂敦、劉賢處以死刑，誅滅三族。

皇帝曹芳對司馬師此舉很不以為然，心腹官吏建議曹芳，乘安東將軍司馬昭出征西蜀姜維皇帝檢閱隊伍時，將司馬昭殺死，然後率領軍隊去攻擊司馬師，一舉將司馬氏兄弟除掉。曹芳甚表贊同，把鏟除司馬氏兄弟的詔書都寫好了。可是，曹芳臨期由於畏懼，沒敢行動。

然而，司馬師卻要採取廢黜曹芳的行動了。司馬氏兄弟經過一番密謀，突然以太后的名義召集文武百官開會，宣布皇帝曹芳荒淫無道，沉溺酒色，不配當皇帝，應予以廢黜，封為齊王，立即送出京城。對此，百官噤若寒蟬，無一人敢說個「不」字。

司馬師派郭芝進宮向太后及皇帝宣布這一決議。當時，太后正與皇帝在一起閒聊。郭芝對曹芳說：「大將軍已廢黜了陛下，另立彭城王曹據為天子！」

曹芳聽罷，一聲沒敢出，立即起身走了。太后見此情景，很不高興。郭芝便對太后說：「這是太后沒能很好教誨兒子的結果。大將軍主意已定，不能挽回了。為防意外，大將軍已命令兵士包圍了宮廷，應服從大將軍的決定，不要再說什麼了！」

太后無奈地說：「我想見見大將軍，有話與他說。」

郭芝說：「沒什麼必要見面了，把玉璽交出來就行了。」

太后沒有辦法，只得拿出了玉璽。

司馬師聽了郭芝的回報後，立即派人進宮收取玉璽。太后對來人說：「彭城王曹據是我的小叔子，如果立他當皇帝，我這個當嫂子的人住在什麼地方？再說，也不能讓魏明帝絕後呀！高貴鄉公曹髦是文皇帝的長孫，明帝的侄兒，按禮節規定，有資格繼承皇位，我希望大將軍與眾大臣再議一議。」

對此，司馬師沒有異議，因為曹髦只有十四歲。不久就派使臣去元城（今河北大名東部）去迎接曹髦進京即位。

司馬氏兄弟雖然大權獨掌，但鑒於當時外面吳、蜀並存，內部尚有人忠於曹氏，由司馬氏完全取代曹氏的時機尚不成熟，所以仍效法乃父採取挾天子以令諸侯的辦法，選個曹氏小孩當傀儡。

曹髦繼位後的第二年春天，魏國鎮守淮南的大將毌丘儉聯合揚州刺史文欽，起兵反對司馬師。司馬師病中親率大軍前去討伐。毌丘儉和文欽被平定之後不久，司馬師便臥床不起了。不久後死去，由其弟司馬昭繼任大將軍，總攬朝政。司馬昭飛揚跋扈比起司馬師有過之而無不及。小皇帝曹髦為了討好他，賜給他只有王公才可以用的衮服、冠冕和紅色木底鞋，還加大都督的封號，用天子的黃鉞作儀仗。

可是，司馬昭對這些卻不屑一顧。後來，曹髦又晉封司馬昭為相國、公爵，增加八個郡的食邑，並賞九錫。司馬昭拒絕接受封賞。這在明眼人看來，不過是故作態而已。雖然司馬昭推辭了九次，但是，在景元元年（西元二六〇年）四月份，終於接受了相國、晉公、加九錫等一系列封賞。司馬昭加了九錫，與皇帝寶座的距離只差一步了！

在甘露四年（西元二五九年）正月，寧陵縣（今河南寧陵東南部）的井中出現了兩條黃龍。在此之前，也有一些地方的井中出現龍，地方官紛紛向朝廷報告，都認為這是吉祥的象徵。皇帝曹髦卻不以為然，他對臣下

說：「龍的出現象徵君主有德行，但是，今天龍不出現在天上，也不出現在地上，而是出現在井裡，委屈窩囊，恐怕不是什麼好兆頭。」

同時，曹髦還作了一首《潛龍詩》，以抒發自己受制於人的感慨。司馬昭見到這首《潛龍詩》後，瞭解這是皇帝有感而發，於是很反感。他對曹髦更加無禮，更加嚴密控制了。

對此，曹髦非常憤恨，並擔心自己隨時可能被廢，於甘露五年（西元二六〇年）五月初六日晚，曹髦召見侍中王沈、尚書王經、散騎常侍王業，對他們說：「司馬昭之心，路人皆知也。他控制朝政，我不能坐以待斃。今天，我召你們來，是想與你們一道去討伐他。」

王經說：「如今大權盡歸司馬昭掌握，這已不是一朝一夕的了。文武百官都給他效力而不對朝廷效忠，也是由來已久的了。宮中的衛兵人數少，武器不好，發揮不了大作用，現在如果去討伐司馬昭，就好比本來是要治病，卻使疾病加重一樣，後果可不堪設想啊！皇上要三思。」

曹髦從懷裡掏出一張黃紙，上面早已寫好了討伐司馬昭的詔令，使勁地往地上一摔，果決地說：「我已決定了，就是死，也沒什麼可怕的。何況，還不一定死呢！」

曹髦邊說邊站起身對三人說：「朕這就去稟告太后。」

王經等三人急忙出宮。王沈、王業對王經說：「快走，我們快去報告大將軍。」

王經痛苦地搖搖頭，王沈、王業二人也不相強，匆匆而去。

曹髦這時手舉寶劍，坐在車上，率領衛隊大呼小叫地衝出宮門。

司馬昭得到王沈、王業的報告後，立即布置軍隊，早已作好了準備。在宮廷東大門，由司馬昭的弟弟屯騎校尉司馬伷率領的部隊與曹髦一行人馬碰上。曹髦聲嘶力竭地大罵司馬伷，司馬伷及其部下被這個場面震懾住了，不敢前進。忽然，不知是誰拔腳便跑，結果其他人也潰散了。任司馬伷吆喝，也無人聽令了。形勢變得對曹髦有利了。

司馬昭的部下中護軍賈充率兵衝了上來，要與皇帝的衛隊搏鬥。曹髦揮著寶劍，衝在最前邊。賈充的部隊見皇帝衝上來，誰也不敢動作了，開始往後退。在這危急時刻，太子舍人成濟問賈充：「形勢危險，該怎麼辦啊？」

賈充大聲地吼道：「司馬大將軍平時對你不薄，養兵千日，用兵一時呀！今天的事，還用問嗎？」

成濟把牙一咬，揮戈催馬向皇帝戰車衝去。只見成濟大喝一聲，一戈將曹髦刺中。曹髦一頭栽到車下，全身抽搐一會兒，便氣絕身亡了。皇帝衛隊見狀，一哄而散。

司馬昭聽到皇帝被刺殺的報告後，倒在地上大哭小叫，痛苦萬般。他在眾將官的勸說下，進入宮殿，召集朝臣會議。大臣們陸續到了，只缺尚書左僕射陳泰。司馬昭派陳泰的舅父荀顗去催促，陳泰對荀顗說：「過去人們議論我可以比得上舅父，現在看來舅父是不如我了！」

陳泰拒不上朝。可是，在家中親人的逼迫下，不得已跟荀顗去了。

司馬昭一見陳泰，便淚流滿面地說：「陳先生，你替我出個主意，我該怎麼辦啊？」

陳泰鎮靜地答道：「只有把賈充殺了，才能平息民憤。」

大殿上靜悄悄的，眾官員瞅著陳泰，大氣不敢出。司馬昭沉思一陣，才開口：「陳泰，你還有別的辦法嗎？」

陳泰搖搖頭：「我的話就這麼多，沒別的可說了！」

最後，司馬昭以太后的名義頒布詔書，宣布曹髦的罪狀，說他企圖暗害太后，「悖逆不道」，「自陷大禍」，把他廢為平民，以平民的禮儀下葬。同時，還把王經處死，抄家。把告密有功的王沈封為安平侯；又以太后名義派司馬昭的兒子司馬炎到鄴城迎接燕王曹宇的十五歲兒子曹璜（後改名曹奐）進京為天子。

大局穩定以後，司馬昭以「大逆不道」的罪名將成濟及其全家處死。成濟萬萬沒有料到落得這種「卸磨殺驢」的下場。

曹奐即位後，司馬昭於景元四年（西元二六三年）滅掉了蜀國，自己當上了相國、晉公，並獲九錫之賞。

一年之後，咸熙元年（西元二六四年）三月，司馬昭又晉爵為王；半年後，司馬昭之子司馬炎出任副相國、大將軍。司馬氏父子二人成為國家的決策者。這時，孫吳政權腐敗不堪，吳國主孫皓殘暴昏庸，吳國被滅已成定局了。

咸熙二年（西元二六五年）八月，司馬昭死去。司馬炎繼任相國、晉王。他感到全國統一在望，曹奐已沒有存在的價值了。於是，在十二月，司馬炎把曹奐趕下了台，自己當上了皇帝。至此，由曹操開創、曹丕建立的魏國，徹底滅亡了。

有趣的是，司馬炎把曹奐趕下台與當年曹丕把漢獻帝趕下台所採取的方式一模一樣，都是以「禪讓」為名的。十二月十三日，在洛陽南郊，舉行「禪讓」大典。司馬炎穿著皇帝的衣服，高高端坐在事前搭好的台子上，台下站滿了文武百官，還有周邊少數民族政權派來的使節，連同參加盛典的兵士，總共達數萬人，台下還點燃了火堆。典禮開始，由大臣宣讀告天文，由堯舜禹說起，直說到曹魏代漢，最後則說晉代替曹魏（司馬炎的新政權稱晉朝），都是符合天意人心的等等。宣讀完告天文以後，另一位大臣把皇帝的玉璽呈給司馬炎。司馬炎這就算是奉天承運，合法地當上了皇帝。司馬炎封讓位的曹奐為陳留王，命他在金墉城居住，後又遷往鄴城。然後，又宣布大赦天下，更改年號為泰始，國號為晉。最後，司馬炎把祖父、伯父、父親都追封為皇帝。又大封一批功臣，其他官員也都加級晉爵。

司馬炎稱帝十五年以後，滅掉了吳國。至此，歷經九十餘年混戰、分裂的局面終於結束，中國又完成了統一。

由東漢到曹魏再到晉朝，搞了三次「禪讓」，陰謀家向陰謀家學習，螳螂捕蟬，黃雀在後。歷史曲折地前進，統治階級內部關於財產與權力再分配的鬥爭越演越烈，而廣大人民則付出了血的代價。

劉裕取代東晉

他挽救東晉於前，取代東晉於後，是是非非，猶待評說……。

晉武帝司馬炎於西元二六五年建立晉朝，中經晉惠帝、晉懷帝、晉湣帝，歷經五十一年，中國出現了一個暫時的統一局面。可是朝政黑暗，生產凋敝，統治階級奢靡成風，官吏貪瀆。有識之士對政治喪失信心，致力於老莊之學，崇尚清談，對於傳統的儒家入世思想是個沉重的打擊，從而影響了一般士人的價值取向，不以兼善天下為意，而以獨善其身為心。廣大農民生活極其艱困，逃亡、起義一直不斷。少數民族不斷進入內地，遭受民族歧視，反壓迫的鬥爭此伏彼起，尤其在黃河流域鬥爭更為激烈。

晉王朝如處在火山口上，危機四伏。晉王朝終於在階級矛盾、民族矛盾和統治階級內部矛盾的激烈鬥爭中趨於衰亡。北中國又呈混戰局面，鮮卑、匈奴、羯、氐、羌等五個少數民族建立的政權互相攻伐，融成五胡十六國。晉朝的殘餘勢力逃往經濟、文化落後的江南、成偏安之局。新都建康（今南京）因在老都城洛陽之東，故稱東晉。

東晉從西元三一七年至四二〇年，歷經十一個皇帝，為時一百零四年，以長江為界，與北方形成對峙局面，史稱南北朝。東晉自建立之後，就不斷內亂。皇帝昏聵多為傀儡，朝中權臣擅政，地方握兵權者擁兵自重，互相攻殺。統治集團中多數人希望早日恢復中原，主張北伐，而一部分政治野心家更以北伐為招牌，收買人心，壯大實力，想以北伐的勝利作為個人走向權力頂峰的階梯，是實現皇帝夢的捷徑。把北伐與稱帝緊緊相

連的想法，在東晉晚期尤為顯著。

因此之散，恢復中原進行北伐這一舉世矚目的大業，卻演變為東晉統治集團內部爭奪君權的一種形式，致使東晉最高當局不願支持北伐，主張北伐的人也都失敗而回。

東晉最高當局越是不願支持北伐，就越是失掉人心；北伐的人越是失敗，就越激發了野心家力主北伐。在這個矛盾的怪圈運動中，爭奪君權的鬥爭愈演愈烈，終於到了白熱化的程度。

例如，權臣桓溫積極主張北伐，他已計議妥當，一旦北伐成功，就篡東晉自立為皇帝。當然，他的這個野心也被東晉皇帝及桓溫的政敵所洞悉。正因為如此，桓溫在永和十年（西元三五四年）北上伐秦及太和四年（西元三六九年）北上伐燕，都因為缺乏軍糧及援兵，大敗而歸。桓溫雖然北伐失敗，但奪權篡位的念頭卻有增無減。在太和六年（西元三七一年）廢掉了皇帝司馬奕，另立司馬昱為君，自己則坐鎮姑孰（今安徽省當塗縣），遙控朝政，期望司馬昱將來傳位於己。可是，桓溫由於病死，而沒能登上帝位。

桓溫的兒子桓玄，繼承父志，時時以篡位為念。他不斷壯大實力，擴大地盤，最後竟和朝廷刀兵相向，終於在晉安帝元興二年（西元四〇三年）將晉安帝廢掉，自稱皇帝，改國號為楚。

劉裕、劉毅、何無忌等人在京口起兵討伐桓玄，使晉安帝得以復辟。劉裕等人當然是中興功臣，自然加官晉爵，掌握了朝廷大權。

劉裕是彭城人，出生後母親就死了。父親劉翹因為家中貧困，要把劉裕扔掉。劉裕的姨母得知消息後，趕往劉家把劉裕要來，用自己的乳汁餵養。劉裕長大後，胸懷大志，武勇過人，因識字不多，只得靠做小生意糊口。劉裕好賭博，甚為鄉里人所輕。後來，劉裕投軍，在將軍孫無終屬下當司馬。在晉安帝隆安二年（西元三九八年），東南沿海地區爆發了孫恩起義。在鎮壓孫恩起義的過程中，劉裕嶄露頭角，以軍功由參軍升任下邳太守。

桓玄稱帝後，劉裕進京朝見。桓玄認為劉裕儀表不凡，有膽有識，是個人才。桓玄的妻子劉氏對桓玄說：「劉裕走路如同蛟龍和猛虎，雙目炯炯有神，絕非平凡之輩，不會久居人下，應早日將他除掉。」

桓玄對妻子說：「我現在要北伐，很缺人才，少不了劉裕，等平定了中原以後再說吧！」劉裕倖免於難返回京口後，就以從前的槍傷復發為由，閉門不出了。但是，他暗中卻與何無忌、劉毅等人策劃起兵反對桓玄。

劉裕等人起兵後，連敗桓玄，攻入首都建康。劉裕被推為都督、徐州刺史。桓玄挾持晉安帝逃到九江，劉毅等隨後緊追不捨。桓玄軍隊又吃敗仗，桓玄與晉安帝繼續西竄。後來，桓玄在逃往北漢途中被殺。晉安帝在江陵宣布恢復帝位。於義熙元年（西元四〇五年）三月，在何無忌等護送下，晉安帝重返京城建康，大封功臣。

劉裕被封為侍中、車騎將軍、都督中外諸軍事。可是，劉裕卻堅決推辭，要求返回京口。晉安帝親自去劉裕府中挽留，都沒有成功。最後，改封他為都督荊、司等十六州諸軍事、兼任兗州刺史，准他回京口駐守。

六月，劉裕派遣使者到北方與後秦講和。後秦國主姚興對手下大臣們說：「劉裕出身微賤，能夠崛起誅殺桓玄，復興晉朝，對內治理朝政，對外整頓疆域，我們應成全他。」於是，答應了劉裕的要求，並將占領的南鄉、順陽、新野、舞陰等十二郡歸還東晉。可見劉裕當時威望之高。

此後，劉裕的影響更加巨大。這當然引起一些實力派的猜忌。首先，當年共同起兵的劉毅就堅決反對劉裕入京輔政。為達此目的，劉毅派尚書右丞皮沈到京口就劉裕今後的去向問題協商。皮沈帶去了兩項建議，其一，任命謝混為揚州刺史；其二，由劉裕兼揚州刺史，但朝政由孟昶負責。

皮沈到京口後，劉裕派錄事參軍劉穆之接待。皮沈把上述兩項建議告訴了劉穆之。劉穆之聽後，立即明白了其中的奧妙，這兩項議案的目的只有一個，即排斥劉裕過問朝政。劉穆之表面上不露聲色，以上廁所為名，離開大廳，匆忙寫了一張字條，派人送給劉裕。

劉穆之的字條上寫的是不能同意皮沈之言。劉裕看後，立即把劉穆之叫來，詢問底細。劉穆之替劉裕分析形勢，說：「朝廷不能控制局面，已非一日，君主早成傀儡了。大人您復興晉朝，功比天高。面對朝廷大權旁落的形勢，大人您可不能自謙啊！怎麼能接受擔任地方長官的命令呢？劉毅、孟昶這些人都是平民出身，與大人您一同舉兵匡復皇室，只是因為起兵有先後，才暫時推舉您為首領，並不是甘心服從。現在，他們的實力不小於大人，將來肯定要互相攻伐。揚州乃是天下的基地，不可給別人。一旦把揚州讓給別人，將來肯定要受制於人。權力一旦失去，就沒辦法再得到了。那時的危險則非言語所能形容的了。現在，朝廷提出這兩個方案，依在下愚見，可以這樣回覆：就說中心地區是國家的根本，丞相一類的職務對國事至關重要，事關大局，不可在外地討論，容進京後再仔細研究。您堅持進京，他們不便阻攔；您進京後，面對面商量，他們一定不敢越過您。丞相及揚州刺史這個官職，不會授給別人，這是很明顯的。」

劉裕聽罷，認為很有道理，就照此讓皮沈回覆朝廷。果然，劉裕進京後，被授予侍中、車騎大將軍、開府儀同三司、揚州刺史、錄尚書事，仍兼任徐、兗二州刺史。既控制了朝政，又主管富庶的要害之地——揚州。

劉裕大權在握之後，就謀劃北伐。當然，他北伐的目的也不僅僅在於收復失地，更主要的是想借北伐，為自己當皇帝搭好階梯。

義熙五年（西元四〇九年）春，劉裕北伐鮮卑人建立的南燕。第二年，朝廷便任命劉裕為太尉兼中書監，一身二職，既是全國最高的軍事長官，又是全國的最高行政長官。同時，還准許他使用皇帝的黃鉞儀仗。對此項封賞，劉裕自然是樂於接受的，也是他心目中所企盼的，但是，他出於緩解政敵攻擊的需要，力辭太尉和中書監的職務，只接受黃鉞儀仗。儘管如此，一些皇族眼睜睜看到劉裕的實力增大，為避免災禍，紛紛逃往北方。如皇族司馬國璠、司馬叔璠、司馬叔道兄弟三人便一起逃往後秦。後秦國主姚興問他們三人：「劉裕誅滅桓玄，輔佐晉朝，你們為什麼逃到我國？」

三人齊聲答道：「劉裕削弱皇室，皇族中凡是有才能的人，就被他除掉。劉裕已成為國家的禍根，比桓玄還厲害！」可見，劉裕的野心已然暴露，且產生了廣泛的影響。

義熙七年（西元四一一年）正月，劉裕從前線返回建康。三月，他就當上了太尉、中書監，這次他毫未推辭。他的地位因北伐而升高，僅次於皇帝了。

對此，當年一同起兵的劉毅內心很不服氣。在義熙八年（西元四一二年）四月，劉毅出任荊州刺史兼衛將軍、都督荊、寧、泰、雍四州軍事。劉毅雖說掌握了一方軍政大權，但畢竟離開了中央，心中悶悶不樂，認為受了排擠。所以，他牢騷滿腹，行為跋扈，故意與劉裕犯難。劉裕採取了忍讓態度，可是劉毅卻越發驕橫。

後來，在劉裕擊敗盧循起義以後，勢力更大了，劉毅更加不滿。在他看來，劉裕不學無術，僅粗通文墨，而自己則學富五車，受到名士們及文臣們的器重。現在，自己據有長江中上游，實力雄厚，可以和劉裕攤牌了。於是，劉毅向朝廷提出要兼任廣州、交州二州的刺史。劉裕為穩住劉毅，批准了他這一要求。接著，劉毅又請求任命自己的親信郗僧施為南蠻校尉、後軍將軍府司馬，毛脩之為南郡太守。劉裕也一一照准。

不久，劉毅又要求返回京口祭掃先人墳墓，然後再赴任所荊州。劉裕不僅批准，而且到仉塘（今南京東南）與他會面。劉毅的這一系列舉動，自然引起了人們的警覺。寧遠將軍胡藩就曾對劉裕說：「大人，您認為劉毅會服從您嗎？」

劉裕沉吟許久，才問道：「你認為該怎麼辦呢？」

胡藩答道：「劉毅所以服從您，是因為您指揮百萬大軍，戰必勝，攻必克。至於博覽群書，談吐吟詠，他卻自以為遠勝過您，文人、文官都願接近他。因此，他絕不會甘心居您之下。不如乘此番見面的機會將他捉住。」

劉裕說：「我與劉毅都是復興晉朝的功臣，他的過錯也不明顯，不可自相殘殺啊！」

九月份，劉毅離京至荊州江陵。他下車伊始就撤換了許多郡守、縣令，安插自己的親信，並從豫州、江州抽調一批文官武將及一萬多士兵，帶到荊州。不久，劉毅患了重病。郗僧施等親信擔心一旦劉毅死去，劉裕是肯定不會放過他們這些黨羽的，於是，就建議劉毅向朝廷提議由堂弟劉藩做自己的副職，實際是叫劉藩接自己的班。

劉裕感到事態嚴重了。一旦劉藩接了劉毅的班，形勢將會對自己十分不利，此時是鏟除劉毅勢力的好機

會。劉裕主意已定，表面上佯稱同意劉毅的請求。劉藩接到通知後，急忙從廣陵進京朝見。到京後，劉裕就將他抓了起來。同時，以皇帝的名義發出詔書，宣布劉毅勾結尚書僕射謝混與劉藩共同造反，然後，又逼令謝混、劉藩自殺。

第二天，劉裕又透過皇帝頒布大赦令，同時又宣布任命皇族會稽內史司馬休之為荊州刺史，取代劉毅。劉裕又進行了一番兵力部署，然後，便親率大軍直撲荊州。前鋒王鎮惡是劉裕的心腹，很有韜略，率一百艘戰船逆江而上。行前，劉裕指示王鎮惡：「賊寇可攻就攻擊，如不可攻，就放火燒他們的戰船，你率部停泊江邊等我。」

王鎮惡一路西上，沿途宣稱護送劉藩到荊州上任。當距江陵城僅二十里時，王鎮惡指揮部隊登岸，每艘戰船上只留二名士兵守船，在岸邊對著每艘戰船樹起六至七面旗幟，下面擺放戰鼓，吩咐留守的士兵：「估計我們到達江陵城，你們就猛擂戰鼓，營造來了許多軍隊的聲勢。」同時，又派一支部隊把江陵東南的船隻燒掉。然後，王鎮惡又命令前頭部隊逢人便講：「劉藩大人的部隊到了。」

做好這一切部署，王鎮惡便揮軍直撲江陵。渡口的守軍及沿途百姓聽說劉藩率軍來了，都安然如故。當王鎮惡離江陵城尚有五里地時，與劉毅的將領朱顯之不期而遇。朱顯之問來人道：「劉藩大人在哪裡？」

王鎮惡的部下答稱：「劉大人在後邊。」

朱顯之一直走到隊伍後邊，也沒發現劉藩，只見兵士扛著武器不斷從身邊過去，東南方又燃起了大火，戰鼓如雷，江津的戰船被焚了。朱顯之感到事情不妙，急忙調轉馬頭，向江陵城飛奔。他衝進城門便喝令守城兵士趕快關城門，然後又飛馬向劉毅報告。守城士兵還未來得及關閉城門，王鎮惡率領的先頭部隊已經衝進了城內，一場激烈的巷戰開始了。

從早飯時打到下午，守內城的軍士挺不住，紛紛逃竄。王鎮惡指揮兵士猛打猛衝，鑿開內城，派人把朝廷的大赦令及皇帝懲治劉毅等人的詔書以及劉裕的親筆信，一起給劉毅送去，劉毅看也不看，一把扔進火裡燒了。他與毛脩之指揮部隊抵抗。劉毅的部下與王鎮惡的部下不少是鄉親，有的甚至是親友，雙方很快便搭上了話。當劉毅的兵士聽說劉裕親自率軍前來，軍心立刻瓦解了，紛紛四散。到了夜裡，就連守衛劉毅衙署的衛兵也都逃光了。王鎮惡擔心在夜戰中，自己的士兵自相攻擊，於是下令停止戰鬥，把內城緊緊包圍，只在南門留個缺口。

半夜時分，劉毅率親兵三百名開始突圍。他見南門外無敵兵，認為肯定有埋伏，就下令部隊從北門往外衝。劉毅隻身衝出北門，一口氣跑到城北的牛牧佛寺，想收攏殘兵，稍事休息。

劉毅一見牛牧佛寺，不由百感交集。當年，他攻打桓玄時，曾因追擊桓蔚抵達牛牧佛寺。寺內有個昌和尚，把桓蔚隱藏了起來。劉毅下令搜寺，擒住了桓蔚，當場便把昌和尚殺了。沒想到今日自己兵敗，也跑到牛牧佛寺來了。劉毅上前敲寺門，想進寺內歇息。寺內的和尚隔著山門說：「從前，我們的師父昌和尚因為收留桓蔚而被劉將軍殺了。今天，我們實在不敢收留你了！」

劉毅聽罷，不由仰天長嘆道：「唉，作法自斃，沒想到輪到了我的頭上！」

劉毅回頭一看，只見火光衝天，人嘶馬叫，追兵越來越逼近了。他把腳一跺，在寺門外的大樹上吊死了。天亮以後，劉毅的屍首被發現。官兵把他的頭砍了下來去請功。劉毅的兒子、侄兒全被殺死。哥哥劉模逃到襄陽（今湖北襄樊），也被捉住斬首。

十一月十三日，劉裕抵達江陵，處死了郗僧施，赦免了毛脩之。採納劉毅的參軍申永的建議，減輕賦稅，減少傜役，任用名人，博得了荊州百姓的擁護。

至此，劉裕徹底消除了一個大威脅。

劉裕清除了劉毅之後，便把矛頭對準了諸葛長民。諸葛長民也是消滅桓玄，復興東晉的有功之臣，時任豫州刺史。劉裕西征劉毅時，為了穩住諸葛長民，下令叫他代理太尉府留守；為了監視他，同時任命心腹劉穆之為建武將軍，統率一部兵馬。當劉裕滅掉劉毅的消息傳到京城時，諸葛長民感到很緊張，他對親信說：「漢高

祖殺了彭越接著便殺韓信啊！」言外之意，劉裕除掉劉毅，下一個該輪到自己了。

諸葛長民為了摸底，就去試探劉穆之：「外面很多人傳言，太尉對我深為不滿，怎麼搞到這程度了呢？」劉穆之早就看破了他的心思，就安撫道：「劉公遠征，特命大人留守，把自己的老母及小孩子都託付給大人，如果有半點不信任，焉能如此呢！」

諸葛長民聽劉穆之如此說，才放下心來。

可是，諸葛長民的弟弟諸葛黎民卻不以為然，對哥哥說：「劉毅滅亡，諸葛家又怎能有好下場呢！依我看，趁劉裕還沒回京，我們應先發制人。」

諸葛長民猶豫不決，他便寫信給冀州刺史劉敬宣，說劉毅是自取滅亡，心懷異志的人都將被消滅，現在天下太平了，如果有榮華富貴，你我共用。意在拉攏劉敬宣。劉敬宣回信說，我近年來，出任三州七郡的長官，時常擔心福分過頭便引來災禍，我考慮的是滿招損，謙受益，您在信中提及共用榮華富貴，我實在不敢當。劉敬宣在回復諸葛長民的同時，還將諸葛長民的來信派人送交劉裕。劉裕見信後，高興地說：「阿壽（劉敬宣字萬壽）自然不會背叛我！」

這時，劉裕已成竹在胸，決定消滅諸葛長民。恰巧，輔國將軍王誕請求返回京城。劉裕對他說：「諸葛長民似乎已起了疑心，你一個人怎好回京呢？」

王誕說：「諸葛長民知道我是您栽培起來的，深得您的信任，今天我單人回京，他一定感到自己沒有危險了。這可以把他穩住，不致別生枝節，咱們便可贏得時間了。」

劉裕聽罷，拍手道：「好，你真是今天的孟賁、夏育了！」

王誕回京後，劉裕也著手準備返京，於義熙九年（西元四一三年）二月，從江陵啟程，事先並將預定抵京的日期通知了諸葛長民。可是，劉裕卻在途中故意一再滯留，不按時到京，而且每次又都通知諸葛長民自己抵京的新日期。結果，諸葛長民與京中文武百官左一次右一次去新亭（今南京南邊）迎接劉裕，每次都沒接到。

二月三十日，劉裕沒有通知任何人，悄悄地乘快船返回了京城。第二天，諸葛長民聽到消息後，立即去太尉府拜見。劉裕把武士們埋伏在幔帳後面，然後才出去迎接諸葛長民。兩人進屋後，進行密談，把誤會全部解釋開了。諸葛長民很高興。突然，一名武士從幕後衝出，還沒等諸葛長民反應過來，就被擊斃了。劉裕下令把諸葛長民的屍首送到中央監獄，並命人逮捕諸葛黎民。諸葛黎民因拒捕被殺死，他的另外兩個弟弟也一起被殺。

就這樣，劉裕以迅雷不及掩耳之勢，消滅了另一個政敵。在地方實力派當中，已無人再敢與劉裕作對了。最後，劉裕開始對付皇族中的實力人物了。首當其衝的是荊州刺史司馬休之。司馬休之頗有政績，得到江漢地區百姓的擁護，加之又是皇族，所以威望很高。可是，他的兒子譙王司馬文思卻是一個兇狠殘暴之人。於是，劉裕就拿他開刀。於義熙十年（西元四一四年）三月，以司馬文思擅自殺害屬下官吏為名，將其逮捕，送交司馬休之處理。劉裕此舉是想借父親的刀殺兒子。可是，司馬休之沒有殺司馬文思，只是給皇帝上奏章請求罷免司馬文思的官爵，同時還給劉裕寫了一封信，表示道歉，還進行了一番解釋。對此，劉裕深為不滿。不久，任命江州刺史孟懷玉兼任督都豫州六郡軍事，以箝制司馬休之。

第二年春天，劉裕又將司馬休之的二兒子司馬文寶、侄兒司馬文祖逮捕，並逼令他倆自殺。接著便出兵討伐司馬休之。同時，由晉安帝下詔任命劉裕兼荊州刺史。

司馬休之針鋒相對，一邊給皇帝上奏章揭發劉裕的陰謀與罪行，一邊組織力量抵抗。

劉裕派參軍檀道濟、朱超石率步兵、騎兵進軍襄陽；派女婿振威將軍徐逵之為先鋒，率部隊進攻江夏口（今湖北監利縣）。徐逵之與魯軌交戰，兵敗陣亡。

劉裕駐軍馬頭（今湖北公安縣西北），聽到女婿陣亡的消息又痛又氣，催促大軍強渡長江。魯軌與司馬文思率四萬軍隊在峭立的江岸上布防，劉裕的軍隊失利，沒能登岸。劉裕見狀，披上鎧甲，抽出佩劍，帶頭衝鋒。太尉府主簿謝晦抱住劉裕，眾將也從旁勸阻。劉裕勃然大怒，掄起寶劍要殺謝晦。謝晦仍緊緊抱住劉裕，急急說道：「天下可以沒有我謝晦，不可以沒有太尉您呀！」劉裕聽後，放棄了自己帶隊登岸的念頭，派人去傳建武將軍胡藩，命他率隊衝鋒。胡藩沒有立即執行命令，劉裕便命人將胡藩抓來，要砍他的頭。胡藩對來人說：「我正要出擊，沒時間見太尉！」邊說邊用佩刀在峭立的江岸上挖洞，小洞僅能容下腳趾。胡藩踏著小洞，攀上岸去，身後的兵士也紛紛效法，很快也衝到岸上了。一陣衝鋒，逼得司馬文思的軍隊後撤。劉裕乘勢揮軍衝殺，司馬文思的軍隊潰散了。

司馬休之與魯軌棄城北逃。劉裕派兵隨後緊追。五月十二日，司馬休之、司馬文思、魯軌、司馬道賜等人逃到後秦避難。王鎮惡率部一直追到國境才收兵。司馬休之到後秦首都長安後，後秦國主姚興叫他帶兵騷擾東晉襄陽一帶。

劉裕打跑了司馬休之以後，晉安帝下詔晉升他為太傅，兼揚州牧，可以佩劍上殿，入朝時不必快走，奏事時不用稱名。之後，又不斷增加他的封地及官銜。對此，劉裕有時拒絕，有時接受。他內心深處一刻也沒忘記取東晉而代之。

義熙十二年（西元四一六年）十一月，劉裕暗示有關官員提出給他加九錫。十二月，晉安帝便下詔任命劉裕為相國，總管百官，晉爵為宋公，加授九錫，位在諸侯王之上。可是，劉裕又故作姿態，堅絕不肯接受，一則以此試探民心，二則北方後秦尚未平定。

隔年春天，劉裕北伐後秦，一舉攻占長安、後秦國主姚泓投降。十二月，劉裕離開長安，返回彭城，接受相國、宋公、加九錫的封賞。此時，劉裕取代東晉的時機已基本成熟了。就連北魏政權的君臣也看清了這點，感到東晉危亡之日已不遠了，而篡奪東晉政權的人就是劉裕。

當時，流行一句讖語，說「昌明之後有二帝」。晉安帝司馬德宗的字為昌明，劉裕認為讖語是天意，於是決計把晉安帝害死，再立一個皇帝，然後自己再行篡位。劉裕派親信中書侍郎王韶之勾結晉安帝的貼身侍從，伺機害死晉安帝。義熙十四年（西元四一八年）十二月十七日，王韶之乘晉安帝獨自一人在東堂休息時，用衣服擰成繩子，將晉安帝活活勒死。

晉安帝一死，劉裕聲稱自己奉晉安帝遺詔，立晉安帝的弟弟瑯玡王司馬德文為皇帝，史稱恭帝，改年號為元熙。晉恭帝繼位後，一般人都認為劉裕篡晉只是時間問題了。所以，大批皇族紛紛逃往北魏避難。

元熙元年（西元四一九年）七月，劉裕晉爵為宋王，駐紮壽陽（今安徽省壽縣）。隔年正月，劉裕認為取代晉朝的時機已到，於是召集文武百官舉行宴會，酒過三巡，劉裕不動聲色地對大家說：「桓玄篡位時，晉朝已經亡了。是我首舉義旗，號召天下興兵勤王，才使晉朝得以復興。此後，我又西征北伐，屢建功勛，朝廷不斷封賞，直到晉為王爵，加九錫，位極人臣。現在，我已經老了，凡事都應忌諱過頭，滿招損啊！今天，我決心把爵位還給朝廷，回京養老，以享天年。」

文武百官不解劉裕真意，都為他歌功頌德，稱頌他太謙遜了。劉裕也不再說什麼了。這個宴會直到天黑才散。

中書令傅亮離開王宮回家，剛出大門，沒走多遠，心裡一動，恍然大悟，體會到了劉裕回京養老的言外之意。於是，他家也不回了，調轉頭又奔劉裕王宮而來。這時，宮門早已緊閉了。傅亮使勁敲門，邊敲邊喊有要事求見宋王。劉裕聞報後，立即傳令接見傅亮。傅亮一見劉裕，便說道：「臣要暫時回京一趟。」

劉裕已明白了傅亮的來意，便問他：「需要幾個人護送？」

傅亮說：「只需幾十人即可。」

說罷，傅亮便告辭了。他剛走出王宮大門，突然一顆流星劃過夜空，傅亮把大腿一拍，自言自語說道：「我平日裡不相信天象，今天可是應驗了！」傅亮連夜趕回建康。他立即向晉恭帝進言，調劉裕進京。晉恭帝自然照辦了。

六月份，劉裕進京。傅亮在劉裕的指使下，暗示晉恭帝把皇位讓給劉裕，並把讓位詔書的草稿給晉恭帝看。晉恭帝強顏為笑，裝作高興的樣子說：「晉朝不叫劉公，早就亡了，今天對此還有什麼可遺憾的！」

說罷，便在大紅紙上把傅亮擬的讓位詔書稿抄了一遍，一個字也未改動。

元熙二年六月十一日，晉恭帝正式宣布退位，離開皇宮，回到瑯玡王府。十四日，劉裕在建康南郊建好了

高台，舉行禪讓儀式，劉裕登基稱帝，改國號為宋，史稱宋武帝。

下台的晉恭帝司馬德文被劉裕封為零陵王，遷往秣陵（今南京江寧）居住。劉裕宣稱給他種種特權，甚至可以繼續使用東晉的年號，可是所謂的種種特權不過一紙空文，一樣也沒兌現。司馬德文深知劉裕不會放過他，於是，他十分注意安全，吃的喝的全由妻子親手操辦，妻子日夜不離開他一步。

宋武帝永初二年（西元四二一年），劉裕把一壇毒酒交給郎中令張偉，命他給司馬德文送去。張偉曾是司馬德文未當皇帝時的屬官，不忍心加害故主，但又不敢不遵從劉裕，結果，他在途中把毒酒喝了，臨死時說：「毒害君主，求得自己苟活，還不如死了！」

九月二十日，劉裕又命司馬德文妻子的兩個哥哥褚叔度、褚淡之去探望妹妹，二人到了司馬德文的住所，在另外一個房間裡與妹妹閒談。這時，事先埋伏下的士兵跳牆進入院內，直奔司馬德文的住室。室內只剩下司馬德文一個人，兵士衝上去，把毒藥送給他，逼他喝下去。司馬德文不喝，對兵士說：「我信佛，佛教教義規定，自殺的人來世不能再托生為人。」

士兵聽罷，從床上拿過一條被子，把司馬德文活活給悶死了。

劉裕聽到司馬德文的死訊，還假惺惺地在朝堂上率領文武百官哀悼了三天。

劉裕害死司馬德文，才安下心來。他在位三年，頗有政績，社會比較安定，生產有所發展，廣用賢人，政治比較清明。劉宋政權，與北方的少數民族政權形成對峙局面，是南北朝的開始。

蕭道成坐收漁利

說他搶來的天下，莫如說他撿宋的天下。

南北朝時的劉宋王朝只存在了五十九年，便被蕭道成建立的齊朝所取代。蕭道成是一介武夫，能征慣戰，他對劉宋王朝可稱得上忠心耿耿，在政治上他並無野心。在劉宋王朝年輕昏庸的君主面前，他非但不居功自傲、囂張跋扈，相反，倒顯得俯首貼耳，有時甚至可以說很窩囊。

既然如此，蕭道成又怎麼篡宋而建齊的呢？在某種程度上說，他取代劉宋王朝是被「逼」出來的。劉宋王朝時間雖不長，昏君卻很多。在九個皇帝中，昏幼之君就有五名，除開國之君劉裕外，只有宋文帝劉義隆在位三十年期間，局勢較安定，吏治較清明，史稱「元嘉之治」，號為南朝之盛世。可是，元嘉二十七年（西元四五〇年）開始大舉北伐，軍費開支龐大，消耗了國力，而不久之後北魏又大肆南侵，「元嘉之治」遂呈衰勢。而宋文帝之後，內政昏暗，統治集團內部爭權奪利愈演愈烈，皇帝接連被廢黜，至宋後廢帝劉昱元徽年間，劉宋王朝已衰微不堪，滅亡只是時間問題了。元徽五年（西元四七七年）宋後廢帝劉昱被刺身亡，宋順帝劉準繼位，劉宋王朝已經名存實亡，苟延二年之後，終被蕭道成所取代了。

蕭道成生於元嘉四年（西元四二七年），他的父親是劉宋王朝的龍驤將軍、男爵，歷任漢中、南山太守。他十四歲時離家投軍，十六歲就領兵作戰了。宋文帝劉義隆死後不久，他襲父爵，並出任建康縣令，以精明強幹著稱。宋明帝劉彧於西元四六五年繼位後，他任右軍將軍。從宋文帝死到宋明帝繼位，其間僅十三年，先後有三個皇帝，其中兩個皇帝被廢黜，可見政治動蕩之激烈。這一切蕭道成或耳聞，或目睹，對統治集團的內爭，感受自然是很強烈的。而他在宦海中浮沉，靠英勇善戰，不斷得到提拔，沒有主動介入爭權奪勢的鬥爭。

宋明帝是靠刺殺前廢帝劉子業而上台的，這自然要遭到一部分皇族及大臣的反對。宋明帝為了保住皇帝的寶座，自然要籠絡一批有實力的人物，而蕭道成就是其中之一。宋明帝接連提升他的官職，而他也甘心為宋明帝南征北戰。如：在征討以會稽太守為首的反叛勢力時，蕭道成立下了汗馬功勞，一天就攻破敵方十二座陣地，很快便將浙東一帶反對宋明帝的武裝勢力削平。當徐州刺史薛安歸附北魏後，派兵南下時，宋明帝又命蕭道成率部抗擊，大敗南侵之敵。蕭道成的武裝力量，成了宋明帝統治的一個有力的支柱。

常言道，功高震主。蕭道成儘管為宋明帝衝鋒陷陣，殺敵立功，宋明帝也一次次提升他的官爵，但是，隨著他權力的加大，流言也隨之而產生，說蕭道成要當皇帝。因此，宋明帝也開始對他產生了戒心。

一次，宋明帝派冠軍將軍吳喜給蕭道成送去一壺酒。蕭道成聽說皇帝派大將給自己送酒來，急急忙忙跑出大門迎接。當他接過密封的酒壺時，心裡犯了嘀咕，怕這是一壺毒酒，遲遲疑疑不敢開封，甚至想扔下酒壺逃走。吳喜看破了他的恐懼心理，就笑著對他說，這是美酒，儘管大膽喝，不要胡思亂想。說罷，自己先喝了一口，讓蕭道成解除顧慮。蕭道成這才放下心來，高高興興地向皇帝謝恩。宋明帝此舉是為了試驗蕭道成，如果沒有吳喜從中斡旋，蕭道成就要逃亡了。吳喜回朝向宋明帝報告說蕭道成接到酒之後，很高興，向皇帝謝恩。這樣，宋明帝才暫時放下了心。

從此以後，蕭道成處處留意，一舉一動以不引起宋明帝懷疑為準則。泰始七年（西元四七一年），宋明帝命令蕭道成離開淮陰，進京就職。蕭道成的部下勸他不要應召進京，怕進京後兇多吉少。蕭道成說：「皇帝召我進京是因為太子年幼，急需有人輔佐，事關大局，如果我不應召，便會使皇帝疑心。我不僅應召，而且立即就動身。」

蕭道成的判斷是正確的，進京後，他被封為散騎常侍、太子左衛率。西元四七二年宋明帝病死，遺詔中列出一批大臣輔佐太子登基，蕭道成也在其中。他當上了右衛將軍兼衛尉，不久又任侍中，率軍鎮守石頭城，成為參與朝廷機要的大員。

新皇帝劉昱剛繼位，皇族江州刺史桂陽王劉休範造反，小皇帝驚恐萬狀，眾權臣齊聚中書省衙門商量對策。桂陽王勢力很大，眾權臣各懷心腹事，誰也不吭聲。蕭道成挺身而出，說道：「從前占據長江上游造反的人，都因為行動遲緩而招致失敗，此番劉休範肯定要汲取教訓，輕兵急下，以求速戰速決。我請求率兵到新亭駐守，以抗反賊。」

中書舍人孫千齡是劉休範的同黨，他急忙插話說：「還是應該像以往那樣，派兵駐守梁山。」

蕭道成板起面孔，反駁道：「現在，賊兵已接近梁山了，我兵怎麼來得及去梁山！新亭是戰略要地，首當其衝，我不過是以死報國罷了。」

散會後，蕭道成被任命為都督，單槍匹馬去了新亭。他一進入陣地，尚未來得及布好防線，叛軍的先頭部隊就到了。蕭道成在住所，脫去衣服，舒舒服服地躺在床上，以此來安定軍心。此舉還真有效，原本軍心動搖的守軍立即安定了下來。蕭道成命令陸上堅守，水上出擊。

劉休範自恃勢力大，不把蕭道成放在心上。他在戰鬥開始後，身著白色衣服，坐著輕便小轎，在幾十個護軍的保衛下，登上新亭城南的臨滄觀，俯視戰場。

蕭道成的部下屯騎校尉黃回與越騎校尉張敬兒見狀，兩人打算用詐降的辦法，出其不意將劉休範抓獲。張敬兒將此想法報告了蕭道成。蕭道成聽罷，對張敬兒說：「你如果能成功，我就把你所在的雍州賞給你！」

張敬兒與黃回潛出城南，丟下武器，奔向臨滄觀，口中高喊前來投誠。劉休範見狀很高興，把他倆叫到自己面前。黃回神祕地說：「啟稟大王，蕭道成想投降，派我倆來聯繫。大王如果同意，請派大王的公子去新亭與蕭道成接洽。」

劉休範信以為真，當下就把兩個兒子劉德宣、劉德嗣送到蕭道成兵營中去了。把張敬兒、黃回留在自己身邊。劉休範的兩個兒子一到新亭，就被蕭道成殺了。劉休範以為大局已定，自己很快便可以當皇帝。高興之餘，喝得酩酊大醉。張敬兒乘劉休範昏睡時，冷不防奪下劉休範的護身刀，將劉休範的頭割了下來。劉休範的

貼身衛士見主人被殺，一哄而散。張敬兒和黃回乘混亂之機，帶著劉休範的頭跑回了新亭城內。

叛軍的攻城部隊不知劉休範已死，攻勢越來越猛。叛軍的敢死隊數十人在蕭惠朗的率領下衝進了新亭，很快便衝到了蕭道成所住的射堂。蕭道成指揮部下與叛軍敢死隊展開肉搏，蕭惠朗不支，又率隊退出新亭。蕭惠朗的妹妹是劉休範的妃子，哥哥蕭惠明當時正在蕭道成部下，也住在新城。可是蕭道成對蕭惠明仍照常信任，毫不懷疑。

叛軍的另一支部隊攻到秦淮河上的朱雀橋，與攻新亭的叛軍形成南北夾擊之勢。後來，攻新亭的叛軍放棄新亭，向北攻打朱雀橋。守軍失敗，紛紛逃向皇宮。石頭城的守軍也敗退下來，逃進皇宮。剎時間，皇宮裡亂了套，敗將紛紛傳說新亭也失守了。皇太后嚇得淚流滿面，拉著十歲的小皇帝，不住地喃喃自語：「完了，完了，天下丟了！」

五月二十四日，撫軍將軍府長史褚澄打開東府門，把南部的叛軍放進城。他擁戴安成王劉準占據東府，並假傳劉休範的命令：「安成王是我的兒子，任何人不准侵犯！」

同時，中書舍人孫千齡也打開承明門，向叛軍投降。皇太后狠心把宮中的珠寶都拿出來，賞賜守軍，可是面對叛軍的攻勢，守軍已無鬥志，朝廷和宮裡亂成了一片。

這時，在叛軍中忽然傳開了劉休範的死訊。叛軍上下頓時做好了逃跑的準備。有叛將造謠說劉休範沒死，現坐鎮新亭，城內的朝廷官員紛紛跑到新亭，拿著手本（名片）請求拜見劉休範。一時間，前來表示效忠的官紳達數千名。

蕭道成聞訊，登上新亭北城樓，對前來求見劉休範的人們說：「叛逆劉休範父子已經被殺死了，屍體就放在南岡下邊。我是蕭道成，大家仔細看看。各位的手本我已經燒毀了，請不必顧慮！」

蕭道成立即派出軍隊從石頭城渡過秦淮河，從承明門進城，保護皇宮，與叛軍開仗。結果，叛軍被消滅，還攻克了東府。蕭道成率軍返回建康。百姓沿途圍觀，紛紛指點著蕭道成說：「保住朝廷的就是這位蕭將軍啊！」

在平定桂陽王劉休範的過程中，蕭道成忠於朝廷，孤軍支撐危局。因此，被任命為中領軍、南兗州刺史，留京任職，與袁粲、褚淵、劉秉共同決定朝政，人稱「四貴」。此時的蕭道成在政治上仍無野心，在昏聵的君主面前仍是畢恭畢敬。

小皇帝劉昱隨著年齡的增長，越加荒唐、兇殘暴虐。他經常化裝成平民出宮嬉戲，甚至夜不歸宿。有時光天化日之下，在街頭巷尾與地痞無賴流氓為伍，遭到他們的謾罵、踢打，不僅不怒而且很高興。有時率領衛士全副武裝出遊，沿途無論碰上男人或女人，老人或小孩，牛馬豬狗，都要斬盡殺絕。他隨身經常攜帶斧錘鑿鋸，不管官民，隨時隨地便親手殺砍，甚至剖腹取樂。直弄得人心惶惶，雞犬不寧。只要他上街，店鋪便紛紛關門，路斷行人。每逢他召集官吏，百官無不戰戰兢兢，不知何時喪生。就連值班的太監也不能倖免於難。每逢值班的下崗時，無不長吁一口氣，又平安度過了一天！

劉昱已到了嚴重變態的程度。他居然無緣無故地想殺死蕭道成。夏天某日，劉昱突然駕臨蕭道成家。當時酷暑難當，蕭道成光著膀子，躺在竹榻上乘涼。劉昱突然闖入，他連穿衣服都來不及，只得打赤膊接駕。劉昱盯著蕭道成的大肚子說：「這可是個好靶子！」

邊說邊向侍衛要弓箭，竟然瞄準蕭道成的肚臍，拉開弓就要射箭。蕭道成急忙說：「陛下，老臣無罪！」侍衛王天恩勸阻劉昱道：「陛下，蕭將軍的大肚子果然是個好靶子，可是陛下這一箭射上去，蕭將軍就死了，以後陛下想找這樣的好靶子可就難了！臣想陛下不如改用響箭射，響箭的箭頭是圓形的骨頭，射不死人，下次還可以再射！」

劉昱聽後，便換了一隻響箭，朝著蕭道成的肚臍射去，一發即中。劉昱把弓扔到地上，哈哈大笑起來，並說：「這一手怎麼樣？」

由於王天恩的巧言勸諫，蕭道成才保住了性命。可是，劉昱要殺蕭道成之心不死。一天，他帶領人馬把蕭道成的中領軍衙門團團圍住，然後就放起火來。他吩咐眾兵士，只要蕭道成往外一跑，當場就把他殺了。只是

因為蕭道成堅守衙門沒有離開一步，所以才沒被殺死。

劉昱三番兩次要殺蕭道成，都沒有達到目的。於是，在宮中命人做了一個木頭人，和蕭道成一模一樣，在木頭人的肚子上畫好靶心。劉昱天天都用箭射靶心，還命令衛士們射靶心，射中者予以重賞。劉昱在宮廷內外，不管碰上什麼東西，都指著大呼蕭道成的名字，並且親自磨槍頭，邊磨邊說：「明天非扎死蕭道成不可！」

劉昱的這些類似瘋癲的舉動，被他的生母陳太妃知道了。陳太妃把劉昱叫來，大罵道：「你這個不成器的東西，蕭道成為國家立下了大功，你今天把他害死了，明天誰還會給你出力效忠？」

劉昱從小就怕陳太妃，因為宋太宗劉彧生前有令，只要劉昱不聽話，陳太妃可以狠狠地打他。所以劉昱長大後仍然怕陳太妃。這次經陳太妃一頓痛罵，才不敢再提殺蕭道成的事了。

蕭道成幾次從劉昱手下死裡逃生，成天擔驚受怕，不知何時會死於劉昱手中。他被逼不過，才橫下心來，決意廢黜劉昱，以求個人無事，國家太平。於是，他與另外兩個權臣袁粲、褚淵商議廢黜劉昱，另立新君。袁粲說：「皇上年幼，偶犯小過，可以改正。今天想效法伊尹、霍光廢黜君主是行不通的啊！就是能夠成功，到頭來也將連個安身之處也不會有了。」

褚淵在一旁沉默不語。這次「碰頭會」就這樣毫無結果地散了。袁、褚二人走後，蕭道成部下功曹紀僧真說：「現在皇帝毫無人君的樣子，人人不能自保，不能把希望寄託在袁粲、褚淵身上！將軍您可不能坐等大禍降臨呀！生死存亡的關鍵，將軍可要深思熟慮哪！」蕭道成認為紀僧真說的很有道理，決心不管袁粲、褚淵等人的態度，自己單槍匹馬也要拼一番。

蕭道成開始行動了。

他祕密派遣親信給青州、冀州刺史劉善明捎話說：「人們勸我去廣陵，我想這不是長久之計。現在秋風已起，您如果與垣榮祖太守向北魏挑釁一番，引起邊境衝突，我的一切計畫就可以實現了。」與此同時，蕭道成

給東海郡太守垣榮祖也捎去了同樣內容的信。

劉善明很快就給蕭道成回了信，說：「劉宋王朝將要滅亡，無論聰明人或愚蠢的人都知道這個。北魏一旦有什麼動作，不僅對您不利，反而會成為您的禍患。您英明神武，非常人可及，只要安心靜候時機，大事不愁成功。」

同時，垣榮祖也回信說：「將軍的府邸離朝廷不過百步之遙，您出走人家怎會不知道？再說，您單槍匹馬去廣陵，一旦人家閉門不納，您將往何處安身？您的一舉一動，難免沒有人向朝廷報告，那時一切便全完了！」

紀僧真對去廣陵也不贊同，他說：「皇上雖然荒唐無道，但是國家的元氣還沒大傷，將軍一家百餘口，將軍北上也不可能把家人全帶走。退一步說即使順利抵達廣陵，天子一旦把您定為逆賊，從京城發出一道詔令，將軍能躲得了嗎？這不是萬全之策。」

蕭道成的堂弟蕭順之及兒子蕭嶷也都認為去廣陵不妥。這父子二人主張趁皇帝離開宮廷到街上遊逛時下手，成功的可能性最大。如果跑到京城以外的地方起兵，則成功的把握很小，甚至會引火燒身。

蕭道成在眾人的勸說下，改變了去廣陵發動兵變推翻皇帝的主意。他決定在京城下手。越騎校尉王敬則主動夜裡到街上隱蔽，觀察皇帝的行蹤。蕭道成授意王敬則去結交皇帝的貼身侍從楊玉夫、楊萬年、陳奉伯等眾人，以便在宮中安下眼線，伺機動手。

元徽五年（西元四七六年）七月初六日，皇帝劉昱在夜裡又換上平民衣服，帶上幾名衛士上街遊逛，信步走到蕭道成府門前，身邊的侍從說：「領軍將軍府內的人現在全睡了，陛下何不爬牆進去耍耍？」

劉昱搖搖頭，說：「今天晚上我要到別處痛快痛快，明天晚上再來這兒吧！」

劉昱與侍從的對話，被門內的蕭道成部下員外郎桓康等人聽得一清二楚，立即向蕭道成報告了。蕭道成當機立斷，明天晚上動手。他叫王敬則速去與楊玉夫聯繫。

第二天，是七月初七，劉昱坐著敞篷車，到台岡玩，和侍衛比賽跳高後，前往青園尼姑庵又鬧了一陣，挨到晚上，又去新安寺偷狗，然後到曇度道人那裡煮狗肉吃，喝得爛醉才返回仁壽殿睡覺，把昨天夜裡在蕭道成家門口說的話，忘了個一乾二淨。

侍從楊玉夫早已和王敬則定好，今夜伺機除掉劉昱。當劉昱返回仁壽殿時，吩咐楊玉夫到院內去觀察織女星過天河，並說：「看見織女星過天河立刻向我報告，你如果看不見，哼！我把你小子心肝肺挖出來！」

近期以來，劉昱一見到楊玉夫，就咬牙切齒地說：「看我不把你這小子宰了！」

現在，楊玉夫又看到劉昱那副兇狠的模樣，不由得後背直冒冷氣，本來他還有點猶豫，如今一聽要挖出他的心肝，他橫下心今晚除掉劉昱。

王敬則按照事先的約定，藏在宮門外面，靜候楊玉夫的消息。

楊玉夫等到劉昱睡熟，就與楊萬年一塊把劉昱的防身刀拿到手中，然後把劉昱的腦袋割了下來。對此，宮中任何人也沒有覺察。因為劉昱出入皇宮毫無規律，所以宮門，包括小閣的門一律不上鎖，晚上也敞著。值班警衛怕無故挨打，都躲在值班室內，不呼喚不願出屋。偌大的一座仁壽殿，空蕩蕩一個人影也見不到，所以楊玉夫才能毫不費事地刺殺了劉昱。

楊玉夫殺死劉昱後，讓侍在走廊上的樂師陳奉伯把劉昱的腦袋藏在袖子裡，帶出宮去。陳奉伯順利地走出宮門，把劉昱的人頭交給了王敬則。王敬則飛馬來到蕭道成府門，高喊得手了，叫快開門。蕭道成聽到，門軍報告後，擔心是劉昱騙自己，吩咐不准開門，並叫王敬則把人頭從牆上扔進來。蕭道成拿到人頭後，用水沖去鮮血，確認是劉昱的腦袋，這才准許打開大門。

蕭道成帶著王敬則、桓康等人趕往仁壽殿。進了宮門之後，過了幾重門，守門的禁軍個個低著頭，不敢察看來人。因為他們以為是皇帝回宮了。蕭道成一行順順當當地抵達了仁壽殿。這時，殿內的值班人員被驚動了，警衛也從屋中跑出來。正當人們驚恐不安之時，蕭道成大聲宣布劉昱已經死了。人們一聽先是一愣，接著

便歡呼雀躍起來。

七月初八日一大早，蕭道成站在仁壽殿院中，以皇太后的名義下令召袁粲、褚淵、劉秉三個決策者進宮議事。三人到齊後，蕭道成首先朝皇族劉秉說：「這是你們劉家的事，你看怎麼辦？」

劉秉一聲不吭。

蕭道成氣得鬍子都撅起來了，瞪著兩隻閃閃發光的眼睛盯著劉秉。劉秉見此情形，無可奈何地說：「行政方面的事務可以交給我處理，軍隊方面的事務，則由您全權負責好了。」

蕭道成點點頭，轉臉向袁粲說：「軍隊的事由袁大人管吧！」

袁粲一聽，倒吸了一口涼氣，兩隻手不停地搖擺說：「別，別，蕭將軍請別推辭，軍隊的事非將軍您莫屬啊！我不成，實在不成……。」

這時，王敬則從座位上跳起，嗖的一聲把佩刀拔出來，圓睜二目，高聲說道：「天下大事，都應稟報蕭公裁決，誰敢說個不字，讓他的血染我的寶刀！」

說罷，將條几上的皇冠一把拿起來，扣在蕭道成的頭上，說：「辦大事要打鐵趁熱，有誰敢亂動嗎？」

蕭道成對王敬則喝斥道：「你這是幹什麼？」

袁粲剛要張嘴，王敬則把刀一拍，向他喝道：「你要怎樣？」

袁粲連忙把嘴緊緊閉上。

這時，褚淵說話了：「依我看，不是蕭將軍，咱們任誰也不能收拾這個局面呀！」

說罷，把一些應該處理的奏章，全部雙手呈給蕭道成。

蕭道成一邊接過奏章，一邊說道：「既然你們都不肯出頭，我也就不能再推辭了。」

當下，蕭道成提出請劉準繼承帝位，眾人一致同意。蕭道成把手一揮，命令衛士們：「備車，到東府迎接皇上。」

「遵命！」衛士們雷鳴一般答應。一個衛士出殿去傳令，剩下的衛士們按照事先的吩咐，一齊拔出腰刀，迅速將劉秉、袁粲、褚淵圍上，「請」他們去東府迎接劉準。劉秉等三個人渾身打顫，乖乖地在衛士們的簇擁下，出殿上車奔東府去了。

在宮門外，劉秉與堂弟劉韞相遇。劉韞掀開車簾，對劉秉說：「今天的事，該歸兄長了吧？」

劉秉沮喪地答道：「他們已把大權交給蕭領軍了！」

劉韞捶胸頓足地說：「哥哥呀，哥哥，難道你的肉中就沒有血嗎？用不了多久，就被抄家滅族了！」

當天，蕭道成以太后的名義宣布廢帝劉昱的罪狀，並說明這次廢黜皇帝是太后決定的，命令領軍將軍蕭道成執行。最後，還明確宣告由安成王劉準繼位當皇帝，追封已死的皇帝劉昱為蒼梧王。

新皇帝劉準當時只有十一歲，朝政由蕭道成、袁粲、褚淵、劉秉共同輔佐。時隔不久，蕭道成以司空、錄尚書事、驃騎大將軍的身分，兼管軍政大事，總攬朝政，廣置心腹。褚淵徹底投靠蕭道成，袁粲和劉秉被駕空，雖然心懷不滿，可是也無可奈何，只得俯首聽命了。

這時，蕭道成已產生稱帝的野心了。他開始進一步排除異己，於八月份把袁粲調任鎮守石頭城。袁粲看破了蕭道成的用心，一反常態，毫不推辭地出守石頭城。他的用意是，雖然離開了決策的中書監地位，但畢竟手中握有一部分兵權，可以便於暗中策劃推翻蕭道成的活動。

還沒等袁粲起兵，蕭道成的親家荊州刺史沈攸之已出兵討伐蕭道成了。

沈攸之與蕭道成本是好朋友，二人在宋孝武帝劉駿及宋前廢帝劉子業時期曾共同擔任宮廷警衛，蕭道成的女兒嫁給了沈攸之的兒子，二人可稱得上休戚相關了。可是，當蕭道成把宋後廢帝劉昱趕下台，掌握了朝廷大權之後，沈攸之開始嫉妒他了。沈攸之不只一次地對人們說：「我寧可像王陵那樣死去，也不當賈充！」

王陵是三國時代魏國的太尉，因要討伐司馬懿而被殺死；賈充是魏國的大臣，指使部下刺殺魏王曹髦，甘心情願地給司馬昭當鷹犬。沈攸之說這話，用意很明顯，充分表露出不與蕭道成聯手的決心。

沈攸之一面公開表態反對蕭道成，一面因力量不足卻對劉準繼位表示祝賀。暗中，他積極積蓄力量，等待時機起兵攻打蕭道成。同時，沈攸之還向親信們透露，他手中有一道宋明帝劉彧當年寫給他的密詔，言下之意是說自己的一切言行是有依據的，是在履行宋明帝的囑托。

在沈攸之起兵前夕，他的妾崔氏勸阻道：「大人年事已高了，怎不考慮全家百餘口的生死呢？」沈攸之指著身上的坎肩說：「當年宋明帝給我的密詔，我縫在這裡面，日夜不離身，時時刻刻都不忘皇帝的囑托啊！」

接著，他又說，昨天收到太后賞賜的蠟燭，剖開後，發現裡面藏有太后的親筆詔令，指示自己：「國家大事，全憑卿做主了。」正因為這些，自己才起兵討伐蕭道成。

十二月十二日，沈攸之點將出兵沿江東下，同時還給蕭道成寫了一封公開信，說：「少帝（劉昱）昏暴，你可以與眾位大臣會商，然後共同向太后建言，廢黜昏君。你怎麼可以勾結皇帝的侍衛刺殺君主呢？甚至暴屍不葬，致使屍體腐爛生蛆，蛆都爬到了門上。對此，群臣無不驚駭。你又隨意調動大臣，安插親信，連宮門、殿門的鑰匙也由你的家人們掌管。我真不知道，當年漢朝的霍光在輔佐幼主時是這樣的嗎？我更不知道，三國時的諸葛亮受先帝之托，輔佐後主是這樣的嗎？你既然想滅亡宋朝，就怪不得我以春秋時楚國的申包胥為榜樣，要到處借兵保衛國家了！」

京城眾官員見到這封信後，無不驚慌。蕭道成也很緊張，立即採取對策，命令侍中蕭嶷替自己鎮守東府，命令撫軍將軍蕭映把守京口。接著，又下令京城戒嚴，命令劉贊為荊州刺史，撤銷沈攸之職務，任命右衛將軍黃回為前鋒，率各路兵馬討伐沈攸之，又任命自己的兒子蕭賾為西討都督。

蕭道成部署妥當之後，就去探望袁粲。袁粲沒與他面見。於是，蕭道成就把褚淵叫來，與自己共同處理政事。褚淵對蕭道成說：「西部兵變不會成功，關鍵是你要防止朝廷內部的變故！」這時，袁粲、劉秉正聯合因母喪回京的湘州刺史王蘊準備除掉蕭道成，並取得了黃回、卜伯興、任侯伯、孫曇瓘、王宜興等將帥的支持。

對此，蕭道成也有所聞，加上褚淵的提醒，立即採取了一些防範措施，派蘇烈、薛淵、王天生等親信去石頭城協助袁粲，實則監視。任命王敬則為直閤將軍，與卜伯興共同掌管禁衛軍。

袁粲等人加緊了事變的準備，一邊將政變計畫告知了褚淵，以謀求他的支持；一邊決定假傳太后聖旨，派劉韞、卜伯興率禁衛軍攻打蕭道成。同時，決定劉秉、任侯伯趕往石頭城，於二十三日夜裡開始行動。

劉秉為人懦怯，本來約定夜裡動身，可是他卻提前在下午就收拾行裝，天沒黑就帶領全家老小趕奔石頭城去了。孫曇瓘聽說劉秉提前動身，他也跟著奔向石頭城。袁粲見劉秉等提前到來，驚呼：「為什麼提前行動？今天肯定要失敗了！」

果不出袁粲之所料。由於劉秉等人提前行動，引起了人們的懷疑，丹陽郡丞王遜等人紛紛跑去給蕭道成報信。蕭道成聞訊後，立即派人祕密通知王敬則。王敬則趕到中書省逮捕劉韞。這時，劉韞已準備妥當，只等夜裡準時動手。突然見王敬則前來，不由大吃一驚，慌忙立起身來說：「老兄為何在這麼晚前來？」

王敬則厲聲呵斥道：「你小子怎敢叛亂？」劉韞一聽此話，感到事態嚴重，立即衝上去與王敬則廝打，結果被王敬則殺了。之後，王敬則又殺死卜伯興。與此同時，石頭城內的蘇烈等人也接到蕭道成的命令，搶占了倉城，與袁粲對壘。

王蘊得知劉秉逃往石頭城的消息後，深深地嘆了一口氣，說：「大事休矣！」匆匆忙忙集合幾百名衛士，也逃往石頭城。按照事前約定，行動開始後，石頭城南門大開，以便劉秉、王蘊、孫曇瓘等人進來。由於劉秉提前行動，一切都亂了套。這時，南門已被薛淵控制了。當王蘊一行人來到石頭城南門時，見城門緊閉，尚未來得及喊話，城上便亂箭齊發，王蘊等人以為袁粲已經失敗了，於是便一哄而散，乘著夜色掩護，逃命去了。

這時，蕭道成派來的援軍已到，進了石頭城與蘇烈等一起攻擊袁粲。不久，袁粲的指揮部西門被焚，正在東門的袁粲急急忙忙趕往西門，與袁粲一同在東城門的劉秉和兩個兒子翻過城牆落荒而逃。

當袁粲與兒子袁最來到西城門時，指揮部已被占領，袁粲父子被殺死。袁粲臨死之前，對兒子說：「我不

失為忠臣，你不失為孝死。」

劉秉父子逃到額檐湖時，遭追兵抓住，當場被砍頭。

任侯伯並不知道事情洩露，仍依照原計畫按時乘船去石頭城，臨近一看，朝廷的軍隊嚴陣以待，立即調轉船頭回去了。黃回的部隊已集合待命，只等天亮衝進宮城。當黃回聽到事情敗露的消息時，便不敢行動了。蕭道成對黃回仍如既往，未加追究。王蘊在逃跑途中被捉殺害；孫曇瓘一時不知去向。

就這樣，袁粲等人精心策劃的政變，以失敗告終。

閏十二月十四日，沈攸之率軍抵達夏口。留下一部分軍隊圍攻郢城，自己率大軍繼續東下。行前，又改變計畫，親自督戰攻打郢城，久攻不下。

宋順帝升明二年（西元四七八年）正月，沈攸之傾全力攻打郢城，屢屢敗陣。後來，他分兵攻打鄂城和黃岡東部，獲得勝利。不久，黃岡東部又被朝廷收復。

這時，沈攸之的部隊銳氣喪盡，逃跑者日益增加。沈攸之親自出馬到各營巡視、撫慰，逃兵仍有增無減。他氣急敗壞地召集各將領訓話：「我受太后委託率兵東下，如能成功，大家都可升官發財；若是不幸失敗，與你們眾將無關，朝廷只拿我一人問罪。近來，士卒逃跑日有發生，全因你等管教不嚴所致，我也不可能逐個去審訊逃跑之人。從今天起，各部隊如再有叛逃的，我就唯你們這些領兵將領是問！」

沈攸之滿以為經自己這麼一講，各將領肯定會嚴加防範士卒逃亡。可是事與願違，自從他訓話之後，帶兵將領不僅不去追索逃兵，甚至兵士逃亡也不上報了。

攻打郢城的將領劉攘兵擔心自己受制裁，主動與守城的柳世隆接洽投降。在正月十九那天，劉攘兵放火燒毀軍營，離開陣地向柳世隆投降。其他攻城部隊見劉部譁變，也一哄潰逃。沈攸之聞訊，氣得暴跳如雷，派兵將劉攘兵的侄兒、女婿抓獲斬首。可是，兵敗如山倒，沈攸之也控制不住部隊了。天亮時，就連沈攸之也逃過了長江，敗退到漢陽東北。這時，身邊只剩下幾十名衛兵了。因為守郢城的柳世隆沒有追擊，沈攸之才得以喘息，收攏潰兵。他對收攏的兩萬多名士卒說：「荊州城內錢糧充足，我帶你們去荊州搞糧草，然後咱們再打回來！」

這時，朝廷的部隊已攻到江陵沈攸之的老巢。守江陵的是沈攸之的兒子沈元琰，城裡眾人聽說朝廷大軍已到城下，一夕數驚。夜裡忽然聽到鶴鳴聲，以為是大軍攻城了，官吏和百姓四散奔逃。沈元琰逃到寵洲（今江陵西南的長江中），被亂兵殺死。結果，江陵失守，沈攸之的另外兩個兒子、四個孫子被殺。

沈攸之逃到華容時，身邊只剩一個兒子相隨，其他官兵早已逃得不見蹤影了。沈攸之父子走投無路，在樹林中上吊自殺。村民將沈氏父子的頭顱割下，送交占領荊州的官軍。

荊州捷報送到京城之後，蕭道成宣布解除戒嚴，自己也離開宮城返回東府。

蕭道成進一步肅清異己力量，於四月份將黃回召到京城，乘他前來拜見之機，命手下將他殺死在客廳之內。

蕭道成為了實現篡位計畫，把自己的兒子蕭賾提升為領軍將軍。此外，他還大量引用人才，收為心腹。

一切都準備停當之後，蕭道成開始找褚淵密談，說自己要當太傅，以此試探褚淵。褚淵一則是蕭道成較為親近之人，再則為人貪生怕死，所以他明知蕭道成這是篡取皇位的第一步，也裝作不解，滿口贊成。

不久，蕭道成便獲得了一連串的官銜：大都督、太傅、揚州牧，而以前獲得太尉、驃騎大將軍、錄尚書事、南徐州刺史仍然照舊。此外，還附加了許多特權：使用黃鉞儀仗、帶劍穿鞋上殿見皇帝、入朝不趨、奏事時不傳呼姓名等。隔年三月，皇帝又封他為相國，總管百官，晉爵為齊公，擴大封地至十郡，加賜九錫。

至此，蕭道成要取代劉宋王朝的謀畫已是昭然若揭了。這自然要引起皇族的反對。臨川王劉綽是皇室近支，他派人聯絡凌源縣令潘智，想在宮中搞一場兵變，消滅蕭道成。潘智把劉綽的計畫全盤報告了蕭道成，結果，劉綽全家及黨羽於三月初八日被捕捉處決。

四月初一日，蕭道成又晉爵為齊王。他離皇帝寶座只一步之遙了！

四月二十日，宋順帝劉準下詔把皇位禪讓給齊王蕭道成。名曰「禪讓」，實乃奪權。四月二十一日，舉行

禪讓大典。一大早，蕭道成的心腹王敬則便率領軍隊衝進宮殿，迎接小皇帝劉準出席禪讓大典，小皇帝嚇得逃進佛堂，藏在寶蓋下面。太后王貞鳳害怕延誤了禪讓大典，招致殺身之禍，焦急萬分，親自帶領太監在宮中四處尋找皇帝。費了九牛二虎之力，才找到了劉準。王敬則拉著小皇帝，叫他上轎。劉準抹了一把眼淚，顫聲問道：「要殺我嗎？」

王敬則答道：「不，離開這裡住到別處去。你的老祖宗取代司馬氏的時候也是這個樣子。」

劉準絕望地邊哭邊說：「希望死後再也不要托生在帝王家了！」

宮中的人聞聽此言，全都哭了。

小皇帝劉準拉著王敬則的手，懇求道：「請將軍救命，我送給您十萬錢！」

王敬則把小皇帝帶到早已搭好的高台下，一切都按禪讓的禮儀進行。典禮過後，小皇帝被封為汝陰王，送往丹徒宮居住。

褚淵率領文武百官，捧著皇帝玉璽，來到齊王住處勸蕭道成登極稱帝。蕭道成卻故作姿態，推辭不受。直拖到四月二十三日，蕭道成才「不得已」在南郊即皇帝位，改國號為齊，改年號為建元，宣布在全國實行大赦。

五月十八日，有人騎馬從汝陰王劉準的府門前經過，負責看守劉準的兵士們很緊張，以為是有人來搶劉準，其中一衛士便把劉準殺了，然後向朝廷報告說汝陰王病死了。蕭道成聞訊後，不僅未進行追究，反而對那個衛士大加封賞。一天之後，蕭道成又下令把劉宋王朝的皇族全部殺死，以絕後患。

蕭道成稱帝後，鑒於劉宋王朝君主昏暴，社會黑暗，內鬨不已，為異姓人提供了「篡位」的機會這一歷史教訓，他革除了劉宋王朝的一些弊政，提倡節儉，崇尚儒家，社會風氣有所好轉，統治階級內部矛盾有所緩和，社會一度又出現了太平景象。

高氏篡東魏，宇文氏篡西魏

這不過是篡位大潮中的兩個浪頭。

南北朝在混亂中對峙，在對峙中混亂。這種時勢，造就出一批批篡奪君權的「英雄」。篡位，已成為一種「時髦」。在南方，東晉、宋、齊、梁、陳五朝更迭，全由篡位所致；在北方，北魏的解體，東魏、西魏的滅亡，也都是篡位的結果。

北魏是鮮卑族建立的政權。開國伊始就不斷鬧內亂，皇帝接二連三被權臣所弒。至孝文帝元宏親政時，推行漢化政策，大力改革，北魏才由衰為盛，並南下攻打齊朝，企圖統一中國。可是，由於孝文帝病死軍中，統一遂成泡影。孝文帝死後，北魏又為內亂所困。外戚高肇與佞臣茹皓專權誤國於前，貴族元叉與太監劉騰穢亂朝政於後，國力大衰，社會風氣日下。北魏王朝已到了腐朽不堪的程度了。

北魏孝明帝正光四年（西元五二三年），對北魏來講，不啻雪上加霜。明帝與胡太后矛盾深重，內亂一觸即發。而北方柔然族又大舉犯邊，北魏設在北部邊防的六鎮，也為兵變、民變所困。在內亂外釁的擠壓下，北魏王朝搖搖欲墜。

孝昌二年（西元五二六年），孝明帝在平定北方六鎮之亂、制止柔然犯邊以後，想以擁有重兵鎮守晉陽的權臣爾朱榮為後盾，鏟除胡太后的勢力，就下詔密令爾朱榮進京。爾朱榮率軍進京途中，京城發生政變，胡太后與權臣鄭儼等將孝明帝害死，迎立孝文帝的曾孫，年僅三歲的元釗即皇帝位。爾朱榮聞訊後，繼續揮軍南下，並在途中迎立長樂王的兒子元子攸為皇帝。一國二帝，勢不兩立。最後，以爾朱榮攻陷京城洛陽，把胡太后及元釗扔進黃河而結束了這場內鬨。

元子攸名義上為皇帝，其實不過是爾朱榮掌中的傀儡。爾朱榮坐鎮晉陽，遙控朝政；他的女兒當皇后，兇悍異常，專制後宮。孝莊帝元子攸內外受制，日夜不得安寧。

孝莊帝永安三年（西元五三〇年），乘爾朱榮來京城之機，孝莊帝設伏兵將爾朱榮殺死在洛陽。爾朱榮的兒子爾朱兆聯合爾朱榮的堂弟爾朱世隆攻陷了洛陽，俘獲了孝莊帝，送往晉陽殺掉。同時，立廣陵王元恭為皇帝。

與此同時，大臣高乾、高敖曹、高歡起兵聲討爾朱兆，共推渤海太守元朗為皇帝，高歡自封為丞相。於普泰二年（西元五三二年）高歡率北方六鎮之兵攻陷洛陽。高歡進京後，不僅把爾朱兆立的節閔帝元恭廢掉，而且把前一時期自己親手立的元朗也廢掉了。高歡改立平陽王元脩為皇帝。

第二年，高歡打敗爾朱兆，將其殺死，占據了晉陽，遙控朝政，與孝武帝元脩的矛盾日漸激化。孝武帝聯結鎮守關中的大將（爾朱榮的部下）賀拔岳，密謀除掉高歡。

孝武帝永熙三年（西元五三四年），高歡命秦州刺史侯莫陳悅將賀拔嶽殺死。而孝武帝元脩也不示弱，命大臣宇文泰率兵討伐侯莫陳悅，並將其殺死。事後，孝武帝下令宇文泰鎮守關中。不久，孝武帝又下詔痛斥高歡，列舉罪狀，要殺高歡。高歡針鋒相對，率軍南下，攻打洛陽。孝武帝不敵，逃往長安，投奔宇文泰。高歡在洛陽擁立清河王的兒子元善見為帝，並遷都鄴城。孝武帝逃到長安後，封宇文泰為大丞相，輔佐朝政。實際是在宇文泰控制下當了傀儡。不久，宇文泰把孝武帝元脩殺死，改立南陽王元寶炬為皇帝。

從此，北魏一分為二了。元善見為孝靜帝，因鄴城在東方，稱東魏；元寶炬為文帝，因長安在西部，稱西魏。這兩個皇帝都是傀儡，東魏大權被高歡掌握；西魏大權由宇文泰控制。

東魏與西魏分立之後，兩國內部並不太平。圍繞著君權，展開了一幕幕驚心動魄的鬥爭。東魏占據山西、陝西分界黃河以東，淮河以北地方，生產與文化較為發達。高歡以丞相身分，專制朝政，其長子高澄、次子高洋手握軍權，東魏其實是高氏父子的天下。

高歡生前，對東魏孝靜帝元善見表面尚能以禮相待。高歡時刻想吞併西魏，所以他不想內部出現紛爭，以挾天子令諸侯為上策。可是高歡死後，他的兒子大將軍高澄主政，對孝靜帝的態度卻完全不同於乃父了。不僅傲慢無禮，還派親信監視孝靜帝的一言一行，如果說孝靜帝已淪為「高級犯人」也不為過。

比如，高澄在給崔季舒寫信時，竟公然以「白癡」來稱呼孝靜帝。其實，孝靜帝不僅不傻，而且儀表堂堂，武藝超群，能挾著宮門外的石頭獅子跳過宮牆，射箭則百步穿楊。孝靜帝怕高澄已是人所共知的了。甚至他身邊的侍衛往往以大將軍高澄不以為然來勸諫他。一次，孝靜帝到郊外打獵，策馬飛奔，侍衛擔心有閃失，就在後面大聲喊叫：「陛下，不要飛跑了，大將軍會生氣的！」果然有效，孝靜帝立刻勒住了轠繩。更令孝靜帝難堪的，莫過於挨罵挨揍了。有一次，大將軍高澄陪孝靜帝飲酒，高澄一時高興，拿起大杯向孝靜帝勸酒道：「來，來，我勸陛下乾這一大杯！」

孝靜帝平日壓抑的惱怒，乘著酒勁，突然爆炸了：「自古以來，沒有不滅亡的國家，朕這一生還有什麼用？」

高澄見狀，勃然大怒，把酒杯往地上一摔，對孝靜帝破口大罵：「朕，朕，狗腳朕！」罵罷仍不解氣，又命令身旁的崔季舒毆打孝靜帝。負責堅視孝靜帝的崔季舒掄起拳頭連打孝靜帝三拳，高澄這才拂袖而去。

第二天，孝靜帝一見到高澄還連連道歉，說自己昨天喝醉了酒，說了一些醉話，同時，還賞給崔季舒一百匹絹。

孝靜帝受的種種窩囊氣，不敢發洩，只能靠念幾首古詩來排遣了。一天，孝靜帝吟起了謝靈運的《臨川被收》詩：「韓亡子房奮，秦帝魯連恥。本自江海人，忠義感君子。」

當時，只有常侍、侍講荀濟在場。荀濟自然領會了孝靜帝的用意。孝靜帝切盼能有張良、魯仲連那樣的人物站出來，替自己雪恥。

事後，荀濟串聯了祠部郎中元謹、長秋卿劉思逸、華山王元大器、淮南王元洪宣、濟北王元徽等對高澄不滿的官僚、貴族，暗中策劃殺死高澄，以正朝綱。荀濟把除掉高澄的計畫向孝靜帝講了，並得到首肯。於是，荀濟等人便按計畫開始行動。

他們以在皇宮裡造土山為名，暗中挖掘通向北城的地道，以供殺高澄時使用。當地道掘到千秋門下邊的時候，守門的士兵聽到地下有聲音，就向高澄報告了。高澄聞訊後，立即率領軍隊衝進皇宮。高澄見到孝靜帝，也不跪拜，一屁股坐在椅子上，高聲喝問：「陛下為什麼要造反？我高家父子是開國的功臣，有什麼地方對不住陛下？這肯定是陛下左右親信及妃嬪幹的事。」

孝靜帝也豁出去了，理直氣壯地頂撞高澄道：「自古以來，只聽說臣子造皇帝的反，沒聽說皇帝造臣下的反。大將軍自己想造反，怎麼反而指控我造反？我殺死你大將軍，國家就會太平；不殺死你大將軍，國家立刻就要滅亡。我自己都不能自保，何況妃嬪！一定要以臣弒君，早下手晚下手都取決於你大將軍。」

孝靜帝這番義正辭嚴的話，震懾住了高澄。高澄連忙站起身，大聲哭著向孝靜帝請罪。孝靜帝也不敢過分，只得見好就收，留下高澄飲酒。兩個人直喝到半夜，高澄才出宮。

高澄回去後，很快便把事情的真相查清了。三天之後，高澄把孝靜帝軟禁了起來，把荀濟等人逮捕。高澄平素很敬重荀濟，不想處死他，就親自找荀濟談話。高澄問他道：「荀老先生你怎麼要造反呢？」荀濟正色說道：「我荀濟奉詔誅殺高澄，這怎麼能叫造反呢？」高澄見荀濟不肯向自己低頭，也就不再問了。朝負責審訊的官員擺擺手，荀濟便被帶了下去。審判官命人用小車把荀濟拉到東市，連人帶車一起用火燒了。

高澄在處置「造反」一班人的同時，又懷疑諮議參軍溫子升瞭解荀濟、元謹等人的「造反陰謀」。當時，溫子升正在奉高澄之命，為高澄的父親高歡撰寫碑文。等碑文寫畢，高澄便把溫子升關進晉陽的監獄裡，而且不給他飯吃。溫子升在獄中饑餓難挨，只得吃破衣服保命。最後，被活活的餓死了。死後，屍體被拋在路邊，家中人被罰作官府奴婢。

高澄把「造反」的官員處理之後，才把孝靜帝從軟禁的地方放出來。

時隔不久，高澄晉爵為齊王，官職由大將軍升為相國，並享有種種特權。

孝靜帝武定七年（西元五四九年）八月初八日，皇子元長應高澄的要求被立為太子。對於其他皇帝，立太子是一件喜事，但是對孝靜帝元善見來說，立太子卻不單純是一件喜事了，在喜的背後，藏著憂。因為說不定哪天高澄心血來潮，就要把太子扶上皇位，然後，再由太子上演禪讓的鬧劇，就像歷史上多次發生過的那樣。所以孝靜帝在立太子後，憂心如焚。

就在這千鈞一髮之時，高澄突然遇刺身亡。

前此，高澄在與梁朝的一次戰鬥中，俘獲了梁朝徐州刺史蘭欽的兒子蘭京。高澄罰蘭京為奴，讓他給自己做飯。蘭欽屢次請求贖回兒子，均被高澄拒絕。蘭京自己也曾多次當面求高澄放自己回家。每次，高澄都用棒子來回答他的請求，並不只一次地威嚇說：「今後你這個畜牲再敢提回家的事，看我不宰了你！」就這樣，蘭京再也不敢提回家的事了。外表上還得裝出十分恭敬的樣子，可是內心深處卻充滿了仇恨。蘭京祕密串聯了六個知心朋友，暗中商量好，抓住時機殺死高澄。

就在冊立太子的當天，高澄在冊立太子儀式過後，召集親信散騎常侍陳元康，吏部尚書、侍中楊愔，黃門侍郎崔季舒密謀禪讓，擬定文武百官名單，連吃飯都顧不上了。蘭京照常來侍候高澄吃飯，剛一進門，就被高澄攆了出去。高澄盯著蘭京的背影，對崔季舒等人說：「昨天夜裡，我夢見這個奴才用刀砍我，應立刻把他殺了！」

蘭京聽到了這話，趕緊跑回廚房，端起一大盤菜，將一把尖刀藏在盤子底下，又匆匆返回來，盡量不動聲色地對高澄說：「大王，奴才把菜送來了。」

高澄怒吼道：「我沒要，為什麼你又來了？」

說時遲，那時快，蘭京把盤子一扔，亮出了尖刀，衝著高澄撲來，嘴裡說：「來殺你！」

高澄見狀，一股勁從座位上跳起來，沒料到因為動作太急，把腳扭傷了。高澄拖著傷腳，一頭鑽進了床底下。蘭京一把將床掀翻，向高澄猛刺數刀。陳元康衝上前去與蘭京奪刀，結果肚子被劃破，腸子流了一地；楊愔嚇得抱頭鼠竄，腳上的靴子都跑掉了；崔季舒慌不擇路，躲進廁所。剎時間，高澄的住處翻了天。

高澄的弟弟高洋住在城東，聞訊後立刻指揮軍隊把高澄的住處包圍起來，然後衝了進去。蘭京等七人被高洋的手下人剁成了肉泥。高洋對外封鎖高澄死亡的消息，只說：「奴僕造反，相國受傷，不嚴重。」消息傳開，朝野上下無不驚奇。高洋仍祕不發喪。當晚，陳元康也因傷重而死。高洋也不發表陳元康死訊，而且還發表一道命令，任命陳元康為中書令，藉以掩人耳目。

高洋的一些親信大臣紛紛勸他離開京城，到晉陽去，因為大量部隊都駐在太原。高洋聽從了親信們的建議，連夜部署軍隊，自己決定去晉陽。高澄遇刺身亡的消息漸漸傳布開來。孝靜帝元善見也聽到了。他對身邊的親信說：「高大將軍已死，這是天意。看來，權力該回到皇家了。」

高洋離京前，進宮去朝見孝靜帝。他的隨從兵丁足有八千名，僅跟他上殿的就達二百名，個個手執兵器。孝靜帝嚇得面如土色，渾身抖個不停。高洋透過主持朝儀的大臣給皇帝傳話：「我有家事，立即動身。」說罷，拜了兩拜，便帶著兵丁們出宮了。孝靜帝好半天才緩過神來，瞅著高洋遠去的背影，無可奈何地說：「這個人好像也不能容我，我不知道在哪一天會死呀！」

高洋到晉陽後，朝廷封他為丞相，總管軍事，晉爵齊郡王。不久，又晉為齊王。高洋認為時機已到，於是積極籌劃當皇帝。高洋的一些心腹利用占卜大造輿論，揚言「太歲星在午，天命大變」。當高洋把自己稱帝的想法告訴母親婁太妃時，沒想到婁太妃卻持反對態度，嚴肅地說：「你爸爸如同龍，你哥哥如同虎，他們尚且不肯違背天意當皇帝，你是什麼人，居然學虞舜、夏禹進行禪讓！」

高洋碰了一鼻子灰，把母親這番話學給親信徐之才。徐之才說：「正因為大王您趕不上父兄，所以才應即早登皇位。」

高洋拿不定主意，就召集會議商討，他的部下齊聚一堂，婁太妃也出席了。會上，婁太妃搶先發言：「我兒子為人正直，但有些怯懦，他肯定想不出禪讓這個主意，這都是高德政蓄意製造事端，教唆我兒子這樣幹的。」

婁太妃發言後，有幾位大臣也表示不同意禪讓。高洋見眾人意見不統一，反對自己稱帝的大有人在，於是只得宣布散會。

高德政是高洋的老部下，高洋對他言聽計從，是高洋智囊班子的骨幹。

會後，高洋派高德政進京，去試探朝廷公卿們的態度。隨後，自己率軍東進，到平都城駐紮。在平都城，高洋又召集一次會議，討論禪讓的問題。出席會議的人大都不表態，只有長史杜弼侃侃而談：「現在，西魏是我們的大敵，如果大王稱帝，恐怕西魏會以此為藉口，挾天子以令諸侯，自稱正義之師，出兵東犯，那時，大王如何對付他們呀！」

杜弼話音剛落，徐之才急忙說道：「與大王爭天下的人，也想幹大王要幹的事。大不了他們也稱帝罷了。」

這時，高德政也從京城傳來消息，朝廷大多數大臣都不同意高洋稱帝。高洋準備起程返回晉陽。行前，一個管軍糧的官員叫李集，對高洋說：「大王您此番為什麼而來？怎麼能回去呢！」

高洋為了籠絡對稱帝持反對態度的人，把李集訓斥一頓，當眾命令把李集推出東門斬首。暗中卻把李集釋放，並賞給他十四薄紗。

高洋返回晉陽後，每天都算卦。北平郡太守宋景業一貫主張高洋稱帝，他占了一個乾卦變鼎卦，對人們說：「乾卦是皇帝的卦象，鼎卦表示五月要發生大變化。這說明，五月份可接受禪讓。」

持不同態度的人反駁道：「五月不便出來做官，一旦犯了這個忌諱，就要死在官位之上。」

宋景業駁斥道：「大王是稱帝，永遠也不會下台，自然要終於官位之上！」

高洋聽罷，立即下令進京。行前，高德政把進京後要做的事一件件開出了個清單，交給了高洋。高洋命令

親信陳山提，帶著這個清單進京去找楊愔，並向楊愔轉交一封密信。

在鄴城的楊愔接到密信後，就按照高德政清單上的各項，積極籌備起來。他召來太常卿邢邵，研究制定禪讓的禮儀，又吩咐祕書監魏收起草「九錫文」、「禪讓詔」、「勸進表」。最後，把東魏的皇族親王召進北京，集中在一起。這一切布置妥當之後，楊愔又逼著孝靜帝封高洋為相國，總管百官，並賞給他九樣象徵最高權力的物品，謂之九錫。至此，禪讓前的一切準備均告完成。

再說高洋，他行到太原東的時候，胯下的馬忽然失前蹄跌倒了。對此，高洋心中老大不快，勉強走到平都城，就再也不前進了。在高德政、徐之才的苦苦請求之下，高洋才又前進。高洋到達鄴城之前，朝中大臣見木已成舟，誰也不敢反對禪讓了。高洋一抵鄴城，立即抓來大批民夫，趕修高高的土壇，以備禪讓時用。

五月初二月，司空潘樂、侍中張亮、黃門侍郎趙彥深在高洋的指使下，進宮向孝靜帝奏事。孝靜帝在昭陽殿接見他們，張亮首先說：「天道循環，有始有終。齊王英明，萬方歸心，望陛下遵天道，效堯舜，盡快禪讓。」

孝靜帝表情嚴肅地說：「這件事讓了許久，我早該讓位了。」殿裡靜悄悄的，連喘氣的聲音都能聽到。過了一會兒，孝靜帝開口打破沉寂，說：「舉行禪讓，要先寫好詔書啊！」

中書郎崔劫、裴讓之答道：「詔書已經寫好。」

楊愔立即把禪讓詔書遞給了孝靜帝。孝靜帝一看，不僅詔書已抄清，而且玉璽都蓋完了。他長吁了一口氣，問：「我住哪兒？」

楊愔答道：「在北城已安排妥當。」

孝靜帝聽罷，不發一言，起身走出大殿，在東廊下稍停一會兒，信口背誦了《後漢書》上關於漢獻帝的一段贊語：「獻生不辰，身柿國屯，終我四百，未作虞賓。」眾朝臣無聲無息地跟在他的身後，都理解他這是以漢獻帝生不逢時，國家遭難，自己到處流浪，最後漢朝滅亡，讓位後當了別人的臣子的身世來自況。

孝靜帝轉過臉對楊愔等說：「古人懷念遺落的簪子和破舊的鞋子，我要和妃嬪告別一下，可以嗎？」

大臣高隆之搶著說：「今天，天下還是陛下的天下，何況妃嬪呢！」

孝靜帝一言不發，徒步向後宮走去。逐一與后妃們告別，宮女們都失聲痛哭起來。李妃哽咽著念了曹植《贈白馬王彪》詩中的一句：「王其愛玉體，俱享黃髮期」，以作訣別之辭。

孝靜帝與眾妃嬪意黯情傷，相對流淚。這時，大臣趙道德帶來了一輛牛車，已到東閤下了。孝靜帝一頓足，頭也不回地登上了牛車。趙道德跨上車，緊緊抱住了孝靜帝。孝靜帝一腔怒火向他發洩出來：「朕敬從天命，順從人意，你這個奴才是個什麼東西，竟敢逼人太甚！」

趙道德一語不發，紋絲不動。在一片痛哭聲中，牛車緩緩地走出了宮門。

孝靜帝到達城北的住處後，派太尉彭城王元韶將玉璽給高洋送了去。

五月初四日，高洋在鄴城南郊的土台上即皇帝位，改國號為北齊，改年號為天保。一年以後，下台的孝靜帝被高洋用毒酒害死。

西魏的轄地包括山西、陝西交界，黃河以西及秦嶺以北的地方，人力及物資條件均不如東魏。但是，因為宇文泰苦心經營，充分發揮北部邊地鮮卑人的尚武精神，把境內兵與民分開，創立府兵制，提倡勇武，所以在與東魏的戰鬥中，互有勝負，難決雌雄，抵擋住了東魏的西下。在文化方面，宇文泰以繼承周朝的傳統相標榜，根據《周禮》建立官制，以此與江南的梁朝相抗衡。

孝武帝元脩逃到關中以後，仍不吸取教訓，照樣過著荒淫的生活。當年在洛陽時，他甚至與三個堂妹通姦，將她們長年養在宮中，不令出嫁。倉促逃往關中時，他只帶一個叫明月的堂妹。宇文泰對孝武帝亂倫的行為，很不以為然。於是，就串通幾位皇族親王，把明月殺死了。孝武帝元脩因此懷恨宇文泰。他有時拉弓射箭，口裡嘟嘟囔囔地說：「我射死你宇文泰！」他有時用錐子扎桌子，嘴裡嘮嘮叨叨地說：「我扎死你宇文泰！」

自然，這些事情很快便被宇文泰知道了。這樣，君臣之間矛盾加深，乃至發展到不共戴天，互相戒備。一次，孝武帝元脩到逍遙園遊玩，他的隨行親信勸他要處處留心，以防不測。半夜回宮時，孝武帝才鬆了一口氣，以為不會發生意外了。於是，他命人拿酒來。萬萬沒想到，宇文泰搶先下手，派人把毒藥放到酒內。孝武帝元脩喝了毒酒，一命嗚呼。

孝武帝一死，宇文泰立即召集眾大臣商議立新皇帝。多數人主張擁立孝武帝的侄兒廣平王元贊。而侍中濮陽王元順卻持不同意見。元順把宇文泰請到另外一個房間裡，拉著他的手，淚流滿面地說：「高歡驅逐孝武帝，擁立年幼的元善見當皇帝，是為了個人專權。大人您可不要與高歡一樣啊！廣平王元贊年幼，最好擁立一位歲數大一些的才好。」宇文泰採納了元順的意見，擁立南陽王元寶炬為帝。宇文泰總管行政與軍事。元寶炬在位十七年，因病而死，由其兒子元欽繼位。

元欽當皇帝之後，和宇文泰的關係日趨緊張。元欽與尚書元烈合謀，企圖殺掉宇文泰。因事機不祕，為宇文泰偵知，結果尚書元烈被宇文泰殺死。元欽對此，每有怨言，暗中又謀劃除掉宇文泰。臨淮王元育、廣平王元贊苦勸元欽，元欽執意不聽，非殺宇文泰不可。

宇文泰的親信滿布朝廷，幾個女婿都是禁軍的主將。因此，元欽的計畫很快便暴露了，在元欽三年（西元五五四年）春天，宇文泰將元欽廢掉，另立其弟元廓為皇帝，將元欽流放到雍州。當年夏天，宇文泰將元欽毒死。兩年後，宇文泰在外巡視邊防的途中死去。

宇文泰臨死前，因為兒子都年幼，把後事託付給弟弟宇文護。宇文護威望不高，眾朝臣多有不服者。宇文護無奈，就去求助於宇文泰生前的心腹大將于謹。于謹跟隨宇文泰屢立戰功，當時任大司寇，握有實權。

于謹對宇文護說：「我蒙受太師（宇文泰的官爵）知遇之恩，情同手足。我一定效力，就是為此而死也在所不辭！您儘管放心。明天朝議時，研究國家的基本政策，您一定要有決斷，不能謙讓，其他的事情，由我出面。」

第二天，眾大臣集會時，于謹首先發言：「從前皇室出現危機，如果不是太師匡扶，國家就不會有今天。現在，太師突然逝世，太師的兒子們都年幼，中山公（宇文護的封爵）受太師之托，他既要照顧太師的遺孤，又要處理軍國大事，我們要同心協力支持中山公，朝政應由中山公決斷！」

于謹在說這番話時，滿臉殺氣，語調高亢。眾大臣無一敢表示異議的。宇文護見此情景，立即說道：「家裡的事情我一定管好。至於朝政，我雖然平庸，但是也不敢推諉！」

于謹立刻站起身，說道：「中山公您能這樣，我們眾人便有了靠山！」說罷，朝宇文護拜了兩拜。平日，在朝臣中，于謹只向宇文泰施禮。如今，眾大臣見于謹一反常態，居然向宇文護施禮，也都不敢怠慢，紛紛站起來表態：「我等一定服從中山公調遣！」大家也都學于謹，朝宇文護拜了兩拜。至此，西魏的人心才安定下來。宇文泰的嫡子年僅十五歲的宇文覺被封為周公。

儘管眾大臣公開表示服從宇文護，但是，宇文護因為自己威望不夠，宇文覺又年輕，心裡仍不踏實，惟恐宇文氏的權力動搖，被別人取代。他經過反復思慮，最後認為，只有把西魏的皇帝趕下台，由侄兒宇文覺當皇帝，宇文家族才能確保無虞。

在西魏恭帝元廓三年（西元五五六年）十二月三十日，宇文護的計畫付諸實施，西魏恭帝被迫讓位給宇文覺。宇文覺稱天王，改國號為北周。宇文護任大司馬。下台的西魏恭帝元廓被封為宋公。隔年二月份，元廓被殺死，西魏政權的影子也被抹去了。

從北魏解體，到東、西魏對峙，再到高氏簒東魏建北齊，宇文氏簒西魏建北周，北周與北齊相攻伐，北中國一片混亂。野心家、陰謀家層出迭見，真個是亂哄哄你方唱罷我登場。可是，天下大勢分久必合，西元五七六年，北周吞併了北齊，北中國終成統一。

後來，北周政權被楊堅取代，建立隋朝，打敗江南的陳朝，全中國實現了統一。南北朝對立的形成與結束，是一個複雜的歷史過程，政治、經濟、文化上的得失，非一言可盡。而那些簒位者的是是非非，也不是一

句話可以說清楚的。不過，有一點是確定無疑的，即評論開國之君的歷史作用，絕不能以其獲得政權的手段為準繩，而應以其所推行的政策對社會前進的作用為依據。

篡位繫興亡

隋朝的兩個皇帝都是靠篡位上臺的，隋朝的垮臺也是由於篡位。

隋朝的開國之君楊堅，是靠篡奪北周的帝位而登上權力的頂峰。他的兒子楊廣，是靠耍陰謀擠掉哥哥楊勇，才當上太子，是乘父親病重之機毒死父親而坐上皇位的。楊廣本人也沒得善終，被近臣勒死，從而丟掉了江山。隋朝的興亡，都與篡位緊密相連。

楊堅是北周王朝的外戚，他的女兒是北周宣帝宇文贇（ㄩㄣ）的皇后。北周是南北朝時代，在北中國由鮮卑族建立的一個政權。北周武帝宇文邕（ㄩㄥ）滅了北齊，統一了北方。不久，又向南朝進軍，打敗了陳朝，取得了長江以北地方，疆域超過了陳朝，國力鼎盛，大有統一中國之勢。

北周武帝宣政元年（西元五七八年），周武帝病死。太子宇文贇繼位，稱周宣帝。宇文贇缺德少才，在當太子時，有不少大臣向周武帝進言，要求廢掉他。周武帝也深感太子是個不肖之子，可是，其他孩子年紀太小，都不是當太子的料，所以周武帝不想廢掉太子，幻想透過自己的嚴加管教，再加上太子屬官的善誘，太子可能會變好。於是，周武帝對太子毫不假以顏色，十分嚴厲，每次朝見時，都要求太子進退舉止完全合乎禮儀，不得有一絲一毫疏忽，要與朝臣們一樣。太子好喝酒，周武帝嚴令太子宮中不得飲酒。太子稍有過錯，周武帝就下令杖打，太子身上棒瘡累累，往往舊傷未癒，新傷又生。周武帝還嚴令太子的屬官對太子每天的言行做詳細紀錄，每個月向自己匯報一次。周武帝還經常訓戒太子：「自古以來，有多少太子被廢掉！你可要當

心，咱們家的孩子不少，難道他們就不能當太子嘛！」

太子宇文贇在嚴密的管教下，大有收斂，尤其聽到父皇說其他皇子也可以當太子的話後，更加惴惴不安，惟恐自己被廢黜，於是刻意克制自己，裝出一副知書達禮的模樣，不敢胡作非為了。因此，周武帝對太子也就放心了。

可是，周武帝一死，宇文贇一當上皇帝，立刻原形畢露。他在哭喪時，毫無悲哀之情，只是怕礙於觀瞻才不得不乾嚎幾聲。他還用手撫摸身上因被棒子打而留下的疤痕，對心腹們說他父親：「死晚了，死得太晚了！」以此發洩對父親的不滿。在周武帝屍骨未寒的時候，宇文贇就如蠅見血一般盯上了父皇留下的那些年輕貌美的妃嬪們。白天，他裝模作樣的在大殿上父親的棺材前哭奠；夜晚，就把他父親的妃子們挨個召來供他淫樂。在周武帝的棺材剛剛入土後，宇文贇就命令所有官吏脫去喪服，換上吉服，慶賀自己登極。

宇文贇剛登上帝位就鏟除異己，大殺功臣親貴，大力提拔重用阿諛奉承之輩。宇文贇一意孤行，肆無忌憚，甚至超出了正常人的理智範圍。他父親喪禮未滿，就在殿內歌舞奏樂，夜以繼日，多日不上朝；派使臣四處挑選美女，弄得舉國不寧。

後來，連當皇帝都膩了，居然宣布將帝位傳給年幼的太子宇文闡，而自己則當太上皇，稱天元皇帝，居住的宮殿改稱天台，儀仗的數量超過前代皇帝的一倍，就連戴的皇冠上面的旒也從十二個增加到二十四個。他認為皇帝稱天子有損於自己，於是自己改稱天，使用的食具一律換上青銅器，而朝臣來朝見自己之前，必須齋戒三天。朝臣的衣飾如果有與自己的衣飾相類似，一律命令去掉，絕對不許和自己的一樣。因此，侍衛們的帽子上沿用多年的金蟬裝飾也被拿掉了，王公身上繫的綬帶也被取消了。

更有甚者，官吏們的名號中有「天」、「高」、「上」、「大」等字的，也一律改掉，比如，將姓高改為姓姜，將「高祖」改為「長祖」等等。他還盲目仿古，下令天下的車輪不准是空心的，都用圓木盤充當；禁止婦女撲粉擦胭脂。他只要興之所至，不管白天黑夜，說出巡就立刻離開宮廷，弄得陪同出巡的官員苦不堪言。一

旦他氣不順，公卿百官便大難臨頭。他責打大臣以一百二十棒為基數，後來又增到二百四十棒。后妃、宮女也不例外，受他寵幸的妃嬪幾乎沒有一個後背沒挨過棒子的。他周圍的人，從早到晚連大氣兒都不敢出。

一天，他又突發異想，以地上有金、木、水、火、土五種東西為理由，宣布自己要依此數立五個皇后，並建築五座宮殿，讓皇后們各居一座。他還用五種大車裝載后妃、宮女，自己率領侍衛們跟在車後，車上倒掛著活雞，車子一走動，小雞亂叫，他便與侍衛們一起向車上扔石塊，嚇得車上婦女呼天喊地，以此來取樂。這個天元皇帝如同瘋子一般，昏暴程度日甚一日。

發展到後來，天元皇帝宇文贇居然對五皇后中性情最溫順的楊后也厭煩了。時常找個藉口為難她，一次甚至要將楊后處死。只因楊后的母親獨孤氏聞訊趕到天台，叩頭謝罪，直磕得鮮血直流，才保住了楊后的性命。

不久，天元皇帝又遷怒於楊后的父親楊堅。他氣呼呼地對楊后說：「非把妳娘家滿門殺絕不可！」說罷，便召見楊堅。同時，對衛士們講：「等楊堅上殿之後，你們盯著他，只要他臉色一變，你們就立即下手，給我宰了他！」

楊堅被召來之後，神情自若，沒有半點驚慌或異常表現，因此才死裡逃生，得以倖免。

楊堅是將門之子，父親是北周開國功臣。楊堅儀表不凡，二目炯炯有神，繼承父職任大將軍、隋國公。他見天元皇帝屢屢欲加害自己，就與好友內史上大夫鄭譯商量對策，請鄭譯設法找個機會，幫助自己調出京城到外地任職。

不久，鄭譯趁一次出兵攻打陳朝的機會，建言天元皇帝任命楊堅為元帥，並得到了批准。可是，在出發前，楊堅卻突然患了足疾，而沒能如願離京。四天以後，天元皇帝得了病，病勢迅速惡化，兩天後連話都不能說了。天元皇帝在病危時把後事託付給心腹近臣劉昉和顏之儀。劉昉為人狡猾，因為善於諂媚而得到天元皇帝寵幸。他見老皇帝生命無望，小皇帝宇文闡年齡又太小，自己無力支撐朝政，為尋求一個幫手，他自然想到了楊堅。於是，劉昉串連了鄭譯、柳裘、韋謨、皇甫績，共同商議請楊堅協助輔政。最初，楊堅執意不肯。在劉

昉的一再勸說下，楊堅才同意。

天元皇帝宇文贇一死，劉昉、鄭譯等人立即偽造遺詔，任命楊堅為總知中外兵馬事，掌握了全國的兵權。對這個遺詔，顏之儀堅決反對，拒不署名。劉昉瞞著顏之儀，替他簽上名字，把遺詔發了下去。

楊堅在劉昉的謀畫下得到了兵權，但他深知駐守外地的宗室藩王肯定不服從他的指揮，甚至有可能聯手發動兵變來反對他。為了先發制人，楊堅以千金公主要嫁到突厥為由，召集趙王、陳王、越王、代王、滕王等五位藩王進京，置於自己的監控之下。

楊堅為了壓服朝臣，還自己給自己定了官職，任大丞相兼管天下兵馬，為樹立權威還給自己配備了皇帝的部分儀仗。同時還宣布，將小皇帝曾住過的正陽宮改為丞相府。楊堅為了測試自己在朝臣中的威信，專門導演了一齣「戲」：在到新大丞相府的頭一天，他命令貼身衛士盧賁向朝臣們宣布，誰要想富貴，誰就立刻跟隨大丞相到東宮（正陽宮）去。眾朝臣聽罷，猶豫不決，三五成群交頭接耳議論。這時，楊堅示意盧賁把衛隊帶上來。只聽盧賁一聲號令，大丞相的衛隊呼喝一聲衝了上來，將眾朝臣包圍起來。眾朝臣個個瞠目結舌，站在原地一動也不敢動。這時，楊堅掃了眾人一眼，邁著方步出了崇陽門，向東宮走去。眾朝臣猶如被虎狼驅趕一般，爭先恐後地跟著楊堅跑。

楊堅當上大丞相後，總攬朝政。他擔心大臣們不服，有時難免猶疑，往往遇事不能當機立斷。他的妻子獨孤氏是一位很有主見的人，她見丈夫信心不足，就鼓勵道：「大事已經這樣了，既然騎上虎背已下不來了，只有自己努力好自為之的份兒了！」

另外，楊堅的心腹太史大夫庾季才也勸他勇往直前，已無退路可走了。

楊堅聽了這些話，才橫下心來，不顧一切地和反對派決裂了。

首先，他廢除了周宣帝頒布的嚴酷政令，對舊的法律刪繁就簡，編成《刑書要制》供各級官吏遵循。另外，他率先垂範，厲行節約，博得了官民的稱譽。同時，他開始整治反對自己的人，排除了政治上的障礙。

楊堅首先把矛頭指向相州（今河北臨漳縣）總管尉遲迥。尉遲迥擁有重兵，聲望顯赫，還在謀劃興兵討伐楊堅。楊堅採取先禮後兵的戰略，派尉遲迥的兒子尉遲惇帶著皇帝的詔書去相州召尉遲迥返京，參加老皇帝葬禮。同時，又任命韋孝寬為相州總管，叱列長義為相州刺史，並命令二人相繼出發，走馬上任。

當韋孝寬抵達朝歌（今河北淇縣）時，尉遲迥派來的賀蘭貴已在等候他了。韋孝寬在與賀蘭貴交談的過程中，感到事態嚴重，尉遲迥可能要採取對自己不利的行動。於是，他裝作生病，放慢了行程，並派人以到相州買藥為名，暗中觀察動靜。

後來，韋孝寬又向前來迎接自己的侄兒韋藝打聽消息，韋藝時任魏郡太守，受尉遲迥的差派前來迎接韋孝寬，韋藝在叔父的逼問下，把尉遲迥準備興兵反對楊堅的計畫全說了。韋孝寬得知真實情報後，立即帶著韋藝急急忙忙返回長安。當尉遲迥得知韋孝寬返長安的消息後，立即派兵馬追趕，結果沒有追上。

楊堅又派人去相州，暗中與總管府的長史晉昶聯繫，讓他做內應，除掉尉遲迥。不幸，消息走露，楊堅派來的使者與晉昶均被尉遲迥殺了。尉遲迥殺了朝廷的使者以後，立即招集屬下官員及百姓，他登上城樓，向大家說：「楊堅憑他是皇后之父，挾持了年幼的皇帝，公然要篡權謀反。我是皇親國戚，又出任總管要職，朝廷派我鎮守相州，肩負重任，保衛國家，今天，我要和你們一道鏟除反賊，你們意下如何？」

眾官民一致表示服從指揮。於是尉遲迥自稱大總管，並設置百官，把赴京的趙王兒子推出來作號召，起兵討伐楊堅。在長安，楊堅任命韋孝寬為元帥，督率各路兵馬征討尉遲迥。

這時，雍州牧畢剌王宇文賢與赴京的五位藩王一同刺殺楊堅的陰謀曝光，楊堅先發制人，殺死了宇文賢及其三個兒子，為了穩住大局，對五位藩王沒予追究。

京城的局勢安定下來了，可是相州前線卻頗為緊急。尉遲迥起兵以後，他的弟弟青州總管尉遲勤率屬下五州兵馬響應，兵力已達數十萬。不久，榮州刺史邵公冑、申州刺史李惠、東楚州刺史費也利進、潼州刺史曹孝遠等也都起兵響應尉遲迥；接著，徐州總管、東平郡前太守也都起兵攻城掠地；而據城抗拒尉遲迥大軍的地方

官有許多兵敗投降。一時間，山東、河北、河南、安徽、山西等地都樹起了反對楊堅的旗幟。

這時，在京城長安又發生了一起暗殺楊堅未遂事件。趙王宇文招請楊堅到王府敘談，楊堅應邀來到王府，宇文招將他請到內室。在座的還有趙王的兒子宇文員、宇文貫及王妃的弟弟魯封等，他們都隨身帶著刀劍，而在室後的閣內還埋伏著武士。楊堅的隨從被遠遠擋在了室外，只有楊弘和元胄二人被帶到台階上，坐在門外邊。楊堅剛落座，便擺上了酒宴。酒過三巡，宇文招抽出佩刀切西瓜請楊堅吃。元胄見勢不妙，立即闖進室內，對楊堅說：「丞相府有急事，請大丞相立即回府。」

宇文招對闖進來的元胄喝斥道：「我與丞相還在敘談，你是什麼人敢闖進來？」

元胄瞪大雙眼，緊緊護著楊堅，用手拍打著佩刀。

宇文招裝出笑臉說：「你怎麼這麼緊張？難道我有什麼惡意不成！」

宇文招急於脫身，便裝出嘔吐的樣子，站起身向閣內走去。元胄怕有變故，一步衝上去，扶住宇文招，請他在座位上坐好。宇文招坐一會兒又站起來，元胄又請他坐下，一連幾次，宇文招到底沒能離席。後來，宇文招對元胄說道：「煩你到廚房去拿點冰來，我嗓子太乾了。」

元胄一動也不動。這時，滕王宇文逌來了。他因為有點事，沒能準時來，遲到了。楊堅立即起身出迎，走下了台階。元胄緊隨其後，對著他的耳朵悄聲說：「大事不好，請快離開！」

楊堅小聲答道：「我們手邊沒有兵馬，出去也沒有辦法。」

元胄說：「兵馬都是朝廷的。一旦他們先動手，一切就全完了。我不怕死，但死了也沒用！」

楊堅與滕王一同進了室內，落座飲酒。這時，元胄又聽到小閣子裡有鎧甲相碰的聲音，他急不可耐地說：「丞相府有急事，大丞相不能再逗留了。」邊說邊扶起楊堅往室外走去。

宇文招起身來追，元胄用身體堵住門。楊堅走到大門時，元胄才從後面趕上來。宇文招眼看著楊堅離去，一場「鴻門宴」結束了。

幾天後，楊堅以謀反的罪名將宇文招及兒子處死，賞給元胄許多財物。後來，藩王們又策劃了幾次謀殺，但都沒有成功。在前方，戰事呈對峙狀態。元帥韋孝寬堅守武陟，按兵不前，與尉遲迥的軍隊隔沁水相持。這時，楊堅又接到密報，說軍中三個主要將領都接受了尉遲迥的贈金，有可能倒戈，兵士們已開始騷動不安了。楊堅聞報後很緊張，與心腹謀士研究將三個將領調離前線。

楊堅的得力助手李德林不同意這個辦法，說：「大丞相與眾將沒有直接統轄的關係，況且那三位大將也都是朝廷重臣，依目前的情況，大丞相只能挾天子以令諸侯，退一步說，那三個將領能服從大丞相的命令，返回京城，可是又有誰能保證新派去的將領不三心二意呢？再者，贈金的事情只是傳聞，是真是假又難以查清。如果一旦調動他們，他們出於畏罪心理逃跑了，也不好緝拿；如果立即逮捕他們，前線的將士，恐怕連元帥在內，也都要產生人人自危的感覺了。臨陣換將可是兵法之大忌呀！依我愚見，不如派一位精明幹練素有威信的人去前線當監軍，一則可隨時掌握情況，再則如有的將領有異志也可及時處理，能穩住大局。」

楊堅被李德林說服了，當下派丞相府司篆官高熲當監軍，趕赴前方，很快便安定了局面。然後便督軍出征，強渡沁水，燒掉橋梁，以絕退路，兵士拼命廝殺，打垮了尉遲迥的軍隊。

韋孝寬指揮部隊一舉攻到鄴城。城下一戰，尉遲迥又吃了敗仗，結果城破自殺。韋孝寬分兵數路，乘勝將附和尉遲迥叛亂的各路兵馬都鎮壓了下去，函谷關以東地方恢復了秩序。九月份，楊堅的大兒子楊勇出任洛州總管，率軍隊駐守洛陽，管轄原北齊王朝的大片土地。楊堅的後顧之憂徹底解除了。十月份，楊堅殺了陳王宇文純及其兒子，又派兵平定了四川。十二月份，楊堅任相國，統轄百官，晉爵為隋王，朝拜天子不稱名字，並加九錫（天子特賜的九種器物，以示權位崇高），如同當年的王莽、曹操一樣。至此，楊堅牢牢地掌握了朝廷大權，他取北周皇帝而代之只不過是時間早晚罷了。

北周大定元年（西元五八一年）二月十四日，楊堅從自己的外孫北周靜帝宇文闡手中接過了皇帝的玉璽。那天五鼓時分，天剛亮，楊堅裝扮一新，身穿黃袍袞服，頭戴冠冕，緩步登上臨光殿，坐穩之後，大臣們獻上

皇帝的玉璽及冊書，又宣讀了周靜帝的讓位詔書。楊堅從此成了皇帝。他在接受眾臣的朝賀之後，宣布改國號為隋，改年號為開皇。

楊堅篡位當了皇帝，史稱隋文帝。他的妻子獨孤氏便成了皇后，長子楊勇便成了太子。周靜帝宇文闡被封為介公，昔日北周的皇太后楊氏即楊堅的女兒，被封為樂平公主。楊氏最初認為父親輔政比由宇文氏家族的人輔政好，可以確保自己的幼子宇文闡太平無事。可是，當她發現自己的父親隨著權力的加大，野心也在膨脹，內心開始不滿，而且公開表露出來。等到楊堅逼宇文闡讓位時，她怒不可遏，痛不欲生，但是已無能為力了。楊堅稱帝後，曾叫自己的女兒改嫁，楊氏誓死不從，楊堅由於慚愧，也就不再逼女兒了。

楊堅稱帝後，勵精圖治，減輕賦稅，提倡節儉，而且以身作則，平時吃飯僅是一個肉菜而已。他注重吏治，廢除嚴刑苛法，加強中央集權制度，強調對官吏的考核。建立科舉制，廢除九品中正制，廣泛任用人才。尤其重視發展生產，繁榮經濟。

為此，他整理天下戶口，清查出沒有戶籍的百姓多達一百六十四萬，其中壯勞力四十四點二萬，這不僅給國家增加了賦稅收入，而且也抑制了豪強地主；另外，他還廣設糧倉儲糧，以官倉供養軍政人員，以義倉救濟災民，穩定社會秩序，有利發展生產；此外，他還注重興修水利，促進農業增產。在開皇九年（西元五八九年）隋文帝楊堅派兵消滅了陳朝，完成了統一。

因此，隋朝的國力迅速增強，較秦漢時的經濟、文化更為發達，在隋文帝末年，社會呈空前繁盛的局面。但是在統治階級或集團內部，圍繞財產與權力再分配的鬥爭是經常發生的，而鬥爭的手段往往是兇殘、狡詐、陰險融為一體，這已被無數的事實所證明，成為一條規律了。當然，隋文帝楊堅在攫取君權的過程中，也不能超越這條鐵律。儘管歷史上的統治者權力的獲得無不伴著血腥與醜惡，但是，在評論當權的統治者的時候，卻不把他如何獲得權力視為重要依據，而把他如何運用權力及權力運用的結果對當時與後世的影響如何，作為評價其歷史地位與社會作用的關鍵。

據此來分析評價隋文帝楊堅，得出的結論是肯定他對社會、歷史所產生的作用。楊堅利用攫取的最高權力，推行一系列有利國計民生，有助社會發展的政策，而且取得了顯著成效。他不失為中國歷史上一位大有作為的君主。後人對楊堅篡權並不予以苛責，其原因即在於此。可以說，隋朝的建立及興盛與楊堅獲得權力、運用權力是不可分的。

歷史上有許多驚人的相似之處，然而相似的歷史事件卻往往有著截然相反的評價。隋文帝楊堅與其兒子隋煬帝楊廣的活動就是明顯一例。就其對國家最高權力獲得的情況而言，這父子倆都是靠篡位上台的，可是隋文帝卻有明君之譽，而隋煬帝則是一個大昏君。

楊廣是隋文帝的二兒子。隋朝開國後他被封為晉王，在消滅陳朝的戰鬥中，他統率三軍，建立了豐功偉績。他相貌堂堂，很有文采，尤其擅長詩歌寫作。他很有心計，為人深沉持重。他禮賢下士，頗為朝臣所稱道。

楊廣的大哥楊勇被立為太子以後，逐漸失去了父母的歡心。楊勇為人直率任性，待人寬厚，生活追求奢華，貪戀女色。正因為如此，在生活上他不為父親所齒，在性格和手腕上他鬥不過弟弟楊廣。這就註定了他的悲劇命運。

隋文帝是崇尚節儉的人，甚至到了慳吝的程度。一次，太子楊勇造了一件新鎧甲，裝飾華貴。隋文帝見後很不以為然，當即訓戒道：「自古以來，帝王好奢侈沒有一個能長治久安的。你身為太子，應首重節儉，這樣才能繼承大業。我從前用過的衣物，都要留下一件，常常拿出來看看，以此提醒自己。我真擔心你一味以皇太子自居，忘了從前的艱辛。因此，我才把我曾用過的佩刀賞給你，還曾賜給一盒醃鹹菜，那是你從前當兵時常吃的呀！如果你能牢記過去，就應體會我的良苦用心！」

楊勇事後仍一如既往。在冬至那天，朝臣們都到太子宮中行禮，楊勇命奏樂朝拜。很快這件事被隋文帝知道了。他詢問文武百官，冬至去朝拜太子合乎禮法嗎？太常少卿辛亶回答說：「眾臣去東宮是向太子賀節，不

是朝拜。」

隋文帝不悅地駁斥道：「賀節可以三五成群地去，是自發的舉動，但你們則不然，有人組織，文武百官在同一時辰集體前往，而且太子身穿禮服，鳴鐘擊鼓，這樣做對嗎？」

隋文帝說罷，立即下了一道詔令，指示：「禮分等級，君臣之禮不能混淆。皇太子仍然是臣子，朝臣及地方大吏在冬至朝拜皇帝時，又去拜見太子，貢獻禮物，這不合禮法，今後應予禁止。」從此，隋文帝與太子之間產生了裂痕。

太子楊勇在生活上仍不收斂，他廣置姬妾，而對父母給他立的正妃元氏卻不愛戀，十分寵愛側妃雲氏。元妃由於失寵，鬱鬱寡歡，日久成疾，患心臟病而死。太子的母親獨孤皇后是一位很有個性，極有膽識的女人，對於兒媳之死，很生氣，把太子召來狠狠地訓了一頓，對雲氏更加厭惡了。雲氏恃寵，在太子宮中說一不二，令其他姬妾側目，有不少人常到皇后獨孤氏面前進讒言。獨孤皇后越發氣憤，就命人專門監視太子與雲氏，刻意尋找他們的錯處。

楊廣早有野心，想取太子而代之，所以他在廣結朝臣的同時，更十分留意宮中動向，以便迎合父母心意，與哥哥楊勇對抗。當他得知父親不滿楊勇奢侈，母親不滿楊勇寵愛雲氏時，他便十分留意自己的言行及生活瑣事。他為了討得父母的歡心，絞盡腦汁千方百計裝模作樣，比如：他雖然也很好女色，但竭力克制自己，大部分時光與元配夫人蕭氏在一塊兒廝混，很少去找姬妾尋歡。

他深知父親為了避免宮廷內部可能發生的手足相殘的惡性事件，只和皇后獨孤氏生孩子，而不與其他妃嬪生孩子。楊廣也仿效父母這種行為，殘酷地命令自己的姬妾不准生兒育女，一旦生下來也不准養活。楊廣的這個舉動，深受父母的讚賞。

另外，楊廣得知哥哥因奢侈受責後，他立即重新安排王府的陳設，連屏風都換上白絹的而不再用五光十彩的蜀錦了。一次，當楊廣得知父母要來他的府邸，他急忙把身邊年輕美貌的姬妾侍女全關到別處的房裡，跟前

只留下幾個又老又醜的侍女服侍，並讓所有的人都脫下華貴的衣服，換上質樸的衣裳。他還叫人把樂器上的絲弦弄斷，不准拂去樂器上的灰塵。經過種種精心準備之後，楊廣迎來了父母親。

隋文帝與獨孤皇后到二兒子家中後，與在太子宮中所見所聞截然相反，這老倆口誤以為楊廣生活節儉，不喜女樂，完全被二兒子騙了。不僅當時心中高興，事後還逢人便講楊廣如何賢明，以有這樣的好兒子而沾沾自喜。

楊廣不僅刻意逢迎父母之所好，而且不惜花費金錢廣泛結交朝臣，甚至連皇帝皇后身邊的侍從，也屈尊去交好，每逢朝臣或侍從奉皇帝或皇后之命來到楊廣家中傳達旨意時，楊廣都早早地在門外站著恭候，臨走時必定以金銀及珍貴之物作為饋贈。所以這些人無不在皇帝或皇后面前大講楊廣的好話。

時間一久，太子楊勇與晉王楊廣在隋文帝及獨孤皇后的心目中其反差越來越大了。

楊廣見時機到了，便有計畫地開始陷害兄長、搶奪太子寶座的活動。楊廣在出任揚州總管以後，廣結心腹，總管司馬張衡，安州總管宇文述等人都是他的死黨。張衡受楊廣之托為篡奪太子寶座進行全面策畫。宇文述建議楊廣為除掉太子首要的是結交權臣楊素，因為只有楊素才能使隋文帝改變主意。而楊素又最信任弟弟楊約，若想結交楊素首先要交好楊約。宇文述還毛遂自薦，主動提出去京城打通楊約這一關節。楊廣聽後異常高興，當下給了宇文述許多金銀財寶，以利他進京活動。

宇文述抵京後，立即宴請楊約，並與他賭博。宇文述故意只輸不贏，很快便把帶來的金銀輸個精光，另外還賠上許多古玩。楊約酒足飯飽又發了個大財，滿心高興，口中連連稱謝。宇文述乘機說道：「楊大人，您可別謝我。這些金銀珠寶是晉王殿下賞賜的，殿下命令我陪您玩玩，只求您高興即可。」

楊約不解地問：「宇文大人，您可把我弄糊塗了。請大人詳細說明可好？」

宇文述就把楊廣派他來京的用意一五一十全說了，最後又是勸諭又是威脅地說：「楊大人，守常規固然是大臣的本分，可是，如果違反常規卻符合天意人心，也該權變，這才是通情達理之舉。常言道，識時務為俊傑。從古至今，賢人君子沒有不根據形勢而行動的，不避害趨利還叫什麼君子？您與令兄是當今朝廷上最有地

位，最有權勢的大臣，勞苦功高，掌權多年，難免不得罪一些人呀！恐怕有不少朝臣對二位大人心懷不滿，甚至有人還想等機會加害於二位。如果皇上一旦升天，您二位還有靠山嗎？據我所知，太子對當權的大臣是很不滿，將來太子繼位，不知大人與令兄可得安生？目前，皇上與皇后對太子深為不滿，早有廢黜之意，這點您不會不知道吧！依我愚見，只要令兄出面勸皇上立即廢掉太子，另立晉王為太子，肯定能得到皇上同意。果真如此，豈不一舉兩得。晉王當上太子還能不感激二位大人嗎？我想，那個時候大人與令兄可謂安如泰山了。」

楊約聽罷，連連點頭表示同意。宇文述見目的已達到，也就不再言語了。

第二天，楊約就去見楊素，把宇文述的這番話作為自己的見解，跟楊素講了。楊素聽後，也正中下懷，拍著巴掌說：「賢弟，多虧你想的深遠，愚兄還沒想這個問題。你談得很好，很及時啊！」

分手時，楊約又叮嚀楊素：「哥哥，皇上最聽獨孤皇后的話，你可早下決心，否則，將來難免大禍臨頭；你一旦成功，咱們家可就萬世其昌，子孫永無後顧之憂了。」

幾天以後，楊素趁進宮奉侍獨孤皇后飲宴的機會，裝作無意的樣子，隨口說道：「皇后陛下，為臣應恭賀陛下呀！」獨孤皇后不解地應了一聲，並讓楊素繼續說下去。

楊素說：「晉王孝順父母，友愛兄弟，禮賢下士，節儉勤奮，真像皇帝陛下，皇后有這樣好的兒子，真是大隋天下之福啊！」沒想到皇后聽完這句話卻流下了眼淚，楊素嚇得趕忙離席跪到地上叩頭請罪。

皇后擺擺手，讓他重新落座，深深嘆了一口氣說：「你說的都對，廣兒是個大孝子。皇上常跟我提及，每次派人到揚州去看他，他都早早地在府門外站著等使臣，一提到皇上和我，這孩子就流眼淚，都那麼大了，還捨不得爸爸和媽媽。廣兒的媳婦也賢惠，每次我派宮女去看她，她都與宮女同一個桌吃飯、一張床上睡覺。這倆口子可不像勇兒那倆口子，阿勇與阿雲一天只知道享樂，近小人遠君子。尤其叫我傷心的是，勇兒還猜忌廣兒，我真擔心有朝一日廣兒死在勇兒之手啊！」

楊素一見機會到了，說一些安慰皇后的話，又說了許多太子楊勇的壞話。獨孤皇后見楊素這個態度，立即

賞給他許多金銀珠寶，並告訴他要幫助皇帝早下決心，廢掉太子楊勇，立楊廣為太子。楊素沒想到這麼輕易就達到了目的，一再向皇后表示必定和皇帝建言，豁出老命也在所不惜。

楊廣除了派人向皇帝、皇后進言，自己還親自出馬。一次，他回京朝拜，離京時去辭別母親，一見到母親就跪在地上泣不成聲，獨孤皇后也流下淚來。楊廣哽哽咽咽地說：「孩兒實在笨拙，只知道友愛兄弟，可不知因為什麼得罪了太子，太子對孩兒恨得要命，常常對人講要殺掉孩兒。孩兒被殺倒無所謂，只是擔心母后承受不了啊！孩兒就要離京回揚州了，請母后千萬珍重，不要以孩兒為念！」

說罷，楊廣竟嗚嗚大哭起來。獨孤皇后用手一抹眼淚，高聲說道：「孩子，你站起來。這個睍地伐（楊勇的小名）越來越不像樣了！我給他娶了元氏，可是他卻不把人家當妻子對待，一個心眼寵著那個阿雲。媳婦死了我還沒追究，如今又要害你，我真不能容忍了！我活著他就敢這樣，將來我死後還得了？皇上一旦千秋萬歲之後，將來你們還得向阿雲的兒子稱臣，這可太叫人痛心了！」

楊廣見母親中了他的圈套，就更放聲大哭起來，趴在地上不起來。楊廣離去後，獨孤皇后決心找皇上提出廢掉太子楊勇。

對於廢掉太子的議論，楊勇也有耳聞，雖然憂懼但又拿不出對策。後來，他竟愚蠢地去找巫師，請巫師做法幫助自己避開這場災難。楊勇按巫師的要求，在後花園內修了一個庶人村，房屋低矮簡陋，自己常住到裡面，用草墊當被褥，穿著粗布衣服，儼然是個窮百姓，幻想以此來保住自己的地位。

隋文帝對楊勇的這些舉動，很快就掌握了。他雖然有意廢掉太子，但總不肯輕易下決心。此番聽說太子如此，就想再給太子個機會，再考驗一次。於是，隋文帝下令召見太子。楊素惟恐隋文帝與太子重歸於好，就想出一條毒計來。他親自站到宮門，當見到太子來時，不讓太子進宮，故意激怒他。直到楊勇上當發火，楊素才答應進宮稟報皇上。楊素進宮後對隋文帝說：「為臣在宮門見到太子怒容滿面，懇請皇上謹防有變故。」

隋文帝一聽，十分生氣，感到太子實在是無可救藥。楊勇白白丟掉了一次機會。事後，楊素安排親信日夜

偵察太子言行，添油加醋地向隋文帝匯報，不時地進行誣陷。

隋文帝在皇后與權臣的夾攻之下，對太子更加疑忌疏遠了。他下令把太子宮中的警衛全部換上新人，不准身強力壯的人充任；還把太子身邊的一些侍臣調走，又派出許多暗探監視太子。對此，太子表露出不滿，立即被人報告了皇上。隋文帝決心廢掉太子。

一天，太史令袁充對隋文帝說：「陛下，臣近日觀天象，天意預示太子當廢。」

隋文帝插話道：「天象早就昭示廢太子了，只是朝臣們不敢說罷了。」

朝中關於太子的情報，楊廣都能及時收到。他見時機成熟，更加緊了活動。他派人賄賂太子宮中的寵臣姬威，讓他把太子的一言一行全部及時報告楊素。從而，楊素誹謗太子的素材源源不斷。當楊廣聽到皇上說朝臣不敢提廢黜太子的報告後，立即指令姬威，命他出面上奏章，向皇帝建言廢掉太子，並答應他在事成之後給予重賞，可以大富大貴。姬威立即上書告發太子。

隋文帝下令將太子身邊的官員唐令則等數人交付法官審訊，並命令楊素把太子的所謂醜行一一向朝臣們傳達。不久，隋文帝要宣布廢黜太子。當時，有些朝臣曾力圖勸阻，左衛大將軍元旻就對隋文帝說：「廢立太子是國家的大事，一旦發布詔令，將來後悔可就來不及了。讒言無盡無休，請陛下明察。」

隋文帝立即把姬威叫來，命他當著大臣的面訴說太子的罪過。姬威有條有理地揭發太子的罪狀：生活驕奢，一年四季派工修宮殿台閣，誰勸諫就要殺誰；無視法規，太子隨意索要物品，有關的官員按規定不同意支付，太子就揚言丞相以下的官員我要殺他幾個，讓人們知道怠慢太子的後果；詛咒皇上，太子曾經請巫婆算卦求吉兇，並對身邊的臣下說，皇上忌諱十八年，這個年頭快到了……。

沒容姬威說完，隋文帝便流著眼淚插話道：「天下誰不是父母所生？他竟然到了這種地步。朕最近讀《齊書》，見書上記載北齊皇帝高歡慣兒子，我真生氣，像高歡這種人可不能效法！」

說罷，下令將太子楊勇及其兒子們禁閉起來，並將太子的心腹官員全部監禁嚴審。

開皇二十年（西元六〇〇年）十一月，隋文帝正式下詔廢掉太子楊勇，立晉王楊廣為太子。將楊勇監禁在東宮，交付楊廣監管。楊勇被關押後，一再請求面見父皇申訴，結果均被楊廣阻止，未能如願。楊勇被逼無奈，只好爬到院中的大樹上高聲喊叫，期望父皇能聽到他的聲音。對此，楊素立即向隋文帝報告：「楊勇瘋了，已不可救藥了。」因此，楊勇未能見到父皇的面。

楊廣在楊素等人的幫助下，雖然坐上了太子的寶座，但心裡仍不踏實。因為他還有兩個弟弟，蜀王楊秀、漢王楊諒令他擔心。楊廣把攻擊的矛頭，首先對準了蜀王楊秀。楊秀當時任益州總管，身強力壯，敢作敢為，武藝超群。隋文帝曾不止一次地與獨孤皇后談論這個兒子，說：「秀兒將來必定不得善終，我在世還沒有什麼，一旦他哥哥繼位，十有八九他要造反。」

楊秀自從出任益州總管以後，儼然是一方的霸主，胡作非為，無人敢問，他使用的車馬，穿著的服裝與皇帝所用的沒有差別。他對楊廣立為太子，心中憤憤不平。

楊廣採取了先發制人的手段，透過楊素向隋文帝進讒言，以達到暗害楊秀的目的。隋文帝果然聽信了楊素的話，下令召楊秀進京。楊秀接到旨意後，猶豫不決，進京怕兇多吉少，不進京，又怕違抗聖旨獲罪。他屬下的司馬勸他遵旨進京，他沉下臉不悅地說：「這是我的家事，與你無關！」並決心不奉召進京。

隋文帝見楊秀拒不應召進京，擔心他搞叛亂，就下令撤了他益州總管的職務，並任命獨孤楷為益州總管，星夜前去辦交接。獨孤楷當年是楊堅的衛隊頭頭，對楊堅篡位立下過汗馬功勞，和楊堅的兒子們交往密切，與楊秀尤其親近。此番獨孤楷上任後，就勸楊秀盡快進京，不要胡思亂想，更不要亂來。在獨孤楷的勸說下，楊秀啟程返京了。臨行時，獨孤楷發覺楊秀有反悔之意，於是他布置好軍隊以妨不測。楊秀離開益州才四十里地，就率警衛部隊返回來要襲擊獨孤楷，得知獨孤楷已有準備，才停止行動，悻悻上路走了。

仁壽二年（西元六〇二年）閏十月，楊秀抵達京城長安。隋文帝不見他，令使臣當面斥責他。楊秀低頭認錯。隋文帝傳下旨意，將楊秀交付法官論罪。太子楊廣裝出痛苦的樣子，流著眼淚給弟弟講情，有的大臣也出

面給楊秀講情，說：「陛下只有五位皇子，楊勇已廢為庶人，秦王楊俊已病逝，何必再懲處蜀王呢？」

隋文帝把這個大臣罵了一頓，並對楊廣等群臣說道：「應將楊秀斬首以謝百姓！」於是，命令楊素負責審判楊秀。

楊廣為了置楊秀於必死之地，暗地裡叫人做了兩個木偶，綁上雙手，在心窩釘上釘子，分別寫上隋文帝及漢王楊諒的名字，埋到華山腳下。然後，叫楊素派人前去挖掘：楊素獲得這一大逆不道的「證據」之後，立即向隋文帝報告。楊廣惟恐「證據」不充分，又假造了一道造反的檄文，內容是楊秀起兵的宣言，稱「逆臣賊子專弄威柄，陛下唯守虛器一無所知」，「陳甲兵之盛」、「指期問罪」。然後，把這道檄文放進楊秀的文集中，命楊素作為罪證上報給隋文帝。

隋文帝看過這些「罪證」之後，勃然大怒，高聲喊道：「天下竟有如此不孝之子嗎？」

十二月，經過審判，楊秀被廢為庶人，禁閉在內侍省，不許與妻子相見，受他牽連被治罪的有一百多人。

楊廣對另一個弟弟漢王楊諒也不放過。當時，楊諒任并州總管，手握重兵，鎮守北部邊境，以防突厥，部下有不少猛將。自從太子楊勇被廢之後，楊諒也有爭當太子的想法，所以著意培植個人勢力。當蜀王楊秀獲罪以後，楊諒更加不安，深知下一個該輪到自己了。於是，以加強戰備為由，修築城堡，擴大兵員，廣招人馬。因為楊諒處處設防，而又很得隋文帝歡心，所以楊廣一時也無可奈何於他，只得暗中尋找機會，以求早日將他除掉。

仁壽四年（西元六〇四年）正月二十八日，隋文帝下令政事交由太子處理，自己在郊縣仁壽宮休養。四月份，隋文帝越發感到身體不適。七月初十日，隋文帝病勢沉重。他已著手準備後事了。把大臣們召到仁壽宮，在病榻旁與他們作最後的談話。四天以後，隋文帝便死了。

隋文帝之死，與太子楊廣有很大關係。

楊廣自從當上太子後，巴不得立刻就繼位當皇帝。可是隋文帝卻偏偏身體健康，一點病也沒有。就連獨孤

皇后去世、兒子楊秀獲罪，這在一年之內相繼發生的大事他都承受住了。楊廣好不容易盼到隋文帝有病了，立即做好登極的準備。

可是，隋文帝偏偏不死，從四月到七月，楊廣真是度日如年哪！當隋文帝病重時，把楊廣、尚書左僕射楊素、兵部尚書柳述、黃門侍郎元巖召到身邊侍奉湯藥。楊廣暗中寫個條子派人給楊素送去，詢問皇帝死後自己該怎麼辦。楊素一一寫好，派人給楊廣送去。不料，這個送信的人走錯了路，給病中的隋文帝送去了。隋文帝見信後，十分生氣，而且十分傷心，沒想到楊廣、楊素竟對自己如此不忠。

當時，獨孤皇后已死去六年了。隋文帝身邊有兩個寵妃，宣華夫人陳氏和容華夫人蔡氏。二位寵妃見隋文帝氣得渾身發抖，也不敢細問，只好說些寬慰的話給皇帝消氣。當晚，由宣華夫人陳氏陪伴皇帝。

太子楊廣不時以探視為由，來到隋文帝的寢宮窺探。在天快亮時，楊廣又偷偷溜到寢宮裡，正巧碰上宣華夫人陳氏解手。楊廣頓時淫心陡生，衝上去將陳氏抱住要強行非禮，陳氏怕驚動睡中的隋文帝，不敢高聲，只能拼力掙扎。楊廣心虛，沒敢再堅持，聽由陳氏掙脫跑走了。

陳氏氣喘吁吁地跑回隋文帝床邊，神色慌張，面色蒼白。隋文帝這時已醒了，一見陳氏如此狼狽，急忙問她怎麼了。陳氏一開始不敢說，只是默默地流淚。隋文帝急了，陳氏才不得已把剛才發生的事說了。隋文帝聽罷，氣得險些昏死過去。他拍著床沿，大罵：「這個畜生，竟然如此喪盡天良！我怎麼能把天下交給他！獨孤皇后，妳，妳可真誤了我呀……。」

隋文帝平靜下來以後，立即把柳述和元巖召來，令他二人：「去，快去把我兒子找來！」

柳述說：「遵旨，為臣這就去請太子。」

隋文帝深深喘了一口氣，嘶啞著說：「我召的是勇兒！」

柳述和元巖不解其中的緣故，轉身出去寫詔令。楊素聽到消息後，大吃一驚，立即給楊廣送信。楊廣聽罷，魂飛魄散，稍稍定定神，立刻與楊素研究對策，一個血腥而惡毒的陰謀出籠了……。

楊廣以皇帝的名義偽造了一道詔書，將正在草寫詔書的柳述、元巖逮捕，押進大理監獄。然後，楊廣又假傳聖旨，把太子宮的衛隊緊急調進仁壽宮，把仁壽宮的警衛換走，嚴密警戒，不准任何人出入。楊廣又急令自己的心腹張衡立即進宮，負責皇帝的醫藥。最後，楊廣下令把隋文帝身邊的妃嬪、宮女、太監全趕出隋文帝的寢宮，軟禁起來。這一切部署完畢，楊廣獰笑著走到大殿上，一屁股坐到了皇帝的座位上。

這一切來得那樣突然，那般迅速，病床上的隋文帝居然毫無覺察。當張衡端著一碗湯藥走近隋文帝的病床前時，隋文帝竟然沒有產生懷疑，把遞過來的湯藥喝了下去。不費工夫，隋文帝就一命嗚呼了。當被軟禁的宣華夫人陳氏聽到皇帝死訊時，嚇得癱軟在地，泣不成聲。

黃昏時候，太子楊廣派太監給陳氏送來一個小金盒，開口處貼著紙條，上面有楊廣親筆寫的「封」字。陳氏一見嚇得魂不附體，以為是給自己送毒藥來了！她接過金盒遲遲不敢打開。太監在一旁一迭聲地催促快打開，陳氏被逼無奈，閉著眼睛，用顫抖的雙手撕下封條、打開小盒，勉強睜開眼睛往盒裡一看，陳氏不由得圓睜二目，張大了嘴巴，呆呆地站在那裡。服侍她的宮女們屏住氣走攏來一看，不由得「呀」了一聲。小金盒裡裝的不是毒藥，而是數枚同心結，映著燭光，放散著紅光。宮女們立刻跪下給陳氏叩頭，異口同聲地說：「恭喜娘娘，這回可好了，不必擔心了。」

陳夫人一屁股坐到椅子上，滿臉怒容，一聲也不吭。太監與宮女們擁過來，齊聲勸道：「娘娘，該謝謝太子呀！」陳夫人在宮女的扶持下，跪在地上謝恩。一更過後，陳夫人在太監們的簇擁下，被送到太子楊廣的住處。楊廣在父親屍骨未寒的時候，就把父親的愛妃姦污了。

楊廣在仁壽宮即位，史稱隋煬帝。伊州刺史楊約趕來祝賀。楊廣命他去長安監管楊勇，不必回伊州了。楊約奉命到長安後，把楊勇提了出來，詐稱奉隋文帝之命，叫楊勇自殺。然後，便不容分說把楊勇活活勒死了。殺了楊勇之後，楊約才集合軍民、朝臣，傳達隋文帝病逝的噩耗。事後，隋煬帝當著楊素的面，誇獎楊約「是個能任大事的人才」。

楊廣在派楊約去長安殺楊勇的同時，又派車騎將軍屈突通拿著印有隋文帝玉璽印記的詔令，以隋文帝的名義召漢王并州總管楊諒進京。楊諒接到詔令後，一眼便看出這是一道假聖旨。原來，當年楊諒出任并州總管時，隋文帝曾暗中與他約定，今後接到詔令時，要先看看在詔令中的「敕」字旁有沒有一個小點，有點是真的，如果沒有點，則不是真的。此番，楊諒一看詔令中的「敕」字旁什麼也沒有，當下心裡就明白了，這不是父親的旨意，感到問題嚴重，肯定是京中發生變故了。

於是，楊諒把屈突通逮捕起來，進行審問。屈突通堅不吐實，一口咬定詔令是真的。楊諒不得要領，便把屈突通放了，打發他回京。八月份，楊諒以清除奸臣楊素為名起兵了。響應楊諒起兵的共有十九個州。楊諒派大將軍余公理率軍出太谷（今山西省太谷縣），直撲河陽（今河南省孟縣西部）；大將軍纂良率軍出滏口（今河北省武安縣南部），直搗黎陽（今河南省浚縣東部）；大將軍劉建率軍出井陘，攻打河北、遼寧；刺史喬鐘葵率軍出雁門關，攻占塞北；自己率主力部隊直攻長安。

楊廣聞訊後，立即布置兵馬迎戰。派右武衛將軍丘和任蒲州（今山西省永濟縣西）刺史，阻擊楊諒。楊諒派數百名精銳騎兵，化裝成婦女，聲稱是楊諒的宮女，要去長安。守蒲州城門的官吏中了計，開門放行。楊諒的軍隊一個猛衝，輕易地占領了蒲州城，刺史丘和跳城牆逃回長安。

楊諒占領蒲州後，突然改變戰略部署，停止向長安進攻，結果失去了戰機。這時，楊素受隋煬帝楊廣派遣，率領軍隊攻打蒲州。楊素夜襲獲勝，打下蒲州就直撲太原。

這時，太原城裡鬧了一場內亂。楊諒妃子的哥哥豆盧毓倒戈，響應朝廷，雖被楊諒處死，但楊諒的軍隊也產生了混亂。攻打塞北的喬鐘葵屢遭敗績，纂良攻打黎陽也多次受阻，只有余公理一路還比較順利。可是，由於余公理輕敵，最後吃了大敗仗，影響了纂良的部隊不戰而退。一時間，楊諒的軍隊處於劣勢了。

楊諒與楊素三戰三敗，最後太原被圍困。楊諒走投無路，只好開城投降。楊諒被幽禁，廢為庶人，後來死於獄中。

隋煬帝楊廣消除了家族內部的反對派，自以為基業穩固了。他兇殘、荒淫的本來面目越發暴露無遺。他仗著老子隋文帝給他留下的數不清財富，任意揮霍。尤其遷都洛陽以後，大興土木，在洛水之上修建顯仁宮，廣徵天下奇材異石、珍禽怪獸裝點苑囿；還修建面積達二百里的西苑，其中人工湖周圍十餘里，湖中的人造山高出水面十餘丈，山上樓台殿閣金碧輝煌。在月明之夜，隋煬帝在數千宮女陪伴下，騎馬暢游、樂曲裊裊，舞姿翩翩，恍如仙境。隋煬帝為了去江南遊玩，開鑿大運河，沿河廣建離宮，新造的龍舟高四十五尺，長二百丈，共四層，中間兩層有房間一百二十個，護衛船隻多達數千艘，僅纖夫就有八萬多人，南下船隊首尾迤邐二百里，運河兩岸布滿騎兵，列隊隨船隊前進。距所經路線五百里以內的州縣都要貢獻山珍海味，吃剩下的精美食物就地掩埋，猶如丘埠。隋煬帝還在國內各名勝地區建造離宮別苑，以供遊幸。

隋煬帝的衣飾華貴到難以想像的程度。僅大業二年（西元六〇六年），隋煬帝與皇后為置辦禮服及儀仗就徵用十萬多名工匠，僅製作羽儀一項，就幾乎將各州縣合乎需要的鳥獸撲捉殆盡。隋煬帝的宮廷樂工就達三萬多名，供他淫樂的宮女亦萬名以上。

隋煬帝不僅生活糜爛，而且好大喜功，窮兵黷武。他先後發動三次征高麗的戰爭。為了趕造戰船，工匠們日夜泡在水裡，腰以下都生了蛆，工匠死亡五分之二以上；運送糧草的民夫多達數十萬，病死途中，屍體相枕藉，不可勝數。

隋煬帝種種暴行、惡政，嚴重地破壞了生產，廣大人民無法生活，終於釀成了全國規模的農民大起義。同時，統治階級內部矛盾也空前激化。一些有實力的官僚紛紛割據千方，稱王稱霸。

儘管如此，隋煬帝非但不思節儉、改良，反而更加瘋狂地鎮壓起義，更加變態的揮霍。大業十二年（西元六一六年），隋王朝已處於風雨飄搖之中了，可是隋煬帝仍到揚州遊玩。有多位朝臣勸諫他不宜遠遊，他不僅不聽，反而殺了數個大臣以堵言路。隋煬帝到揚州後，又下令在丹陽修繕丹陽宮，想把國都遷來。但是，他的隨行人員，多數是北方人，不願留居江南，就連他的衛士也多有逃亡的。隋煬帝成了名副其實的孤家寡人。面

對眾叛親離的形勢，他仍不思改弦易轍，而且更加兇殘暴虐，甚至對自己的前途也喪失了信心，他常常夜裡一個人穿著便衣，拄著拐杖，在宮中四處遊蕩，走累了就擺上酒宴，讓蕭皇后陪他痛飲。幾杯酒落肚，他便操著江蘇方言對蕭皇后說：「外邊很多人都在圖謀儂的皇位，可是儂大不了像陳後主那樣封個長城公，愛卿你也不失為沈皇后，且不管它，咱們還是一同飲酒作樂吧！」還常常在酒醉之後，照著鏡子，邊用手摸自己的脖子，邊喃喃自語：「好頭頸，不知該誰來砍它！」

在農民大起義的震撼下，在財產與權力的引誘下，隋煬帝身邊的幾個權臣湊到了一起，開始策劃政變的陰謀了。

隋煬帝的親信，衛隊軍官虎賁郎將司馬德戡率領一支衛隊駐紮揚州東城。一天，他的好友虎賁郎將元禮及宮廷衛隊軍官裴虔通來找他。三個人見面後，都表示對月前的形勢很不安。司馬德戡嘆了一口氣，說：「現在，皇上的衛士天天都有開小差的，沒逃的人也都想逃走。我想去報告皇上，又怕皇上惱怒而殺我；不去報告，將來皇帝發現衛隊多有逃跑的，我也得被殺。你們說說，我可該怎麼辦？」

元禮及裴虔通的處境與司馬德戡相同，也為這個問題所苦，自然拿不出好主意來。司馬德戡見二人愁眉苦臉，一言不發，又接著說：「聽說關西已經被攻占了，李孝常在華陰叛亂，皇上把他的兩個弟弟抓了起來，聽說不久就要處死。你我的家屬都在關西，這可怎麼辦？」

元禮與裴虔通吃驚地問：「司馬兄，你可有什麼良策？」

司馬德戡把手往桌子上一拍，說：「衛士開小差，咱們乾脆也跑回關西得了！」

元禮、裴虔通異口同聲地說：「好主意！」

事後，三個人分頭去串連，不幾天就聯絡了趙行樞、楊士覽等十多個衛隊軍官，其中還有一名皇帝的御醫。這些人都想逃跑，他們毫不顧忌地研究出逃的方案，有時在大庭廣眾之中也不隱諱。結果被一個宮女聽到了，連忙報告蕭皇后說：「外頭人人都想造反。」

蕭皇后說：「妳可以報告皇上。」

這個宮女真的把聽來的情況向隋煬帝報告。不料想，隋煬帝認為宮女不該介入政事，盛怒之下，不容分說就把這個報信的宮女殺了。此後，宮中人聽到外邊的一些壞消息，誰也不敢向隋煬帝報告了。

準備集體私自逃跑的趙行樞是大臣宇文智及的好友，楊士覽是宇文智及的外甥。他倆不約而同地把逃跑計畫和宇文智及說了。宇文智及對他們說：「皇上雖然無道，但還是有權威的。你們要逃跑，不過是自取滅亡罷了。現在，隋朝已到了滅亡的前夕，不得天意人心，英雄豪傑四處起兵，想離開皇上的豈止數萬人！如能趁此時機舉大事，這可是帝王之業啊！」

司馬德戡等其他人聽到這番話後，覺得很有道理。於是，透過趙行樞等去找宇文智及聯繫，提出推舉宇文智及的哥哥，右屯衛將軍宇文化及為盟主，共同起兵。宇文化及剛一聽到這個提議時，嚇得滿身冒冷汗，不敢應承。過了幾天，經反復思忖，他又答應了。

於是，司馬德戡派人到衛隊中散布消息：「皇帝聽說衛士們要叛逃，已經準備下許多毒藥酒：打算在宴會上把衛士們都毒死。今後的衛士全由南方人充當。」衛士們聽到這個謠言，人人自危，原來沒想逃跑的人，也決心叛逃了。正值人心惶惶之時，司馬德戡把衛士們全都集合起來，告訴他們，為今之計只有起來造反一條道了，否則都得死。衛士們聽罷，一致表示聽司馬德戡的指揮。

當天夜裡，暴風狂吼，星辰無光，司馬德戡把皇上的馬匹偷了出來，把佩刀磨得飛快。同時與在宮內值班的元禮、裴虔通約好，宮門一律不上鎖，又與守城門的同夥約定，夜裡不關城門。

三更天的時候，司馬德戡在東城駐地集合了數萬精兵，按約定的信號點起火把，與城內的同夥聯繫。於是，城內的同夥也開始行動，四處放火。隋煬帝被喊聲驚醒，遙望滿城烽火，不知所措，急問外邊發生了什麼事。值班的裴虔通立即回答：「草坊失火，外邊調兵救火。」這時，宮內外已斷絕了聯繫，隋煬帝信以為真。住在城外的宇文智及也按預定時間開始行動，率領一千名士兵衝進城裡，控制了各條大街小巷。

拂曉時，司馬德戡已經牢牢控制了整個揚州城。裴虔通帶領數百名騎兵來到宮內成象殿，把值宿的兵士全趕了出去，換上自己的人。這時，右屯衛將軍獨孤盛感到情況不對，就上前詢問：「裴將軍，怎麼這個時候換防？這些兵是哪裡來的？」

裴虔通直截了當地說：「事已如此了，不關將軍的事，請您小心，不要隨便走動！」

獨孤盛聞言大罵：「老賊，你這是什麼話？」邊說邊率領手下十幾名隨從往上衝，結果被當場殺死。

司馬德戡在裴虔通的配合下，很快便進了宮，來到玄武門前。玄武門內便是隋煬帝的寢宮。平時，守衛玄武門的禁軍待遇超過其他衛士，特別優厚，而且皇帝還經常把宮女賞給這些守門的兵士。宇文智及為了避免衝突，早就與一個姓魏的宮女頭頭串通好了，由她作內應。當司馬德戡率軍隊來到玄武門之前，魏氏假傳聖旨，宣布守衛玄武門的士兵放假一天，因此守門軍士早已外出尋歡作樂去了。司馬德戡兵不血刃地進了玄武門，直撲隋煬帝的寢宮。

隋煬帝發覺情況不對，急忙換了服裝藏到西閣之內。裴虔通與元禮帶領士兵逐屋搜查，魏氏示意他倆去永巷搜索。裴、元二人來到永巷抓住一個宮女問皇上在何處，宮女用手指指西閣。跟隨裴、元二人前來的校尉令狐行達嗖的一聲拔出腰刀，徑直朝西閣衝了進去。躲在閣內門後的隋煬帝朝令狐行達說：「你要殺我嗎？」

令狐行達說：「臣不敢。臣只想陪皇上回西京。」邊說邊扶著隋煬帝走了出來。

隋煬帝一到院中，便看見了裴虔通，對他說：「你不是我的老友嗎？你為什麼造反呢？」

裴虔通說：「臣不敢造反，只是將士們切盼返回長安，臣不過想陪陛下返京罷了。」

隋煬帝和顏悅色地說：「我正想回長安，只是因為江上運米的船未到，才沒動身。如今我和你們一起回去。」

裴虔通指揮兵士將隋煬帝圍了起來，名曰保護，實則逮捕。

天亮後，司馬德戡把宇文化及迎進朝堂，尊他為丞相。這時，裴虔通對隋煬帝說：「朝臣們都齊了，請陛

下出去慰問。」說罷令人拉過一匹馬給隋煬帝騎。

隋煬帝一看馬轡繩破舊，就不肯上馬，直到換了一副新轡繩，他才上馬。裴虔通親手牽著馬轡繩，緩步出了宮門。叛亂的軍士們見此場面，一個個都歡呼起來。

坐在朝堂之上的宇文化及傳話：「不用把那個老東西拉出來了，快弄回去殺掉算了！」於是，隋煬帝又被帶回了寢宮。司馬德戡和裴虔通手執兵器守在他的身旁。隋煬帝見此情景，嘆了一口氣說：「我犯了什麼罪過，到了這個地步？」

一個叫馬文舉的叛軍首領說：「陛下四處遊玩，屢次對外興兵，使多少青壯男子死在刀箭之下；對內魚肉百姓，百業凋零，致使盜賊蜂起，男女老幼死在溝壑之中；專門寵信奸臣，殺戮正人君子，你還說你無罪嗎？」

隋煬帝說：「我實在對不起百姓。可是，你們這些人跟著我享盡了榮華富貴，為什麼這樣對待我？今天這事是誰主使的？」

司馬德戡厲聲說道：「普天之下怨恨你的何只一人！」

隋煬帝心愛的小兒子楊杲，當年只有十二歲，也被押來。楊杲嚇得啼哭不止，裴虔通掄起刀就把他砍死了，鮮血濺了隋煬帝一身。這時，叛軍高喊要殺掉隋煬帝。隋煬帝絕望地說：「天子只有天子的死法，怎麼能動刀呢？拿毒酒來。」

馬文舉等人不答應，令狐行達一把將隋煬帝按在地上。隋煬帝把腰上的白絲帶解了下來，遞給了令狐行達。眾人一擁而上，隋煬帝被活活地勒死了。

隋文帝楊堅靠篡位上了台，但他能順應歷史潮流，完成南北統一，發展生產，減輕賦稅，使隋朝呈現了興旺發達的局面。隋煬帝殺兄害父，篡奪了君權，這點與乃父有些相似，但是他逆歷史潮流而動，破壞生產，殘酷剝削、壓迫人民，荒淫無恥造成天下大亂、眾叛親離、「普天之下，莫非仇讐；左右之人，皆為敵國」的局

面。最後，權力被權臣篡奪，自己也被勒死，死無葬身之地。空前強盛的隋王朝，在隋煬帝手中變得千瘡百孔，迅速崩潰。在歷史上留下了許多發人深省的教訓。這也可算得上一種「貢獻」吧！

血濺玄武門

李世民不顧親情，踏著哥哥及弟弟的鮮血登上了皇位，卻看重黎民百姓，創造了歷史奇跡。

西元六二六年，大唐帝國建立第九個年頭的夏天，在首都長安宮城的玄武門下，發生了一場大血案。皇帝李淵的二兒子秦王李世民指使屬下把哥哥太子李建成及弟弟齊王李元吉射殺了。緊接著，他又逼迫父親李淵讓出皇位。

李世民（唐太宗）當上皇帝之後，勵精圖治，重用人才，發展經濟，減輕人民負擔，革除弊政，很快便使大唐帝國走上了興盛繁榮之路，不僅成為中國歷史上的盛世，而且成為世界上一流的強國。

在歷史的驅動下，李世民嚴重地破壞了封建的倫理道德，但是卻空前地強化了封建制度，給後世之人留下了道不盡的話題，千秋功罪總待評說。

李世民是個曠世奇才，在中國封建帝王中更是個不可多得的英明君主。他為什麼要殺兄誅弟篡取皇位？說起來可就話長了……。

在隋末農民大起義的烽火中，太原留守李淵乘機起兵，在二兒子李世民的策劃、經營之下，打敗了各路義軍，建立了唐朝，統一了中國。李淵當上皇帝後，準備立李世民為太子，許多將領也要求如此。可是，李世民卻堅決推辭了。後來，李淵按傳統制度把大兒子李建成立為太子。李建成酒色成性，喜好打獵，為人寬和不拘小節。李淵很不喜歡他，尤其與二兒子李世民比，覺得太子實在不合格，總想把二兒子立為太子。對此，李建

成深感不安。為了保住太子位置，他聯合四弟齊王李元吉，多次密謀除掉李世民。李元吉為人兇狠殘忍，頗有心計，大膽胡為。

李建成和李元吉首先從宮內作起了手腳。他倆曲意結交李淵的寵妃張婕妤、尹德妃，甚至不惜亂倫，與二妃私通。這樣，李淵的一言一行，建成、元吉透過張、尹二妃便及時掌握了。對其他的妃嬪，建成、元吉也不時賄賂，深得眾妃的歡心。另外，建成、元吉不放過任何一個機會攻擊、誣蔑李世民，甚至透過李淵的寵妃慫恿、鼓動。比如，一次李世民因為淮安王李神通出征立功，賞給他幾十頃好田。而張婕妤的父親也相中了這些土地，就透過女兒向李淵索要，李淵當即就批准了，並發了手令。李神通自然不願意把早已到手的肥田沃土拱手讓給張妃之父。於是，張婕妤便顛倒是非，在李淵面前中傷李世民，說：「皇上親自批准賜給臣妾之父的那些田地，卻被秦王硬奪了回去賞給了淮安王。」李淵一聽，勃然大怒，當即叱責李世民：「難道我的手諭還不如你的手令嘛！」

事後，李淵還念念不忘，曾對左僕射裴寂嘮叨：「世民這個孩子長期領兵在外，在一群書生的教唆下，變壞了，已不是從前的世民了！」

還有一次，李世民秦王府的屬官杜如晦路過尹德妃父親的府門，尹家的僕人仗勢橫行慣了，無論什麼人，只要不順眼就敢進行凌辱。這些豪奴惡僕無緣無故把杜如晦從馬上拉下來，進行痛打，把杜如晦的手指都打斷了。事後，尹妃來了個惡人先告狀，對李淵哭訴道：「秦王府的親信無法無天，連臣妾的娘家人都敢欺侮！」李淵一聽，更是怒不可遏，痛責李世民道：「連我寵妃的娘家人你的親信都敢欺侮，何況普通百姓！」

對於上述的責備，儘管李世民反復解釋，說明真相，無奈李淵先入為主，不僅聽不進去，還將他痛罵了一頓。

最使李淵氣惱的是，每逢李世民在宮中陪侍李淵宴飲時，都表情痛苦，甚至淚流滿面。李世民之所以如此，是面對美女如雲、燈紅酒綠的場面，想起了自己逝世的母親，感慨母親死得太早了，沒能看到父親當上皇帝的情景。李淵對此很不以為然，而眾后妃就更不滿，她們異口同聲地中傷李世民，說：「如今天下太平，皇

帝陛下歲數大了，理該樂和樂和，但秦王每逢皇帝高興的時候便獨自嘆息流淚，說是想皇后，其實是厭惡我們這些侍候陛下的人。一旦陛下百年之後，我們及我們的孩子肯定不能見容於秦王，恐怕那時非把我們殺個精光不可！」

這些后妃還經常對李淵說：「太子建成寬厚仁慈，陛下百年之後，把我們託付給太子，我們才有活路。」對這些毀謗李世民、吹捧李建成的花言巧語，李淵深信不疑。天長日久，李淵便打消了換太子的念頭，對李世民漸漸地疏遠了，對建成、元吉卻日益親近起來。

武德七年（西元六二四年），李元吉認為時機已到，勸太子李建成除掉李世民，並主動提出由自己安排，等李世民陪同父皇李淵到自己府中來時，派人埋伏在室內伺機動手刺殺他。李建成不同意這樣做，李元吉雖然表示氣惱，但也無可奈何，只得作罷。

李建成雖然反對在京內刺殺李世民，但是卻不放鬆擴大自己的實力。一次他就擅自招收二千多名勇士充實自己的衛隊，號稱「長林兵」，同時還暗中把從幽州調來的三百名精銳騎兵部署在太子宮的東邊街市之內，以加強太子宮的守備。李建成還收買武將，比如慶州都督楊文干曾在太子宮中當過警衛，李建成便千方百計拉攏他，並透過他私自招兵，祕密送往長安。

一次，李淵駕幸仁智宮（今陝西宜君縣）時，令太子李建成留守長安，命李世民、李元吉隨行。在與李元吉分手時，李建成告訴他在宜君縣尋找機會除掉李世民，並說：「這是關係安危的大事，一定在年內解決！」同時，李建成還派爾朱煥和橋公山二人給楊文干送去盔甲，積極準備兵變。爾朱煥、橋公山把情報稟告了李淵，舉發太子要發動兵變。與此同時，有個叫杜鳳舉的人也趕到宜君縣仁智宮向李淵舉報太子要兵變。李淵聽罷，十分生氣，立即下手令召太子李建成到仁智宮來議事。

李建成心中有鬼，突然接到父皇召他的手令，十分害怕，不敢前去。太子身邊的官員有的主張立即起兵，有的主張立即去見皇上。最後，李建成決定少帶隨從去晉見父皇。李建成到仁智宮後，一見到李淵便立即磕

頭、請罪。李淵把他軟禁起來，然後派宇文穎去定州宣詔楊文干。宇文穎一到定州，就把情況如實地告訴了楊文干。楊文干聽罷，立即起兵造反。

李淵急忙派兵去平叛。同時又找李世民商議對策。李世民說：「楊文干造反，不會得逞！他的部下肯定有人要除掉他，否則，就派一員大將率兵去鎮壓。」

李淵沉吟一會兒，說：「不妥。楊文干與建成有牽連，恐怕響應他的人不在少數。最好由你帶兵前去，你得勝回來，朕就立你為太子！我不願學隋文帝殺兒子，將來封建成為蜀王。蜀地兵力薄弱，如果他日後服從你，你就留他一條命；如果他不服從你，你收拾他也不費力氣。」

李世民聽罷，二話沒說就率軍隊出發了。

李世民走後，李元吉夥同眾妃子輪番向李淵替建成講情。這時，朝廷上以封德彝為首的一些大臣也設法救建成。李淵在內外說合下，改變了主意，釋放了建成，仍叫他回長安留守，只把太子身邊的幾個心腹官員處分了結。

秋季，楊文干叛亂被李世民肅清。

不久，邊境上的突厥人興兵內犯，李淵想遷都以避兵鋒。李世民極力反對，結果李淵採納了李世民的建議，不遷都，與突厥針鋒相對。太子李建成又串通眾妃子，詆毀李世民，說：「突厥犯邊只是為了掠奪財物，得手後便退回。秦王以防禦突厥為藉口，實際上是想總攬兵權，一旦羽翼豐滿，他可就要篡位了！」

對此，李淵是半信半疑。不久，發生了一件「騎馬事件」，在眾妃的中傷下，李淵對李世民不僅猜疑而且嫌惡了。

「騎馬事件」是這樣的：一次，李淵到城南去打獵，讓太子建成、秦王世民、齊王元吉隨行，並令兄弟三人比賽騎馬射箭的本事。李建成乘機送給李世民一匹烈馬，想利用這匹馬把李世民摔死。李世民不知是計，騎上這匹烈馬去追野獸。沒料到這匹馬突然暴跳起來，李世民見勢不妙，立即縱身跳下馬背，才沒有傷著。如此反

復三次，終於制服了這匹烈馬。這時，李世民才悟出建成的陰謀。他感慨地對手下的人說：「太子想用這匹馬加害於我，可是死生有命，他焉能傷害了我呢！」

李建成聽了這話以後，就串通妃子造謠，說：「秦王制服劣馬，得意洋洋地宣稱，我上承天命，不久就要當天下共主，怎麼會讓馬摔死呢！」

李淵聽妃子這番話後，非常生氣，立即把建成、元吉找來詢問，二人異口同聲證實妃子說的是實話。李淵立即把李世民叫來，氣呼呼地訓斥道：「誰當天子，上天自有安排！絕不是哪個人想當就能當上的。你怎麼那樣急於當皇帝呢？哼！」

李世民立刻跪在地上，摘下頭上的帽子，連連叩頭，請將自己交到刑部衙門，進行調查核實。李淵聽後，怒氣仍然未消。突然，有官員進來報急，突厥內犯。李淵深知，只有李世民才能對付突厥，於是才強把怒氣壓下，和顏悅色地對李世民說：「起來吧！把帽子戴上。突厥又打來了，你有什麼辦法退兵嗎？」

李世民一如既往，主張動用武力。當下，李淵指派李世民掛帥，李元吉配合，率大軍抵禦。這次戰鬥雖然獲勝了，但李淵對李世民的猜疑非但沒有減少，反而日甚一日了。身處困境的李世民為了避開危難，打算離開京城，到洛陽常住。同時，派親信暗中聯絡山東的英雄豪傑，積蓄力量，以備不及之需。

太子建成見李世民又立軍功，且發現他廣交英豪，深感威脅，於是一改從前的態度，決心自己動手置李世民於死地。一天夜裡，建成突然請李世民進宮宴飲，把毒藥放進酒裡給李世民喝。李世民沒有防備，喝下了幾口毒酒。幸虧毒性發作的快，心臟絞痛，口吐鮮血，離席回到自己住處。因毒量不大，才算保住了性命。

李淵聽到李世民「病酒」的消息，心裡也明白了大半。他一方面吩咐建成，今後不得再約世民飲酒，一方面告訴世民，要派他出居洛陽，為的是既可不損害太子又可保全秦王的威勢。李世民最初表示不願離開京城，不忍離別父親。但是，最後還是遵從父皇旨意離開長安，去了洛陽。

就在李世民離開長安去洛陽的前夕，李淵又突然改變了主意，不讓他離開了。原來，李淵又受了蒙蔽。建

成、元吉二人聽說李世民要東去，很緊張，認為李世民一旦到了洛陽，誰也控制不住他了。與其讓他去洛陽，不如將他留在長安以便控制，就是要「收拾」他也極容易。這哥倆研究後，立即唆使幾個大臣給李淵上祕密奏章，揭發李世民的屬下人等聽到去洛陽的決定後，歡呼雀躍，據此，李世民恐怕一去不返，成為朝廷的隱患。李淵被說服了，朝令夕改，不准李世民去洛陽。

建成、元吉並不就此罷手。他倆聯合李淵的妃子們，日夜不停地向李淵進讒言，攻訐李世民。天長日久，李淵完全改變了對李世民的好感，竟然要懲治他了。而元吉甚至私下勸父皇將李世民殺掉，以除後患。

建成、元吉一方面欲置李世民於死地，一方面分化、拉攏李世民的下屬官員。他倆把目光首先瞄準了英勇善戰的尉遲敬德。一天，暗中派人給尉遲敬德送去一車金銀打造的器皿，並捎去一封希望建立友誼的信。結果，遭到尉遲敬德的婉拒。尉遲敬德還將此事報告了李世民。建成、元吉對尉遲敬德恨之入骨，見拉不動，就決心除掉他。數次派刺客去暗殺尉遲敬德，然而均未得逞。最後，元吉親自出頭向李淵誣告尉遲敬德，只是因為李世民竭力為之辯護，才免於一死。此後，李世民身邊的親信，在建成、元吉的排擠、陷害下，大多被調出京城，或被免官治罪，李世民幾乎要孤立無援了。

這時，李世民也深感形勢嚴重，留在他身邊的親信只不過三五個人，他們更感到朝不保夕了。為了擺脫險境，他們日夜研究對策。尉遲敬德、長孫無忌、高士廉、侯君集力勸李世民殺掉建成、元吉，李世民一時尚下不了決心。

就在這個關鍵時刻，駐紮在黃河南岸的突厥兵進入邊塞，包圍了寧夏烏城。太子李建成為了壓制李世民，他向父皇李淵建議派齊王李元吉掛帥前去征伐。李淵當即批准了。元吉乘機向父皇請求把李世民屬下的大將尉遲敬德、程知節、段志玄、秦叔寶調到自己部下，一起北征突厥。李淵不僅批准了，還把李世民屬下的部分精銳部隊撥給元吉指揮。

建成、元吉見削弱李世民力量的目的已經達到，便立即商定乘出征時，李世民前來送行的機會，搞個突

襲，將李世民及親信殺死，逼皇帝讓位。

不料，這個密謀被太子屬官王晊得知，並立即報告給了李世民。李世民聽後，立即把長孫無忌等親信找來商議對策。長孫無忌等人極力主張先發制人，動手把建成、元吉二人殺死。李世民仍念手足之情，下不了決心。尉遲敬德急切地說：「現在，大家都擁戴大王您，人哪有不愛惜生命的，我們所以豁出性命保大王，完全是為了服從天意！如今大禍已到眼前，大王仍然無動於衷，不管自己的生死存亡，這如何對得起上天和祖宗呢！大王如果不聽我等的意見，敬德我可要逃到深山老林去安身，不能待在大王身邊任人宰割！」

其他幾個親信異口同聲地贊成尉遲敬德的主張，紛紛勸李世民立刻下決心，馬上行動。

李世民沉默不語，經過一番縝密地思考，又找幾個幕僚來商量，大家的意見都一致，主張馬上採取行動，先發制人。這時，李世民也決心行動了。為審慎起見，他叫幕僚算一卦，看看吉兇。還沒等進行占卜，一個叫張公瑾的幕僚從室外闖了進來，把占卜用的龜甲一把搶過來，摔到地上，高聲對李世民說：「占卜是為了決疑，現在事實明明白白，毫無疑問，還占卜什麼！如果占卜的結果不吉利，難道我們就不採取行動不成？」

李世民被完全說服了，決定立即行動，並派長孫無忌去找謀士房玄齡來商議行動計畫。沒想到長孫無忌很快地一個人回來，說：「房玄齡說皇帝以前有旨意，不准與秦王來往，今天如果私自見秦王，違背聖旨是要被處死的。」

李世民聽罷，以為房玄齡背叛自己，十分惱怒，立即派尉遲敬德帶著自己的佩刀去見房玄齡，如果他再不前來，就砍了他。

其實房玄齡不是背叛李世民，而是試探他的決心。當尉遲敬德與長孫無忌來找他時，他已和另外一個謀士杜如晦等得不耐煩了。尉遲敬德一見房玄齡和杜如晦就說：「大王已決心立即行動，請你二人立即前去！」

房玄齡、杜如晦為了遮入耳目，化妝成道士，與尉遲敬德、長孫無忌分頭進入秦王府。

李世民與房玄齡等人經過周密策劃，制定了一整套行動方案。六月三日，先由李世民出面向父皇李淵揭發

太子建成、齊王元吉淫亂後宮，勾結妃嬪欺蒙皇帝，陷害自己。然後，視情況再行動。李淵聽了李世民的報告後，萬分氣惱，當下對李世民說：「這兩個混蛋，竟敢如此，朕明天就審問他倆，你早早進宮當面揭發！」

第二天一大早，李世民就率領長孫無忌等親信將士埋伏在玄武門下，只等建成、元吉進宮，便立即動手。豈料，張婕妤偷看了李世民呈給李淵的揭發建成、元吉的祕密奏摺，連夜派人給建成送信。建成得信後，急急忙忙把元吉叫來，商議對策。元吉說：「大哥你假稱有病不上朝，暗中把太子宮中的警衛部隊集合好，伺機行動。」

建成說：「部隊我已部署好了，咱哥倆一同到朝中探探虛實，然後再行動，如何？」

於是，兩人在天麻麻亮的時候就上朝了。當二人騎馬到達臨湖殿時，感到情況反常，就調轉馬頭往回跑。這時，李世民從後面邊趕邊召喚二人。元吉慌慌張張朝李世民連射三箭，可是一箭也沒能射出去。李世民瞄準建成後心，嗖的一箭射去，建成應聲落馬，當即斃命。這時，尉遲敬德帶領七十餘名騎兵，從埋伏的地方衝了上來，眾兵士在尉遲敬德的指揮下，亂箭齊發，射向元吉，元吉身中數箭墜落馬下。這時，李世民的坐騎受驚朝樹林奔去，他被樹枝從馬上掛到地上，摔得很重。身受箭傷的元吉衝了過來，奪過李世民的弓，要勒死他。正在這千鈞一髮之時，尉遲敬德策馬衝過來，高聲吶喊著，搶救李世民。李元吉自知不是對手，慌忙返身朝武德殿跑去。尉遲敬德策馬緊迫幾步，只一箭便將元吉射死了。

太子建成的死訊很快傳到太子宮中。太子的警衛部隊在翊衛車騎將軍馮立及副護軍薛萬徹、屈咥等人的指揮下，衝向玄武門。李世民的部將張公謹把守玄武門，擋住了太子衛隊。薛萬徹見玄武門難以攻下，就會合趕來增援的齊王府衛隊，高呼去攻打李世民的秦王府。形勢急轉直下，守衛玄武門的李世民屬下將士十分驚慌。恰在這時，尉遲敬德提著建成、元吉的腦袋趕到，太子及齊王的衛隊一見太子及齊王已死，立刻潰散了。

李世民兄弟相殘殺，血濺玄武門的時候，唐高祖李淵正在海池中泛舟嬉戲，一點消息也沒聽到。在太子及齊王衛隊潰逃時，李世民命令尉遲敬德立即到李淵的住處去，一定要保護好皇帝。當身披鎧甲手執長矛的尉遲

敬德出現在李淵面前時，這位唐高祖著實吃了一驚，急匆匆地問：「外邊發生了什麼事？你來這裡幹什麼？」

尉遲敬德不疾不徐地回答：「啟奏陛下，太子和齊王造反，秦王殿下已把反賊殺了。秦王殿下惟恐驚動陛下，特命臣來警衛。」

李淵不勝驚訝，對身邊的近臣裴寂、肖瑀、陳叔達等說：「不料今天發生了這樣的事情！你們看該如何是好啊？」

肖瑀、陳叔達同聲說：「陛下，建成和元吉沒有什麼軍功，還嫉妒秦王，尤其不該的是，居然陰謀造反。被秦王誅殺，是死有餘辜。秦王此番又立下了大功，更贏得了舉國上下的敬重。陛下如果冊立秦王為太子，這是人心所向，肯定天下就太平無事了。」

李淵說：「卿等所言甚好，朕早有此意。」

尉遲敬德一聽此言，立即說道：「陛下，如今外邊戰事未息，臣敢請陛下從速發布詔令，宣布軍隊由秦王統帥，亂事聽秦王處理，事態馬上便可平穩。」

李淵馬上親筆寫了詔令，叫大臣去宣布。然後，又派人把李世民叫來。李世民一見李淵立即撲到李淵的懷裡，放聲痛哭，險些暈了過去。

接著，李淵發下兩道手諭，一是宣布大赦天下，除建成、元吉二人已死之外，其他人等一律不再追究；二是冊立李世民為太子，國家的一切軍政事務，全部由太子處理。

同年的八月份，李淵宣布把皇位讓給太子李世民，自己當太上皇以終身。

透過玄武門之變，李世民才當了皇帝。他繼位後，對立太子的事情格外留心。最初，他也是按傳統的嫡長子繼承制度，立大兒子李承乾為太子。但是，玄武門的刀光劍影時時在他的眼前晃動，他為了宮廷安穩，國家太平，特別注意太子的一言一行。經過長期的考查，他大大失望了。太子既荒淫又殘忍，不以國事為重。李世民痛心到要自殺的程度。

然而，李世民畢竟是一代英明的君主，他為了國家大計，毅然把太子廢掉。他這個舉動，不能不說與玄武門事變有著深刻的淵源。

唐太宗李世民發現太子不成器，是在貞觀十四年（西元六四〇年），當時太子已二十二歲了。太子李承乾只顧遊玩、打獵，把學業扔在一邊。太子的屬官張玄素數次規勸，太子充耳不聞，當成了耳邊風。唐太宗得知張玄素犯顏勸諫太子的事後，很高興，立即提升張玄素的官職，期望他好好地輔佐太子。

此後，太子對張玄素雖說有所顧忌，比如：一天太子在宮中擊鼓作樂，張玄素進門勸阻，太子立即把鼓毀壞，表示再也不敲鼓玩了，可是轉過身，仍然我行我素，甚至沉溺於嬉戲，竟然長時間不接見下屬的官員。對於規勸他的官員于志寧，竟然派刺客去暗殺；而對張玄素也曾派人暗中襲擊，用馬鞭猛抽一頓，險些打死。

唐太宗對太子李承乾日漸不滿，而對四兒子李泰卻日益喜愛。一些朝臣對此頗不以為然，唐太宗為安定朝廷，指令賢臣魏徵輔佐太子，期望太子能改惡向善，不出現因為太子沒有德行而改立太子的事情。儘管李世民在太子身上煞費苦心，但是太子非但沒有改掉惡習，反而變本加厲。大肆揮霍錢財，沉湎聲色狗馬，寵信太監，日甚一日。太子為了蒙蔽唐太宗，常常在屬官面前裝出一副假面孔，比如：一旦碰上屬官勸諫他，他立即表現出虛懷若谷的樣子，連連承認自己有錯誤，表示一定改正。太子的這一手還真發揮了作用，儘管他作惡多端，卻常常博得知過必改、為人賢明的美譽。

魏王李泰深知父皇鍾愛自己，當他發現太子李承乾患了腳病之後，便產生了除掉太子，將來由自己繼皇位的想法。於是，李泰不惜金錢，廣交賢士、豪傑，很快便博得了禮賢下士的好名聲。同時，又透過親信廣泛散布自己才能過人，大造繼位的輿論。

李泰的種種活動，自然引起了太子的極大關注，為了保住太子的位子，李承乾指使人冒充李泰屬官的名義向皇帝檢舉李泰種種不法行為。可是，當唐太宗認真追查時，卻找不到檢舉人，太子這一計策沒有奏效。

接著，太子便產生了謀殺李泰的想法。後來，甚至發展到要推翻唐太宗，自己當皇帝了。

太子李承乾為了實現篡位的目的，私下招募軍隊，豢養刺客，結交大臣。尤其對不滿唐太宗的人更是曲意結交，以建立自己的死黨。比如：名將侯君集對唐太宗不滿，太子就透過在太子宮擔任警衛的侯君集其女婿賀蘭楚石去拉攏侯君集。此舉果然奏效，侯君集被暗中召入太子宮中，太子向他坦誠表白自己的心事，侯君集發誓幫助太子謀反，並給太子出謀劃策。又如，太子利用巨資收買了左屯衛中郎將李安儼。李安儼本來是李建成的老部下，現在負責唐太宗的警衛事宜，他利用這一特殊身分，把唐太宗身邊發生的大事小情，都及時地報告給了太子李承乾。此外，漢王李元昌、洋州刺史趙節、駙馬都尉杜荷等貴族也被太子拉了過去。這些人割臂歃血為盟，結成死黨，密鑼緊鼓地謀劃政變。

杜荷對太子李承乾說：「殿下宣稱患了急病，皇上肯定前來探視，那時咱們便可乘機動手了！」太子認為這個建議很好。當聽說齊王李佑謀反的消息時，太子得意忘形地說：「我住處的西牆離皇上的住處只有二十步，我要是起事，齊王可比不了啊！」

當齊王謀反被鎮壓下去以後，在追查的過程中，受齊王株連的紇干承基招認，太子李承乾曾對自己說過，他起事比齊王方便得多。唐太宗對此緊追不放，終於查清了太子準備謀反的情況。唐太宗指令大臣們研究處理太子的辦法，眾大臣互相觀望，不敢出聲，只有通事舍人來濟大著膽子說：「陛下是聖君慈父，不妨讓太子平安度過餘生。」

唐太宗聽後點點頭，下詔令將太子李承乾廢為平民，幽禁起來；對太子的死黨李元昌、侯君集、李安儼、趙節、杜荷等處以死刑；對太子的屬官，以勸諫不力的罪名予以革職；對於平日犯顏直諫的屬官予以提升，對檢舉太子謀反的紇干承基加官晉爵。

太子垮台以後，魏王李泰被召進宮中侍奉皇上，眾臣十分明白，這是皇帝要立李泰為太子的信號。有的大臣為了逢迎皇帝，上奏章提議立即冊立李泰為太子。可是，當年追隨李世民搞玄武門事變的長孫無忌卻極力反對立李泰，而主張立晉王李治為太子。

鑒於此，唐太宗提出一個折衷方案，讓李泰當太子，將來繼承皇位，等李泰死後，再把皇位傳給李治。對此，諫議大夫褚遂良極言不可，他對唐太宗說：「陛下這話十分不妥，陛下可千萬要深思熟慮，別出現失誤。陛下百年之後，魏王入承大統，怎肯把自己的親兒子殺死將皇位留給晉王呢！陛下以前立李承乾為太子，可是又寵愛魏王，所以才釀成了今天的禍患，前車之鑒，後事之師，陛下可要三思而行呀！陛下今日如果立魏王為太子，請先安置好晉王，只有如此，朝廷才能平安無事！」

李世民為難了，一方面他感到褚遂良說的有理，一方面自己又不能放棄立魏王李泰的想法。不久，唐太宗發現晉王李治成天愁眉不展，便詢問是何緣故。李治在父皇的一再追問下，吐露了真情，說：「李泰曾找兒臣說兒臣與李元昌平日關係密切，李元昌謀反不成，自殺身死，兒臣的日子肯定不會好過。因此，兒臣憂心忡忡。」

唐太宗一聽，感到李泰為人陰險，深悔自己要冊立他為太子，實在太不明智了。

說來事也湊巧，就在唐太宗詢問李治後，又把廢太子李承乾找來訓話，李承乾對父皇說：「兒臣身為太子，還有什麼更高的要求呢？只因為李泰陷害我，才和幾個大臣研究對策。那幾個大臣心懷叵測，教唆兒臣犯上作亂。如今父皇要立李泰為太子，可就中了李泰的圈套了。」

這樣一來，唐太宗感到立太子可不能粗心，一定要周密思考，認真研究。於是，把心腹重臣長孫無忌、房玄齡、李世勣、褚遂良四人找來會商。李世民對四人說：「我有三個兒子、一個弟弟，眼下的情形實在令我苦惱……」，話還沒說完便用頭去撞床頭。長孫無忌一步衝上去，將皇帝緊緊抱住。唐太宗推開長孫無忌，嗖的一聲拔出佩刀，就要抹脖子。褚遂良手急眼快，一把將刀奪下，交給了身邊的李治。長孫無忌等四位大臣跪在地上，苦苦請求唐太宗不要煩惱，並說皇上想立誰為太子，臣等保證遵命。唐太宗示意四位大臣站起來，然後說道：「朕想立李治為太子。」

長孫無忌立即說：「臣等謹遵聖旨。如有人敢表異議，臣等請將其斬首！」

唐太宗轉過臉朝李治說：「你舅舅（按輩分：長孫無忌是李治的舅父）保你當太子，還不拜謝他！」

李治慌忙跪下給長孫無忌叩頭。四個大臣齊跪下，稱頌皇上英明。

唐太宗立即下令召集六品以上的官員到太極殿。唐太宗等官員到齊後，向眾人宣布：「李承乾大逆不道，李泰居心陰險，均不堪當太子。今天，朕要冊立太子，眾卿有何說法？」

眾臣在長孫無忌等率領下，齊聲高呼：「晉王仁義忠孝，應立為太子！」

唐太宗見此情形，滿臉堆笑，十分高興。

就在立李治為太子的同一天，唐太宗下令將李泰拘禁起來。然後，下令大赦天下，歡宴三天。唐太宗感慨萬千地對身邊大臣說：「朕如果立李泰為太子，豈不表明透過鑽營就可以當太子了。今後要明文規定，如果發生太子失德的情況，其他王子如果處心積慮想當太子，那麼，這兩個人都不能用！我的這個決定要傳給子孫萬代，永遠遵奉！我如果立李泰當太子，李承乾和李治都將難以活命；而立李治，承乾和李泰則可以平安無事以盡天年了。」

唐太宗李世民之所以當機立斷解決了立太子這一關係巨大的事情，原因當然很多，但其中一個重要的主觀原因，與李世民從早年的玄武門事變中所汲取的經驗與教訓是分不開的。李世民血濺玄武門，透過殺兄誅弟逼迫父親而取得了皇位，從而開拓了盛唐局面。這無論對李世民本人及對唐朝的歷史都是影響巨大、意義深遠的大事。在封建社會，儲位及皇權之爭是普遍的，而這種爭奪往往又演變成流血事件，往往影響了國家的安危及後來人的思想。對此，好學的李世民是深知的，對歷史上的爭位奪權的掌故是熟諳的。透過李世民血濺玄武門前前後後的心態，不難見出，他是在萬不得已的情況下才發動玄武門事變，他尤其不希望玄武門事變重演。正因為如此，李世民登極後，才特別關注太子的行為，在經過多方努力之後，毅然廢掉太子，另立新人。李世民的苦心孤詣，對唐朝的繁榮昌盛、穩定發展發揮很大作用。他在解決了太子問題以後，滿以為兄弟相殘的玄武門事件是永遠不會再上演了，可是歷史並不以人的意志為轉移。李世民生前弄了一次玄武門事變，避免了另一次同類性質的事變，但是在他死後，李唐王朝卻接二連三地演出了一次次父子相逼，夫妻相害，兄弟相殘的爭位奪權的事變，完全可以說，「玄武門事變」從初唐一直演到了晚唐。

武則天稱帝

她從兒子手中奪過皇冠，在中國歷史上首開婦女當皇帝的紀錄。

武則天是個不平凡的女性。歷史賦予她許多機遇，使其成為傳奇人物並改寫了李唐王朝的歷史。在唐王朝仍處於盛世之時，她以太后之尊從兒子手中奪取了皇位，沒動刀兵便建立了武周王朝，稱帝二十餘年，做出了許多驚世駭俗的事情。她大力提拔賢能之士，嚴酷打擊反對派，「政由己出，明察善斷」，對於發展社會生產力起到了一定的促進作用。她迷信佛教，大修寺院，庇護僧尼，加重農民負擔，引發了種種社會矛盾，使一些地區階級矛盾加劇。而她在晚年時，寵信奸邪，加深了腐敗。在垂暮之年，她在權臣們的逼迫下，又把皇權還給了兒子，恢復了大唐國號。

武則天稱帝時，沒有把前朝皇帝殺死；武則天取消帝號時，新皇帝也令其善終。國號變更而皇帝卻沒有被害，這在歷史上是並不多見的特例。

武則天稱帝經歷了漫長而又富於傳奇色彩的過程。

武則天原名不詳，「則天」是則天順聖皇后的省略，是封號。她是并州文水人（今山西省文水縣）。父親武士彠，商人出身，隋末當個小軍官，後參加李淵父子反隋軍隊。唐朝開國後，曾任工部尚書。唐太宗的文德皇后長孫氏死後，唐太宗選妃嬪時，聽說武士彠的女兒貌美，就將她召入宮中，封為才人，賜名武媚。武媚離家之時，母親楊氏悲痛萬分。武媚卻欣然自得地對母親說：「去見天子焉知不是喜事？為什麼痛哭流涕呢！」

武則天進宮那年才十四歲。唐太宗身邊美女如雲，武則天地位遠在妃嬪之下，自然難以親近皇上，更談不上專寵一身了。能有機會在皇帝身旁幹點粗活，就是造化了。這種處境與她進宮前的天真想法形成鮮明的反差，她內心的苦惱只有自己排解了。武則天雖然不能與唐太宗朝夕相伴，卻與太子李治彼此鍾情。唐太宗死後，服侍過他的宮人一律被送出宮到感業寺為尼。武則天在唐太宗五週年忌日時，在佛寺中與前來燒香的唐高宗李治相逢。二人舊情未了，見景傷情，相對掩面而泣。

這件風流韻事，很快被唐高宗李治的皇后王氏知道了。當時，王皇后正與蕭淑妃爭寵。王皇后正想物色一個女人幫助自己擊敗蕭氏，於是就暗中吩咐武則天留起頭髮。不久，王皇后就勸唐高宗把武則天從寺廟中接回宮裡。這時，武則天已經三十一歲了。

武則天秀外慧中，入宮後就把唐高宗迷住了。對王皇后，她極盡恭維之能事，深得王皇后的喜歡，自認為找到了一個對付蕭淑妃的好幫手。不久，武則天便被封為昭儀，成為僅次於妃的嬪了。

武則天在宮中站穩了腳跟以後，使出渾身解數，得到唐高宗極度寵愛，王皇后與蕭淑妃全因她而失寵。王皇后暗中叫苦不迭，本想找個幫手，不料請來個對頭。王皇后轉而與蕭淑妃言歸於好，二人齊心協力共同對付武則天。武則天為了固寵，不惜設毒計陷害王皇后。

這時，武則天生了一個女兒，唐高宗很喜愛這個小公主。一天，王皇后來看視小公主，待一陣子便離去了。武則天送走王皇后，回來就親手把小女兒掐死。然後，照舊用小被子把孩子蓋好，裝作沒事一樣。

不久，唐高宗來了。一進門，唐高宗直奔床前看望小公主，用手一摸，不由得驚呼起來。原來，小公主的身體已僵硬了。唐高宗又驚又氣，連忙詢問小公主怎麼死了。武則天急忙奔過來，把孩子抱在懷中，放聲痛哭起來，口中還不停地喃喃說道：「我真沒想到，妳居然這般惡毒！」

唐高宗如墮五里霧中，拉著武則天追問個不停。武則天跪在唐高宗面前，口中連連高喊皇上救命。鬧騰了一陣之後，武則天才吞吞吐吐地說：「剛才王皇后來過，還逗孩子玩來著，皇后走後，也沒人到過這房間，孩

子怎麼突然死了呢？如果不是王皇后把孩子掐死，難道是臣妾我把親閨女掐死的不成！」邊哭訴著邊用手指著孩子小脖子上的紅印記。

唐高宗見此情景，不由勃然大怒，咬牙切齒地說：「王后，妳好狠毒，往日妳與蕭淑妃一道說武昭儀的壞話，今天居然又把朕的愛女害死！朕要妳好看，不給愛女報仇，朕誓不為人！」

當下，唐高宗便派人去質問王皇后，任王皇后如何解釋，也說不清楚了，唐高宗已下定決心將王皇后廢黜。

於是，唐高宗就與武則天一起到太尉長孫無忌家中去徵求長孫無忌的意見。長孫無忌是唐高宗的舅舅，又是唐太宗遺囑中指定的托孤之臣，他的言行是舉足輕重的。廢黜皇后這件國家大事，如果長孫無忌持異議，是很難進行的。唐高宗帶著武則天來到長孫無忌家之後，開始對廢后問題隻字不提，當喝酒時，唐高宗在酒席上宣布將長孫無忌小老婆生的三個兒子封為朝散大夫，又賞給長孫無忌許多金銀珠寶。唐高宗做完了這一切，才隨隨便便地提及王皇后至今也沒有生兒子，以此暗示要另立皇后。長孫無忌立即就領會了唐高宗的用意，但是他想到唐太宗臨死前，拉著自己的手對自己說：「我的好兒子和好兒媳，今後都交給你了！」於是，長孫無忌岔開唐高宗關於皇后無子的話題。當然，唐高宗也立刻明白了長孫無忌的用意，儘管心中老大不高興，但是廢黜皇后的話便也不再說下去了。因為唐高宗深知，廢黜皇后這件國家大事，長孫無忌如持異議，其他大臣肯定附和他，而上奏章勸諫。結果，唐高宗這次試探以失敗而告終。

對此，武則天仍不死心。她叫自己的母親楊氏親自出面，到長孫無忌家去，請求長孫無忌能贊同廢黜王皇后的主張，結果還是被拒絕了。

武則天偏有那麼一股韌勁，她想幹的事，不達目的絕不罷休。她見長孫無忌不買帳，轉過來又在唐高宗身上做文章了。永徽六年（西元六五五年）六月，武則天誣陷王皇后夥同其母柳氏用巫術詛咒人。唐高宗聽後，對王皇后更加厭惡了。當即下令不准王皇后母親柳氏出入宮禁，並公開提出要廢黜王皇后。九月初一日，唐高宗退朝後，命長孫無忌、李勣、褚遂良、于志寧等人到內殿。褚遂良對另外三個人說：「今天皇帝召見，多半

是為了皇后的事。皇上既然決心已定，逆著皇上必死無疑。太尉是皇上的舅舅，李大人你是朝廷的大功臣，可不能讓皇上落下個殺死親舅舅的惡名呀！我褚遂良出身草野，沒有什麼汗馬功勞，為官到今天，而且受先帝之托輔佐皇上，我不以死相爭，死後有何面目見先帝？」

李勣聽了這番話，立即請病假，沒有去內殿。長孫無忌等三人進入內殿後，唐高宗便說：「皇后至今無子，武昭儀生了個兒子，現在朕想立武昭儀為皇后，卿等以為如何？」

褚遂良搶先答道：「皇后出身名門，是先帝為皇上娶進宮的。先帝在彌留之際，拉著皇上的手，對臣說：『朕的佳兒佳婦現在都託付給你了。』這也是陛下親耳所聞！如今言猶在耳，況且皇后又沒有什麼過失，怎麼能輕易廢黜呢！臣不敢曲意奉旨，有違先帝遺命。」

唐高宗聽罷，不發一言，揮揮手把三人趕出了內殿。

第二天，唐高宗又與長孫無忌、褚遂良等談起廢王皇后立武則天為皇后的事。褚遂良又犯顏直諫：「陛下一定要新立位皇后，可在有名望的貴族人家選取，何必非要立武昭儀呢？武昭儀曾是太宗皇帝的才人，這是天下共知的事，如何能夠遮掩住天下人的耳目呢？況且，萬世之後，人們又將如何評論皇上，請皇上三思。為臣今天抗旨，自應判死刑。」

說罷，將手中的笏版放在台階上，脫下頭巾，連連猛叩響頭，鮮血順著臉淌了下來，口中還連連說道：「現將笏版還給皇上，請皇上准臣回家務農！」

唐高宗憋了數日的怨氣，一下子全發洩出來，命令武士快把褚遂良帶下去。武則天在簾子後面大聲說：「為什麼不把這個老畜牲殺了？」

長孫無忌也高聲說：「褚遂良是先帝遺囑的顧命大臣，有罪也不能用刑！」

于志寧嚇呆了，在旁沉默不語。

第二天，韓瑗、來濟也齊上奏章反對廢黜王皇后。

唐高宗對眾大臣的勸諫不予理會。於是，單獨召見李勣，問他：「我要立武昭儀為皇后，褚遂良等人堅持認為不可，您看如何？」

李勣答道：「此乃皇上家事，何必詢問外人呢！」

唐高宗見李勣贊成自己的主張，更加堅定了廢黜王皇后，冊立武則天的主意。

這時，凡事迎合皇帝的許敬宗在朝房中公開聲言：「普通鄉下佬多收了一百斗麥子還想換個老婆。貴為天子，想立個新皇后，為什麼有人卻堅持異議呢？」

武則天把許敬宗這話叫人稟報給了唐高宗。唐高宗認為自己簡直連個鄉下佬都不如了，盛怒之下，把褚遂良貶斥出京，到潭州當都督。十月十三日，唐高宗正式頒發詔書，以「王皇后、蕭淑妃合謀，企圖毒死武昭儀」為由，將王皇后廢為平民百姓，並把她的母親及兄弟革職流放到廣東。十月十九日，唐高宗宣布冊立武昭儀為皇后。

王皇后與蕭淑妃被關押在冷宮，門窗全部堵死，只在牆上鑿個洞送遞飲食。一天唐高宗思念王皇后和蕭淑妃，抽空來到關押她倆的地方，觸景傷懷，不由得痛苦地喊道：「皇后、淑妃，妳們在哪裡？」

王皇后哭著在室內答道：「我們二人觸怒皇上，被貶為宮女，怎麼還能以皇后、淑妃這樣尊貴的名號來稱呼呢？皇帝如果還念舊情，讓我們重新陪伴，就請皇上把這座宮院叫『回心院』吧！」

唐高宗顫聲說道：「我立刻就處理。」

唐高宗走後，立刻有人將此事報告了武則天。武則天聽罷，妒火中燒，擔心唐高宗釋放王皇后和蕭淑妃，立即派人到冷宮，將王皇后、蕭淑妃打了一百棍子，又砍掉二人的手腳，然後把她倆放進酒壇子裡。處置過後，武則天獰笑著說：「叫這兩個老骨頭也醉醉酒！」

數日後，王皇后與蕭淑妃含恨而死。

武則天處死二人之後，自己也常為幻覺所折磨。她不時在光天化日之下，看見王皇后與蕭淑妃變作厲鬼，

前來索命。她還因為蕭淑妃曾說過「來世自己變成貓，武媚變作老鼠，要活活地咬住老鼠的脖子」這話，不准在宮裡養貓。後來，為了擺脫幻覺，乾脆與唐高宗離開長安，長住洛陽。

武則天是個權勢欲很強的人。她當皇后以後，常常過問朝政。因此之故，難免與唐高宗發生衝突。唐高宗日久生厭，萌生了廢黜武后的想法。

一次，宦官王伏勝向唐高宗揭發道士郭行真經常出入宮廷，仗恃武后的寵信，裝神弄鬼，肆無忌憚。於是，唐高宗密召一些權臣商量如何懲處。上官儀對皇上說：「皇后專橫，全國上下人人不滿，請陛下廢黜武后！」

此言正合唐高宗心意，當下命令上官儀起草廢后詔書。武則天安插在皇帝身邊的親信，立即跑去將此消息向她報告。武則天聞訊後不敢怠慢，立刻跑去見唐高宗，軟硬兼施，連哄帶騙，終於使唐高宗轉怒為喜，與她重新和好。唐高宗禁不住武則天撒嬌，把廢黜皇后的主意是上官儀出的，源源本本告訴了她。武后聽罷，沒作表示，暗中卻指使許敬宗誣告上官儀、王伏勝與被廢掉的梁王李忠謀反。結果，上官儀及其兒子被處死，家被抄；王伏勝也被斬首，李忠在流放地被勒令自殺。而一些與上官儀交好的朝臣也都受株連被貶職。

此後，唐高宗上朝時，武則天都要在皇帝背後隔簾聽政，一切朝政都取決於她。朝廷內外稱她為「二聖」，皇帝成了傀儡。上元元年（西元六七四年），秋季，唐高宗稱天皇，武則天稱天后。

上元二年（西元六七五年）三月，唐高宗的眩暈症狀加劇，召集朝臣議論由天后代替天皇管理國家。結果，在朝臣的反對下，此議未行。

武則天不甘心身居幕後，而代替皇帝掌管天下又沒成。她認定這全是有太子的緣故。因為中書侍郎郝處俊在勸阻唐高宗讓權給皇后時就明白無誤地說過「陛下怎麼能把高祖、太宗的天下，不傳給子孫，而委託給皇后」的話。於是，武則天便決意廢掉太子，排除自己當政的障礙。

太子李弘是武則天所生，為人謙恭仁孝，很得唐高宗喜愛，在群臣中間的威望也很高。他對武則天的一些

做法不以為然，比如，蕭淑妃生的兩位公主因為受母親連累，被幽禁宮中，已屆三十歲尚未出嫁。太子李弘對母親這種處置深不以為然，就直接上書唐高宗，請為二位公主擇婿。唐高宗答應了，可是武則天卻十分生氣，當天就把兩位公主草草嫁了人。不久，太子李弘就無病而死，時年二十四歲。人們議論紛紛，都認為是被武則天毒死的。

太子李弘死後，由武則天的另外一個兒子李賢繼位為太子。武則天對李賢也是務必除之而後快。時常以寫信或送書的手段責怪李賢，比如：一次武則天命人給太子李賢送去一本《孝子傳》，讓他用心研讀，意在說太子不是個孝子。在調露二年（西元六八〇年），武則天因太子馬棚裡私藏鎧甲，便給他定了造反的罪名，將其廢為平民，幽禁起來，太子的官屬也都受了懲處。

李賢被廢以後，由其胞弟李哲繼為太子。弘道元年（西元六八三年）十二月，唐高宗病逝，太子李哲即位稱帝，為唐中宗，卻由太后武則天臨朝聽政。兩個月以後，唐中宗就被武則天廢掉。然後，立唐中宗的胞弟李旦為皇帝，為唐睿宗，朝政仍由太后武則天裁決。李旦是武則天最小的親生兒子，其他皇子都不是武則天所生。李旦當皇帝後，武則天積極準備自己稱帝，實現平生最大的願望。她先是追封武氏已故的祖宗為王，接著又大封武家健在的男女老少為官，出任要職。她還把廢太子李賢殺死，把廢掉的唐中宗遷往房州（今湖北省房縣）。

武則天的這些做法，引起了皇族們的極大不安，大家擔心李唐王朝要換姓了。於是，以李敬業、李敬猷、駱賓王等人為首，於嗣聖元年（西元六八四年）在揚州起兵討伐武則天，以擁戴唐中宗復位為號召，十餘日內便募集十萬餘人。武則天派大兵進行征剿，三個月後將叛軍鎮壓。同時，武則天採取恐怖政策，並以高官厚祿獎勵告密者；任用酷吏、嚴刑峻法懲治反對自己的人。

在鎮壓了李敬業等人之後，又鎮壓了唐高祖的孫子、唐太宗的兒子等皇族的起兵反抗。然後，武則天大肆屠殺宗室諸王，被害者達三十餘人，被流放、被抄家的就更多了。

武則天在用武力清除了異己勢力之後，她給自己加尊號稱「聖母神皇」，又給自己取個名字為「曌」，以示自己占有一切，高於一切。武則天經過一系列組織和輿論準備之後，她認為自己稱帝、取代李唐王朝的時機成熟了。於是，就在天授元年（西元六九〇年）七月，抓住東魏國寺和尚法明獻《大雲經》的機會，公布了稱帝的願望。《大雲經》上有「太后乃彌勒佛下生，當代唐為閆浮提主」的經文，武則天把這部經書頒行全國。九月，侍御史傅游藝率關東百姓九百人上表勸武則天當皇帝。接著，朝廷百官、貴族、百姓、僧道尼姑以及周邊少數民族的頭目紛紛上表章請求武則天當皇帝，徹頭徹尾的傀儡皇帝唐睿宗李旦也提出改姓武。剎時間，請求武則天當皇帝的聲浪波及全國。明眼人一看便知，這場鬧劇的總導演不是別人，正是武則天自己。

就這樣，武則天在全國上下一片勸進聲中，於九月九日即皇帝位，自稱「聖神皇帝」，改元天授，改唐朝為周朝，把兒子李旦改姓武，立為太子，把侄兒武承嗣封為魏王、武三思封為梁王、武攸寧封為建昌王，另外，武姓子孫封郡王者尚有十來人。追封父親為皇帝。同時，宣布大赦天下，並命令全國舉行七天宴會以示慶賀。

武則天稱帝後，不再穿女人服裝，完全和男性皇帝一樣，穿龍袍，戴冕旒。她還廣置「妃嬪」，建立控鶴監容納她的男寵，所有男寵定名為內供奉，陪她淫樂，其中尤以張易之、張昌宗兄弟及洛陽白馬寺和尚懷義最受寵幸。

武則天身為女人，而當上了皇帝，這在中國是破天荒的創舉，是史無前例的。武則天之所以能夠成功，原因是多方面的，歸根結底是主客觀實現了統一。在主觀方面，她具有非凡的才膽識力，遊刃有餘地駕馭了權力，遠勝過鬚眉自不待言。在客觀上，尤其她生活的時代，儒學思想衰微，佛道思想成為時代精神主潮。這就使得男尊女卑、阻抑婦女的藩籬為之鬆動，為她的野心膨脹提供了較為寬鬆的氛圍。如果武則天生活在儒家思想占統治地位的時代，她的稱帝野心怕是難以實現的。常言道：「時勢造英雄。」可以斷言，武則天如果不是遇上唐初的時勢，她就是再有才能，也是成不了英雄的。

武則天的非凡，主要還不是表現在她稱帝上面，而表現在她利用手中的最高權力所推行的一系列有助於社

會進步的政策。她以皇后的身分干預朝政二十四年，以太后的身分主持朝政七年，以皇帝的身分當政十五年，總凡四十六年。她在預政時，於上元元年（西元六七四年），提出十二條建議，即：「一、勸農桑，薄徭賦；二、免除三輔地區（京城及郊縣）徭役；三、息兵，以道德教化天下；四、官辦手工工場中禁止浮巧；五、減少工役、節約費用；六、廣開言路；七、杜絕讒言；八、王公以下全要學習《老子》；九、父在母死時，服孝由一年改為三年；十、對上元年間以前獲得委任狀的官吏，不予追核；十一、增加八品以上京官的薪水；十二、對於任事已久有能力而品級低下的官員應予以提拔。」不難看出，這些政治舉措的中心是減輕剝削，緩和社會矛盾，扶持新興的官僚集團，重才幹輕資歷，藉以對付貴族集團。而這些要點，基本上貫穿了她全部的統治時期。無疑，這對社會前進是有積極作用的。

更為難能可貴的是，武則天具有納諫的政治家胸懷，這點倒很像唐太宗。這方面的實例很多，比如：在長壽元年（西元六九二年）七月，鎮壓了各反對派，政權日趨鞏固，有人勸她停止告密，寬刑罰。她認真地予以採納，並對提建議的人大加賞識；又如，在長安二年（西元七〇二年），監察御史魏靖上奏疏指出近年以來多有冤案，請求復查大案。她不僅採納，而且為不少冤獄平反。甚至對於攻擊她個人乃至抨擊她私生活的人，她也能容忍，甚或予以嘉獎。

如李敬業起兵時，駱賓王寫了一道有名的《討武氏檄》，文筆揮灑自如，情辭並茂，儘管這道檄文把武則天罵了個狗血淋頭，但她在讀過之後，卻慼慨地說，像駱賓王這樣有才華的人而沒能好好使用，實在是宰相的過錯；又如，長安元年（西元七〇一年）河北武邑人蘇安恆上奏疏，指斥武則天貪位不讓，要她退位，說她如不退位將無臉見唐高宗於地下。對此，她並未介意，也沒有懲處蘇安恆。另外，她臨終前指示在自己的墓前要立一個空白的無字碑，自己的功過留給後人去評說，而不像歷代帝王們那樣在自己的功德碑上極盡歌功頌德之能事。

對於武則天的大有作為，就連封建史學家也不得不承認她「挾刑賞之柄以駕御天下」、「故當時英賢亦競為之用」、「素多智計，兼涉文史」、「僭於上而治於下」、「乘時得勢」，「尊時憲而抑幸臣，聽忠言而誅酷吏」。

武則天當政期間，基本上保持了盛唐局面，社會相對安定，生產有所發展，社會財富不斷增加。

當然，武則天統治也有一些弊端，比如：她宣揚迷信，賦予佛教徒種種特權，增加人民負擔，任用酷吏對付反對派，興大獄株連無辜，放縱男寵胡作非為等等。但是從總體上來說，武則天在歷史上所起的作用功大於過，積極作用超過消極作用。可稱得上是一位英主。

遼世宗之死

他在內亂中崛起，又在內亂中倒下。

遼朝的世宗姓耶律，名阮，是遼開國皇帝太祖耶律阿保機的孫子。他的父親耶律倍是阿保機的大兒子，神冊元年（西元九一六年）被立為太子。可是，在阿保機死後，耶律倍卻沒能繼承皇位。因為他的母親述律皇后偏愛二兒子耶律德光，就親手導演了一場宮廷政變，使耶律德光當上了皇帝。耶律倍難以存身，從海上逃往中原地區，投靠後唐，於天顯十一年（西元九三六年）死於後唐。

耶律阮被耶律德光收養，長大後儘管身居顯位，握有一定的兵權，不失皇族之尊，但是如果沒有耶律德光篡位，他就是當然的皇位繼承人了。如今，眼巴巴看著父親的皇位被叔父搶去，而太子的位子也與自己絕緣，心中自然難平，可又不敢表示不滿。耶律阮在忍耐中度日。

遼太宗耶律德光是一個大有作為的君主。他即位後，勵精圖治，發展生產，設立典章制度、舉賢任能，懲治貪官汙吏。因此遼朝的經濟、政治、文化均有較大的發展，為後來遼朝與北宋對峙局面的形成奠定了基礎。

遼太宗自恃國力強盛，數次發動進犯中原的戰爭。於天顯十一年（西元九三六年）滅掉後唐；在會同七年（西元九四四年）至會同九年（西元九四六年）連續三次攻打後晉，並將後晉滅掉。

遼太宗發動的這幾次戰爭，不但使中原漢族地區生產破壞，生靈塗炭，而且也使遼朝經濟遭到破壞，使契丹族人民付出了巨大犧牲。儘管遼太宗占據了汴京，但在中原地區廣大人民的反抗下，不得不很快離去。

大同元年（西元九四七年）四月初一日，耶律德光撤出汴京，四月二十二日行至欒城（今河北欒縣殺胡林），因病而死。遼太宗死得突然，連遺詔都沒有留下。軍中人心惶惶，不可終日。而跟隨遼太宗出征的一些

親信大臣，更是顧慮重重，如坐針氈。比如南院大王（負責漢族軍政的最高長官）耶律吼及北院大王（負責契丹族軍政的最高長官）耶律洼，在遼太宗死後，就日夜焦思苦慮，甚至鬢髮都變白了。因為他們深深瞭解最高統治集團內的矛盾，一旦得知遼太宗的死訊，契丹族上層肯定又要爆發一場爭奪皇位的鬥爭，而自己肯定也要被捲進去，鬥爭的結果很難預料，自己的生死富貴也很難說不發生問題。耶律吼與耶律洼被共同的難題所困擾，很自然二人便湊到一起商量對策了。

遼太宗一咽氣，耶律吼當晚便到耶律洼的營帳中來了。他緊鎖雙眉地說：「皇帝歸天，皇位不可空著啊！」

耶律洼也同樣緊鎖雙眉地說：「那依你之見呢？」

耶律吼略一沉吟，看看帳內沒有旁人，才壓低聲音說道：「如果將皇帝的死訊報告給述律太后，太后肯定要立三皇子李胡為帝。你說對不對？」

耶律洼毫不思索地答道：「肯定如此。」他瞅了一眼帳門，帳外黑黑的，一點聲息也沒有，接著也壓低了聲音說：「三皇子的為人你是知道的。」

耶律吼說：「我當然知道。他殘暴成性，又深得太后歡心。他一旦繼位，不用說國人遭殃，就連你我也休想得好！」

耶律洼搶過話頭，說：「他一向反對南征，你我一直在皇上身邊，力主南征，如今皇上一死，你我可就有好瞧的了！」

耶律吼用力把桌子一拍，說道：「我反復考慮，絕不能讓李胡當皇帝！」

耶律洼緊接著說：「對，他當皇帝，你我都得這樣。」邊說邊用手做出個抹脖子的動作。

耶律吼說：「沒有遠慮，必有近憂。依我看，國家要想太平，國人要想平安，只有立永康王為皇帝。」

永康王是耶律阮兩個月前得到的封爵。

耶律洼連連點頭，說：「對，我也這麼想。」

耶律吼說：「事不宜遲，明天咱倆就召集大臣們開會，擁立永康王即位。」

耶律洼說：「好。一言為定！」

第二天，南院大王與北院大王召集出征大臣會議。兩個人異口同聲地宣稱：「皇帝歸天，皇位一日也不可空缺，尤其在這戰爭時期，更不可一日無君，提議由永康王即位，主持大計。請諸位公議。」

眾大臣見兩位大王均如此，也就毫無異議地表示贊同了。可是耶律阮卻表示此事關係重大，自己難以承受。眾大臣見他不是謙遜之詞，也就不便相強。兩位大王萬萬沒有料到耶律阮會推辭，一時也沒了主張，只好宣布散會，明天再議。

散會後，耶律阮心情十分矛盾。一方面深深感到這是奪回本屬於自己皇位的大好時機，一旦錯過，就再也沒有機會了；另一方面，又深深感到太后、李胡及太宗的兒子壽安王耶律璟肯定都反對自己繼位。他們的勢力遠遠超過自己，自己與他們對抗無疑是以卵擊石，不會有好下場。耶律阮前思後想，左右為難。最後，把自己的親信安圖叫來，商議對策。

安圖的父親迪里是耶律阮父親耶律倍的親信，當年因為主張耶律倍繼位，被述律太后殺死。迪里死後，耶律阮把安圖收留在身邊，成為無話不談的親信。

今天眾大臣開會時，安圖正趕上值班，所以會議情況他全瞭解。耶律阮把他找來，他就知道是為了繼位的事。所以他一見面，就說道：「大王您仁慈而又聰明，又是太祖的嫡長孫，死去的皇帝對您也如同親生一般。天下百姓對大王的父親沒當上皇帝，無一不表同情，因此，大王如果能繼位當皇帝，肯定大得人心！大王您可不能再猶豫了。常言道，機不可失，時不再來呀！大王今天如果再不決斷，將來可就追悔莫及了！」

耶律阮沉思了一會兒，說道：「您說的不無道理。可是，李胡可不能低估呀！遠的不講，就是在這軍營之內，傾向他的也大有人在呀！」

安圖湊近一步，低聲說：「大王放心，我自有妙計。剛才我到大王這之前，朝廷來了一位使臣，因為是我

值班，就把他安排住下了。別人還不知道使臣到此。明天，我把他隔離起來，我就在底下放風，說李胡死了。這樣，明天再開會時，傾向李胡的人就不會反對大王即位了。」

耶律阮聽罷，連連點頭，說：「就依你之計吧！不過，一定要小心，可不能露出馬腳。」

安圖滿臉帶笑地說：「大王，您就放心吧！」說完，深深行了一禮就走了。

不到一會兒，軍營中便傳開了李胡已死的消息。

安圖見自己放出的「李胡死訊」已經傳開，就去見南北二位大王。

這時，南北二位大王也聽到了李胡的「死訊」，二人正在合計明天如何說服耶律阮的辦法。猛然間，見安圖走了進來，二人不由得一愣。二人知道安圖是耶律阮的心腹，此時前來，絕不是閒逛。安圖搶上前向二位大王行禮，二位大王也站起身還禮。北院大王耶律洼首先開口：「安圖，你可聽說朝廷出什麼事了嗎？」

安圖答道：「小的來此，正是要向大王報告。京中來人說李胡王爺已經歸天了。軍營之內早就傳開了。此事不假。」

南院大王耶律吼挺直了腰說道：「安圖，你也不是外人。你說，永康王不同意我們的提議，究竟是為什麼？」

安圖起身行了一禮，說：「啟稟大王，依安圖之見，永康王爺是擔心李胡王爺的勢力大呀！如今，李胡王爺已故，我想永康王爺不會再拒絕大王的提議了。」

北院大王耶律洼說：「你說的有理。不過，就是李胡不死，也沒什麼妨礙。因為先帝在日，早有立永康王為太子的打算，這點不僅我知道，南院大王也知道。」

耶律吼急忙插了一句：「不假，我確實聽先帝不止一次說過此事。」

耶律洼又說：「既然如此，永康王繼位當皇帝是上符天意，下合民心。今天我們擁立永康王繼位，誰敢說個不字！」他稍停一會兒，又接著說：「不過，擁立永康主繼位要向太后報告，如果不報告，難免朝廷內部要

出亂子。安圖，對此，你有什麼看法？」

安圖不疾不徐地答道：「回王爺的話。安圖以為，大王既然早就知道先帝要立永康王為太子，就應抓緊，因為現在是戰爭時期，不容遲緩，況且永康王賢明，人心所向。如果向太后報告，太后肯定不允，太后是要立李胡。李胡殘暴，人所共知，殘暴之君怎能安天下呢？況且，李胡已死，擁立永康王，太后未必不允，事後再報告，太后也不會怪罪。如果李胡不死，那又當別論了。」

南院大王耶律吼把雙手一拍，站起身高聲說道：「你說的對，我的決心已定！」

北院大王耶律洼也站起身，說道：「對，事不宜遲，現在就行動。」

南院大王耶律吼對安圖說：「你速去傳我倆的命令，軍隊集合，各位將領馬上前來開會。」

安圖跳起身，說：「遵令！」說罷，一陣風似的衝出帳房。

當眾將領到齊之後，南院大王耶律吼說道：「皇帝升天，國家不可一日無主。永康王是太祖皇帝嫡長孫，皇帝生前曾要立他為太子。永康王繼位當皇帝是天人所屬。本王和北院大王決意擁戴永康王為君。有誰膽敢不從，當以軍法從事！」

北院大王耶律洼站起身，走到永康王耶律阮面前，深行一禮，請他坐到上座。然後，與南院大王耶律吼一起跪在耶律阮面前，行三跪九叩之禮，眾將見此情形，紛紛離座，按照順序，跪在兩位大王身後，口中跟著兩位大王高呼萬歲。

就這樣，耶律阮在南、北兩大王的主持下，在軍營中當上了皇帝。

第二天，耶律阮下令全軍向定州（今河北正定）進發。四月二十九日，抵達定州。耶律阮派三個將領護送耶律德光的靈柩先回上京（今內蒙古巴林左旗林東鎮波羅城），並向太后報告自己已經即位稱帝的消息。

述律太后聽到耶律阮稱帝的報告後，十分惱火，立刻命令李胡率領軍隊去迎擊耶律阮。

六月初一日，耶律阮抵達南京（今北京市）。聽說李胡的軍隊已離自己不遠，立即派安端、留哥二人率部前

去探聽。在泰德泉，安端與李胡碰上。兩軍混戰中，安端墜馬，李胡部下王子天德策馬馳至近前，舉槍就刺。留哥一邊急忙甩自己的身體掩護安端，一邊向天德射了一箭。天德中箭，因有鎧甲護體，沒有受傷，可是著實吃了一驚，扔下安端，撥馬就跑。安端跳起來，飛身上馬，繼續指揮衝殺。結果，李胡被打敗。

耶律阮首戰告捷，並沒有再戰，而是派人到李胡軍營中講和。李胡自知不敵，連夜撤退了。耶律阮隨其後，向上京挺進。當行到潢河（今內蒙古西拉木倫河）時，只見對岸旌旗招展，刀槍林立。原來述律太后早已指揮大軍布好了陣勢。

述律太后與耶律阮隔著河對話。述律太后責問耶律阮不向自己報告就擅自稱帝，是篡位。耶律阮沒等答話，南、北院兩大王便齊聲說：「皇帝是太祖長孫，繼位乃理所當然。」

述律太后氣得滿臉通紅，李胡從旁搶著說道：「他繼位？我往哪擺？有我在，兀欲（耶律阮的小名）怎麼可以當皇上？」

這時，在述律太后身邊一位大臣向李胡說：「可是，你殘暴不得人心啊！」說話的這個大臣叫耶律屋質，是太祖叔父的後代，是述律太后的心腹重臣。

李胡惡狠狠地瞪了耶律屋質一眼，說道：「說我殘暴，我就殘暴！」扭過頭向河對岸的眾將領喊道：「我告訴你們，你們的老婆孩子全在我手中，你們再跟兀欲跑，我就把你們的老婆孩子全宰了！我李胡說到做到！」

這句話不啻往滾油鍋裡倒了一瓢冷水，耶律阮身邊的眾將領哄的一聲議論開了：「李胡真狠毒啊！」「可不能動刀槍啊！一開戰，豈不是等於自己殺親人嘛！」

耶律阮見此情形，立即下令收兵回營。

述律太后也收兵回營了。

第二天，述律太后收到耶律阮給耶律屋質的一封信，信上全是挑撥述律太后與耶律屋質關係的話。述律太

后立即斷定這是一封離間信，當下把耶律屋質找來，將這封信交給了他。耶律屋質看過信之後，說道：「太后輔佐太祖定天下，臣盡心竭力侍奉太后，如果太后懷疑臣不忠，臣也無言可辯。」

述律太后笑了一笑，說道：「我如果懷疑你，還會把信給你看嗎？我知道這是兀欲耍的把戲，搞離間計，騙不過我！這個就不談了。我找你來，是想聽聽你對昨天發生的事有什麼想法。」

耶律屋質侃侃而言道：「感謝太后的信任。依臣愚見，最好是雙方言和，那樣國家不傷元氣，此為上策；如果和不成，就要速戰速決，否則人心動搖，後患無窮。」

述律太后點點頭，沉吟一陣，慢聲細語地說：「和固然好，可是誰能當使臣呢？」

耶律屋質朗聲說道：「太后如果信得過臣，臣情願前去議和。如果永康王同意議和，那可是國家的福氣了。」

述律太后直視著耶律屋質，說道：「我派你過河去議和，望你不要有任何顧慮！我給兀欲寫封信，你一併帶去。」

耶律屋質帶著述律太后的親筆信，過河去見耶律阮。耶律阮熱情地接待了他。耶律阮看過述律太后的信，便吩咐耶律海思起草回信。回信的言辭多有不恭之處，耶律屋質對耶律阮說：「如此回信，國家可就難得太平了。最好盡釋前嫌，和為貴，應以國家安定為重啊！」

耶律阮說：「他們不過是一些烏合之眾，抵擋不了我！」

耶律屋質說：「就算打不過你，但你們畢竟是親骨肉，是太祖的子孫啊！再說，勝敗無常。大王如獲勝，部下眾將的家屬可全在李胡手中，難免不被害呀！因此，依臣愚見，還是議和為上策。」

在場的眾將領都贊成耶律屋質的這番話，都為自己的親人擔心。

耶律阮沉思一陣，才問：「如何才能和解呢？」

耶律屋質不假思索地答道：「大王與太后見面，只要都不含怨氣，和解是很容易的。否則，再戰也不晚

呀！」

在耶律屋質的斡旋下，雙方基本上達成了協議。可是，當述律太后與耶律阮見面時，開始仍是互相埋怨。述律太后責怪耶律阮篡位，耶律阮埋怨太后使自己父親丟掉了皇位，導致父親出亡乃至慘死。談著談著，氣氛越來越緊張，眼看要決裂了。

這時，耶律屋質說話了，先從血緣關係上講，打動祖母與孫兒的心；然後又從現實形勢來分析，說明決裂對國家的危害無窮。經他這一破解，雙方才緩和下來。述律太后不愧是位政治家，她一針見血地問：「和議是不成問題了。自家骨肉不能刀兵相見。可是，由誰來繼承皇位呢？」

耶律屋質不等別人發言，搶著說：「太后如果把皇位授給永康王，上合天意，下順民心，對此，是不會有爭議的。」

李胡坐不住了，跳起來喊道：「有我在，怎麼能立兀欲呢？」

耶律屋質不疾不徐地說：「按照禮法的規定，皇帝逝世，有嫡長子在，就不能把皇位傳給弟弟。從前，太宗皇帝繼位時，就因為不符禮法，引起許多議論，所幸太宗英明，才沒有鬧出亂子。你殘暴不仁，人們都怨恨你，你能治理得了國家嗎？現在，萬眾一心擁立永康王，這是誰也難以改變的呀！」

述律太后雖有立李胡之意，見此情形，也只好讓步了。她對李胡說：「我和太祖都偏愛你，俗語說『偏憐之子不保業，難得之婦不主家』，不是我不想立你，實在是你自己不能立啊！」

眾臣一聽太后這番話，立即歡呼萬歲。李胡見大勢如此，也就不敢再言語了。耶律阮讓李胡把佩劍解下來，然後兩人握起了手。述律太后見此情景，兩眼含滿了熱淚。

河兩岸的軍隊匯合一起，軍中洋溢著歡樂。在歡歌笑語聲中，耶律阮率軍直奔上京。

上京不久，有人向耶律阮告發李胡與述律太后密謀發動政變，廢黜皇帝。耶律阮立即採取措施，把李胡與太后遷出上京，搬到祖州（今內蒙古巴林左旗林東鎮西南），並將二人軟禁起來。

耶律阮於九月份稱天授皇帝，史稱遼世宗，改年號為天祿。人們都認為此後可以天下太平了。可是，出乎耶律阮的意料，在天祿二年（西元九四八年）春天，又鬧了一場內亂。

這場內亂的為首者，都是耶律阮的親人。其中，耶律天德是耶律阮的兒子，蕭翰是耶律阮的妹夫。留哥與盆都雖是遠支皇族，但在耶律阮軍中稱帝之時，均極力支援，甚至親冒矢石打敗李胡的軍隊。他們不贊同耶律阮進行封建化，反對出兵中原、依靠漢族上層等政策。他們頑固地堅持狹隘的民族利益，滿足既得權勢，是阻礙遼代社會發展的守舊勢力。這場鬥爭雖然是內亂，但卻有革新與守舊的內容。

耶律天德與蕭翰、留哥、盆都的叛亂陰謀，被耶律石刺揭發，天德等四人被抓進監獄，他們矢口否認，遼世宗耶律阮不想深究，把天德等四人釋放了。他們不死心，又密謀刺死耶律阮。

一次，留哥乘與耶律阮下棋的機會，在袖子裡藏了一把匕首，想刺殺耶律阮。因為匕首被耶律阮發現，行刺未成。耶律阮親自審問留哥，留哥指天發誓，說：「臣怎能有謀害陛下之心，帶刀是為了防身。如果我有心害陛下，將來我生瘡爛死！」

世宗耶律阮見他言辭懇切，就不再追究了。耶律屋質對遼世宗說：「陛下，留哥等人早有叛亂之心，只因陛下寬宏才沒有受到懲治。此番又要行刺，可不能再放過他們了。臣請陛下准許臣親自審訊他們。」

遼世宗同意了。經耶律屋質對天德等四人的審訊，證實了四人確實要叛亂。結果，天德被處死，蕭翰被打了一頓棒子，留哥被攆出京城，盆都被派往屬國。

雖說世宗對蕭翰的處理是很寬大的，但是並未因而感化他。天祿三年（西元九四九年）春天，蕭翰夥同妻子阿不里公主給明王安端寫信，密謀再次叛亂。這封信落到了耶律屋質手中，耶律屋質將信呈給世宗。世宗這才下令處死蕭翰，將妹妹阿不里關進監獄。

蕭翰事件以後，耶律屋質又發現泰寧王耶律察割陰謀叛亂，立即給遼世宗奏本，揭發此事。

耶律察割是明王安端的兒子，武藝高強，外貌很忠順，可是內心卻很奸詐。在遼世宗要稱帝時，察割極力勸說父親支持遼世宗，他認為支持遼世宗比支持李胡對自家更有利，他說服了父親，自己的態度當然更堅決了。所以遼世宗稱帝後，察割父子均因功封王。察割更受寵信，統領軍隊，出入宮禁。遼世宗每次出獵，察割都詭稱自己手有病，不能拉弓射箭，拿著一鏈錘，不離皇帝左右。他還經常把自己家中發生的一些小事向皇帝報告，博得遼世宗的好感，認為他忠誠。

察割見獲得了皇帝的寵信，便準備動手謀害遼世宗。於是，他把自己所統轄的人馬安排在遼世宗所住的帳篷周圍，以便隨時下手。

對此，耶律屋質產生了懷疑，再加上平素對察割行為的觀察，深感問題嚴重，便給遼世宗上奏本，指出察割這是圖謀不軌。遼世宗不信，就把察割叫來，並將耶律屋質的本章給他看。察割看後著實大吃一驚，可是表面上還裝出一副受委屈的樣子，對遼世宗說：「臣對皇上一片忠心，可昭日月。這是因為屋質嫉妒臣，才誣陷臣要造反。」邊說邊痛哭流涕。

遼世宗被他迷惑住了，便安慰他道：「你沒有反心，朕也沒有懷疑你造反。今後，你要注意自己的行為，不要引起人們非議。」

幾天以後，耶律屋質又向遼世宗進言，說察割懷有貳心。遼世宗對耶律屋質說：「你不要懷疑他了。他曾把他父親的一些事都報告給我，還能說他對我不忠嘛！」

耶律屋質說：「察割連父親都不孝順，還談得上忠君嗎？」

對此，遼世宗一笑了之，沒有採納屋質的建議。他萬萬沒想到，這一失足成千古恨，他終於命喪察割之手。

天祿五年（西元九五一年）七月，遼世宗到太液谷野宴，察割想動手刺殺皇帝，由於沒有得便，才沒下手。不久，遼世宗率軍攻打宋朝，察割也隨同前往。九月初一日，遼世宗抵達歸化州（今河北宣化）的祥古山，舉行儀式紀念亡父耶律倍。遼世宗與眾將領都喝醉了。察割見時機已到，便勾結隨軍出征的盆都，闖進帳中，刺殺遼世宗。察割還吩咐部下，一定要捉住穿紫衣服的官員，絕不能讓他跑了。穿紫色衣服的官員指的是

耶律屋質。察割深知，不除掉耶律屋質，自己不會有安寧。

由於耶律屋質一直保持警惕，所以才沒有遇害。察割刺殺遼世宗以後，自己匆匆忙忙地稱起皇帝來。耶律屋質逃出營地後，立即召集人馬，連夜將遼世宗的行營包圍。正在做皇帝夢的察割倉皇出戰，一觸即潰，部下紛紛逃散。察割見勢不妙，逃又不成，死又不肯，最後乖乖地投降了。

察割的叛亂被平息後，遼世宗的兒子耶律璟繼位，史稱穆宗。將察割、盆都凌遲處死，其他參加叛亂的人也都受了處分。

遼世宗死時年僅三十四歲，在位不到五年。本來他是遼朝第三代的皇位繼承者，由於內亂，他父親被剝奪了皇位繼承權，從而他也就失去了繼承皇位的可能。但是，在遼太宗突然病死於出征途中，這一偶然機會使他登上了皇位。他之所以能成為皇帝，純粹是遼朝統治集團內部革新與守舊兩派鬥爭的結果。因此之故，他一上台，便處於鬥爭的漩渦之中。守舊勢力一次次掀起政變，雖然接連被敉平，但是因為在政治鬥爭中，遼世宗缺少必要的警惕，對反對派勢力過於「仁厚」，最終命喪政敵之手。他的死，可以說是個悲劇。

趙匡胤黃袍加身

他黃袍加身便當了皇帝，看似未費吹灰之力，
實則絞盡了腦汁。

趙匡胤本來是後周王朝的大將，官至殿前都點檢，統率禁衛軍，手握兵權。在周世宗柴榮死後，他經過精心策劃，嚴密布置，抓住時機，一個晚上便篡奪了皇位，建立宋朝。

舊史書記載趙匡胤篡位一事，無例外地寫成一個突發事件，而且趙匡胤處於被動地位，是順天應人，身不由己。

對此，古往今來許多有識之士早已提出過質疑。比如：史學家傅樂成先生在其所著的《中國通史》中就提出五個疑點，並認定趙匡胤獲得帝位是透過有計畫的政變實現的。

那麼，趙匡胤究竟是如何當上皇帝成為一代開國之君的呢？

西元九〇七年至九六〇年，在短短的五十四年中，中國北方，主要在黃河下游及渭河下游地方，接連產生了五個王朝，即後梁、後唐、後晉、後漢、後周。當時南北方有十個較大的「國家」割據一方，不時互相攻伐。歷史稱為「五代十國」。

這五代的開國之君，都是軍閥。搞割據，鬧紛爭，自是拿手好戲。這五個王朝都是短命的，後梁（西元九〇七年至九二二年）十六年而亡，後唐（西元九二三年至九三五年）十三年而亡，後晉（西元九三六年至九四六年）十一年而亡，後漢（西元九四七年至九五〇年）四年而亡，後周（西元九五一年至九六〇年）十年而亡。

這五個王朝中的前四個，政治都很腐敗，君主荒淫，內亂迭起，大臣弄權。直到後周，政治局面才有較大改善。

後周的開創者叫郭威，他是後漢的大臣，官至樞密使。在後漢的第二個皇帝隱帝繼位後，命他出任鄴都留守、天雄節度使，仍兼任樞密使，以防契丹族南侵。郭威沒有兒子，以妻兄之子柴榮為養子。柴榮任貴州刺史、天雄牙內都指揮使，隨侍郭威帳下。父子二人握有重兵，又管轄一方，是後漢的實力人物。

後漢隱帝荒淫無道，寵信奸佞，屠殺功臣。朝廷的元老重臣史弘肇、楊邠、王章等人在乾佑三年（西元九五〇年）被滿門抄斬。當時，郭威因出守鄴都，僅以身免，而留在京城的家屬則全被殺死。同時，後漢隱帝還下密詔，命令鎮守鄴都的眾將把郭威除掉。

但是，負責執行密詔的鎮寧節度使李洪義把消息報告了鎮守澶州的侍衛步兵都指揮使王殷。王殷聞訊後，立即將傳達密詔的使者孟業扣押，當即派人將密詔送給了郭威。郭威看完密詔，便將樞密使魏仁浦請來，並把密詔給他過目，還問他怎麼辦。魏仁浦毫不猶豫地說：「大人，您是朝廷的大臣，功勛卓著，赫赫有名，握有重兵，鎮守一方，一旦落到那群小人手裡，後果是不堪設想的！問題也不是憑言語能解釋清楚的。既然事已至此，萬不可坐著等死！」

郭威取得了魏仁浦的支持，立即將鄴都行營馬軍都指揮使郭崇威及步軍都指揮使曹威及手下諸將召來，當場宣讀了密詔，之後對眾將說：「我與諸位流血流汗，披荊斬棘，跟隨已故老皇帝打天下。老皇帝逝世時，還將太子託付於我，希望我竭盡全力效忠朝廷。現在，朝中的幾位大臣都被殺死了，我還有什麼心思苟活於世！請諸位將軍遵照密詔執行，把我的腦袋割下來，獻給皇上，我絕不連累諸位。」

眾將聽罷，大驚失色，相顧愕然。密詔中指名殺郭威的郭崇威第一個發言。他邊哭邊說：「當今皇上年幼，好衝動。這個密詔肯定出自那些奸臣之手。如果讓這些小人得志，國家還能太平嘛！我郭崇威情願跟隨大人進京，向皇帝申訴，消滅那些小人，以清君側。不能就這樣叫使臣給收拾了，那可要遺臭萬年呀！」

接著，翰林趙修已對郭威進言：「大人，您白白死了有什麼益處？不如順應軍心民心，統兵南下，這可是天意啊！」

其餘眾將也異口同聲地主張起兵打進京去。

郭威見眾將一致擁戴自己，深深吐了一口氣，當即下令：「柴榮聽令！」

柴榮挺身而出。郭威：「命你鎮守鄴都，加意防範，不得有誤！」

柴榮叉手在胸，聲若洪鐘般地答道：「孩兒謹遵將令！」

郭威：「馬軍都指揮使郭崇威聽令！」

郭崇威眼含熱淚，高聲答道：「末將在！」

郭威：「命你統領精兵為前鋒，直奔京城，即刻出發！」

郭崇威聲嘶力竭地喊道：「末將願往！」

郭威掃視了眾將一眼，不疾不徐地說：「明天五鼓，本帥親統大兵出征，爾等小心侍候。」

眾將齊聲吼道：「遵令！」

郭威率領大軍浩浩蕩蕩殺向京城開封。郭軍勢如破竹，僅用了七天便占領了開封。後漢隱帝躲到開封西北的趙村，被亂兵所殺。

皇帝一死，國內登時大亂。大臣們有的歸附郭威，有的起兵反對郭威。郭威為了安定局勢把隱帝的母后請出來臨朝聽政。這時，契丹族乘虛而入，兵犯內丘縣。郭威率領大軍迎擊。

此時，地方上一些實力派策劃擁立皇族劉贇為新君。這個消息震驚了郭威及其下屬，擔心新皇帝繼位後要向他們問罪。於是，郭威決心自己當皇帝。他的部下也在醞釀擁立的事情。當十二月初十日清晨，郭威剛要離開澶州時，他的部下若干人鼓噪了起來，為首者翻牆跳進郭威住的院內，衝進屋裡，對郭威說：「眾將士與皇帝家的人結下了仇，可不能讓皇族當皇帝呀！」

突然，有一個人一把將黃旗扯下來，披在了郭威身上，當作皇帝的黃袍。其他人高呼萬歲。就這樣，郭威當上了皇帝，建立起後周王朝。

黃袍加身的郭威，萬萬沒有想到，螳螂捕蟬黃雀在後。十年之後，後周的大將趙匡胤如法炮製，也演出了一齣黃袍加身的戲，篡奪了後周政權。

郭威當了四年皇帝，在政治上頗有建樹。廢除嚴刑苛法，勵行節儉，不准地方額外進貢。西元九五四年，郭威死去，由養子柴榮繼位。

柴榮是一個很有作為的君主，厲行改革，鼓勵農民開荒，招徠安置流亡人口，平均各地的田稅，連孔府這聖人之家也照平民標準納稅。此外，柴榮還限制佛教發展，廢除了三萬三百多所寺院，限制僧尼數目，銷毀一些銅佛像用以鑄錢。他甚至親自動手砸壞一座佛像，以為天下表率。同時，他還整頓軍隊，嚴肅軍紀，一次就處死臨陣退縮的軍官七十餘名，並透過招募壯士的辦法，改變禁軍的成分，扭轉了驕兵悍將尾大不掉的弊端。他順應百姓要求統一的願望，征討各地的割據政權，抵禦契丹族的南下騷擾。他還整頓吏治，廢止武將干政，重用賢能之士。由於柴榮推行這一系列的改革，後周王朝很快壯大起來，先後打敗蜀國、南唐，重創遼國，收復了燕雲十六州。正當他要收復幽州之際，病倒軍中，回到京城開封不久就死了。周世宗柴榮死時年僅三十九歲。

柴榮死後，由七歲的兒子繼位，稱恭帝。周恭帝繼位伊始，鎮州（今河北正定）、定州（今河北定縣）便傳來緊急軍情，說北漢聯合契丹侵入邊境。後周顯德七年（西元九六〇年）正月初一那天，朝廷派殿前都點檢、檢校太尉兼宋州節度使趙匡胤統率精銳部隊去迎擊敵人。

說起這個趙匡胤，可不簡單。他是涿郡（今河北省涿縣）人，出身將門世家，他的曾高祖趙朓是唐朝的幽都令，曾祖趙珽是唐朝的御史中丞，祖父趙敬是涿州刺史，父親趙弘殷五代時，曾在後唐、後晉、後漢、後周四個王朝統領禁軍，英勇善戰，不僅深得皇帝的寵信，而且深受部下的擁護。在周世宗柴榮時，趙弘殷官至檢校司徒，掌管禁軍，是個舉足輕重的人物。

趙匡胤是趙弘殷的二兒子，生於後唐天成二年（西元九二七年）。他長得儀表堂堂，為人很豁達，膽大心細並學得一身好武藝，年紀輕輕就離家闖蕩江湖。在郭威當樞密使時，趙匡胤就投到他的帳下當軍官。郭威當皇帝後，趙匡胤被提拔為滑州副指揮。對於趙匡胤是否參與了郭威黃袍加身的活動，史書上沒有記載。但是從郭威一當上皇帝就加封趙匡胤官職一事來推斷，趙匡胤對郭威當皇帝肯定是出過力的。

既或不是郭威黃袍加身的策劃者，也定是個積極的參加者。後來，趙匡胤又成為柴榮的親信。柴榮任開封府尹的時候，趙匡胤被提升為開封府馬直軍使。柴榮繼位當皇帝後，趙匡胤又被提升，和父親一道統率禁軍。不久，又因跟隨周世宗柴榮征討北漢立下大功，晉升為殿前都虞侯兼嚴州刺史。很快又因軍功晉升為殿前都指揮使兼節度使，成為統領禁軍的第二號人物。

周世宗顯德六年（西元九五九年），柴榮征伐契丹時，趙匡胤隨軍出征，指揮水、陸軍，在瓦橋關打了個大勝仗。在行軍途中，一次周世宗柴榮批閱文件時，突然從裝文件的皮口袋裡掉出一塊三尺長的木板子，上面寫著「點檢作天子」五個刺目的字。柴榮見此，心中著實不安。點檢是統率禁軍的最高官職，如果點檢發動軍事政變是最容易獲得成功的了。說來也巧，此時柴榮又突然染上重病，不得不匆忙撤軍返京。柴榮返京後，病情非但沒有好轉，反而加重。他開始考慮身後之事了。

自己的兒子才七歲，如果自己一旦死去，七歲的孩子當皇帝肯定統馭不了群臣，尤其那些手握重兵的人，難免不篡位。想到這裡，那寫著「點檢作天子」的木板猶如盤石般壓上了心頭。素以英明著稱的柴榮，顧不得去追查那木板的來歷，為了江山，為了兒子，他果斷決定，免去了當時任殿前都點檢的張永德其官職，奪了他的兵權，任命自己寵信的趙匡胤為殿前都點檢，期望他在自己死後，赤膽忠心地輔佐小皇帝，確保後周的天下。柴榮剛安排好這一切便一命嗚呼了。

這三尺長的木板子，肯定是有人放進公文袋裡的，究竟是誰，當時也沒有追查，遂成為千古之謎了。可是，有一點卻是確定不疑的，從這個所謂的「木板事件」中，唯有趙匡胤是「贏家」，得到了莫大的好處，而

柴榮與張永德都是「輸家」。

柴榮死後不到半年，後周的皇位就被趙匡胤奪去了。趙匡胤也學著郭威當年黃袍加身，在陳橋驛發動兵變，推翻了後周，建立起宋朝。幾經努力，結束了五代十國紛立的局面，統一了全中國。

趙匡胤發動陳橋兵變，看似易如反掌，水到渠成，其實不然。他為了取代後周，費盡了心血，絞盡了腦汁。

在後周顯德七年（西元九六〇年）正月初一那天，趙匡胤率領大軍北上抵禦遼國和北漢國入侵。軍隊尚未離京，城裡便謠言四起，紛紛傳說：「出征那天，點檢就當皇帝了。」剎那間，弄得人心惶惶，有許多人家甚至作好了逃難的準備。正在人心浮動的時候，一波未平，一波又起。初三那天，有一個小軍官叫苗訓，自稱上通天文，下曉地理。他拉著趙匡胤的衛士楚昭輔，指著耀眼的太陽說：「你看，那太陽的下邊還有一個太陽，太陽裡邊還有黑點子一閃一閃的！」接著，苗訓又神神祕祕地說：「這是天命啊！」

當天傍晚，趙匡胤指揮部隊在距開封東北四十里的陳橋驛（今河南省封丘縣陳橋鎮）營宿。晚飯後，將士們三三兩兩地聚在一起，相互議論道：「當今皇帝年幼無知，我們這些人賣力殺敵，流血流汗，有誰能知道我們的甘苦危險？不如擁戴點檢當皇上，然後再北征，就是死了也不會白死！」

趙匡胤的衛隊長李處耘把將士們的議論立即報告趙匡胤的弟弟趙匡義及趙普。此二人隨趙匡胤出征，並擔任軍中要職。二人聽到報告後，立即命令親信將領及衛隊把趙匡胤的住所嚴密保護起來，徹夜值班，不許衛兵休息。同時，派衛隊指揮官郭延贇乘快馬連夜回京，向留守京城的殿前都指揮使石守信及都虞侯王審琦報告軍中情況。石守信和王審琦都是禁軍的高級將領，平日與趙匡胤交情最好，是結義的兄弟。

正月初四一大早，天剛放亮，宿營地的將士們便鼓噪起來，從四面八方奔向趙匡胤的住所。趙匡胤因為昨天夜裡喝多了酒，仍然在呼呼大睡。趙匡義和趙普急忙跑進房中，連推帶叫地把趙匡胤喚醒，向他報告部隊譁變了。趙匡胤不慌不忙地伸伸懶腰，接連打了幾個哈欠，才不疾不徐地坐起來，兩手還不停地揉眼睛。

這時，院子裡已擠滿了軍官，衛隊刀出鞘，箭上弦，人聲鼎沸，氣氛相當緊張。衝進院子裡的將士們站在

台階下齊聲呼喊：「眾將無主，我等竭誠擁戴點檢當皇帝！」有的人邊喊還邊揮舞著刀槍。

趙匡胤的幾名心腹大將，這時也全都來到他的身邊。趙匡胤醉眼矇矓地看了一眼屋內的人，屋外的人越聚越多，一片嘈雜，最後變成了齊聲吶喊：「擁戴點檢當皇帝！」

還沒等趙匡胤表態，突然有個人不知從什麼地方拿出一件嶄新的黃袍，披在趙匡胤的身上。

剎時間，屋裡屋外的眾將士如同聽到號令一般，整齊迅速地跪滿了一地，異口同聲地高呼：「萬歲！萬歲！萬萬歲！」

趙匡胤在心腹將領的簇擁下，身披金光閃閃的黃袍，邁著大步出房來。衛士牽過戰馬，他翻身上馬，身邊的眾將也都紛紛上馬，院中跪著的將士紛紛起身，向兩旁閃開，中間讓出一條道來。趙匡胤微笑著騎在馬上，頻頻地向周圍的將士招手，人群中又發出歡呼萬歲的聲音。趙匡胤出了院門，只見街道上、曠野裡早已布滿了軍隊，士兵在軍官的率領下，按部就班地排列成整齊的隊伍，大旗在寒風中飄揚，發出響聲，刀槍劍戟映著朝陽閃閃發光。士兵們一看見黃袍加身的趙匡胤，立即高舉武器，揮舞旗幟，歡呼聲猶如春雷滾動。

趙匡胤威風凜凜，喜氣洋洋地騎在馬上，身上的黃袍分外鮮明，在心腹將領及衛隊的簇擁下，走在隊伍前邊，身後是一支浩浩蕩蕩的大軍，朝著京城開封而來。

突然，趙匡胤勒住了馬韁繩，整個隊伍立即停了下來，除了偶爾馬蹄刨地的聲音，其他一點響動也沒有。趙匡胤環顧了一下身邊的將領們，朗聲說道：「你們聽著，既然大家貪圖富貴擁立我，我有個條件，就是你們必須聽從我的命令，否則，我不當你們的主上！」

眾將一聽此言，立即都從馬上跳下來，恭恭敬敬地答道：「我等絕對服從命令！」

趙匡胤一擺手，大聲說：「好！現在聽我的命令：第一，對太后和小皇帝不准侵犯；第二，對京中的大臣們不得凌辱；第三，對倉庫不許搶劫。服從命令的，有賞，違抗命令的，絕不輕饒！」

眾將官齊聲回答：「遵令！」

趙匡胤板著面孔，把手朝前一揮，隊伍又整齊地開拔了。

正月初五日，趙匡胤率領部隊返：回了京城。在沒進城之前，他派貼身衛士楚昭輔趕回家中報信。他的母親杜氏老夫人一聽到兒子身披黃袍返京的消息，不由得兩手一拍，高興地說道：「我兒子素有大志，今天果然當了皇帝！」

趙匡胤還派客省使潘美到朝房去通知執政大臣。當時，還沒散朝，眾大臣聽到趙匡胤政變的消息，瞠目結舌，面面相覷，無言以對。好半天，宰相范質才定下神來，一把抓住宰相王溥的手臂，顫著聲音說：「倉促之間派出兵將，這是我們的錯誤啊！」

范質死死地抓住王溥的手臂不放，手指甲都摳進去了，幾乎流出來鮮血。王溥緊閉雙唇，一句話也說不出來。

這時，侍衛親軍副都指揮使韓通急急忙忙地從皇宮趕到朝房，要眾大臣合計派兵迎擊趙匡胤的叛軍。還沒等韓通說完話，他就被一個叫王彥升的禁軍頭目給趕跑了。韓通跑回家還沒來得及關上大門，王彥升就追上來了，一刀將韓通砍死。之後，王彥升又衝進內宅，把韓通的老婆、孩子全部殺光。

突然，京城裡號角齊鳴，鼓聲喧天。趙匡胤率領大軍排著整齊的隊伍，進了明德門。然後，趙匡胤就下令軍士回歸營房，沒有命令，不准擅自出營門。趙匡胤安頓好部隊，自己回到了衙門。

不久，將士們前呼後擁地把宰相范質、王溥等大臣帶來了。趙匡胤一見范質，立即跑上去，給范質行過禮後，將他請進大堂，賓主坐定，趙匡胤這才淚流滿面地說：「我受世宗皇帝的大恩，不想被部下所逼，到了今天這種地步，實在是愧對天地啊！這可怎麼辦呢？」還沒等范質答話，旁邊衝出一個叫羅彥環的禁軍軍官，手裡提著寶劍，厲聲說道：「我們眾將士沒有主人，今天必須立個皇上！」

范質、王溥等人手足無措，噤若寒蟬。還是王溥反應得快，他急步走下台階，跪在地上，朝著趙匡胤行起三跪九叩的大禮來。范質見此情景，也走下堂來，跪下叩頭，其他大臣便爭先恐後地跑到台階下邊叩頭，邊高呼「萬歲」。范質等人叩拜之後，眾將就請趙匡胤到崇元殿去舉行登極大典。

當趙匡胤在范質、王溥的導引下，登上崇元殿的時候，朝廷百官也陸續被召來了。午後三時，百官到齊並按部就班站好了隊。可是這時才發現，忙了半天，登極的詔書卻沒有寫。趙匡胤也不由得有些著急，這時，只見從百官隊伍中緩緩地走出一個人，走上殿來叩完頭，從衣袖裡掏出一張詔書，恭恭敬敬地呈給典禮官。趙匡胤與眾朝臣定睛一看，這個人是翰林官陶谷，他提前寫好了皇帝登極詔書，不聲不響地在趙匡胤為忘了寫詔書而焦急的時候獻上來。趙匡胤仔細看完陶谷起草的登極詔書，非常滿意，當即指示舉行登極大典。

趙匡胤先面向北站好，小皇帝被扶到寶座上，由典禮官高聲朗誦陶谷起草的後周皇帝讓位的詔書。讀畢，小皇帝被攙下寶座，面朝北跪在地上，趙匡胤被引到小皇帝剛剛讓出的座位上坐好，接受下台的小皇帝的祝賀。殿堂之下的百官也一律跪倒，三呼「萬歲」。

百官祝賀之後，趙匡胤下聖旨封下台的小皇帝為鄭王，封小皇帝的母親為周太后，搬出正宮到西宮居住。然後，又發下第二道聖旨，宣布大赦天下，改國號為宋，改年號為建隆，以顯德七年為建隆元年。最後，又指派使臣分頭到各地，向地方官宣布新任命。

三天後，宋朝開國皇帝趙匡胤（歷史上稱宋太祖）開始大封功臣。可是，第一個被他封的卻不是追隨他搞政變的人，而是因反對他政變而被殺死的後周大臣韓通。趙匡胤追封韓通為中書令，以表彰他為後周盡忠，同時還下令厚葬韓通。

趙匡胤表彰過韓通之後，又下聖旨追究殺死韓通的兇手王彥升，要治他擅殺大臣之罪。眾大臣紛紛為王彥升講情，趙匡胤才沒有懲治王彥升，可是再也沒有重用他。

之後，趙匡胤便開始大封政變有功人員了。封石守信為侍衛親軍馬步軍副都指揮使，高懷德為殿前副都點檢，張令鐸為馬步軍都虞侯，王審琦為殿前都指揮使，張光翰為馬軍都指揮使，趙彥徽為步軍都指揮使，上述諸人還兼任節度使。對其他參加政變的軍官也逐一加封官職。

最後，才宣布弟弟趙匡義為殿前都虞侯，並改名為光義，以避皇帝的名諱。封趙普為樞密直學士。同時，

追尊高祖趙朓為文獻皇帝，曾祖趙珽為惠元皇帝，祖父趙敬為簡恭皇帝，父親趙弘殷為昭武皇帝；尊高祖母、曾祖母、祖母、母親為皇太后。

趙匡胤雖然對後周的降臣、降將都給以高官厚祿，進行籠絡，但是，有些握有兵權的鐵腕人物對他並不恭順。就在他稱帝不到三個月的時候，原後周的昭義節度使李筠首先起兵發難。

趙匡胤稱帝後，曾派使臣加封李筠為中書令。使臣到達潞州後，李筠最初打算拒不見面，只是在幕僚們的一再勸說下，才勉強擺酒接見使臣。剛剛喝了一杯酒，李筠就拿出預先準備好的周太祖郭威的畫像，掛在大廳中，他邊看著畫像，邊熱淚橫流。李筠的幕僚們見此意外情況，都大吃一驚，連忙對使臣解釋說：「李大人喝醉了，酒後無德，請您不要責怪！」

這件事很快便傳布開了。北漢國王劉鈞聽到這個消息後，就派人帶密信聯合李筠起兵反對趙匡胤。李筠接待了劉鈞派來的祕密使節，準備與劉鈞聯兵攻打趙匡胤。李筠的大兒子李守節哭著勸父親不要反宋，李筠不聽兒子的勸告，執意要起兵。

李筠聯合北漢劉鈞要造反的事當即被趙匡胤偵知。趙匡胤立即加封李守節為皇城使，並召見他，命他速去潞州給李筠傳話，說：「我趙匡胤沒當皇上時，可以任憑你李筠隨意地幹，今天我既然當了皇上，你李筠就不能對我讓點步嗎？」

李守節立即回潞州把趙匡胤這番話傳達給了父親。

對此，李筠嗤之以鼻，當天就下令起兵。一邊命令幕僚起草宣言，歷數趙匡胤的罪惡，一邊把監軍周光遜抓了起來，押送北漢作人質，請求北漢出兵援助。同時，還派人將澤州刺史張福殺掉，占據了澤州城。李筠手下的官佐閭丘仲卿給他獻策道：「大人孤軍起事，形勢很危險。雖然河東可做外援，怕的是北漢不出大力氣。開封兵強馬壯，難以敵對。不如西下太行山，直抵懷縣、孟縣，堵住虎牢關，占領洛陽，東向出兵以爭天下，這才是上策。」

李筠聽後並未採納，仍一如既往堅持聯合北漢伐宋。不久，北漢劉鈞親率大兵前來支援李筠。李筠親自到太平驛迎接，兩人一見面，李筠就說：「我身受周太祖大恩，不敢愛惜自己的身家性命，為了後周，我可以犧牲一切！」

出乎李筠的意外，他這番表白非但沒有喚起劉鈞的同情，反而引起了劉鈞的不快。原來，北漢與後周是世仇，劉鈞對李筠口口聲聲效忠後周，心裡老大不高興。於是，他打斷了李筠的表白，板著臉冷冷地說：「我派宣徽使盧贊到你的部隊裡當監軍，以便有利於聯合行動。」

李筠見劉鈞此舉，心中也暗自盤算：「這不是要收編我嘛！不像聯合啊！」另外，李筠又發現北漢的軍隊不但數量少，而且戰鬥力也不強，和監軍盧贊又往往意見相左，所以很後悔與北漢聯合。

李筠當機立斷，命大兒子李守節鎮守潞州，自己率主力部隊南下。劉鈞見李筠單獨行動了，立即派平章事衛融趕到李筠的軍中進行調節斡旋。

這時，趙匡胤派石守信、高懷德、慕容延釗、王全斌四路兵馬分進合擊李筠，還命令石守信：「只要不放李筠西下太行山，急速率兵堵截，肯定可以消滅他。」

石守信等人在長平地方打敗了李筠的軍隊。

六月份，趙匡胤親率大軍討伐李筠。在山路上行軍，道路險峻而且多亂石，趙匡胤為了不耽誤行軍，他以身作則，先從道路上揀起幾塊石頭，揹了起來，然後才上馬。眾官兵見此，立刻紛紛效法，每個人都揀石頭揹起來走。剎時，亂石縱橫的山路變得平坦了。趙匡胤提前與石守信會師，在澤州南大敗李筠，殺死了北漢監軍盧贊。

李筠兵敗逃到澤州死守。趙匡胤親自督陣，指揮大軍將澤州緊緊包圍起來。宋朝大將馬全義率領數十名精兵組成的敢死隊，冒著矢石爬上城牆，衝進街裡。李筠見大勢已去，跳進大火中自焚而死。北漢的衛融被活捉，趙匡胤一見他很生氣，一把從衛士手中搶過鐵杖朝他腦袋上砸去。剎時，衛融血流滿面，但是他仍然直挺

挺地站著，大聲吼道：「我死得其所！」

趙匡胤見此，轉怒為喜，連連說道：「忠臣，忠臣！」

當時給衛融鬆綁，封他為太府卿。

北漢劉鈞聞訊後，急急忙忙帶領軍隊退回國內去了。

趙匡胤率軍攻打潞州，李守節開城投降。趙匡胤沒有懲治李守節，任命他為單州團練使。

七月份，趙匡胤班師回京。

不久，原後周的淮南節度使李重進在揚州起兵反對宋朝。李重進是周太祖郭威的外甥，當年與趙匡胤是同僚，都是禁軍的高級將領。趙匡胤稱帝後，封他為中書令，命他到青州駐防。李重進一直擔心趙匡胤不會放過他，決心有機會就起兵。

當李筠起兵時，李重進派心腹翟守珣祕密去潞州聯合李筠。沒想到翟守珣從前與趙匡胤有交情，他暗中改道去了開封，把李重進要聯合李筠一起造反的事一五一十全報告了趙匡胤。趙匡胤當下問翟守珣：「我想賜給李重進鐵券，永保他的特權，你看，他能相信我嗎？」翟守珣肯定地答道：「李重進絕對不會歸順。」

趙匡胤重賞了翟守珣，並叫他立即返回揚州，不要暴露來過開封這件事，千方百計勸止李重進聯合李筠，以免自己分兵兩處。翟守詢回去後，勸說李重進暫緩與李筠聯合，先持觀望態度。李重進中了他的計，停止與李筠聯合的行動。

不久，趙匡胤派人給李重進送來鐵券，李重進很高興，居然打算隨同使臣一起進京謝恩。可是他身邊的謀士們竭力阻止他進京。他又改變了主意，不僅未進京而且把使臣扣押起來。同時，派人去南唐求援，決心起兵反宋。

南唐國主把李重進求援起兵的消息通報了宋朝。趙匡胤聽後，立即派石守信、王審琦、李處耘、宋偓等人率軍分路攻打李重進。

十月份，趙匡胤親率大軍又討伐李重進。十一月份，打下廣陵。在廣陵即將陷落時，李重進的部下想把

扣押的宋朝使臣殺掉，李重進不同意。他說：「我大勢已去，準備全家自殺，何必殺那個使臣，沒有什麼用處！」

當天，李重進全家自焚，宋朝的使臣也被殺死了。

趙匡胤進城後，把李重進的同黨殺了數百名，揚州被平定了。

至此，趙匡胤才鬆了一口氣，自年初稱帝以來，動蕩不定的局勢才有了轉機。

統觀趙匡胤黃袍加身的前前後後，說他費盡心力，經過精心謀劃，以郭威為樣板，透過兵變篡取皇位當是不虛的了。

海陵王刺殺金熙宗

他倆是兄弟，又都是革新派，為了爭皇位，卻不講親情，不論道義，同室操戈，相煎更急！

海陵王完顏亮和金熙宗完顏亶都是金朝開國之君金太祖完顏阿骨打的孫子。海陵王的父親宗幹與金熙宗的父親宗峻是親兄弟。海陵王比金熙宗年齡大，為庶出，而金熙宗則是金太祖的嫡孫。

海陵王與金熙宗自幼就生活在一起，感情很好，兩人漢文化的造詣都很深，在金朝皇族子弟中，他倆是佼佼者。自從金熙宗繼位當皇帝以後，海陵王便和他有了矛盾。完顏亮認為自己雖不是嫡出，但畢竟是金太祖的長孫，完全有資格繼承皇位。可是，比自己年紀小的完顏亶卻坐上了皇帝寶座，自己只能北面稱臣，這口氣實在難以下嚥。於是，他打定主意，如有機會一定把皇位奪過來。

金熙宗完顏亶當皇帝後，鑒於國內外的形勢，採取了改革的方略。他不因循女真族奴隸制度，大膽地學習漢族的封建制度，加速女真社會的封建化。首先，他在政治上打擊、削弱守舊勢力，就連皇族人士也不例外。其次，他強調文治，堅定地推行統一的路線。另外，他還注重發展生產，繁榮經濟。在改革的進行過程中，金熙宗不是急於求成，而是採取漸進的辦法。他對漢化的態度是堅定不移的，而對改革女真舊制卻是「漸祈胥效」，一點一點有步驟地進行，務求實效。因此，金熙宗的改革比較成功。

當然，金熙宗的改革也遇到了不少阻力，甚至遭到了來自皇族內部的激烈反抗。面對阻力和反抗，金熙宗毫不退讓，採取果斷措施排除干擾和破壞。這樣，在朝廷之上，便形成了以金熙宗為首的改革集團控制大權的

局面。在這個改革集團中，宗幹、宗弼是掌實權的關鍵人物。

完顏亮是宗幹的二兒子，生母大氏出身於有較高封建文化傳統的貴族之家。因此，完顏亮自幼便受到封建的漢文化之薰陶，長成之後，具有較高的封建文化素養。在父母的教誨下，完顏亮被培養成一位革新人物。因此在政治上，完顏亮與金熙宗的路線是一致的。

完顏亮雖然有當皇帝的野心，但是他也深知馬上向熙宗奪權是不現實的。於是他採取了以退為進的策略。首先，透過積極支持改革，取得金熙宗的信任；然後，暗中聯絡各種反對金熙宗的勢力，為將來自己奪權準備力量。

完顏亮為討得金熙宗歡心，無所不用其極。比如：一次在金熙宗面前談論起當年金太祖創業的種種艱難，完顏亮竟然說著說著淚流滿面，泣不成聲了。博得了金熙宗的好感，認為他是個忠臣。完顏亮憑著父親的地位、個人的心計，很快便發跡了。在皇統七年（西元一一四七年）十一月，年僅二十五歲的完顏亮便當上了尚書左丞，不久又晉升為平章政事，地位僅次於丞相。他一旦大權在握，立即重用親信，把他們安插在重要部門。完顏亮的兩面派手法，蒙蔽了金熙宗，使得金熙宗對他的信用遠遠超過了對他的戒備，

繼改革集團的實權人物宗幹死去之後，皇統八年（西元一一四八年）十月，改革集團的另一實權人物宗弼也死了。因此，各派政治力量的暫時平衡消失，矛盾鬥爭公開化。革新集團則分成了兩大勢力。一股以皇帝為首，一股以皇后為首。皇權與后權的矛盾，實質是為了爭奪國家的最高領導權。完顏亮出於個人的考慮他站到了皇后這方。同時，他還聯合反對改革的秉德、宗憲等人，以擴大自己的實力。

在海陵王過生日時，金熙宗派自己的衛士長大興國給海陵王送禮物。皇后裴滿氏也備了一份禮物，讓大興國捎去。不料，被金熙宗知道了，立即派人把大興國追回來，還狠狠地用棒子揍了一頓。

海陵王得知此事後，內心很害怕，認為皇帝這個舉動是要收拾自己的信號。於是，加緊準備篡位。事有湊巧，皇統九年（西元一一四九年）四月份，翰林學士張鈞奉命起草詔書，裡面有辱罵金熙宗的話，被金熙宗發

現，一怒之下將張鈞殺死，經追查，張鈞是受海陵王指使才這樣幹的。因此，金熙宗把海陵王貶出京城，到洛陽任職。海陵王赴任路過中京（今內蒙古寧城西大明城）時，與中京留守蕭裕密謀，兩人約定，一旦海陵王起兵反對金熙宗，蕭裕便積極配合，以河南的軍隊為基幹，先出兵平定河東、河北，然後率軍北上。同時，海陵王還指示蕭裕積極活動，串連各部軍隊頭頭，擴大力量。兩人商定後，海陵王才起身。

海陵王尚未抵達洛陽，金熙宗下令將他調回京城，擔任平章政事。因此，海陵王企圖在洛陽起兵的計畫沒能實施。海陵王心中有鬼，回京後雖說提升了官職，但他卻疑慮重重，越發感到處境危險。他為了壯大自己的力量，加速政變，把蕭裕調進京城，出任兵部侍郎。當時，金熙宗因為皇后裴滿氏干政，越鬧越兇，甚至嚴重影響了冊立太子這件大事，所以心情很煩躁，經常借酒澆愁。酒醉後，常常無故殺人、打人，皇族、大臣、貼身侍衛、宮女也不能倖免。

八月份，丞相秉德、唐古辯等人研究決定把遼陽、渤海地方的一些民戶遷往燕南地區，金熙宗也批准了。侍從高壽星等人也在遷徙之列，他不願遷移，便去哀求皇后。皇后故意用此事激怒金熙宗。金熙宗盛怒之下，把秉德、唐古辯打了一頓棒子，還把郎中薩哈殺死，批准高壽星等人不必遷徙。

金熙宗殺罰過甚，自然引起一些人不滿，而金熙宗對不滿於己的人，更加嚴懲不貸。朝臣人人自危，不滿情緒也隨之增長。海陵王不失時機地利用普遍存在的不滿情緒和恐懼心理，加緊策劃政變，並為自己當皇帝公開大造輿論。

當秉德和唐古辯遭棒打之後，二人十分氣惱，便與大理卿烏帶密謀推翻金熙宗，另立新皇帝。烏帶將此事告訴了海陵王，海陵王立即去聯絡秉德與唐古辯。海陵王還毫不隱晦地對唐古辯說：「你們廢黜完顏亶以後，要立新皇帝，可是非我莫屬了！」

海陵王與秉德、唐古辯日夜謀劃，引起了護衛將軍特思懷疑。特思把他們的異常活動報告了皇后裴滿氏。皇后感到事情嚴重，立即報告了金熙宗。金熙宗當時把唐古辯召來，怒沖沖地問：「你與完顏亮成天密謀什

麼？你們想把我怎麼樣？」

唐古辯自然支吾搪塞，結果金熙宗也沒問出個子丑寅卯，就把唐古辯打了一通棒子，轟了出去。

海陵王聽到這個消息後，又怕又氣。怕的是自己的陰謀一旦曝光，難免一死；氣的是特思打小報告，險些壞了自己的大事。他決心將特思除掉。

說來也巧，時隔不久，河南有個叫孫進的士兵造反，自稱是皇上的弟弟按察大王。金熙宗的弟弟只有常勝、查拉，於是海陵王向金熙宗誣告常勝、查拉造反，並提出叫特思負責審訊。常勝、查拉根本沒有謀反，特思自然也審不出個名堂來。對此，海陵王向金熙宗進讒言，攻擊特思包庇反叛之人。結果，特思等人被殺。海陵王坐收一石二鳥之利，既除掉了仇人特思，又除掉了將來可能與自己爭奪皇位的兩個王爺。

海陵王為了順利搞政變，又透過一個低級官吏李老僧結交了大興國，以隨時掌握宮中動態。另外，海陵王還串通了皇宮中護衛十人長圖克坦額埒楚克、布薩呼圖二人。前者是親戚，後者是父親宗幹的老部下，透過宗幹的提拔才當上護衛十人長的。海陵王答應他們，自己當皇帝後把女兒嫁給圖克坦額埒楚克，讓布薩呼圖當丞相。二人表示一定效力，就是死了也不後悔。海陵王還把禮部侍郎高懷貞拉進自己的小集團，因為他鬼點子多，是個不可多得的軍師。海陵王把他提升為丞相，他也不負重望，為海陵王制定出一整套刺殺金熙宗的計畫。

在海陵王正緊鑼密鼓地進行政變準備之時，朝廷又發生了一件十分重大的事件，震動了全國，也加速了海陵王政變的實現。十一月份，金熙宗盛怒之下把皇后裴滿氏殺了，同時，還殺了三個妃子。這件事，本來是皇帝與皇后長期矛盾衝突的必然結果。可是，在海陵王看來，皇后一死，自己的末日也就到了。因為自己是屬於皇后這一派的。於是，在十二月九日，海陵王悍然發動了一場宮廷政變。

十二月九日夜，大興國按預定計畫，在金熙宗就寢之後，他假傳聖旨召海陵王、秉德、唐古辯等人入宮。因為他是衛隊長，又掌管宮殿的鑰匙，他假傳聖旨沒有任何人懷疑。海陵王一行人順利進了宮。大興國又乘金熙宗睡著之後，將金熙宗平時睡覺時放在床頭的佩刀偷偷地藏到床下。

圖克坦額埒楚克和布薩呼圖在大興國的安排下，他倆同時值夜班，守在皇帝寢宮門外。

當海陵王、秉德、唐古辯等人來到寢宮門外時，金熙宗被他們的腳步聲驚醒。金熙宗喝問：「什麼人在外邊走動？」

海陵王等人一下子驚呆了，連大氣也不敢出。就在這千鈞一髮的時刻，布薩呼圖說：「事已至此，不幹不行了！」說罷，他一腳將房門踹開，一頭衝了進去。海陵王等人也隨之衝了進去。圖克坦額埒楚克手疾眼快，沒等金熙宗下床，搶上去便是一刀。金熙宗雖然被砍了一刀，仍伸手去床頭取佩刀，可是刀卻不見了，為情急所迫，一翻身跳到了地上。這時，布薩呼圖上去又是一刀，將金熙宗砍倒在地。海陵王不敢怠慢，朝倒在地上的金熙宗狠狠砍了一刀，只聽噗的一聲，一股鮮血濺了他一臉一身。金熙宗抽搐一陣，便氣絕身亡了。

這幾個「刺客」雖然都是身經百戰的人，可是刺殺皇帝還是有生以來頭一遭。在搖曳的燭光下，他們臉色發青，呆呆地看著金熙宗的屍首，一言不發。這沉默猶如千斤重擔，壓在了他們的心頭。

秉德首先說了話。他說：「皇帝是死了，立哪個為新君，我心裡可沒有數。」

其他人仍沉默無語。

突然，布薩呼圖一把將海陵王按到「龍床」上坐下，側過身瞪大兩眼說道：「沒什麼猶豫不決的，這皇位除了海陵王，別人也坐不得！」

說罷，他首先跪了下去，叩起頭來。其他幾個人也跟著他叩起頭來，隨著他一起喊萬歲。

第二天，海陵王又下令將左丞相宗賢及曹國王宗敏這兩個實權人物殺了。之後，才正式登基稱帝。

海陵王稱帝後，大封「功臣」。秉德被封為左丞相、晉爵蕭王；唐古辯為右丞相；烏達為平章政事；大興國為廣寧尹；圖克坦額埒楚克被封為太原尹、晉為王爵，其子珠蘇爾成為駙馬都尉，娶了榮國公主；布薩呼圖被封為太尉，晉爵為王；李老僧被封為同知廣寧尹事；蕭裕被封為祕書監；高懷貞負責修起居注。其他心腹也都加官晉爵。

海陵王稱帝後，仍然推行金熙宗的改革路線，使金朝及女真族的政治、經濟、文化均前進了一大步。在政治上，他加強統一封建中央集權制，加強君權，改革政府機構，便於政令統一；在經濟上，繼續實行「計口授田制」，重視農耕，興修水利，發展手工業和商業；在文化上，繼續提倡漢文化，改革女真族舊習，對於從思想意識上消除民族對立，促進實現民族融合有積極作用。為了保證改革順利實現，海陵王還把首都遷到燕京，使政治中心南移，更利於推行文治，加強和漢族地主的結合。可以說，從金熙宗時開始的全面改革，到海陵王即位以後已取得了決定性的勝利。

海陵王為了維護自己的地位，對守舊勢力和危及自己權力的人，毫不留情，大加殺戮。即位一年，僅皇族就被他殺了一百五十餘人，致使金太宗一系絕根。秉德、唐古辯、蕭裕、烏帶等「功臣」也因懷貳心而被誅殺。

海陵王為了鞏固奪來的政權，竟然不惜製造冤案。冤殺宗本就是一例。宗本是金太宗完顏晟的兒子，在熙宗朝被封為原王，海陵王篡位後，封他為太傅，領三省事，表面上看似乎對他很重用。可是，海陵王內心對宗本視為仇敵，務必除之而後快。海陵王遠在稱帝之前，對金太宗的子孫們便充滿了忌恨與畏懼。因為他的父親宗幹，當年謀殺金太宗的長子宗磐。海陵王無時無刻不擔心太宗的子孫起而復仇。他稱帝後，對位高權重的宗本更加猜忌。他指使心腹蕭裕捏造事實，誣陷宗本。

蕭裕為置宗本於死地，便誣稱宗本與秉德聯合造反。海陵王「聞報」後，立即布置人馬，設下毒計刺殺宗本。他傳旨叫宗本等人到球場擊球，預先命令衛士們等宗本一到，就將其殺死。布置妥當以後，海陵王提前登上殿樓，以便目睹宗本被刺的場面。屆時，宗本應詔前來，一進球場便被宮廷衛士們給殺害了。

蕭裕在宗本被害的同時，在自己的衙門內加緊製造「證據」。他命人用酒把宗本的門客尚書令史蕭玉灌醉，然後，他口述，由別人筆錄了一份「證詞」，只等蕭玉酒醒後簽字畫押。

蕭玉酒醒後，見自己躺在蕭裕的弟弟蕭祚家中，再定睛一看，身邊站滿了手執利刃的兵士，虎視眈眈，殺氣騰騰。蕭玉嚇得脖子後直冒涼氣。這時，蕭裕不疾不徐地踱進房中，朝兵士們一揮手，把他們趕出了房門。

蕭玉如同見了救星一般，連連給蕭裕叩頭。蕭裕冷笑了一聲，說道：「蕭令史，你好清閒哪！醉了一整天，你可知道，你的主子宗本上午被皇上處死了？」

蕭玉一聽，嚇得聲音都變了，結結巴巴地說：「小的不知，小的有罪！」

蕭裕足足有一袋煙的工夫，直盯著蕭玉，一聲不吭。蕭玉跪在地上，一把鼻涕一把淚，渾身抖個不住。蕭裕開口了：「蕭玉，要死要活，可全在你自己了！」

蕭玉一聽，不由得放聲大哭起來。

蕭裕俯下身，貼到他的耳邊說：「你要想活命，就得揭發你的主子謀反！」

蕭玉惶惑地抬頭看了一眼蕭裕，不知如何是好。

蕭裕接著說：「這也不難，證詞我都給你預備好了，你只要畫個押就行了！」

說罷，把一疊寫滿字的紙摔到地上。

蕭玉急急忙忙用顫抖的手捧起這疊紙，從頭往下看——

關於宗本串通秉德謀反一事，臣揭發如下：在秉德被貶出任領行台尚書事時，他出京前去拜會宗本。宗美、唐古辯均在場，臣也在場。他倆人約定裡應外合，發動政變。秉德曾對宗本說：「如果事成之後，由太傅當皇帝，我這顆心才能放到肚子裡。」唐古辯曾對宗本說過：「內侍張彥精通相面，他說太傅是天子相。」宗本說：「我哥哥任東京（今遼寧遼陽市）留守，怎麼能輪到我當皇上呢！」宗美對宗本說：「太傅您是太宗的主家之子，只有您合適。」宗本在他們走後，對我說：「大事只能在近日內於圍場中解決。」他還對我說：「我的大兒子錫里庫是個大貴之相，所以我一直也沒讓他見皇上。」宗本在我離開的時候，還賞給我一件袍子，一匹戰馬。以上謀反事件屬實。臣忠於皇上，大膽揭發，絕無半句虛言。

蕭玉看完了「證詞」，便癱軟在地。蕭裕站起身，和蕭玉說：「這些條款你可要記住了，到時候可不能說錯。你洗洗臉，定定神，回頭我就帶你去見皇上。你可小心點，是死是活全憑你自己了。」說罷，便甩開大步出房去了。

第二天，海陵王宣布宗本、宗美等人謀反，罪不容誅，同時，把蕭玉的證詞也批給朝臣們看。接著又下令大殺宗本的親人，幾天時間，宗本的親人就被殺死七十多名，金太宗的後人從此便絕戶了。

海陵王在當皇帝之前，曾對他的心腹們說：「將來我有一天當皇帝，一定讓天下的美女都給我當老婆。」他還真是「說到做到」，即位以後，便肆無忌憚地廣納后妃，不擇手段地尋歡作樂。凡是被他相中的女人，不管已嫁未嫁，無論長幼尊卑，一律掠進宮中，就連堂姊妹、外甥女也不例外。

例如：海陵王即位的第三天，就把垂涎已久的阿里庫強娶入宮，封為昭妃。阿里庫本是宗磐之子阿古岱的妻子，是駙馬都尉穆里延的女兒。阿古岱被殺之後，阿里庫再嫁給皇族囊嘉特。囊嘉特死後，海陵王打算娶阿里庫，可是其父穆里延不同意，海陵王只得作罷，但是他一刻也沒有忘懷。他篡位第三天，便發出旨意命阿里庫入宮。他不僅強娶了阿里庫，而且把阿里庫的女兒重節也姦污了。

海陵王在當宰相時，為了博得好名聲，竭力克制欲念，家中妻妾不過三四人。他當上皇帝以後，縱欲無厭，僅天德三年（西元一一五一年）五月，他就下令把前此處死的皇族、貴戚、大臣的妻子全送進後宮。對此，就連他的心腹蕭裕都覺得欠妥，進行勸諫。可是他絲毫不為所動，反而對蕭裕說：「這些女人，大多數是我的表姐妹，長得都很俏麗。」於是，宗本的兒子蘇爾圖之妻、宗固的兒子呼喇勒之妻、秉德的弟弟嘉哩之妻數十人，便都成了他的妃嬪。海陵王除了皇后以外，有十二位妃子，昭儀、充媛各九名，婕妤、美人、才人各三名，殿值以下宮女則不計其數了。

海陵王荒淫透頂，蹂躪婦女無所不用其極。比如：天德四年（西元一一五二年）七月，海陵王指使自己的老情婦，烏帶的妻子唐古定格將烏帶害死，然後把她納入後宮。隔年十二月，又把守寡的嬸子阿蘭強行娶進宮

來，封為昭妃。更令人不齒的是，海陵王還把他的堂姊妹們留在宮裡，不准嫁人，與他一塊兒淫樂。在寢宮裡鋪上地毯，讓這些女人們赤身露體，互相追逐。他自己於光天化日之下，眾目睽睽之中，與這些女人交媾。同時，還令樂隊奏樂以助興。更為慘無人道的是，宮中有個叫辟懶的女官，被海陵王看上了，就把她的丈夫派往外地任職，並叫辟懶供他淫樂。可是，當時辟懶已經懷孕，海陵王為了發洩獸欲，竟然叫辟懶喝下大量麝香水，又親手搓揉她的腹部，終於把她腹中的胎兒打掉。海陵王在所有荒淫的君主中，可謂「名列前茅」。

海陵王自幼攻讀史書，很想當全中國的正統皇帝。他即位當皇帝後，更日夜企盼統一中國。他有個市井無賴出身的寵臣，名叫張仲軻，最能逢迎阿諛，不止一次地迎合他統一全中國的願望，進言道：「咱們金朝疆域雖然很大，但是現在天下有四個皇帝，南邊有宋朝，東邊有高麗國，西邊有夏朝，皇上如果能把這三個朝廷消滅，使天下一統，那才叫偉大呢！」此話大大助長了海陵王用兵南宋的野心。

正隆四年（西元一一五九年）冬天，海陵王派翰林學士施宜生出使南宋。施宜生南下時帶了畫工隨行，到了南宋首都臨安（今杭州）以後，命畫工畫了一幅臨安圖，臨摹佳山秀水，回朝後獻給了海陵王。海陵王為臨安的風光所打動，提起筆來在畫上題了一首詩：「萬里車書一混同，江南豈有別疆封？提兵百萬西湖側，立馬吳山第一峰。」道出了自己要以秦始皇為榜樣，統一天下的雄心。接著，便從軍事上積極準備伐宋。

可是，海陵王伐宋的主張卻遭到許多大臣的反對。海陵王採用高壓政策，誅殺了不少持不同意見的大臣，引起統治集團內部的分裂。海陵王的嫡母皇太后徒丹氏是貴族中反對伐宋的代表人物。她公開對大臣們說：「咱們國家世世代代居住在上京，突然遷都到燕京，又遷都到汴京。現在又要興兵過淮河、長江，攻打南宋，國家怎麼受得了啊！」海陵王認為皇太后這是動員大臣們起來反對自己。不久，海陵王又接到侍候皇太后的奴婢高福娘的報告，說皇太后單獨接見布薩思恭，密談很長時間。據此，海陵王認為太后聯絡握有兵權的布薩思恭搞政變。於是，派人去殺太后。

奉命前去的大懷忠等人一見到太后，就叫太后跪下接聖旨。太后當時正在玩葉子牌，一聽叫她跪下，不由

得愣住了。這時，一個叫虎特默的人從太后身後一拳將其打倒在地，其他幾個人一擁而上，活活地把太后勒死了。陪太后解悶的幾個人也當場被殺死。

事後，海陵王命令將太后的屍體在宮中火化，把骨灰扔到井裡去，不准留下一點痕跡。反對攻打南宋的大臣見此情景，再也不敢說半個不字了。有些人雖然嘴上不說，可是反對海陵王的決心卻更加堅定，甚至有人已在暗中謀劃要除掉他。

正隆六年（西元一一六一年）九月二十一日，海陵王親率大軍南下攻打南宋，命令兵部尚書完顏元宜為神武軍都總管領兵從行。完顏元宜本名叫耶律阿里，是契丹族人。他的父親是遼朝的官員，在金太祖追擊遼朝天祚皇帝時，投降了金朝，因此被賜姓完顏，封官儀同三司。完顏元宜自幼能騎善射，在金太宗時任侍衛，歷任牧使、武庫署令、符寶郎等官。海陵王篡位後，完顏元宜被封為兵部尚書。

在南征途中，完顏元宜多次打敗宋軍，並因軍功得到海陵王的封賞。但是，完顏元宜內心並不贊成南侵，對海陵王鎮壓契丹各部的叛亂，也心懷不滿，他下決心有機會就除掉海陵王。

當金兵渡過長江時，忽然傳來金太祖的孫子曹國公完顏雍在東京（今遼陽）稱帝的消息。南征的將士有不少人打算逃回江北來投靠完顏雍，完顏元宜見海陵王的後院起火，軍心渙散，公開反對海陵王的時機到了。於是，他串連了一部分將領，在兒子王祥的配合下，在十一月二十七日黎明，乘海陵王的衛隊換班之時，發動了一場軍事政變。

當完顏元宜率領政變軍隊摸到海陵王的大帳前之時，一聲吶喊衝了上去。海陵王聽到帳外衝殺之聲，以為是南宋軍來偷襲，急忙披衣起身。突然，一陣冷箭射進了帳內。海陵王拿起一支箭在燭光下一看，不由倒吸一口涼氣，驚慌地喊道：「這箭是金國的呀！不好，部隊譁變了！」

他身邊的衛士說：「皇上，情況危急，出去躲一躲吧！」

海陵王沮喪地說：「到哪裡去呀？」

嗖的一聲，一支冷箭從帳外射進，正好射在海陵王身上。海陵王一聲慘叫，倒在地上。這時，延安少尹納哈塔鄂勒博從帳外衝了進來，一步竄到海陵王身邊，掄起刀來朝海陵王狠狠砍去。這一刀砍進了骨頭裡，使勁拔也拔不出來。海陵王在地上翻滾，鮮血四溢。納哈塔鄂勒博扔了刀，猛撲到海陵王身上，兩隻手扼住他的喉嚨，海陵王的喉頭就被掐碎了。海陵王身體猛一抽搐，便再也不動了。

海陵王透過刺殺皇帝而登上了皇帝寶座，又因為被人刺殺而丟掉了皇帝寶座，這大概也是歷史的邏輯吧！對於海陵王的歷史評價，以前對他篡位、荒淫、殘暴談得比較多，而對他主張革新，堅持革新及他的新政對金代社會及女真族發展所起的作用，論的較少，有的史書甚至缺而不論。

海陵王與金熙宗的矛盾純屬統治集團內部圍繞最高權力的鬥爭，沒有什麼正義與否的問題。而海陵王在取得帝位之後，堅持全面革新，使得金朝國力有所加強，女真族有所前進，這是符合歷史發展趨勢的。至於他的荒淫、殘忍乃是統治階級本性的畸形表現，起到了禍國殃民的作用。

綜觀海陵王的一生，有功也有罪，攻其一端或美化一面，都是不符實際的。對他功罪的評說，不能離開社會進步這個大前提。就其對金朝及女真社會的貢獻而言，可否說他功大於罪呢？

元朝的皇帝們

他們特別善於內鬨，致使皇帝猶如走馬燈。

元朝自從元世祖忽必烈於西元一二六〇年三月自稱大汗以來，直到元順帝妥懽貼睦爾敗走大漠以北，幾乎沒有一代沒有發生過帝位之爭。尤其從元成宗繼位到元順帝繼位的三十九年間（西元一二九五年至一三三三年）竟然換了十個皇帝，創下了爭奪帝位的內鬨紀錄。

本來，蒙古汗國的傳統是公推大汗，成吉思汗就是經各部族公推而上的尊號。而元太宗窩闊台繼位大汗則是成吉思汗的遺囑了，只因成吉思汗威望空前，眾望所歸，所以部眾沒有異議。而輪到元定宗貴由繼大汗位時，已發生了爭端。等元定宗一死，繼位之爭更激化了。元太宗及成吉思汗小兒子拖雷的後代都想當皇帝。爭鬥的結果，拖雷的兒子蒙哥在拔都（成吉思汗的長孫）與兀良哈台的支持下，登上了帝座，史稱元憲宗。元憲宗死後，他的弟弟忽必烈急忙從攻打南宋的前線撤兵北歸，在開平（今內蒙古多倫以北的石別蘇木）自稱大汗，宣布繼位。而他的小弟弟阿里不哥堅決反對，並在和林（今蒙古的哈爾和林）地方自立為汗。忽必烈親自率領軍隊打垮了阿里不哥，穩定了大局。可是，不久太宗窩闊台的孫子海都又在巴爾喀什湖東南搞起叛亂，雖被忽必烈派去的軍隊打敗，但海都在忽必烈撤軍後又起而復叛，並在西元一二八七年聯合鎮守遼東的皇族乃顏起兵。忽必烈於當年率軍親征，消滅了叛亂。兩年後，海都又起兵攻到和林地方。此後，海都旋退旋進，一直很倡狂。

元世祖忽必烈於西元一二七一年建立元朝後，鑒於蒙古汗國為爭奪汗位而屢動刀兵的狀況，便效法漢族由嫡長子繼承皇位的制度，立兒子真金為太子，想以此避免爭奪皇位的鬥爭。

不料，真金太子短命，忽必烈在位時，他就死了。忽必烈未及再立太子，於至元三十一年（西元一二九四年）辭世，中央權力出現了空位。有爭權奪勢「傳統」的元朝諸王多有垂涎皇位的，爭皇位的鬥爭眼看就要爆發。重臣伯顏遵照忽必烈的遺囑，擁立真金太子的三兒子鐵穆耳繼位，史稱元成宗。這才避免了諸王爭權的鬥爭。

元成宗在位十三年而死，太子德壽又先於成宗而亡，皇位又出現空缺，一場爭皇位的鬥爭又發生了。早在成宗病重期間，皇后卜魯罕就插手朝政並策劃奪權了。

在大德九年（西元一三〇五年）十月，皇后以皇帝的名義，下詔令成宗的侄兒愛育黎拔力八達與其母親弘吉剌氏離開京城到懷州居住。目的在於排除爭權的對手。成宗一死，皇后卜魯罕在左丞相阿忽台等權臣的支持下，臨朝聽政。同時，將安西王阿難答召入京城輔政，意欲立他為皇帝。阿難答是元世祖忽必烈的孫子，他的父親是元世祖的三兒子忙哥剌。皇后及阿忽台的這一舉動，遭到一部分朝臣的反對，御史中丞何瑋甚至公開對阿忽台說：「死不可怕，怕的是不合乎道義，為道義而死，死而無懼！」

右丞相哈剌哈孫也持反對態度，他把各衙門的官印全部收繳上來，鎖在府庫之內，同時還宣稱自己有病，不接待官吏，日夜守在宮門，皇后傳下來的旨意全被他扣住，不往下發。阿忽台等人想害死他，又不敢貿然採取行動。皇后的篡位計畫碰到了巨大障礙。

這時，鎮守漠北的懷寧王海山（元成宗的大侄兒）派部下康里脫脫進京辦事。哈剌哈孫召見康里脫脫，並把京城的爭權情況全告訴他，最後命他立即星夜趕回漠北，向海山報告，請海山進京。同時，哈剌哈孫還派人到懷州，請愛育黎拔力八達返京。愛育黎拔力八達接信後，遲疑不決，他的老師李孟勸他：「庶子不能繼承皇位，這是世祖留下的規矩，現在皇帝宴駕，懷寧王又遠在萬里，殿下應盡快返回京城，以安定人心。」

在老師的力主之下，愛育黎拔力八達決定與母親一道兼程趕往京城。於是派李孟先走一步，先期至京城找哈剌哈孫聯繫。李孟抵達哈剌哈孫的住處時，恰巧碰上皇后派來問候病情的使者，李孟急中生智，立刻朝哈剌哈孫作個揖，然後便不慌不忙地給哈剌哈孫摸脈，哈剌哈孫的心腹們也隨機應變，近前向「醫生」詢問右丞相

的病情。李孟的這番表演居然瞞過了使者。使者離去後，哈剌哈孫躍身坐了起來，把京城近日的情況詳細告訴了李孟，並叫他速去向愛育黎拔力八達報告：「安西王阿難答已到京，不久就要即帝位了，快請殿下早做安排，事情已到火燒眉毛的程度了！」

李孟趕回愛育黎拔力八達的處所，詳細匯報後，並催促盡快至京。愛育黎拔力八達聽後，派人把算卦的找來，占卜以後再決定。李孟把算卦的人找來，單獨對他說：「現在殿下有一件非常重大的事情要叫你算一卦，不管怎樣，你都說算得的是個大吉的卦！」

算卦的人按照李孟的吩咐辦了，結果得的自然是個大吉大利的卦。李孟對愛育黎拔力八達說：「卦是天意，與人心又相同，這就叫大同！」

愛育黎拔力八達很高興，當即下令啟程。

愛育黎拔力八達與母親到京後，就進宮弔喪，然後離開宮廷住到自己的家中。安西王阿難答急忙與心腹商議對策，結果決定在三月初三日以祝壽為由，發動政變，將政敵鏟除。這一消息很快被哈剌哈孫得知，連夜派人通知了愛育黎拔力八達，並傳達自己的主張：「懷寧王海山離京甚遠，短時間內不可能至京，時間不允許了，遲了恐怕發生不測，應搶先下手。」

愛育黎拔力八達接報後，立即找支持自己的大臣、貴族們商量，這些人都支持他先發制人。於是，決定在三月初一日動手。

三月初一那天，愛育黎拔力八達如同平日一樣，帶著幾名衛士進宮，見到安西王阿難答就說：「懷寧王海山派人來請安西王議事。」

安西王阿難答毫無戒備，按照愛育黎拔力八達說的地點、時間，準時到達。萬萬沒料到，一進門便被捉了起來。一經審訊，阿難答便全部招供了。愛育黎拔力八達下令將阿難答押往上都（今內蒙古多倫附近），同時派兵搜捕阿忽台、八都馬辛、賽典赤伯顏等策劃發動政變的人，立即處死。

阿難答政變陰謀被粉碎後，一些貴族出面勸愛育黎拔力八達即皇帝位。愛育黎拔力八達對勸進的眾王說：「你們何出此言呢？阿忽台等奸臣勾結宮中的人，亂我朝綱，所以我殺了他們，我並不是奢望當皇帝呀！懷寧王是我的哥哥，應由他繼位。我已經派使者捧著玉璽去北方迎接他了。」

愛育黎拔力八達任命李孟為參知政事，處理日常政務。自己與哈剌哈孫住在宮內，日夜防範，不敢鬆懈，惟恐再發生變故。

五月，懷寧王海山到達上都。在此之前，海山一聽到元成宗逝世的消息，便從阿爾泰山趕到和林。他身邊的一些貴族都勸他立即繼位當皇帝，海山婉辭了，並說：「我母親和弟弟愛育黎拔力八達全在大都，我應與他們見面後，再與諸王商議這繼位的大事。」

當海山離京日近之時，他的庶母弘吉剌聽信了方士們的讒言，不想讓海山當皇帝，而要讓自己的親生兒子愛育黎拔力八達登極。海山在上都聽到了這個消息，便吩咐康里脫脫進京去觀察形勢。自己將軍隊分成三路，暫停前進。

康里脫脫火速趕到京城，面見皇妃弘吉剌，把來意說明。弘吉剌解釋道：「有方士說過海山太子在位時間不會長這話，我詢問方士沒有別的意思，都是為海山太子著想呀！如今，篡位的奸臣都已除掉了，海山太子應該盡快進京即位當皇帝。你所說的傳言，是壞人挑撥我與太子的關係，太子雖不是我生的，我們畢竟是母子啊！你快快去見太子，把誤會解釋清楚，催促太子盡快來京即位！」

雖然弘吉剌曾一度聽信了方士的讒言，說海山在位不會長，但她並沒有想廢掉海山，不過是想與海山商議讓位給愛育黎拔力八達。因此，在康里脫脫進京之前，弘吉剌已派使者去迎接海山進京，並責成使者向海山傳達京中的情況，說明愛育黎拔力八達現在只是監國，眾大臣已推舉海山繼位，請海山早日至京。使者到達上都後，便向海山傳達了弘吉剌的上述決定。不久，康里脫脫也返回了上都。康里脫脫如實地傳達了弘吉剌的話，海山聽後，誤會全消，心中十分高興。

海山繼位後，稱元武宗，封弘吉剌氏為皇太后、哈剌哈孫為太傅，其他粉碎政變有功人員也一一加官晉爵。對於策劃政變的卜魯罕皇后及安西王阿難答處以死刑。

海山當皇帝不到十天，便按照登極前與弘吉剌、愛育黎拔力八達的約定，立愛育黎拔力八達為太子，在海山死後由他繼位，而愛育黎拔力八達繼位後則要立海山的兒子和世㻋為太子，死後由和世㻋繼位。

這個約定，在當時不失為化解爭奪帝位矛盾的一個良方，對於加固海山與弘吉剌、愛育黎拔力八達的聯盟起到了決定性作用，對於穩定局勢大有好處。

可是，由於愛育黎拔力八達繼位後，改變了當年的約定，沒有立和世㻋為太子，而立自己的親兒子碩德八剌為太子。這一違約行為，引起了元武宗舊臣的不滿，圍繞帝位繼承問題又爆發了一系列鬥爭，致使元朝國力日趨衰落。

愛育黎拔力八達當皇帝三年之後，在延祐二年（西元一三一五年）要立太子。按照從前與海山的約定，應由海山的兒子和世㻋當太子，這時，弘吉剌太后的心腹重臣右丞相鐵木迭兒提議立愛育黎拔力八達的兒子碩德八剌為太子。這個提議正合太后與皇帝的心意，於是，和世㻋沒當上太子，被封為周王，到雲南去鎮守邊疆，其實是被趕出了京城。

延祐三年（西元一三一六年）十一月，和世㻋到了陝西延安，他的一些老部下及元武宗的一些舊臣紛紛前來拜見他。這些舊臣對和世㻋沒當太子十分不滿，有人當眾提議給朝廷施加壓力，說：「天下是武宗皇帝的天下，大王離京去雲南，是奸臣們搞的鬼，不符皇帝的心意。我們應透過行省向皇帝報告，明確表示反對奸臣搞鬼，離間皇室骨肉。如果不除奸臣，後果將不堪設想。」

可是，因為提議者不久遭暗殺，給朝廷施加壓力的事情也就耽擱了。和世㻋繼續西行，到達阿爾泰山定居，爭太子的風波才平息下來。

延祐七年（西元一三二〇年）元仁宗愛育黎拔力八達去世，由太子碩德八剌繼位，史稱元英宗。元英宗對權臣鐵木迭兒的專權惡行很不以為然，日益疏遠他。鐵木迭兒為保全自己，稱病閉門不出，後來抑鬱而死。在他死後一年，元英宗下令追奪他的官爵，毀了他墓前的石碑，並抄了他的家產。

元英宗與鐵木迭兒的鬥爭，純屬統治階級內部的派系鬥爭，當然不止涉及到一二個人。鐵木迭兒掌大權多年，又有皇太后弘吉剌氏為後台，仁宗皇帝尚且要讓他三分，可見其勢力之大，黨羽之眾就更不必言了。如今，鐵木迭兒被追究，他的黨羽們自然人人自危。為了擺脫困境，以御史大夫鐵失為首的殘餘勢力開始謀劃政變。

元英宗至治三年（西元一三二三年）八月，即懲治鐵木迭兒三個月之後，元英宗就在上都附近的南坡被刺殺了。原來，元英宗在上都時，曾一度夜裡失眠，就下令僧人做佛事，祈禱平安。右丞相拜住為節省開支，勸說元英宗免做佛事。而以御史大夫鐵失為首的鐵木迭兒之餘黨，暗地裡指使和尚們請求繼續做佛事，並散布流言，國家將有大災難，要做佛事、宣布大赦才能平安。鐵失等人的本意是想求個大赦的機會，自己就可以不再被追究了。可是，右丞相拜住為節省國庫開支，堅決駁回了和尚們的請求，並嚴厲申斥他們：「你們這些和尚為了得到些金錢和布帛，一個勁要做佛事，全然不顧國家的困難。現在又提出大赦，難道你們還要庇護那些罪人嗎？」

鐵失等人聽了這番話，深感不妙，認為皇帝一回到京城，他們的末日也就到了。於是，他們加緊策劃政變，最後決定在皇帝回京途中，把皇帝殺掉。

當元英宗一行離開上都回京，一天夜裡住在南坡店時，鐵失勾結知樞密院事也先帖木兒、藩王按梯不花等人，搞了一場政變。以鐵失率領的阿速衛兵為基本力量，鐵失父子與前平章政事赤斤鐵木兒親自動手，首先刺殺了右丞相拜住。然後，鐵失便衝進元英宗住的帳篷，親手殺死了元英宗。

政變成功之後，按梯不花與也先帖木兒等人經商議，決定擁立與自己關係密切的晉王也孫鐵木兒當皇帝。於是，二人捧著從元英宗身上奪來的玉璽匆匆北上，趕往晉王封地去迎接新君。

九月，晉王也孫鐵木兒在龍居河（今怯綠連河）稱帝，封也先帖木兒為右丞相、鐵失為知樞密院事，並大赦天下。也孫鐵木兒的親信藩王買奴暗中進言：「陛下是靠搞政變弒君的人當上皇帝，這個名聲可不好。如今之計，陛下應把那些刺殺英宗皇帝的叛亂分子殺死，宣布他們的罪狀，這才能博得好名聲，天下才會歸心陛下！」

也孫鐵木兒對此話深以為然，他一邊派使臣趕赴京城以他的名義祭祀天地、宗廟、社稷，使自己繼位合法化；一邊下令以叛逆罪將身邊的也先帖木兒等處死。遠在京城的鐵失、赤斤鐵木兒等叛逆者也一一被捕處死，並抄沒家產。也孫鐵木兒於十一月抵達京城後，又大肆搜捕參與政變之人，並全部處死。至此，鐵木迭兒的餘黨全部被消滅了。

也孫鐵木兒下詔明年改元為泰定，歷史稱其為泰定帝。泰定帝繼位元伊始，部分朝臣擁立和世球的呼聲再起，不過，尚未釀成大的事變。泰定帝在位五年，死時年僅三十六歲。泰定五年（西元一三二八年）七月，泰定帝剛剛去世，爭奪帝位的鬥爭又爆發了。

這場爭帝位的鬥爭是由燕帖木兒為首的十七人掀起的。八月初四日，朝廷文武百官齊集興聖宮，從前曾任元武宗侍衛現任同簽樞密院事的燕帖木兒率領阿剌鐵木兒、孛倫赤等十七人，拔出佩刀，對眾官員高聲說道：「武宗皇帝有兩個兒子，大兒子和世球在漠北，小兒子圖帖睦爾在江南，他們才是正統，本應由他們繼承皇位。現在，有沒有人不同意的？誰膽敢反對，就宰了他！」

眾官員先是一驚，莫敢置可否，接著便一哄而散了。燕帖木兒指揮同夥把平章政事烏伯都剌、伯顏察兒等政敵綁了起來，又把這兩人的親信也都抓了起來，關進監獄。燕帖木兒與安西王阿剌忒納失里一起守衛宮廷，任命前湖廣行省左丞相別不花為中書左丞相，詹事塔失海牙為中書平章，凡是重要崗位都安排了適當人選，朝政沒有出現混亂狀況。同時，又調動軍隊把守各處要塞，屯駐京城，所以秩序井然。因為和世球遠在漠北，短時間不能抵達京城，燕帖木兒毅然決定派人去江陵迎接圖帖睦爾進京主持朝政，以免發生其他變故。同時，廣為傳布懷王圖帖睦爾已經到了京城的消息，藉以安定人心。不久，燕帖木兒又散布周王和世球正率領人馬進京。人們聽後，都表示擁護。因此之故，局勢比較平穩。

懷王圖帖睦爾很快便抵達京城，住進了宮內。這時，梁王王禪、右丞相塔失鐵木兒、倒剌沙等一批文官武將起兵反對圖帖睦爾和燕帖木兒，他們於九月份在上都擁立泰定帝九歲的兒子阿速吉八繼位當皇帝，並改年號為天順。燕帖木兒親自到居庸關督戰，打敗了上都的軍隊。九月初八日，燕帖木兒在京城請懷王圖帖睦爾繼位稱帝。懷王因為哥哥和世㻋遠在漠北，自己不想稱帝。燕帖木兒對懷王說：「現在正是人心向背的緊要關頭，上都的叛逆者仍在蠢蠢欲動，一旦失去機會，將追悔莫及了！」懷王說：「如果萬不得已急需我稱帝，那也得把我的心意公布天下，我不想跟哥哥爭帝位，我想把帝位留給哥哥。」

九月十三日，圖帖睦爾即位稱帝，同時發布詔令，肯定了英宗以前歷代君主以公天下之心，依次傳位；否定了泰定帝也孫鐵木兒的篡位活動；聲討鐵失、也先帖木兒弒君的罪惡以及倒剌沙、烏伯都剌的叛逆行為。最後，聲明自己本想等哥哥進京後，由哥哥繼承皇位，可是轉瞬過去了三個月，哥哥尚未抵達京城，奸臣為私利擁立泰定帝幼子，百姓人心惶惶，為了安定人心，平定天下，自己在眾賢臣的勸諫之下，不得已先稱帝，一旦哥哥至京，自己立刻把皇位讓出，以遂初衷。

懷王稱帝後，封燕帖木兒為太平王，並派他率軍出征從上都攻來的軍隊。燕帖木兒接連打敗由王禪指揮的上都軍隊。後來，齊王月魯帖木兒、蒙古元帥別不花率兵包圍了上都，倒剌沙拿著皇帝的玉璽出城投降，王禪棄城逃跑，小皇帝阿速吉八不知去向。遼東、山西等地叛軍也接連被肅清。十一月十六日，把泰定帝皇后趕出宮廷，遷往東安州（今湖南東安）居住。二十二日派使臣去漠北迎接和世㻋。二十五日，將倒剌沙、王禪、馬某沙、紐澤、撒的迷失、也先帖木兒等人斬首示眾。此後，圖帖睦爾又接二連三派出官員去迎接和世㻋，並請他稱帝。

和世㻋在弟弟的一再敦請之下，於第二年正月二十八日，在從漠北去京城的途中和林地方稱帝。三月初四日，圖帖睦爾派燕帖木兒帶著皇帝的玉璽離京去迎接哥哥。四月初六日，和世㻋在途中駐地接見了燕帖木兒，並封他為太師。同時，還任命了一批大臣。十天以後，和世㻋又宣布冊立弟弟圖帖睦爾為太子。

八月初一日，和世琜行至一個叫王忽察都的地方。第二天，接見由京趕來的弟弟圖帖睦爾。弟兄相見，百感交集。和世琜下令擺下盛宴慶祝。初六那天，和世琜突然死亡。初九日，圖帖睦爾返回上都，並在上都宣布繼位當皇帝。這已是他第二次稱帝了。

至此，一般時人認為帝位之爭總可以平息了。其實不然，雖然圖帖睦爾坐穩了皇帝寶座，沒有競爭者了，可是圍繞太子問題，宮廷內又爆發了一場血淋淋的爭鬥。

就在圖帖睦爾第二次稱帝的第二年四月，他的皇后把和世琜的妻子八不沙殺死了。目的是為了讓自己的兒子阿剌忒納答剌將來繼位當皇帝。如果不將八不沙除掉，是不可能達到此目的的。因為八不沙的兒子妥懽貼睦爾本是太子，圖帖睦爾死後，應由妥懽貼睦爾繼位，輪不到阿剌忒納答剌當皇帝。八不沙被害一個月之後，皇帝圖帖睦爾便宣布廢黜太子妥懽貼睦爾。原因是和世琜活著的時候經常提到妥懽貼睦爾不是自己的兒子。而這個說法是由妥懽貼睦爾其乳母的丈夫提供的，可見基本上是不實之辭。無父無母的妥懽貼睦爾只能聽任擺布，被貶到江南。圖帖睦爾還下令將此事載入祕史之中。

半年以後，阿剌忒納答剌被立為太子。圖帖睦爾和皇后都鬆了一口氣，將來不愁兒子當皇帝了。可是事與願違，隔年正月，太子便死了。太子死後一年零八個月，皇帝圖帖睦爾也死了。皇后為了專權，下令由和世琜的二兒子鄜王懿璘質班即位當皇帝。懿璘質班當時只有七歲，政事全由皇太后做主。不料，小皇帝即位一個月便死了。皇太后主張召回妥懽貼睦爾繼位。

燕帖木兒雖然不同意，但畢竟拗不過皇太后。於是，只得派人去廣西迎接妥懽貼睦爾回京繼位。當妥懽貼睦爾行至良鄉時，燕帖木兒親到良鄉迎候。一見到新皇帝，燕帖木兒便竭力表白因為自己極力主張擁立，新皇帝才能有今天。在進京的路上，燕帖木兒與新皇帝並馬而行，絮絮叨叨向新皇帝講述治國的大道理，還不時地用馬鞭子指指點點，全是一副教訓人的樣子。只有十三歲的妥懽貼睦爾被燕帖木兒的勢頭嚇得一句話也不敢說，只是默默地聽他訓戒。燕帖木兒一個人高談闊論，卻不見新皇帝置可否，他產生了誤解，以為新皇帝成竹

在胸，對自己不感興趣。

燕帖木兒從個人的利害出發，回到京城後，遲遲不為新皇帝舉行登極典禮，盡量拖延。他惟恐新皇帝一登極，自己就靠邊站了。尤其使他不安的是，害怕新皇帝追究自己以往的過失及罪責。因為自從他執掌大權以來，一意孤行，肆無忌憚，荒淫奢侈。比如：他舉行一次宴會就要殺掉十三匹馬，他還把泰定帝也孫鐵木兒的皇后娶為夫人，此外還娶了四十多名宗室公主當小老婆，有的成親三天就被他打發回娘家。

燕帖木兒一邊緊緊抓住大權不放，一邊過著淫糜的生活，再加上沉重的心理負擔，所以很快便病入膏肓，終於便血而死。

燕帖木兒死後，新皇帝妥懽貼睦爾才得以即位，後改年號為至元，史稱元順帝。燕帖木兒雖死，但他家的勢力仍然很大，他的女兒伯牙吾被立為皇后，他的弟弟撒敦、兒子唐其勢等人仍然掌握大權，元順帝形同傀儡。

元順帝當然不安於當傀儡。在撒敦死後，元順帝任命右丞相伯顏為秦王，總領禁衛軍。唐其勢雖然繼叔父撒敦以後當上了左丞相，但是位在伯顏之下，而伯顏秉承元順帝意旨，處處限制唐其勢的權力。因此之故，唐其勢十分不滿，經常當眾發怨言：「這天下本來是我們父子打下來的，伯顏算什麼，居然位在我之上！」

伯顏出於穩定大局，建議元順帝免去自己右丞相的職務，由唐其勢出任右丞相。可是元順帝一口否決了。唐其勢對元順帝更加懷恨。於是，他勾結叔叔句容郡王答鄰答里、親王晃火帖木兒等人，密謀搞一場政變，企圖推翻元順帝，擁立晃火帖木兒為皇帝。

在至元元年（西元一三三五年）六月三十日，唐其勢與弟弟塔剌海在京城東郊部署軍隊，準備攻打皇宮。這個陰謀被郯王徹徹禿得知，便向皇帝揭發了。元順帝一邊命令右丞相伯顏調遣人馬鎮壓叛亂，一邊召句容郡王答鄰答里進宮。答鄰答里心中有鬼，居然違抗詔令，拒不進宮。唐其勢見情勢不妙，立即率兵衝擊皇宮。因為伯顏早有準備，唐其勢的突襲沒能奏效。雙方軍隊一接觸，唐其勢的人馬便被打垮，唐其勢也被活捉。元順帝喝令將唐其勢斬首，他雙手死死扣住殿上的欄杆不放，劊子手來拖他，直到把欄杆拉折，唐其勢才被拖下殿

去。塔剌海在兵敗之後，逃進姐姐皇后伯牙吾的寢宮，藏到皇后坐的椅子下面。伯顏帶著兵士在宮中各處搜索叛軍，當搜到皇后宮中時，雖然皇后用衣服遮掩座椅，但是塔剌海還是被搜了出來。伯顏當著皇后的面，下令將塔剌海就地正法。兵士手起刀落，塔剌海人頭落地，頸血濺了皇后滿身。伯顏向皇后吼道：「哪裡有妳這樣的皇后，兄弟搞叛亂，妳居然還保護他們！來人呀，把她給我拿下！」

如狼似虎的兵士衝了上去，把皇后伯牙吾綁了起來。伯牙吾被押到元順帝面前，她淚眼婆娑向皇帝哀求：「陛下，陛下救救我呀！」

元順帝把袖子一甩，說：「妳兄弟造反，我怎麼能救妳！」伯顏一揮手，喝令兵士把伯牙吾押出宮去。與宮內廝殺的同時，駐在京城北邊的答鄰答里也與伯顏派去的軍隊交鋒了。答鄰答里兵敗逃到晃火帖木兒駐地，晃火帖木兒出戰，結果失敗自殺，答鄰答里被活捉了。

叛亂被鎮壓以後，伯顏把與叛亂有牽連的官吏全部處死，皇后伯牙吾也被毒死。

元順帝雖然坐穩了皇帝的寶座，但王朝卻因連年內亂而一蹶不振。如果說，元武宗、元仁宗時期的皇位爭奪還侷限在宮廷政變的範圍，而在泰定帝以後的皇帝爭奪則波及到了全國，幾乎變成全國性的內戰。

元朝後期的皇位爭奪、權臣禍國成為危害社會的兩大毒瘤。而二者往往又互為因果，相煽相磨，使政治更黑暗，社會矛盾更激化，終於引發了農民大起義，埋葬了元朝。

元朝的皇位爭奪，當然是統治集團內部矛盾的反映，是圍繞財產與權力再分配問題而發生的，是統治階級本性決定的。但是，還必須指出，元朝皇位爭奪如此頻繁，也是與作為統治民族的蒙古族其帝位繼承制度緊密相關的。元朝開國前後，蒙古族關於帝位繼承一直是無序狀態，既不是立賢，又不是立嫡長子，全然憑著當權在位者的個人意志，沒有固定、行之有效的制度約束，自然就難免混亂了。在分析元朝滅亡的原因時，對此不能不納入視野。

建文帝當了和尚

為了爭皇冠，叔侄刀兵相向，多少人頭落地。

一代雄主朱元璋靠元末農民大起義的力量，推翻了元帝國，又削平了各路義軍，建立起明王朝。他在位三十一年，勵精圖治，嚴懲貪官汙吏，不准后妃、太監、外戚干政，削奪武將兵權，任用文臣主管軍政。同時，發展社會生產，與民休息，減輕農民負擔。因此，明王朝中央集權制得以空前的鞏固，國力強大也達到史無前例的程度。

但是，朱元璋也有憂心之處。如何保住長治久安的局面，尤其在自己身後怎樣才能實現最高權力的順利交接，不發生爭權的內訌？每思及此，年逾花甲的朱元璋便寢食難安。

就在朱元璋六十五歲那年，一個最大的打擊降臨了。朱元璋的繼承人太子朱標病故。且不說白髮人送黑髮人這不堪負荷的心靈痛苦，更嚴重的是，仍然健在的二十四個皇子，一個個都像烏眼雞似的，緊緊盯著那頂皇冠。在西漢王朝，七個藩王造反，弄得皇帝窮於應付；在晉朝，八個藩王鬧事，搞得天下大亂。而自己身後卻留下二十四個藩王，一旦亂了起來，大明江山豈不要斷送了！朱元璋想到這裡，不由得當著眾大臣的面，竟然老淚橫流起來！

翰林學士劉三吾向朱元璋建言：「皇太子雖然不幸早逝，但是皇太孫英明過人，可以繼承皇位。只要今天陛下公告天下皇太孫在皇帝千秋萬歲後繼承皇位，天下也就太平無事了。請陛下不要憂慮了。」

朱元璋聽罷，感到皇太孫朱允炆年紀小了點，只有十歲，雖說聰明伶俐，但究竟是不是做皇帝的料，現在還看不出來。而自己的二十四個兒子中，卻有好幾個是雄才大略之人，尤其四兒子朱棣，為人處事很像自己，

將來能很好地輔佐皇太孫嗎？如果不立皇太孫而立朱棣，自己的那些兒子們肯定通不過，難免不在自己死後鬧事。冊立皇太孫，也許能求得個平衡，自己的兒子們都死了心，也就不會鬧了。

朱元璋這麼一思忖，當即決定將朱允炆定為自己的繼承人，並向全國宣布。為了保證安定的局面，朱元璋還宣布，諸藩王只能管屬下的兵丁，而不准過問民政，對兒子們的權勢加以限制。

朱元璋在做了這些安排之後，認為自己身後的權力交接問題得以平安解決。一天，他對皇太孫朱允炆說：「我讓你的叔叔們到邊境上去鎮守，邊遠地區的少數民族就不敢鬧事了，可以保你太平無事！」

朱允炆雖說年紀不大，但自從被冊立為皇太孫之後，在親信大臣黃子澄、齊泰等人的輔導下，攻讀經史，研究政事，對國家大事多有自己的看法。當他聽了爺爺這番話以後，立即感到問題遠非像爺爺說的那樣，他早已感覺到叔叔們對他並不服氣。於是，他脫口反問爺爺道：「邊疆上的少數民族有叔叔管他們，可保無事；可是，叔叔們如果鬧事，有誰能管呢？」

朱元璋聽了孫子這番話，真是喜憂參半。喜的是孫子很有頭腦，憂的是兒子們一旦「尾大不掉」也確是個棘手的難題。

如何確保太平的局面，不為爭奪皇冠而導致骨肉相殘，朱元璋直到臨死仍不放懷。洪武三十一年（西元一三九八年），朱元璋在病危時，立下遺囑，告誡臣子們：「皇太孫允炆，仁明孝友，天下歸心，宜登大位，中外文武臣僚同心輔佐，以福吾民。」最後，還特特告誡兒子們：「各自在封地弔喪，不得進京奔喪。諸王領地上的文武官員一律聽朝廷節制，只有諸王的衛兵除外，可以聽諸王指揮。」

朱元璋滿以為這樣一安排，就可以避免兒孫間刀兵相向了。他哪裡想到，他屍骨未寒，他的兒孫們為了爭皇冠就大打出手，人頭紛紛落地，鮮血汩汩成河了。

洪武三十一年（西元一三九八年）五月，朱元璋病故，皇太孫朱允炆即位當了皇帝、歷史上稱建文帝，又稱明惠帝。當朱元璋下葬時，建文帝依照遺囑指示分封在各地的叔叔們不要進京弔喪。對此，諸王十分不高

興，認為這是小皇帝身邊的親信齊泰等人搞的鬼。封於開封的周王朱橚、封於大同的代王朱桂、封於荊州的湘王朱柏、封於青州的齊王朱榑、封於岷州的岷王朱楩和封於北平的燕王朱棣暗中串聯，散布不滿朝廷的言論。

諸王不滿朝廷的消息，很快就傳到了建文帝的耳中，他深感問題嚴重，於是把親信大臣齊泰、黃子澄找來商議對策。齊泰與黃子澄建議皇帝先發制人，把諸王的封地削除，進行懲治。建文帝聽後，命其二人拿出具體措施。由於朝中大臣意見不一致，有的主張對諸王立即下手削奪，有的主張從緩，有的主張不可動兵，有的主張先拿燕王問罪，有的主張先以周王開刀……，所以一時難以決策。

一天，散朝後，建文帝把黃子澄留下來，問他道：「先生你還記得當年東角門的那些話嗎？」

黃子澄答道：「為臣不敢忘。」

所謂當年東角門的那些話，指的是七年前，建文帝剛剛被指定為皇位繼承人時，有一天，朱允炆在宮內東角門找當時任侍讀太常卿的黃子澄談話，問他：「叔王們各擁重兵，仗恃輩分大，對我多有不遜，將來怎麼對付他們呢？」

從那時之後，黃子澄就研究對付藩王們的辦法。如今，建文帝舊話重提，意在督促黃子澄早早拿出個主意來。

黃子澄告別皇帝後，立即去找齊泰商議。齊泰說：「燕王握有重兵，平素又有大志，應當先拿他開刀。」黃子澄說：「不。燕王早有準備，一下子難以制服他。應該先整掉周王，這如同削掉燕王的手足，除掉周王再除燕王就容易了。」

齊泰被黃子澄說服了。於是，削奪藩王的計畫就依照黃子澄的想法展開了。建文帝下令曹國公李景隆率軍隊到河南，以突襲的方式把周王朱橚全家逮送京城。然後，皇帝下令將周王廢為庶人，送往雲南安置。

接著，又以貪殘的罪名懲辦了代王朱桂，把他押送到四川安置；以破壞法紀的罪名廢掉了岷王朱楩；以偽造鈔票、擅自殺人的罪名逮捕湘王朱柏，湘王拒捕，全家自焚身死；以破壞禮法的罪名將齊王朱榑廢為庶人，關進京城監獄；與此同時，還將代王朱桂廢掉，關押在大同。

諸王被廢的消息，震撼了燕王朱棣。他深知，在諸王當中，自己的勢力最強，皇帝是絕不會放過自己的，下一個就輪到自己了。於是，在建文元年（西元一三九九年）七月，打著清君側「靖難」的旗號，悍然起兵反對朝廷。從此，兵連禍結，連續三年的內戰開場了。

燕王朱棣頗有乃父之風，很受父親寵愛，在諸王之中，只有他的宮殿與皇宮一樣。他既有雄才大略又殘忍毒辣。太子朱標一死，他便以當然的皇位繼承人自居了。朱元璋也真有立他為太子的想法。只是因為以翰林劉三吾為首的大臣們力主冊立皇太孫朱允炆，朱棣才沒當上太子。

為此，朱棣一直耿耿於懷，只是懾於父親的權威，才沒敢過分放肆。可是，暗中卻一刻也沒停止過爭奪皇冠的活動。他手下猛將如雲，謀士如雨。有個叫道衍的和尚足智多謀，深得他的信任。道衍曾大言不慚地對朱棣說：「大王你如果重用我，我一定送給你五頂皇冠戴！」

朱棣被他這句話所打動，果然讓他日侍左右，成為言聽計從的「謀主」。道衍還把善於相面的袁珙推薦給朱棣。朱棣派人陪著袁珙到酒館裡飲酒，自己則化裝成衛兵的模樣，帶著九名衛兵也去酒館。朱棣一邁進酒館，袁珙便迎上前來行禮，並說：「王爺怎麼打扮成這個樣子呢？」

朱棣佯作不懂，說：「我們這些人都是王府的衛士啊！」

袁珙見朱棣如此說，便沒有再說什麼。

朱棣回到王府後，立即派人把袁珙召來。袁珙一見朱棣便行三跪九叩的大禮，口中連連說：「王爺殿下將來一定當皇上！」

朱棣擔心這話傳揚出去，要引起人們的猜疑，對自己奪權的計畫不利，於是馬上把臉一板，叱責袁珙信口胡說，罪大惡極，並叫衛士將袁珙押送出境。衛士們把袁珙一直押解到通州碼頭，強令袁珙上船。袁珙連驚帶嚇，渾身顫抖，步履蹣跚，一步一步蹭到艙中，不知自己將要受什麼折磨，看著站在岸邊的衛士們，心裡真是十五個吊桶打水，七上八下。

袁珙正驚異間，小船起錨了。在水上走了一陣，袁珙又被船家帶上了岸，領著他左轉右拐，走啊走啊，天黑時，袁珙猛一抬頭，不由得倒吸一口涼氣，自己被帶回燕王府的後門口了。

袁珙被帶進燕王的小書房，朱棣滿臉帶笑地站起身迎接他……，從此，袁珙也成了朱棣的親信。

此後，朱棣以追捕逃兵為名，派心腹衛士到四面八方去祕密搜羅奇人異士，以壯大自己的班底，為奪皇位積極進行準備。

儘管朱棣的活動很詭祕，但也難免不走漏風聲。洪武三十一年（西元一三九八年）十一月，建文帝登基半年，河北、山東就有人向朝廷告密，說燕王圖謀不軌，齊王也蠢蠢欲動。建文帝聞報後，立即徵求黃子澄的意見，問他先對付燕王還是先對付齊王？

黃子澄答道：「長時間以來，燕王對外說自己患病了。可是，每天都抓緊練兵，而且還廣招奇人異士。現在，事情已暴露了，應該趁早對他下手，萬萬遲不得了！」

建文帝又找來齊泰，問：「現在，我打算對燕王採取行動，但是燕王善於用兵，北方的軍隊又以強悍著稱，有什麼辦法？」

齊泰答道：「目前，北部邊疆恰巧不太平，可以加強邊防為名，派軍隊駐守開平，同時命令燕王的軍隊全部開出塞外，先剪除他的羽翼，然後方可對他下手。」

建文帝採納了齊泰的建議，任命工部侍郎張昺為北平左布政使，任命謝貴為都指揮使，以便監視燕王。同時，加封魏國公徐輝祖為太子太傅，與李景隆一起統帥全國軍隊，以便用武力解決燕王。

從建文元年（西元一三九九年）開始，朝廷與燕王的關係日趨緊張了。新春伊始，燕王派其長史（總管王府事務的官吏）葛誠進京面見皇帝。建文帝單獨召見葛誠，並詢問燕王有什麼不滿朝廷的言行。葛誠據實把燕王準備反叛朝廷的種種不法行為全部報告了皇帝。建文帝聽後，對葛誠大加讚揚，並命他回燕王府以後，祕密監視燕王的一舉一動，隨時向朝廷報告。葛誠離京返回燕王府之後，燕王向他詳細詢問京中情況，葛誠心虛，

應答時難免神態緊張，因此引起了燕王的疑心。此後，一些機密之事就不讓他參與了。建文帝埋伏在燕王身邊的這個「情報員」沒能發揮作用。

燕王為了試探皇帝的態度，於二月份親自進京朝見。他上朝時，大搖大擺地走在專供皇帝行走的「御道」上，登上金鑾殿的台階也不跪拜。當時，監察御史曾鳳韶彈劾燕王無禮，對皇帝不敬。建文帝卻故作大度地說：「燕王是我的親叔叔，不要追究了。」

退朝之後，戶部侍郎卓敬單獨晉見皇帝，向皇帝建議把燕王從北平遷往南昌，以防燕王憑借北平的地勢、物力、人力，肆無忌憚地一意孤行，將燕王安置在南昌就可以控制住他了。可是建文帝卻沒採納。

建文帝雖然對燕王沒有下手，但並沒有放鬆對燕王的監視。從三月份燕王離京返回北平後，朝廷接連派出大臣以分巡天下為名，實則是偵察燕王的行動。同時，還查辦了接受燕王重金的北平按察使陳瑛。派都督宋忠率領精兵三萬屯駐開平，並明令燕王屬下的軍隊也要聽宋忠指揮，名為加強邊疆防衛，實則是威懾燕王。派都督耿瓛、徐凱分別在山海關和臨清練兵，加強對燕王的監視。

建文帝的這番部署，使燕王深深感到危險在逼近。他為了爭取時間，採取了以退為進的策略，佯裝患了重病，不能視事，以此麻痺朝廷。為了緩解壓力，在四月份，燕王派自己的長子率領另外兩個兒子進京給明太祖朱元璋燒週年（指親人過世時，子女在服孝三年間，滿一週年的燒紙祭奠）。

燕王的三個兒子到南京後，齊泰立即建議皇帝將此三人扣下，作為人質以挾制燕王。對此，黃子澄卻極力反對，主張將燕王的三個兒子如期送回，以免引起燕王的疑慮，打亂朝廷的部署。建文帝採納了黃子澄的意見，把燕王的三個兒子如期打發回去了。三個兒子一回到北平，燕王喜出望外地說：「我們父子今日能得團聚，實在是上天保佑啊！對當初派你們進京，我還真有些後悔不迭呢！」

朝廷與燕王互相試探，互相防範的態勢，到了六月份便急轉直下了。起因是燕山護衛百戶倪諒向朝廷告發燕王的下屬軍官于諒、周鐸等違法。于諒、周鐸被捕押解進京，很快被處以極刑，皇帝還下詔斥責燕王。

這一事件發生後，燕王府對外宣稱燕王患了精神病。燕王一犯病便披頭散髮，破衣爛衫地在北平街頭巷尾大呼小叫，還不時地衝進酒館飯店裡搶東西吃，嘴裡嘟嘟囔囔不停地說瘋話，還經常躺在道旁路邊，成宿隔夜地不起來，蓬頭垢面，滿身汙穢，人們看了無不掩鼻而過。「燕王瘋了！」北平的上下人等無不異口同聲地傳布。

朝廷派來監視燕王的北平左布政使張昺與都指揮使謝貴，以探視燕王病情為由到王府觀察動靜。只見燕王不顧盛夏炎熱，圍著火爐取暖，渾身還直打冷顫，口裡還不住聲地說：「太冷了，太冷了！」燕王見張昺、謝貴進來，勉強站了起來迎接，離開手杖就不能邁步。雖然沒犯瘋病，可是滿臉病容，憔悴不堪。

張昺、謝貴拜辭燕王之後，連夜修書向朝廷報告，燕王病勢危重。報告剛送出，燕王長史葛誠祕密來見張昺、謝貴，說：「燕王根本沒有病，二位大人可千萬馬虎不得。」張昺、謝貴不敢怠慢，立刻又把這一「情報」上報朝廷。

建文帝接連接到兩個內容完全相反的報告，心中半信半疑，委絕不下。恰巧此時燕王派下屬的軍官鄧庸進京匯報，齊泰建議皇帝把鄧庸抓起來進行突審。結果，鄧庸招供說燕王裝病，暗中布置兵馬，近期即將舉兵反叛朝廷。

建文帝聞訊後，立即採取對策。齊泰下令派使臣去北平逮捕燕王的屬下官吏，並密令張昺、謝貴指揮逮捕燕王，指令他二人與葛誠等人保持密切聯繫。同時，還命令北平都指揮張信具體負責逮捕燕王事宜。

張信在接到命令後很憂愁。他的母親問他因為什麼愁眉不展，整天不說一句話。張信把命他逮捕燕王的事情告訴了母親。張母大驚失色地對兒子說：「不可！我早就聽人們傳說燕王當坐天下，福大命大，你怎麼能抓住他？」

張信聽了母親的這番話，更加躊躇了。不久，朝廷派人督促他立即採取行動。張信很不高興地對來使說：「為什麼這樣急呢？」

等使臣離去，張信就去拜見燕王。可是，被擋了駕。張信回家換了一輛婦女坐的小車，一直把車趕到燕王

府門，堅決要求面見燕王，並說有十萬火急的事情稟報。燕王這次接見了他。見面時，燕王仍然裝瘋賣傻，左右侍候的人說燕王中風了，不能說話。張信一頭跪在床下，說道：「王爺，請不要如此。有什麼難事，可以直截了當地告訴我！」

燕王瞅了他一眼，停了許久，才說了一句話：「我是真有病，不是假的啊！」

張信仍跪在地上，誠懇地說：「王爺不和我講真情實話。現在，皇帝下令小臣逮捕王爺，王爺聽命受綁吧！如果有什麼想法，可別瞞著我呀！」

燕王見張信語出至誠，急忙從床上跳下來，給張信叩頭，說：「您先生使我全家得以保全。」說罷，叫人把道衍和尚請來議事。

不久，道衍和尚就來了。與張信見過禮，三個人重新坐好。這時，突然來了一陣暴風雨，房檐上的瓦片掉到地上，摔個粉碎。燕王見此，滿臉不高興。道衍和尚站起身，向燕王道喜。燕王一聽就火了，破口大罵：「你這個混帳和尚，哪裡來的喜！」

道衍不疾不徐地說：「大王難道沒聽過『飛龍在天，從以風雨』這話嗎？瓦片掉下來，這是上天要給王爺換上金鑾殿啊！」

燕王一聽，轉怒為喜。這時，北平布政使衙門的小吏奈亨及北平按察使衙門的小吏李友直一起來見燕王，把朝廷下達逮捕燕王的命令抄件呈上。燕王當即將此二人留在王府中，並命令護衛張玉、朱能等人集合八百名衛士到王府守衛。

這時，張昺、謝貴開始行動了。派兵士把燕王府團團圍住，並用木柵將府門封住。然後，用箭把要逮捕的燕王屬下官員名單，射進了王府裡面，命令燕王立即把這些官員交出來。燕王與衛隊指揮張玉、朱能合計：「他們的人數多，兵丁布滿了全城。我們的兵很少，該如何是好？」

朱能說：「只要把張昺、謝貴殺了，其餘的人無頭頭，自然就散了。」

燕王說：「對，要智取。現在，這兩個奸臣提出名單抓人，咱將計就計，按照名單，把那些先抓起來，然後叫張昺、謝貴來取人，只要他倆一進大門，有個小卒就能把他倆抓住了！」

計議妥當之後，燕王便公開宣布自己的病好了，升殿接受眾官員祝賀。在身邊及大門兩側埋伏衛士，然後派人召張昺、謝貴進王府。張昺、謝貴沒有應召前來。燕王立刻派人拿著張昺、謝貴要逮捕的名單去通知二人進府提犯人。張昺、謝貴帶了許多衛士直奔王府而來。到大門之前，王府的門衛不准張昺、謝貴的衛隊進門，只准張、謝二人入內。

張昺、謝貴進府後，直奔堂上，只見燕王拄根拐杖坐在上首，正在與眾官員喝酒。一見張、謝二人，便請他倆入席。過了一會兒，侍者端上幾盤瓜，燕王指著瓜對大家說：「剛剛有人進獻新瓜，來，咱們一起嘗嘗。」邊說邊拿起一塊瓜放進嘴裡，眾官員也紛紛拿瓜吃。突然，燕王把瓜摔到地上，高聲喝道：「如今平民百姓一家人還知道互相照顧，我身為皇叔，卻早晚連命都難保。皇帝如此對待我，還有什麼事情幹不出來的！」

衛士們一見燕王把瓜扔到地上，立即衝了上來，如老鷹抓小雞一般，把張昺、謝貴、葛誠等人抓住，押到堂下。燕王將手中拐杖一扔，挺身而起，對著張昺等人怒沖沖地說：「我哪裡有什麼病，全是被你們這些奸臣逼的！」

於是喝令將張昺等人拉下去砍了。被攔在大門外的張昺、謝貴的衛隊，等了許久也不見二人出來，就各自回去了。

很快，張昺、謝貴被害的消息傳了出來。包圍王府的軍隊聽後，也散了。北平都指揮彭二得知消息後，急忙上馬在街上來回急馳，集合散兵游勇。當下，收攏了千餘名士兵，彭二想率軍衝進王府。燕王派衛隊迎擊彭二，並將彭二殺死，彭二的部隊隨之潰散。

接著，燕王命令張玉等人率軍隊乘夜攻打北平九座城門，在黎明時分，攻占了八座城門，只剩下西直門尚未占領。燕王派指揮唐雲單人匹馬去到西直門，向守城士兵說：「你們不要自找苦吃了！如今皇上有旨，命王

爺統領一方，你們要服從命令，快點下城去吧！誰不走可當心腦袋！」

守城兵士一聽，當時就散了。

就這樣，北平城落入了燕王手中。經過三天的安定，城中恢復了秩序。殘存的官兵在指揮官的率領下，退守居庸關和薊州。駐守開平的宋忠率領三萬人馬退保懷來。

七月份，燕王舉行誓師大會，宣稱進京清君側，誅除齊泰、黃子澄等奸臣。同時，廢除建文帝的年號，稱洪武三十二年。燕王還援引《祖訓》，說自己是太祖親子，有責任清除朝中的奸臣，自己仿效周公輔成王的故事，全然是為明朝的天下著想。緊接著，又給建文帝上奏章，為被廢諸王鳴不平，還倒打一耙，說張昺、謝貴等人迫害自己。

建文帝接到燕王這道奏章以後，立即下令削去燕王的屬籍，並組織部隊征剿燕王。燕王誓師之後，很快占領通州、薊州、遵化、密雲等地。接著又攻打懷來。宋忠在懷來積極備戰，他對眾將士說謊道：「你們的家屬在北平，全都被燕王的軍隊殺光了。北平城裡屍骨如山，血流成河。」

宋忠之所以如此，意在激怒眾將士與燕王拼命。燕王探聽到宋忠以謊言激怒軍隊的消息後，立即採取對策，把宋忠部下在北平的家屬都集中起來，命令這些人舉著旗幟走在自己部隊前頭。當兩軍相接時，宋忠的部下立刻認出了自己的親人，雙方遙相問候，宋忠的謊話被揭穿了，眾將士很不高興地互相說道：「宋都督不該欺騙咱們！」

不少人扔下武器就跑了。宋忠的殘餘部隊匆匆忙忙列成陣式，倉皇迎戰，結果大敗，燕王軍隊乘勢攻進城內。宋忠躲進廁所裡，終被搜出，不屈而死。懷來失守後，開平、龍門、上谷、雲中、永平等地望風而降，燕王勢力急劇膨脹。

對此，建文帝卻沒有予以足夠的重視。他整天與親信大臣方孝孺等研究改良社會的問題，認為北方的軍情不重要，燕王成不了大氣候。黃子澄認為北方的兵力強盛，如不及早制服，河北恐怕就難保了。最後，朝廷派

長興侯耿炳文掛帥，李堅為左副將軍，寧忠為右副將軍，領兵北伐。接著，又派出十路大軍繼後並進，號稱百萬，限期直搗北平；又命令山東、河南、山西供應軍餉。眾將出發之日，建文帝召見他們，訓示道：「你們與燕王對陣，可不能給我留下個殺死叔父的罪名！」

話語雖然不長，但分量極重，大大限制了眾將的手腳。在未交鋒之前，朝廷軍隊的瞻前顧後與燕王軍隊的肆無忌憚相比，自然便落了下風。

八月上旬，朝廷的軍隊在真定、河間、莫州、雄縣等地布好了陣勢。燕王對各路軍情進行了分析，決定先攻打莫州、雄縣之敵。中秋節夜裡，燕王指揮部隊渡過白溝河，對眾將士進行戰前動員：「今天是中秋節，敵軍沒有防備，飲酒作樂，我軍定能一戰而勝！」

半夜時，燕王的軍隊到達雄縣。攻城部隊爬上了城牆，守軍尚不知道。經過一場巷戰，守軍九千人被全殲。攻占雄縣後，燕王嚴密封鎖消息，連夜派出一千人馬渡過月樣橋，埋伏在水中，只等號炮響起便衝出來殺敵。然後，又派出幾名哨兵躲在前方的大道旁，監視莫州方向的敵人，一旦發現莫州的敵人進入埋伏圈，立即燃放號炮。

駐莫州的主將叫潘忠，他只知道燕王要攻打雄縣，根本不知道雄縣已被燕王占領，在八月十六日那天，潘忠率領部隊前來支援雄縣，結果中了埋伏，潘忠被燕王活捉，他的部下多數掉進河裡被水淹死。

燕王消滅了潘忠的部隊之後，立即直撲真定。真定守將是北伐部隊的統帥耿炳文，他把先頭部隊十三萬分為兩部分，分別駐紮在滹沱河南北岸，等後續部隊到齊後，便發起攻擊，萬萬沒料到燕王行動如此迅速，兩天內便消滅了朝廷兩支軍隊。燕王軍隊直撲真定的情況，耿炳文也渾然不知。

當燕王快接近真定時，耿炳文的部將張保跑來投降，並將耿炳文的部署全告訴了燕王：「耿炳文的三十萬軍隊現在只到達十三萬，分兩部駐紮在滹沱河南北兩岸。」燕王厚賞了張保，並派他潛回真定作內應，叫他回去對耿炳文說，自己戰敗被俘，乘看守不備，偷匹馬跑了回來；還叫他回去後大肆渲染雄縣、莫州兵敗的情景，散布燕王的軍隊銳不可當，早晚就要攻占真定，以此擾亂軍心。

張保去後，燕王料定耿炳文一定調整部署，把河南的部隊調往河北，全力準備迎擊來敵。為了證實這一判斷，燕王親率三名騎兵到真定東門去瞭解情況。恰巧碰上了敵軍的運糧車隊，燕王與三名親兵抓了兩名俘虜，回到營地審訊，果然證實了燕王的判斷。

之後，燕王部署軍隊分兩路襲擊耿炳文。自己率小部隊攻打真定西南部，大部隊從正面攻擊真定。當耿炳文出城迎擊燕王大部隊的時候，燕王在真定西南連續攻破兩營守軍，形成了前後夾擊之勢。結果，耿炳文大敗逃往滹沱河東邊去了。燕王指揮大軍緊迫不捨，耿炳文連戰連敗，最後衝進真定城堅守。而他的部將李堅、寧忠、顧成、劉燧等全被燕王俘虜。燕王攻打真定三天，沒有得手，便退回北平了。朝廷與燕王第一次武裝衝突，以朝廷軍隊敗績而結束。

北伐軍隊吃了敗仗的消息傳到京城後，建文帝很生氣，他對大臣們說：「耿炳文是個老將，怎麼也吃了敗仗！下一步該怎麼辦？」

黃子澄說：「勝敗乃兵家常事，陛下不必憂慮。下一步召集天下兵馬，起碼可得五十萬，將北平包圍起來，四面攻打，燕王還愁捉不住嗎？」

建文帝問：「你說誰可出任統帥？」

黃子澄說：「李景隆可出任統帥。如果此番出兵命景隆統帥，燕王早就敗了。」

當下，建文帝下令以李景隆替代耿炳文，並賜給李景隆通天犀帶、斧鉞，准他可以先斬後奏。李景隆出發那天，建文帝還親自送到長江邊上，設宴餞行。

李景隆是建文帝的姑表兄，他的祖母是朱元璋的姐姐。在處治周王朱橚時，是他去開封辦理的，很得建文帝的信用。但是，他不懂軍事，出身貴族之家，目中無人，妄自尊大，甚至陽奉陰違。當李景隆率領五十萬大軍來攻北平時，燕王笑著對部屬們說：「李九江（李景隆小名）是個花花公子，容易對付！」

說罷，燕王吩付兒子堅守北平，自己親率大軍直奔大寧而去。李景隆指揮部隊進攻北平，都督瞿能攻打張掖門，眼看就要攻下來了。李景隆怕瞿能搶了頭功，竟下令停止戰鬥。

燕王率部隊很快攻下了大寧，然後便回軍攻擊李景隆。李景隆屢戰屢敗，最後逃往德州，部下潰不成軍。

李景隆戰敗的消息被黃子澄封鎖起來，不讓建文帝知道。當建文帝問及北方戰況時，黃子澄卻說：「聽說李景隆打了幾仗都獲勝了。如今天寒地凍，兵士禁受不住，他暫時把部隊撤回德州，只等明年春天再進兵。」同時，黃子澄還派人通知李景隆不要把戰敗的事報告皇帝。

建文帝被蒙在鼓裡，在十二月居然下旨意封李景隆為太子太師，並賜給許多金銀珠寶，以示嘉獎。

建文二年（西元一四〇〇年），朝廷與燕王的軍事衝突進入了第二年。春天，燕王占領了蔚州。緊接著便圍攻大同，目的在引誘李景隆來解圍，以便消耗其實力。李景隆果然出紫荊關來解大同之圍，燕王卻由居庸關返回了北平。李景隆想與燕王決戰，卻撲了個空。李景隆的士卒都是南方人，禁受不住北方的寒冷，途中凍餓而死者甚多，光凍掉手指的就占全體的十分之二、三，裝備、給養損失就更多了。這次解圍，使李景隆吃了個大虧。

李景隆返回德州後，急調各路兵馬齊集德州，共六十萬，號稱百萬，決定在四月份向燕王發起總攻。李景隆的各路兵馬在白溝河排好陣勢，燕王率軍進駐固安，雙方劍拔弩張。己未日前鋒開戰，開始時李景隆部隊獲勝，燕王的軍隊後撤。第二天，燕王親率大軍捲土重來，雙方惡戰，燕王衝鋒陷陣，一馬當先，坐騎被箭連連射中，先後換了三匹戰馬。戰鬥中突然旋風大作，燕王當機立斷命令士卒用火攻。李景隆部隊於是大敗，掉進河裡淹死的，被殺死的達十餘萬之眾，橫屍百餘里。李景隆單人匹馬逃回德州。燕王對俘虜不僅不難為他們，反而進行慰勞，並把所有的俘虜全部釋放。這樣一來，對瓦解朝廷的北伐軍發揮了十分巨大的作用。

三天後，燕王進逼德州。攻打了九天，李景隆就棄城逃往濟南去了。燕王乘勝追擊，很快又將濟南包圍。李景隆手下尚有十萬兵士，倉猝出戰，又受重創，李景隆一個人落荒而逃。濟南在山東參政鐵鉉的守衛下，燕王沒有得手，最後只得撤兵返回北平。朝廷軍隊在鐵鉉及左都督盛庸的指揮下，收復了德州。建文帝封鐵鉉為兵部尚書，封盛庸為歷城侯、大將軍，代替李景隆指揮北伐部隊。李景隆逃回南京後，朝臣以其兵敗誤國，要求處以極刑。由於建文帝的袒護，李景隆未受任何處分。

從九月份到十二月份，朝廷的北伐軍在盛庸指揮下，與燕王的軍隊打了幾次硬仗，雙方各有勝負。尤其在年底的東昌之戰中，燕王陷入重圍，部下死傷數萬。如果不是建文帝有言在先，不准將士殺害燕王，燕王早就死於刀槍之下了。燕王也知道建文帝明令將士不准傷害自己，所以他有恃無恐，衝鋒在前，撤退在後，因與他交鋒的將士不敢下死手，往往被他擊傷或殺死。

東昌戰役後，燕王退回北平，休整部隊。建文帝接到捷報後，大賞功臣。戰事暫時又告平息。

建文三年（西元一四〇一年）二月，燕王誓師南下。他以東昌之敗及白溝河之勝為例，總結經驗教訓，告誡全軍：「東昌之戰，剛和敵人接觸就退下來，所以前功盡棄；白溝河之戰正相反，敵人先撤退，所以我軍大獲全勝。可見，在戰鬥中，怕死的先死，不怕死的卻不死。從今天始，你們個個都要不怕死，不要輕敵，戰鬥時不要後退，有敢違令者，殺無赦！」

燕王率領大軍進駐保定。朝廷的二十萬兵馬在盛庸的號令下齊聚德州，另一支部隊在吳杰、平安的指揮下在真定集中，兩支部隊形成犄角之勢，正好將燕王的軍隊夾在中間。

三月初，燕王率軍東上，進至滹沱河，由陳家渡過河與駐守單家橋的朝廷士兵相距四十里紮營。不久，在夾河地方，與盛庸的大部隊碰上。經過一整天的惡戰，雙方均有較大損傷。第二天黎明，燕王發現自己陷入了重圍，身邊眾將很緊張，主張立即突圍。燕王毫不恐慌，告訴眾將等太陽升高些再行動。紅日當空之時，燕王下令吹響號角，排列整齊，自己一馬當先，率領衛隊從容不迫地穿過敵營，向包圍圈外走去。朝廷的將士們眼睜睜看著燕王穿營而去，連一支箭也沒敢發。

燕王返回兵營後，對眾將說：「昨天我軍發動進攻的時間早了，所以沒能成功。今天，你們眾人擺好陣

勢，我率領小部隊瞭望敵群，一旦發現敵人的薄弱環節，你們再隨我進擊，那時一定要奮勇爭先，兩軍相對，勇者勝！這是古代劉秀大破王尋的戰術。」

按照燕王的部署，經過一場血戰，盛庸的部隊果然被擊得潰不成軍。燕王指揮軍隊一直追到滹沱河邊。盛庸的士兵踐踏而死及溺水而死者不計其數，盛庸狼狽逃回德州。燕王收兵回營時，一身血污，滿面塵土，就連手下的大將都認不出他了。只在燕王開口說話後，眾將聽聲音，才知道這是燕王！

當盛庸與燕王接戰後，駐防真定的吳杰等人率軍出動，企圖與盛庸合兵一處。吳杰離開真定不到八十里，聽到盛庸戰敗的消息，急忙退回真定。燕王對眾將說：「吳杰如果堅守城池，乃是上策；如果不與我軍接觸，避而不戰，乃是中策；如果前來挑戰，則是下策了。我料他一定選擇下策，我軍可一戰將他消滅。」

為使吳杰前來挑戰，燕王巧施計謀，命令士卒四處徵糧，但不准離開營地太遠，又命令貼身衛士化妝成難民，挑著擔子，揹著孩子混進真定城裡，散布燕王軍隊四處徵糧，軍營空虛的消息。吳杰聽到報告後，就決定偷襲燕王，親率部隊進至滹沱河邊，距燕王營地七十里紮營，只等第二天發起突襲。

燕王聞訊後，十分高興，在傍晚時候命令部隊渡河。眾將主張明天一早渡河，燕王說：「機不可失。一旦吳杰退回真定，城堅糧足，攻打可就難了。」

說罷，燕王一馬當先率軍過河。河水深而急，燕王就令騎兵從上游涉水，排成數列，用馬身阻擋水勢，下游河水流量立即減少，步兵和輜重車乘機渡過河去。大軍過河後，沿河急行二十里，在藁城與吳杰的部隊碰上。燕王擔心吳杰逃跑，親率數十名騎兵逼近敵營露宿，以便隨時觀察動向。

第二天，吳杰偷襲不成，便指揮部隊在西南方列成方陣，等候燕王進擊。燕王對眾將說：「吳杰列成方陣，四面受敵。我派一旅精兵猛攻一角，一角被攻破，其他三方必然不攻自潰了。」

於是燕王命令部隊在三個方向拖住敵人，自己率領一支精銳部隊猛攻吳杰軍隊的東北角。兩軍衝殺，飛矢如雨，燕王的大旗扎滿了飛箭，猶如刺蝟一般。雙方激戰，只殺得白日無光。最後吳杰不支，敗逃回真定。這

一戰，燕王的部隊殺死敵軍六萬多，俘虜不計其數。燕王把俘虜全部放回，派人把自己那面像刺蝟般的大旗送回北平，交給大兒子，並囑咐道：「好好保管這面戰旗，讓後人們永志不忘！」

藁城戰鬥結束後，燕王指揮部隊向順德、廣平等地進攻，接二連三占領許多地方，整個河北郡幾乎全為燕王所占了。

建文帝眼看官軍屢戰屢敗，燕王的勢力一天比一天強大，為爭取時間，變被動為主動，他開始了「和平」攻勢，對外宣稱把齊泰、黃子澄革職抄家，趕出京城，實際上是派二人祕密到京城以外的地方組建部隊，以備迎敵。

燕王聞訊後，立即來了個針鋒相對，以臣燕王朱棣的名義給建文帝上了一道奏章，大意是：「奸臣齊泰、黃子澄迫害諸藩王，還想把我置於死地，因此不得已起兵自衛。朝廷大軍屢戰屢敗，我非但不敢高興，而且還心中悲傷。不久前聽說奸臣齊泰和黃子澄受到了應得的懲罰，我及全家人歡喜非常，猶如重新獲得生命一般。而我的部下將士們卻說，懲處奸臣恐怕不是真的，不過是引我們上鉤的辦法而已。若不然，為什麼吳杰、盛庸等人仍在統領軍隊，卻不見被召回京城呢？如今照樣是大軍壓境，看來雖說是把奸臣廢黜了，但是奸臣們所擬訂的計畫卻照舊執行。對此種議論，我也覺得有一定的道理，所以我不敢立即解散部隊。請陛下決斷，不要再被奸臣蒙蔽了。」

建文帝接到這份奏章後，就和親信大臣方孝孺等研究對策。方孝孺等分析形勢，說：「如今燕王的軍隊屯駐大名府，正值多雨的夏季，時間一久，燕王的軍隊不戰自亂。現在當務之急是急令遼東的眾將率軍入山海關，攻打永平，同時令真定的眾將渡過蘆溝橋，直撲北平。燕王為了保住老巢，必定撤兵救北平。那時，朝廷的大部隊從後面掩襲，燕王肯定被活捉。現在可以給燕王回個信，用好言安撫，乘機調動各路大軍，以求一戰成功！」

建文帝聽後很高興，立即依計行事。命方孝孺起草詔書，宣布赦免燕王及部下眾人的罪過，命他們回歸原

駐地，燕王恢復爵位，既往不咎。同時，派大理少卿薛岩捧著這道詔書前往燕王兵營宣讀。

燕王接到這份詔書後，特別生氣，問薛岩道：「你出發時，皇帝有什麼話說？」

薛岩從容答道：「陛下說如果早晨王爺您罷兵，前往南京孝陵（朱元璋的陵墓所在地）拜謁，傍晚皇帝就撤兵。」

燕王冷笑一聲，說：「這不是哄騙三歲小孩子嘛！」邊說還邊用手指著衛士們高聲說道：「這裡可都是大丈夫！」

眾將七嘴八舌地亂叫：「殺死薛岩！殺了他！」

燕王盯了一眼渾身打顫的薛岩，對眾將擺擺手說：「奸臣不過那麼幾個，薛岩是天子派來的使臣，你們不許胡說！」然後，燕王便帶著面如土色，驚魂未定的薛岩去觀看部隊操練。數日後，才把薛岩打發走。

臨行時，燕王對薛岩說：「你回去替我這個老臣對皇上說聲謝謝。我和皇上是至親骨肉，我的父親是皇上的爺爺，皇上的父親是我的親哥哥。我當上了藩王，富貴已極，還有什麼奢望呢！皇上本來很喜歡我，只是被奸臣蒙蔽了，才到了今天這種地步。我實在是不得已才起兵，只是為了保住性命罷了。如今，幸蒙皇上答應停戰，我和我的全家不勝感激。只是奸臣尚在，朝廷的大軍還沒撤走，我的部下將士心存疑慮，所以不敢立刻解散他們，懇請皇上處死奸臣，撤回大軍，我一定帶兒子去京城，聽候皇上發落！」

薛岩返回南京後，把經過先向方孝孺匯報，方孝孺未置可否。之後，向建文帝匯報，建文帝聽罷，對方孝孺說：「真如薛岩說的那樣，燕王很誠懇，錯在朝廷了。唉，齊泰、黃子澄壞了我的大事！」

方孝孺不以為然，立刻接著說：「薛岩是給燕王當說客啊！」

五月份，燕王派使者請求朝廷撤兵。建文帝想撤軍，並與方孝孺商議。方孝孺力主繼續進兵，反復陳述撤兵之害，斷言朝廷一旦撤兵，燕王肯定兵犯京城，那時就悔之已晚了。最後，建文帝被方孝孺說服，把燕王的使者扣押起來。

至此，雙方又刀兵相向了。

燕王派一支部隊化妝成朝廷的軍隊，偷襲濟寧，把朝廷軍隊儲備的糧草全部燒掉。接著又攻下濟州、沙河、沛縣，朝廷的軍隊居然一無所知。直到河上的數萬艘運糧船全被燒毀，朝廷的軍隊才發覺，可是為時已晚了。駐紮在德州的盛庸部隊斷了糧道，出戰又慘敗，一仗就損失了一萬多士兵。朝廷軍隊慘敗的消息，震驚了京城上下。

七月份，由真定出發襲擊北平的朝廷軍隊也慘遭失敗。至此，戰局急轉直下，德州及真定的朝廷主力部隊處境已十分困難了。

方孝孺為了挽回敗局，設下了一條離間計，企圖讓燕王與兒子們之間鬧內鬨，自相殘殺，朝廷收漁人之利。徵得建文帝同意，方孝孺開始行動了。

方孝孺以建文帝的名義給燕王的大兒子寫了一封信，勸他歸順朝廷，朝廷准他取代燕王。同時，把這個消息透露給燕王的親信太監黃儼。當時，黃儼協助燕王的大兒子守北平，他與燕王的三兒子朱高燧關係密切，早就存心把燕王的大兒子除掉，以便朱高燧作燕王的繼承人。黃儼得知消息後，立即派人趕往燕王軍營，密報燕王。燕王得報後，立即把隨軍的二兒子朱高煦找來商議。朱高煦殘忍好勇，性格與父親相同，平日與哥哥不睦，心中一直盤算把哥哥整倒，自己取而代之，將來繼承王位。如今，父親問他哥哥能否造反，他喜出望外，立即毫不猶疑地回答：「大哥與皇上的關係一直很密切。」

朱高煦尚未說完，突然被值班的太監進帳稟報給打斷了。值班太監對燕王報告說：「大王子殿下派來使臣在帳外求見，說是有機密稟告。」

燕王立命由北平來的使臣進見。使臣進帳後，跪在地上說：「啟稟王爺，王子殿下命小臣呈送密信，請王爺過目。」

說罷，使臣雙手高舉一封密封的信件。燕王拿過信件，一眼便看出那是建文帝發來的密件，再仔細察看，

發現原封未動。燕王拆開封筒，仔細閱讀，原來是皇上策反自己大兒子的密信，大兒子連信封都沒拆，就給自己送來了。燕王衝口而道：「哎呀！好險，我幾乎錯殺了我那好兒子！」

方孝孺的離間計化作了泡影。於是，命令盛庸調動駐大同的兵馬攻占保定附近各縣，威脅北平。燕王得知北平形勢緊急，立即從大名府撤兵馳援保定。八月份，打敗了由大同開來的朝廷軍隊。十月份，又打垮了真定的朝廷守軍。然後，燕王率軍返回北平。同時，又派軍隊打敗了從遼東進山海關的朝廷軍隊。

此時，燕王起兵已是第三個年頭了。活動的範圍僅限於河北。雖說與朝廷軍隊戰鬥時，多次獲勝，但自己的軍隊損失也很大，從總體上看，自己的勢力仍不如朝廷，處於劣勢。針對這種局面，燕王回到北平後，開始籌思改變戰略。恰巧，建文帝身邊的太監們這時給燕王送來了情報，說南京城內空虛，如果派精銳部隊晝夜兼程偷襲南京，包準一戰成功。

原來，建文帝宮中許多太監早就被燕王收買，開戰後，一直替燕王刺探情報，隨時送給燕王。這些太監因為建文帝信任儒臣方孝孺等人，多方限制權貴及太監干政，所以暗中串連，密謀推翻建文帝，擁立燕王。而燕王為了從內部搞垮建文帝，也一直在打宮中太監們的主意，並透過自己身邊的親信太監與皇宮中不滿建文帝的太監們保持聯繫，還答應他們，自己事成之後，一定重賞他們、信賴他們。因此之故，建文帝身邊的多數太監早就成了燕王的內奸。

燕王接到太監們的情報後，當機立斷，不再奪取其他城池，派主力部隊直撲南京。十二月份，燕王率軍離開北平南下。

從建文四年（西元一四〇二年）春天到夏季，五個多月的時間裡，燕王率軍馳騁在河北、山東、江蘇境內，採用「遊擊」戰術，或圍點打援，或破城不守，專以消滅朝廷軍隊的有生力量為目的。尤其在四月份，消滅了勇將平安統帥的朝廷大軍之後，於五月份又消滅了主帥盛庸的主力部隊，燕王的軍隊已過了淮河即將飲馬長江了。

燕王在攻占盱眙之後，召集眾將開會，研究下一步的攻擊方向。有人主張先攻占鳳陽，然後直撲滁州、和州，搶渡長江，同時另派一支部隊西占廬州、安慶，控制長江天險；還有人主張先鞏固淮安、揚州根據地，攻取高郵、泰州後，再強渡長江。最後，燕王決定，捨鳳陽、淮安於不顧，直撲揚州、儀真，然後強渡長江攻打南京。

燕王占領揚州和儀真之後，南京城內亂了營，朝廷大臣紛紛找藉口離開京城，以圖自保，原本空虛的南京更加空虛了。建文帝也如坐針氈，一邊派人四處調兵支援京城，一邊下罪已詔向燕王放出求和信號。就連方孝孺也一改過去的強硬態度，建議皇帝以割地為條件向燕王求和，爭取時間以待援兵。建文帝派燕王的堂姐慶城郡主為代表，去燕王軍中議和。

燕王首先尖銳地指出，朝廷割地求和乃是奸臣們的緩兵之計；接著便裝出十分誠懇的樣子說：「我此番南下，絕不是為了爭地盤。皇父封給我的地盤尚且保不住，又怎麼會想到割地呢！此番南下的目的只有一個，清除天子身邊的奸臣，拜謁父皇的陵寢，取消諸王的罪名，然後，自己就返回北平。」

郡主對燕王的這番話沒法表態，只好告辭。燕王在送別時，對郡主說：「請轉告皇上，我與皇上親密無間，我沒有別的意思，只求皇上別再受奸臣的蒙蔽了。另外，請姐姐轉告弟弟妹妹們，我幾乎被整死，全賴祖宗在天之靈的保佑，我才能到這裡，大家見面的日子不遠了！」

建文帝求和沒能實現。六月初一日，燕王在浦口被守衛京城的盛庸打敗。燕王的信心動搖了，想與朝廷議和。這時，朱高煦率領援軍趕到，燕王喜出望外，立即打消了議和的念頭，馬上檢閱部隊，鼓舞士氣。他在閱兵時，用手拍著二兒子的後背說：「好好幹，你大哥體弱多病，你好自為之！」

老奸巨猾的燕王，對自己的親兒子也耍手腕。朱高煦聽了父親這句話，興奮不已，滿以為自己取代哥哥的日子到了。於是，他拼命與敵人廝殺。

朝廷的軍隊再次受挫，許多朝中大臣為了個人的身家性命，紛紛暗裡明裡與燕王聯繫，表示效忠投靠，有

的還替燕王攻打南京獻計獻策，一時間，京城裡掀起了一個投降的高潮。

六月初三日，燕王命令部隊發起渡江總攻。長江之上，旌旗蔽日，萬船競發，鼓聲震天。盛庸率戰船迎戰，被打得大敗，朝廷兵將紛紛倒戈投降燕王，盛庸單人匹馬落荒而逃。鎮江要塞也掛上了白旗，防守長江的水軍全部投降了。

建文帝得知長江防線被突破，官兵全部投降的敗訊，焦急異常，坐立不安。方孝孺主張堅守南京，下令將城外百姓、軍隊全部撤進城裡，將房屋拆掉，把木料堆在城外以禦敵。城外軍民冒著酷暑拆屋運木料，因饑渴而死者不絕於路。老百姓為了逃避運料拆屋之苦，索性放火把自家的房屋燒掉。剎時間，四個城門外變成了一片火海。方孝孺又建議皇帝派諸王分守城門，並派李景隆等三位大臣前去燕王營中議和。結果遭到燕王拒絕。建文帝見大勢已去，想離開京城，有的大臣勸皇帝去浙江。方孝孺堅持守城待援，一旦城破，皇帝可以西去四川。朝中諸大臣各執一詞，莫衷一事，而建文帝也亂了方寸，唯有流淚而已。

六月初十日，燕王大軍逼近南京。有的城門無人把守，有的守城將士開門投降，燕王的軍隊很輕易地進了京城。這時，城中的大臣們爭先恐後地來向燕王報到，建文帝身邊只剩下寥寥可數的幾個人了。幾近瘋狂的建文帝命令把后妃們居住的宮殿門戶鎖上，放火焚燒宮殿，自己帶上三個兒子，化裝逃出皇宮。在皇宮大門，碰上了燕王的軍隊，建文帝扔下兒子們，自己乘亂溜了。

就在這一天，燕王發出通緝令，追捕黃子澄、齊泰、陳迪、方孝孺……等二十九名奸臣。同時，還發出懸賞令，凡文武官員軍民人等，能捉住一名奸臣可升官三級；能捉住一名逃跑的官吏，可升官二級。此令一出，京城內外立即掀起了捉奸臣抓逃官的熱潮，有的人甚至藉機報私仇，誣陷仇家是逃亡的官吏。

在大搜捕的威懾下，有一些「奸臣」和逃亡的官吏紛紛前來自首，燕王對這些自首的人免於追咎，官復原職。同時，又增發了第二批通緝的奸臣名單，計五十餘人。

六月十三日，宮殿的廢墟仍冒著縷縷輕煙，投降的眾大臣就請燕王登極了。燕王假惺惺地一再拒絕，眾降

臣認真地一再勸進，燕王最後終於「勉強答應」當皇帝，眾降臣自然是照例雀躍歡呼了一陣。

燕王登極後，改年號為永樂，下令凡是被建文帝改變的制度，全部恢復到從前的樣子；凡是被建文帝罷黜的官吏，全部恢復從前的官職；凡是建文帝重用的官吏，全部從重治罪。同時派出不少官吏分赴各地偵察建文帝的下落。燕王用十分殘酷的手段懲治建文帝的心腹重臣。首當其衝的便是方孝孺。方孝孺被俘後，燕王本想籠絡他，透過他吸引天下的讀書人。不料，方孝孺硬是不降，非但不降，還當面斥責燕王篡權。燕王見軟的不行，便把臉一翻，高聲喝道：「方孝孺你不怕死，難道還不怕夷九族嘛！」

方孝孺大義凜然地說：「別說殺九族，就是殺十族又能把我怎麼樣！」

燕王忍耐到了極限，下令用刀把方孝孺的嘴割開，從兩個嘴角一直割到兩個耳根。然後，又把方孝孺關進大牢。同時下令逮捕方孝孺的家人、親屬、朋友、學生。每抓到一個人，就帶到方孝孺面前，強迫他看，以此來折磨他。凡是能抓到的都抓了來，然後將這些人全部殺死，最後才把方孝孺粉身碎骨。受方孝孺株連而死者竟達八百七十三人之多，倖免一死被流放的則難以計數了。

當年在濟南大敗燕王的鐵鉉也慘遭毒手。燕王下令先把鐵鉉的耳朵、鼻子割下來，然後又把他身上的肉割下一片燒熟，塞進他嘴裡，並問他：「香不香？」

鐵鉉厲聲答道：「忠臣孝子的肉怎能不香！」

燕王聽後更加惱怒，下令將鐵鉉剁成肉泥。鐵鉉破口大罵，直到氣絕。燕王餘怒未息，竟慘無人道地命人將鐵鉉的屍身用油炸。

燕王在馬年登極後，在南京大肆屠戮拒不投降的官吏及其家屬，手段之殘虐，令人慘不忍睹，據不完全統計，近三千人，歷史上稱「壬午殉難」。

建文帝倉皇出逃後，在太平門神樂觀躲了幾天，身邊聚集了二十二個官吏。建文帝為了安全起見，化裝成和尚，身邊只留下三個人，兩個裝扮成和尚，一個裝扮成道士，其他人也都裝扮成平民百姓。建文帝帶著三個

人上路，其他人在途中遙相策應，由松陵進入滇南，又西上重慶，又東到天台，轉赴祥符，後來躲到廣西。東躲西藏，浪跡海內，數次被識破真相，險些落網。

開始的時候，建文帝還幻想復辟，可是時間一久，追隨的群臣或死或去，而當上永樂皇帝的燕王，統治日益鞏固，建文帝復辟的幻想也就破滅了。最後，他弄假成真，心甘情願地當起和尚，只求安度餘生而已。永樂皇帝直到咽氣，也沒有放鬆搜捕建文帝的行動，甚至派人去海外查覓建文帝的行蹤。鄭和下西洋時，便有一項任務是查找建文帝。

建文帝逃亡三十九年以後，一天，與他同住在貴州的一個老和尚偶然發現他寫的兩首詩，詩中有「遙想禁城今夜月，六宮猶望翠華臨」、「款段久忘飛鳳輦，袈裟新換袞龍袍」等句子，於是猜到了他就是逃亡的建文帝。那個老和尚不聲不響地離開了建文帝，到州裡去找知州，說自己是建文帝。知州聽後大吃一驚，立即上報巡撫，同時把假冒建文帝的老和尚及建文帝本人抓起來，等待朝廷的旨意。

不久，明英宗（燕王的曾孫）就下令將兩個和尚解送京城北京。九月份建文帝被押送至京，朝廷命令御史進行審訊。那個假冒建文帝的老和尚稱：「自己九十多歲了，不久就要離開人世，想埋在祖父的墓旁，因此到官府自首。」

御史追問道：「建文帝生於洪武十年，距今天正統五年，是六十四年，你怎麼說你九十多歲了？可見你是假的！」

老和尚被問得張口結舌，無言以對，在御史的逼問下，最後只得招供，承認自己是假冒的。結果，這個老和尚被判了死刑，建文帝本人則被判充軍邊疆。建文帝為了不讓自己老死邊疆，狠下心來，向御史說明自己的真實身分。負責審案的御史如墜五里霧中，剛剛處治個假建文帝，怎麼又冒出來一個！但是，因為案情重大，當即就向英宗皇帝匯報了。

英宗皇帝聞報後，也深感蹊蹺，難道這個和尚就不怕死？為什麼敢承認自己是建文帝？於是，就派當年曾

侍候過建文帝的老太監吳亮前去辨認。

建文帝一見到吳亮，就說：「你不是吳亮嗎？」

吳亮故意說：「我不是吳亮。」

建文帝搖搖手，百感交集地說：「當年，我在宮中時，有一次你侍候我吃飯，那次吃的菜中有一道是燒子鵝，我看你饞涎欲滴的樣子好玩，就故意把一片鵝肉扔到地上叫你吃。當時，你立刻爬到地上，像一隻狗那樣用舌頭舐肉吃，逗得我哈哈大笑。怎麼，今天你居然說你不是吳亮呢？」

吳亮聽到這裡，不由得跪在地上，嚎啕大哭起來。吳亮邊哭邊爬到建文帝腳邊，把建文帝左腳上的僧鞋脫了下來，仔細地端詳腳趾頭。突然，他眼睛一亮，看見了他早就熟悉的腳趾頭上的那個黑痣。吳亮捧著建文帝的腳，老淚橫流，痛哭失聲……。

建文帝的身分被確認了。明英宗下令把建文帝接進宮內，安排在西宮居住。宮中上下人等稱呼建文帝為「老佛」。直到建文帝病死，外間的人再也沒見過這位皇帝的面。

燕王朱棣和侄兒建文帝朱允炆這場你死我活的鬥爭，進行了三年，為了爭皇冠，叔侄刀兵相向，真不知有多少人頭落地。那麼，這場鬥爭，是否如朱棣說的那樣「是我們的家事」呢?當然不是。

這場爭皇冠鬥爭，有著廣大深遠的政治背景。不但是叔侄之鬥，而且還是南北方兩個地主集團的利益之爭。建文帝代表南方地主集團，朱棣代表北方。兩個集團鬥爭的焦點是「改革祖制」還是「恢復祖制」。具體說，建文帝要改變朱元璋壓制江南地主階級知識分子的政策，改變重用武人為重用文人；建文帝要改變朱元璋的嚴刑峻法，推行仁政；建文帝要改變蘇州、松江一帶地方的重賦，實行江浙均賦；建文帝要限制僧道的田產，改變佞佛的風氣。而以朱棣為首的北方地主集團為保護既得利益，全面反對建文帝的新政。而一旦建文帝提出削藩政策，雙方的鬥爭立刻就白熱化，再無調和的餘地了。經過三年的兇殺惡戰，建文帝徹底失敗，南方地主集團及其知識分子雖付出了血的代價，但結果還是失敗了。

燕王朱棣從侄兒手中奪過來皇冠，當了二十二年皇帝，大力扶植北方地主集團，打擊南方地主集團，並把首都從南京遷到北京。朱棣在位期間，大力加強中央集權制，鞏固邊疆，對於維護統一有著積極意義。他還注重興修水利，如永樂九年（西元一四一一年）疏浚了早已淤塞的會通河，使三百多里的漕運暢通，對發展經濟有促進作用。他還注重發展農業生產，推行屯田制度；發展手工業、商業，繁榮社會經濟。他還派鄭和七次下西洋，加強中外聯繫，為明朝走向世界開辟了道路。他還命文臣編纂《永樂大典》，對保存古代文化遺產作出巨大貢獻，也是文化史上的一樁盛事。

對於朱棣與朱允炆的內鬨，既要指出朱棣殘酷、反動的一面，但也不能據此全盤否定他在歷史上的作用。對於朱允炆力圖推行新政，當然應予肯定，但也不能不指出他的柔懦，政治上的不成熟，不僅葬送了自己，給國家和人民也帶來了災難。

康熙皇帝廢太子

在帝王之家，多子多孫也多禍害。

清朝的康熙皇帝是中國封建社會中，屈指可數的明君。他當了六十一年的皇帝，有三十五個兒子，連同孫子和曾孫共一百五十餘人。他開創了中國封建社會最後的一個盛世局面。如果按照儒家修身齊家治國平天下的標準來衡量他，可稱得起是一位聖人了。歷史賦予他那麼多的機遇，他也充分地把握住機遇，從這個意義上說，他是個幸運的人。可是，歷史也把一個個難題甩給了他。面對諸多政治、經濟、軍事難題，康熙皇帝都認真對待，甚至可以不動聲色地圓滿解決。但在家庭中，尤其對眾多的兒子們，這位英明的君主有時卻手足無措，甚至當著大臣們的面淚流滿面，痛不欲生。

康熙皇帝的大兒子名叫允禔，生於康熙十一年（西元一六七二年）。儘管允禔排行老大，又儀表堂堂，才華出眾，但因為他不是皇后生的，是惠妃那拉氏所生，所以沒資格當太子。康熙皇帝的二兒子名叫允礽，比允禔小兩歲，因為是皇后所生，按嫡長子繼承的傳統制度，在他一歲時，就被立為太子。

康熙皇帝特別注重對太子的教育培養。太子懂事後，康熙皇帝就親自給他講授《四書》、《五經》。六歲時，就入學讀書。教師都是康熙親自挑選的有名大儒，如張英、李光地、熊賜履、湯斌等人。太子稍稍長大時，康熙就親自向他傳授治國安邦的大道理，並以祖宗們創業為例，告以「守成當若何，用兵當若何。又教以經史，凡往古成敗，人心向背，事事精詳指示。」為了讓太子開眼界，康熙外出巡視時，還常常把太子帶在身邊。天資聰穎的允礽，在康熙的精心培養下，八歲時就能左右開弓射箭，騎馬飛馳，熟練地背誦《四書》，不僅會滿文，還會漢文。由於滿漢文化的薰陶，太子成長為文武雙全的人才。康熙皇帝對他十分寵愛，在太子

二十歲時，康熙就命太子代自己處理朝政，以鍛煉他執政的能力。從太子二十二歲時起，康熙離開京城時，就命太子留守，全權處理國政。太子處理朝政很得體，「舉朝皆稱皇太子之善」。對此，康熙很高興，深感自己後繼有人了。

太子允礽有三十三個弟弟，其中十一個夭折，在存活的二十二個弟弟中，沒有一個是太子的同母弟弟，看來，允礽沒有競爭的對手了。

可是，事實卻遠非如此。

隨著眾皇子年齡的增長，康熙皇帝的宮中也漸漸出現了爭權奪位的矛盾，而且還越演越烈。最後，導致太子被廢，兄弟相殺。

眾皇子為了爭權奪位，紛紛拉幫結夥。在結黨營私的過程中，太子允礽由於地位特殊，自然占據優勢，靠攏在太子周圍的大多是權臣，其首要人物是索額圖。他是太子的舅老爺，太子的母親孝誠仁皇后是他的親侄女。索額圖深得康熙皇帝的信任，官至領侍衛內大臣。皇子允禔也拉攏了一批大臣，其中最有影響的是大學士明珠，他是允禔的舅舅。其他年齡較大的皇子如允禛、允禩等等也都各有一夥親信，為之奔走。

康熙皇帝最初是全力維護太子的，為了震懾眾皇子，他拿允禔的黨羽開刀，於康熙二十七年（西元一六八八年）將大學士明珠罷官，狠狠打擊了允禔身邊的一夥。當時，只有允禔對太子的威脅大，康熙皇帝此舉，解除了圍繞太子地位而發生的矛盾。太子黨在皇帝的支持下，沒費什麼周折便獲得了決定性的勝利。

太子允礽被這次勝利沖昏了頭腦，索額圖等人利用手中的權力，竭力抬高太子的地位，甚至明文規定太子使用的服飾、儀仗與皇帝相同，眾大臣、親王在元旦、冬至、太子生日時，朝見太子要行二跪六叩頭大禮，僅比朝見皇帝的三跪九叩頭少一跪三叩。太子在眾黨羽的煽惑下，權勢欲膨脹，最後發展到不安於當太子，急於當皇帝了。

太子的言行引起了康熙皇帝的警覺，父子之間，圍繞最高權力的矛盾開始滋生、擴大了。

太子與康熙皇帝的第一次衝突，發生在康熙二十九年（西元一六九〇年）七月。當時，康熙率軍親征噶爾丹，在烏蘭布通大戰前夕，康熙生了病，想念太子，下令留守京城的太子盡快前來。太子允礽趕到行宮之後，面對患病的父皇毫無焦急、難過的表情，仍與平日一樣。康熙皇帝對此很氣惱，認為太子不忠不孝，當即就把太子打發回京了。此時，在康熙心中，便產生了太子不可重用的念頭。事實證明，二十年後康熙廢太子就是以此為發端的。此後，康熙對太子的不滿與日俱增了。

康熙三十七年（西元一六九八年）三月，康熙皇帝對成年的皇子們分別加封爵位，長子允禔為多羅直郡王、三子允祉為多羅誠郡王、四子允禛、五子允祺、七子允祐、八子允禩為多羅貝勒。這些晉爵的皇子均參與國政，權勢日增，太子的威脅也就增多了，太子不僅與父皇的矛盾加深，而且與兄弟的矛盾也在激化。太子處於被圍攻的不利境地。

可是，太子允礽仍肆無忌憚，不知收斂。康熙皇帝於康熙四十二年（西元一七〇三年）五月，將太子黨的首領索額圖以「結黨妄行」的罪名罷官拘禁。康熙四十六年（西元一七〇七年），允礽跟隨康熙南巡，所經之處向地方官大肆勒索，稍不遂意便恣意凌辱，江寧知府陳鵬年就險些被處死。對此，康熙皇帝認為太子殘暴不仁，之後必然敗壞國家，戕害百姓。此時，康熙皇帝已決心廢掉太子了。

眾皇子發現太子已經失寵，更加肆意攻擊他。有的皇子大造太子的謠言，並透過各種途徑讓康熙皇帝知曉；有的皇子請喇嘛用巫術詛咒太子，企圖讓太子早日喪命；有的皇子多方網羅刺客，竟然想把太子刺死……。

太子允礽在內外交困的泥淖中越陷越深，各方面的矛盾越來越尖銳，終於被擠上了絕境。康熙四十七年（西元一七〇八年）太子允礽被廢黜了。

這一年的夏天，康熙皇帝到塞外巡視，命太子隨行。在外出期間，父子之間平日積累的矛盾終於爆發。太子允礽深感自己處境危險，每逢夜靜更深之時，允礽就來到康熙住的帳篷附近轉遊，時不時地還偷偷靠近帳篷，扒著帳篷的縫隙往裡窺視，觀察康熙的動靜。康熙因身在塞外，所以特別提高警惕，惟恐有人暗殺自己，

加以防範。太子允礽這些反常的舉動自然被康熙即時掌握了。康熙認為允礽是要伺機謀殺自己，搶奪皇位。

另外，隨行的十八皇子允祄突患重病，經多方治療，病勢卻日益惡化，康熙皇帝心如火焚。可是，太子允礽卻無動於衷，康熙對太子的表現十分氣惱，認為允礽毫無手足之情，便把太子喚來加以訓斥，太子允礽非但拒不認錯，反而出言不遜，怒形於色。太子的這種反應實出康熙意外，康熙不僅氣憤難當，而且憂心忡忡，深感將來後果可怕，自己健在時太子尚且如此，一旦自己百年之後，太子繼位當上皇帝又該怎樣呢？想到這裡，康熙皇帝不寒而慄，不願再想下去了。

康熙正值心煩意亂之時，偏偏又聽說一些隨行的小皇子們凌辱大臣，就連皇帝的貼身侍衛也不放過，甚至對隨行的諸王也不放在眼中，橫加污辱。康熙聽後氣憤異常。一些敵視太子的人又乘機進行中傷，向康熙進讒言，說太子允礽比小皇子們有過之而無不及，小皇子種種不法行為全是跟太子學的。

綜合各方面的情況，康熙皇帝堅定地認為太子允礽實在是不堪造就，如不及早將其廢黜，不用說自己百年之後，國家將要出現危機，就在目前，自己也難免不被暗害。康熙皇帝每思及此，歷史上發生過的一幕幕子弒父、臣弒君的慘景便浮現眼前……。康熙皇帝終於下了決心，在九月四日返京途中於布爾哈蘇台突然召開隨行諸王及副都統以上大臣會議，以迅雷不及掩耳之勢，宣布太子不守祖宗法制，不遵祖宗教訓，一意孤行，殘害官民，無情無義，不仁不孝，荒淫暴戾，結黨營私，前此已圖謀不軌被制止，如今竟敢探聽皇帝起居動作，居心叵測，允礽已不堪太子重任，應予廢黜，加以監禁。同時還把太子的親信格爾芬、阿爾吉善等六人當場處死，將杜默臣等四人充軍盛京。康熙皇帝宣布完廢黜太子的諭旨之後，痛苦得泣不成聲，一頭栽倒地上。

康熙皇帝回到京城後，心情極端不佳，他對眾皇子說：「你們要體諒父皇，不要再惹事生非了！」可是，事與願違。眾皇子眼見太子位子出現空缺，一個個都紅了眼，恨不得把兄弟們都打倒，巴不得自己一躍而為太子。謀求太子位子最急切的莫過長子允禔了。他滿以為太子允礽一倒，其他弟弟們絕不是自己的對手，自己除了不是皇后生的這一點而外，其他條件無不具備，太子是非己莫屬了。康熙皇帝對允禔的野心洞若觀火，他為了避免事端，公開宣稱自己從來就沒有立允禔為太子的想法，而且允禔性情急躁、愚頑，根本不符合太子標準。

康熙皇帝的這番話，徹底粉碎了允禔的太子夢。可是，允禔並不就此止步。他見自己當太子無希望了，就轉而支持八皇子允禩爭當太子。為了徹底排除障礙，允禔竟公然向康熙皇帝建言，如果父皇想殺掉允礽，不必親自下手。言外之意甚明，自己可以充當殺手。

同時，還向皇帝報告，京內有個著名的相面人，名叫張明德，他曾經給允禩相過面，說允禩日後必然大貴。康熙皇帝看過允禔的奏章後，異常吃驚，萬萬沒想到允禔竟墮落到這般程度，居然要親手殺死自己的弟弟，而且與允禩勾結一起，不擇手段地爭太子。

對此，康熙皇帝以祭天的形式，在祭文中明言：「臣雖有眾子，遠不及臣」，明確表態不再立太子，以此打消眾皇子爭太子的念頭。同時，又不只一次地訓戒允禔，說他不明君臣大義，不念父子之情。另外，還下令追查張明德給皇子相面的事情。

據三皇子允祉揭發，允禔與一個會巫術的人來往密切。經審訊，查出了允禔曾利用巫術蠱害太子，由於人贓俱獲，允禔只得認罪。結果允禔被革去王爵，幽禁起來。在審訊張明德時，發現他還曾要謀害允礽，而允禩與張明德有牽連，也參與謀害太子活動，結果張明德被凌遲處死，允禩被關押。

經過這番折騰，康熙皇帝認為允礽的悖亂行為是中了邪術的緣故，被廢黜是冤屈了。於是，康熙皇帝在懲治了允禔後，立即召見允礽，並把他從幽禁的地方遷到咸安宮居住、休養。康熙皇帝還對允礽說，以前的事就別提了。同時，把允禩也釋放了。善於猜度皇帝心理的朝臣當即就祕密上奏章，提出應恢復允礽的太子稱號。康熙皇帝接到奏章後，告訴大臣們，不要妄加猜測，不要向允礽獻殷勤，至於立誰為太子，自己心中有定見，朝臣不許干預。

接著，在六天之後，即十一月十四日那天，康熙皇帝下令滿朝文武大臣舉薦太子，除允禔外，其他皇子都在舉薦之列，還明確表示，只要眾意所歸，自己就予以同意。

朝臣們聽到這道諭旨，立即紛紛行動起來，尤其平日與皇子們關係密切的人更是活躍，到處遊說，惟恐自己擁戴的皇子不入選。在眾皇子之中，八皇子允禩的勢力僅次於允禔，他的黨羽廣布朝廷，大學士馬齊、領侍衛內大臣鄂倫岱、理藩院尚書阿靈阿、戶部尚書王鴻緒、工部右侍郎揆敘等都是允禩的心腹。這些人到處活動，有的找上門去明談，有的在朝房中把「八阿哥」三個字寫在手心上偷偷給旁邊的大臣看，一時之間，擁戴八阿哥允禩當太子的呼聲壓倒了一切。

康熙針對這種情況，立即制止眾臣的舉薦活動，再次表態說：「立太子事關重大，眾臣還要好好議一議。」最後乾脆指明，不宜立允禩，並提出三條理由：第一，允禩沒有從政經驗；第二，曾謀害過太子，近日曾受過懲罰；第三，他的生母出身卑微。

緊接著，在十一月十六日，康熙皇帝宣布釋放允礽，並當面告誡允礽今後要改惡向善，不許打擊報復曾揭發過自己的群臣，要認真讀書，修養德性，要尊重大臣，愛護弟兄。康熙皇帝此舉無異於宣告復立允礽為太子。因此，眾朝臣在次日便紛紛上奏章請復立允礽為太子。可是，出乎眾臣意料，康熙皇帝並沒有立即將這些奏章批復，而是壓了下來。直到第二年的三月，康熙皇帝認為時機已成熟，才下諭旨重新冊立允礽為太子。至此，鬧了半年的廢太子、立太子的大事才告結束。

康熙皇帝在復立允礽為太子後，於康熙四十八年（西元一七〇九年）三月十日加封諸皇子，允祉、允禛、允祺被晉封為親王，允祜、允祇晉封為郡王，允禟、允禐、允禵被封為貝子，企圖以此維繫一度破裂的太子與諸皇子的關係，進而促進朝廷的安定。

可是，事情的發展並未如此遂人心願，康熙皇帝的願望再一次落空。皇帝與太子、太子與眾皇子圍繞國家最高權力的爭奪仍在或明或暗，時張時弛地進行著，終於又來了一次大爆發。太子允礽再次被廢黜，康熙皇帝又遭受空前一次情感打擊，終至大病纏身，眾皇子之間的矛盾日益激化，延續到康熙死後，直弄到骨肉相殘殺的地步。

隨著太子的復出，太子黨也重新集攏起來。而各皇子拉幫結夥，培植個人黨羽的活動也在緊湊地進行。政治輪盤越轉越快了。這種黨羽林立的局面與康熙皇帝所推行的「國家惟有一主」的統一格局，形成尖銳對立。太子允礽已三十五歲了，可是康熙皇帝才五十六歲，在可望及的將來，太子仍無望繼位當皇帝。太子允礽更時刻擔心再出變故，恨不得立刻登極方遂心願。因此之故，太子常發怨言：「古今天下，豈有四十年太子乎？」

對此，康熙皇帝當然不能等閒視之，在皇權面前，雖父子矛盾也是不可調和的。康熙皇帝為了扼制太子搶班奪權，首先把矛頭對準了太子黨。

康熙五十年（西元一七一一年）十月二十七日，康熙皇帝在暢春園召見諸王及文武百官，質問眾臣為何不顧皇恩而趨附太子，結黨營私。當場把懷疑屬於太子黨的都統鄂善、兵部尚書耿額、刑部尚書齊世武、副都統悟禮、步軍統領托合齊逮捕，交由衙門審訊。被捕的眾官矢口否認結黨，而康熙皇帝也拿不出充分的證據來，案子拖了半年，最後，以貪汙的罪名把上述諸人革職，幾名嚴重者被判死刑。太子允礽的勢力遭受了一次毀滅性的打擊。太子允礽的地位又開始動搖了。

皇帝與太子的這種微妙關係，使得朝廷之上的大臣們左右為難。如果不取悅皇帝，則難逃一死；如果不取悅於太子，將來太子繼位後，難免不遭打擊。所以在朝臣中，流傳「兩處總是一死」的言論，人人自危，朝廷又深陷不安之中。太子與皇帝的矛盾猶如滑坡之巨石，轟然而下，不可阻止。眾大臣於兩難中，只好如賭徒一般，把籌碼押在一頭。因此，太子與皇帝的矛盾終於到了不可收拾的地步了。康熙皇帝再次決定廢黜太子。

康熙五十一年（西元一七一二年）九月三十日，康熙皇帝巡視塞外返京，下車伊始，就向諸皇子宣布：「太子允礽自復立以來，狂疾未除，大失人心，祖宗弘業斷不可託付此人。朕已奏聞皇太后，著將允礽拘執看守。」

第二天，康熙皇帝親自用朱筆寫了詔書，宣布太子允礽的罪狀，計有「行事乖戾」、「狂易之疾，仍然未除」、「是非莫辨，大失人心」、「秉性兇殘，與惡劣小人結黨」，並說今天看來，已毫無改正的希望。按自己當

年復立允礽時所說的「善則為皇太子，否則復行禁錮」的話，現決定將太子允礽廢黜，進行拘禁，希望群臣全心全意擁護，不要萌生其他想法。如果有人膽敢為允礽辯護，立即正法。

康熙皇帝第二次廢黜太子，不僅對朝政產生了深遠的影響，震驚了全國，而且對他本人也是一次嚴重的打擊，以致病倒在床。但是康熙皇帝畢竟是一位英明的皇帝，他從兩次廢立太子的事件中，結合歷史、總結出經驗教訓，以示群臣。他在上諭中寫道：「宋仁宗三十年未立太子，我太祖皇帝並未預立皇太子，太宗皇帝亦未預立皇太子。漢唐以來，太子幼沖，尚保無事；若太子年長，其左右群小結黨營私，鮮有能無事者。」「今眾皇子學問、見識，不後於人，但年俱長成，已經分封，其屬人員未有不各庇護其主者，即使立之，能保將來無事乎？」

康熙皇帝為了統治的安定，決意不再冊立太子，這就從根本上避免了太子與皇帝的矛盾。康熙皇帝的這一決策從一方面看，不能說沒有道理，沒有對立面，自然就沒有鬥爭了。可是，他畢竟受歷史與階級的侷限，不可能認知矛盾是客觀存在，是不可超越的。尤其在封建帝王家中，爭奪皇權的鬥爭更是不可避免的。何況，他有二十多個接班人呢！建立在血統論基礎上的封建繼承制度，註定了與爭權奪勢相始終，這是不以人的意志為轉移的。

康熙皇帝決定不再冊立太子，但是並沒有減輕皇位繼承的壓力，更沒有消弭爭奪皇權的矛盾。首先向康熙皇帝施加壓力的是八兒子允禩。允禩雖然在爭當太子的過程中受了挫折，甚至挨了處罰，但他爭當太子的欲望非但沒有消歇，伴著太子允礽的第二次被廢黜，允禩爭當太子的野心卻空前膨脹起來，大有太子非己莫屬之感。他加緊活動，集聚黨羽，大造當太子的輿論。

康熙對允禩的這些活動，十分氣憤，於康熙五十三年（西元一七一四年）十一月，對眾皇子說：「允禩仍然想當太子，與亂臣賊子結黨，圖謀不軌，以為我年老體衰，來日無多，他滿以為曾有人薦舉他當太子，我死以後就沒人敢和他爭了，可以毫不費力地當皇帝了。我再也不認他這個兒子了。我擔心你們中間有人給允禩捧

場，甚乃興兵作亂，逼我讓位給他。如果真的這樣，我只有含笑而死。允禩因為沒當上太子，恨我恨到骨子裡，他的黨羽也是如此！允礽悖逆，不得人心；可允禩則相反，他刁買人心，為人險惡遠遠超過允礽。」

儘管如此，允禩仍毫不收斂，反而擴大聯繫面，使得許多皇子如允禟、允䄉、允禵都靠攏自己，甘為己用。

康熙雖然不再立太子，但是並不意味著對繼位者就不考慮了。他嚴密關注眾皇子，期望發現有類似自己的，以便在自己死後由其繼承皇位。

鑒於這種形勢，眾皇子更加活躍起來，為爭當太子而各顯其能。廢太子允礽積極活動，希圖復出。康熙五十四年（西元一七一五年）四月，準噶爾部發生策妄阿拉布坦叛亂，康熙皇帝下令吏部尚書富寧安率兵征討。允礽認為時機已到，透過醫生給正紅旗滿洲都統普奇捎去一封用礬水寫的密信，囑托普奇在皇帝面前保舉他任大將軍，出征西北，以此為契機達到恢復太子地位的目的。結果，這件事被人揭發，普奇與傳信的醫生都被判了刑，允礽的復位希望成了一場空。

康熙的三兒子允祉以博學著稱，曾受命負責撰修《律歷淵源》及《古今圖書集成》，身邊集聚了一大批有真才實學的名人，無論在國內外，均有很高的聲望。在康熙五十六年（西元一七一七年）冬天，康熙皇帝患病期間，允祉與允禛、允祹、允祿兄弟四人受命協理朝政。一時間，允祉有可能成為太子的說法著實流行了一陣。關於允祉爭當太子的事情缺乏詳細的記載。但從康熙皇帝死後，允禛繼位當皇帝後曾斥責允祉在允礽被廢後「希冀儲位」、「以儲君自命」的話來看，允祉也曾爭奪過太子的寶座，只不過不像允禩那麼赤裸裸罷了。

四皇子允禛為人有心計，有手腕，因此他爭奪太子寶座的活動就更有準備、更有實效。他密切注視形勢的發展，絕不冒昧胡來。他首先千方百計博得康熙的喜歡。他知道康熙推崇仁孝，他就事事以仁者的面貌出現。比如：允礽在第一次被廢黜之後，其他皇子都紛紛落井下石，惟獨允禛肯於仗義執言，並力主替廢太子傳話給康熙皇帝。對此，深得康熙的嘉許，認為允禛「能體朕意，愛朕之心，殷情懇切，可謂誠孝」。而對其他皇子，允禛常在康熙面前說好話。對允禩也注意聯絡感情，而不是採取針鋒相對的態度。

允禛在博得父皇及兄弟們好感的同時，毫不放鬆培植個人勢力的活動。他特意聯絡百官，對康熙的心腹重臣更是曲意籠絡，就是對那些地位低下的官吏，他也不放過，事事博得眾官的好感，有意無意地替他造輿論。在這方面，允禛的確棋高一籌，勝過了允禩等人。

另外，允禛在密鑼緊鼓地參加爭當太子的活動同時，卻裝出一副看破紅塵的樣子，醉心佛門，講經注經，與高僧往來，還參禪說法，甚至自稱「天下第一閒人」，以此麻痺政敵。

允禛的兩面派手法不僅騙過了康熙皇帝，也瞞過了眾兄弟。在隱蔽的活動中，他一步一步地接近了皇位。十四皇子允禵後來居上，他最得康熙皇帝的寵愛。在康熙五十七年（西元一七一八年）三月，允禵被破格由貝子升為王爵，並出任撫遠大將軍率軍出征西北。此後，允禵常駐西寧，手握重兵，招賢納士，以未來的太子自居。而朝野上下也有許多人認為康熙皇帝之所以如此重用允禵，乃是要立他為太子的信號。

總觀允礽在第二次被廢黜之後，在爭當太子的鬥爭中，允禩的勢力雖大，但皇帝已明確表示不立他；允祉雖也有優勢，但實力較差；允禛有實力、有謀略但採取了隱蔽的形式；允禵有實力、有影響，一般認為最有獲勝的可能。至於其他皇子則不在話下了。從發展上來看，繼承康熙皇帝的皇冠，最有可能的是允禛和允禵。不過，在康熙帝生前，允禛和允禵只是暗爭而沒有明鬥罷了。

允禛和允禵是一母所生，但這對同胞兄弟在爭太子的鬥爭中卻始終勢不兩立。最初允禵跟著允禩，反對允禛。後來，隨著允禵羽翼豐滿，允禩受挫，允禵自樹一幟，自立一黨，從幫助允禩爭太子的配角一變而為爭當太子的主角。康熙皇帝雖然十分寵愛允禵，但並沒有明確表示立他為太子，而在彌留之際卻留下傳位於四阿哥（允禛）的遺詔。允禛順理成章地繼承帝位，稱雍正皇帝。允禛稱帝後，儘管對與自己爭皇冠的弟弟們恨之入骨，務必除之而後快，但是老謀深算的允禛非但沒有立即動手誅除異己，反而採取了隱忍策略，將資深的兄弟們晉升為王，授予大權。如允禩被封為廉親王、總理事務大臣、理藩院尚書、辦理工部事；允禵被封為郡王。

允禩、允禵卻不甘心北面稱臣。這樣一來，康熙生前爭太子的鬥爭非但沒有因為允禛繼位而止息，反而更

加尖銳、殘酷，狂潮迭起，人頭紛紛落地。

允禛深知隱忍策略只是權宜之計，所以他在對政敵加官晉爵的同時，又進行分化瓦解，以求各個擊破。就在任命允禩為總理事務大臣這一人之下萬人之上的高官當天，就下令召允禵立即回京奔喪，命輔國公延信晝夜兼程馳赴甘州軍營管理大將軍印務，命川陝總督年羹堯協理軍務，在延信未抵達軍營之前，由平郡王訥爾蘇署理大將軍事。明眼人一看便知，允禛的這個措施，就是以迅雷不及掩耳之勢奪了允禵的兵權，削了大將軍的職務。允禵當然更明白其中的利害，但礙於奔父喪的名義，不能不應召進京。鬥爭一開始，允禵就丟了一分。

離開軍營的允禵，一進入京城，就陷入了允禛布下的羅網。哥兒倆一見面，允禵怒火中燒但還得按君臣名分行事，允禛內心得意，表面上還裝出仁兄的模樣。允禵勉強給允禛叩過頭之後，就遠遠地站住了，並不趨前祝賀兄長登基，更毫無親近的表示。允禛為了打破僵局，離座前迎數步，可是允禵仍不予理會，毫無反應，御前侍衛拉錫為了打個圓場，急忙拉允禵趨前迎拜允禛。這個尷尬場面總算過去了。

可是，允禵卻不罷休。朝見過允禛以後，下殿來就指著拉錫的鼻子大罵，後來又找到允禛告拉錫，說：「拉錫這個奴才，對我十分無禮，居然敢當著皇上的面拉扯我。如果我有不是，就請皇上處分我；如果我沒有不是，就請皇上將拉錫正法，以嚴肅國家的法度！」

允禛對這個挑戰，毫不客氣，當即以允禵心高氣傲的罪名，將他的王爵削掉，降為貝子。隔年，允禛又降旨訓斥允禵，並在安葬完康熙皇帝的靈柩之後，允禛又下令叫允禵留在馬蘭峪看守康熙的陵寢，其實是把他軟禁起來了。允禵的後半生一直在幽禁中生活，直到乾隆二十年（西元一七五五年）病死。

允禛在收拾了允禵之後，立即動手整治允禟和允䄉。允禛派允禟去西寧，名為軍營需要，實為發配邊疆。允禟自然不願前往，百般推諉。但允禛嚴令督責，允禟不得已只得於雍正元年（西元一七二三年）離京去青海，在到達西大通（今青海省大通縣東南）後，被允禛的心腹大臣年羹堯軟禁在城中。隔年，允禛又以允禟在邊疆違犯軍法的罪名，將他的貝子革去。

允禵在雍正元年（西元一七二三年）命令允䄉護送死在京城的蒙古活佛哲布尊丹巴的遺體去喀爾喀蒙古地區。允䄉幾經推辭不得，最後只得被迫離京去蒙古，但他行至張家口時就不肯再往前去了。允禛以抗旨的罪名將允䄉革去郡王爵位，調回京城永遠監禁，並將他的家產查抄。

允禛在打倒了允禩、允禟、允䄉之後，開始與允禩算總帳。在雍正二年（西元一七二四年）七月，允禛發表了自己寫的《朋黨論》，以反對結黨營私為名，向允禩進攻。八月，允禛召集宗室諸王，公開譴責允禩、允禟、允䄉及允禩，說他們結成朋黨，圖謀不軌，公開點了允禩的名。十一月，允禛又斥責允禩刁買人心，攻擊皇上。同時又宣布歸附允禩，與他結黨的人是叛國犯，要從重懲處。十二月，便以叛國的罪名追究已死七年的允禩與黨揆敘的罪責，命令在揆敘的墓前立個石碑，上面赫然刻著「不忠不孝柔奸陰險揆敘之墓」，以示懲罰。隔年，又以各種罪名，懲處了允禩集團中許多人。

經過兩年多時間的準備，從輿論上、組織上搞臭、搞散允禩集團，在雍正四年（西元一七二六年）正月初五那天，允禛發出上諭，歷數允禩「無祖宗君上」、「自絕於天，自絕於祖宗，自絕於朕」是「不忠不孝大奸大惡之人」等等罪名，還指出「三年以來，朕百凡容忍寬免，諄諄訓誡，猶冀其悛改前愆……。允禩詭譎陰邪，日益加甚！」最後，宣布削除允禩宗籍，不承認他的皇族身分，降為民王，予以幽禁；將允禩的妻子革去福晉的名分，休回娘家，嚴加看守。與允禩有牽連的幾個皇族也遭到削爵監禁的處分。

至此，與允禛爭奪太子儲位及爭奪皇位的首腦人物均被允禛制服了。但是，爭權鬥爭並沒有完全平息。允禩、允禵的餘黨及不滿允禛的人們仍在垂死掙扎，給國家的安定帶來了威脅。比如：有個叫蔡懷璽的人，在雍正三年（西元一七二五年）四月跑到馬蘭峪軟禁允禵的處所，要求見允禵。允禵擔心招惹是非，沒有接見。蔡懷璽就寫了「二七便為主，貴人守宗山」、「以九王（指允禟）之母為太后」的字條，扔進允禵的院內，他還到處講說：「十四爺（指允禵）的命大，將來要做皇帝。」又如，天津有個叫郭允進的人，書寫傳單，宣稱「十月作亂（指允禛繼位），八佛（指允禩）被囚，軍民怨新主（指允禛）」到處散發，還號召人們起來反抗。而允禩及允禟的親信，更是不遺餘力散布攻擊允禵的言論，如太監何國柱散布雍正皇帝的母親是為了允禵的事而自殺的，太監馬起雲說雍正皇帝的母親是為了允禟的事撞死的；還有的人散布雍正皇帝「逼凌弟輩」、「報復私怨」等等。

鑒於此，雍正皇帝加速了對允禩等人的處理。雍正四年（西元一七二六年）五月，允禵向全國公布允禩、允禟、允䄉的罪狀及處理決定。允禟被圈禁在保定，所住的三間小房外邊加築高牆，前門封閉，設轉桶送飲食，外設眾兵嚴加把守。允禟囚居小屋之內，帶著鐐銬，屋小牆高、門窗密閉，在盛夏之時常常昏厥，不堪折磨，於八月份死去。允禵由京郊遷押至京城內景山壽皇殿，以便嚴加監控。在殿內高懸康熙皇帝的畫像，命允禵面對父皇畫像，日夜進行懺悔，受盡精神折磨。九月份，允禩死於囚禁之處。

反對允禵的允禩、允禵集團徹底被粉碎了。從康熙朝爭奪太子儲位，到雍正朝爭奪皇帝寶座，延續了四十餘年的爭權鬥爭，至此才宣告結束。

康熙皇帝無時無刻不在宣揚忠孝仁義。可是他的兒子們為了爭奪最高權力，無論在他生前或者死後，沒有一個去履行忠孝仁義。這絕不是康熙皇帝個人的悲劇。縱觀中國封建社會的歷史，在帝王家中，經常發生爭奪皇位的鬥爭，而每次鬥爭無不散發著濃重的血腥味，在高揚的忠孝仁義大旗上，沾滿了父子兄弟的血，為了獲得最高權力，皇帝及其兒孫們任何傷天害理的事都能幹得出來，任何兇殘狡猾卑鄙的手段都能使出來。這不是個人的罪孽，是封建統治階級的本性使然。

酒池肉林，妹喜亡夏

是寵位上的尤物，也是亡國之君的幫兇！

夏朝，是中國奴隸社會第一個王朝，它曾經雄踞天下。但到了夏朝末期，由於奴隸主階級的腐敗，加重了對勞動人民的剝削，階級矛盾不斷激化，正如《史記．夏本紀》所言：當時的統治者「內作色荒，外作禽荒」，「好方鬼神，事淫亂，夏后氏德衰，諸侯叛之」。夏王朝由盛至衰，最終走向了滅亡。不能否認，夏朝的滅亡具有各方面的原因，而夏朝最後一代國王——夏桀的荒淫無道，是加速這一滅亡的重要原因。

夏桀的淫慾暴虐生活中，有一個人物，發揮了推波助瀾作用，她就是妹喜。妹喜是得到夏桀萬分寵幸的王后，她以投其所好博得夏桀的歡心，又以百般迎合保住寵位，她與夏桀如痴如狂，縱慾無度，終於成為中國歷史上第一個亡國之后。

當年，夏桀是個異常驍勇善戰的強者，他率兵四處征討，所向披靡，聲威遠颺。

一次，夏桀率兵征討有施氏，這是一個貧弱的小國，不堪夏桀一擊。為防滅頂之災，有施氏想出一計。他早已聽說夏部落的桀非常好色，所到之處擄美女無數。為了討好夏桀，他決定將全國最美的女子獻給夏桀。夏桀一聽如此，果然大喜，端坐著等待那美女出來晉見。

不一會兒，臣下領出一女子，款款而至，夏桀細看這女子，眼如秋水，面若桃花，楊柳細腰，顧盼生輝，真是萬種風情，看得夏桀眼都直了，隨之是令其伴隨左右，形影不離。

妹喜不僅絕色美豔，而且能言善語，妖冶嫵媚，令夏桀神魂顛倒，視之如掌上明珠，不僅專寵妹喜，而且還將她尊為王后。

自從得到了妹喜，夏桀的全部心思幾乎都花在了她的身上，妹喜也由於得到君王的寵幸，而越來越放縱，慾壑難填。

一天，夏桀見妹喜悶悶不樂，皺著眉坐在那裡若有所思，趕緊湊過去問她：「何事讓王后這樣悶悶不樂？」妹喜沒有做聲，把臉扭向一邊。夏桀急得拉住妹喜的手：「王后心裡有事，何必放在心裡，但說無妨，我一定照辦即是。」妹喜這才撅著小嘴，嬌聲說道：「君王貴為一國之主，竟然住這樣的宮殿……。」話未說完，夏桀早已明白其意，忙說：「王后不必多言，我自知該如何去做！」

夏桀立即下令打開國庫，傾其所有，建造一座新的宮殿，宮亭台榭，極盡奢華。為了這一浩繁的工程，無數民工前後出了七年苦役。刮盡了民脂民膏，最終建成了一座幾乎是用百姓的血汗堆砌而成的宮殿。《竹書紀年》中有這樣的記載，說「築傾宮，飾瑤台，作瓊室，立玉門」，以此來形容這座宮殿華麗無比。之所以叫傾宮，是因為它太高，從地面仰起頭往上看，似有要傾倒的感覺。殿前還修了一個玉石的高台，為的是讓妹喜站到上面遠眺，將遠近美景盡收眼底。夏桀為了滿足妹喜的願望，真是用心良苦。

妹喜受此厚愛，自然更加得意，她住進這座瓊瑤美玉的宮殿，過著極盡奢侈的生活。夏桀不惜耗費巨大的財力、人力、物力，只為討美人歡心，而他自己則以妹喜之樂為樂，在與妹喜的淫樂中，滿足自己的私慾，至於國家社稷、百姓疾苦，早已拋到九霄雲外。

在傾宮住了一段時間之後，妹喜又覺得膩煩了，夏桀百般哄勸，妹喜仍不開心。她是覺得該有的都有了，該玩的都玩了，實在是缺少新的樂趣，於是又呆坐不動了。一天，一名宮女不小心將裙子刮破了，那「嘶——」的聲音，竟使妹喜露出笑容。幾天來見妹喜愁眉不展正無計可施的夏桀一下子又找到了新的辦法。他下令讓人每天進獻一百匹帛，讓宮女輪番在妹喜面前一條一條地將帛撕碎，以那「嘶——嘶——」的聲音當做音樂，來取悅於妹喜。妹喜見夏桀在自己身上如此投入，不免心中歡喜，反過來又以百般的媚態去迷惑夏桀。

夏桀作為一代君王整日沉迷於聲色，滿心想的只有如何玩得開心，哪裡還有政績可言！而妹喜則更是風情

萬種，玩樂有術，只顧讓夏桀圍在自己身邊。她清楚，只要讓夏桀開心，就能保住寵位，只要保住寵位，自己就能得到一切，至於夏桀的治國大業，根本不放在她的心上。二人一唱一和，隨心所欲，想出了一個又一個殘酷而又下流的縱慾方式。

可以想像得出，傾宮是座何等美麗的宮殿，只可惜這種美麗儘管可以賞心悅目，但卻無法滿足夏桀與妺喜的貪婪，不久，他們就把這種美麗給破壞掉了。

徵集了大批民工和奴隸，在傾宮內要修築一個豪華的大池子。民工們從很遠的地方運來玉石，又一塊塊地砌起來，汗流浹背，終日苦幹。連朝臣們也不知夏桀修築這個大池子用意何在。

幾個月的時間過去了，民工們日以繼夜地苦幹，耗費了無數的財力，一座前所未有的漂亮大水池呈現在人們眼前，其豪華和美觀足以令人驚嘆。夏桀高興得手舞足蹈，他命令民工將大桶大桶的美酒抬到池邊，倒進池子。池子裡的酒一點點地增加，直到灌滿為止。在場的人個個目瞪口呆，難道夏桀修這麼大的池子，只是為了裝酒嗎？他們無論如何也想像不到，夏桀修的這個酒池，決非是為儲存之用。

此時妺喜款款而來，在池邊對夏桀指手畫腳地說了一番，夏桀連連點頭。於是夏桀又找來諸多能工巧匠，製造了一批五顏六色、精美絕倫的小船，一隻隻地放到池中。酒池中微波蕩漾，波光粼粼，酒香飄飄，數里之外都能聞到。一群打扮得花枝招展的歌女坐於船頭，彈琴賦歌，池邊是載歌載舞的青年男女，他們一邊歌舞，一邊飲著池中之酒玩鬧嬉戲，酒醉之後，醜態百出。夏桀、妺喜在宮娥綵女的伴從下，觀賞取樂，開懷暢飲。他們經常是通宵達旦，樂此不疲。

一天，夏桀又在觀賞歌舞遊戲，妺喜忽然對夏桀說：「大王整日觀看這些人舞來舞去，難道不乏味嗎？」夏桀說：「王后又有什麼新的招法，讓妳我玩得開心？」妺喜說：「我倒有一想法，不知大王是否贊同？」夏桀說：「王后但說無妨。」妺喜湊到夏桀耳邊，如此這般地說了一番，夏桀的臉上漸露喜色，不等妺喜說完，二人便淫蕩地大笑起來。夏桀下令，按妺喜的意思辦理。

只見宮人一趟一趟地忙碌著，他們一筐筐地抬來煮熟的肉，掛在林中的樹上，肉被風吹得漸成肉乾。樹上掛著肉乾，遠遠望去，就像樹上結的果子。掛肉者按旨意，讓人站在樹下能一抬頭就咬到肉乾，就這樣，一片樹林就變成了肉林。

夏桀又下令，將一大群宮女全都召集到林中，命她們脫光衣服，集合待命。夏桀對宮女們交待了一番後，便與妹喜雙雙登上玉石砌成的高台，指揮這場遊戲。夏桀讓人在他面前放了一面大鼓，按照事先的約定，要求宮女們聽到鼓聲便做各種表演，不得有違。一切就緒，夏桀與妹喜相視而笑，夏桀拿起鼓槌，「咚、咚……」發出號令，只見一絲不掛的宮女們發瘋般地奔跑起來。她們亂哄哄地跑到酒池邊上，把頭伸進池中去飲酒，凡是蹲、跪者一律受罰，其醜態可想而知了。夏桀、妹喜見狀哈哈大笑。不等宮女們飲完酒喘口氣，夏桀的鼓槌又開始敲響，宮女們又一窩蜂地跑向肉林，要求每棵樹下一個人，仰起頭去咬掛著的肉。這種淫蕩的遊戲幾乎到了無恥的地步。

幾番折騰之後，宮女們早已個個汗流浹背、氣喘吁吁，但是鼓聲未停，她們還是要奔來跑去，做著那些不堪入目的姿勢和動作，供夏桀和妹喜觀賞。

妹喜淫慾無度，鬼主意一個接一個。她拉著夏桀，指著傾宮，嬌嗔地對他說：「既造了傾宮，何不再造一個夜宮，難道君王不想玩得更開心嗎？」夏桀未解其意，於是妹喜又為他做了一番解釋，夏桀一聽，拍案叫絕。他再一次召集了大批民工，在院子裡挖了起來。

這一次，夏桀是要按妹喜的意圖修建一座與傾宮同樣豪華的地下宮殿。當然這座宮殿要比傾宮花費的財力還要高。國庫力所不支，夏桀便下令四處搜刮，百姓們本來已經是衣不蔽體、食不果腹，但卻仍要擔負沉重的賦稅和徭役，夏桀這一國之君是何等地昏庸、暴虐。

又一座富麗堂皇的夜宮在百姓們的血汗中建造起來了。這座宮殿果然要比傾宮還華麗。宮中燈火輝煌，香煙裊裊，歌舞婆娑。夏桀、妹喜在此飲酒作樂，忘記了一切。他們竟讓宮中的男男女女全都脫光衣服，雜處在

一起。看到他們的各種醜態，夏桀和妺喜覺得非常刺激，於是他們下令指揮著這群瘋狂的男女做出各式各樣的姿態，好滿足自己的慾望。

誠然，那個時期社會剛剛從原始氏族的胚胎中脫生出來，宮廷內外，男女雜亂，應該說有一定的歷史淵源。但是，作為一國之主，竟然帶領宮廷上下，一昧地淫亂取樂，實在是理所難容。

寵嬖禍國。夏桀不久便自食其果。朝中大臣對夏桀與妺喜的胡作非為早已看在眼裡，氣在心上。先是幾個重臣上諫，但夏桀往往是一二個月也不上朝，或是聽不到，或是對上諫者嚴加斥責。但是朝臣們實在忍無可忍，紛紛上書勸諫，希望夏桀能以國事為重。

朝臣們的所作所為應該說是對國家負責的行為，但是昏庸無道的夏桀卻勃然大怒，下令將勸諫的大臣統統殺掉。

此時的夏朝，早已是民不聊生，國亂四起，眾諸侯一見夏桀無望，紛紛叛逃。在諸侯中，有一位叫湯，此人精明強幹，很有謀略，而且賢明豁達，叛逃者多是去投奔了湯。夏桀得知此事，暴跳如雷，將湯抓來囚禁於夏宮。但是夏桀並沒有覺察出湯的存在對他的威脅，他狂妄自大，沒有把任何人放在眼裡。眾人為湯紛紛說情，夏桀又將湯放回原地。

湯回到封地以後，迅速組織隊伍，並親率各族諸侯起兵討桀。大禍臨頭，夏桀才知事態嚴重，他再也顧不得妺喜，獨自出逃，在鳴條這個地方被湯抓獲，就此夏朝滅亡，被商代替。

自中國歷史進入奴隸社會，女性在社會上的地位便一落千丈。她們不僅喪失了母權制時期的一切特權，而且一步步淪為男性的附庸和玩物。雖然在帝王身邊的女子貴為后妃，但也只能以寵為榮。爭寵是她們生活中最主要的活動，而受寵的后妃則又往往令天子沉迷聲色，進而禍國殃民，妺喜就是首例。夏朝的滅亡，除了階級與社會原因外，主要是因為夏桀的荒淫無道、暴虐殘酷所致。但是妺喜固得夏桀之寵而助桀為虐，作為一代亡國之后，其禍國之責難以推卸。

妲己之惑，鹿台焚身

靠媚色得寵，「助紂為虐」，成周武王刀下之鬼，實屬該然！

殷商是中國奴隸制社會的第二個王朝，是一個比較發達的奴隸制社會，由湯滅夏至紂亡國，歷時六百餘年。有商一代，以青銅器、甲骨文為代表的奴隸制文化迅速發展。但到了商朝末期，尤其是到最後一代商王紂執政時，由於奴隸主殘酷剝削壓榨奴隸及對奴隸任意打罵屠殺，導致奴隸與奴隸主這一奴隸社會的主要矛盾尖銳對立，不可調和並不斷激化，《禮記．表記》所云「其民之敝，蕩而不靜」，即反映了這一事實。因而當時奴隸逃亡、暴動之事時有發生。殷商王朝已處於風雨飄搖之中。然而，殷商王朝的最高統治者紂卻不思民困，不慮國危，在他的寵后妲己的慫恿下，一昧地荒淫殘暴，聲色犬馬，把殷商王朝進一步推向了滅亡的邊緣。

妲己，姓己，商末某部落首領有蘇氏之女。這一年，商朝國君紂（又名受或帝辛）帶兵征討有蘇氏部落，有蘇氏兵敗，便把自己的女兒妲己進獻給紂王為妾妃。

紂王十分好色，後宮雖有無數佳麗，但無法令他滿意。如今，見到美若天仙、傾國傾城的妲己，便立刻被征服了。妲己不僅貌美，還天生的善媚，很快便得到了紂王的專寵，封為美人（妃），寵冠後宮，並對她言聽計從。紂王自從納妲己之後，在壽仙宮中朝朝宴樂，夜夜歡娛，很長時間不再上朝聽政。因為紂王十分迷戀妲己，所以世人便傳說妲己是妖狐轉世。紂王為討妲己喜歡，命樂師師涓作新淫聲、北里之舞及靡靡之樂，終日懷擁麗寵沉湎於酒色歌舞中。

妲己入宮得寵，整日纏著紂王在壽仙宮內飲宴歌舞，尋歡作樂，致使紂王不僅荒朝疏政，而且對其他嬪妃也愈加冷落，不再臨幸。這便惹惱了紂王的原配妻子姜王后。一場奪寵、固寵的殘酷流血鬥爭開始了。

一天，姜后聞聽紂王正在妲己宮中飲宴淫樂，便帶上宮女，乘輦前往壽仙宮，想對紂王做一番「規勸」。姜后到了壽仙宮，正遇妲己為紂王歌舞。只見妲己霓裳擺動，繡帶飄揚，腰肢裊娜，歌韻輕柔，紂王早已看呆了。

妲己見姜后駕到，只得停止了歌舞。紂王正在興頭上，忽被姜后所攪，老大不高興，便問姜后來此何事？姜后向紂王諫道：「妾聞人君有道，賤貨而貴德，去讒而遠色，此人君自省之寶也。若所謂天有寶，日月星辰；地有寶，五穀園林；國有寶，忠臣良將；家有寶，孝子賢孫。此四者，乃天地國家所有之寶也。如陛下荒淫酒色，征歌逐技，窮奢極欲，聽讒信佞，殘殺忠良，驅逐正士，播棄犁老，昵比罪人，惟以婦言是用，此『牝雞司晨，惟家之索』以此為寶，乃傾家喪國之寶也。妾願大王改過弗吝，聿修厥德，親師保，遠女寺，立綱持紀，毋事宴遊，毋沉酗於酒，毋怠荒於色；日勤政事，弗自滿假，庶幾天心可回，百姓可安，天下可望太平矣。」說完，姜后又冷冷地掃了妲己一眼，便帶上宮女還宮了。

姜后的一番勸諫，紂王不僅不想採納，還藉著酒勁恨恨地罵道：「此賤婦好不識抬舉！我與美人歌舞一回，取樂玩賞，她卻說三道四。若非正宮，非用金瓜擊死，方解我恨！」說完，讓妲己繼續歌舞。妲己便假惺惺地說道：「妾身從今再不敢歌舞。」紂王問為何故？妲己說：「姜后深責妾身，此歌舞乃傾家喪國之物。況王后所見甚正，妾身蒙聖恩寵眷，不敢暫離左右。倘娘娘傳出宮闈，道賤妾蠱惑聖聰，引誘天子，不行仁政，使外廷諸臣將此督責，妾雖拔髮，不足償其罪矣。」說完，淚水還流了下來。紂王聽了妲己之言，愈加痛恨姜后，一邊為妲己拭去臉上的淚珠，一邊說：「美人只管侍朕，明日便廢了那賤人，立妳為王后。」妲己這才轉憂為喜，破涕為笑。

此後，妲己便時時盤算著如何除去姜后這個妨礙自己獲得專寵的眼中釘。商宮規定，每月初朔日，各宮嬪

妃們都要去正宮朝賀王后。這一天正是朔日，嬪妃們都陸續到了姜后的中宮。妲己也去了。參拜完畢，姜后又針對妲己進行了一番訓責：「天子在壽仙宮，無分晝夜，宣淫作樂，不理朝政，法紀混淆，妳並無一言規諫。迷惑天子，朝歌暮舞，沉湎酒色，拒諫殺忠，壞成湯之大典，誤國家之治安，皆是汝之作俑也。從今後，如不悛改，引君當道，仍前肆無忌憚，我遲早以中宮之法處之！」妲己因此時身在姜后宮裡，紂王又不在身邊，內心雖憤恨不已，卻只得忍氣吞聲，點頭稱是。

妲己憤憤地回到壽仙宮，馬上召來心腹宮婢鯀捐商議除姜后之計。鯀捐建議妲己去找紂王的寵臣費仲，請他幫忙出出主意。第二天，恰好紂王游幸御花園，鯀捐便乘機把費仲宣到了壽仙宮。在壽仙宮，費仲為妲己謀劃了一個陷害姜后的毒計。

一天，紂王在壽仙宮飲酒。妲己對他說：「大王顧戀妾身，旬月未登金殿，望大王明日臨朝，不失文武仰望。」紂王對妲己從來都是言聽計從，當下便答應明日昇金殿設早朝。

第二天清晨，紂王出壽仙宮，在眾侍衛的保駕下往大殿走去。當紂王的鑾輿剛過龍德殿，行至分宮樓拐角處時，突然從路旁跳出一名手持利劍的刺客，大吼一聲，舉劍便朝紂王刺來。紂王兩旁持戟衛士急忙阻衛，使刺客未能得手。最後，刺客在眾人的圍攻下，束手就擒。在費仲的審問下，刺客供出他姓姜名環，是姜后之父、東伯侯姜桓楚的家將，今日奉中宮姜后之命，行刺紂王，意在為其父姜桓楚謀奪王位。紂王聽了費仲的奏報，大怒，立即降旨，廢去姜氏王后之位，並讓西宮黃妃嚴加審訊。

姜后無端遭受誣陷，不僅丟了王后之位，還要被審治罪，心中不服，大喊冤枉。妲己欲置姜后於死地，便向紂王提議：如施以重刑，姜氏定能認罪，如再不招，可剜去一目，她懼怕剜目之苦，自然就招認了。紂王採納了妲己的建議，不僅剜掉了姜后的雙眼，而且烙焦了她的雙手。不久，姜氏便死去了。妲己以慘無人道的手段，害死了姜后，不僅鞏固了自己的寵位，還名正言順地入主中宮，當上了王后。

紂王專寵妲己，為討妲己歡心，他要在京都朝歌城中修造一座鹿台，以供他與妲己在台上飲宴享樂。紂王

將修造鹿台工程的任務交給了崇侯虎。

鹿台工程浩大，需要大量錢糧和建築材料，還得徵調大批民工，搬運木頭、泥土、磚瓦，「絡繹之苦，不可勝計」。各地軍民，三丁抽二，獨丁赴役。有錢者買閒在家，無錢者任勞累死。一時間，萬民驚恐，日夜不安，男女慌慌，軍民嗟怨，家家閉戶，逃奔四方。

崇侯虎還仗勢虐民，可憐老少民工累死不計其數，全都被填埋於鹿台之內。此鹿台一共用了七年時間才修造完成，占地三里，高達千尺，聳入雲端。為造成這座摘星攬月的遊樂所在，為裝修鹿台，紂王不斷向老百姓加徵賦稅，同時又廣選美女歌伎，搜刮奇珍異寶，畜養狗馬玩物。鹿台修造完工後，紂王便經常攜妲己登鹿台歡宴歌舞。

為了滿足與紂王的荒淫奢侈，妲己又建議紂王造酒池肉林。紂王當然滿口答應。於是，紂王便命人在京郊沙丘的王家苑囿內，開鑿酒池，用石砌成，滿貯美酒。池四周山林之中，錦帛纏樹，掛滿烤肉。酒池肉林完工之後，紂王與妲己帶上幸臣美女，泛舟遊樂，命男女於酒池肉林中裸體嬉戲，尋歡作樂。

妲己有著美若天仙的外貌，心卻毒如蛇蠍。她得寵於紂王，並助紂為虐，時間一長，必然要引起一部分正直朝臣的非議和反對。為了嚴厲打擊鎮壓膽敢向紂王進諫和反對她的朝臣，妲己命人造炮烙，挖蠆盆，施以嚴刑酷法。手段之殘酷，令人髮指。如，大臣梅伯向紂王上疏進諫，勸紂王近賢臣，遠小人，廢黜媚主的妲己。此時的紂王已聽不得有人說半句妲己的壞話。

梅伯之言惹惱了紂王，他立即命人將梅伯抓起來，用金瓜擊頂！這時，妲己在一旁說了話：「大王，人臣立殿，張眉豎目。詈語侮君，大逆不道，亂倫反常，非一死可贖也。且將梅伯權禁囹圄，妾治一刑，杜狡臣之瀆奏，除邪言之亂正。」紂王聽了很高興，忙問是何刑具？妲己回道：「此刑具約高二丈，圓八尺，上、中、下用三火門，將銅造成，如柱一般。裡邊用炭火燒紅。然後將妖言惑眾、利口侮君、不遵法度、無事妄生諫章、與諸般違法者，跣剝官服，將鐵索纏身，裹圍銅柱之上，炮烙四肢筋骨，不須臾，煙盡骨消，盡成灰燼。

此刑名曰『炮烙』。若無此酷刑，奸猾之臣，沽名之輩，盡玩弄法紀，皆不知儆懼。」紂王大喜，立即傳旨，令人照妲己所描述的造「炮烙」刑具，要在短時間內完成。

不幾日，「炮烙」刑具製造完工。紂王命人將高二丈，圓八尺，三層火門，下帶兩隻滾盤的「炮烙」銅柱推到大殿之前。第二天，紂王設早朝，待文武百官齊聚殿內，他又令人將大臣梅伯綁來，對其施以炮烙之刑。行刑者先在銅柱的三層火門裡燒起炭火，不一會兒的工夫，銅柱便被炭火燒得通紅。然後將梅伯的衣服剝光，將其綁在銅柱上。梅伯大罵紂王昏君。旋即，只見銅柱四周冒起一股青煙，梅伯大叫一聲，疼得昏死過去。大殿之上，充斥著難聞的焦臭味，眾人紛紛掩鼻遮目，不忍睹視。

除「炮烙」刑具外，紂王與妲己還命人造了一種名叫「銅格」的刑具。這種刑具是用又窄又細的銅條搭成凌空的網格，於格下燃起炭火。然後強迫「犯人」赤足在燒熱的銅格上走過。「犯人」稍一不慎，便會從銅格上墜至火中燒死。

妲己為懲治不服管束的宮人，還建議紂王造「蠆盆」。據說，妲己害死了姜后後，原中宮的不少宮婢都十分憎恨妲己。一天，紂王攜妲己在摘星樓上飲宴。酒至半酣，妲己起舞，為紂王助樂。三宮六院的宮人都為之喝彩。但其中有幾個宮人不但不喝彩，還眼含淚珠，悶悶不樂。妲己看在眼裡，記在心上。飲宴完畢，妲己派人查問，原來那幾個宮人正是姜后的舊宮人。紂王聽說後，便想將那幾個宮人全都殺死。妲己說：「大王，先不必將這些逆黨之人處死，暫可閉入冷宮。妾有一計，可除宮中大弊。」紂王問是何計？妲己說：「可於摘星樓下挖一方圓二十四丈、深五丈的大坑。然後傳旨，命都城萬民，每一戶納蛇四條，都放於此坑之內。然後將作弊宮人，跣剝乾淨，送入坑中，餵此毒蛇。此刑名曰『蠆盆』。」紂王立即採納，傳下旨意，邊挖坑邊令臣民交納毒蛇。

幾天之後，摘星樓下的大坑內，已堆滿了毒蛇。妲己便令人把那幾名宮女弄到坑邊，剝光衣服，推下坑去。宮女們全都被嚇得昏死過去。很快，她們的身體便被一條條毒蛇纏滿。餓蛇們吞咬她們的肌膚，吸吮她們的血漿，有的蛇還鑽進了宮女們的體內，其狀慘不忍睹。

朝中有位名叫膠鬲的上大夫，聞聽紂王與妲己設此毒刑，殘害無辜，異常氣憤，便上疏勸諫，阻止紂王用此酷刑。紂王不僅不聽，反大罵膠鬲是反臣，令人將他也推進「蠆盆」去餵蛇。膠鬲未待衛士上前行刑，便一頭從摘星樓上栽下來，頭觸地腦漿迸流而身亡。

紂王與妲己不僅殘害大臣與宮女，而且殺戮無辜百姓如碾草芥。某年冬日，大雪初霽。紂王與妲己登鹿台飲宴。歌舞完畢，紂王挽妲己之手，站在鹿台上，憑欄遠眺。朝歌西門外有一條小河，河中積有融化了的雪水。河上無橋，行人過河均得脫鞋赤足涉水而過。這時，恰好有一老者赤足過河。紂王見那老者在河水中步法穩健，行走自如，絲毫沒有怕涼懼冷的樣子。緊隨老者之後，又有一位十幾歲的少年，也脫了鞋子，光腳下到河水中。可紂王見少年卻有怕冷懼涼的感覺。

對此，紂王有些不理解，便對身旁的妲己說：「怪哉！怪哉！有這等異事，妳看那老者渡水，反不怕冷，行步且快；這年少的反卻怕冷，行走甚難，這不是反其事了？」妲己聽了，微微一笑，隨之發表了一通「高論」：「大王有所不知，老者不甚怕冷，乃是少年父母，精血正旺之時交媾成胎，所秉甚厚，故精血充滿，骨髓皆盈，雖至末年，遇寒氣猶不甚畏怯也。至於少年怕冷，乃是末年父母，氣血已衰，偶爾媾精成孕，所秉甚薄，精血既虧，髓皆不滿，雖是少年，形同老邁，故遇寒冷而先畏怯也。」紂王聽了，搖頭大笑，表示不信。妲己說：「大王若是不信，可差人將此二人捉來，當場驗看，便可一見分曉。」

紂王立即命人去捉剛才渡河的一老一少。當駕官領旨，急忙出西門，把尚未走遠的一老一少二人捉進城來。這兩人突然被捉拿，不知身犯何罪，那老者便問：「吾等奉公守法，不欠錢糧，因何抓我們？」當駕官也不言語，只將這二人押至鹿台交旨。紂王又傳命：「用斧子砍開二人脛骨，取來看驗。」侍衛們不敢怠慢，任憑老少二人乞饒與叫罵，很快便用利斧將他們腿脛骨砍斷，拿到台上，請紂王查看。紂王仔細一瞧，果然如妲己所言，老者髓滿，少者淺。紂王非常高興，大大讚揚了妲己一番，然後命左右將二人屍體拖出掩埋了事。無辜之百姓，竟橫遭此不測，紂王妲己之殘暴，可見一斑。

紂王稱妲己為神人，妲己笑笑說：「妾雖係女流，少得陰符之術，其勘驗陰陽，無不奇中。適纏斷脛驗髓，此猶其易者也。至如婦女懷孕，一見便知她腹內胎兒有幾月，是男還是女，面在腹內，或朝東南西北，無不周知。」紂王聽了，愈感奇異。便又命人到城中尋得孕婦三人，帶進宮來，讓妲己驗看。

過沒多久，奉御官便抓來三名孕婦。紂王命將三人推上鹿台，請妲己驗看孕婦腹中胎兒。妲己指一婦人腹說：「腹中是男，面朝左肋。」又指另一婦人說：「此腹中也是男，面朝右肋。」又指最後一婦人說：「此人腹中是女，面朝後背。」紂王為驗證真假，便命侍衛用刀剖開三人之腹。可憐三個無辜婦女，就這樣慘死在暴君蕩婦手中。

紂王為討妲己高興，還不顧時令，經常出城郊會獵。六月盛夏，正是禾苗生長旺季。老百姓辛苦勞作半年，眼見豐收在望，可紂王卻突然傳布旨令，會獵西郊。老百姓不忍禾苗被踐踏，派代表進朝上疏勸諫：「六月正是莊稼生長季節，發動民眾驅逐禽獸，必然要踐踏禾苗，一旦毀苗，百日無食。天子失道，不是福兆。」紂王不但不聽，反誣為妖言惑眾，誅殺了上疏者。一場大規模的行圍射獵開始了，興師動眾不說，西郊的田苗被嚴重踐踏，所剩無幾，給老百姓造成了深重的災難。紂王為寵一人，為博一人高興，竟毀萬民之田禾，民心已失，殷商王朝滅亡的日子已不遠了。

殷商時代，除中央王國之外，四周還有很多諸侯部落與部族，他們大都屬於商王朝的「地方機構」，但卻有很大的獨立性。按規定，諸侯們要服從王命，定期朝貢述職，同時，還得負擔軍賦與服役的義務。由於諸侯王獨霸一方，掌有當地的軍政及經濟大權，因而都頗具實力，因此，也常常有諸侯王不服天朝管束而起兵造反的事發生。殷商末年，由於紂王殘暴無行，寵信妲己，作惡多端，各種矛盾不斷激化，已經危及商王朝的統治。紂王為了嚴格控制四方諸侯，嚴防勢力大的諸侯叛商造反，便徵調西伯侯姬昌及九侯、鄂侯等諸侯王入朝，封為三公，實際上是將他們當做人質軟禁起來了。

紂王淫蕩好色，他聽說九侯的女兒美貌無比，便將她強行徵入宮中。九侯之女端莊沉靜，不喜淫蕩，不滿

紂王的荒淫，紂王便在妲己的讒言慫恿下，殺了九侯之女，還藉口把九侯剁成了肉醬。鄂侯聽說後，嚴厲指責紂王殘忍無道，也被紂王殺死，暴屍示眾，多日後竟然晾成了肉乾。

西伯侯姬昌是周部落的首領，寬仁禮士，頗有王者之風度。姬昌在朝中，見紂王殘暴無行，已接連誅殺了九侯和鄂侯兩位諸侯王，擔心災禍馬上就要降臨在自己頭上，暗自嘆息。這時，紂王的寵臣崇侯虎便向紂王告發，說姬昌收買人心，諸侯如擁戴周部落，於朝廷不利。紂王於是便下令囚禁西伯侯姬昌於羑里（今河南湯陰北）。姬昌長子伯邑考為救父親，向紂王貢獻珍寶，並願為人質，為紂王駕車服役。伯邑考善於彈琴，且年少貌美。妲己為伯邑考的美貌與琴藝所吸引，欲以色勾引。但伯邑考並不為之所動。妲己又羞又惱，便設計讓紂王殺死了伯邑考，烹為肉羹，並賜給姬昌吃。姬昌為行韜晦之計，忍痛吃下兒子的肉。紂王知道後，說：「誰言西伯是聖人，他吃了自己的兒子肉還不知道呢！」從此，紂王便放鬆了對西伯侯姬昌的戒心。周部落的臣民們為救姬昌早日出獄，逃離虎口，便用珍寶重金賄賂妲己及紂王身邊的親信，同時又送給紂王不少美女、奇珍和寶馬，被紂王拘禁了七年的姬昌才被釋放。

姬昌出獄後，為矇蔽紂王，一方面富國強兵，發展經濟，同時又以重金賄賂紂王的寵臣費仲，使紂王對他已深信不疑，並賜給他弓矢斧鉞，授命他有征伐諸侯之權。姬昌打著為殷商天子效命的旗號，征伐四方，收服了虞、芮兩國，攻滅黎、邘、崇等國。不久，便建豐邑為周的都城，自稱周文王，宣告不再臣服商紂，並將勢力一直向東發展。

周的崛起，引起了商朝一些頭腦清醒的大臣們的警覺。但作為一國之君的商紂王，卻不以為然，仍是整日裡與妲己飲宴歌舞，過著醉生夢死的腐朽生活。大臣們紛紛上疏進諫，請求紂王停止奢靡，整頓朝綱，抵禦入侵的諸侯。可昏庸殘暴的紂王在寵后妲己的慫恿下，不僅拒諫不納，還將不少上疏中言辭激烈者或處死，或趕出朝廷。

比如，大臣祖伊曾直言勸諫紂王：「天下之大事已危急得很。蒼天不保佑，商朝大運將終矣。並非祖宗不

能庇佑後代，只因大王荒淫暴虐，成了不肖之子孫。不遵天命，不振朝綱，不恤民心，天下百姓都會盼你早日滅亡！人民企望上天降威懲罰惡人，盼望真命之主出世治理亂政。大王要趕快改弦更張才是！」紂王聽了，毫不在意，昂然答道：「我命在天，誰奈何得我！」祖伊見勸諫無用，只得退出，仰天長嘆道：「罷了！紂王一意孤行，勸諫也是沒有用的了！」便頭也不回地出城，離開了朝歌。

紂王的叔父比干不忍百姓困苦，坐視國家敗亡，認為「身為大臣，不得不以死爭」，遂冒死強諫，要求紂王誅妲己、遠女色、近賢臣、去奸佞、戒奢侈、恤黎庶。紂王大怒，說道：「人言叔父為聖人，又說聖人之心有七竅，今日我倒要見識一下。」說完，便命衛士將比干剖心殺害。

大臣箕子，對紂王受妲己妖惑，斷脛髓剖孕腹，殘害百姓，不事朝政，深惡痛絕，拚死勸諫：「臣聞人秉天地之靈氣以生，分別五官，為天地宣猷贊化，作民父母，未聞荼毒生靈，稱為民父母者也。且人死不能復生，誰不愛此血軀而輕棄從死耶？今大王不敬上天，不修德政，天怒民怨，人日思亂，大王尚不自省，猶殺此無辜百姓，臣恐八百諸侯屯兵孟津，朝歌已旦夕難保，一旦兵臨城下，又誰為大王守此都城哉？只可惜商家宗裔為他人所擄，宗廟被他人所毀，宮殿為他人所居，百姓為他人之民，府庫為他人之有。大王仍不自悔，聽信妲己之言。敲民骨，剖孕婦，臣恐周軍一到，不用攻城，朝歌之民，自然獻之矣！」紂王聽了大罵道：「老匹夫！焉敢覿面侮君，以亡國視朕，不敬孰大於此？」遂命武士將箕子推下以亂棍擊斃。箕子面無懼色，仍大聲喊道：「臣死不足惜，只可惜你昏君敗國，遺譏萬世，縱孝子慈孫不能改也！」

紂王欲殺箕子，急壞了微子等人。微子流著眼淚，為箕子求情免死。微子說：「箕子忠良，有功社稷。今日之諫，雖有過激之處，然皆是為國之言，大王幸察之！大王昔日剖比干之心，今日又誅忠諫之口，社稷危在旦夕，而大王不知悟，臣恐百姓怨憤，禍將來臨也。願大王憐赦箕子，褒忠諫之名，庶幾人心可挽，天意可回耳！」隨微子之後，又有幾位大臣跪倒，替箕子求情，請赦免箕子死罪。紂王見狀，怕激起眾怒，最後只得改口，宣布將箕子廢為庶民，趕出朝歌。這時，妲己從後殿走出來，說：「大王不可！箕子當面辱君，已無人臣

之禮。今若放之外面，遲早必生怨望。倘與諸侯勾結，豈不是禍亂？那時表裡受敵，為患不小。依臣妾之見，且將箕子剃髮，囚禁為奴，以示國法，使民人不敢妄為，臣下亦不敢瀆奏矣。」紂王立即採納了妲己的意見，便將箕子囚為奴隸。微子等人見箕子落得如此之下場，心灰意冷，便與微子啟一起偷偷移走殷商太廟中二十八代神主牌位，連夜逃出朝歌，到外地隱姓埋名，躲藏起來。

除箕子、微子之外，還有幾位大臣亦因勸諫紂王而被廢黜。如，大臣商容因進諫被貶官，趕出朝廷。大夫辛甲置生死於度外，七十五次勸諫，紂王就是不聽，辛甲遂絕望地投奔西周。還有內史向摯、太師、少師等不願眼見商亡後文化與禮樂傳統湮滅，便紛紛攜帶圖冊、祭器、樂譜等投奔周地。

周文王姬昌死後，其子姬發即位，是為周武王。武王繼續東征，在孟津大會諸侯，叛商從周的諸侯計幾百個，他們一致擁護周武王，出兵討伐商紂。諸侯大軍日日向商都逼近，紂王也急了，便匆匆忙忙征發七十萬奴隸為軍（當時商軍主力正與東夷交戰），與諸侯聯軍會戰於京郊牧野（今河南淇縣西南）。

甲子日，兩軍列陣交鋒。很快，商軍大部便臨陣倒戈，與周武王的諸侯聯軍一道殺向商都朝歌。紂王兵敗，見大勢已去，便逃到鹿台之上。紂王在鹿台上四下一望，只見朝歌都城內外，烽煙四起，諸侯軍已將鹿台團團圍住。紂王知道大勢已去，死到臨頭了。他不願當俘虜，害怕人們向他討還血債，便決計自殺。他將所有珍寶玉衣都穿戴起來，然後命人舉火將鹿台焚燒掉。霎時間，烈焰四起，火光衝天，這個只知寵愛妲己、殘暴作惡的暴君，連同他的鹿台一齊化成了灰燼。

大火熄滅後，周武王在鹿台廢墟旁向已經燒焦的紂王屍體連射三箭，命人斬下紂王焦爛的頭顱，懸掛於白旗之上，以洩民憤。同時，又殺死了媚主取寵、禍國殃民的妲己，為天下人報仇雪恨。

商紂亡國，除了當時奴隸與奴隸主兩大階級矛盾激化及奴隸主階級內部矛盾尖銳對立不可調和等原因外，還有他的荒淫殘暴，信讒拒諫。但妲己以媚取寵及「助紂為虐」，也有了推波助瀾的作用。所以，殷商之亡，妲己亦難辭其咎。

綜觀商紂統治時期，紂王的種種暴虐行徑，有許多都是在妲己的「幫助」下得以實施的。最終的結果是，君逼臣反，禍起岐山；牧野一戰，商兵倒戈，成湯所立數百年之殷商王朝終於敗亡在暴君與蕩婦手中。王朝更替，歷史使然。歷史不容假設，但，如果妲己不恃寵「助紂為虐」，反而是紂王的「賢內助」，紂王的暴虐行為是否會少一些？殷商王朝是否會滅亡得遲些？我們儘管不贊同「牝雞之晨，惟家是索」的「女禍」論調，但我們應承認：妲己的所作所為，的確加速殷商奴隸制政權的瓦解。

美人一笑，傾國傾城

亂舉烽火狼煙，縱可博美人一笑，也能葬送江山社稷！

武王滅商，西周便成了中國奴隸制社會的第三個王朝。西周時期的國土疆域，遠比夏商時遼闊，社會經濟文化也更為發達進步。分封諸侯，頒行典制，開劃井田……無不反映出當時奴隸制社會的蓬勃景象。然而，隨著奴隸制的發展，西周社會矛盾也日益激化，到了西周後期，由於階級矛盾的激化，西周的統治逐步地走向衰落。由於奴隸的反抗逃亡，使社會生產遭受了嚴重破壞。西元前八四一年，終於爆發了平民反對周厲王的「國人暴動」。厲王嚇得逃至彘地（今山西霍縣）藏了起來。

厲王的兒子宣王死後，周幽王即位。幽王當政後，信讒拒諫，重用佞臣，寵信褒姒，燃烽火，戲諸侯，葬送了西周王朝。西周之亡，幽王的寵后褒姒難辭其咎。

褒姒，關於她的身世，有兩種傳說。

第一個傳說是早在夏王朝的末年，一天，有兩條又大又長的神龍，駕祥雲降落到夏朝王宮的大殿門口。神龍站在殿門前，開口說了話：「我們是褒國的兩個國君，快請你們的國君出來見駕！」神龍說話的聲音大極了，直震得大殿嗡嗡作響。夏國國君和一班大臣們被神龍的喊叫聲嚇壞了，瑟瑟發抖。

夏王趕忙叫來太卜，令他取出龜殼和筮草，將龜殼用火燒裂，把筮草用刀割斷，然後向天帝問卜：「這兩個怪物，是殺掉還是留下來？」第一次兆象顯示不吉，又進行了第二次卜問：「是不是將此二物所留下的唾液

收藏起來？」這一次顯示的是吉兆之象。隨後，夏王率群臣一齊來到大殿外，擺上祭祀用的牲畜，虔誠地禱告兩條神龍吐出一些唾液。神龍被感動了，真的張開嘴，吐了一堆又黏又腥的唾液。然後便駕起祥雲飛走了。夏王趕忙吩咐人將神龍的唾液用一個精緻的小盒子收集起來，藏於殿後。不久，夏朝滅亡了，這只小盒子又傳到了商朝。商紂之後，小盒子又傳到了周朝。

在殷商及西周漫長的歲月裡，沒有一個國君敢打開這個神祕的小盒子。可到了周厲王執政時期，這位天不怕地不怕的魯莽天子，出於好奇心，非要把小盒子打開看看不可。一天，厲王坐在御座上，讓侍臣取來那個神祕的小盒，並當他的面打開了盒蓋。

就在盒蓋被揭開的一剎那，一股腥臭的液體從盒子裡噴濺而出，很快就流滿了宮殿。厲王一邊用手捂著鼻子往宮外跑，一邊命人把盒子蓋住、扔掉。隨後，宮人們用盡各種清洗方法，也難以除去遍地的黏液。荒唐的厲王想到了「以穢治穢」，命令宮女們脫光衣服，在大殿裡邊跑邊叫。不一會兒，那些唾液漸漸凝聚起來，變成了一隻大烏龜，並一直朝著厲王的後宮跑去。恰巧被後宮中一個才換牙的七歲小宮女撞上。怪事發生了。又過了十多年，那小宮女長成了大姑娘，並且腹部一天天地隆了起來。不久，便生下個女孩。此宮女未婚而孕，害怕國君知道後要治罪，便在一個漆黑的夜晚，悄悄出宮，把女嬰扔到了路旁。女嬰命大不該死，恰巧有一對賣桑木弓和箭囊的老夫婦正趕夜路從此經過，他們聽見路旁有嬰兒啼哭之聲，遂產生了憐惜之情，便用一件衣服裹起女嬰，連夜趕回了褒國。小女孩在褒國老夫婦的家裡一天天長大，出落得天姿國色，美麗異常。整個褒國都知道這對老夫婦家裡有位漂亮的姑娘。這時，周朝已是幽王當政。褒國是周的諸侯國，褒國國君犯了罪，為了向周王贖罪，褒君便派人把老夫婦的養女召進宮來，取名褒姒，送給了周幽王做妃子……。

第二種說法比較可信。西周末年，周幽王即位後，不思治理國家，不理朝政，更不顧人民的死活，整日在宮中飲酒取樂。大臣們都很著急，便紛紛進言勸諫。周幽王對大臣們的諫言非常反感，就下令關閉宮門，不許大臣進殿。有一位名叫褒珦的大臣，剛直不阿，他見幽王拒諫，並關閉了宮門，又急又氣，就不顧守門衛士的

阻攔，用力叩擊宮門。幽王正在宮中飲著美酒，聽著音樂，看宮女們跳舞。一陣陣急促的敲門聲，傳進大殿，傳進了幽王的耳朵裡，破壞了他享樂的雅興，便大怒，氣急敗壞地令官人打開宮門，將叩門者抓進來。

眾宮人及衛士擁著褒珦來到內殿，幽王見是褒珦，氣便不打一處來，心想，怎麼又是他？於是，便以犯上之罪，將褒珦投進了監獄。一關就是三年。褒珦的家人非常著急，四處託人想辦法營救。可人們都知道幽王昏庸殘暴，很難使他回心轉意。突然，有一個人對褒家人說：「周幽王荒淫好色，喜好美女，你們不如買一名美女，送進宮去，幽王高興了，說不定會放主人回來呢。」褒珦的妻子和兒子聽了，覺得可行。這時，旁邊又有人說：「前幾天我上山去打獵，路過一個小村子，見到一位姑娘，長得異常美麗，你何不妨去找找看。」褒珦的兒子救父心切，第二天便帶人去那小村尋訪美女。果然，他們找到了那姑娘。褒珦的兒子便用三百匹綢緞，將姑娘買了回來。

姑娘到了褒家，褒家人以禮相待，給她吃好的，穿漂亮的，還教她跳舞唱歌，熟悉宮中禮儀。還給她取了個好聽的名字叫褒姒。褒姒天生麗質，經過一段時間的訓練打扮，就更加楚楚動人了。

經過一段時間後，褒珦的兒子派人把美女褒姒送進京城，並告之以重金賄賂幽王身邊的大臣，求他表奏幽王：「罪臣褒珦，罪該萬死。但他的兒子為抵償父親罪過，今尋得一美女，獻給大王，請大王赦免他的父親。」好色的周幽王，聽說有美女，便急不可耐地要召見。侍臣把褒姒領到幽王面前，幽王一看，果然是天仙一般的美女。他頓時心花怒放，立即讓宮人將褒姒領入後宮，並降旨，放褒珦出獄，並官復原職。

褒姒入宮，立刻得到了幽王的專寵。那幽王雖然後宮中佳麗無數，可與褒姒一比較，均大為遜色。幽王寵愛褒姒，每天於宮中想盡辦法，逗她高興。朝政更加荒疏。

褒姒入宮之後，雖然衣必羅綺，食必珍饈，富貴無比，可她並不高興，臉上從來沒有露出過一絲笑容。幽王找來宮中最優秀的樂師與舞女，為她奏樂歌舞，她仍無笑意。幽王見愛妃褒姒一直悶悶不樂，不知何故，便問道：「愛妃在宮中過得不愉快嗎？聽聽動聽的音樂，觀賞優美的舞蹈，這可是神仙過的日子。」褒姒不僅不

領情，還把頭一扭，賭氣地說：「什麼狗屁音樂，還不如撕布的聲音好聽呢！」說者無意，聽者有心。幽王聽褒姒說撕布的聲音好聽，就急忙讓宮人抬來整匹的絹布，擺放在大殿內，又找來幾個身高力大的宮女，專門撕布給褒姒聽。褒姒本來說的是一句氣話，撕布聲不僅沒使她高興，同時見撕了一地碎布，亂糟糟的，更不耐煩了，眉頭緊緊地鎖在了一起。幽王沒辦法，把撕布的人統統趕了出去。

褒姒悶悶不樂，一晃三年過去了。這期間，褒姒為幽王生了個兒子，取名伯服。幽王因寵愛褒姒，「愛屋及烏」，對伯服視若掌上明珠，備加喜愛。幽王的王后申氏，是諸侯國申國國君的妹妹。申后早生一子，名宜臼，已被立為太子。自打褒姒入宮受了專寵，申后便被冷落一旁，太子也失去了父愛。褒姒生了伯服，便想立自己的兒子為太子，她想當王后。在褒姒的枕邊風吹拂之下，幽王便決定廢掉太子宜臼，改立伯服為太子。但太子宜臼敦厚仁德，幽王一時找不到廢黜的理由。於是，在褒姒的謀劃下，幽王想出了一個狠毒的辦法，他要害死自己的親生兒子宜臼。

一天，太子宜臼正在後宮御花園內賞花遊玩，猛然間見花叢中伏著一隻斑斕猛虎。太子嚇得大叫起來。原來，是幽王派人趁太子在花園中賞花，便放出了籠中的老虎，想讓老虎吃掉太子。過了一會兒，太子見老虎不但沒有跳起來吃他，反而四肢伏地，渾身瑟瑟發抖，很害怕的樣子。太子這回可來了膽量，他雙手握拳，竟朝老虎打去。老虎哀嚎一聲，一下子躥出花叢，向園外逃去。

太子宜臼回到東宮，才知道是自己的父親與褒姒合謀陷害自己。他怕再遭毒手，便偷偷地溜出了京城，逃到中國舅舅家躲了起來。幽王見太子已出逃申國，便藉機立伯服為太子，廢王后申氏，改立褒姒為王后。

幽王執政時期，天災不斷。他剛即位之初，便連續幾年乾旱少雨，全國很多地方的河水斷流，泉池乾涸，草木枯萎，莊稼顆粒無收，赤地千里。老百姓沒有生路，只好背井離鄉，到別處去謀生。不少人連餓帶累，走著走著，就一頭栽倒路邊，再也站不起來了。「哀鴻遍野，路有餓莩」，是當時真實的寫照。《詩經．大雅．雲漢》曾生動地記述了這次旱災的悲慘情景：「旱即大甚（嚴重旱災解不除），滌滌山川（河湖見底山光禿）。旱

魃為虐（妖神旱魃逞暴虐），如惔如焚（燒烤大地寸草無）。我心憚暑（酷熱難熬真可怕），憂心如熏（憂心忡忡如湯煮）。群公先正（祖先有靈可知曉），則不我聞（後世子孫受荼毒）？昊天上帝（老天何時發慈悲），寧俾我遯（解救下民給活路）？」

這場百年不遇的大旱給周王朝帶來的災難還沒有過去，緊接著，首都鎬京和涇水、渭水及洛水流域又發生了強烈地震，真是雪上加霜，給當地黎民百姓的生命財產造成了巨大損失。《詩經．小雅．十月之交》記述了這次地震所造成的嚴重破壞程度：「爗爗震電（十月電閃伴雷鳴），不寧不令（為政不善災異生）。百川沸騰（大小河流水四溢），山冢崒崩（山巒崩倒聲隆隆）。高岸為谷（高岸陷裂為峽谷），深谷為陵（深淵隆起變丘陵）。」當時，有人針對周幽王荒淫疏政，把旱災和地震歸結為是上天有意對周朝的警告和懲罰。

交相發生的旱災和大地震，使周王朝的社會生產受到了嚴重破壞，社會秩序也陷入了一片混亂與動盪之中。昏庸好色的周幽王對此不聞不問，仍然與愛妃們在後宮裡花天酒地，過著奢侈糜爛、醉生夢死的生活。

幽王的寵愛王后褒姒雖然已位主中宮，兒子也成了王儲，但她仍然整天愁眉苦臉，一點都不開心。幽王看在眼裡，痛在心頭。他苦思冥想，就是想不出讓心愛的人發笑高興的辦法。

這一天，幽王傳出旨意：「誰能使褒娘娘開口一笑，就賞他黃金千斤。」消息傳開，不少人想發財，都想一顯身手。他們被依次宣進王宮，有的給褒姒講笑話，有的扮小丑，各種手段都用盡了，可娘娘仍沒有笑。幽王生氣了，讓人把他們都趕出宮去。

就在這時，有一個叫虢石父的小吏，突發奇想，向幽王獻上一計。他對幽王說：「小臣倒有個主意，可使娘娘一笑。從前，咱們的祖宗為了防禦西戎的進犯，在驪山諸峰上修造了幾十座烽火台，每隔幾里就有一座。每座烽火台內都裝有許多狼糞，備有火把，並有兵士在台下駐守。一有敵情，看守烽火台的士兵白天就燃起狼糞，一縷白煙直衝雲天，很遠的地方都能看見。夜間則燃起火把。第二道關上的士兵見到煙火，也會把自己守衛的烽火點燃。這樣一道接一道地傳點下去，狼煙四起，臨近的諸侯國看見，知有敵來犯，就會踐約發兵來救

援。如今天下太平，烽火台也多年沒有點燃過了。大王要真想讓娘娘發笑，不妨帶娘娘到驪山行宮住幾天，點燃狼煙火把。那時，附近的諸侯國必定發來救兵，那種人喊馬嘶、火把通明的景色，娘娘看了一定會大笑不止的。」

幽王聽了，非常高興，很快地他便帶著寵后褒姒和愛子伯服，與一班大臣，啟駕離京，浩浩蕩蕩來到了驪山行宮。這時，幽王的叔父鄭伯友聽說幽王要在沒敵人的情況下點燃烽火，便急忙趕到驪山勸諫。但此時的周幽王已是鐵了心，非用此法逗娘娘發笑不可。

他不僅不聽勸諫，還大罵鄭伯友：「你是一個諸侯，是我的臣子，有什麼權力管我？我和娘娘到行宮遊玩，放放烽火，開開心，笑一笑，關你什麼事？休再囉嗦，不然按欺君犯上之罪，處死你！」鄭伯友仍不甘心，又說道：「祖上有規定，烽火不遇敵情，絕不能點燃，這可是關係到國家安危的大事啊！請您三思吧！」幽王不以為然地回道：「現在是太平盛世，哪裡會有什麼敵情？外族都已臣服，哪裡會入侵？烽火已多年不用，我點燃了它，倒可試試諸侯對我是否忠心。我決心已定，你勿再多言，下去吧！」說完，幽王便拂袖進了內室。鄭伯友見勸諫不成，長嘆一聲，悻悻退出，回了京城。

眼看天色變黑，幽王傳旨，命人點燃了驪山上的烽火。一時間，火光衝天，相鄰的烽火台一個接一個地被點燃。遠遠望去，一團團通紅的火柱在漆黑的夜空裡顯得格外耀眼，景色頗為壯觀。同時，幽王又命人擂響大鼓，鼓聲咚咚，驚天動地，幾十里外，都能聽見。

諸侯們看見了烽火齊燃，都以為幽王遇到了危險，有外敵犯京，便都急忙帶領兵馬士卒，前來救駕。諸侯兵馬從四面八方滾滾而來，一路上車擠馬擁，馬嘶人喊，塵土飛揚，旌旗招展，刀光閃爍，熱鬧非凡。各路諸侯大軍齊聚驪山腳下，但並未見外敵一兵一卒，只聽見了幽王行宮中琴聲悠揚，歌聲陣陣。大家互相問著、猜著，誰也不清楚是怎回事。這時，坐在城樓上的幽王才派大臣向各諸侯王宣布：「各位辛苦了！有勞大家跑了一趟，沒有外敵入侵，大家回去吧！」諸侯們在城下聽了，又氣又恨，趕忙調轉馬頭，各自趕回封國。

褒姒在城樓口上，手扶欄杆，看到山下車來人往，亂鬨哄如無頭蒼蠅，感覺十分有趣，便問幽王發生了什麼事？幽王把實情告訴了她。褒姒聽了，覺得十分開心，禁不住拍著雙手，哈哈大笑起來。

幽王終於見褒姒笑了，心裡非常高興。他認為虢石父有功，便提拔他為卿士，並賜黃金千斤。此後，幽王為使心愛的美人褒姒笑口常開，他又如此點燃了幾次烽火，結果，來的諸侯兵馬一次比一次少，最後，就沒有幾個人理睬了。

周幽王和褒姒一直認為逃到申國的宜臼是他們的一塊心病，害怕早晚有一天，宜臼會聯合諸侯殺回京城，推翻他的統治。有位善於阿諛奉承的臣子，看出了幽王的心思，便為他出謀劃策：「大王不如以召開諸侯大會為由，將來京的申侯扣押起來，然後逼他交出宜臼。如果申侯不敢來京，就可以發兵攻打申國，殺死申侯和宜臼。」幽王覺得此計可行，便派使臣去申國傳布詔旨，命申侯即日起趕到京師，參加諸侯大會。

申侯自妹妹申氏和外甥宜臼來國避難，就一直對幽王懷有戒心。這次見幽王相召，料知其中有詐，便抗旨沒有進京。同時，還做好了幽王出兵進剿的準備。幽王見申侯果然未到，大怒，立即宣布發兵征討申國。有奸細將此消息報與申侯，申侯先下手為強，很快點齊本國兵馬，並聯合了西戎（犬戎）的軍隊，一齊向鎬京進發。

幽王伐申的大兵還未齊備，便得到了申侯勾結犬戎進攻的消息。幽王慌了手腳，忙命虢石父把所有的烽火都點燃，以召其他諸侯帶兵進京「勤王」。然而，各國諸侯平時被幽王欺騙過，這次仍以為是在戲弄他們，所以都按兵未動。因此，幽王警報雖已發出，但卻不見諸侯一兵一卒前來。

很快，申國和犬戎的聯軍已攻到了京城下，並從四面把京城團團包圍起來。周幽王派鄭伯友出城阻敵，但終因人馬太少，被申國和犬戎軍擊潰，鄭伯友也陣亡了。

申國與犬戎聯軍很快就攻破了京城，幽王帶著太子伯服和褒姒，奪路而逃，剛跑到驪山腳下，就被聯軍追上了。犬戎兵殺死了周幽王和太子伯服，見褒姒頗有姿色，便掠擄而去，獻給了他們的首領。繁華的鎬京經過這次兵燹洗劫，變得殘破不堪，幽王宮內的大量珍寶，也被席捲而空。不久，大臣和諸侯又擁立宜臼為周王，

是為周平王。平王為防西戎的攻擾，便把京都從鎬京東遷至洛邑。西周結束，東周（春秋）開始了。

西周亡國，既是各種社會矛盾，包括階級矛盾、民族矛盾及宗主國與諸侯國之間矛盾交織、尖銳和激化的結果，同時也與周幽王寵信褒姒有直接關係。褒姒入宮後，以美色贏得了寵位，擊敗了申后，廢掉了太子，這便埋下了幽王與廢太子父子之間及西周中央王朝與附屬諸侯國（申侯）之間仇恨的種子。此外，褒姒入宮後不露笑容，致使幽王敢違祖制，冒天下之大不韙，「烽火戲諸侯」，既傷了大臣的心，也失去了諸侯的信任，一旦真的「狼來了」，諸侯們均按兵不動。幽王即悔之亦已晚矣！失妻喪子亡國掉腦袋，也是必然的了。此中之歷史教訓，不謂不深刻！

驪姬施計，弄權亂國

害人必害己。投水自盡與引頸自刎，殊途而同歸。

西周滅亡後，中國歷史進入了春秋時期。周平王東遷後，王權衰落，隨著地方經濟的發展，諸侯國實力增長。周王失去了「天下共主」的地位，逐漸成了諸侯的附庸。與周王室衰弱相反，在地方經濟發展的情況下，一些諸侯國的勢力逐漸強大起來。春秋初年共有諸侯國一百四十多個，其中有齊、秦、晉、楚、魯、宋、衛、陳、蔡、鄭、曹、燕、吳、越等十幾個國家，都在不同程度上有所發展。一些大國憑藉著他們的經濟和軍事力量，競相擴張疆土，兼併他國領土，展開了爭霸戰爭。

在春秋爭霸的諸侯強國中，其中有個國家叫做晉。晉始封於唐，在汾水上游，後遷都絳（今山西翼城），在汾水下游。西元前七四五年，晉文侯分曲沃與其弟。至西元前六七八年，曲沃武公殺晉侯，納賄周王，得封為諸侯。到晉獻公執政時，晉國力強盛，滅耿（今山西河津）、霍（今山西霍縣）、魏（今山西芮城）、虞（今山西平陸）、虢（今河南陝縣）等國，打敗驪戎、北狄，「併國十七，服國三十八」，統一了山西南部。晉獻公不失為一代雄主，然而，他寵信夫人驪姬，致使驪姬害死世子申生，逼走公子重耳和夷吾。所以，獻公一死，晉國便發生了內亂，走向了「中衰」。

驪姬，出生於春秋時期的少數民族部落驪戎部（西戎的一支，大約分布在今陝西臨潼一帶）。其父是驪戎部的首領。晉獻公十五年（西元前六二二年），晉獻公率領晉國大軍攻伐驪戎。交戰之後，由於雙方兵力相差懸殊，驪戎軍隊節節敗退。驪戎首領只好遣使求和，條件之一就是把自己的兩個女兒驪姬和少姬送給晉獻公。就這樣，驪姬姊妹二人便來到了晉國的首都絳（今山西翼城東南），成了獻公的妾。

早在獻公做世子的時候，他的父親晉武公已為他娶了個名叫賈姬的女子。但賈姬婚後一直沒有生育。後來，武公又為他娶來犬戎部首領的兩個女兒狐姬和小戎允。不久，姐姐狐姬為他生下兒子，取名重耳；妹妹小戎允也生了個兒子，取名夷吾。武公四十年（西元前六七六年），武公去世，獻公即位。武公在世時，有一小妾名齊姜，年紀與獻公相仿，二人早就背著武公而私通。武公一死，屍骨未寒，獻公就急不可待地把繼母齊姜「收繼」過來，二人做了名正言順的夫妻。齊姜為獻公生了一兒一女，兒名申生，女為穆姬。後來，獻公便立申生為世子，成了未來君位的繼承人。

驪戎首領的兩個女兒長得都很漂亮，尤其是姐姐驪姬，貌若仙子，美麗無比，並且聰明詭詐，善於揣摩國君的心理，巧言令色，獻媚邀寵，所以很快便得到了獻公的寵愛。以致於每次吃飯，獻公一定要與驪姬同桌共食。沒有驪姬在身邊，獻公總覺得寢不安席，食不知味，一年之後，驪姬為獻公生了個兒子，取名奚齊。又過了幾年，少姬也生了個兒子，取名卓子。

驪姬雖然受寵，但她僅是獻公的愛妾，獻公的正式夫人是齊姜（相當於後世之皇后）。驪姬決心靠自己的美色與心計，在鞏固寵位的基礎上，繼而爭當獻公的夫人，並使自己的兒子成為君儲。

驪姬頗富心計，她要鞏固寵位，達到預期目的，採取的是步步為營、穩紮穩打的策略，在條件尚未成熟之時，絕不鋒芒畢露。她深知獻公對夫人齊姜一往情深，有濃厚的感情基礎，要想一下子扳倒齊姜，是不那麼容易的。但此時的齊姜，青春已逝，正顯露出色衰病弱之勢。根據齊姜的身體狀況，驪姬知道她的時日已不會太多了。所以，驪姬便極力想表現自己，以便給齊姜和獻公留下美好而賢德的印象，為自己將來位主中宮奠定基礎。於是，驪姬總是裝出非常尊重和「孝敬」齊姜的樣子：獻公如果在自己宮裡連住幾日，驪姬就會勸獻公到齊姜宮中去「歇一天」。這樣，齊姜和獻公都感到驪姬很通情達理，賢德兼備。不久，齊姜便病逝了。

齊姜一死，中宮虛位，獻公便立驪姬為夫人，立少姬為次夫人。驪姬的第一個目的順利達到。此時，她不僅僅獲取了獻公的專寵，而且以她的聰明善斷，還經常參與國政大事，為獻公出謀獻策。獻公對驪姬已是言聽計從了。驪姬有她自己的籌劃，她想透過干政，左右獻公，然後實現自己的第二個目標：謀立自己的兒子為世子，以便日後即國君之位。

驪姬被立為夫人，受寵專權，便在朝廷文武百官中引起紛紛議論。有人說：「晉國快要完蛋了！」理由就是：夏桀寵幸妹喜，夏朝滅亡；商紂寵幸妲己，殷商國破；幽王寵幸褒姒，西周崩潰；如今獻公寵幸驪姬，事事依她而行，晉國國祚焉能長久？事實上，儘管晉國後來並沒有亡在驪姬手裡，但由她而引起的晉國有史以來的政治大動亂，造成了晉國的「中衰」，驪姬也是難辭其咎的。

驪姬要立自己的兒子做君儲，自己想當國母，這種慾望當然也不是生來即有的，而是隨著她的受寵和政治地位的步步升高，而逐漸生成的。縱觀驪姬的一生，她基本上是沿著弭禍——爭寵——爭嗣這三個台階一步步走過來的。具體說來，當初她與妹妹還都是十幾歲不懂事的少女，只因父親兵敗，國（部族）將亡破，在走投無路的情況下，父親才狠心將她姊妹二人當做一種政治交易的籌碼，送給了晉獻公。她沒有想到，作為敗軍之將的女兒，在晉君的王宮中，竟然一舉獲寵。此後，養尊處優的生活條件，頤指氣使的高貴地位，在眾姬妾中鶴立雞群的感覺，使她的慾望一步一步上升。兒子的降生與正宮夫人地位的獲得，又促使她去攀登新的慾念高峰，爭立自己的兒子奚齊為世子。

在中國古代宮廷中，「母以子貴」與「子以母貴」是並存的。驪姬當了正宮夫人，取得了專寵的地位後，獻公便格外喜歡驪姬生的兒子奚齊，經常誇讚他聰明懂事，而對世子申生卻冷淡疏遠起來，還不時流露出申生仁弱怯懦，不配做君嗣的話語來。於是，獻公便打算廢申生而立奚齊為世子。而工於心計的驪姬認為還不到時候，如果馬上廢申生立奚齊，會立即遭到群臣的一致反對。

某天晚上，在驪姬的寢宮，獻公一方面也是想討驪姬的歡心，便對驪姬談了他想廢申生立奚齊的想法。他

認為肯定會得到驪姬的贊同。誰知，驪姬的回答，卻大大超出他的意料。驪姬滿臉虔誠的樣子，對獻公說：「這不合適呀！主公的厚愛，臣妾深銘肺腑。可是申生立為世子，諸侯大臣們都知道，他賢能孝順，又無過錯，不能廢他呀！主公若一定要為了妾身母子而另行廢立，妾身只有死在你的面前以明心跡了！」說完，起身便欲向宮柱上撞去。獻公急了，一把抱住驪姬，把她拉回到床榻之上，好言勸慰一番。見驪姬如此深明大義，獻公頗為感動，便不再提及廢立之事，而自此之後，對驪姬也更加寵信。

其實，這是驪姬作戲，在矇騙獻公。她採取的是欲擒故縱的計策。她知道世子申生已冊立多年，羽翼已成，另外兩個公子，重耳與夷吾，亦已長大，頗有威望，而她自己的兒子奚齊還是個孩童，在朝中尚無根基和可立的資本。她認為現在應該做的，是趕緊營私結黨，培植起自己的一派力量。

晉獻公有三個男性佞寵，其中二人是嬖倖的大夫，名叫梁五和東關五，人稱「二五」；另一位是為晉獻公唱戲的伶優，人稱優施。這位優施貌美年少，伶牙俐齒，很受獻公的喜歡，出入宮禁不受攔阻。優施每次為獻公演唱，都有驪姬作陪。時間長了，二人便眉來眼去，漸漸勾搭在一起，成了一對情人。這些，當然都是背著獻公幹的，獻公戴上了「綠帽子」，還渾然不知。獻公對這三人寵信無比，幾乎是言聽計從。所以，驪姬便把這三人視為心腹，進行拉攏勾結。

就在獻公提及廢立的第二天，驪姬便趁獻公上朝處理政務之機，派人找來優施。優施進入後宮，驪姬便屏退宮人。優施見只剩下驪姬一人，上前摟住驪姬，就要寬衣解帶。誰知驪姬卻止住了他：「別急嘛！今天叫你來，是有大事相商。」於是，驪姬就把獻公意欲廢長立幼的事說了一遍，隨後二人便密謀了下一步應如何樹立私黨，消除年長公子及世子派大臣們的阻力，一步步把奚齊推上君儲的位置。他們商定，先由優施去串聯梁五和關東五，請他倆幫忙，共同謀劃此事。

夜幕降臨，優施偷偷地溜出了住處，後背斜背一個大布包，裡面裝的是金玉珠寶。他的第一個目標是梁五優施來到梁五家，打開布包，壓低嗓音對梁五說：「君夫人願意結交梁大夫，命我來送上這菲薄之禮物，希望大夫笑納！」梁五看著一大堆在燭光下閃著五彩光芒的奇珍異寶，兩眼發直，嘴都合不攏了，驚奇地發問：「唉呀！夫人如此厚愛，一定有什麼吩咐，你要是不說明白，我可不敢接受啊！」優施先讓梁五把東西收起來，隨後便把驪姬想廢申生而立奚齊的願望說了一遍。梁五聽了，眨了眨眼，說：「這事必須和東關五一齊努力才行。」優施笑了笑說：「那當然，東關大夫那裡，夫人也備有餽贈，和您是一樣的。」梁五起身，倒背著雙手，在屋內來回踱了幾個回合，然後對優施說：「快！事不宜遲，你趕快回去帶上禮物，到東關五家裡等我，我立刻就到！」

夜已經很深了，涼風習習，繁星滿天。在東關五府宅的一間書房內，還閃動著點點燭光。在燭光的背影裡，優施、梁五與東關五三個人的三顆腦袋緊緊地湊在一起，密謀著如何幫助驪姬廢申生立奚齊。陰謀的第一步開始了……。

次日早朝，大夫梁五首先出班奏道：「曲沃之地，乃我晉國最早的封地，先君的宗廟如今還在那裡。蒲城與屈城，緊挨戎狄外族，是邊塞要地。這三個地方都應該派自己人去鎮守。如果能令世子申生去守曲沃，重耳、夷吾去蒲地和屈地，主公居中指揮，晉國的江山定能堅若磐石，固若金湯。」獻公聽後想了想，有些猶豫，便向大臣們詢問道：「世子離開都城合適否？」未待其他大臣回答，大夫東關五搶先一步說道：「世子乃未來的國君，曲沃也算得上是晉國的第二個國都，除了世子，還有誰能有去駐守的資格呢？大王，世子是守曲沃的最佳人選呀！」獻公聽了，覺得也有道理，便點點頭，隨後又問道：「可那蒲屈二城，都是我國邊疆最荒涼的地方，雖說稱『城』，可一直也沒建什麼防禦城壘，他們去了，如何能守得住呢？」梁五說：「大王，此二城可太有守衛的必要了。如今雖沒有城池，是一片荒涼之地，可他們去了，修築了城池，那不就成為堅不可摧的堡壘了嗎？」東關五也隨聲附和著說：「對呀，如果建起兩座城，我們既有了御外的屏障，同時也能以此為據點，對外開拓疆域，如此一來，我們的晉國可就無比強大了！」

這「二五」的一番頗似很有道理的話，使獻公確實動了心。他全然不知這是他的寵夫人驪姬在背後導演的

鬧劇。他很興奮地想像晉國那虛幻飄渺的未來美景，也促使他最終下定了決心，在全然不顧其他大臣紛紛議論的情況下，毅然傳旨：令世子申生出守曲沃，由太傅杜原款輔佐；公子重耳去守蒲城，由大臣狐毛跟從；公子夷吾去守屈城，由大臣呂飴甥相隨。還有其他幾位年紀稍大的公子也被分派去守邊地。

與此同時，獻公特命大臣士蘇為修築蒲、屈二城工程的總監督。這位修城總監士蘇雖不敢違抗君命，但在監修二城過程中，卻極不認真。他只令士卒在「城」的四周堆一些柴草，再培上一些泥土，就算是「城牆」。對此，有人曾提出過意見，士蘇卻意味深長地笑笑，對提意見者說道：「用不了幾年，這裡就是國君的仇敵了，何必把城修得那麼牢固呢？」說完，他一邊向城外走去，一邊隨口吟出幾句詩：「狐裘蒙茸，一國三公，吾誰適從？」詩意為：像一件華貴的狐裘茸毛亂蓬蓬，一個國家出現三個主公，我將何去何從呢？看起來這位士蘇還是頭腦比較清醒的，已經預料到晉國已面臨著一場重大變故了。

申生等人被趕出京城後，驪姬仍不放心，害怕他們有朝一日會捲土重來，危及她們母子的地位。因而，驪姬不時在獻公耳邊進些讒言，離間獻公與申生等父子間的感情，以達到最終剷而除之的目的。

晉獻公為壯大晉軍的軍威，新編制了上、下二軍。軍隊編制完成，他想試一試軍隊的戰鬥力，便由他自己統帥上軍，讓世子申生統帥著下軍，前往攻打耿、霍、魏三個小國。結果晉軍大獲全勝，順利地吞併了這三個小國。

驪姬見申生獲得了軍功，非常妒忌，她怕獻公仍然重用世子申生而輕視自己的兒子奚齊，便開始精心調教自己的兒子奚齊和妹妹的兒子卓子，讓二子在獻公下朝以後多去陪陪他，以便進一步博得父愛。奚齊與卓子倒也聰明乖巧，很能討獻公的喜歡。時間久了，獻公便把父愛全部轉移到了奚齊與卓子身上，而對遠在外地的申生、重耳及夷吾等諸子，漸漸地便淡忘了。

驪姬趁著獻公對申生等人感情上的疏遠之機，也加快了對他們迫害的步伐。一天傍晚，獻公與驪姬剛剛飲宴完畢，進入寢宮，就要安歇。這時，只見驪姬獨坐床頭，流起淚來。獻公很納悶，剛才一邊飲宴一邊觀看歌舞時，她還有說有笑的，怎麼一轉身的工夫，卻忽然地哭泣起來了呢？獻公上前追問根由，可驪姬就是不肯說。獻公再三追問，她便嚶嚶地哭出聲來，說道：「妾即使說了，主公也不會信的，你就別再問了。」停了停，又說道：「我是在替自己難過，妾可能不會長久地侍奉主公了。」獻公越聽越糊塗，詫異地問道：「大家都好好的，妳這是從何說起呢？」

驪姬擦了擦腮邊的淚痕，說：「我最近聽人說，申生這個人表面上仁厚而內心陰狠。他居守曲沃，經常以小恩小惠收買當地百姓的人心，所以，當地的老百姓都願意為他效命。他還時常與旁人講，說主公受妾迷惑，將來一定亡國。妾想，萬一哪一天他若打起『平定國亂』的旗號，造起反來，殺回京師，妾死不足惜，主公可就遭殃了！」獻公聽了，仍是半信半疑，他自言自語道：「申生能對百姓仁厚，難道會對他的父親忤逆不孝嗎？」驪姬馬上回道：「那可說不準。普通之人，以愛親人為仁；當官掌權者，以對國家有利為仁。如果只顧對國家有利，還管什麼親人不親人呢？」可獻公仍不相信自己的兒子申生會是那樣的人。他又說：「申生可是個潔身自好的人，如果那樣做，他難道不怕承擔壞名聲嗎？」驪姬嘆了一口氣說：「我的主公，這可是有前車之鑑的啊！昔日，周幽王不殺太子宜臼，只把他貶到申國去悔過，結果申侯聯絡了犬戎，把幽王殺死在驪山腳下，立宜臼為君，就是東周的始祖周平王。直到如今，那幽王仍臭名昭著，而又有誰拿壞名聲加到周平王的頭上呢？」

驪姬的一番「恰當」比喻，使獻公「茅塞頓開」，認為驪姬分析得確有道理。於是便向驪姬討教「對付」兒子申生的辦法。詭計多端的驪姬眼珠一轉，「獻」出一「策」：「今有赤狄皋落氏，屢屢犯我邊境，主公不妨派申生前去討伐。如果他打了敗仗，就有理由治他的罪；如果打了勝仗，就更證明他獲得了民心，那就再想別的法子對付他！」

獻公終於被驪姬的讒言所打動，第二天，便發下詔旨，命令世子申生由曲沃出發，帶兵攻伐皋落氏。朝中有一位名叫狐突的老臣，是公子重耳的舅父，自從獻公寵幸驪姬後，他一直密切關注著朝中的動態，並派心腹

之人四處蒐集信息。狐突聽說獻公令申生去討伐皋落氏，知道又是驪姬的計謀，便偷偷寫了一封密信，派人火速送往曲沃，他在信中說：「違抗君令要犯法，打了勝仗受疑忌，不如離開晉國，暫到別的國家去避禍。」

申生讀完密信，仰天長嘆道：「唉！父君令我征伐，是在試探我的態度。抗旨不遵，必是大錯，如幸而戰死於沙場，也許能青史留名！」申生終於奉命出征了。結果，晉軍大獲全勝。按規定，征伐獲勝要到朝中去獻捷。慶功宴會冷冷清清，父子相對無言。會後，申生便被獻公立即打發回了曲沃。申生是個大孝子，他認為只要君父不生氣，不責怪自己，自己也就心安了。

驪姬見獻公已對申生相當冷淡，便琢磨下一步陷害申生的辦法。她對獻公說：「你看，世子果真會用人，官兵民眾都願為他出力賣命，此事主公可絕不能等閑視之呀！」獻公點了點頭，心情沉重地走了。驪姬深知若想扳倒申生，還必須先除去保護世子的「傘蓋」。申生的老師里克，是朝中的一位老臣，德高望重，堅定地支持申生，於是驪姬便派優施到里克府上，軟硬兼施，終於迫使里克答應在世子的廢立上保持中立。

陷害申生必需要有依據，驪姬絞盡腦汁，欲置申生於死地，終於一條毒計又生成了。有一天，驪姬突然像換了個人似的，在獻公面前，屢屢提起申生，並說：「也許是我們以前對申生太疏遠了，才使他產生敵對情緒。如果我們對他好一點，或許他會改變的。主公，我們不妨召他回宮住幾天，敘敘離別之情，況且我也有點想他。他幼年喪母，也怪可憐的。」獻公對驪姬寵信無比，對驪姬的話，他從來都是言聽計從的。獻公同意了，便傳旨令申生回宮。

獻公對申生的不滿，本來都是驪姬挑撥的，如今驪姬轉變了態度，獻公也消除了心中的疑慮。申生奉召回到京城，進了宮，先向父親禮拜問安，獻公很高興，便吩咐申生去後宮拜見繼母驪姬。

申生來到驪姬的宮中，以人子之禮向這位比自己還小幾歲的繼母恭敬如儀地行了大禮。驪姬裝成非常高興的樣子，並設宴款待了申生，酒席宴間，氣氛融洽，驪姬一派母儀風度，與申生聊家常，噓寒問暖，無微不至。

第二天，按禮節申生又去驪姬宮中，感謝繼母頭一天的留宴。驪姬見了申生，很是高興的樣子，再一次擺

宴，留申生共進晚餐。從驪姬宮中出來，申生先去父親那裡匯報兩天來與繼母的交流情況。獻公聽了，也很高興，以為兒子與繼母間的「隔閡」已經消彌，從此，一家人又可其樂陶陶了。他哪裡知道，這正是驪姬陷害申生毒計中的一個步驟。

夜深了，處理了一天政務的獻公也累了。他在內侍的引導下，又來到了驪姬的宮中。誰知，獻公一進宮門，驪姬便撲到他的懷裡，哭訴道：「主公，你可要替妾做主哇！妾禮貌地請世子吃飯，是為了消除與他的隔閡，讓他回心轉意，忠心地擁護主公。沒想到，他今晚竟在酒席宴上藉著酒勁，調戲起妾來。說什麼『我父君老了，不中用了，妳還當什麼母親呀！我祖父死後，將我母親遺留給我父親，如今我父親又老了，死後一定把妳留給我。』說完還對我動手動腳的。我怕此事張揚出去太難聽，就強忍著氣說：『世子醉了，請回吧！』派人把他送回了館舍。妾好心好意，全是為了主公，沒想到卻落得如此結局！」說完，還擠出了幾滴淚水。獻公聽了，怒從心頭起：「這還了得！大膽逆子，不僅調戲我妾，還揭我心頭的傷疤！」

可過了一會兒，當獻公稍稍冷靜下來之後，又覺得不大可信，知子莫若父。申生是在自己眼皮子底下長大的，這孩子從小到大，孝友守禮和不好女色是出了名的，怎麼會對繼母無禮呢？

驪姬是個察言觀色的能手，她見獻公將信將疑，便又說道：「我也知世子素來謹敬，實在沒有想到他會做出如此的舉動來，也許是一時酒醉失於檢點吧？也不要冤枉了他。要不然，明天我請他同遊御花園，看他敢不敢來。他若不敢來，就是心中有鬼。來了，再看看他的表現，主公可站在宮中高台上暗中觀察。不過，萬一發生了什麼不愉快的事，主公要先沉住氣，莫聲張，以免被人傳為笑柄。以後再做處理。」獻公想了想，說：「好吧！」

第二天一早，申生吃過早飯，正坐在室內回憶這兩天來省親的感受。突然，宮人進來傳話：御花園中百花盛開，娘娘想請世子一同遊園賞花，申生怎敢不去，便隨宮人一同來到花園門口。驪姬正在門口等他，見過禮後，由宮女頭前引路，驪姬便領著申生，一起進了花園，一邊走，驪姬一邊向申生介紹各種名貴花木的名稱、

產地及特點。

中生做夢也沒有想到，他身旁這位美麗的、看似賢惠的繼母，正在實施著一條陷害自己的毒計。百花盛開，引來蜂蝶無數。驪姬臨來花園前，偷偷地在自己的頭髮上抹了不少蜂蜜。所以，當她走到繁花盛開處，蜂蝶都被她頭上的蜜味所吸引，紛紛向她頭上落去。驪姬裝成很害怕的樣子，一邊舞動著袖子驅趕，一邊喊道：「世子！快來幫我趕走這些該死的蜜蜂！」

這時，宮女們不知為何都走遠了，只有申生在她身後。申生沒法子，只好走上前去，也揮動袖子驅趕驪姬頭上的蜜蜂。可那蜜蜂怎麼也趕不盡，不一會兒，申生就已累得氣喘吁吁了。就在這同時，申生的父親晉獻公，正在遠處的一座高台上偷偷地向花園中張望著。他見申生果然在驪姬身邊撲來舞去，確信是在調戲驪姬，便勃然大怒，氣哼哼地下台回宮去了。

驪姬游完花園回宮，自然也添枝加葉地編造了一套申生如何非禮調戲自己的瞎話。晉獻公要傳旨將申生抓起來治罪。驪姬見獻公已鑽進了自己設計的圈套，心中暗喜。但她似乎認為此罪仍不至於將申生處死。她還要重演一次「欲擒故縱」的把戲。於是，她扶晉獻公坐下，說道：「主公不必生氣，是我把他召進花園賞花，如果殺了世子，大臣們不是要怪罪我，說我害死了他嗎？況且，這類事情一旦張揚出去，我們也丟不起人啊！不如再忍一忍，以後若申生再有不軌之事，可數罪並一，再殺他也不遲。」

晉獻公又一次聽信了驪姬的話，立即傳令，命申生返回曲沃。同時，他又暗中派人監視申生的一舉一動，蒐集申生的過錯。這一切，申生都不知曉，仍然被蒙在鼓裡。儘管申生感到了父親態度的突然轉變，但他自信自己心懷坦蕩，光明磊落，已盡到了為人臣子的職責，就心安理得地回曲沃去了。他哪裡會知道更大的一次陷害他的陰謀，正在等待著他。

晉獻公喜好是從政之暇到郊外狩獵，這一天晉獻公又帶人出了京城，到翟桓去打獵了。驪姬見獻公離宮，又派人把優施叫進宮來，二人廝混親熱了一番之後，又謀劃出了一條置申生於死地的毒計。

驪姬派人到曲沃，告訴申生說：「國君夢見你死去的母親對他說，在地下飢餓無食，你必須馬上祭祀你的母親。」申生聞聽，大為感動，立即照辦，派人宰殺牛羊，祭奠了母親。祭祀完畢，按照當時的禮儀規定，把祭祀用的酒肉要送回京城，向父君「獻胙」。當時因晉獻公出獵在外，酒肉就放在了宮中。

六天後，獻公獵罷還宮，驪姬立刻派人將毒藥撒在肉和酒上，然後將肉烹調成各種菜餚，端給獻公品嚐。獻公先誇讚了驪姬的賢惠與周道，端起酒就要喝。驪姬跪下說：「酒肉是從外面進來的，不能不先試驗一下。」獻公點頭稱是，就把杯中的酒潑在了地上，地上的塵土馬上就飛騰起來，磚石也裂開了一條大縫，這說明酒裡有毒。獻公大吃一驚，急忙派人牽來一條狗，取一塊肉扔給牠，狗吃了肉，在地上打幾個滾，馬上就死了。驪姬假裝不相信，又叫來一個小內侍，讓他吃肉喝酒。小內侍不肯，驪姬就命人強行抓住他餵肉灌酒，人們剛塞到他嘴裡一塊肉，灌下一口酒，這個小內侍就七竅流血，倒地斃命而亡。驪姬裝作大驚的樣子，又是哭喊，又是要替晉獻公吃下這些酒肉，代晉獻公去死，同時，還厲聲痛斥申生謀害親生父親的罪行。

晉獻公既傷心又氣憤，當即召集群臣，宣布了申生的罪行。大夫東關五請求讓他帶兵去討伐申生。晉獻公當即應允，便命東關五為主帥，梁五為副帥，率領兵車二百乘，攻伐曲沃，並一再叮囑他們，一定要除惡務盡，不許讓申生逃掉。

一直在家賦閒不上朝的老臣狐突得到「二五」出兵討伐世子申生的消息後，大為吃驚。為救申生，他連夜派家人疾馳曲沃，給世子送去一封密信。申生接到狐突國舅的密信，馬上請來太傅杜原款商議辦法。杜太傅分析後認為，胙肉在宮中放了六天，肯定是宮中人下的毒，然後栽贓於世子。他建議申生拒守曲沃，然後上書獻公，請求調查此案。他們一致認為，此事定是驪姬等人所為。

申生心裡很矛盾。他說：「我若申辯，調查出是驪姬投毒，那麼驪姬必被處死。君父已經老了，失去驪姬，必定不樂。君父不樂，我也不能樂也。」又說：「驪姬欲害者乃我一人也，不如我一死了之，君父認為出了氣，驪姬也沒了心病，他們能相安無事，我也就算盡孝了。」杜太傅聽完流著眼淚說：「你可真是個大孝

子！可你還是晉國的儲君啊！這樣吧，我暫時帶你一齊逃出晉國，到齊國去躲躲吧！」申生堅絕不肯，怕背上弒君殺父又叛國的罪名。隨後，他望空向京師的方向拜了幾拜，取一條白綾，自縊而亡。

「二五」的兵車剛到曲沃，申生已經自殺。「二五」便把太傅杜原款抓住，打入囚車，押回絳都覆命。

晉獻公聽說申生已死，只抓來了杜原款，便召集百官升朝，當殿審問杜原款，命他揭發申生的罪行。杜原款跪在獻公面前，大聲疾呼：「這可是天大的冤案啊！國人哪個不知世子是大孝子呀！我杜原款之所以沒有隨世子一起自殺，就是想告訴人們，世子是無辜的！大家仔細想一想，胙肉在宮中放了六天，有什麼肉放了毒藥後六天不變樣子？是誰放的毒，難道大家還不清楚嗎？想謀害世子的人，可真是蛇蠍心腸啊！」驪姬一直躲在屏風後面偷聽。聽到這裡，便忍耐不住，大聲喊道：「杜原款教導世子無方，才致使世子弒君犯罪，還不將他快快處死！」晉獻公立刻同意，便令「二五」行刑。他們叫來一名大力士，手執大銅錘，當殿就擊碎了杜太傅的頭顱。

世子申生已除，但公子重耳和夷吾還在。驪姬認為這二人也是妨礙她立自己兒子為儲君的隱患，必須一塊除之。於是，她又令優施去找「二五」，共同研究除掉兩個公子的計畫。

幾天之後，驪姬便向獻公進讒，說重耳和夷吾也參加了謀害國君的行動，並且現在正在訓練軍隊，極有造反的嫌疑。晉獻公似信非信。這時，又有人向獻公報告，說重耳和夷吾二公子昨日來朝覲主公，走至半路，聽說申生自殺，便調轉馬頭回去了。這下子晉獻公真的相信了驪姬的話，便馬上派兵兩路去蒲城和屈城「討逆」。

老臣狐突聞聽獻公又要加害重耳和夷吾，急派自己的小兒子狐偃連夜趕往蒲城，告訴重耳趕快逃出晉國。狐偃剛剛趕到蒲城，由大將勃鞮率領的官軍也趕到了。勃鞮攻入城中，闖進重耳的住宅，去捉重耳。狐毛和狐偃兄弟二人護著重耳向後院跑去。勃鞮趕來，一把抓住重耳的衣袖。勃鞮一用力，重耳的衣袖便被拉了下來。重耳乘機在毛、偃兄弟的護衛下，赤一隻膊，慌忙逃往城外，往狄國的方向奔去。勃鞮未抓到重耳，只得拿著重耳的一隻衣袖，領兵回京「獻捷」去了。

晉獻公派去討伐夷吾的大將名叫賈華。賈華比較正直，他同情公子們的處境，便故意放慢了進軍的速度，並暗中派人送信給夷吾，讓他趕快逃跑。夷吾見信後，連夜急忙投奔梁國去了。至此，阻礙驪姬立自己兒子為世子的絆腳石都已被搬除。

晉獻公二十六年（西元前六五一年），驪姬生的兒子奚齊被立為世子，成了名正言順的儲君。驪姬又勸說晉獻公讓老臣荀息做奚齊的師傅，以強化自己一派的力量。是年秋天，獻公病重，他把荀息叫到床前，把年僅十一歲的世子奚齊託付給了荀息，然後就死了。驪姬拜荀息為上卿，主持國事，加封「二五」為左右司馬，奚齊即位為國君。

驪姬內心十分高興，自己的兒子當了國君，自己就是國母，靠爭寵和使用陰謀，終於達到了預想的目的。但是，她萬萬沒有料到，所得到的這一切，會如曇花一現，最終落得個害人也害己的可悲下場。

大夫里克昔時在驪姬迫害世子申生的過程中，被迫保持「中立」，最後致世子含冤而死。為此，里克深感悔恨愧疚，今見晉獻公已故，奚齊立為新君，里克便派心腹武士二人，穿上侍衛服裝，混雜在衛隊中，乘奚齊主持獻公喪事之機，將他一刀刺死。當時，優施正在奚齊身邊，曾拔劍來救，卻也被刺死。奚齊死後，驪姬和荀息又扶持九歲的卓子登上了君位。

里克聞聽卓子又被擁立為新君，便聯絡屠岸夷等人，率家兵發動叛亂。他們先殺死了梁五和東關五，隨後率兵殺進宮門，荀息聞兵變，上前抱起卓子，厲聲斥責里克。里克便令屠岸夷從荀息手中奪過卓子，將他摔死在石階上，荀息也被亂軍殺死。這時驪姬已逃進了後花園，眾人將花園團團圍住。驪姬見大勢已去，便從橋上投水而死，里克命人將驪姬的腦袋從屍身上割下來，昭示全國，以正其罪。

不久，公子夷吾被迎立歸國，立為新君，是為晉惠公。

驪姬依著晉獻公的寵愛，以假象矇騙了晉獻公。隨之便拉幫結夥，大搞陰謀詭計，採取「步步為營」和「欲擒故縱」的手段，害死了原定的國君繼承人，使自己的兒子頂替了其位。不幸的是，兒子不僅沒當成國君，反卻母子雙雙被殺死。朝廷內亂，衝突流血，晉雖未因此而亡國，也造成了一段不長不短的「中衰」，影響了社會的發展。驪姬恃寵弄權亂國，害人害己，私心所致也。當然獻公「軟」耳朵根子，對驪姬的話不加辯別，也是「亂國」的原因之一。

指鹿為馬，趙高專權

故意顛倒黑白、「指鹿為馬」者，下場必然是可悲的！

戰國時代後期，各諸侯國經過多年爭鬥角逐，兼合吞併，最後只剩下齊、楚、燕、韓、趙、魏、秦七個大國，史稱「戰國七雄」。「七雄」之中，又以秦國最為強盛。西元前二四六年，秦王嬴政即位，因年幼，由太后和丞相呂不韋掌政。至西元前二三八年，秦王嬴政開始親政，鎮壓了呂不韋、嫪毒等人的叛亂；又重用李斯、尉繚等人，於西元前二三〇年開始了滅六國的戰爭。到西元前二二一年，秦先後平滅了韓、趙、魏、燕、楚、齊六國。至此，長期分裂的局面，終於由秦統一了，一個大一統的中央集權式封建國家出現了。秦統一後，秦始皇為了確立專制主義的集權統治，採取了一系列加強皇權的措施，比如任用一批懂典制律令的「人才」，幫助他制定大一統王朝的典章制度等等。趙高就是秦始皇啟用的「人才」中的一位。

趙高原是趙國人。生於趙國王族之家。其父與趙國國君同宗。後來，他的父親犯了罪，被處以腐（宮）刑。家人受到株連，他的母親被罰作宮奴婢，趙高和他的幾個兄弟亦被閹割成了太監。西元前二二二年，秦國大軍攻滅趙國，趙高等人亦同被擄至秦國。

趙高生性刁滑，善於阿諛奉承，溜鬚拍馬。他還有一個特點，博聞強記，通曉法律，對秦朝律令凡五刑細目若干條，過目不忘。他在秦宮服役，凡秦始皇批閱案牘，遇有刑律處分，稍涉疑義，一經他在旁參決，無不如律。時間一長，便深得皇帝賞識，漸加寵信。秦始皇為統治之需要，正四下網羅人才，便把趙高由普通宦官提拔為中車府令，專門負責皇帝的車馬。趙高還善於察言觀色。經過在秦宮中的一段時間觀察，他發現小皇子胡亥深得秦始皇的偏愛，認為取悅於胡亥，將是自己進一步取得皇寵、將來能飛黃騰達的極好階梯。於是他便尋找一切機會接近胡亥。很快地便和胡亥混熟了，少年胡亥對訟獄判決很感興趣，趙高便投其所好，經常為他教授法律條文，並徵引實際案例進行講解，以博得胡亥的歡心。這樣，不僅趙高成了胡亥的心腹，秦始皇也視他為忠臣。

秦始皇統一天下之後，便實施了一系列鞏固封建大一統政治的措施。如劃分全國為三十六郡，置郡守等官員進行管理；收繳民間兵器，鑄銅人十二個置於宮中；統一法律、文字和度量衡；遷天下富者十二萬戶於咸陽；北擊胡人，修築萬里長城等等。為威懾和鎮壓六國殘餘勢力，秦始皇自西元前二一九年開始，到全國各地進行巡視。目的是「以示強，威服海內」。同時，又大行「焚書坑儒」之暴行，嚴厲打擊知識和輿論界的異己分子，為求長生不老，他還多次派人去遙遠的海上訪仙求藥。

秦始皇的殘暴統治政策，引起了老百姓的不滿和反抗。秦始皇非常迷信，信天命和神鬼，於是，反對他的人便利用他的這種心理，大造輿論，如西元前二一二年裡的一天，東郡某地忽然從天上掉下一大塊隕石。有一個人便偷偷地在這塊隕石上刻了一句讖語：「始皇死而地分。」秦始皇得知後勃然大怒，立即派御史前往調查，但始終未找到刻字者。秦始皇就下詔把當地的百姓統統殺掉，把隕石燒燬。同年秋天，在華陰縣又發生了一起「山鬼事件」。

某一天夜晚，秦始皇的一個使臣從華陰西北六里處的平舒經過，在路旁忽然閃出一個人來，攔住使臣，對他說：「替我告訴滈池君，今年祖龍死。」使臣迷惑不解，追問是什麼意思，那人不再言語，只拋給他一塊璧玉，一閃身就不見了。使臣慌慌張張回到秦宮，將璧玉交與秦始皇，並報告了事情經過。秦始皇聽了，假裝不在乎地說：「此山鬼不過知道一年之內的事情罷了。」過後，秦始皇自言自語地說：「祖龍是說天下第一個皇帝呀。」他意識到「祖龍」指的就是他自己。他又仔細驗看了使臣帶回的那塊璧玉。原來就是他八年前巡視南

方時投於長江的那塊。秦始皇很害怕，連忙找人卜了一卦，卦象顯示，要想大吉大利，必須遷民和出遊四方，於是秦始皇先詔令榆林縣內三萬戶居民全部遷往他鄉，接著又決定次年冬十月，第五次外出巡遊，以期望應驗卦辭，弭禍消災。

西元前二一〇年冬十月，秦始皇恰好五十歲，他按原定計畫令右丞相去疾留守京師，處理財務，自己帶著左丞相李斯、中東府令趙高及小兒子胡亥及一班人馬車隊，浩浩蕩蕩出了咸陽城。十一月，始皇一行走到了雲夢澤，在九嶷山下祭奠了舜帝。然後再沿江東下，到了紹興，登會稽山祭祀了大禹，並為自己此次出遊刻石立碑，以示紀念。由於一路勞累過度，在返回途中，走到平原津時，始皇忽覺身體不適，寒熱發作，連飯也吃不下了，日間尚勉強支持，夜裡卻不得安眠，心神恍惚，言語狂譫。隨駕御醫診脈進藥，均不見效，反而逐日加重，生命垂危。左丞相李斯見始皇病篤，很是著急，便急催車馬，快返京師。當行至沙平台（今河北平鄉縣）附近時，始皇病情惡化，難以前行。幸好此地尚有原趙國的行宮，始皇暫憩乘輿，在行宮住下。李斯明知始皇臨近死期，應該啟問後事了，但他知道始皇最忌「死」字，怕觸犯忌諱，因而不敢輕易稟陳。這時，始皇也感到自己不行了，便將趙高叫到面前，命他草擬遺詔，命在上郡做監軍的大兒子扶蘇把軍隊交給大將蒙恬，速回咸陽，辦理喪事。

秦始皇死後，陰險詭詐的趙高並沒有立即將詔書送往上郡，他早就預謀趁始皇死後，獨攬朝政大權。公子扶蘇是秦始皇的長子，為人正直，但性情軟弱。他因向秦始皇進諫，惹惱了父皇，便被遣往邊關，與大將軍蒙恬一起防禦匈奴，按照秦始皇的遺詔及慣例，扶蘇應該繼承皇位是毫無疑問的。但趙高想，如果扶蘇當了皇帝，肯定會重用蒙恬，這是趙高所不能容忍的。

趙高與蒙恬的弟弟蒙毅是生死冤家。某次趙高因招權納賄，舞文弄法，觸犯了刑律，秦始皇派蒙毅審理此案，蒙毅依律判趙高死罪，秦始皇不忍，不但免了趙高的罪行，還給趙高官復原職，所以趙高對蒙氏兄弟一直懷恨在心，伺機報復，他絕不能讓蒙氏家族掌管大權。但如果立秦始皇的小兒子胡亥當皇帝，情況可就大不相

到時就會由趙高說了算。

同了。趙高一直擔任胡亥的老師，胡亥對趙高也是言聽計從。再說胡亥年紀尚幼，許多事情還不能獨立處理，

有了這些緣由，趙高便把秦始皇給扶蘇的遺詔和皇帝玉璽都藏在身上，把丞相李斯、胡亥和知道秦始皇去世的幾個宦官都叫到一起，對他們說：「皇帝剛剛去世，其他人都不知道，我想我們要保守祕密，因為皇上是在外頭去世，朝廷還沒有確立太子，搞不好會引起天下大亂，反對朝廷的人也會乘機造反，因此，一定要隱瞞消息。」李斯等人一聽，趙高的話倒也很有道理，也就同意了。

隨後，趙高開始說服胡亥和李斯，意為害死扶蘇，立胡亥為帝。趙高私下對胡亥說：「聖上駕崩，不聞分封諸子，乃獨賜長子書，長子一到，嗣立為帝，如公子等皆無寸土，豈不可慮！」說著，還拿出了秦始皇給扶蘇的信，讓胡亥看。胡亥看完信，回答說：「我聞，知臣莫若君，知子莫若父，父無遺命分封諸子，為子自應遵守，何待妄議？」

趙高聽了，搖了搖頭，又說道：「公子錯了。今天下大權，全在公子與高及丞相之人，願公子早自為謀。須知人為我制，與我為人制，大不相同，怎可錯過？」胡亥有些不高興，說道：「廢兄立弟，便是不義，不奉父詔，便是不孝，自問無才，因人求榮，便是不能，三事統皆背德，如或妄行，必至身殆國危，社稷且不血食了！」

趙高啞然笑道：「臣聞湯武弒主，天下稱義，不為不忠；衛輒拒父，國人皆服，孔子且默許，不為不孝。從來大行不顧小謹，盛德不矜小讓，事貴達權，怎可墨守？及此不圖，後必生悔，願公子聽臣之計，毅然決行，後必有成。」胡亥聽了趙高一番話，也有些動心，沉吟一會兒，又嘆息著問道：「今大行未發，喪禮未終，怎得為了此事，去求丞相？」趙高見胡亥已經聽信了他的主張，便連忙說：「時乎時乎，稍縱即逝！臣自能說動了丞相，不勞公子費心！」

趙高於是就去找左丞相李斯。李斯問趙高道：「聖上的遺書已發出否？」趙高看了看四周，讓李斯屏退左右，便湊到李斯耳邊，低聲說道：「遺書現在還在胡亥手中，高正為了此事，來與君商議。今日聖上崩逝，外

人皆未聞知，就是所授遺囑，只有高及君侯，當時預聞，究竟太子屬諸何人，全憑君侯與高口中說出。君侯意中，果屬如何？」李斯聽了，大吃一驚，正色道：「汝言從何處得來？這是亡國胡言，豈人臣所得與議麼？」趙高並不動氣，仍不緊不慢地說：「君侯不必驚慌，高有五事，敢問君侯。」李斯問：「汝且說來。」趙高說：「君侯不必問高，但當自問，才能可及蒙恬否？功績可及蒙恬否？謀略可及蒙恬否？人心無怨，可及蒙恬否？與皇長子的情好，可及蒙恬否？」

趙高一連串的五問，只問得李斯連連搖頭，他沉吟了一下，才答道：「這五事原皆不及蒙恬，敢問君何故責我？」趙高正了正衣襟，兩眼望著窗外，似有所感地說道：「高本為內官廝役，幸得賴知刀筆，入事秦宮二十餘年，未嘗見秦封賞功臣。得傳二世，是將相後嗣，往往誅夷。皇帝有二十餘子，為君侯所深悉，長子剛毅武勇，若得嗣位，必用蒙恬為相，難道君侯尚得保全印綬，榮歸故里麼？高嘗受詔教習胡亥，見他慈仁篤厚，輕財重上，口才似拙，心地卻明，諸公子中，無一能及，何不立為嗣君，共成大功？」

這趙高為扶持胡亥當傀儡皇帝，達到他受寵信得專權的目的，鼓動著如簧之舌，滔滔不絕，對李斯曉之以利，動之以情。真是費盡了心機！但此時的李斯，仍不同意趙高的意見。他站起身來，似有逐客之意，大聲說道：「君毋再言！斯仰受主詔，上聽王命，得失利害，無暇多顧了！」趙高轉動著兩隻三角眼，報定不達目的絕不罷休的信念，一點也沒有要離開的意思，並說道：「君侯所言差矣。安即可危，危即可安，安危不定，怎得稱明？」李斯說：「斯本上蔡布衣，蒙上寵擢，得為丞相，位至通侯，子孫並得食祿，這乃主上特別優待，欲以安危存亡屬斯，斯怎忍相負呢？且忠臣不避死，孝子不憚勞，斯但求自盡職守罷了！願君勿再生異，致斯得罪。」

趙高從李斯的語氣中似乎體會到了些什麼。他知道李斯也是位色厲內荏的人，眼看對方就快要被說服了。於是便再進一步，用脅迫的口吻說：「從來聖上無常道，無非是就變從時，見末知本，現指睹歸。今天下權命，系諸胡亥手中，高已從胡亥意旨，可以得志，惟與君侯相好有年，不敢不真情相告，君侯老成練達，應該

曉明利害。從外制中謂之惑，從下制上謂之賊，秋霜降者，草花落，水搖動者，萬物作，勢有必至，理有固然，君侯豈尚未察麼？」

李斯又嘆了口氣，說道：「我聞晉易太子，三世不安；齊桓兄弟爭位，身死為戮；紂殺親戚，不聽諫臣，國為丘墟，遂危社稷。總之逆天行事，宇宙且不血食，斯亦猶人，怎好預此逆謀？」趙高假裝生氣，站起身來，說：「君侯若再疑惑，高也無庸多說。惟今尚有數語，作為最後的忠告。大約上下合同，總可長久，中外如一，事無表裡，君侯誠聽高計議，就可長為通侯，世世稱孤，壽若喬松，智如孔墨，倘決意不從，必至禍及子孫，目前就恐難免。高實為君侯寒心，請君侯自擇去取罷！」說完，轉身就要離去。

李斯一想：「這事關係甚大，胡亥和趙高，看來早已通同一氣，非我一人所能制止，我若不從，必有大禍。但從了又覺得違心。」一時內心很矛盾，禁不住仰天長嘆，流著眼淚說：「我生不辰，偏遭亂世，既不能死，何從托命！主上不負臣，臣卻要負主上了！」說完，便向趙高表示，他同意立胡亥為帝。

趙高說服了李斯後，便樂呵呵地走了。他見到胡亥，就興高采烈地對他說：「臣奉太子明令，往達丞相，丞相斯已願遵從。」

胡亥聽說李斯已同意，樂得將錯就錯，去做那一朝天子。於是，趙高、胡亥和李斯三人共同策劃，把秦始皇寫給扶蘇的原信毀掉，偽造了一道秦始皇在沙平台留給丞相的遺詔。遺詔上寫著應立胡亥為太子；同時，又偽造了一份秦始皇令扶蘇、蒙恬自殺的詔令：「朕巡天下，禱祠名山諸神，以延壽命。今扶蘇與蒙恬，將師數十萬以屯邊，十有餘年矣，不能前而進，士卒多耗，無尺寸之功，乃反數上書，直言誹謗我所為，以不得歸為太子，日夜怨望。扶蘇為子不孝，其賜劍以自裁；恬與扶蘇居外，不能匡正，應與同謀，為人臣不忠，其賜死！以兵屬裨將王離，毋得有違！」趙高還在這封偽造書信上蓋了皇帝的玉璽後封嚴，派一個心腹門客，將信火速送往上郡扶蘇處。

信使晝夜兼程，很快到了上郡，當著扶蘇的面，宣讀了所謂秦始皇的信。扶蘇聽完，痛哭流涕，泣不成

聲，回到內宅，拔劍就要自盡。蒙恬感到事出突然，有些懷疑。他趕忙上前勸阻扶蘇道：「主上在外，未立太子，令臣將三十萬眾守邊，公子為監，這是天下重任，非得主上親信，怎肯權授！今但憑一使到此，便欲自殺，安知其中沒有詐謀。不如派人馳赴行在，再行請命，如果屬實，死也未遲！」未待扶蘇回答，使者在門外連聲催叫扶蘇速照皇帝旨意辦理。扶蘇為人忠厚仁義，忙對蒙恬說：「父要子死，不得不死，我死便罷，何必多請。」說完，揮劍往頸上抹去，一股鮮血噴湧而出，扶蘇倒地斃命。蒙恬不肯自殺，使者便把他交給了當地的官吏，將他押在陽周城的監獄裡。

就在信使前往上郡的同時，趙高等人也開始攜始皇屍體離開沙平台，欲取道井陘，過九原，回京師咸陽。此刻，他們仍對外封鎖始皇已死的消息。於是便把秦始皇的屍體裝進棺材，藏在他平時乘坐的車子裡，讓親信太監趕車，到吃飯的時候，照樣送上飯菜；群臣有事，照樣稟報。沿途仍像原來皇帝出巡返駕時一樣，鳴鑼開道，所經之處的文武百官，不知始皇已死，仍跪在車前向「秦始皇」匯報他們的政績，貢獻特產。躲在車裡的一個宦官還假托秦始皇的命令，批准官員們的奏事。

拉秦始皇屍體的車子向咸陽前進，當時雖已入秋，但天氣仍很炎熱，時間一長，始皇的屍體就開始腐爛了，發出陣陣惡臭。趙高為掩住臭味，以免洩漏機密，便假借皇帝之命，偽造一道詔令，令百官車上，都要裝載一些鮑魚。百官不解其意，但聖命難違，只得照辦，鮑魚向有臭氣，各車中都有裝載，直弄得臭氣衝天，人人掩鼻，只知是鮑魚之臭，不再懷疑其他了。

大隊人馬回到咸陽。都中留守馮去疾等百官，按例出郊迎駕。趙高又假傳聖旨，稱皇帝病重，免除朝拜，馮去疾等人也就信以為真，擁著車駕，馳入咸陽宮。正巧這時趙高派往上郡的使臣也趕了回來，向他報告說扶蘇已自刎，蒙恬被投入監獄，趙高聽了大喜，一顆懸著的心一下子落了地。隨後，他們公布了秦始皇的死訊及偽造的定胡亥為太子的遺詔。在辦理秦始皇喪事的同時，胡亥也順利地登基稱帝，史稱秦二世，趙高因陰謀扶立二世皇帝有功，被二世立即封為郎中令。趙高從此成為二世的近臣，寵位有加，經常出入宮禁，侍奉在皇帝

左右，而且大權在握，開始了一系列干政篡權、禍國殃民的行動。

趙高首先繼續玩弄他慣用的騙人的伎倆，於二世登基第二年的春天，給胡亥出主意，讓他沿著當年秦始皇東巡的路線出巡天下，並在秦始皇當年立的石碑上刻字紀事，用這些來證明胡亥是位大孝子，的確是秦始皇自己生前選中的，非常合適的皇位繼承人，以此遮掩天下人的耳目。

其次，陰險狡詐的趙高認為對那些對二世皇帝持懷疑態度及反對者，還應採取更為嚴厲的措施，進行徹底打擊乃至剿滅之。一天，趙高又湊到二世面前進讒道：「臣聞先帝未崩時，曾欲擇賢嗣立，以陛下為太子，只因蒙恬擅權，屢次諫阻，蒙毅且日短陛下，所以先帝遺命，仍立扶蘇。今扶蘇已死，陛下登基，蒙氏必將為扶蘇復仇，恐陛下終未能安枕。」胡亥聽了，趕忙追問：「依卿之見，該如何處置？」趙高眼珠一轉，詭計便來，說道：「陛下莫慌，臣自有主張。陛下以文難治，必須以武力治之。先可制定嚴刑酷法，清除大臣中心懷不滿者，抄斬滿門，株連九族，不留後患！」胡亥又問：「諸公子尚思與我爭位，如何是好？」趙高用眼角看了看四周，故意拉長聲說道：「所有宗室勳舊，應一體除去。然後，另用一班新進人員，貧使驟富，賤保驟貴，這些人自然感恩圖報，誓死為陛下盡忠，到那時，陛下就可高枕無憂了！」秦二世聽完，非常高興說道：「卿言甚善，朕當照辦！」

秦二世在趙高的慫恿下，開始了一場大屠殺。先由趙高制定出新的律令，然後將朝臣們「對號入座」，一一處置，撤的撤，殺的殺。蒙毅當然是首當其衝了。趙高派御史曲宮齎詔到蒙毅住處，宣詔賜死。未待蒙毅辯解，曲宮已拔出佩劍，一劍將蒙毅頭顱砍落，隨後還宮覆旨。趙高為達到自己的目的，也不放過秦二世的兄弟姐妹們。他以莫須有的罪名，一共逮捕了秦二世的十二個哥哥，十個姊妹下獄。趙高親自審問他們，並施以酷刑。諸公子、公主們被打得死去活來，委屈招供，承認所謂的謀反之罪。最後，這些人全被斬首或車裂。二世另外三個哥哥將閭等人，亦受株連，在關押中被迫自殺身亡。還有一個哥哥怕株連妻小，主動請求自盡。其他因受株連而遭殺戮致死者，亦無計其數。

在趙高指使下的這場大屠殺威懾作用的確不小，滿朝文武，人人自危，黎民百姓雞犬不寧。大臣勸諫被認為是誹謗朝廷，因此諂媚奉承之風盛行，眾大臣以此來保存俸祿。趙高的目的達到了，他非常得意。為了進一步取得二世寵信和干政專權，趙高又對秦二世說：「現在差不多了，大臣們整天提心吊膽，害怕掉了腦袋，已沒有時間和精力去搞別的了。陛下現在可以盡情享樂，一切瑣事由臣下我代勞。陛下不必再費心了。」於是，秦二世在趙高的勸說下，真的不再上朝議政，而只與趙高在禁宮中議事，其他大臣已很難再見到皇上。趙高的權力日益增大。

趙高為爬上最高權力頂峰，取二世而代之，還有一個障礙，那就是丞相李斯。因此，趙高把下一個進攻的目標，就定在了李斯頭上。李斯因在沙平台事件中擁立胡亥有功，胡亥稱帝後，他又阿諛奉承，濫徵租賦，大興土木，以供二世荒淫揮霍，所以保住了官職。但趙高還是將他視為眼中釘，設計好了圈套等他跳。

一天，趙高來到李斯府上，故作憂愁地對李斯說：「關東群盜如毛，警信日至，皇上仍在恣意淫樂，徵調役夫，修築阿房宮，採辦狗馬等無用之物，充斥宮廷，不知自省。君侯位居相位，不比高等服役宮人，人微言輕，怎可坐視不言，忍使國家危亂呢？」李斯回道：「非我不願進諫，實因主上深居宮中，連日不出視朝，叫我如何面奏？」趙高見李斯已經上鉤，暗暗高興，便故作神祕說道：「這有何難，待我探得主上閒暇，即來報知君侯，君侯便好進諫了。」

趙高設圈套、施毒計，目的是害死與他在寵位上有礙的重臣李斯，以便進一步實現他控制傀儡皇帝、獨斷專行乃至取而代之的野心。

現在機會終於來了。某日那昏庸的二世皇帝正在後宮花園中與眾嬪妃宮女玩得高興，趙高趕忙派一小太監前往丞相府，告訴李斯，說皇上此時正閒著沒事，可以前去奏事。李斯聞聽，急急忙忙穿好衣服，匆匆趕到宮門外，請求見皇帝。二世皇帝此刻正玩在興頭上，美女環圍，左擁右抱，守門太監接連通報了三次，說丞相有要事面奏。二世玩興被擾，大不高興，怒氣衝衝地問道：「朕平時閒暇頗多，丞相併不奏事，今日事忙，他卻

來敗我興致，莫非丞相小瞧我不成？不見！」李斯被傳旨叱回。

此後，趙高又施用同樣計謀，不僅使李斯頻吃閉門羹，而且大大惹惱了秦二世。趙高便乘機進讒，說是沙平台矯詔，李斯實為謀劃者，實際上是想裂地封王，升官發財，可至今仍是一個丞相，所以他心早就懷有不滿之意了。聽說他的大兒子李由是三川郡郡守，他父子很可能已在私下謀反，近日屢來求見，定有歹意，不可不防。二世聽了，正在考慮此話是真是假，趙高又進一步進讒道：「楚盜陳勝等人，統是丞相老家鄰縣人，為什麼得以橫行三川，未聞李由出擊？這就是真憑實據了。請陛下速拘丞相，毋自貽患？」二世一聽這番話，想到李斯近日連連欲上奏，對趙高的讒言確信不疑。便開始考慮如何處置李斯。但過後再想，感到此案重大，不好草率從事，於是便派人先往三川郡，調查李由與盜賊勾結的事。趙高聽說後，便暗中賄賂使臣，囑他誣陷李斯父子。

這件事傳到了李斯的耳朵裡，李斯急了，他趕忙去找二世申訴喊冤，碰巧二世正在甘泉宮看角抵比賽，不想見他。李斯沒見到皇上，就連夜草書奏本，向二世揭發趙高有不法行為，想謀殺皇帝，篡奪君位，請求皇上盡早殺掉趙高，免除後患。這真是宮中爭寵奪位的廝殺，只可惜李斯在皇帝的心中不能與趙高相提並論。因為趙高整日在皇帝左右，投其所好，令皇帝對他信任有加。

二世閱過李斯本章，環顧左右說：「趙高為人，清廉強幹，下知人情，上適朕意，朕不任趙君，將任誰人？丞相自己心虛，還來誣劾趙君，豈不可恨！」說完，即把李斯原奏擲還了李斯。這一擲，也就決定了李斯的命運。李斯見二世不聽，便又去找右丞相馮去疾、將軍馮劫，聯名上書二世皇帝，請求罷修阿房宮，減免四方徭役，並再次彈劾趙高。這下子更加激怒了秦二世。

二世憤然作色道：「朕貴為天子，理應肆意極欲，尚刑明法，使臣下不敢為非，然後可制御海內。試看先帝起自侯王，兼併天下，外攘四夷，所以安邊境，內築宮室，所以尊體統，功業煌煌，何人不服。今朕即位二年，群盜並起，丞相等不能禁遏，反欲舉先帝所為，盡行罷去，是上不能報先帝，次又不能為朕盡忠，這等大

臣，還要他何用？」趙高在旁，又是一番添油加醋，二世怒然下詔，逮捕李斯，嚴加審問。

趙高領命，將李斯、馮去疾等三人逮捕下獄。馮去疾不甘受辱，在獄中自殺身亡。趙高對李斯施以嚴刑，逼他承認與子李由謀反，同時，把李斯的親朋好友都關了起來。李斯受刑不過，被迫招供，承認要造反，但這畢竟是委屈之詞。

他又在獄中寫信給二世，陳辯自己的冤情，希望皇帝能寬恕他。誰知送信的獄吏卻把信交給了趙高。趙高看過，擔心李斯翻供，便再施毒計，派自己手下之人扮成御史等法官，輪翻提審李斯，逼他承認謀反事實。只要李斯一喊冤，立即用酷刑拷打。秦二世派來的真御史來提審李斯，核實口供，李斯不知，怕再次挨打，未待動刑，就全部「招認」了。御史回宮向二世皇帝報告後，二世很高興，認為趙高是個大忠臣，是他幫助自己除掉了李斯這個叛逆分子。

秦二世二年（西元前二〇八年）七月，趙高在二世的授意下，將李斯處腰斬之刑，並滅其三族。李斯被押赴刑場時，回過頭來對他的二兒子說：「我欲與汝再牽黃犬，出上蔡東門，趕捕狡兔，已不能再得了！」父子二人一起流著淚，離開了人世。在這之前，李斯長子李由已在三川郡被起義軍殺死。前往調查的使臣回京報告，被趙高攔住，他編了一篇假奏章，謊說李由想要造反，已在當地被依法處決了。

李斯死後，趙高專權的一大障礙被清除了，秦二世很快封趙高為丞相，朝中諸事，無論大小，全都由趙高來決定。趙高在一人之下，萬人之上，整天發號施令，儼然一個「二皇帝」。但是，趙高還不滿足，他要伺機除掉秦二世，爬上最高權力寶座。就在此時，農民起義的風暴已席捲全國，秦軍一戰即潰，大將章邯已投降了項羽，大將王離則當了起義軍的俘虜。趙高認為政變時機已到，便粉墨登場了。

趙高是個精明人。他在正式政變之前，害怕群臣不聽他的指使，就想出一個主意，試探他在眾人心中的威懾力。某天，他弄來一頭鹿獻給秦二世，說：「這是一匹馬，我把牠獻給皇上。」二世一看，並不是馬，便笑著說：「丞相說錯了，如何說鹿為馬？」趙高仍說是馬，二世還是不信，回頭問左右的大臣們。

大臣們的面部表情很複雜，有的什麼也不說，有的阿諛奉承趙高，說的確是馬，而也有的大臣堅持說是鹿。二世昏庸，以為是自己眼花，把馬看成了鹿。於是命大臣卜卦。卦象表明，二世祭祀時沒有齋戒，所以才出現這種現象，現在應急需齋戒。秦二世信以為真，立即搬進上林苑齋戒去了。秦二世前腳一走，趙高隨後便把說鹿的那幾個大臣給殺了。從此，朝臣們更加懼怕趙高的權勢了。

秦二世在上林苑中，每天打獵遊玩。某天二世出獵，碰巧射殺了一個路過上林苑的農民。趙高知道後，便派咸陽縣縣令閻樂上一奏章，說：「不知何人射殺死一人，屍體移到了上林苑。」趙高知此人是二世所殺，便對二世說：「陛下無故射殺無罪之人，天神必然降災，陛下為避災，還是離開京師遠些好。」二世聽了很害怕，就急急忙忙跑到咸陽東南郊的望夷宮躲災去了。

於是，趙高找來郎中令趙成、咸陽縣令閻樂，共同商議發動宮廷政變，殺死秦二世。郎中令趙成可以隨便出入宮禁，趙高命他為內應。咸陽縣令閻樂手下有部分兵力，趙高命他率軍士假扮山東農民起義軍，攻打望夷宮。趙高坐陣指揮全局。

一場血腥的宮廷政變開始了。先是由郎中令趙成在望夷宮內造謠說強盜軍隊攻過來了，並命令閻樂召集軍隊保衛望夷宮。與此同時，閻樂派一部分親信化裝成農民起義軍，把閻樂母親抓起來，暗中送到趙高家中。閻樂則自己帶一千多名軍士們以追賊為名，直奔望夷宮而來。

閻樂殺掉守門衛士，圍住了秦二世。二世大驚，忙喊衛士，可無人敢答應。閻樂說：「陛下驕恣不道，濫殺無辜，天下已共叛陛下，請陛下速自為計！」二世問：「汝由何人差來？」閻樂明白告之是丞相趙高。二世欲見趙高，遭到拒絕。二世說：「據丞相意見，料必欲我退位，我願得一郡為王，不敢再稱皇帝，可否？」閻樂不許。二世說：「既不許我為王，就做一個萬戶侯吧！」又遭閻樂拒絕。二世流著淚說：「願丞相放我一條生路，與妻子同為黔首。」閻樂的眼一瞪，說：「臣奉丞相命，為天下誅陛下，陛下多言無益！」說完，指揮軍士上前，欲殺二世，二世料無生還的可能，便心一橫，拔劍自刎。

二世死後，趙高又立二世兄子子嬰為秦王，仍想獨攬大權。這子嬰早已看透了趙高的陰謀，於是，在他當政後，便設下一計，在他兩個兒子的協助下，誅殺了禍國殃民的趙高。但不久，由秦始皇創立的大一統秦王朝，便在項羽和劉邦軍隊的攻擊下，土崩瓦解了。

受寵之閹宦恃寵干政專權、殘害異己、陰謀篡位、禍國殃民，秦時趙高是為第一人。趙高得寵，在於他善於向主子獻媚，善於投其所好。而他能恃寵於朝中長時間專橫跋扈、胡作非為，也與當政者昏庸無能、用人不當有直接關係。趙高陰謀害死原本秦始皇的繼承人、公子扶蘇，立昏庸的胡亥為傀儡，並翦除了妨礙他搞陰謀詭計的異己分子，實現了他干政專權的目的，進而還想弒君後取而代之。趙高的所作所為，完全打亂了一代雄主秦始皇生前的計畫安排，也使當時的階級矛盾和統治集團內部矛盾不斷激化。筆者認為，秦世之祚短，二世而亡，除社會原因外，與趙高恃寵專權有直接關係。

呂雉爭寵，同類相殘

致寵敵成「人彘」，其害人手段之殘酷毒狠，實令人髮指！

秦二世統治時期，隨著暴政壓迫的日益加重，階級矛盾逐步地深化，農民反抗暴政的鬥爭此起彼伏，其中最著名的是發生在西元前二〇九年的陳勝、吳廣農民大起義。

此外，在長江中游有以鯨布為領導的驪山徒起義；在芒碭山區發生了以劉邦為首的逃役徒人暴動；在黃河下游巨野澤中，有漁人彭越領導的逃人反秦鬥爭；在江東有項梁、項羽叔侄領導的起義軍，等等。這其中，領導芒碭山役徒暴動的劉邦，原為泗水亭長，是秦朝一個地方小吏，後來成了西漢王朝的開國君主，他的妻子名呂雉，就是中國歷史上有名的呂后。

呂雉，又名呂娥姁。其父名呂父，字叔平，原籍碭郡單父（今山東山東單縣），因躲避仇人，舉家逃到沛縣，投奔他的好友沛縣縣令。呂父受到縣令熱情接待後，便在沛縣城裡安家落戶，住了下來。

呂父作為縣令的朋友來沛縣定居，引起了縣裡官吏豪傑們的注意，他們紛紛攜錢物前往呂宅致賀。一天，呂父在家中設宴招待前來祝賀的客人，縣令也出席了這次宴會，並令縣功曹蕭何負責接待。他面對一批批前來祝賀的客人，不停地喊道：「賀禮不滿千錢，須坐堂下！」

這時，任泗水亭長的劉邦也前來致賀。因為他與縣中官吏十分熟悉，就故意一本正經地遞上賀箋，同時大聲說：「賀錢一萬！」實際上他是一分錢都未帶。然後，裝模作樣、大搖大擺地向大堂走去。呂父接過賀箋一

看，又驚又喜，送賀禮者很少有萬錢者，於是，急忙將劉邦迎進大堂，請他上座。

劉邦入座，呂父仔細端詳了一番，只見他「日角鬥胸」、「龜背龍股」，與常人大不相同，不由得敬禮有加，特別優待。蕭何知道劉邦無錢，便悄悄地告訴呂父：「劉季專好大言，恐無實事。」呂父聽了，並不理會。等酒菜擺好，仍讓劉邦坐在首席上。劉邦也不推讓，居然登席，充作第一位嘉賓。眾人依次而坐，劉邦舉杯豪飲，旁若無人。

到了酒闌席散，客人大半已離去。呂父給劉邦使個眼色，示意他留下。劉邦會意，一直堅持到終席。呂父送走了所有的客人後，對劉邦說：「我小的時候即喜歡為別人相面，您狀貌奇異，無一人可比，請問您娶妻了沒有？」劉邦當即回答說還沒有。呂父又說：「我有一小女，尚未婚配，願奉箕帚，如若不嫌棄，請勿推辭。」已過而立之年尚未娶妻的劉邦聽了此話，大喜過望，當下滿口答應。隨即起身下拜，向呂父行過舅甥大禮，並約下迎親日期。

劉邦走後，呂父將許親之事，告訴了妻子呂媼。呂媼聽了，非常生氣，她對丈夫說：「你常說女兒生有貴相，必須許配給貴人，沛令與你關係那麼好，向你為子求婚，你都沒答應。今天無故許配與劉季，難道劉季就是貴人嗎？」呂父說：「此事不是妳們女人所能明白的，我相信我自己的眼睛不會錯的，妳放心好啦！」

父母的一番對話，全被隔壁房間裡的女兒呂雉聽到了，她心中也是七上八下的。呂雉心想：「自己轉眼已經十八歲，這個劉邦真的是個貴人嗎？」她相信父親的眼力，父親從年輕時就學會了看相，被他看過的人十有八九很靈驗。但母親又說劉邦是個無賴，這到底又是怎麼回事呢？她不由得暗暗為自己的命運擔憂起來。

過了些日子，呂父已把女兒的嫁妝準備齊全，命僕人抬到劉邦家中。轉眼到了迎親的吉期，洞房花燭之夜，一對新人喜氣洋洋，捧起龍鳳酒杯互相敬酒。呂雉偷眼打量著新婚的丈夫，見他雖然已屆壯年（這年劉邦三十三歲），卻長得方面大耳，高鼻樑，美鬚髯，確實氣度非凡，因而心動起來。那劉邦見妻子也是儀容秀麗，風采逼人，頓時惹動情腸，就攬著呂雉的一雙玉手，同床共枕，共度良宵。

呂雉與劉邦結合，婚姻是否美滿暫且不說，但從此卻改變了呂雉的命運，使她由一個普通鄉村女子變成日後叱咤風雲的皇后、皇太后，爭寵專權，在中國歷史上留下了深刻的印跡。

呂雉與劉邦結婚後，劉邦繼續做他的亭長，終日在外遊蕩。呂雉嫁雞隨雞，嫁狗隨狗，倒也樂意勤儉度日。婚後第二年，呂雉生下一個女兒，又過三年，生了個兒子。呂雉一直住在劉邦的家鄉豐邑（今江蘇豐縣）耕田種地，侍奉老人，培育子女，操持家務。

秦始皇三十七年（西元前二一〇年），由於秦朝統治者的殘暴統治，大大地激化了階級矛盾，使不少人被壓迫者走上了反抗的道路。本來忠於秦皇朝的劉邦也與政府分道揚鑣，他放走了刑徒，隱於芒碭山澤之間，拉起了一支數百人的造反隊伍。

秦二世元年（西元前二〇九年）裡的一天，呂雉正帶著兒女從田間幹活歸來，還未進家門，就見縣衙派來的一群差役，如狼似虎地撲上來，二話不說，抖出一條鐵鏈，就把呂雉鎖起來，準備帶走。差役告訴她，是她的丈夫劉邦放走了刑徒，逃往芒碭山，觸犯了秦律，縣令特命抓她抵罪。

來到縣衙，縣令升堂審訊。見呂雉一個弱女子披頭散髮跪在堂下，縣令不由產生一絲憐惜之情，他不忍心用刑拷問呂雉，因為縣令也明白劉邦整年在外，幹些什麼，妻子並不清楚，呂雉沒有同謀之嫌，因此縣令只草草問了幾句，便將呂雉收監關了起來。幾天過後，劉邦的好友蕭何找到縣令說：「她一個家庭婦女，與劉邦造反肯定沒什麼關係，不如將她放歸回家，說不定什麼時候劉邦會偷偷回家看她，到時候可將劉邦抓住。」縣令認為蕭何言之在理，就派人把呂雉放了回去。

又過了幾個月，劉邦潛回沛縣，聯絡好友蕭何、夏侯嬰等人率三千沛縣子弟起兵反秦，劉邦被擁立為沛公。他告別了妻子和一雙幼兒女，去投奔項梁的部隊。劉邦起兵反秦後，因為居無定處和時時處於危險之中，呂雉一直沒有隨軍，而是與劉邦的父親及孩子們一起住在豐邑老家。劉邦一去幾年無消息，一家人的生計全部壓在呂雉一人身上。她除了撫育兒女外，還得照顧劉邦的父親，日子過得很艱難。

秦朝滅亡後，楚漢戰爭揭幕。劉邦為了父親和妻子兒女的安全，特派呂釋之率一支人馬回豐邑護衛。西元前二〇五年四月，劉邦從彭城敗退時，曾打算回老家將老父和妻兒帶走。可是，這時項羽已先於劉邦派人到了豐邑，準備劫持劉邦家屬作為人質，以逼劉邦投降，但卻撲了空。因為劉邦老父和呂雉事先聽到了消息，便先行逃走。劉邦馳至故鄉，發現老父和妻子已逃走，立即策馬向南追趕。途中，雖然遇到了兒子和女兒，劉邦把他們攜至軍中，但在審食其保護下出逃的劉邦老父與呂雉卻由於迷失方向，與楚軍碰上而被俘。項羽把他們扣留於軍中，充當人質。

不久，劉邦逃回關中重新整頓人馬，再次與項羽交戰。楚漢兩軍對壘於河南滎陽一帶，未有勝負。劉邦見戰局相持不下，就派韓信另率一支軍隊悄悄越過太行山，下河北，直搗山東項羽的後方，截斷了項羽的糧草供給。項羽無心持久作戰，便天天到劉邦陣前叫罵，逼劉邦出來決戰。劉邦卻置之不理。

忽然有一天，軍士慌慌張張地向劉邦報告，說項羽已將劉太公（劉邦父親）和呂雉押在陣前，就要下俎烹殺之。劉邦聞聽，走出大營往對面一看，果然如此。對面的項羽騎著烏騅馬，揚戟大叫：「劉邦豎子聽著，你若不肯降我，我便烹食汝父！」在項羽的背後，劉邦那白髮蒼蒼的老父被縛雙手，坐在一青銅製成的大俎內，俎下堆滿了乾柴。在不遠處，妻子呂雉也被綁在一個木樁上，已昏死過去。劉邦心如刀割，不忍再看，便退回營帳。一會兒後，漢營中傳出話來：「漢王說，我與項羽曾共奉義帝，情如兄弟，吾翁即是汝翁，若想烹食汝翁，請分吾一杯羹喝！」

項羽聽了，氣得火冒三丈，大罵劉邦是個無賴，隨即喝令軍士立即點燃俎下乾柴。正當此危急之際，項羽身後閃出一人，是他的叔父項伯。項伯勸項羽不要過於魯莽：「此舉未免過分。何況爭天下者多不顧家室。殺了劉太公，恐無益處，反更添仇恨，騎虎難下。」項羽聽了，也覺得有些道理，這才消了些怒氣，令人撤去銅俎、乾柴，將劉太公和呂雉押回營帳。

這個事件，真正鍛鍊了呂雉的膽量，她既驚嘆項羽的英勇蓋世，也更佩服丈夫的臨危不懼。「無毒不丈夫」

的做人信念就此深深地在她心中紮下了根。這年九月，楚漢停戰，達成和約，畫鴻溝為界，溝西歸漢，以東屬楚，兩軍互不侵犯。項羽這才把呂雉和劉太公放歸漢營。夫婦一別六載，重新相見，悲喜交集。從此，呂雉當了漢王后，告別了朝不保夕、膽顫心驚的離亂生活。

西元前二〇二年，劉邦終於擊敗了項羽，在汜水之南被擁立為皇帝，冊立呂雉為皇后，兒子劉盈為皇太子。不久，劉邦遷都長安。兩年之後，由丞相蕭何主持修建的皇宮「未央宮」落成，呂雉便成了未央宮的第一位女主人。

呂雉自嫁與劉邦為妻，直至位主中宮，在這數十年裡，大部分時間是在極艱難困苦中度過的。此間，她既無爭寵對手，也無爭寵環境。但她變成了母儀天下的一代皇后後，便開始了在朝廷內外，誅除諸王、奪嫡爭寵、專重外戚、群呂擅權的一系列活動。

呂后入主未央宮後首先要做的，是協助劉邦誅滅異姓諸王，鞏固劉漢新生政權及自己母儀天下的皇后地位。劉邦在興兵滅秦及與項羽爭奪天下的戰爭中，有韓信、彭越、英布等人立下了赫赫戰功。劉邦稱帝前後，為彰其功，先後將這些人封了王位。這些異姓王不僅有自己的領地，而且還擁有他們自己的私人武裝。並隨著其實力的壯大，作為地方上的割據勢力，對於做為中央統治的漢王朝來說是個很大的威脅。

早在劉邦登基稱帝的第二年，就有人向劉邦密告楚王韓信有謀反之意。劉邦聽說後，大吃一驚，忙召陳平商議對策。陳平為劉邦出了一計。

不久後，朝廷派出八名侍者，個個身負皇帝詔書，奔向楚、韓、淮南、梁、趙等八個諸侯王國，傳達聖諭：皇帝即日南遊雲夢，命八位諸侯王會集陳地迎駕。韓信接到詔書，立即趕往陳地迎駕。沒想到他剛到陳地，就被劉邦派人抓了起來，罪名是有人告他謀反。隨後，韓信被押解回了洛陽。在洛陽皇宮，劉邦將韓信訓斥了一頓後，罷黜了王位，降為淮陰侯，然後又押回長安軟禁起來。

漢高祖十年（西元前一九七年），代國丞相陳豨起兵謀反，劉邦親自率兵討伐。臨行前，他將內廷之事託

交於皇后呂雉，外廷事委於丞相蕭何。劉邦一走，呂后終於有了處理朝政、施展才幹的機會。她每天一早臨朝，與群臣一起商議軍國大事，退朝後又忙於批閱文書奏章至深夜。

一天，呂后收到一份密奏，是韓信的一名貼身隨從告發韓信與陳豨密謀造反。密奏稱：不久前，陳豨祕密進京，到韓信家中同韓信密謀，他倆計畫先由陳豨在代國舉兵，趁劉邦帶兵討伐、長安空虛之機，再由韓信率兵殺進未央宮，誅滅呂后及太子，推翻劉氏漢家政權。呂后閱罷奏章，大驚失色，連夜召丞相蕭何入宮密商對策。她流著淚對蕭何說：「皇上遠離京師，若讓韓信得逞，非但我母子肝膽塗地，只恐漢室社稷一倒，黎民百姓又將遭受離亂之苦。請相國速定滅賊之計。」

蕭何沉吟不語。他與韓信私交不錯。當年韓信投奔劉邦未被重用，憤然離去，幸虧蕭何慧眼獨具，於月下追回韓信，使之登壇拜將，執掌三軍，方能輔佐劉邦奪取天下。因此，韓信一向十分敬重蕭何。蕭何今見韓信已犯了死罪，不忍心將他誅滅。但呂后一番義正辭嚴的話又迫使他不得不放棄私情。於是，他為呂后策劃了一個擒拿韓信的祕計：由蕭何騙韓信入宮而逮捕他。

過了幾天，忽有一名將士風塵僕僕地馳入長安城，直奔呂后居住的長樂宮。他自稱是劉邦從前線特派的使臣，向皇后、太子及朝中大臣們傳報佳音：反賊陳豨已被掃平，皇上不日即將班師回京。第二天一早，未央宮鐘鼓齊鳴，文武大臣上殿向呂后道賀。等禮樂奏完，大臣們一一退出，然獨不見韓信上殿。不一會兒，蕭何匆匆進殿奏道：「淮陰侯韓信在宮門外等候召見！」呂后聽了，精神為之一振，趕忙傳旨讓韓信上殿見駕。傳旨太監將皇后旨令傳給了殿外的韓信，韓信便懶洋洋地舉步走上殿來。

忽然，兩廂閃出大批武士，手執刀劍，一擁而上，把韓信捆得結結實實。韓信不由大叫：「丞相救我！」這時，蕭何早已溜出殿外，不知去向。如虎似狼的武士們押著韓信來到呂后座前跪下。呂后杏眼圓睜，怒斥韓信道：「無知莽夫！皇上待你不薄，你因何一而再、再而三地謀劃造反？」韓信不服，大喊冤枉。呂后又喝令：「今奉皇帝詔旨，將反賊韓信立即斬首，誅滅三族！」說完，也不加審問，就命武士將韓信拖至偏殿處

決。至此，韓信方知是上了蕭何的當，「成也蕭何，敗也蕭何！」是他與呂后謀劃害了自己。臨死前，韓信仰天長嘆道：「不想一世英雄，今日死於一婦人之手！」

呂后臨亂決斷，處置了韓信，避免了一場軍事叛亂。劉邦回到京城，見了呂后，也不由得連聲稱讚。至此，滿朝文武都知道了呂后的厲害，對她十分敬畏。誅滅了韓信，也使呂后堅定了自己參與朝政的信心。她深知自己的兒子、太子劉盈過於仁孝懦弱，將來繼承皇位後，那些功高位重的異姓諸侯王絕不會委屈稱臣，叛亂將不可避免。不如趁劉邦在位時，設法將他們一一翦除，方可保全兒子的皇位。

幾個月後，呂后從長安去洛陽，路經鄭（今陝西華縣）時，正碰上被劉邦貶為庶人的梁王彭越，他是去流放地青衣（今四川臨邛西南）路過這裡的。他痛哭流涕地向呂后陳訴冤情，希望打動她的惻隱之心，允許自己回昌邑（今山東巨野東南）老家做一個平民百姓。呂后佯為允諾，將彭越帶回洛陽。見到劉邦後，呂后對他說：「彭王是位壯士，現在將他徙至蜀地，必將留下遺患，不如現在就把他殺死。」劉邦認為有理，就把彭越交與呂后全權處理。

過沒多久，呂后命彭越的舍人出面誣告彭越謀反，廷尉王恬就依照呂后的指令把彭越定為謀反大罪，將其處死，並夷滅宗族。之後，劉邦又成功地消滅了淮南王英布的叛軍。至此，劉邦手下的三員大將，異姓王中勢力最強的韓信、彭越和英布都被翦滅。

在消滅這些企圖叛亂的異姓王過程中，呂后的才幹與為人也深為劉邦所知：除其剛毅有謀善審時度勢、行事果斷之外，其心毒手辣的一面，實令他擔心。劉邦知自己年事已高，討伐英布時留下的箭傷又時而復發，恐不久於人世。所以，他不禁為寵姬戚夫人和愛子趙王如意的命運擔憂起來。因為，呂后在幫助劉邦消除了危及劉漢皇朝的隱患之後，已把矛頭指向了受皇帝寵愛的戚夫人和戚夫人生的兒子、趙王劉如意。

戚夫人是劉邦做漢王時，在定陶收的一個妃子。劉邦對戚夫人非常寵愛，尤其是生了趙王如意以後，戚夫人更是不離皇帝左右。戚夫人還多次哭訴，要求劉邦廢掉太子劉盈，改立如意為太子。按規定，皇帝的長子應

立為太子，將來繼承帝位，統治天下。但劉邦對自己的長子、呂后所生的劉盈一直看不上，總覺得他生性懦弱，缺乏做帝王的氣概，相反，卻十分喜愛戚夫人所生的兒子如意。

劉邦寵愛戚夫人，喜歡趙王如意，意欲廢太子劉盈，早已被工於心計的呂后看在了眼裡。她決心要與戚夫人在奪嫡爭寵上來一番較量。有人曾認為此時呂后因年老色衰，已不存在與戚夫人爭寵奪愛的問題。其依據就是呂后曾說過的一句話：「夫可讓，子不可奪！」意即寵可以不爭，但作為嫡長子的太子地位卻堅絕不能丟。當然，呂后此時因年齡、色相及長期與皇帝分居兩地等諸多原因，與年輕貌美，又長期跟隨皇帝身邊的戚夫人相比，在與皇帝的性愛方面，失寵已是客觀事實。但她母儀天下的皇后地位還在，她絕不允許戚夫人將她取而代之。寵要爭，但重點是把保住兒子的嫡長太子地位放在首位。我們不妨設想一下：假如呂后真的是位賢淑仁德、寬宏大量的皇后，心甘情願地讓寵於戚夫人，那麼，就不會有在劉邦死後，戚夫人慘遭毒手的事了。

漢高祖十年（西元前一九七年）的某一天，高祖劉邦臨朝，突然提出要廢太子劉盈，另立趙王如意為皇太子。朝臣們聽了，都大為震驚。有大臣諫阻道：「古往今來，立君儲皆是立嫡以長。太子自冊立至今已有多年，未聞有何過失，望陛下三思！」劉邦卻說：「太子懦弱無用，不若趙王類我，繼承大統，唯有趙王最適當。朕意已定，眾卿不必多議！」於是便命閣臣起草廢立詔書。但是，這時又有御史大夫周昌冒死勸諫。劉邦沒有辦法，只好先宣布退朝。

呂后見太子劉盈的地位已岌岌可危，十分著急。於是，她把自己的長兄、建成侯呂釋之召至宮中，商議對策。呂釋之想到了足智多謀的留侯張良，說張良可能會有辦法。呂后讓呂釋之去請張良。張良一開始執意不插手皇家私事，後迫於呂后淫威，便為她出了個主意：讓太子劉盈親筆寫信，再派一名能言善辯的使者，帶著金銀珠寶，去見避居商山的四位高士，請他們出山任太子賓客。這四位高士都是昔日劉邦幾次想請卻都沒請到的人，如果被太子請到，劉邦必對太子另眼看待。呂后依張良之計一一照辦，經過努力，果然把商山四位高士請到了太子東宮。

高祖十二年（西元前一九五年）元旦剛過，劉邦的箭傷再一次復發，召遍天下名醫，終不見效，痛得他每日躺在床上叫喚不止。劉邦自知來日無多，又見戚夫人日夜侍候在床邊，憂愁得非常憔悴，更加生出不少愛憐之心。他知道只有在自己活著的時候解決了廢立大事，方可在將來保全她母子二人的性命。於是，劉邦對進宮探視的大臣們一一重提廢立之事，命丞相蕭何即速召集群臣廷議，起草廢立詔書，公布天下。

呂后聽到消息，心急如焚，又急忙派人去請張良。張良時任太子少傅，太子有難，豈能坐視不救。他趕忙進宮，勸阻劉邦。但劉邦就是不聽，張良無奈，悻悻退出宮去。張良不行，呂后又搬來太子太傅叔孫通。叔孫通原在秦朝任博士，後歸於劉邦。劉邦稱帝後，命他擬定「朝儀」，因此很受劉邦倚重。叔孫通秉性剛直，直言敢諫。呂后先派心腹宦官向叔孫通的一班弟子散布輿論，說皇上欲廢嫡立庶。

叔孫通的弟子聽說皇上違背禮法，都憤憤不平，便一齊去見老師，要他力諫皇上，以正禮法。叔孫通聽後，也大為惱火，他不顧劉邦是否願意召見，便直闖劉邦寢宮。見了劉邦的面，叔孫通便說：「陛下廢立之舉，有違古制，於情於禮皆不通。古來因廢嫡立庶招致禍亂、危及社稷的教訓很多。晉獻公廢太子申生，晉國亂了幾十年；秦始皇不肯早立扶蘇，致使幼子篡位，二世而亡國。今太子仁孝，天下共知，皇后與陛下又患難與共，怎可輕易負她母子？」

劉邦耐著性子聽完，見叔孫通也在為太子說情，心中十分不快，回答說：「卿不必多言，此事朕自有安排，退下去吧！」不料叔孫通是個寧死不回頭的人，他說：「陛下不為國祚著想，臣只有一死，以示忠心！」說完，站起身來，搶前一步，抽出掛在九龍柱上的劉邦佩劍，就架在自己的脖子上。幸虧站在一旁的內侍手急眼快，上前一把奪下叔孫通手中的寶劍，才免於血濺皇宮。慌得劉邦趕忙擺手說：「先生不可！朕不過說說而已。就聽先生一言，不提廢立之事也罷！」叔孫通這才叩頭謝恩退出。

過了些日子，劉邦的箭傷稍有好轉，便在宮中擺下酒宴，召太子劉盈入宮侍宴。此時，劉邦廢太子之心仍在，只是怕大臣「屍諫」的名聲傳出去影響不好，才佯裝打消此念頭。他此次召劉盈侍宴，就是想藉機找他的差錯，作為廢黜的藉口。

當劉盈奉詔進宮叩見父皇時，劉邦見他身後跟著四位老人，很是與眾不同，年齡都在八十以上，個個鶴髮童顏，身著一樣的服裝，格外引人注目。劉邦大覺奇怪，便問那四人都是誰？四老趕忙上前回話，各自報上了姓名：東園公、角里先生、綺里季、夏黃公。劉邦聽了，大吃一驚，忙問：「朕欲詔四位先生入朝輔政，已經有年，公等一再拒絕，避而不出，今又何故願意跟從我兒？」四人齊聲回答：「陛下輕慢儒生，動輒辱罵士人，臣等不願受辱，故隱匿山林。今聞太子仁孝，恭順愛士，天下儒生莫不翹首願為太子效力，故臣等願意出山追隨太子！」

散席之後，劉邦目送四位高士簇擁太子離去，長嘆一聲，對戚夫人說：「太子羽翼已成，天下歸之，看來，呂后真的要做妳的主人了！」

戚夫人放聲大哭。她深知呂后心狠手毒，以後她們娘倆必是性命難保。於是，她還是苦苦哀求劉邦替她做主，改立如意為太子。可劉邦也已無能為力，只是不住地唉聲嘆氣，不說一句話。他心裡明白，滿朝文武大臣都向著呂后和太子劉盈，即使趙王即位，也難保皇位，弄不好，朝臣作亂，會導致江山易主，與其失劉姓天下，莫不如捨棄寵妾與愛子。想到這裡，劉邦摟過戚夫人，替她揩去臉上的淚水，勸說道：「愛姬不要悲傷，請妳為朕跳一個楚舞，朕為妳作楚歌助興！」說罷，站起身，親自擊節高歌，歌詞唱道：「鴻鵠高飛，一舉千里。羽翮已就，橫絕四海。橫絕四海，當可奈何？雖有繒繳，尚安所施。」劉邦所歌寓意，是指太子羽翼已成，我也無可奈何了。劉邦唱了幾遍，音調悲愴淒涼。戚夫人邊哭邊舞，最後竟昏倒於地。此後，劉邦再也不提廢立之事。

漢高祖十二年（西元前一九五年）四月，劉邦在長樂宮駕崩。群臣立十七歲的皇太子劉盈為帝，是為漢惠帝。呂雉當上了皇太后。五月，劉邦的葬禮剛剛結束，呂后就利用皇太后的權力，對戚夫人及她的兒子趙王劉如意進行了慘絕人寰的報復，以消弭昔日失寵之怨恨。

呂后先是把與她爭過寵的戚夫人打入冷宮。她命太監將戚夫人的頭髮剃掉，再逼她穿上褐紅色的罪裙，關進一間小房內，讓她每天從早到晚不停地舂米。可憐一向錦衣玉食的昔日皇帝寵妃，何以受過如此虐待？她只得每日裡以淚洗面，度日如年。她一邊舂米，一邊悲歌：「子為王，母為虜。終日舂薄暮，常與死為伍。相隔三千里，當誰使告汝？」有人將戚夫人所唱之歌，報告給了呂后，呂后聽完大怒，心想，這個賤人還在企盼她兒子回來替她報仇，乾脆，一不做，二不休，不如將劉如意召回長安，將他母子一起除掉，斬草除根，免生後患。

呂后立即派人去召趙王劉如意回京。趙國丞相周昌知太后未安好心，就勸阻趙王不要進京。所以，呂后連召幾次，劉如意都未奉旨。呂后知是為周昌所阻，就藉口先把周昌召至長安問話，隨後再派一使臣召趙王進京。周昌一走，年幼的趙王如意沒了主意，他知太后之令不可違，就只好隨使臣向長安進發。

越近長安，趙王如意心越不安，便偷偷哭泣起來。忽然，有侍從報告，說皇上駕到，請趙王前去見駕。原來漢惠帝劉盈聽母親要召趙王來長安，知她未安好心。劉盈怕這個可憐的弟弟慘遭不測，便決心加以保護。於是他趁趙王未入京城之前，背著自己的母后，親自到城郊迎接。他把趙王如意直接接到了自己的寢宮裡住下，飲食起居都在一起。惠帝劉盈處處護著趙王如意，呂后不得機會下手，對自己的兒子也產生了怨恨，卻又說不出口。

時光飛逝。眨眼又是嚴冬季節。漢惠帝劉盈有冬日晨起射獵的習慣。但他每天早晨射獵，都要帶上弟弟如意一起去。某天清晨，如意貪睡，賴在床上不肯起來。劉盈沒辦法，就依了弟弟，想讓他多睡一會兒，心想反正很快他就回來，也不至於出什麼事。於是，他命宮人對趙王好好看護，自己帶著侍從離開了皇宮。

劉盈射獵歸來，剛走進寢殿，就見趙王如意已是七竅流血，直挺挺地死在了床上。劉盈又傷心又氣憤，抱住弟弟如意的屍體大放悲聲。哭完，他責問宮人，是誰害死了如意？宮人只好如實相告，說是太后派人進來，用鴆酒毒死了趙王。惠帝怨恨母親太狠毒，卻也不敢說出口，只好厚殮了趙王，以寄哀思。

呂后害死了趙王劉如意，接著便使用更加殘酷的手段，加害如意的母親戚夫人。一天，惠帝劉盈退朝回寢

宮，又想起慘死的弟弟趙王如意，便獨自傷心落淚。正在此時，一名小太監走進來奏道：「奉皇太后旨意，請皇上去看一種名喚『人彘』的怪物，散散心。」惠帝心想，自己還從來沒聽說過有「人彘」這種東西，不由地引起了好奇心，就隨著小太監出了宮門。他們轉過後宮，沿著彎彎曲曲的巷道，來到戚夫人被拘禁的地方。小太監指著一間廁所，對惠帝說：「皇上請看，廁內就是『人彘』！」

惠帝正在疑惑，聽小太監一說，趕忙朝裡面定睛一看，不由得嚇了一大跳。只見一個活怪物，像是一個人的身子，但既無雙手，又無兩足，亦沒有眼珠，只有兩個血肉模糊的窟窿。一張嘴張得很大，卻發不出一點聲來。那怪物蠕動著身子，在那裡痛苦地抽搐著。惠帝又驚又怕，忙問：「這是什麼！」小太監告訴他：「這就是戚夫人！」惠帝一聽，嚇得幾乎暈倒在地。他一邊放聲大哭，一邊連聲譴責母親手段太殘忍。從這天開始，惠帝就像患了瘋病，又哭又笑。惠帝一病就是一年多。病好轉之後，他也不再理朝政，朝中大小事情，全由太后做主。

漢惠帝七年（西元前一八八年）仲秋，未央宮響起了喪鐘，二十四歲的漢惠帝劉盈駕崩。太后身穿素衣素裙，坐在惠帝靈柩前號哭不止。但人們發現，太后雖然哭聲很大，卻不見有眼淚流下來。張良之子、十五歲的侍中張辟疆猜透了太后的心事。

他對丞相曹參說：「皇上沒有子嗣，只能立假子為帝。太后畏懼的是高皇帝尚有六個兒子在各地為王，滿朝文武老臣又多是高皇帝在世時的宿將，太后怕不能統御，所以心有重憂。丞相不如建議太后，請她拜自己的親屬呂台、呂產、呂祿為大將，讓諸呂掌內外大權，這樣，她心思安了，他們也不致惹禍。」曹參採納了張辟疆的意見，使呂太后十分滿意。到惠帝下葬那天，曹參等人發現，呂太后痛哭時，已是聲淚俱下，悲痛至極。

呂太后為報昔日失寵之仇，殘殺了戚夫人和劉如意母子二人，心中有愧。她迷信，總怕兩人的鬼魂來找她算帳。就在她臨朝稱制第八年裡的一天，她出宮去敬神，在回宮的路上，恍惚中像是看到一個像白狗一樣的東

西向她撲來，在她腋下抓咬了一下，她大叫一聲，嚇得魂飛魄散。侍衛們四下搜尋，卻什麼也沒看見。她回宮後，命令太史令占卜，說是趙王如意的鬼魂作祟，嚇得她從此病倒在床，並總覺得腋下傷痛，日見沉重。她還常做惡夢，夢見戚夫人和劉如意向她索命。

西元前一八〇年七月，太后呂雉病逝於長樂宮。臨死前，她擔心劉、呂兩大集團必將有一場你死我活的鬥爭。因而，她告誡侄兒呂祿和呂產：「今呂代王，大臣弗平。我死後，帝年少，大臣恐要造反。你們一定率兵守衛宮室，不要為我舉喪，免得被人所制。」但是，她的一片苦心化成了泡影。在她死後不久，劉邦的庶長孫劉襄在山東起兵，並號召劉姓諸王聯合起來，進軍長安，共誅諸呂。在長安城內，在陳平、周勃等人的策劃下，劉邦時的一班老臣齊集在一起，齊心合力，裡應外合，誅盡了諸呂及其族屬，使劉姓皇族重掌兵權。不久後，陳平等迎回劉邦的另一個兒子、薄夫人所生的代王劉恆為帝，是為漢文帝。

呂雉爭寵專權，其特色是一個「狠」字。她將自己的「寵敵」戚夫人斷手足、剜眼目，使之變成「人彘」，其害人手段之殘酷，已非常人所能及也。呂雉爭寵，是為了穩固皇后寶座，而其終極目的，是想保住自己兒子的皇嗣地位，以便在劉邦死後，兒子能順利登基當皇帝，自己當太后。呂雉為達此目的，可謂是費盡了心思。但呂雉的兒子劉盈是個軟懦平庸之輩，既沒有其父高祖劉邦的那種雄才大略，也不如戚夫人的兒子劉如意那麼聰穎靈慧，但呂雉以利己之私心，最終把兒子推上了皇帝之寶座，惠帝劉盈在位期間，並沒有什麼作為，而實權仍掌握在呂雉手中，大封呂氏外戚為高官。然而她大封諸呂的同時，也開啟中國歷史上外戚干政的先河，這對皇權集中的封建中央集權統治產生了許多不利影響，對漢代社會的發展也產生滯緩作用。

漢宮飛燕，啄殺皇孫

以色侍君，猶纏樹之青藤，樹死藤必枯！

西漢後期，隨著統治階級的日益腐朽，土地兼併日趨劇烈，階級矛盾不斷加深，出現了日益嚴重的統治危機。在外，不堪忍受封建政權和兼併勢力層層壓榨的百姓紛紛揭竿而起，反抗西漢政權的腐敗統治；在內，外戚集團為爭奪擅政權力，互相爭鬥傾軋。而作為最高統治者的漢朝皇帝，對統治危機卻熟視無睹，不考慮如何安邦治國，卻一味地追求奢靡荒淫的享樂生活。漢成帝劉驁登基稱帝後，感覺後宮中的眾佳麗還不夠「味」，便又在微服私訪中看中了身輕如燕、能歌善舞、美貌絕倫的趙飛燕。

趙飛燕的父親趙臨（或趙曼），是個因犯罪而籍沒入官府的官奴，籍貫不詳。這一年，趙臨的妻子（據說是江都王的孫女）生下一對雙胞胎女兒。女兒的降生，不僅未給他們帶來喜悅，反而帶來了諸多苦惱：生活貧苦，難以養活。於是，夫婦二人一狠心，便將這對女嬰棄至荒郊。奇怪的是，三天後，趙臨到棄嬰的地方一看，一雙女兒既未被人抱走，也未被狼狐吃掉，居然還活著。為父畢竟於心不忍，便將女兒又抱回了家中。

女兒一天天長大了。當時，官奴的女兒天生就是宮婢。不久，年少的兩姊妹便被送到長安宮中當婢女。那時官有的奴婢可以隨意轉送。姐妹二人在宮中做了幾年婢女後，又被賜給陽阿公主為婢。陽阿公主見趙氏姐妹中的姐姐體態輕盈，便把她從婢女中挑選出來，讓她練習唱歌跳舞，以便將來讓她做一名歌伎。她容貌豔麗，身材窈窕，舞姿絕倫，似花枝輕顫，如燕子點水。所以，陽阿公主便為她起個藝名叫「飛燕」。

一天，漢成帝微服私訪，來到了陽阿公主家做客。公主盛宴款待，並喚出飛燕等幾名歌女歌舞助興，以取悅皇上。漢成帝本是好色之人，歌舞美女引起他極大的興趣，他很快地發現其中舞姿出眾、容貌迷人的趙飛

燕，趙飛燕也不時地用一雙秋水顧盼的杏眼，頻頻向成帝傳情，把皇帝弄得神魂顛倒，忘乎所以。宴後，成帝對飛燕難以忘懷，從陽阿公主那裡將她要回宮中，第二天，便不顧飛燕出身微賤，親自草詔，封趙飛燕為婕妤。這一切，對趙飛燕來說實在是天賜的佳運，怎奈她卻難以在天子的寵愛與後宮的妒嫉中，真正找到自己的位置。

飛燕入宮，後宮三千佳麗頓失顏色，飛燕憑著天生麗質，使漢成帝終日拜倒在飛燕的石榴裙下，飛燕得到皇帝的專寵，愈發嬌美可愛。一天，飛燕對成帝說，她還有個孿生妹妹，名叫趙合德，長得也是如花似玉。成帝聽了，自然高興，馬上傳詔，命陽阿公主立即將趙合德也送進宮來，趙合德進宮時，也梳妝打扮了一番，成帝一見，果然也是天姿國色，美豔出眾。成帝大喜，立即也封趙合德為婕妤，收在身邊。從此，成帝左擁右抱，一味迷戀這對姐妹花。姐妹雙雙受寵，實是不多見。不怪後人有詩云：「一家姐妹共嬋娟，沉香荳蔻傾溫泉。」成帝在這如花似玉的姐妹中間盡享歡樂，早把原配妻子許皇后扔在了一邊。

成帝早在做太子時，其父元帝便為他選娶了妻子，這就是許皇后。許氏出身於外戚之家，名門望族。她的叔伯姑母許平君是漢宣帝劉詢的皇后。許氏生得非常美貌，而且聰明伶俐、知書解文，寫得一手好字，是一位不可多得的才女。所以，在做太子妃時，深得太子劉驁（即後來的漢成帝）的寵愛。沒幾年，許氏又為太子生了兒子，朝野上下為此大為慶賀，只是誰也沒有料到，沒過多久，這個即將成為劉漢皇朝繼承人的男嬰，竟突然暴病而死，這對許氏的打擊相當沉重。

元帝死後，太子劉驁登基稱帝，是為漢成帝，許氏成為母儀天下的皇后。儘管成帝已擁有眾多後宮佳麗，但他仍舊寵愛著許皇后，賜土地為她做封邑，支少府錢財供她使用。許后自然是知書達理，賢惠律己，雖然做了皇后，仍然對成帝恭敬順從，從不過問朝政國事。

然而，許皇后萬萬沒想到，她竟然成為宮廷中外戚爭權鬥爭的犧牲品。原來，許氏得寵，做了皇后，其父許嘉也平步青雲，官拜大司馬、車騎大將軍，大權在握，許氏家族更加顯赫。但是，當時還有另一個外戚集

團，那就是成帝母親、皇太后王政君的娘家。為了平衡王氏外戚和許氏外戚的權益，成帝拜王政君的同母弟、他的舅父王鳳為大司馬、大將軍，與許嘉同掌朝政。許嘉的權力被分割，當然心中不滿，於是兩大權臣之間難免產生矛盾。在處理許、王爭鬥的時候，成帝則明顯地偏向了舅父一邊。

不久，他便找了一個藉口，免了許嘉的職，朝權全歸王鳳一人獨掌。許嘉失勢，許皇后也便開始遭到攻擊與誹謗，出現了失寵的苗頭，首先是皇太后王政君和王鳳等人以皇帝沒有子嗣、天降異災為由，把攻擊的矛頭直指許皇后。接著成帝也詔示許后在後宮中的禮儀及御服車駕、賜外物品等，均不得「越制」。許后無故受責，心中不快，便親自草書上奏，為自己辯護，但未能扭轉局勢，也未能洗掉不白之冤，之後還有更大的打擊又落到許后的頭上。

自鴻嘉（西元前二〇至一七年）以後，成帝日益荒淫，他把朝政大權交給舅舅王鳳等人，自己則恣意尋歡作樂。自趙飛燕姊妹入宮後，許后年長色衰，成帝對她逐漸疏遠、冷落，伴隨著孤幃冷月的許皇后非常傷心，但又擔心自己生不出兒子來，更不堪遭受趙氏姐妹的夾擊，當她知道後宮的王美人已經有孕在身時，便更加驚慌失措。一天，她的姐姐平安侯夫人許謁進宮來看望她，許后便向姐姐吐露了自己的心事。許謁則說：「請皇后放心，我能請巫祝設壇祈禱，使後宮妃嬪生不出兒子來。」隔牆有耳。她姐妹兩人的話，恰巧被趙飛燕的親信內侍聽見，趕忙報給了趙飛燕。趙飛燕正覬覦著皇后的寶座，處心積慮地要擊敗許后，此事正是天賜良機。第二天，她便上書告發許后和她的姐姐許謁詛咒後宮中有身孕的王美人和大司馬、大將軍王鳳。趙飛燕在許皇后背後插了致命的一刀。

成帝繼位多年沒有皇子，如今王美人懷了孕，如是男孩，關係到劉家皇朝的延續。王鳳官居要職，以外戚輔佐朝政，其升遷成敗都關係到王氏家族榮辱興衰。這些無論是成帝還是皇太后，都是不能容忍的。皇太后首先發難，她責令要嚴懲不貸。許謁被捕入獄、判死罪，並被砍頭示眾。許皇后也被成帝廢掉，幽禁於昭台宮，其在京師的親屬，全被趕回原籍。後來她又因牽涉淳于長與王莽的爭權案，被成帝賜死。

趙飛燕在與許皇后爭寵、並設法將其置於死地的同時，還將另一個與她爭寵的班婕妤也拉下了寵位。因為封建皇宮中的婦女，無論怎樣的才貌超群，只有得到皇帝的寵愛，才能找到自己的價值，才能活得像是個女人，寵愛越專，寵位越高，對這一點，趙飛燕是非常清楚的，她的妒心與狠毒是保護自己的一種本能與手段。

班婕妤是越騎校尉班況的女兒（東漢史學家班固的祖姑）。成帝登基後，大選美女以充後宮，班女亦被入選之列，並被立為「少使」（後宮嬪妃中的第十一級）。班少使雖為一女子，但她卻才藝雙全，不僅熟讀《詩經》等典籍文章，而且寫一手好賦，此外她還嚴格遵守「婦德」，知道如何當一位賢順的女人，她的言行舉止，全都符合禮儀規範，在「女子無才便是德」的時代，如她那樣的才女寥若晨星，使她在後宮眾佳麗中愈顯與眾不同，所以儘管她地位卑微，但很快便脫穎而出，深受成帝的寵愛。不久，班少使便升為婕妤，地位已相當於上卿。

成帝屢屢臨幸班婕妤的「增成舍」，有時還帶她到離宮別館遊玩居住。不久，班婕妤在別館生了個男孩。可是沒過幾個月，孩子突然夭折，這件事給她造成了重大的打擊。但成帝仍然寵愛她，其地位僅次於皇后。一天，成帝游宴後宮，要班婕妤與他共乘一車，班婕妤婉言拒謝。她對成帝說：「妾觀古之圖畫，聖賢之君，皆有名臣在側；三代亡國之君，乃有嬖女！今皇上欲妾同輦，妾不敢有累聖德，故難以從命！」成帝稱讚她說得對。太后聽說後也讚不絕口：「古有樊姬，今有班婕妤！」（樊姬是楚莊王之夫人，諫止莊王畋游）。

班婕妤在宮中雖得寵幸，從不恃寵而驕，尤對許皇后恭謹有禮，所以跟許皇后的關係相當友好。皇后專寵時，後宮美人很少能見到成帝，惟獨班婕妤能分得寵遇，也正因為如此，趙飛燕也把班婕妤當成寵敵，時刻找機會要除掉班婕妤。

現在趙飛燕終於找到了機會，因為班婕妤與許皇后的關係相當親密，她可以經常出入皇后中宮，這件事情本來正常，但卻成了趙飛燕的口實，在許謁「巫詛」事件中，班婕妤也無可避免地受到牽連，因為這已是趙飛燕蓄謀已久的計畫。

成帝並不知道其中之意，處置了許皇后，也沒放過班婕妤。他親自審問班婕妤，責她為何參與此事，班婕

好從容答道：「妾聞死生有命，富貴在天。妾謹慎修身尚未得福，從事邪道又有何望？若是鬼神有知，豈肯聽信讒詛？若是無知，咒詛又何益？此類事妾非但不敢做，也是不屑做的！」一番話擲地有聲，入情入理，說得成帝點頭稱是，結果成帝赦免了她。

然而，聰明的班婕妤知道有趙飛燕姐妹在成帝身邊，自己的寵幸已經成為過去，她不想以自己的性命做爭寵的賭注。於是她上書成帝，請求去長信宮侍奉皇太后王政君。成帝准其奏。班氏退居長信宮，回首往事，頗為傷感，揮毫抒懷，寫下一篇淒切哀婉的長賦：「承祖考之遺德兮，何性命之淑靈；登溥軀於宮闕兮，充下陳於後庭……。」成帝死後，班氏又遷至成帝的延陵奉陵居住，在那裡度過了她一生最後的時光。

許皇后被廢之後，六宮無主，漢成帝便想立趙飛燕為后，但此事還需得到太后的允准。然太后看不起宮婢出身的趙飛燕，成帝再三懇求，太后就是不允。這時，有個叫淳于長的幸臣，是太后的外甥，官拜衛尉。此人善於投機，他瞅準這是討好成帝的一個機會，便多次到太后面前為成帝說情。他憑著三寸不爛之舌，堅持不懈地勸說了一年多，終於說動了太后，成帝大喜，永始元年（西元前一六年），成帝於未央宮下詔，冊立趙飛燕為皇后，並大赦天下，為答謝淳于長的勸說之功，成帝又封他為定陵侯。在這場掖庭爭寵的角逐中，宮婢出身的趙飛燕憑藉傾國傾城的姿色和陰險狠毒的手段，終於如願以償，入主後宮。她的父親趙臨也借女兒的光被封為成陽侯。

為了取悅新皇后，漢成帝特意在皇宮內太液池建造了一艘華麗的遊船，帶著趙飛燕泛舟賞景。命侍郎馮無方吹笙，成帝自己用犀牛角做的簪子，輕擊玉杯，以為節奏，並讓趙飛燕邊歌邊舞。當他們玩得正高興處，忽然刮來一陣大風，趙飛燕的裙帶被吹起，帶著身輕如燕的趙飛燕一起飛向空中。成帝嚇得大驚失色，手足無措，急呼馮無方救護，馮無方手急眼快，立刻撲上前去，兩隻手正好抓住飛燕的雙腳。趙飛燕本來就喜歡這位才貌雙全的青年侍郎，索性由著他緊握雙足，再藉著風力，凌空狂舞，過了一會兒，風停了，飛燕才停住了舞姿。此後，漢宮中便傳出了「飛燕能作掌上舞」的佳話。

飛燕做了皇后，她的妹妹趙合德也位進昭儀，備受皇寵。成帝特建一座昭陽殿，供趙合德居住。趙昭儀受寵，不亞於其姊趙飛燕，飛燕從此又多了一個爭寵的對象，後人曾有詩敘之：「捲髮新妝麗曉霞，更聞女弟擅容華；金虹銜壁流蘇帶，爭羨昭陽第一花。」為討趙昭儀的歡心，成帝不惜錢財，大肆修繕昭陽殿，台階用白玉雕成，門檻包以黃銅，牆壁飾以黃金和美玉及珍珠，把這座宮殿裝飾修建得金碧輝煌，華麗無比。

飛燕姐妹雙雙受寵，但二人的肚皮都不爭氣，侍御皇恩雨露多年，竟未生下一男半女。尤其是趙飛燕，為了保住皇后的位置，更是日思夜想誕育皇子，始終未能如願。於是，她便想要借種生子。她偷偷地在後宮中挑選多子的侍郎官或宮奴，與他們姦宿，希望受孕後生個兒子。時間一久，醜聞便有外傳，並傳進了成帝的耳朵裡。成帝雖然似信非信，開始注意並且監視飛燕的行為。一天，在昭陽宮，成帝有意無意地與趙昭儀說起了宮裡的傳聞，並明顯流露出不滿的神色，趙昭儀聽了，心中不免為姐姐擔憂。於是，她趕忙為姐姐作掩飾：「姐姐生性剛毅，免不了得罪後宮之人，如果有人誣陷她不貞，則我們趙家就要滅族了。」說完，便哽哽咽咽地哭了起來。成帝見狀心軟了，慌忙為其拭淚，並指天發誓道：「朕以後再也不聽信蜚語讒言了，否則，便不得好死！」後來，凡有人向他告發皇后有姦情，便統統將其處死。

趙飛燕有皇帝的庇護，更加肆無忌憚，在宮中淫亂。朝臣們都有耳聞，但懾於成帝的皇威，都敢怒不敢言。有一位叫劉向的光祿大夫實在看不過眼，就想採取一種婉轉的辦法來提醒成帝，他修定了一部《烈女傳》，將古今書籍中記載的賢淑女子顯家興國和淫蕩婦女毀家亡國的事例一一列出，呈獻給成帝。成帝看後，大加讚賞，可對劉向的意圖卻未能體會。

趙飛燕自己不能為皇帝生育皇子，又想保住自己的皇后寵位，便生一毒計，絕不允許宮中其他嬪妃懷孕生子，如發現有誰懷孕生子，就立即將母子一同除掉。她身為皇后，不好親自出馬，便將她的妹妹趙昭儀推到前面充當劊子手，她在後面坐鎮指揮。

元延元年（西元前一二年），後宮有個叫曹偉能的女史，有了身孕。最先發現的是一位叫曹曉的宮婢。詢問之中，曹曉得知她是得了皇帝的御恩，懷了皇子。當年十月，曹偉能生了一個男孩，住在一個姓牛的執事家中，趙飛燕姐妹聽到消息後，立即指使中黃門田客派人殺死這個男嬰。田客得令，即密令掖庭獄長籍武，立即將曹偉能母子下掖庭獄中，並設法弄死她們，不要問是誰的孩子。在獄中，曹偉能一邊哭泣，一邊氣憤地對籍武說：「請您收藏好我兒的胞衣，我兒非尋常人之子。」籍武當然明白，這是成帝的皇子，遂動了惻隱之心，不忍下手，三天之後，田客找到籍武，問道：「那個孩子死了沒有？」籍武回答說：「還沒死，仍在暴室獄中。」田客回奏後，又來掖庭獄怒氣衝衝地告訴籍武說：「皇后和昭儀都很生氣，問你為何抗旨不辦？」籍武連忙跪下，叩頭流淚回道：「不殺此兒自當死，殺此兒日後亦難免一死。皇上至今無子嗣，皇位繼承無人，還請皇上三思，留下親生兒子。」他請田客把這番話轉告給成帝。

又過了幾天，田客對籍武說：「今夜漏上五刻，你把孩子交給中黃門王舜，在東交掖門交接。此兒由王舜攜回宮中，擇一乳母撫養。」籍武只得遵照執行。他把孩子交給了王舜，王舜又找來宮婢張棄，吩咐道：「你好好哺養這個孩子，將來有賞，但不要讓別人知道。」過了三天，田客又找到籍武，交給他一封密封的詔書和一個蠟封的小綠匣。籍武打開「詔書」一看，是令他速將匣中物品及書交給曹偉能，並監督曹偉能執行「詔令」，籍武又偷偷打開綠匣，見匣中裝有兩枚毒丸，另有一紙條：「告偉能，努力飲此藥，不可復入，汝自知之。」

籍武來到獄室，將小綠匣交給曹偉能。曹偉能看後，淚如雨下，大罵趙氏姐妹殘忍狠毒，傷天害理。她憤慨地說：「原來是她們姐妹想獨霸後宮！我兒頭髮漫延到額前，像孝元皇帝。今兒安在？怎樣才能讓皇太后知道此事？」她哭了一陣，罵了一陣，自知無回天之力，就狠了狠心，含淚吞下毒丸，立即斃命。

曹氏已死，趙家姐妹為了滅口，又將服侍過曹氏的六名宮婢也一併殺死。過了幾天，宮婢張棄哺育嬰兒的事，被飛燕姐妹知道了，她們便派一個叫李南的宮官，從張棄處將嬰兒弄走殺死。

趙飛燕姐妹合謀害死了曹偉能母子，又假借成帝之手，殺死了另一個皇子。

第二年十一月，成帝后宮有個許美人，也生下了一個兒子。成帝知道後很高興，他想自己終於有嗣，便派一個姓嚴的太監去請乳母及醫生進宮看護。成帝怕這事讓趙皇后和昭儀知道後惹麻煩，便採取了主動態度。這次飛燕又把妹妹推上了前台，讓妹妹責怪皇帝，然後再借皇帝之手除掉許氏母子。

趙昭儀首先又哭又鬧，怒氣衝衝地責問成帝：「你常騙我說沒去別的宮室，只是去過皇后的中宮，那麼，許美人是怎麼妊娠生子的？你竟背著我去愛許美人，難道你要立這個許美人為皇后嗎？」說完，從床上滾到地下，用頭撞門邊的柱子，賴著不肯起身，哭鬧不止，還逼著成帝馬上送自己回家。成帝慌得手足無措，囁嚅著說：「這事我本不想瞞妳姐妹，所以特意先告訴妳們，想不到反惹妳們生氣。」侍人送來飯菜，趙昭儀也不吃。又過了一會兒，昭儀質問成帝：「陛下常說絕不辜負我姐妹。如今許美人生了孩子，辜負了臣妾，應該怎麼辦？」成帝只好答應：「既然應了妳們姊妹，朕就不會再寵許美人了。朕保證沒人超過妳們姊妹，請放心好了！」然後，成帝又百般哄勸，竭盡溫柔，才平息了趙昭儀的怒氣。

過了幾天，成帝派中黃門靳嚴賜給許美人一道詔令，並對靳嚴說：「美人會交給你一件東西，你拿來後，將其放在飾室門簾的南面。」過了一會兒，靳嚴果然帶回一個用葦草編成的小箱子，另有一封回信。他把這兩件東西放在指定地點後就悄然離開了。

成帝與趙昭儀坐在殿上，叫昭儀身邊的一個侍者於客子打開葦篋，然後叫于客子和身邊的其他侍者都出去，關上門。過了一會兒，成帝叫于客子等人進來，讓他們把葦篋緘封起來，又詔令中黃門吳恭把葦篋交給籍武，並賜詔說：「告武：篋中有死兒，把他埋掉，不要讓他人知道。」籍武在掖庭監獄邊的牆下挖了個坑，把死嬰埋了，又一個無辜的嬰孩成了趙氏姐妹爭寵奪愛的犧牲品，而成帝這位一朝天子，竟然為了自己的寵妾對自己親生兒子下此毒手，其心也是狠毒。

成帝沒有了皇子，真的絕嗣了。

元延四年（西元前九年）正月，中山王劉興和定陶王劉欣一起進京朝見成帝與太后。劉興是成帝的弟弟，其母為馮昭儀。劉欣是成帝的侄子，其父是定陶王劉康，祖母為傅昭儀，傅昭儀當年即想為兒子奪取太子地位，但未能如願，這次隨孫子進京，就是想圓當年未圓之夢。原來，傅昭儀見年已四十三歲的成帝沒有子嗣，便想藉機勸說成帝立侄子劉欣為皇儲。

她深知，要想使此事成功，就必須先打通兩條路：一是皇后趙飛燕及其妹妹趙昭儀；二是皇太后王政君。於是，她在進京之前，就已先派人向趙飛燕姐妹和太后的弟弟、大司馬王根送去了厚禮，求他們在成帝及太后面前美言，欲成此事。到了長安城，傅昭儀便先去謁見皇太后，花言巧語，終於說動了太后，徵得了太后的同意。隨後，又厚賄趙氏姐妹身邊的侍從，讓這些人鼓動趙氏姐妹為她出力。

這一天，劉興和劉欣叔侄二人上殿拜見成帝。成帝見侄子劉欣少年英俊，博學聰慧，談吐流暢，很是喜歡。而相比較，弟弟劉興卻顯得有些呆笨，答非所問。於是，成帝便決定立侄子劉欣為皇太子。回到後宮，趙飛燕姐妹又對劉欣誇讚了一番，這更加堅定了成帝立嗣的決心。

一年之後，漢成帝下詔，令定陶王劉欣回京，立為皇太子。綏和二年（西元前七年）三月，四十六歲的漢成帝頭一天還沒有任何不適，正常接見前來朝見的楚王和梁王。可第二天早晨起床，剛穿好褲襪，忽然手腳僵直，口不能言，一下子倒在床上。未待御醫救治，就一命嗚呼了。

成帝駕崩，劉欣繼位，是為漢哀帝。成帝在位時，趙氏姐妹以色侍君，寵極一時。朝中大臣都很氣憤，但沒人敢言。成帝暴亡，人們終於找到了除掉她們的機會。一時間，滿朝上下，宮廷內外，紛紛傳說是趙昭儀害死了皇上。皇太后便命大司馬王莽迅即追查成帝起居及生病情況。趙昭儀自知難逃死罪，便自殺身亡。

趙飛燕運氣還算不錯，因她擁立劉欣當太子有功，所以，當劉欣稱帝後，儘管有司隸校尉解光上書舉發趙飛燕與昭儀兩次誅殺皇子案有關，但哀帝並未治她的罪，並且尊趙飛燕為皇太后，六年之後，哀帝死，王莽當政，便以太皇太后王政君的名義，宣布趙飛燕虐殺皇子，滅絕皇嗣，將她廢為庶人，為成帝守陵去了。

「木門倉琅根，燕飛來，啄皇孫」。這是西漢末年流傳在京都長安城內的一句童謠。「燕」，即指趙飛燕。宮婢出身的趙飛燕能一躍而成為六宮之主，靠的是絕倫之美色，而其嫉妒之本性，殘忍之手段，是她與情敵們爭寵奪愛的重要因素與條件。漂亮的女人一旦進了皇宮，受到皇帝的寵幸，往往都會生出「野心」來，那就是把奪取六宮之主的皇后寶座當成自己奮鬥的目標，並且不擇手段。

趙飛燕也不例外。趙飛燕靠寵位和手段，一一擊敗了與她爭寵的對手，終於如願以償，當上了皇后。在皇宮中，有時還往往是母以子貴，皇后如果生了皇子，立為皇嗣，她的地位就更加穩固了。趙飛燕雖然當上了皇后，可始終沒有生育皇子，所以她仍時有危機感。害怕其他嬪妃一旦生下皇子，很有可能會動搖自己六宮之主的地位。便開始暗中派人監視，凡有懷孕的嬪妃宮女，不擇手段，統統除掉，最後竟使漢成帝真的絕了嗣。趙飛燕以色侍君，使漢成帝拜倒在她的石榴裙下，不思治國，不理朝政，整日卿卿我我，醉生夢死，西漢王朝焉能不衰不亡！

竇后臨朝，外戚專權

作為一個女人，她才貌雙全；但為了爭寵，卻狠如毒蠍。

西漢末年的王莽復古改制，在農民大起義的浪濤中徹底失敗了。不久，在南陽起兵的漢室皇族後裔劉秀，乘機壯大了實力，並打敗了起義軍和各地割據勢力，於西元二五年在鄗（今河北高邑）稱帝，重建劉漢政權，史稱東漢。東漢初年，戰事平息，於西漢末年遭受嚴重破壞的社會經濟，又有了較大程度的恢復和發展。然而，豪強地主勢力也隨之不斷發展，成為操縱東漢政權的一支強大力量。

豪強勢力的急劇上升，不僅造成了豪強地主和廣大農民的對立，同時，也促使統治階級內部爭權奪利的鬥爭更加激烈起來，因而便出現了東漢前中期以後外戚、宦官爭奪政權的鬥爭。漢章帝劉炟正是在這樣的一種社會大環境下登基稱帝的。與歷史上大多數的封建帝王相類似，章帝也是一個好色之徒，登基不久，便下詔徵選天下美女，以充後宮，供其享用。在他徵選的佳麗中，就有後來為他所寵幸，成為皇后、皇太后的竇氏。

竇氏出身於東漢著名的官僚兼外戚世家。祖籍扶風平陵。她的祖父竇融，是佐助漢光武帝劉秀「中興漢室」的名臣，為名列雲台的二十八員大將之一，曾官拜大司空，封安豐侯。因竇融功勛卓著，光武帝劉秀便把自己的女兒內黃公主許配給他的長子竇穆為妻。

後來，竇融的長孫竇勳又娶東海王劉彊的女兒沘陽公主為妻。當時，竇氏一門已是「一公、二侯、三公主、四二千石」，顯赫無比。在京都洛陽城北，華麗的住宅連成一片，幾占洛陽城半。宅內車馬無數，婢奴成

群。竇家成了外戚勳臣中的「大戶」，無人可比。由於竇氏權傾朝野，富甲一方，其子孫中便有不少紈褲子弟，他們依仗父祖之蔭，貪贓枉法，橫行不羈。到漢明帝執政時，竇穆、竇勳父子雙駙馬，均因觸犯刑律而被革職下獄，定為死罪。其餘凡為郎官者，全被免職，趕出洛陽城。竇氏家道開始衰敗。只有竇勳之妻沘陽公主因出身皇室，被恩准留居洛陽。這沘陽公主就是後來漢章帝皇后竇氏的母親。

竇氏家族陡然衰敗，公爹和丈夫的慘死，對生性好強、胸懷大志的沘陽公主的打擊相當沉重。傷痛之餘，她又不甘心就這樣由錦衣玉食的貴族淪為市井平民。她與駙馬生有一雙漂亮的女兒，她現在寄希望於女兒能幫她重振家威。她決心培養如花似玉的一對女兒，送進皇宮，有朝一日成為六宮之主，耀祖光宗。沘陽公主這樣想，也這樣做了。她從此足不出戶，閉門課女。

沘陽公主的兩個女兒果然不負母親的期望。幾年過後，不僅出落得亭亭玉立，美如天仙，而且知書達理，才藝雙全。尤其是姐姐，天性聰慧，更具才情，寫一手好書法，鄰人親友無不稱奇。不久，竇家姐妹的芳名便傳遍京城洛陽，也傳入了皇宮。

永平十八年（西元七五年），漢明帝病逝，太子劉炟繼位，是為漢章帝。建初二年（西元七七年），二十一歲的漢章帝開始徵召天下美女，以充後宮。章帝聽說這次被選入宮的美女中有沘陽公主的兩個女兒，心中便格外留意。因為他在做太子時即已耳聞公主家有對才色俱佳的姊妹花。此時，他迫不及待地坐在御座上，等待一睹芳容。不一會兒，由黃門太監領進兩位婷婷娉娉的少女，在章帝座前跪下。有人告訴章帝，此二女即是沘陽公主之女。章帝瞪大眼睛，上下仔細打量，心裡感嘆：果然名不虛傳！二位少女花容月貌，光彩照人，尤其是姐姐，更是與眾不同。她面容秀麗，舉止端雅，更有一種自然成熟之美。章帝真是一見鍾情，立即令人引她二人去拜見皇太后。太后見這二位佳人美貌不俗，也非常高興。她知章帝早已有意，便讓章帝冊封二位為貴人，入宮伴寢。

姐姐大竇貴人入宮之後，很快便取得章帝的寵幸。在後宮之中，她「進上有序，風容甚盛」，壓倒群芳，

獨占風流。她為了爭得皇帝專寵，爬上六宮之主的寶座，深知不僅要獻媚於皇帝，對頗有威望的馬太后及身邊的宮婢太監也得多加籠絡。為此，她精心關照馬太后的生活，噓寒問暖，禮尚有加，深得太后好感。對待身邊宮人，她能做到八面玲瓏，和顏悅色，從不喝罵訓斥，因此，她在後宮中「人緣」極好。竇貴人這樣做，自然是有她的目的，另一方面也說明，無論是對誰而言，謙恭都是一種美德。

功夫不負有心人，大竇貴人入宮不足一年即建初三年（西元七八年）三月，在宮中的一片讚譽聲中，實現了她和她母親沘陽公主的願望，登上了皇后的寶座。

當然，對封建帝王來說，不會有真正的感情專一，皇后的寶座也不是牢不可破的。後宮佳麗眾多，且各有所長，她們爭相炫耀各自的優勢，每個人都不放棄得到皇帝專寵的希望，因而，她們之間的明爭暗鬥就是難免的了。雖然身為皇后，入主後宮，但卻也是眾矢之的，隨時有被皇帝冷落、被別人取代的危機，對這一點，竇皇后是非常明白的，但她沒有想到，最先令她陷入危機的，竟是後宮另外兩對姐妹花，她們是大小宋貴人和大小梁貴人。這兩對美人同樣深受皇帝的寵愛。

宋貴人姐妹，是馬太后的親戚，她們的父親宋揚是馬太后的表舅。按輩分，二人是馬太后的表妹。倆姐妹幼年時就被馬皇后接進皇宮，接受宮廷教育。不僅深知皇宮禮節，而且才藝俱佳。至永平末年，當時的太子劉炟已經長大，馬太后便將這對表妹送入東宮，成了太子妃，並深得太子寵愛。後來，劉炟當了皇帝，宋氏姐妹也雙雙被冊為貴人。建初三年（西元七八年），姐姐為章帝生下一個皇子，取名劉慶。次年四月，剛滿週歲的劉慶便被冊立為皇太子。母以子貴，大宋貴人在後宮中的地位明顯上升，僅次於皇后。這對仍未生兒育女的竇皇后來說，無疑是一個潛在的威脅。

大小梁貴人也出身官宦世家。她們的父親是駙馬梁松的弟弟梁竦。梁松身為外戚，曾於光武時陷害過大將軍馬援，因此，頗受光武帝的信任，曾官拜太僕卿，為光武帝死後受遺詔的輔政大臣之一。漢明帝即位後，馬援的冤案進一步昭雪，梁松因陷害馬援而被整肅。開始因「私下請託郡縣」免官，隨之又以「飛書誹謗」之罪

陰公主，得皇蔭留居洛陽。

而逮捕下獄，定為死罪。梁松之案牽連了梁氏一族，全部被趕出京城，流放九真。梁松之妻是漢明帝的姐姐舞陰公主，得皇蔭留居洛陽。

梁竦有一對女兒，平日很受舞陰公主喜愛，這次流放，公主可憐侄女年幼，便奏請明帝批准，將她們留在了自己身邊，盡心撫養。章帝即位選美，梁氏姐妹也被送入後宮，被冊封為貴人。建初四年（西元七九年）秋，小梁貴人也為章帝生下一子，取名劉肇。同樣，小梁貴人的身分也顯貴起來，自然也成了竇皇后的心腹之患。

當然，馬太后在世之時，因太后威望很高，章帝又很仁孝，所以，大竇小竇、大宋小宋、大梁小梁這三對姐妹花表面上倒還相安無事，因為她們懾於太后的母威，不敢輕舉妄動。馬太后對她們也比較公允，不偏不倚，以平衡三家外戚的實力，消弭化解矛盾。比如，馬太后讓大竇做了皇后，卻讓大宋貴人的兒子劉慶做了太子。

建初四年（西元七九年）六月，馬太后去世。竇皇后見時機已到，便開始了一系列為保寵位、保皇后位的陰謀迫害活動，向對她構成威脅的其他兩對姊妹花舉起了屠刀。

竇皇后第一個攻擊的目標是皇太子劉慶的母親大宋貴人姐妹，同時也殃及了太子劉慶及宋氏家人。

竇皇后的方案是與她的母親沘陽公主共同商議制定的。沘陽公主密囑竇皇后的兄弟竇憲和竇實，要他們在宮廷內外伺機搜尋宋氏家人的過失，無論大小都不放過；皇后自己在宮中則叮囑心腹太監、宮婢們時時注視宋貴人的舉止言行，以尋機下手。

建初五年（西元八〇年）初春，大宋貴人偶感風寒，腰膝痠痛。宮中御醫診脈後，開了一副藥方，其中有一昧藥名叫「菟絲子」。宮廷藥房無此藥，大宋貴人便寫了一封信，派一名小太監出宮，送到宋府，囑她母親派人上街市購買。小太監不敢怠慢，拿上書信便急匆匆向宮外走去。小太監剛走出宮門，恰巧碰到了皇后宮中的內府總管。總管見小太監從大宋貴人宮中急匆匆走出，必定有事，就將其攔住，追問他出宮去幹什麼？小太監見總管攔問，怎敢隱瞞，將大宋貴人的書信從袖中取出，交給了總管。總管看完了信，眼珠一轉，認為討好皇后的機會來了。他對小太監說：「皇后有令，大宋貴人有病，凡湯藥諸事，悉由長秋宮派人辦理，不必貴人親自費心。你回去吧！」小太監回宮後，總管便將信交給了竇皇后。

第二天傍晚，章帝駕臨長秋宮，一進門，看見竇皇后正坐在床上傷心地哭泣，便關心地詢問緣由。竇皇后「咚」一聲，跪倒在皇帝面前，哭訴道：「請陛下救救臣妾！」章帝非常吃驚，趕忙追問到底發生了什麼事？竇皇后抹了一把淚，說道：「宋貴人要謀奪皇后之位，恨臣妾不死，便使其母家求購菟絲子為厭勝之術。」章帝聽了，沉思良久，半信半疑，又追問：「皇后是怎麼知道的？」竇皇后取出一封摹仿大宋貴人筆跡、口氣的書信交給章帝，信中確有「求購菟絲子作咒詛之用」的字樣。證據確鑿，章帝不由不信。他非常氣憤，立即下詔，將宋貴人嚴加斥責，令其母子遷出東宮，移居承祿觀。

竇皇后見皇帝並未忍心對大宋貴人過分責罰，危害未除，她是不會甘心的。竇皇后經常在章帝的耳邊說大宋貴人的壞話，數落她的種種不是。時間一長，章帝在竇后的讒言鼓動下，真的開始憎惡宋貴人母子，並再也不去宋貴人處了。

竇皇后見章帝已經上鉤，便開始設計第二條毒計，目的是一舉除去大小宋貴人及太子劉慶，斬草除根。建初七年（西元八二年）裡的一天，漢章帝正坐在宮內批閱奏章，忽然看見一份由掖庭令書寫的奏章，記述大宋貴人於某月某日遣小太監出宮去母家送信，又於某月某日去請某「女巫」云云。最後，掖庭令還奏請皇上對此事應嚴加查辦。章帝閱完，頓時想起了以前皇后的哭訴，認定了這是宋貴人的犯罪事實。他馬上詔令掖庭令嚴加盤查。其實，這位掖庭令早已被竇后收買。

幾天之後，掖庭令的復奏送給了章帝，不僅把大小宋貴人說成了詛咒帝后的元兇，還把年僅四歲的皇太子劉慶也說成了幫兇。章帝大怒，一道詔書下發，便將皇太子劉慶廢為清河王，另立梁貴人生的兒子劉肇為皇太子。同時，將大小宋貴人趕出宮去，打入禁室冷宮，並命小黃門蔡倫嚴加拷問。這位後來發明了造紙術的蔡倫，當時也得到竇皇后的好處，皇后命他務必嚴刑拷出口供。兩位從小嬌生慣養的女子，怎經得住大刑相逼，終被屈打成招，定為謀逆之罪。

過後，章帝終念與二位貴人的昔日恩愛之情，心又軟了，沒定她們死罪，只將她們移至暴室（宮廷監獄）關押。大小宋貴人萬分冤屈，她們知道，自己是竇后所害，一日不死，竇后就一日不肯罷休。她倆害怕哪一天會像戚夫人那樣慘遭「人彘」之禍，便於一個沒有月色的漆黑夜晚，乘看守不備，雙雙服毒自盡。兩位如花似玉的女子，就這樣被輕易地奪去了生命，皇權制下，殺人如碾蟻。皇帝的意志代表一切，兩女子身蒙不白之冤，一命嗚呼而沒有任何申辯的權利，這在當時的封建制度下竟又是天經地義的，實為可悲可嘆。

章帝聽說兩位貴人相約自盡，不禁慨然。念及前情，頗有些傷感，便命掖庭令將二人厚葬於京師城北。此事也株連了宋氏家人。兩貴人的父親宋揚被判削職免官，放歸故里。不久，當地的郡吏因一樁案件把他牽扯進去，將他逮捕下獄，後雖因朋友說情放出，可不久便氣恨而死。大宋貴人的兒子劉慶被貶為清河王之後，雖然年幼，卻很懂事，為避禍他從不向人提及自己的母親。後來，他在弟弟、太子劉肇的庇護下，總算沒有被害，平安地活了下來。

竇皇后以毒計害死了與她爭寵的情敵大小宋貴人後，又把矛頭對準了大小梁貴人及其家人。她又故伎重演，先是密令自己的兩個兄弟蒐集梁氏的「罪名」，然後尋機陷害。自從梁貴人的兒子劉肇被立為太子後，梁貴人一家蒙恩被赦，從流放地九真回到了洛陽。可是梁貴人的老父梁竦，早已看透了官場的險惡，世態的炎涼，他沒有再回京師為官，而是乞歸甘肅鄉里，閉門自養，不問政治，每日以讀書閱經為樂事。但他萬萬沒有想到，災禍還是降臨到了他的頭上。建初八年（西元八三年），一天，忽有京都侍臣奉詔來到漢陽（今甘肅定西、隴西一帶），說梁竦在鄉勾結盜匪，欲行造反，為其兄長梁松報仇，詔書命漢陽太守立即逮捕梁竦。不久，梁竦便冤死獄中，妻兒又重被流放九真。

害死了梁竦，竇皇后又向章帝進讒，說大小梁貴人與其父同謀叛逆，欲內外勾結，害帝篡位。昏庸的章帝也不調查，便將大小梁貴人賜死。此案同時株連了梁松的妻子舞陰公主。公主被趕出京城洛陽，軟禁於新城（今河南伊川西南）。

竇皇后以陰謀手段鬥敗了情敵，儘管手段並不高明，但昏庸的章帝一味輕信讒言，使她輕易地達到目的，鞏固了寵位和皇后的寶座。梁貴人死後，太子劉肇由竇皇后正式撫養。章帝對她依然是言聽計從，一是因為對她寵愛有加，同時也有幾分畏懼。章和二年（西元八八年）孟春，庸懦的章帝病逝，十歲的皇太子劉肇即位是為漢和帝。竇皇后做了皇太后，並且開始臨朝聽政。

竇氏臨朝，自然大權在握，她開始提拔重用自己的兄弟子侄，掀開了東漢歷史上外戚專權的一頁。章帝在位時，還比較注意抑制外戚的權力，一般很少濫加封賞，對外戚中有犯科觸律者，亦不姑息。比如，皇后的弟弟竇憲，想強買明帝女兒沁水公主家的肥田，公主不敢得罪，只好忍氣吞聲，以最低廉的價賣給了竇憲。許多人見了，都敢怒不敢言。只有當朝大司空看不過眼，斗膽上奏章帝，章帝聽了非常生氣。過了幾天，章帝故意帶竇憲外出巡遊，當路過已換了界牌的沁水公主田園時，指問竇憲是怎麼回事，竇憲嚇得不敢言語。

回到宮中，章帝嚴厲斥責了竇憲，若不是其姐竇皇后講情，差一點將其下獄治罪。此後，章帝對竇憲日見疏遠。所以說在章帝時期，竇氏兄弟並未得到高昇。但章帝一死，竇太后掌權，情況就發生了根本性變化。竇太后害怕朝權落入外廷大臣之手，便立即假冒和帝下詔，將自己的兄弟竇憲、竇篤等人統統提拔重用，委以要職。儘管有太傅鄧彪執掌中樞，但實際大權已落入竇氏家族手中。凡朝報奏章，先由竇憲、竇篤閱處，報請太后批覆，再交大臣執行。朝中官員們賞罰升降，也必經竇氏兄弟之手。

和帝永元二年（西元九〇年）七月，竇太后下詔，封竇憲為大將軍，位在三公之上，封冠軍侯，食邑兩萬戶。竇篤及另外幾個兄弟，亦全都封侯，食邑六千戶，並分任執金吾、光祿勳等朝官要職。竇氏兄弟權傾朝野，劉氏王朝簡直成了竇家天下。竇太后仍不滿足，她把竇家的姻親家屬，統統拉入朝中，授予高官。如竇憲的三個叔父，竇憲的女婿及親家等，都做了少尉、校尉等官職。就連竇家的奴僕侍衛也都狗仗人勢，耀武揚威，魚肉鄉里。位高權重的大將軍竇憲竟然公開僭越，出門時使用皇帝的儀仗，一些獻媚者還呼他「萬歲」。朝臣為之側目，但誰也不敢公開彈劾。

多行不義必自斃。竇氏外戚專權擅政，不僅引起了朝臣們的不滿，也引起了十四歲的和帝劉肇的警惕。他眼見幾個舅父專權自恣，深知將來必為大患。所以，從永元四年（西元九二年）開始，和帝便開始考慮並實施翦除專權的竇氏外戚的計畫。和帝在心腹宦官鄭眾及哥哥、清河王劉慶的幫助下，瞞著太后，以迅雷不及掩耳之勢在幾天之內首先解除了竇憲的兵權，並將其逐出京師。同時，處置了竇氏的黨徒爪牙。等竇太后知道了消息，已經晚了，竇氏集團已被滅掉瓦解。太后又哭又罵，也都無濟於事。她萬萬沒有料到，當年爭寵奪后位，所戰必勝，今天竟然敗在一個十四歲的娃娃皇帝手中，不禁又氣又恨，鬱憤難平。不幾日，便氣得病倒床上。五年後，即永元九年（西元九七年），竇太后在清冷的後宮中，帶著一腔怨恨和無奈，離開了人世。

東漢章帝劉炟的皇后竇氏，時人喻之「美如飛燕，毒比呂雉」。她雖才藝雙全卻心狠手辣，為爭皇后之寵位，不惜採取各種手段，連連擊敗四位對手，並均置於死地。章帝死後，竇氏外戚因她而柄權弄勢，灼熱一時，真的是「一人得道，雞犬升天」。然好景不長，眨眼即成過眼煙雲，這是歷史之必然！竇氏爭寵，也是為了奪皇后寶座和保皇后之位，因為在她的身旁有實力很強的競爭對手！竇氏爭寵，手段既卑鄙又毒狠，為時人所不齒！竇氏恃寵當上了皇后，後來又成了皇太后，並臨朝聽政，一攬朝廷大權於己手，同時又重用竇氏外戚，提拔自己的兄弟任朝中要職，東漢時期外戚專權由此掀起第一個高潮。竇氏族人，依仗權勢，跋扈朝野，無惡不作，嚴重干擾了朝政，破壞了社會秩序，如此惡弊，竇氏應負主要責任。

南風賈后，淫亂兇殘

貌雖醜卻淫蕩成癖，性嫉妒且伴生凶悍，十足的「母老虎」。

西元二六五年，司馬炎廢掉曹魏末帝曹奐，建立了西晉政權。西元二七九年，司馬炎派二十萬大軍分六路攻吳。次年，晉將王濬率水師從益州沿江東下，直抵建康城（今南京市），吳主孫皓出降。至此，從東漢末年董卓之亂以來出現的分裂局面，經過近百年之久又重歸統一。西晉初年，在全國比較安定的形勢下，人民們的辛勤勞動，使三國時期後逐漸得到恢復的社會經濟又有了進一步的發展。所有這些，都出現在晉武帝司馬炎執政時期。可好景不長，司馬炎一死，他的痴兒子晉惠帝一上台，寵信悍婦賈南風，宮廷內外被弄得烏煙瘴氣，西晉初年的繁榮景象如曇花一現般地快速消失了。

賈南風，其父名賈充，字公閭，平陽襄陵（今山西臨汾東南人）。曹魏時，賈充即投身於司馬昭相府中，頗受司馬氏父子的重用。武帝司馬炎建立西晉皇朝，他是開國元勛，曾歷任司空、侍中、尚書令、太尉等職。賈充先娶魏中書令李豐之女為妻，李氏後來因父案牽連被放逐。此後，賈充續娶城陽太守郭配之女郭槐為妻，生二女，長即賈南風，妹名賈午。賈充之妻郭槐生性非常嫉妒，賈午則生性頗為放蕩。《幼學故事瓊林》曾記載：「郭女絕夫之嗣，此女中之妒者。賈午偷韓壽之香，此女中之淫者。」說的就是郭槐、賈午母女的事。賈南風生長在這樣一個家庭中，其性格既妒且淫，並且繼承了乃父善於觀測朝廷中政治風雲、長於權謀的特點。這些都成了她日後登上政治舞台，導演出一幕幕禍亂宮廷鬧劇的重要條件。

司馬衷是晉武帝司馬炎的楊皇后所生。此兒生來天生愚笨，到七、八歲時，仍一個大字不識。雖是武帝的長子，但武帝因其呆傻，並不想立他為太子。但楊皇后卻偏愛這個痴兒子，她非要武帝立他為太子不可。武帝寵愛楊皇后，在她的百般央求下，武帝無奈，只好同意了立司馬衷為太子。

泰始七年（西元二七一年），司馬衷十三歲，晉武帝和楊皇后想為太子選擇太子妃。就在這時，晉西北邊界的少數民族氐、羌興兵進犯，秦（今甘肅天水）、涼（今甘肅武威）二州因守軍兵力不足，連連敗退。晉武帝十分憂慮，怕長此下去，會危及中原的安全。於是朝議應派得力之臣增援西部邊軍。侍中任愷和中書令庾純對專事諂媚和過分受寵的賈充十分反感，便藉此機會向武帝建議讓時任侍中、守尚書令、車騎將軍的賈充前往督鎮關中。武帝還真同意了這個建議。賈充奉詔，心情很矛盾。皇詔不敢違，但又實在不願離開京城，丟棄在朝中的權勢。中書監荀勖是賈充的同黨，他怕賈充遠鎮關中，自己會沒了「保護傘」，而遭政敵攻擊。於是，在為賈充送行的酒宴上，荀勖為賈充出一個好主意。他說：「賈公乃堂堂一國之輔佐大臣，怎能受制於區區小輩呢？儘管聖命難違，我倒有個辦法，可使賈公免去此行，說不定還會升官晉爵呢。」賈充急著問是什麼辦法？荀勖呷了口酒，壓低嗓音對賈充說：「當今太子的婚姻大事還沒定下，聽說近來皇上和皇后正在為此事著急。我看，不如把您的女兒嫁給太子，這樣一來，您女兒做了太子妃，您就是皇親國戚了，您想走，皇上也不會放您走了。」賈充一聽，連聲稱是。

隨後，賈充為達到嫁女與太子一事，開始了一系列的「公關」活動。先是授意於荀勖，讓他入宮為皇帝侍宴時，故意提起太子的婚事，然後再極力吹噓賈充的女兒如何如何有才德，是太子婚配的最佳人選。然後，賈充又派自己的老婆郭槐託人給皇后送去不少貴重禮品，請求把自己的女兒嫁給太子。楊皇后收受了禮品，就同意了，便讓太子太傅荀顗與她一起向武帝進言。

武帝早就從聽大臣們那裡聽說，司空衛瓘有個女兒不僅長得身材修長、白皙美貌，而且聰明賢德，有大家之風，符合後宮的選美標準。所以他想為太子聘娶衛女。可楊皇后卻說賈充的女兒比衛女更合適。武帝聽了，

連連搖頭，說道：「妳沒聽有人說過，衛家女子有賢惠的傳統，並且人丁興旺，能生養，長得修長白皙漂亮。賈家女子傳統就好嫉妒，人丁不旺，長得又黑又矮，難看得很。」但是，楊皇后根本不聽，她說武帝是聽了大臣們的胡言亂語，大臣們則是受了衛家的賄賂，她非要為兒子娶賈家女不可。由於她在武帝面前發潑撒嬌，再加上荀顗、荀勖等人的一再勸說，武帝也只好同意了。

當時賈南風十五歲，妹妹賈午十二歲。賈午比她姐姐稍漂亮些。本來，太子準備迎娶的是賈午，可賈午的個子很矮，又瘦又小，連成人的衣服都穿不起來，所以才改娶賈南風。楊皇后也認為賈南風比太子大兩歲，比較成熟些，可以彌補太子愚鈍不懂事的缺陷。可她卻萬萬沒有想到，由於她的一意孤行，不僅把一個醜陋凶悍的潑婦迎進了家門，禍及堂妹小楊皇后一家，還使司馬西晉王朝禍起蕭牆，從此一蹶不振。

泰始八年（西元二七二年）二月，賈南風被娶進太子東宮，立為太子妃。至此，晉武帝和楊皇后才真正見到了醜媳婦賈南風。帝后二人都很後悔，但已經晚了。

賈南風入主太子宮後，雖相貌醜陋，卻憑著她那特有的一套媚人之術，爭得了白痴太子的寵愛和信賴。慢慢地，晉武帝夫婦見他二人相安無事，倒也放心了。

司馬衷身為太子，智商卻不高。而太子妃賈氏卻精明、果敢、早熟，且生性妒忌多詐，於是，太子對她既敬畏，又盲從，事事依賴於她，因而更加促成了她的跋扈和蠻橫。

白痴當太子，不僅晉武帝司馬炎心中不安，擔心兒子將來的皇位和國祚能否長久，同時，朝中的文武大臣們，也都各存異議，只不過礙於皇威，無人敢於明言罷了。但是，在凌雲台一次盛大的宮宴上，功臣、尚書令衛瓘忍不住了，他借酒裝醉，跪在皇帝面前，一邊摸索著靠近御座，一邊喃喃說道：「臣想對陛下說一件事。」晉武帝說：「衛公想說的是什麼呢？」

衛瓘反覆幾次欲言又止，只是用手撫摸著那御座，很傷痛的樣子，說：「這麼精美絕倫的御座，多可惜呀！」武帝心中當然明白，大臣們擔心太子資質魯鈍，將來不能親理政事。但是聰明的晉武帝只是笑笑，說

道：「衛公呀，你真的是喝醉了吧！」衛瓘看出勸諫無用，從此再也不提這件事了。

此事被賈南風知道了，她既恨衛瓘，同時也卻為自己低能的丈夫擔心。因為不僅朝臣們對太子不忠，還有一位頗負重望的皇弟司馬攸，才能出眾，文武群臣皆屬意於他，將來武帝死後，他就是太子當皇帝的勁敵，但她儘管為之著急，也僅是個太子妃，武帝還在位，她還不具備角逐於權力鬥爭的實力，她只能在暗中等待機遇。

晉武帝司馬炎雖知兒子蠢笨呆愚，但他也不想讓皇權落入弟弟司馬攸之手。然而群臣的不滿及勸諫，又頗使他難堪，他想試一試太子的實際智能。一天，晉武帝盡召東宮大小官吏，並特別舉辦宴會。席間，將一個懸而未決的疑案案卷封好，直接交給太子，命他妥善決斷，並按指定期限將結果復奏。武帝這一試，不料竟給賈南風一次玩弄權謀、施展手腕的機遇。

太子回到東宮拆開案卷一看，頓時傻了眼。賈南風知此事關係重大，弄不好自己當皇后的美夢就會成為泡影。她立即偷偷地從宮外請一飽學之士來替太子答詔。那人十分盡力，在答詔中引經據典，談古論今。太子內侍張泓提醒賈南風說：「皇上清楚太子沒有什麼才學，如果答詔中太多旁徵博引，皇上必然看出破綻，如果追查起責任，就不好辦了。依奴才之見，不如把意思直接寫出來。」賈南風恍然大悟，便輕聲慢語而充滿期望地對張泓說：「那就請卿為我作答吧，日後富貴一定與您共享。」這張泓平素就小有才氣，聽到賈妃所言，自然願意效力。他遣詞造句，擬出答詔，賈南風細細看了一遍，認為言辭、情理一切妥帖，便拿給太子謄抄一遍，再送武帝御覽。武帝看後，覺得情切理洽，文從字順，且處置適當，非常滿意。

泰始十年（西元二七四年）初秋，晉武帝的楊皇后病勢沉重，臨死之前，她頭枕在司馬炎的膝上，流著眼淚，懇請在她死後，將她叔父楊駿的女兒楊芷選入後宮，立為皇后。晉武帝答應了她的請求。楊皇后死後兩年，即咸寧二年（西元二七六年），武帝正式迎立十八歲的楊芷入宮，並冊立為皇后。這位小楊皇后德容兼備，深得武帝寵愛。

此時，太子妃賈南風因善於計謀，已經在朝臣中拉攏了一批人，成了自己的心腹。由於她生性殘酷暴戾，

嫉妒心重，又很會賣弄風騷，使得太子既懼怕她又寵信她，對她的話是言聽計從。賈南風得太子專寵，在東宮中地位頗高，太子的其他嬪妃可就倒楣了。她們極少有人能得幸於太子。賈南風見到東宮中哪個女的懷孕了，就擲戟於孕婦腹部，使其流產，晉武帝聽說兒媳如此殘酷，不禁大怒，決定修築金墉城，準備廢掉她，將她趕出東宮。但賈南風羽翼已豐，身邊有不少心腹為她效力，通風報信，加之大臣荀勖也極力為賈南風周旋援助，充華趙粲也在武帝面前為她說情，武帝新妻楊芷皇后也多方袒護她，晉武帝才不得不打消了廢黜的念頭。

賈南風伴陪著一位白痴丈夫，面對朝中錯綜複雜的明爭暗鬥，真有如臨深淵、如履薄冰之感。權欲、情慾的困擾，又時常使她心理失去平衡，她不動聲色地窺測朝中的風雲變幻。為保全自身和太子的地位而上下左右周旋著，直到晉武帝死後，在太子宮中熬了十八、九年的賈南風，才得以在皇后的寵位上大膽地施展一切陰謀手段，並進而獨攬大權。

太熙元年（西元二九〇年）四月，晉武帝司馬炎病逝。太子司馬衷登上了皇位，史稱晉惠帝。立賈南風為皇后。同年八月，又立司馬遹為太子。

司馬遹是謝夫人所生。謝夫人本是晉武帝宮中的才人。司馬衷做太子納妃時年齡還小，武帝怕兒子不懂房中之事，便派才人謝玖前往東宮，服侍引導。誰知這麼一來，謝玖卻懷了孕。賈南風進東宮後，對謝玖又嫉又恨，但因謝玖是武帝所派，終未敢加害。然謝玖不敢再留東宮，請求回到西宮，在那裡，平安生下了兒子遹。孩子都三、四歲了，司馬衷還不知道自己有這麼個兒子。一天，司馬衷在武帝宮中見到這個四歲的孩兒正與皇子們一起遊戲，就上前拉拉孩兒的手，問道：「你是哪一個皇子？」這時武帝才告訴他：「這是你的兒子呀！」

司馬遹幼時很聰慧，頗得他的祖父晉武帝司馬炎的喜愛。太康三年（西元二八二年），司馬遹五歲，有一天夜間，宮中起火，晉武帝披衣而起，到閣樓上察看火勢。司馬遹也跟來了，他拉住祖父的衣襟，要他避往暗處。武帝問他為什麼？他說：「半夜遭此大亂，應格外小心，不要讓火光照見您，以備不測。」晉武帝聽了又驚又喜，覺得此兒不同一般，足可彌補兒子司馬衷的缺陷。所以，他常對大臣們說：「此兒當興我家。」他還命大臣們廣為宣傳，讓天下人都知道他有一個好皇孫。武帝聽人說廣陵地方有天子「王氣」，便加封司馬遹為廣陵王，食邑五萬戶，並精心挑選飽學之士對孫子教育，配備了太師、太傅、太保、少師、少傅、少保等六名重臣輔導他。對此，賈南風又嫉又氣，恨不得早些弄死司馬遹，但她自己的肚皮不爭氣，沒生兒子，只生了四個女兒。

為了除掉司馬遹，賈南風曾想過一個瞞天過海、偷樑換柱的辦法。她先詐稱自己已懷有身孕，並在衣服裡塞進些蒿草，裝成大腹便便的樣子，然後把妹妹的兒子抱進東宮，取名慰祖，對外說是自己在為武帝服喪期間所生，因居喪，所以生後沒有張揚。她要廢掉太子司馬遹，用這個「假兒子」取而代之。當時京城洛陽有童謠傳唱：「南風起兮吹白沙，遙望魯國郁嵯峨，千歲骷髏生齒牙。」或云：「南風烈烈吹黃沙，遙望魯國郁嵯峨，前至之日滅汝家。」賈后名「南風」，其父賈充封「魯郡公」，太子司馬遹小名「沙門」。由此可見，賈后南風欲廢太子之心，當時已是路人皆知。

太子司馬遹幼時聰明懂事，可長大之後，卻很不爭氣。他不愛讀書，整天與宮人太監在一起鬼混。賈南風本來就嫉恨於他，見他自己愈來愈墮落，更堅定了廢置的決心。她密令太子左右侍從故意慫恿太子進一步放蕩不羈，鼓動太子濫施刑威。太子的幾個師傅見太子行為不端，便苦苦相勸，太子不僅不聽，反責怪他們多嘴。一次，太子少保杜錫極為憂慮地勸太子說：「殿下非皇后所生，皇后性情凶暴，不能不小心行事。請殿下修德進善，毋留把柄。」太子不聽，還想辦法捉弄杜錫，叫人拿幾根針藏在杜錫所坐的椅子墊下，刺得杜錫血流褲襠，苦不堪言。

賈南風有個侄子叫賈謐，是賈午與韓壽所生，被過繼給賈允做嗣孫，年齡與司馬遹相仿，二人常在一起玩耍。後來，二人因爭美之事，鬧翻了臉。於是賈謐便與賈后南風一起，謀劃尋機除掉太子司馬遹。

元康九年（西元二九九年）十二月二十八日傍晚，賈南風派人捎信給太子司馬遹，說皇上要召見他。次日一早，太子入朝，被引至別殿等候。剛坐下，就有一名宮女名陳舞，端來三升酒、一大盤棗，說是昨天皇上賜

給太子的，讓太子飲用。太子請宮女陳舞傳告皇后，自己酒量有限，這三升酒實在喝不下去。只聽賈后在屏風後發問：「你平素在皇上面前喝酒挺痛快的，今天怎麼說喝不下了？這酒可是皇上賜與你的。」太子回道：「皇上賜的酒，我不敢推辭，可讓我喝一天也喝不完三升啊。現在我還沒吃飯，恐怕身體吃不消。再說，還未蒙皇上召見，喝多了酒會誤事的。」賈后又說：「真是不孝！皇上賜你的酒都不肯喝，是不是怕裡面有什麼不潔之物啊？」

太子司馬遹被逼得沒辦法，只好把酒喝了下去，喝完酒，便酩酊大醉，神志不清了。賈南風早就模擬太子平日的口氣，令黃門侍郎潘岳寫下一篇禱告文字，趁太子醉酒，讓侍女拿給太子，說：「皇上命你把這段文章抄一遍，皇上等著用呢。」太子迷迷糊糊，也辨不清是什麼內容，就拿起紙筆抄了起來：「陛下應該自己了結生命，否則，我將入宮了結。皇后也應該趕快自己了結生命，否則，我將親手了結。與謝夫人已約定日期共同發難，不要猶豫不決，導致後患……立我兒道文為王，立蔣美人為皇后。願望實現後，我將用三牲祭祀北君，大赦天下……。」

賈南風立即把太子所寫的呈送惠帝司馬衷。司馬衷閱後大怒，立即在式乾殿召見群臣，將太子所抄寫的東西拿給眾人過目。惠帝說：「太子竟然寫出如此大逆不道的東西，我要賜他一死。」張華和尚書左僕射裴則竭力為太子開脫，請求惠帝不要輕易下結論，以免引起國內混亂。裴認為應把該紙的字與平日太子的筆跡進行對比，看看是不是有人在陷害太子。賈南風馬上送上太子平日所呈的十幾封啟事，並假托長廣公主的話催促惠帝：「此事應速作決斷，群臣如有誰敢抗上，當以軍法治處。」但張華、裴仍死保太子，其餘大臣則概不出聲，不置可否。直至傍晚，此事也沒議出個結果。賈南風很著急，她怕事情有變於己不利，就命自己的心腹太監董猛傳出內表，請求廢太子為庶人，送金墉城監禁。惠帝不顧所有大臣反對，就採納了賈后的意見。於是，將太子、太子妃王氏及太子的三個兒子幽禁起來。太子的生母謝才人被拷問致死。賈南風終於出了這口妒氣。

賈南風做了皇后之後，已為六宮之主，寵位至尊，但她想要替白痴皇帝當理朝政，獨斷專權。但是卻遇到

一個勁敵，他就是楊芷皇太后的父親、太傅、大都督楊駿。晉武帝一死，楊駿便實際操縱了朝政大權。楊駿深知賈南風性情難制，內心時存畏懼，於是，他便大行封賞，遍樹親黨，清除異己，發展自己的勢力，以便駕空皇帝。皇后賈南風當然也不甘示弱，提拔親族兄長，各就高位。於是，帝宮內逐步形成了兩派對立的局勢。

賈南風時時警惕地觀視著宮廷中的一切事變，她已把楊家的權勢看作了自己專權擅政的最大威脅。為此，她暗中制定了一個剷除對手的計畫，等待時機付諸行動。

元康元年（西元二九一年）三月，賈南風密絡殿中中郎孟觀、李肇及太監董猛等人，部署「倒楊」行動方案。然後，又聯合大司馬、汝南王司馬亮和楚王司馬瑋，共同行動。賈南風先令孟觀、李肇誣告楊駿謀反。接著，連夜草書密詔，派東安公司馬繇率殿中武士四百人討伐楊駿，由司馬瑋率兵屯司馬門。全副武裝的軍士團團包圍了楊駿府邸，待到楊駿得知宮內有兵變而召集手下眾官會議時，殿中兵已經出動，閣樓上箭弩齊發，楊府火光衝天，楊駿的衛兵被團團圍住，失去了抵抗能力。混亂之中楊駿逃到馬棚裡躲起來，但被追來的兵丁用戟刺死。楊駿被誅殺，賈南風又對孟觀下了密旨，命令盡斬楊駿親黨，夷滅楊氏三族。

太后楊芷對這突如其來的兵變，沒有一點心理準備。當她得知自己的父親楊駿被官軍包圍時，她不得已手草帛書，射到城外，懸賞求救。不料帛書卻被人送到賈后處。賈南風恩將仇報，對這個昔日曾在武帝想廢掉賈妃時設法解救過她的恩人，此刻卻一點也不念舊恩，一心想除掉她。賈南風將楊芷太后的手草帛書拿來，作為太后謀反的證據，並立即矯詔幽禁楊太后於永寧宮，再廢為庶人，嚴閉於金墉城。楊太后的母親龐氏被殺。楊芷太后在禁所憂憤絕食數日而死。賈南風很迷信，她害怕太后死後，到陰曹地府向武帝說她的壞話，便借助妖巫，在下葬太后時，讓屍體臉朝下，又往屍體上放了許多據說能制止其「開口」的咒符和藥物。

賈南風殺了楊駿後，仍未實現大權一人獨攬的願望。因為當時有汝南王司馬亮，太保兼同錄尚書事衛瓘共同輔佐朝政，握有實權。司馬亮是惠帝的叔祖父，輩分高，資格老。衛瓘直言敢諫，性情剛直，又與賈后結有舊怨。此二人在朝，權柄掌於他人之手，使得賈后很不自在，不敢輕舉妄動。這是賈南風所絕不能容許的。於

是，她又設下陰險毒辣的圈套，要借刀殺人，以收一箭三鵰之利。

晉惠帝有一個弟弟名司馬瑋，當時年齡二十多歲，年輕氣盛，兇猛暴烈，雖擁有兵權，卻有勇無謀。司馬亮和衛瓘都認為司馬瑋不應委以重任。司馬亮還建議惠帝詔令在京的諸位王公應回到各自的封地去，以分散他們的勢力，以防內亂，危及皇權。對此，衛瓘也表贊同。這使司馬瑋對他們二人大為不滿。賈南風於是就利用了他們三人之間的矛盾，剷除了政敵。

永平元年（西元二九一年）六月，賈南風讓惠帝給司馬瑋傳下密詔，謊說司馬亮與衛瓘試圖謀反，令司馬瑋聯絡其他幾位王公，讓他們領兵前去平定。司馬瑋開始也有些懷疑，想上奏驗證真偽，但送詔者已受賈后密囑，便對司馬瑋說：「這一來就把事情洩露了，豈不是違背了皇上下密詔的用心了嗎？」司馬瑋本性粗魯，加上他對二人懷有私憤，便連夜召集各路軍隊，並傳令說：「司馬亮和衛瓘二人圖謀不軌，想廢陛下，絕我先帝之大統，現在我奉陛下之命，免去他們二人的官職。陛下還命我都督內外各路軍隊。我命令朝廷內的衛隊要嚴加戒備，宮外的軍隊可隨我前去二人府第，討伐忤逆。望諸位將士，盡忠效力，事後論功行賞。」

司馬瑋的大軍突然包圍了司馬亮的府邸，而司馬亮還以為自己對皇上一片忠心，這肯定是一場誤會，所以便未作任何抵抗，束手就擒。時值盛夏，天氣炎熱，士兵很可憐他，就讓他坐在囚車的下面，並一齊用扇子為他遮擋陽光。快近中午的時候，司馬瑋大聲宣布：「誰先斬殺司馬亮，賞布一千匹。」士兵們聽了這句話，便圍住囚車，利刃齊下，可憐司馬亮立即成了一堆肉醬。而那位衛瓘在接到免官詔令後，竟也立即交出官印和綬帶，他和司馬亮犯的是同一個毛病，儘管身邊有軍隊，可以自衛，但他也未做任何抵抗。前去執行任務的軍隊中有人與衛瓘有私怨，藉機官報私仇，便大肆屠殺，衛瓘和他的子孫九人同時被害。

司馬亮和衛瓘都是朝廷重臣，被二人同時被殺的消息，群臣知道後都很驚恐，弄得朝廷內外人心惶惶，怕不知哪天自己也出了什麼變故，便人人自危。為了平息民憤和輿論，需要殺「替罪羊」了。太子少傅張華對惠帝說：「一定是司馬瑋詐稱詔令自作主張殺了二位公卿，將士們不明真相，以為是皇上的旨意，就聽了他的謊言。現在應當趕快派遣使臣打出標誌旗去解散外面的軍隊。」

惠帝聽了此言便指派殿中將軍揮動著標誌解散軍隊的旗幟向士兵們宣稱：「楚王司馬瑋謊稱詔命，受騙將士們不要輕信謊言。」士兵們聽了，紛紛扔下兵器，掉頭就跑。時間不長，司馬瑋身邊一個人也沒有了。這時，賈南風又讓惠帝下詔，說司馬瑋謊稱詔命殺害二位公卿及其家人，企圖誅殺朝中群臣，實屬犯上作亂，罪大惡極，應立即交付廷尉斬首。司馬瑋死前，從懷中取出那天晚上接到的青紙詔令，流著淚交給監刑官看，泣不成聲地說：「我的確是受詔行事啊，本是為著匡扶社稷，誰知現在倒成了罪人。我的生命是先帝所賜，如今受冤而死，求你們這些活著的人將來有一天替我昭雪！」聽到這兒，監刑官也流出了同情的眼淚。

至此，皇后賈南風利用陰謀和毒計，消滅了朝廷中與自己對抗的異己分子，控制了朝政實權，同時她在皇后的寵位上，又爬高了一階。而司馬衷只不過是個身披皇袍的衣冠帝王而已。賈南風淫慾與權力慾一樣，難以抑止，在私生活方面，她是一個極為荒淫放蕩的女人。這一點與她的妹妹賈午相比，毫不遜色。她的白痴丈夫根本滿足不了她對性的需求，於是她就在宮廷內外尋找其他男人，以滿足她的淫慾。她派心腹做成一輛黑箱車，然後到京城大街上尋找美男子，然後載進後宮，供其淫樂。完後就把這些男子殘忍地殺死。當時弄得洛陽城裡的美男子夜晚不敢出門上街，唯恐被人綁架一去不回。

洛陽城南有一個小衙役，在捉拿盜賊的軍尉手下做事，長得十分俊秀。他幹的粗雜活，自然手中沒有幾個錢，可突然之間卻穿起了非常華貴的衣服，闊了起來。大家議論紛紛，懷疑他是否偷了別人的錢物。當時，賈府也在城南，府內失竊了些東西，就對他產生了懷疑。軍尉將他抓到大堂，連同賈家的人，一同審問小衙役。小衙役不得不說了實情：「有一天我在路上遇見了一位老婦人，她對我說她家裡有人生了重病，巫師占卜說，必須找個家住城南的小夥子去鎮邪，病才會好，因此，請我去一趟。還告訴我定有重謝。我就跟她上了車，她把車帷放下來，讓我進入一個大竹箱裡，走了大約十幾里路，過了六、七道門檻，才把竹箱打開。我發現那個地方亭台樓閣，十分氣派，我問：『這是到了什麼地方？』那裡的人回答是到了天上。接著讓我用香噴噴的熱

水沐浴一番，又送來美味佳餚和漂亮衣服。然後我見到一位女子，三十五六歲的樣子，身材不高，臉盤黑乎乎的，眉毛後面有一小塊疤。我被留了幾夜，與這位女子同床共枕，盡情吃喝。這些貴重衣物是我離開時，那女子送給我的。」賈南風的家人聽了，知道這女子就是賈后，就不好意思地笑笑走開了。軍尉也明白了是怎麼回事。因這小衙役特別得到賈后的歡心，才沒有被殺，活著出來了。

賈南風在朝廷廢太子、殺功臣、弄權柄、亂宮闈，引起了朝野的議論與不滿。她又開始擔心自己已取得的權勢與皇后寵位可能會動搖，而危險就可能來自被幽禁的廢太子司馬遹。其實，在朝中的確有幾個大臣為太子的不幸遭遇而感到憤憤不平。他們曾經寄希望於張華與裴，想讓他們二人領頭廢賈后，迎回太子。但張、裴二人懾於賈南風的淫威和難測勝負，不肯貿然起事。於是，這些人又轉而把希望仍寄託在司馬亮的弟弟趙王司馬倫身上。而司馬倫卻原是賈后一黨，他因平時對賈南風極盡阿諛奉承而深得賈氏賞識，對其委以重任，使他握有重兵。

此人生性貪得無厭，且野心勃勃，遊說者挑撥司馬倫說：「賈后這個女人實在是太凶悍跋扈了，她廢黜太子，使得國無嫡嗣，社稷將危，朝野上下憤憤難平，一場推翻賈氏的兵變勢在難免。而殿下平時與賈后過從甚密，人們早就私下傳言您知道賈后廢太子的密謀，卻不加阻止。萬一事急有變，您難脫關係。您為何不率先起來，以便洗刷自己呢？」

司馬倫認為來人說得有道理，便依言而行。這時，他的謀士孫秀卻攔住了他說：「太子性情剛烈，很難被打動。他早就把您看成了賈后的私黨，現在您即便為他復位出了死力，他也不會感激您的，而反倒會認為您是迫於形勢，不得已而為之。依小人之見，您不如先按兵不動，讓賈后先下手害死太子，你再出面為太子復仇，廢黜賈后，這樣既為社稷立了大功，又能免於後患，豈不是一舉兩得嗎？」司馬倫點頭稱是。於是，司馬倫便派人到處散布謠言，說有人要廢賈后，迎太子回朝。賈南風正在為太子這心頭之患晝夜難安，聽了這種傳言，更加驚恐。她為了斷絕人們擁立太子復位的念頭，免除後患，便下了殺害太子的決心。

永康元年（西元三〇〇年）三月，賈南風命太醫令程據配製了能致人死命的毒藥，派使臣孫慮送往太子被囚禁的許昌宮，命令看守尋機讓太子服用。但太子自從被囚禁之後，就十分提防別人用毒藥謀害自己，看守苦於無從下手，就不給太子送吃的。等太子餓得受不住時，孫慮前去逼迫太子服下毒藥。太子還是不從。有人可憐太子挨餓之苦，就偷偷地從牆洞給太子傳遞些吃的東西。這樣，又僵持了幾天，孫慮怕時間久了賈后怪罪，就在太子解手時，趁其不備，用搗藥用的木棒猛擊太子的頭部，把太子活活打死了。

太子一死，司馬倫便聯合自己的兄弟、梁王司馬肜及司馬攸的兒子、齊王司馬冏等人，約定時間，共同起兵，廢黜賈后。永康元年四月三日夜，司馬倫詐稱奉皇帝密詔，命令三軍司馬：「皇后殺了太子，現在你們立即進宮廢黜皇后，敢不從者，夷滅三族！」這些人都在為太子被害而憤憤不平，如今聽見詔令，哪個不聽？於是，他們跟隨司馬倫連夜闖入中宮。賈南風正在殿內，翊軍校尉司馬冏率百餘名軍士破門闖入，指揮軍士，不容賈后分辯，拖起就向外去。當行至皇帝寢宮門口時，賈南風大聲呼叫起來：「陛下，允許別人廢掉你的妻子就等於廢掉你自己呀！」哭鬧了一陣，見不起作用，賈南風回頭問司馬冏：「領頭起來的是你嗎？」司馬冏答道：「是梁王和趙王。」

賈南風聽了，追悔莫及地嘆道：「拴狗必須拴牠的脖子，我錯拴了牠的尾巴，牠能不咬我嗎？」當她走到皇宮西側，見自己的親信心腹們屍橫遍地，她號啕大哭。她明白，自己的死期不遠了。

賈南風被囚禁於金墉城中。幾天以後，司馬倫再一次詐稱詔命，派人送去一杯金屑酒，說皇上賜她一死。賈南風不只一次用這種酒害人，這回輪到她自己了。她無可奈何地端起酒杯，對平日深受自己重用的司馬倫恨得咬碎了銀牙！恨當初沒有殺掉他，反讓他掌握了兵權。她深為自己的失策而懊悔。她端起了金屑酒，一飲而盡。……多行不義必自斃！這句格言，用在賈南風身上是再貼切不過了。

西晉惠帝司馬衷呆、痴、蠢，皇后賈南風黑、矮、胖。「痴兒娶醜婦」，真乃地造天生的一對兒。賈氏不僅相貌醜陋，而且性妒心狠，凶悍淫蕩，然卻頗得白痴皇帝的寵愛和信任，這就為她跋扈專權、淫亂宮闈創造了

條件。綜觀賈南風的爭寵、固寵，主要是為了專權擅政，讓白痴皇帝處於傀儡地位，使朝政大權獨攬她一人之手，以進一步滿足她的權力慾和淫慾。賈南風為達此目的，不擇手段，大搞陰謀詭計，害太后、誅大臣、殺太子，導演了一幕幕殘害異己、清除異黨的血腥鬧劇，使原本好端端的一個朝廷，被她攪得一團糟。賈南風的行為，不僅助長了當時的奢侈糜爛風氣，搞亂了正常的朝綱秩序，失去了民心，同時也激化了統治階級內部的矛盾，為不久後的「八王之亂」，埋下了禍根。

「蓮」染泥汙，蕩淫宮闈

淫行無度，白白玷汙了「蓮」的聖潔。

北魏是拓跋鮮卑首領拓跋珪（道武帝）於西元三八六年建立的政權。當時正值東晉十六國割據分裂時期。後經過拓跋嗣（明元帝）、拓跋燾（太武帝）兩朝，至西元四三九年，北魏先後滅掉後燕、夏、北燕和北涼等封建割據政權，並且奪取了劉宋的青、兗二州（今山東和河南東部一帶），完成了北方的統一。北魏統一北方之後，便開始了向封建化的過渡。

同時，衰落的北方經濟也逐漸得以恢復與發展。到北魏孝文帝元宏執政之後，進行了一系列封建化改革，使北魏的經濟文化達到了鼎盛時期。孝文帝雖是一位少數民族出身的封建改革家，在政治上很有作為，但他卻十分寵信自己的皇后馮妙蓮，使馮妙蓮恃寵或明裡或暗中幹了不少醜事、壞事。

馮妙蓮出身名門，原籍長樂信都（今河北冀縣）。其曾祖父馮弘是北燕的第二任皇帝；祖父馮朗，封廣平公。太興二年（西元四三二年），馮氏投降北魏。妙蓮的姑母是北魏時期著名的「封建改革家」文明太后，歷文成、獻文、孝文帝三朝，先後以皇太后和太皇太后身分兩次臨朝稱制，執掌北魏朝廷大權達十六年之久。馮妙蓮的父親馮熙是文明太后的哥哥，曾官居洛州刺史、侍中兼太師。

北魏皇興五年（西元四七一年），十八歲的獻文帝拓跋弘宣布退位，把皇位讓給兒子、年僅五歲的太子元宏，他就是著名的北魏孝文帝。因其年齡太小，他的祖母文明太后臨朝稱制。由於年齡太小，孝文帝當時未冊立皇后。

孝文帝逐漸長大成人，已懂寵御女人。他第一個看中的，是後宮中一位林姓女子。林女的父親和叔父均在

乙渾叛亂中被殺，所以她自幼便進宮做了宮女。隨著年齡的增長，林女越來越美麗動人，烏黑的秀髮，白嫩的肌膚，彎彎的眉毛下一雙水靈靈的眼睛顧盼傳神，風情萬種。孝文帝異常寵愛林女，數次臨幸，因而使之懷有身孕。太和六年（西元四八二年）竟為孝文帝生下一子，取名為元（拓跋）恂。孝文帝大喜，下詔大赦天下，對林氏則更加寵愛。

孝文帝是在文明太后的一手撫養下長大的，太后非常瞭解他仁慈寬厚的性格。為了使馮氏家族在朝廷中的地位經久不衰，永得皇家的蔭庇祐護，馮太后決意以聯姻的形式來保證她實現自己的想法，此事在太后心中已經反覆考慮了很久，可以說孝文帝剛剛登基，他的婚事便已被安排好了。太后的兄長馮熙，妻妾眾多，生了十幾個女兒。太后準備在這些侄女中選出一位作為皇后，但是孝文帝已對林氏深愛不已，並且已經生子，太后怕孝文帝立林氏為后，打亂了她的計畫，便對林氏嚴加防範，千方百計尋找機會和藉口，以便除去這一心頭之患。

北魏宮中舊制規定，為防母后亂政，立太子必殺其母。馮太后藉此開始實施她的計畫。一天，她把孝文帝叫到面前，很嚴肅地對他說：「皇魏的宮規，你是清楚的，為防母后亂政，立太子先殺其母。如今林氏為你生了皇子，你該如何處置她，就不必我多說了吧？」孝文帝一聽，知道太后是要他依宮規處死林氏，他既驚恐又難過，苦苦哀求太后說：「我自幼喪母，對失母之痛有切膚之體會，我不想讓我的兒子像我一樣，從小就失去母愛。況且，林氏性情溫順，通理賢達，深明大義，她絕不會威脅皇權社稷的。我懇求太后饒她一死！」

馮太后面沉似水，冷冷地瞥了一眼孝文帝：「求也無用，不是我想讓她死，是祖上留下的國法家規不容她活！我想你不必為一個女人違背祖訓家規。假如我今天答應了你，萬一將來出了事，你叫我有何面目去見先帝？」孝文帝心痛欲裂，但仍繼續分辯：「皇兒尚在襁褓之中，誰也無法預料到日後是否會有什麼疾病災禍，萬一夭折，他的母親豈不是白白送了性命嗎？再說，我認為這條家規也該改一改，太殘忍、太不近情理……。」

不等孝文帝說完，馮太后臉色已變，站起身來厲聲喝道：「胡說！你是當今天子，別忘了身分！此事已定，勿要再說了！」說完拂袖而去。孝文帝生來孝順，又受太后撫養，對太后從不敢忤逆。他雖當了十三年皇

帝，如今已經十八歲了，仍未掌政，大權一直在太后手中。這件事他更無法堅持，只好流著眼淚屈從了。林氏就這樣做了封建專制和爭權奪勢的犧牲品，一個弱女子何以抗爭！可憐她香消玉殞屈赴黃泉。林氏死後，馮太后立即在她的侄女中為孝文帝選娶后妃。

太和八年（西元四八四年）六月，魏都平城日麗風和，芳草萋萋。馮府後花園中，馮熙和他的兒子、駙馬都尉馮誕等，正在園中大擺宴席，迎接馮太后和當今天子孝文帝元宏的駕臨。因馮誕是孝文帝的妹夫，因而席間氣氛親切和諧。

馮太后此次攜孝文帝回府省親是有目的的。酒過三巡，茶過五味，主人馮熙便讓侍女喚出自己十三歲的女兒馮媛，並令其見駕陪宴。馮媛嫡出，其母是馮熙的正室夫人博陵公主。這是早被馮太后看中的，她一直想把馮媛召入宮中，許給孝文帝做皇后。

馮媛款款走過來，為孝文帝敬過酒，又悄悄地退到一邊。孝文帝看了馮媛幾眼，便把目光移到了別處，顯然，這位端莊文靜的少女，並未引起他的興趣。一旁的馮太后將此情景看在眼裡，她對身旁的馮誕使了個眼色，馮誕會意，轉身向侍女悄聲吩咐幾句，侍女轉身退出。不一會兒，從花園的旁門飄出一對妙齡少女，一色南朝漢人裝飾。孝文帝只覺眼前一亮，因他從小就喜歡南朝漢人的文雅風尚，平時，他在皇都平城見到的多是鮮卑胡人裝束的女子，窄袖高領，左衽短襖，外加燈籠褲。

這種北方少數民族服飾雖便於騎射，但看上去卻沒有飄逸的美感。眼前這對靚麗的少女，頭盤飛雲髻，斜插鳳釵，雲鬢輕挽，身著綢衫彩裙，外披淺色紗衣，更顯風姿綽約，飄若仙女下凡。孝文帝不覺眼都看直了，馮太后見狀非常高興，輕輕地對孝文帝附耳說道：「皇上若是喜歡，隨你挑選一位，我向太師說明，送進宮去。」孝文帝笑著點點頭同意了，就在這一天，由馮太后做主，決定立嫡出且端淑有德的馮媛為皇后，但因其年紀太小，暫留馮府，幾年後再娶，先將孝文帝喜歡的另一對少女送進宮去。

原來，這一對身著漢服的美麗少女也是馮熙的女兒，為馮熙的寵妾常氏所生，姐姐即馮妙蓮，妹妹名馮

珊，在博陵公主死後，常氏即代正室為馮熙操持家務，因她是南朝人，便按南朝漢人的風習打扮兩個女兒，相比較而言，姐姐妙蓮更加嫵媚動人，且工於心計，懂得如何討男人喜歡，妹妹馮珊文才較好，且頗有修養。

妙蓮姐妹進宮後，常是一左一右圍在孝文帝身邊，燕語鶯聲，替他解悶消愁，孝文帝非常開心。可是不久，馮珊突然得了急症，不治而亡，孝文帝傷心了好些天。妹妹死了，馮妙蓮更加體貼皇上，常別出心裁地將自己打扮得與眾不同，以搏得皇上歡心。她知道孝文帝愛讀書著文，就請人給自己講授一些文章書法知識。她聰慧機敏，一學就會，而且非常專心刻苦，所以不用花多久時間，她就能在孝文帝面前露上一手，而且有關朝政、歷史等問題，也能說上幾句，言語間常用「子曰」、「詩云」等，並以此求教於孝文帝。每當孝文帝向其講解，她便眨著大眼睛認真傾聽，有時還把自己寫得不太熟練的字拿給孝文帝看。這些不能不令孝文帝對她刮目相看。

孝文帝喜歡吃鵝掌，愛聽南朝的絲竹樂，馮妙蓮便煞費苦心地為他組建一套專事演奏絲竹音樂的歌伎班子，還精心研究烹調鵝掌的方法，親手做來給孝文帝品嚐。總之，為了得到孝文帝的寵愛，馮妙蓮可謂用盡了心機，因為她不甘心只做嬪妃，而是一心想做皇后。

一晃三年過去了，馮妙蓮久寵不衰，她在為皇后的寶座而竭盡努力的時候，沒想到不幸已經降臨到她的頭上，馮妙蓮突然得了咯血病，竟然臥床不起了。雖然有御醫精心治療，孝文帝也常去探視關懷，但馮妙蓮的病仍不見好轉，反而越來越重。因此馮太后只好派人把妙蓮送回馮府，住在家廟中，要她安心養病。臨出宮前，孝文帝趕來相送，妙蓮悲悲戚戚，傷心地流著眼淚，緊緊抓住皇上的手，哀聲說道：「皇上，請別忘了我！臣妾本想服侍皇上一輩子，誰知命薄福淺，也許今後再也見不到皇上了。」孝文帝也很難過，安慰她說：「妳不要過於傷悲，回去後好好養病，一定會治癒的。等妳病好了，朕一定再接妳回宮，絕不食言，請妳務必放心！」馮妙蓮一邊哽咽，一邊點頭，戀戀不捨地離開了生活三年的皇宮。

太和十四年（西元四九〇年），馮太后病逝。孝文帝哀思過度，身體迅速消瘦。儘管馮太后在世時對他管

教很嚴厲，但他寬仁重孝，堅持按照漢制大禮，服喪三年，嚴戒酒食女色，並在馮太后病死的太和殿旁築草廬守孝。三年後，孝文帝服喪期滿，太尉元丕等上表奏曰：「長秋未建，六宮無主。」請求孝文帝及早策立皇后。這時，孝文帝想起當年太后曾為他選定馮熙的女兒馮媛為皇后，便派人去馮府迎娶。太和十七年（西元四九三年）四月，馮媛正式入宮，被冊立為皇后。

馮媛雖做了皇后，但她溫雅通達，賢良有教，對待其他嬪妃總是溫文有禮，從不擺皇后的架子以勢欺人，所以很受眾人敬重。她不妒嫉，主張皇帝對后妃們不應有專寵，要一視同仁，深得孝文帝的讚賞。從此，六宮風氣大正。作為一個女人，能夠有如此坦蕩的心胸，在嫉妒爭寵的封建皇宮中，深明大義，豁達至此，實為難能可貴。只可惜，這種良好的風氣沒有維持多久，便被一個人給攪亂了，這個人就是二次進宮的馮妙蓮。

孝文帝是一位鮮卑族的著名改革家，他仰慕中原文明，立志改變胡風胡俗。太和十七年（西元四九三年），他不顧守舊大臣們的反對，宣布著漢服、說漢話、興漢禮，改自己姓氏「拓跋」為「元」，並將都城由偏遠的平城南遷至中原文化名城古都洛陽。在遷都過程中，外戚馮熙和他的兒子馮誕先後病逝。到了新都洛陽，孝文帝便想起了在平城家廟中養病的馮妙蓮，他知道妙蓮作為皇帝的嬪妃，是不可能再嫁人了，憶當初自己曾親口許諾，待她病癒後接她回宮，後來又逢太后喪事，轉眼幾年過去了，出宮時妙蓮傷心的樣子仍歷歷在目，於是孝文帝便派一名叫做雙三念的太監，帶上自己的親筆書信，前往平城探視馮妙蓮，妙蓮的消息很快回報給了孝文帝，聽到她現在病已痊癒後，孝文帝非常高興，立即再派宦官奉璽書去平城，將妙蓮接到洛陽皇宮。是年為太和十九年（西元四九五年）。孝文帝萬沒想到，因他的痴情重信，給他的事業和生活造成了不可彌補的禍患。

馮妙蓮二次進宮後，一心想的還是獨得皇帝專寵，謀奪中宮，為此，她開始了與后妃之間的明爭暗鬥，原本井井有條的後宮，逐漸被攪得混亂不堪。孝文帝政治上雖是一代明君，但卻沒有擺脫美色的迷惑。他寵信馮妙蓮，對她的淫亂所為毫無察覺。

孝文帝與妙蓮分別數年之久，他萬沒想到大病未死的馮妙蓮竟然出落得更加成熟美麗。進宮的當夜，孝文帝與馮妙蓮重續舊好，百般柔情，宮燈下的妙蓮淡掃娥眉，輕點絳唇，雙目含情，羞澀中另有一番嫵媚之態，看得孝文帝心蕩神搖。久別重逢，舊情復燃，說不盡的相思，訴不完的愛意。兩個人都陶醉了。在恩愛無限、情意纏綿中，度過了一個美好的夜晚。從此以後，妙蓮得夜夜專寵，孝文帝很少光顧其他嬪妃了，就連皇后馮媛也被拋在一邊。不久，孝文帝便立妙蓮為昭儀，地位僅次於皇后。

然而，馮妙蓮並未因此而滿足，她一直在窺視著皇后的寶座。野心勃勃的馮妙蓮知道要想進位中宮，就必須除掉兩個寵敵，一是當今皇后、她的同父異母妹妹馮媛，另一個是已為孝文帝生育了兩位皇子的高貴人。

她要先除掉皇后。但皇后端莊賢德，不好抓住什麼把柄。然而，欲加之罪，何患無辭，馮妙蓮開始製造皇后的謠言，以激起孝文帝的不滿，馮妙蓮深知孝文帝非常重視漢化政策，假若有人反對，一定會令他盛怒。於是，她在枕邊大肆編造皇后的不是，說皇后堅決反對孝文帝改革後宮制度，對國家實行漢化也心懷怨恨，口出怨言，起初孝文帝還將信將疑，沒太在意。可馮妙蓮幾次三番在他耳邊述說此事，而且編得有鼻子有眼，孝文帝便不由得心生疑忌了，並為此將皇后嚴厲訓斥了一番。皇后感到既委屈又憤恨，她知道一定是馮妙蓮在皇帝面前進了讒言，但卻無法一下子洗清，只得默默地記在心裡。

馮妙蓮自二次進宮，晉陞昭儀又得皇上專寵，自覺不可一世，越加驕橫無禮，馮媛是皇后，可又是自己的妹妹，她根本不把馮媛放在眼裡。皇后與眾嬪妃相遇，其他人都依禮離位向皇后請安，可馮妙蓮僅欠身而已。按內宮之禮，每月初一和十五皇后均要升內殿，接受眾嬪妃參拜，馮妙蓮則經常託病不去參拜。某次，皇后動了怒，命太監手持皇后金牌把馮妙蓮召進中宮。見了面，皇后怒斥馮妙蓮道：「宮內本來相安無事，一團和氣，可自打妳進宮之後，就生出許多是非來。妳還常常不參加拜禮，目無皇后，該當何罪？」馮妙蓮一點也不示弱，反唇相譏道：「妳說我不遵家法？論馮家的法，我還是妳姐姐呢？再說，我入宮比妳早得多，要不是因病離宮幾年，如今這皇后還說不定是誰呢！」皇后氣得渾身發抖，命令左右：「給我動家法，教訓這目中無人

的賤貨！」左右忙跪下勸解，因皇后素來寬厚待人，雖然動怒，還是饒了馮妙蓮，平息了這場風波。馮妙蓮從此則更加憎恨皇后，必欲除之而後快。於是她繼續在帝后關係上大作文章，使出渾身的解數，玩弄各種手腕陷害皇后。

一次，馮妙蓮在孝文帝面前眉頭緊蹙，眼含淚珠，一副受了委屈、欲言又止的樣子。孝文帝再三追問，她才慢吞吞地說：「皇后罵我是狐媚子，說皇上不到別的嬪妃處去，都是我的罪過。」孝文帝聽了，想起從前皇后一直主張不搞專寵，就相信馮妙蓮說的不是假話，嘴裡沒說什麼，心中卻對皇后大為不滿。妙蓮仍不罷休，繼續哭哭啼啼地說：「我對皇上是真心一片，請皇上念幾年來的情意，讓我留在皇上身邊吧！」孝文帝有些莫名其妙，追問是何意思，馮妙蓮說：「皇后討厭我，要把我趕出宮去。」孝文帝趕忙安慰道：「不會的，沒有朕的旨意，誰也不能趕妳走。」

皇宮中有個太監叫王遇，與馮妙蓮關係很不一般。妙蓮因病回家期間，極少有人前去探視，只有王遇不時帶些禮品去馮府問候。妙蓮對他很感激。這回再進皇宮，晉陞昭儀之後，妙蓮對王遇自然厚待。但孝文帝完全不知道此事。馮妙蓮授意王遇，在皇帝面前說皇后的壞話，造她的謠言。

於是，王遇就以皇帝身邊老臣的身分，向孝文帝編排訴說皇后的不是：妒嫉、驕橫、打罵下人等等。孝文帝見這位老臣所言與馮昭儀的話基本一致，也就更加相信皇后妒嫉專橫了。皇后有時怨怒之下，忍不住當著孝文帝的面訓斥馮妙蓮，孝文帝也就愈發氣上加怒，聲言要廢除皇后。太和二十年（西元四九六年）秋七月，孝文帝因一件小事將皇后嚴厲斥責了一通，第二天就下詔將皇后馮媛廢為庶人，貶入冷宮。後來，廢后馮媛自請遷居瑤光寺，削髮為尼，老死於廟堂。

馮妙蓮擊敗了馮皇后，下一個攻擊的目標是高貴人。高貴人也很漂亮，十三歲入宮，為孝文帝生了兩子一女。母以子貴，高氏育有兩個皇子，在宮中的地位當然不算太低。馮妙蓮深知，高氏雖不如自己那樣受寵，但因自己無兒無女，要當皇后，高氏條件優於自己。因而，要想當皇后，還必須除掉高氏。

就在這時，太子元恂因私自離京回平城避暑，並殺死勸阻的大臣高道悅，被孝文帝廢為庶人，趕出東宮。太和二十一年（西元四九七年）正月，孝文帝立十三歲的元恪為太子。此時高氏不在京都洛陽，馮妙蓮便想效法當年太后的做法，由她代行母職，撫養太子。她常常把小太子接進自己的宮中，百般疼愛。慢慢地，小太子真的喜歡這位昭儀娘娘了，把她當成了自己的母親。但妙蓮明白，這樣下去絕非長久之計，要想真正成為母儀天下的皇后，必須翦除高氏。機會終於來了。這一天，孝文帝派人去代北行宮接高氏回洛陽。馮妙蓮偷偷派人在途中共縣（今河南輝縣）設下埋伏，害死了高貴人。然後謊報高氏是得暴病而亡，哄騙了孝文帝。

同年，七月，孝文帝下詔，定昭儀馮妙蓮為皇后。她的願望終於實現了。馮妙蓮當了皇后，成了六宮之主，更加專橫，整日在宮中頤指氣使，眾嬪妃宮女對她是又怕又恨，敢怒不敢言。皇后的位置滿足了馮妙蓮的權力欲，卻滿足不了她的淫慾，為此，她不顧廉恥，蕩淫宮闈。

八月，孝文帝率軍南征攻打南齊，一去就是一年多。馮妙蓮難忍寂寞，想起了自己昔日的情人。原來，馮妙蓮生性淫蕩，早在第一次進宮得病回家治養期間，便與一名叫高菩薩的男人搞在了一起。但孝文帝完全不知道此事。如今孝文帝率軍征討在外，她在宮中不免又想起了高菩薩，便偷偷派人送信聯繫。高菩薩見馮妙蓮當了皇后還沒忘舊情，簡直是受寵若驚，急忙前去宮中幽會。他更沒想到，馮妙蓮透過一位叫雙蒙的宦官牽線搭橋，竟然公然把他召進宮中做了執事。這樣一來，兩人便眉來眼去，舊情復燃，經常在一起鬼混。不久，前方傳來消息，說孝文帝在南征駐地汝南得了重病。馮妙蓮一聽，膽子更大，與高菩薩在宮中公然淫亂，為所欲為，連眾人的耳目也不避諱了。

馮妙蓮為達到垂簾聽政的目的，還與母親常氏求托女巫，詛咒孝文帝快些病死。她派人殺牛宰羊，以祭祀天地、祈禱皇帝御體健康為名，實際上是以十分惡毒的話來詛罵皇帝，搞得宮中烏煙瘴氣，眾人敢怒而不敢言，唯有中常侍劇鵬實在看不過去，當著馮妙蓮的面厲聲斥責高菩薩是欺君犯上，罪該當誅。馮妙蓮大怒，以其目無皇后為名，要人拿下治罪。劇鵬性情剛直暴烈，不甘受辱，撞階而死。此後，宮中再也無人敢議論此事。

孝文帝南征染病，駐在汝南郡的懸瓠城。一天，屋外大雨滂沱，孝文帝突然接到左右稟報，彭城公主帶著數名侍從，飛騎輕車趕到這裡，說有要事定要面見皇上。孝文帝十分驚疑，公主冒雨不召而來，洛陽皇宮一定是出了事。

彭城公主是孝文帝最小的妹妹，先許配給南朝劉宋降人劉昶的兒子劉承緒。後來劉承緒病死，彭城公主便孀居在宮中。皇后馮妙蓮的弟弟、北平公馮夙想與皇室聯姻，看中彭城公主，托皇后馮妙蓮做媒，孝文帝也同意了這門親事。誰知彭城公主卻死活不肯嫁與馮夙，此事便暫時擱了下來。這段時間，馮妙蓮乘皇帝南征不在宮中，便以皇后的身分對公主施加壓力，逼迫公主改嫁，並擅自擇定了婚期。公主被逼無奈，只好帶人冒雨趕往汝南，求哥哥孝文帝做主。

公主跪拜皇帝，哭著說：「我寧死不嫁馮夙！」孝文帝問妹妹：「妳為何不願嫁他呢？」公主回答：「馮夙品行不端，其母又出身微賤。」孝文帝聽了臉一沉，不高興地對妹妹說：「馮夙的同母姐姐可是當今皇后。」不提皇后還好，一提皇后，公主就更加生氣，她讓孝文帝屏退左右，只留下皇弟元勰，一五一十地把她在宮中看到和聽到的馮后醜行，全部告訴了孝文帝，孝文帝不敢相信，他一向寵信的皇后，平日裡在他面前那樣嫵媚有情，怎麼會背著他做出如此醜行。公主說：「陛下若不相信，可派人去查訪。」孝文帝點點頭，命公主及皇弟元勰暫不要向外人說出去，待調查清楚後，再做懲處。隨後，他下令車駕趕回洛陽。

在洛陽皇宮，有人告知馮妙蓮，公主已去了汝南。她料到事情不妙。公主去告御狀，很可能將自己的醜行也一塊說了。她又聽說皇帝病已痊癒，更加驚恐萬分。她趕緊把情人高菩薩送出宮去，又派心腹太監雙蒙混在問候皇上的侍者中，以便對孝文帝察言觀色，看他是否已經知道了此事。孝文帝不動聲色，按慣例賞賜來使。雙蒙回去報告給馮妙蓮，馮妙蓮的心稍稍安定了一些，她想著或是公主沒敢告訴皇上，或是皇上知道後沒有相信。皇后馮妙蓮一邊賞賜了左右，一邊命令所有的宮人不得妄傳謠言，違者處死。隨後，她自己也做了充分準備，如果皇帝回宮訊問，就裝出被人誣陷的樣子，以便矇混過關。

不久，孝文帝的車駕回到京師洛陽。第二天，孝文帝就令人將馮皇后宮中的小太監蘇興壽帶進密室進行審訊，蘇興壽不敢隱瞞，將皇后馮妙蓮與高菩薩私通淫亂的事全部招供。孝文帝怒氣衝天，決心盤查到底，不能善罷甘休，孝文帝先令人將逃出宮的高菩薩和馮妙蓮的心腹太監雙蒙抓來，拷問出實情，當天深夜，便將雙蒙和高菩薩捆在偏殿內，又命人去召皇后入宮。

馮妙蓮一進宮門，孝文帝就令人搜查了她的全身，怕她暗藏利刃，馮妙蓮心虛害怕，一下子跪在孝文帝的御座前，不住叩頭求饒。孝文帝命她起身，還賜座給她。隨後，孝文帝傳高菩薩前來，將已招供的罪狀在馮妙蓮面前又說了一遍。高菩薩剛一說完，孝文帝就緊盯著馮妙蓮問道：「妳可聽明白了嗎？做下如此醜事，妳對得起朕嗎？妳今天當著朕的面必須說個明白！」

當時孝文帝的身旁圍了許多人，馮妙蓮做出難以啟齒狀，孝文帝示意左右退去，只留下長秋卿白整在旁，讓白整持刀對著皇后，以防不測。馮妙蓮表示，有一個外人在場，她也不說，孝文帝命白整用綿子將耳朵塞住，並叫了幾聲，白整沒有反應，說明他已聽不見了，孝文帝又對馮妙蓮說；「現在妳可以說了！」

馮妙蓮走到孝文帝身邊，輕聲說了起來，只見孝文帝一會兒點頭，一會兒嘆息，一會兒搖頭，沒有人能知道，那天晚上馮妙蓮究竟對孝文帝說了些什麼。之後，孝文帝召兩個弟弟彭城王元勰和北海王元詳進來，二人禮當迴避，不敢進室。孝文帝說：「這賤人真把我氣死了！以前她是你們的嫂嫂，現在已是陌路之人，你們無須再迴避，只管進來。」說完，孝文帝命二王繼續審問馮妙蓮。

二王審問之後，向孝文帝建議將高菩薩祕密處死，將皇后馮妙蓮幽禁於宮中，令其反省自盡。孝文帝一向孝敬文明馮太后，他怕前後廢掉兩個馮家皇后會丟了死去的太后的臉面。況且，如果馮妙蓮的醜事張揚出去，也會使皇家蒙羞，就同意了弟弟們的意見。

馮妙蓮被幽禁後，竟無絲毫認罪悔改之意，仍以皇后自居，並依然要求下人對她參拜。一次孝文帝因事派一宦官去查問她，妙蓮竟然痛罵使臣：「我是皇后，有什麼事自然會當面對皇上說，豈用你這奴才傳話！」孝

文帝得知大怒，命馮妙蓮的母親常氏入宮，讓她親手用鞭子抽笞她的女兒，鞭打數十下，直至馮妙蓮鮮血淋淋。

太和二十三年（西元四九九年）四月，身在鄂北戰場上的孝文帝又一次生病。回洛陽途中，行至魯山附近，孝文帝的病情已很沉重，他將彭城王元勰召到身邊，安排後事，說到馮妙蓮時，他說：「後宮久悖陰德，自絕於天，怕她將來會重演呂后干政的故事，朕今立下遺詔，賜她自盡，待朕死後，由你們監督執行。然後必厚葬之，以掩馮門之大過。」說完此話，年僅三十三歲的孝文帝帶著遺憾死去了。

孝文帝死後，即由北海王元詳當面向馮妙蓮宣讀遺詔，長秋卿白整端來毒酒，在旁侍候。馮妙蓮聽完遺詔，驚恐萬狀，一邊跑、一面大聲叫喊：「不！不！我不想死！皇上仁慈，他不會讓我死的！一定是你們要害我！」但是，木已成舟，她已無法再逃脫這一可悲的下場，元詳和白整強行抓住馮妙蓮，將毒酒灌進她的嘴裡，這位既美麗又狠毒、既聰明又潑悍、既權傾後宮又放蕩不羈的風流皇后，二十八歲便一命嗚呼。如若不是爭寵奪愛，淫蕩無德，又何至於此呢？

「蓮」本聖潔，「出汙泥而不染。」但孝文帝的寵后馮妙蓮雖出身名門，從小受著傳統的封建名節禮教，自入宮之後，不僅性妒心狠，而且淫蕩無比，醜名遠播宮廷內外。馮妙蓮靠姿色而爭寵，靠寵位而害人，馮妙蓮的所作所為，之所以沒有對北魏社會造成多大影響，主要還是因為孝文帝尚不失為一代明君，使馮妙蓮的行為尚不敢過於肆無忌憚，並且後來在孝文帝對她的醜行有所察覺後，及時採取了防範措施，使她不能繼續作惡，未得善終。但馮妙蓮身為六宮之主、最高統治者的內眷，其言行舉止，也足可為後人引以為戒！

韋后效顰，陳屍示眾

太極殿上的刀光血影，徹底粉碎了她的「女皇」夢。

李唐王朝至太宗李世民貞觀年間，社會經濟已有很大發展，「海內昇平，路不拾遺，外戶不閉，商旅野宿焉」，呈現出了一派繁榮昌盛的景象。繼唐太宗之後的高宗和武則天，繼續推行貞觀以來的一些措施，唐朝社會得以進一步發展。武則天以才人進昭儀，以昭儀進皇后、皇太后，最後爬上了女皇的寶座。武則天的行為，對她的兒媳、唐中宗皇后韋氏產生了極大影響，以致韋氏在登上皇后座位後，也想效法婆婆，過一把「女皇」癮。

韋氏，唐代京兆萬年（今陝西萬年縣）人。韋家是關隴大族，韋氏的祖父韋表在貞觀年間擔任過太宗第十四子曹王的屬官，父親韋玄貞為普州（今四川安岳縣）參軍。韋氏長得花容月貌，肌膚雪白無瑕，體態苗條勻稱，是個有名的風流美人，韋氏不但聰明美麗，而且好勝心強，有主見。英王李哲選妃時，韋氏得以進王府，初做女官，後被立為王妃。

英王李哲，原名李顯。是唐高宗李治和皇后武則天的第三個兒子。他與兩個哥哥一樣，對母親武則天總是敬而遠之，李哲從小平庸、懦弱、膚淺、粗暴、胸無大志，不得武則天喜愛。在母親面前，他拘謹畏縮，戰戰兢兢，因此常遭到責罵。李哲的兩個哥哥李泓和李賢，曾先後被立為太子，都不得武則天滿意而被廢殺。唐高宗永隆元年（西元六八〇年），排行第三的李哲又被立為太子。

李哲做英王時，原配王妃趙氏，是太宗妹妹常樂公主的女兒。常樂公主對武則天及武氏家族的發跡既憎惡又蔑視，常常是憤恨溢於言表，說了不少過格的話。宮中武氏的耳目甚多，很快，公主的話便傳到了武則天的耳朵裡。武則天以慣用的手段，對常樂公主實施了嚴厲報復。公主的丈夫趙瑰被貶為括州（今浙江麗水）刺

史，公主被趕出京都洛陽。英王妃趙氏受到株連，被幽禁在一間四周都是牆的黑牢裡，最後被活活地餓死了。趙妃死後，美麗而有主見的韋氏得到李哲的寵愛，變成了英王妃，後又被立為太子妃。

韋氏伶俐聰明，小有韜略。她深知武則天大權在握，絕不會允許其他任何人與她爭權奪勢。前兩個太子李泓和李賢，就是因為不會奉承而落得可悲的下場。所以，韋妃常規勸李哲認清形勢，小心奉迎，以穩固自己的太子地位。李哲果真按照韋氏的話去做，不僅按時去給父皇母后請安，而且對他們的話百依百順。就是對武氏族人，他也是畢恭畢敬。武則天雖然不滿意他的懦弱無能，認為他不像是自己的兒子，但因他不侵權，不越位，對她構不成威脅，倒也放心。果然，在李哲當太子的幾年時間裡相安無事。

唐弘道元年（西元六八三年）十二月，高宗病逝，太子李哲即位，史稱中宗，尊武則天為皇太后，立太子妃韋氏為皇后。李哲從來沒有想到自己會當皇帝，因為是老三，兩個哥哥先後被立為太子，結果被廢殺因而沒有登上帝位。

現在，他真的做起了至尊無上的天子，心裡十分興奮，大喜過望。但他錯誤地估計了形勢，認為自己已擁有至高無上的皇權，要報答韋氏助己之恩，要培植自己的勢力。韋氏也是如此，一人榮貴，全家高昇。在韋氏的要求下，中宗很快就把其岳父韋玄貞從普州參軍一下子提升為豫州（今河南汝南縣）刺史。但韋后仍不滿足，在她的要求下，中宗又準備提升韋玄貞為侍中。

同時，中宗還要給他乳母的兒子五品官。當時的宰相、中書令裴炎不同意中宗的做法。他覺得韋玄貞並無大功，只是以皇后父親的身分一下子晉陞高位，未免太快了些。他向中宗提出自己的看法，但中宗不聽。裴炎再三勸諫，惹得中宗火起，怒道：「我是天子，只要我願意，就是把天下送給韋玄貞又有何不可？」裴炎聽了，未免心中膽怯，自己不過身為宰相，倘若中宗真的這樣做了，萬一太后怪罪下來，實在擔當不起。

他把中宗的話告訴了太后。武則天悚然一驚，她沒想到平常庸弱的李哲，居然還有這麼大的膽子。她害怕自己的權力受到侵犯，立即同裴炎等大臣密謀，伺機廢掉中宗。唐嗣聖元年（西元六八四年）二月，皇太后武

則天在乾元殿召集百官，宣布廢中宗為廬陵王。李哲只做了四十多天的皇帝，便下了台。當時的李哲還並不知趣，問道：「我有何罪？」武則天說：「你要把天下送給韋玄貞，還說沒罪？」

李哲皇位被廢，韋氏極為沮喪。她怎麼也沒想到，皇后的寶座還沒有坐熱，就被拉了下來。她隨著中宗，被幽錮在宮中，老父一家人被流放去嶺南。韋氏既惱怒又懊悔，她惱怒李哲的無用，懊悔自己沒有及時提醒他武則天的存在。

但是，身處逆境的韋氏，不像李哲那樣終日愁眉苦臉、唉聲嘆氣，而是忍耐和等待。她常在枕邊悄悄地教導和安慰李哲：「現在不能說洩氣的話，保命要緊，你絕對不要流露出絲毫怨恨的表情，應該等待機會，我不信將來無出頭之日。」她還再三叮囑李哲：「從現在起，你要學會忍耐，一切都要逆來順受！」她勸李哲總結經驗教訓，臥薪嘗膽，等待東山再起。

三個月後，武則天下令將廬陵王李哲一家流放到均州（今湖北鄖陽）。但他們行至途中，又接到詔令，要他們再遷到房州。房州地處武當山區，縣城只有幾百戶人家，既貧瘠又閉塞。州刺史奉命負責監督，在生活上也很苛刻。李哲和韋氏一家人過著愁苦的生活，還時時擔心會有大禍臨頭。

中宗李哲被廢後，裴炎等人擁立武則天的小兒子豫王李旦為帝，是為睿宗。而大權則掌握在臨朝稱制的武則天手中。李旦為吸取幾個兄長被殺被貶的教訓，為保全性命，自請太后臨朝，自己退為太子。此正合武則天之意，她於天授元年（西元六九〇年）登上了女皇寶座，改唐為「周」。

李哲夫婦在房州貶所一住就是十五年，房州地處深山之中，交通不便，百姓貧窮，比起繁華的京都洛陽，實乃天壤之別。過慣了錦衣玉食奢侈生活的李哲，簡直失去了活下去的勇氣。韋氏見丈夫消極頹喪，十分不滿。她看不起李哲胸無大志，經不起挫折的樣子，但也深知，自己的終身和希望都在他身上。現在雖然身處逆境，但總還有一線希望。因此，韋氏打起精神，竭力安慰李哲，讓他鼓起生活的勇氣。當他們聽到徐敬業以擁戴廬陵王為名叛亂消息，驚懼萬分。他們雖然做夢都想回到京都，但是隨時可能被殺的處境不允許他們存有絲

毫幻想。韋氏深刻地分析了面臨的形勢，認為不僅不能輕舉妄動，還應主動向武則天表示忠誠，以求生存。因此，當武則天派來探聽他們消息的使臣到達房州時，韋氏已預先準備好禮物相送，並說了許多頌揚武則天的話。使臣回朝覆命，講廬陵王如何安分守己，如何忠於太后，武則天雖然並不全信，但始終也沒對他們下手。

在這種朝不保夕的恐怖氣氛下，李哲時時膽顫心驚，每當有敕使從京都來，他都認為是來殺他的，便抱著韋氏號啕大哭，吵吵嚷嚷要先行自盡。韋氏都對他百般安慰，勸他說：「禍福無常，未必一定是賜死，何必這般慌張呢？」韋氏小心謹慎，保全了夫妻二人的性命。所以，廬陵王李哲對自己的愛妃感激不盡，他多次向韋氏發誓，要報答她的恩情，並說：「如果有幸重見天日，一定讓妳為所欲為，絕不加以制止。」韋氏十分高興，將李哲這句話牢牢記在心中。這也是日後韋氏進一步得寵於夫君並胡作非為的一個前提。

在房州幽禁的歲月中，儘管貧困交加，然而廬陵王李哲與愛妃韋氏夫妻恩愛，互相支持，他們已有了一子四女，即長子李重潤、女兒長寧公主、永壽公主、永泰公主和安樂公主。最小的安樂公主出生在房州，出生時家裡窮得連小衣裳都做不起，是李哲用自己的內衣包裹她，因而起名叫「裹兒」。裹兒生得唇紅齒白，十分可愛。她聰明乖巧，善解人意，為艱辛的生活增添了樂趣。李哲夫婦非常寵愛她。

武則天聖歷元年（西元六九八年），女皇年事已高，想起自己百年之後的皇嗣問題，她竭力想立自己的侄兒武承嗣或武三思為太子。但宰臣狄仁傑等極力勸阻。狄仁傑說：「文皇帝（唐太宗）千辛萬苦打下江山，傳給子孫；大帝（唐高宗）將二子託付陛下，陛下現在想把江山交給外姓他族，不是大大地違背天意嗎？況且姑侄與母子，到底誰親？陛下立自己的兒子，則千秋萬歲後，可配食太廟；立自己的侄子，則自古沒有侄子為天子，祔姑於廟的，望陛下三思！」武則天聽從了狄仁傑的勸說，於當年三月，以為廬陵王治病為由，命人將李哲夫婦迎回了洛陽。

韋氏隨丈夫返回洛陽，喜出望外，彷彿看到了榮華富貴在向她招手，至高無上的寶座在等她登攀。她再三告誡丈夫，千萬不要再重蹈覆轍，一定小心謹慎，殷勤侍奉皇帝母親，討好武氏家族，結交文武百官。李哲嘗盡千辛萬苦，備受驚嚇折磨，當然知道權力之爭的厲害。他處處小心從事，對人謙恭有禮，很快便得到上上下下的好感，到處是一片頌揚聲。

李哲返回洛陽，其弟李旦便讓出太子之位，於是武則天再次於聖歷元年九月，立廬陵王李哲為太子，復舊名李顯，孫子李重潤被封為邵王。韋氏仍為太子妃。為此，韋氏的內心充滿希望。她時時告誡李顯，這回絕不能再有絲毫閃失了。她細細觀察朝中的情況，發現朝中有幾個人最有權勢，第一個是武后最寵愛的太平公主，其次是武后的兩個男寵張易之和張昌宗，然後是武后的兩個侄子武承嗣和武三思，此外尚有一人是武后所信任的貼身女官蘭台令史上官婉兒。韋氏勸丈夫儘量親近討好太平公主，另外同武承嗣、武三思兄弟交好，李顯就按照她的話去做了。

醉心於權力的韋氏，雖然對武氏恨之入骨，但還是佩服她的手段和才幹。羨慕自己婆婆掌朝權，做女皇的風光顯赫。相信自己有足夠的能力操縱丈夫，爭得他的寵愛和放縱，也有足夠的才智對付朝廷內外的大事。在親近太平公主的同時，韋氏還做了一件十分重要的事，與武氏兄弟結成姻親。她把女兒永泰公主嫁給武承嗣的兒子魏王武延基，幼女安樂公主嫁給武三思的兒子武崇訓，與武氏兄弟成了一家人。

這時，年邁的武則天皇帝正寵幸著張易之、張昌宗兄弟，張氏兄弟仗著武則天的寵愛，為所欲為，無惡不作，朝廷內外傳遍了他們的醜聞。李顯的長子，也是韋氏唯一的孫子邵王李重潤，風神俊朗，孝友好書，他和妹夫武延基性情相投，引為知交。兩人常在一起議論朝政，很看不起張易之、張昌宗兄弟於內以男色侍奉武則天，在外招權納賄等種種醜惡行徑，並說將來總有一天要殺死這兩個人。張氏兄弟知道後，便向武則天告狀，誣陷李重潤與武延基想造反。至高至尊的女皇帝聽後大怒，即刻下令讓自己的孫子邵王、孫女永泰公主、侄孫魏王自盡謝罪。李顯眼見一對兒女慘死，卻不敢求一句情，韋氏也是咬碎銀牙往肚裡咽。武承嗣因兒子慘死，不久也抑鬱而死。這是發生在大足元年（西元七〇一年）九月的事。

長安四年（西元七〇四年），女皇武則天年老體衰，因病遷居於迎仙宮長生院。身邊除張氏兄弟侍奉外，

外人不得進見。朝中張柬之、崔玄暐等幾個大臣一起密謀，打算趁機除掉張氏兄弟，奪武則天皇權，歸政於太子李顯。張柬之等找到統領右羽林軍的李多祚將軍，帶兵強行拉上太子李顯，從玄武門殺入迎仙宮，刺殺張氏兄弟，逼迫武則天傳位於太子李顯。神龍元年（西元七〇五年）正月，歷盡艱辛的太子李顯，第二次登上皇帝寶座，大權重掌，他馬上恢復大唐國號，加封弟弟李旦為安國相王，妹妹太平公主為鎮國太平公主，對於與他患難與共的韋氏，中宗更是厚報有加，他除立刻立韋氏為皇后外，還追贈韋氏的父親韋玄貞為洛王，母親崔氏為王妃。

韋后多年的願望終於實現，她想起當初李哲（顯）對她的允諾：「一朝見天日，不相制。」如今「天日重見」，她要中宗對她「不相制」，允許她參與朝政中宗歷來軟弱無主張，況且自己的前半生多得力於韋后的幫助，他又有前言在先，所以無力拒絕她的要求。直至他被韋后毒死之前，果真對她百依百順，寵愛有加。每當中宗上朝，韋后必然垂簾聽政，完全與當年武則天一樣。

中宗即位後，年事已高的武則天遷居上陽宮。此時，武氏家族雖失去了顯赫的權勢，但實力尚存。為此，朝中大臣憂心忡忡，他們不斷上疏中宗皇帝，請求對武氏家族斬草除根，尤其是對仍掌握一定實權的武三思，更應及早剷除。然而，昏庸的中宗皇帝聽不進忠諫之言，他的耳朵裡灌滿了皇后、女兒對武三思的讚美，他不僅沒殺武三思，還給他加官晉爵。

武三思頗富心計。自武則天下台之後，他擔心屠刀會隨時架在自己的脖子上，充滿恐懼地等待了一段時間後，並沒有什麼動靜。他開始考慮謀求自保，並準備東山再起，他十分清楚，皇宮裡最有實權的人物不是中宗皇帝而是韋皇后，因為韋后受寵，中宗對她幾乎是言聽計從。但要親近皇后，並非易事。要想與皇后建立非同尋常的關係，必須有人牽線，武三思想到了上官婉兒，於是他把上官婉兒推薦給中宗，上官婉兒隨後又把韋后與武三思「牽」到了一塊。於是在大唐宮廷內，便形成了這樣一個四角關係：兩個男人（中宗李顯和武三思）同時聯繫和寵愛著兩個女人（韋皇后和上官婉兒）。

上官婉兒，陝州陝縣（今河南三門峽）人，生於唐高宗麟德元年（西元六六四年）。婉兒自小即聰明伶俐，秀美可愛。婉兒的祖父上官儀，高宗時詩人，官至西台侍郎，深得高宗賞識。當時，武則天專權，高宗不能容忍，欲廢武后，讓上官儀草詔。但因事洩，上官儀下獄身死。婉兒的父親上官庭芝也被賜死，上官婉兒與母鄭氏被沒入內庭為奴。婉兒在宮中發憤學習，她天資聰慧，很快便學得滿腹經綸，才學出眾。寫的文章花團錦簇，並熟悉了朝政公文。十四歲時，被武則天看中，命她專掌詔命。自聖歷以後所下的制詔，多出自婉兒的手筆。武則天還讓她參與審閱政府各部門的奏摺，參決國家大事，成了武則天的得力助手。

中宗李顯早就知道上官婉兒的文才和能力，傾慕她那如花似玉、風流嫵媚的容貌。武三思的推薦，正中下懷，他立即召見了上官婉兒。並封她為婕妤，仍掌詔命。早在武則天當皇帝時期，上官婉兒就與武三思有了曖昧關係，此時中宗對她的信任和寵愛，她深知有武三思推薦之功，為了報武三思之恩，她一方面將武三思介紹給徐娘半老、風韻猶存的韋皇后，另一方面利用自己手中的權力，在詔命中對武三思大加推崇。軟弱無能、素無主張的中宗皇帝禁不住皇后韋氏和上官婉兒的進言，對武三思更加信任，並允許他隨便出入宮禁。韋后與武三思很快勾搭成姦，中宗每次下朝回宮，總是看到韋后與武三思一起坐在龍床上下棋，或是玩雙陸賭博，中宗會一旁觀戰，幫他們數籌碼，叫好助興。

有了韋后與婉兒的支持，皇帝的庇護縱容，武三思及其家族重又恢復了權勢。這對逼武則天退位的張柬之等大臣無疑是一大威脅。張柬之等人多次上疏勸說中宗誅除諸武，中宗非但不聽，反而將此透漏給了武三思，武三思及其同黨對張柬之等人恨得咬牙切齒。這時，韋后與武三思的曖昧關係已傳遍朝廷內外，許多大臣及家屬都在悄悄地議論，但誰也不敢啟奏中宗，一是大家知道中宗寵信患難與共的韋后，任其為所欲為；二是懼怕武氏家族的權勢，得罪不起。武三思卻趁此機會，與韋后、上官婉兒、安樂公主結成聯盟，掌握朝政。為除去妨礙他們的張柬之等大臣，他們日夜在中宗耳邊進讒言。軟耳朵的中宗非常相信那些話，便按他們所提的辦法，明升暗降，剝奪了張柬之等人的實權。從此，朝中大權完全落入韋后和武三思手中。

神龍元年冬天，武則天病逝。韋后非常崇拜她的婆婆武則天，尤其是女皇帝掌握權力的手段以及女皇帝荒淫糜爛的生活方式。她要向婆婆學習。朝堂上她垂簾聽政，任何國家大事都要過問；生活上她崇尚奢華，山珍海味、綾羅綢緞應有盡有。她雖已是半老徐娘，卻淫蕩成性，除與武三思私通外，還將慧范和尚引入宮中，勾搭成姦。

神龍二年（西元七〇六年），有一個小官名叫韋月將，冒死上書中宗，狀告武三思「潛通宮掖，必為逆亂。」中宗因難堪而惱羞成怒，命黃門侍郎宋璟立即處死韋月將。宋璟不肯聽命，說：「依法未經審訊，不得問斬。」又說：「陛下不問而誅，是非不明，必會引起更多人私下議論此事，豈不更壞？」中宗斥道：「朕不管這些，殺了他，才能解朕的恨！」宋璟凜然回答道：「臣不能枉法，要殺先殺了臣的頭！」這時有幾個公卿大臣見相持不下，出來勸解：「陛下，盛夏季節不宜行刑，待秋後再斬不遲。」大理卿尹思貞生怕這種事交他審問，使他尷尬，便乘機奏道：「不如先將韋月將流放到嶺南，過了秋分，再命地方官斬決。」中宗依了尹思貞的建議，命把韋月將毒打一頓，流放到嶺南。武三思聽說此事後，吃了一驚，立即讓韋后鼓動中宗，將宋璟調出京都，貶為貝州（今河北南宮東南）刺史。

同年七月，中宗立衛王李重俊為太子。武三思感到太子是他奪取最高權力的嚴重障礙。於是他召集心腹黨羽，開始設計打擊陷害太子及其身邊的人。他先令人將韋皇后與和尚慧范的醜行寫成帖子，張掛在交通要道天津橋上，以此陷害與太子親近的五王。中宗果然中計，知此事後大怒，命御史大夫李承嘉查究。李承嘉受武三思密囑，向中宗奏稱天津橋上的帖子是崔玄暐、敬暉等五王所為，意在扳倒皇后和武三思，進而廢黜皇帝，另立新君。中宗下令把五人關進監獄準備處死。

有大臣進諫：這五人當初擁立皇上有功，皇上曾賜給他們免死鐵券，不應處死。中宗只得尊重這一意見，改判終身流放之刑。但是，五人還未到達流放地，就被武三思派的人殺死了。隨後，武三思又利用安樂公主想弄權的野心，讓她去向中宗請求廢去太子，封她為皇太女，藉以打擊重俊太子。中宗雖然寵愛安樂公主，但認

為皇太女之說太荒唐，沒有答應。安樂公主及她的丈夫武崇訓於是將滿腔怨憤發洩到太子身上，經常當面侮辱他，呼他為奴才。太子雖氣憤填膺，卻敢怒而不敢言。太子重俊非韋后所生，韋后也不喜歡他。因此，韋后就與上官婉兒、安樂公主聯起手來，常常在中宗面前說太子的壞話，加上太子整天沉迷於球場，久而久之，中宗對太子也漸漸疏遠起來。

太子李重俊早就看不慣武三思、韋后等人的所作所為，上官婉兒在詔書中推崇武氏更使他無比憤慨，他深感自己的處境危險。重俊年輕氣盛，不想任人宰割，於是就與左羽林軍大將軍李多祚商量，準備效法「五王」，再搞一次宮廷政變。

中宗景龍元年（西元七〇七年）七月，太子李重俊與大將軍李多祚及將軍李思沖、李承況等人聲稱武三思串通上官婉兒謀反，假傳中宗的密令討逆。這天夜裡，他們率羽林軍三百多人襲擊武三思的府第。武三思正擁著美女侍妾飲酒作樂，兒子武崇訓也陪坐一旁，安樂公主進宮還未回來。羽林軍一擁而入，見一個殺一個，武三思父子被拉到太子馬前，太子罵了幾聲，拔出佩劍一劍一個，把他父子剁死，又下令軍士殺盡武三思全家。

接著，太子又命左金吾大將軍成王李千里及其兒子天水王李禧分兵把守各處宮門，自己同李多祚一起殺入肅章門，直奔中宗、韋后的寢殿。此刻，中宗正與韋后、安樂公主、上官婉兒在一起飲宴玩樂，忽聽報稱「太子謀反，已殺進宮來」，中宗嚇得魂飛魄散，不知如何是好。上官婉兒十分冷靜，建議皇帝上玄武門城樓暫時躲避。中宗等登上玄武門城樓，又急命右羽林軍大將軍劉景仁帶兵在樓下保衛。

李多祚帶兵來到樓下，大叫：「交出上官婉兒。」上官婉兒急忙跪對中宗說：「臣妾並沒有勾結武三思的事，請陛下明察！臣妾死不足惜，恐怕這些叛臣先要婉兒，接著就會索要皇后，最後就要危及陛下！」中宗見保駕的人馬已到，膽子也壯了起來，立即詔令誅滅反叛。兵部尚書宗楚客、左衛將軍紀處訥率兵二千多人，包圍了李多祚等人，並將他們殺掉。太子李重俊見大勢已去，帶領百餘騎向終南山逃去，逃到鄠（今陝西戶縣）西，在樹林裡休息時，被手下人所殺。

武三思被誅，對韋后的打擊很大。但她並沒有因此而放棄奪取最高權力的野心，相反，她更加快了邁向權力頂峰的步伐。她除了讓中宗將太子李重俊的餘黨及其家屬一網打盡外，還招降納叛，網羅更多的走狗，擴大自己的勢力範圍。如在誅滅太子的戰鬥中立功的楊思勖、楊再思、紀處訥都得到了加官封賞，他們對韋后感恩戴德，於是與兵部尚書宗楚客一起上表請加韋后尊號為「順天翊聖皇后」。一切又都恢復了正常和平靜。中宗依然過著享樂的生活，韋后也依然放縱淫蕩。沒了武三思，她又看中了兵部侍郎崔湜、散騎常侍馬秦客、光祿卿楊均等，與他們私通。

中宗景龍二年（西元七〇八年）二月，皇宮中忽然傳出在皇后衣箱裡，飛出五彩雲霞的消息。糊塗的中宗認為是吉兆，命人繪製成圖樣，向百官展示，並詔示全國。中宗藉機又大赦天下，大封官爵。朝廷內外，一片為韋后歌功頌德之聲。阿諛奉承之徒齊集韋后的裙下，韋后從此氣焰更加囂張，中宗變成了傀儡。在後宮，韋后沒有忘掉專掌詔命的上官婉兒，將她的母親鄭氏封為沛國夫人。

此時的上官婉兒也大權在握，仗著中宗的寵愛，韋后的支持，與安樂公主、長寧公主一起，賣官鬻爵、累積財富。婉兒還憑著自己的才華，建議中宗、韋后開館修文，擇文士入修文館，一時間崇文之風興盛。景龍二年（西元七〇八年）十一月，中宗封上官婉兒為昭容，並在宮外賜地修宅。與此同時，韋后的小女兒安樂公主又與武承嗣的小兒子武延秀結了婚，婚禮極盡奢華，轟動京師。

唐中宗李顯昏庸無能，只知享樂，看不見在歌舞昇平、奢侈浮華背後潛在的政治危機。韋后與上官婉兒串通一氣，結黨營私，在朝中權勢熏天，對中宗的帝位已構成嚴重威脅。就連各家公主也各自培植自己的勢力，虎視眈眈，覬覦著最高權力。當然，中宗此時對韋后的行為，尤其是傳聞的「淫亂宮闈、干預國政」之說，也有所警覺。如許州參軍燕欽融就上奏說：「皇后淫亂，干預朝政；安樂公主、武延秀及宗楚客等人互相勾結，朋比為奸，危害國家社稷，應予以嚴懲。」中宗聽後，複雜的心情難以言喻，既為燕欽融的「危言聳聽」震怒、吃驚，又為「這也許是事實」而痛苦煩惱。

他瞞過韋后，悄悄地將燕欽融召入宮中當面質問。燕欽融毫無懼色，把皇后及他人的醜行一一列舉事實，詳細說明，說得中宗瞠目結舌，不得不信。最後，中宗神色慘淡地說了句：「朕日後再召你進來。」就讓燕欽融退下。在內侍的引導下，燕欽融從內殿走出，經過一道道宮門，當來到宮院外時，忽然兩廂擁出一幫武士，為首的正是宰相宗楚客，手持敕書，說是奉皇帝詔命，立將誣陷皇后與安樂公主的燕欽融打死。霎時間，亂棒齊下，血肉橫飛，燕欽融慘遭殺害。事後，中宗儘管沒有責罰宗楚客偽造詔命的非法行為，但燕欽融所列舉的一系列事實，似無數塊石頭緊壓在中宗的心頭。他悶悶不樂，心情沮喪，對韋后也失去了平時的親近，常常有意無意地躲開她。

中宗對韋后感情上的變化，不僅使韋后恐慌，連安樂公主也不安起來。她知道，父皇無論如何也不同意她當「皇太女」，而如今母親與自己的地位說不定也會發生動搖。怎麼辦？母女商量的結果，竟然定出了一條惡毒的、滅絕人性的計謀：殺死中宗，韋后登位做皇帝，立安樂公主為「皇太女」。

中宗很喜歡吃餅。這天，他坐在神龍殿批閱奏章，韋后親手為他做了一籠餅，命宮女送去，中宗取來便吃，越吃越香，竟一連吃了七八個。誰知過了一會兒，他忽然發出一聲慘叫，兩隻手猛抓胸部，倒在榻上翻來滾去。內侍們慌忙入報韋后，等到韋后慢慢走來時，中宗已是兩眼翻白，說不出話來了。他痛苦地掙扎了一會兒，便嚥了氣。

韋后用藥餅毒死中宗皇帝後，卻祕不發喪，她先以朝廷的名義急召各位宰相入朝，然後快速調動五軍精兵進駐京師，並全部委任韋氏族人掌管軍隊，如駙馬都尉韋捷、韋灌，衛尉卿韋璿，左千牛中郎將韋錡，長安令韋播等，分別被任命為各軍將領。

與此同時，她還命左監門大將軍兼內侍薛思簡等帶兵五百人，快速抵達均州（今湖北境內）戍衛，監防譙王李重福。又命刑部尚書裴炎、工部尚書張錫，並同中書門下三品，兼充東都留守。命吏部尚書張嘉福、中書侍郎岑羲、吏部侍郎崔湜，並同平章事，任朝中要職。一切布置完畢，韋后又令太平公主和上官婉兒一起密議，假造中宗遺詔，立十六歲的溫王李重茂為皇太子，皇后韋氏訓政，相王李旦參謀政事。遺詔既成，隨即舉哀，頒布詔令，韋后為自己專權之需要，又授意心腹宗楚客上書稱：「相王（李旦）與皇后是叔嫂關係，不能在朝堂共同執政，違背禮法。」隨後便將相王擠出了朝廷。隨之，韋后又立太子李重茂為帝，自己則監朝稱制。

此時韋后雖然已大權在握，但她仍不滿意，她想像婆婆武則天那樣，改唐為「韋」，自己登上女皇的寶座，威風凜凜，君臨天下。於是她又與自己的黨羽密謀，準備除掉新立的皇帝李重茂，自登帝位。不料，兵部侍郎崔日用擔心太平公主和相王的勢力強大，一旦事敗，連累自己，便密派寶昌寺和尚普潤向相王之子、臨淄王李隆基告密，勸他興兵討滅韋后集團。李隆基乃相王第三子，文武兼備。他早就不滿韋后及其同夥的胡作非為，便私下招兵買馬，厚絡羽林軍將領，準備伺機起事。崔日用的密告，為他提供了一個極好的機會，他決定先發制人，舉行兵變。

這天深夜，滿天星斗，李隆基換了服裝，悄悄地率領羽林軍的幾個將領進入禁苑，衝進羽林軍營中，殺死韋璿、韋播，將他們的頭砍下示眾，號召廣大羽林軍將士反戈一擊，誅滅韋后一黨，匡復李唐天下。那些羽林軍將士對韋氏一夥早就積怨很深，已到了一觸即發的時刻。

他們在果毅校尉葛福順的帶領下，殺進了太極殿。太極殿停放著中宗的靈柩，韋后也睡在那裡。韋后聽到喊殺聲，嚇得連外衣都沒來得及穿，就跑進飛騎營，求他們保護。韋后萬沒料到飛騎營的將士也已造反，倒向了李隆基。他們見到韋后，舉刀將她殺死，並把她的首級割下獻給了李隆基。李隆基命令軍隊肅清宮禁，對韋后一黨格殺勿論。於是駙馬武延秀、內將軍賀婁氏、馬秦客、楊鈞等均被殺死。黎明時分，安樂公主被亂軍殺死在自己的宅第。上官婉兒被前朝邑尉劉幽捉住後，亦被李隆基殺死。

唐中宗的皇后韋氏，爭寵向上爬，目的就是要效仿她的婆婆武則天，獲得執掌朝政的權力以獲得夢想的「女皇」寶座；另一方面則是要在「母儀天下」的皇后（或「君臨天下」的女皇）位置上過窮奢極欲的糜爛腐朽生活。韋氏由被寵到弄權、淫亂宮闈，最後殺死了親夫，但「女皇」夢並沒有實現，卻落得個陳屍太極殿的

可悲下場。韋氏爭寵及恃寵弄權的歷史教訓也是頗深刻的。且不說她勾結武三思淫亂宮闈，誅殺異己，陷害太子，擾亂朝綱，更為嚴重的是，她竟然下毒手謀害曾寵愛過自己的丈夫，險些造成時局的動盪。與她的婆婆武則天相比，韋氏僅繼承了武氏狠毒、淫蕩、奢靡的一面，而全無武氏的才學、能力與手段，所以，「女皇」夢終成泡影，也是必然的！

三千寵愛，馬嵬葬身

風流天子的寵物，也難免玉殞香消，化作馬嵬坡前的一抔黃土。

李隆基誅滅韋氏家族及其黨羽後，擁立他的父親相王李旦為帝，是為唐睿宗。睿宗在位僅二年，便宣布退位，由兒子李隆基即位，他就是歷史上有名的唐玄宗。玄宗統治的開元年間（西元七一三至七四一年），唐朝歷史進入了鼎盛時期。唐玄宗李隆基是一位很有作為的封建帝王，然而，受時代及階級的侷限，唐玄宗本身又有許多致命的缺點，比如，他過於寵愛貴妃楊玉環。

楊玉環，唐玄宗開元七年（西元七一九年），出生在蜀地（今四川）一個官宦世家。楊家原籍弘農郡（今河南靈寶縣北）華陰縣（今陝西省華陰縣），後遷居到蒲州（今山西省永濟）永樂縣的獨頭村。楊玉環的曾祖父楊汪是隋朝時的上柱國、吏部尚書。祖父做過州刺史。父親楊玄琰是蜀州（今四川省）司戶。楊玉環幼年喪父，被寄養在叔父楊玄璬家中。楊玄璬曾做過河南府士曹，官位雖低，但由於是官宦世家，社會地位較高。在如此優越的家庭環境裡，楊玉環自小便受到了良好的教育。她不僅有一定的文學修養，而且在音樂、舞蹈方面也有較高造詣，加上她明眸皓齒，月貌花容，天生麗質，雖然當時養在深閨，但她的姿色與風華卻早已在洛陽貴族中悄悄傳揚開來。

開元年間，是大唐帝國的鼎盛時期。年輕有為的玄宗皇帝，為了求得國富民安，選賢任能，改革弊政，勵精圖治，大大促進了社會經濟的發展，呈現出所謂「開元盛世」。據史書記載，此期「海內安富」、西京、東都

的米價降到一石不到二百錢，全國各州縣倉庫都堆滿了粟帛；行人走萬里路，也用不著帶武器，「路不拾遺，夜不閉戶」。大詩人杜甫曾形容說：「憶昔開元全盛日，小邑猶藏萬家寶。稻米流脂粟米白，公私倉廩俱豐實。」經濟繁榮，百業興旺，京都內外，到處都是一派歌舞昇平的景象。

開元二十二年（西元七三四年）七月，唐玄宗李隆基的女兒咸宜公主在東都洛陽舉行盛大的結婚典禮，楊玉環受到了特別邀請，在婚禮中伴公主，做嬪從。玄宗皇帝的兒子、咸宜公主的弟弟壽王李瑁，久聞楊玉環的芳名，在這次婚禮上目睹了她的花容。此時的李瑁已到擇妃年齡，他一見楊玉環，立即便產生了愛慕之心。於是，便透過他的母親、深受玄宗寵愛的武惠妃，奏明了皇帝。在武惠妃的請求下，唐玄宗於當年十二月下了冊封皇子妃的詔書。很快，楊玉環便與李瑁成婚，變成了大唐皇子壽王之妃。婚後，楊玉環憑著自己的美貌和溫柔，得到了壽王李瑁的加倍寵愛，夫妻恩愛和美。楊氏家族在壽王的關照下，也開始興盛起來。

天有不測之風雲。開元二十五年（西元七三七年）十二月初七，深受唐玄宗寵愛的武惠妃死了。這無疑是對唐玄宗一個重大的打擊。他在宮中鬱鬱寡歡，寂寞難耐，後宮三千佳麗，均不如他意。他的心腹宦官高力士揣透了主子的心思，便推薦相貌與武惠妃相似的壽王妃——他的兒媳楊玉環。開元二十八年（西元七四〇年）十月的某天，高力士帶著玄宗皇帝的聖諭，將楊玉環從壽王府帶到了驪山華清宮。

驪山在今陝西省臨潼縣城東南，離古都長安城很近，風景優美，氣候宜人，還有能祛病延年的溫泉，歷來是達官貴人避寒遊玩的勝地。唐代的華清宮、溫泉華清池，就在山的西北麓，每年十月，唐玄宗都要到這裡巡幸遊玩。

有聖旨在，楊玉環不得不離別相親相愛的丈夫，隨高力士來到唐玄宗面前。她的美貌和嬌羞，立即迷住了她的公公——大唐皇帝唐玄宗。唐玄宗一見傾心，決心把她從兒子手中奪過來。儘管在唐代儒家之倫理道德尚未受到十分重視，但父奪子妻，作為大唐天子的李隆基還是有所顧忌的。為了避世人之耳目，也為使自己的行為「合法化」，唐玄宗便詔令楊玉環自請度為女道士，藉口代皇帝盡孝，為慘死在武則天手中的唐玄宗之母竇太后祈福。女道觀稱「太真觀」，就設在宮中。從此，楊玉環便有了一個皇帝賜封的道號——太真。

楊玉環再也不能回壽王府與夫君團聚，而開始以女道士的身分在宮中陪侍皇帝。

她雖名義上為女道士，也沒有經過正式冊封，但已經成為實際上的皇帝妃子。在宮中，皇帝稱她為「太真妃」，宮人稱她為「娘子」。她經常隨皇帝出席內宮宴會。有時她還與玄宗一起接見朝臣，邀見文學侍從。而且她性格豁達，喜好文學和音樂。

有一次，在邀見文學侍從的宮宴上，唐玄宗問起了散隱天下的名士，以客卿身分在座的道士吳筠向皇帝和楊玉環推薦了頗負才氣的著名詩人李白。楊玉環曾讀過李白的詩，也極力讚揚李白。唐玄宗聽了非常高興，欣然命祕書監賀知章立即起草詔書徵召李白入朝，讓他供奉翰林，為翰林學士。從此，李白經常出入宮廷，創作了不少優美的宮廷詩章。例如，在一次觀賞牡丹時，唐玄宗興致大發，命翰林院李白學士寫新詩，以記當日之事。李白接到聖旨，夜酒還沒醒，便提筆寫成清麗婉約的《清平樂詞》三首：

雲想衣裳花想容，
春風拂檻露華濃；
若非群玉山頭見，
會向瑤台月下逢。

一枝紅豔露凝香，
雲雨巫山枉斷腸；
借問漢宮誰得似，
可憐飛燕倚新妝。

名花傾國兩相歡，
長得君王帶笑看；
解釋春風無限恨，
沉香亭北倚欄杆。

李白的詩作淋漓盡致地描繪出了楊玉環傾國傾城、仙女般的美貌，刻畫出了唐玄宗對她的寵愛和眷戀。雅麗的辭章配以優美的樂曲，由宮中最好的樂工李龜年唱出，使唐玄宗和楊玉環沉醉痴迷……。

楊玉環在宮中做了整整五年女道士。她曲意逢迎皇帝，為他歌舞，為他娛樂。她遵循著封建的宮廷體制，以自己的嫵媚與溫馴，贏得了皇帝的歡心。

天寶四年（西元七四五年）七月，唐玄宗頒布詔令，冊立左衛勳二府右郎將韋昭訓第二女為壽王妃。當月內，又宣布新的詔令，在鳳凰園內冊封楊玉環為貴妃。唐玄宗自廢王皇后後，就未立過皇后。因此，楊玉環雖名為貴妃，但享用差不多卻相當於皇后的待遇。

楊玉環被冊封貴妃晉見皇帝時，玄宗見她鬢髮膩裡，纖穠中度，舉止閒冶，喜不自勝，便急詔沐浴湯泉，以觀其體態。玉環肌膚瑩白豐嫩，從水中出浴，好似體弱力微，無力披上羅衣，嬌態渾然，容顏卻光彩煥發，楚楚動人。玄宗命樂工演奏他創作的《霓裳羽衣曲》。當日傍晚，又賜授金釵和鈿盒，將用名貴黃金做成的步搖，送到梳妝閣，親手為貴妃戴上。玄宗喜形於色地對後宮的人說：「朕得貴妃，如得至寶也。」隨後便乘興作了一首曲子，名《得寶子》。此後，玄宗與貴妃行同輦、止同室、宴專席、寢專房，可謂形影不離。

自從得寵於玄宗後，楊玉環更加「冶其容，敏其詞，婉孌萬態，以中上意」。她知道自己很美，也正是因為美，才能得到皇帝的寵愛。她細心地保養和打扮自己，不僅經常到溫泉沐浴，還十分注意按摩和做些能保持體形的運動。她的衣服不計其數，宮中光為她織錦刺繡的工人就有七百人。她的金銀首飾，更是精益求精，燦爛奪目，為其雕刻鑄造的工匠，也有數百人。各方官僚為投其所好，搜刮民財，爭先奉獻，以期得到皇帝的青睞。嶺南節度使張九章、廣陵長史王翼，就因貢獻最多最好，便有「進九章銀青階，擢翼戶部侍郎」的說法。

除容貌外，楊玉環聰慧的天賦，機敏的性格，也是吸引唐玄宗並受其寵愛的一個因素。《長恨歌傳》中說她：「才知明慧，善巧便佞，先意希旨，有不可形容者。」但是，貴妃最能吸引玄宗、取寵於皇帝之處還是她在音樂、歌舞方面的超常技藝。在對音樂藝術的共同愛好中，貴妃與玄宗二人情投意合。《霓裳羽衣曲》是玄宗的得意佳作，貴妃醉中依曲而舞，舞姿回雪流風。玄宗嘆為知音，只有貴妃才能體會玄宗曲中意境，用舞姿完美地表現出如此的情韻。在樂曲中，貴妃善弄琵琶，她的姐妹和諸王、郡主都拜她為師，被稱為琵琶弟子。貴妃的琵琶以邏逤檀為槽，溫潤如玉，光輝可觀，上刻有金縷紅紋的雙鳳。貴妃每抱此琵琶演奏於梨園，聲韻淒清，飄向雲外。

除了琵琶，貴妃還善於擊磬，喜歡泠泠然的磬聲。貴妃制曲演奏，專攻樂器的太常寺和梨園妓都比不上她的技藝。玄宗見貴妃喜歡磬，便命人採藍田綠玉，琢為磬，飾以珍奇旒等，供貴妃使用。貴妃創作的《涼州曲》在當時廣為傳唱。貴妃不僅僅自己善於歌舞，還熱衷於訓練音樂歌舞人才。唐玄宗對此十分支持，專門買來了大批少女，供她訓練。當時著名的舞蹈家謝阿蠻，就是這時選入宮中的。楊玉環不僅讓人教給她們歌舞，而且教她們識字。與此同時，她還組織了大型樂隊，編排了各種樂章。某一次，玄宗夢見十個仙女和龍女，便譜寫出《紫雲回》和《凌波曲》，然後交與貴妃，令其組織各親王及梨園子弟歌舞演唱。演唱地點在清元小殿，由謝阿蠻舞唱，寧王李憲吹玉笛，玄宗皇帝親自敲羯鼓，貴妃彈琵琶，馬仙期擊方響，李龜年吹觱篥，張野孤奏箜篌，賀懷智打拍子。演唱從早晨一直持續到午間。因為這樣，貴妃以其自身所特有的魅力取悅於玄宗，玄宗也把越來越多的寵愛施給貴妃。

比楊玉環大三十多歲的唐玄宗已漸入老境，他越來越依戀給他溫情和歡樂的楊玉環。楊玉環雖已進入中年，但駐顏有術，依然風韻動人，豐腴的身姿更有一種成熟的美。皇帝的寵愛和依順，使她逐漸產生了感情，

她將自己的終身寄託在老年的李隆基身上。她用自己的聰明和婉順，竭力逢迎和侍候著皇帝，努力在宮中保持自己母儀天下的猶如皇后般的地位。

然而，和所有的皇帝一樣，唐玄宗的感情並不是專一的。他的尊嚴更不容侵犯，哪怕是他心愛的美人，一旦觸犯他的威嚴，他也絕不容情。在楊玉環進宮之前，唐玄宗還寵愛著一個妃子，叫江采蘋，因她素愛梅花，故稱「梅妃」。梅妃苗條清秀，才思敏捷。她以自己的高雅風華吸引著皇帝，在宮中有著較高的地位。楊玉環入宮後，唐玄宗將情愛轉移到新人身上，逐漸疏遠了梅妃。專寵的貴妃當然也容不得另一個女人奪去皇帝的感情。一日，唐玄宗觀賞梅枝，牽動情思，想起了梅妃，立即命高力士將梅妃帶到翠華西閣，與其相會。梅妃見駕，秀目含淚，被遺棄的痛苦使她分外憔悴。玄宗動了憐香惜玉之心，溫言撫慰。兩人蜜情濃意，盡情歡娛。直至天光大亮，唐玄宗也顧不得上朝理政。楊玉環聞訊趕到，高聲責問，才驚醒了他們的好夢。玄宗理屈詞窮，惱羞成怒。玉環妒性大發，毫不相讓。唐玄宗以忤逆之罪，命高力士立即將楊玉環送出宮去。

楊玉環回到她的堂兄少監楊銛家，楊氏家族為此萬分憂懼。楊銛拜求高力士為之說情，高力士慨然應允。唐玄宗自趕貴妃出宮後，也是坐立不安，神思不寧，舉止失常，飲食無味。當夜，長吁短嘆，不得安眠。深知唐玄宗心情的高力士，乘機奏請迎回楊玉環。玄宗立即准奏，並傳詔大開安興坊門（非軍國大事不得在宵禁時開此門），由高力士親自迎回貴妃。

楊玉環回到宮中，唐玄宗百般撫慰。他看到心愛的妃子淚流滿面，千嬌百媚，憐愛之情更加深厚。他向貴妃發誓，再不會發生這樣的事情。但是，當唐玄宗一看到別的漂亮女人，還是把誓言丟到九霄雲外。一次，玄宗正與風騷嫵媚的虢國夫人調情，被貴妃撞見，她萬分傷心，既害怕失去尊貴的地位，也痛恨皇帝的薄情。她不顧一切，大吵大鬧，說出了許多有失分寸的話。為此，玄宗大為不悅。天寶九年（西元七五〇年）二月，玄宗皇帝在舊宅設置五王帳，長枕大被，和兄弟們一起睡在那裡。貴妃孤單無聊，私下取寧王李憲的紫玉笛吹了起來。「梨花靜院無人見，閒把寧王玉笛吹。」玄宗知道後，大怒。立即傳旨將貴妃即刻放還本家，再不許進宮！

楊玉環第二次被逐出宮，傷心之餘，深感伴君如伴虎，皇帝的感情和誓言都是靠不住的。但是，多年的宮廷生活，使她對皇帝有了依戀之情，也割捨不下錦衣玉食、萬人景仰的舒適生活，何況她的家族也仰仗她，才得以權勢熏天，她不能失去這一切。唐玄宗自貴妃離宮，懊悔頓生，他也習慣了與貴妃在一起生活。貴妃的萬種風情、溫柔體貼時時浮上心頭，他感到沒有她在身邊的寂寞和空虛。他煩悶難耐，暴躁不安。侍奉他的人，無故遭到鞭笞和叱罵。他幾乎寢食俱廢。

這時，楊家人也慌作一團。適逢河東節度副使吉溫入京奏陳機務，楊家人便請他見皇帝時多說好話。吉溫入宮見帝，為貴妃陳情。玄宗正好藉此下了台階，他立即命中使張韜光賜御膳給貴妃。楊玉環剪下自己的一縷青絲，交張韜光帶給皇帝，並說：「臣妾犯了當死的大罪，然而皇上不殺我，我決心永遠離開後宮。我的一切都是皇上賜給的，只有身體髮膚乃父母所給，特獻給皇上，表達我的忠誠。」玄宗見到貴妃的頭髮，大驚失色，他害怕會發生什麼意外，立即命高力士去迎回楊玉環。

楊玉環接受了兩次被逐出宮門的教訓，更加刻意地修飾自己，用自己的姿容取悅皇帝。她也更加溫順體貼，用自己的才藝小心翼翼地侍奉皇帝。老年的唐玄宗越來越感到離不開他的愛妃，他逐漸拋開了對其他女人的慾念，對楊貴妃的寵愛更加專注。相互的依戀和需要，使唐玄宗李隆基和貴妃楊玉環之間的感情進入了一個新的境界。這種感情，在歷代帝后間是少有的。

兩情相悅，兩心相知，玄宗與貴妃愈到後來愈情投意合。在玄宗面前，楊玉環不像一個妃子，卻像恩愛家庭的嬌妻，敢說敢笑敢打敢鬧，肆情而嬌憨。幾次的衝突，基本都是由玄宗作出讓步。平日玄宗對貴妃沒有居高臨下之態，而像一位好脾氣的丈夫對待不懂事的嬌妻，下朝便來到貴妃處。冬日大雪，屋簷結了很多冰條。玄宗下晚朝回來，見貴妃正玩弄幾條亮晶晶的東西，好奇地問：「所玩何物耶？」貴妃笑答：「妾所玩者，冰筋也。」玄宗笑著對一旁的人說：「妃子聰慧，真可愛也。」二人在宮中漫遊，每走到鮮花盛開的地方，玄宗見花朵豔麗，總要摘一朵給貴妃戴在頭上。御苑千葉桃花新開，玄宗折一枝給貴妃說：「此花猶能助嬌也。」

玄宗把貴妃比作盛開的花朵，秋八月，太液池中白蓮盛開，眾人於岸邊欣賞，無不嘆羨。過了一會兒，玄宗指著貴妃對眾人說：「白蓮能比得上我解語花？」南方進貢一種果子，名合歡果。合歡果的名字和形狀引起了玄宗和貴妃的興趣，他們互相賞玩，愛不釋手，玄宗對貴妃說：「此果似知人意，朕與卿固同一體，所以合歡。」於是兩人緊坐在一起，把合歡果吃了。

玄宗為留下紀念，還命畫工描繪此景。貴妃本身肥胖，夜晚縱歡飲酒，早晨起來，肺部灼熱難受。她常清晨走到後苑，攀花樹之枝，吸吮花露，用露水潤肺，感覺便稍好些。有時玄宗和她在華清池中遊憩，夜晚飲酒，早晨相攜到花園，玄宗折一支木芍藥，遞給她嗅其香味，這種花還頗有功效，玄宗曾說：「不惟萱草忘憂，此花香豔，尤能醒酒。」貴妃還酷嗜荔枝，荔枝在暑熱季節成熟，玄宗專門命人安排驛馬晝夜馳騁，從嶺南往長安運送荔枝。

貴妃雖然被寵愛，但她忘不了兩次被逐出宮的痛苦和恥辱。她需要玄宗給她一個切切實實的保證。七月七日是乞巧節，傳說牛郎織女在這一天鵲橋相會。女子們在這天晚上向織女祈禱，請求幫助提高自己的針指技巧。宮廷和民間一樣，也舉行乞巧宴會。唐玄宗和楊貴妃仰望著星河中的牛郎織女星，默默祈禱。她希望皇帝長壽，更希望自己得到永遠的寵幸。唐玄宗望著自己的愛妃，心情激盪，他何嘗不希望自己能活一千歲、一萬歲呢？他對楊玉環的感激與依戀之情油然而生，他拉著楊玉環的手，並肩站在長生殿前，仰頭望著浩瀚的天河，面對牛郎織女雙星，發下了誓言：「人壽難期，但願我們生生世世，永為夫妻！過了今生，還有來世！」楊玉環激動萬分，她虔誠地合起雙手，向天上的雙星說：「願生生世世永為夫妻！」大詩人白居易為唐玄宗和楊貴妃的長生殿之約，寫下了永恆不朽的詩篇：「在天願作比翼鳥，在地願為連理枝。」

皇帝的寵愛，不僅使楊玉環有了隨心所欲的豪華生活，也使她的地位日益顯赫起來。隨著楊玉環的被寵和受封，楊氏家族也因此「一人得道、雞犬升天」，立即榮耀發達起來。楊玉環的生父楊玄琰被先後追贈為濟陰太守、太尉、齊國公，母親李氏被封為隴西郡夫人、涼國夫人，朝廷專為之修建廟堂，皇帝親製碑文。叔父楊

玄珪被封為光祿卿銀青光祿大夫，工部尚書。堂兄楊銛被封為殿中省少監；堂兄楊錡被封為監察侍御史，並把太華公主許配他為妻。

太華公主是玄宗寵妃武惠妃所生，所以很受玄宗憐愛，得到的待遇也大大高於其他公主。玄宗在宮禁替夫妻倆蓋了豪華的宅第，以便他們隨時出入宮廷。堂弟楊鑑封為祕書省少監，和承榮郡主婚配。

就在貴妃受封之時，與貴妃同一曾祖的遠房堂兄楊釗也來到了京都長安。他奉劍南節度使之命，以節度推官的身分入朝辦事。雖然他與楊玉環關係較疏遠，但因為是貴妃的親戚，也被留在了京師，並被授予了金吾岳曲參軍的官職。楊釗以他的聰明才幹和劍南節度使章仇兼瓊供給的雄厚資財，巴結楊氏兄妹及宦官，得以隨便出入宮禁。他精於計算，在玄宗皇帝和其他人賭博玩耍時，他能為每一個人計數，既快又準確，因此引起了玄宗皇帝的重視，很快被調任為度支判官，掌管天下賦稅。

楊釗相貌出眾，又工於心計，眼光敏銳，不僅很快得到了玄宗的喜愛；而且也得到了權勢顯赫的當朝宰相李林甫的賞識。他工作出色，並經常出入宮禁，取悅皇帝，結交玄宗心腹宦官高力士，幫助李林甫大興冤獄，排除異己。李林甫從而更加器重他，推舉他做了近侍大臣——給事中兼御史，不久，又取得了兵部侍郎的高官。當時，外面傳說圖儀中有「金刀」二字，於國不利。聰明的楊釗為此向皇帝請求改名，因為「釗」字正是由「金刀」二字組成的。玄宗便賜其名為「國忠」。

天寶十一年（西元七五二年），宰相李林甫病死，唐玄宗立即封楊國忠為宰相，兼領吏部尚書。就這樣，在不到十年時間裡，楊國忠便從一個侍御史而爬到了首席宰相的地位，這其中有很大的因素是得力於受專寵的楊貴妃，靠的是裙帶關係。

楊貴妃有三個姐姐，她們都美若天仙。貴妃得寵，她們也被皇帝加封為國夫人：嫁給崔氏的封為韓國夫人、嫁給柳氏的封為秦國夫人、嫁給裴氏的封為虢國夫人。並每人每月賜給脂粉錢十萬。三姐妹中，虢國夫人最為妖媚，不施脂粉，天生麗質，常常以本來面容朝見皇帝，很得玄宗的喜愛，特許她在宮苑中騎馬。唐代大詩人杜甫有詩云：「虢國夫人承主恩，平明上馬入宮門；卻嫌脂粉汙顏色，淡掃蛾眉朝至尊。」皇帝還賜給虢國夫人照夜璣，秦國夫人七葉冠，都是稀世之寶。至此，楊氏家族的貴盛達到了極點。楊氏兄妹，在長安城內飛揚跋扈，成了權貴側目的人物。

楊貴妃的三位姐姐（韓國夫人、秦國夫人和虢國夫人）和兩位堂兄（楊銛和楊錡）的住處，被時人稱之為「楊氏五宅」。他們在京城內大興土木，緊靠著宮禁，建造了壯麗的府第，比豪誇富，極盡奢華。皇帝賜給他們的巨額財富，這五家一樣多。各地官員進京辦事，也必須走楊氏的門子。楊氏堂前堆滿了各地官員奉送的金銀財寶。只要楊氏一聲令下，各州府縣無不像奉聖旨一樣，戰戰兢兢，惟命是從。連十王宅、百孫院的皇子皇孫們的婚姻大事，只要韓國夫人、虢國夫人過問，也都無有不成。每當唐玄宗駕幸驪山華清宮，楊貴妃及三個國夫人都要隨駕前往。皇帝及貴妃的鑾駕富麗堂皇，「楊氏五宅」的車馬也毫不遜色。他們每家一隊，服色各異，錦繡珠玉，鮮豔奪目。五家車馬隨從合在一起，光輝燦爛，猶如天上的五色彩雲，充斥在長安至驪山的大道上。就算是在驪山，也有皇帝賜給他們的溫泉住宅。

楊氏家族的貴盛，楊氏兄妹們的驕橫跋扈，不僅使大臣貴族仰慕畏懼，就連皇家親屬也得避讓三分。如天寶十年（西元七五一年）上元節，長安城沒有宵禁，楊氏族人夜遊，車騎與廣寧公主及她的丈夫程昌胤的車騎相遇。楊氏族人明知是公主的車騎，卻不讓路。雙方爭執起來，駙馬都尉程昌胤下車喝止，反被楊氏家奴用鞭打翻在地，公主的車也被撞壞。公主向皇上哭訴，玄宗只殺了楊氏家奴一人，反而免去了駙馬都尉程昌胤的官。此事震驚朝野，也使得楊氏家族更加肆無忌憚。他們仗著皇帝對貴妃的寵愛，為所欲為，一時間，大唐的天下，成了楊家的樂園。當時民間傳出歌謠：「生男勿喜女勿悲，君今看女作門楣。」白居易也有詩云：「姐妹弟兄皆列士，可憐光彩生門戶；遂令天下父母心，不重生男重生女。」

天寶十四年（西元七五五年）十一月十六日，正當玄宗皇帝和貴妃及楊氏兄妹在驪山溫泉宮避寒遊玩時，突然傳來邊關急報，鎮守北邊的三鎮節度使安祿山「反了」，已率兵十五萬，號稱二十萬，從漁陽浩浩蕩蕩殺

奔長安。朝廷頓時陷入一片慌亂之中。由於大唐四十餘年的太平天下，國防勢力衰落，幾乎沒有什麼抵禦能力，安祿山的叛軍銳不可當，很快便攻占了東都洛陽。不久，潼關又失守，老將哥舒翰被俘，京城長安危在旦夕，唐玄宗被迫接受楊國忠的建議，準備西逃巴蜀。

天寶十五年（西元七五六年）六月十二日晨，玄宗出早朝，向臣民宣布他將率軍親征叛軍，並將朝廷的日常政務交給太子。上朝的官員都沉默無語，他們都知道皇帝是在說假話。大家都在準備離京外出逃難。宦官高力士與龍武大將軍陳玄禮召集了與御駕隨行的禁軍，準備好了乘坐與裝財物的車輛。皇帝通知了楊氏家族成員，讓其隨駕一起出逃。六月十三日凌晨，太陽還未升起，唐玄宗便帶領出逃的隊伍，急急忙忙出了皇宮，離開了他在歌舞昇平中度過幾十年的京都長安城。貴妃驚恐不安，好像預感大難即將臨頭，她看著身邊已進入垂暮之年的玄宗皇帝，十分憂慮自己的命運與前途。於是，終日愁眉不展，珠淚漣漣。

六月十四日中午，烈日當空，逃難的車隊來到了馬嵬坡驛站。皇帝、嬪妃、百官、諸王及宮眷占據了寬敞的驛舍，吃飯、休息。而隨駕護衛的禁軍兵士們卻頭頂烈日，又渴又餓。他們飢疲交加，積滿了怨恨。正在這時，適逢宰相楊國忠被吐蕃使者二十餘人糾纏，要求供給飯食。突然，人群中不知誰大叫一聲：「楊國忠與胡虜謀反啦！」這一聲叫喊，猶如火山噴發，多年來由於楊國忠的專權跋扈，楊氏家族的驕橫奢侈，積聚在人們心中的怒火終於爆發出來！軍士們舉起刀槍圍了上來，殺死了楊國忠和他的兒子楊暄，他們的頭顱被割掉挑在槍尖上。聽到軍士嘩變，御史大夫魏方進上來阻攔勸說，也被憤怒的軍士殺死。

很快，反叛的禁軍在龍武大將軍陳玄禮的帶領下，圍住了皇帝的住地。唐玄宗被這一突發事件嚇壞了。他用顫抖的手拄著枴杖，走出驛門，喝令軍士們退下去。可兵士們就是不退。玄宗又命高力士去問明原因。陳玄禮回答說：「楊國忠謀反，貴妃不宜供奉，望陛下割愛正法！」玄宗聽了，心如刀割，他實在不願意離開心愛的妃子。他憶起了貴妃昔日的風姿、才藝及溫馴，想起了他們之間十幾年來的恩恩愛愛，他不願意割捨，然而，憤怒的軍士喊聲震天，隨時都可能衝殺進來，危及皇帝的性命。高力士和京兆司錄韋諤又來勸說玄宗：

「現在是眾怒難犯，安危就在頃刻，望陛下速決！」玄宗顫抖著說：「貴妃在深宮，又怎知宰相造反，此事與貴妃何干？」高力士答道：「楊國忠有罪，諸將殺了他。貴妃是楊國忠的妹妹，還在陛下身邊，他們能不害怕？請聖上裁處，將士安則陛下安！」玄宗長嘆一聲，默默無言，進入驛館。驛門裡邊還有一條小巷，玄宗不忍心回寢宮，就在小巷中拄著手杖俯首而立。

貴妃早已聽到了外面軍士嘩變的消息。兄侄的死已使她心驚膽顫，將士們的呼喊更使她恐懼不已，她希望此刻皇帝能出面保護她。然而，一聲「皇上賜貴妃死」的呼喊聲打破了她的幻想。玄宗走進行宮，扶著貴妃走出廳門，到馬道的北牆口與她分手，命高力士處死她。貴妃哽咽流淚，泣不成聲，說道：「望陛下保重。我實在有負國恩，死而無憾。請允許我拜佛而死。」玄宗說：「願妃子托生到好地方。」高力士將貴妃引到佛堂前的梨樹下，用三尺白綾結束了她年僅三十八歲的生命。

貴妃剛斷氣，南方進獻的荔枝到了。玄宗皇帝看著荔枝，大哭幾聲，命高力士：「替我用荔枝祭奠她。」祭奠完畢，羽林軍還沒解圍。高力士等人便用繡被墊床，放上貴妃屍體，擺在驛站院子中，傳旨陳玄禮等人進驛館來看。陳玄禮托起貴妃的頭，確信她死了，說道：「這就是了！」羽林軍這才解除對驛館的包圍。貴妃被埋葬在驛館西郊之外一里左右的路北坡下。有被寵必有失寵時，寵極生悲。貴妃及楊氏族人被誅殺正是這一歷史規律的體現。

玄宗自失去貴妃後，陷入綿綿無盡的懷念和傷感中。玄宗拿著荔枝在馬上對隨行的梨園弟子張野孤說：「從這裡去劍門，鳥啼花落，水綠山青，卻會引起我對貴妃的哀悼啊！」西行路上，陰雨連綿，雨打鈴聲，隔山相應。玄宗把昔日對貴妃的寵愛，化作了思念，於馬上又作了一曲《雨霖鈴》授給了隨行的梨園弟子張野孤。

長安收復後，玄宗從成都返京。路過馬嵬坡，玄宗密令宦官將貴妃遷葬別地。貴妃的墳被打開，時過一年有餘，貴妃肌膚已消入土中，胸前僅有一個錦香囊。宦官把香囊獻給玄宗，玄宗睹物傷情，把香囊置於懷中，香未消，玉已殞，玄宗心上的傷口永遠無法彌合。

回長安後，玄宗再次來到華清宮，物還在，人非舊，在望京樓，玄宗命張野孤奏《雨霖鈴》，曲未半，玄宗四顧淒涼，不覺流涕。畫工繪製的貴妃像，掛在牆上，玄宗朝夕視之而欷歔，在悔恨與回憶中度過淒涼的晚年。

大唐天子李隆基對妃子楊玉環的寵愛，作為人類情愛史上的感人樂章而成為千古絕唱。這部美好而悲涼的愛情史詩給人留下的是無盡的遐想與思考，善良的人們為此而慨嘆、而惋惜，世代相傳著那一首首優美的詩篇。但是，作為一國之君與六宮之主，荒廢了政業，放棄了立國大計，一味地追求情感的愉悅和滿足，這是對國對民的罪孽。更何況，楊氏家族恃寵跋扈，為害至深，絕非一美女楊玉環的死而能挽回。因此說，一個荒淫無度的君主與一個恃寵忘形的貴妃怎能不致禍起蕭牆？

「黑鳳」凶悍，氣煞壽皇

一個窩囊皇帝，遇上了一隻凶悍的「黑鳳鳥」，活該倒霉！

西元一一二六年冬，北方金國的軍隊攻陷北宋都城汴京，徽、欽二帝被俘，北宋滅亡。次年五月，徽宗之子、康王趙構在南京應天府（今河南商丘南）即皇帝位，是為宋高宗，後來定都杭州，史稱南宋。偏安一隅的南宋與金以淮河、秦嶺為界，成南北對峙局面。高宗趙構無嗣，收養趙眘為養子，即宋孝宗；趙眘的兒子名趙惇，即宋光宗。光宗的皇后名李鳳娘，貌美膚黑，性情凶悍刁蠻，有「宋代賈南風」之稱。

李鳳娘，宋代河南安陽人。其父李道，官至慶遠軍節度使。傳說，李鳳娘出生時，有數隻黑鳳鳥落在李道府宅前的大樹上，久久不肯離去。於是，李道便為女兒取名為鳳娘。鳳娘長大後，雖肌膚有些黑，卻美貌無雙遠近聞名。

南宋紹興三十二年（西元一一六二年），宋高宗趙構因年事已高，執政已力不從心，便禪位於已屆壯年的太子趙眘，自己當了太上皇，到德壽宮安享晚年去了。趙眘稱帝，是為宋孝宗。孝宗淳熙十四年（西元一一八七年），年已八十一歲的太上皇趙構病逝。孝宗趙眘便按禮制為亡父守孝服喪。

宋孝宗趙眘的「孝道」在宋代是出了名的。儘管他不是趙構的親生兒子（趙構無子，收養趙眘為子），但他卻視趙構如親父無二。到淳熙十六年（西元一一八九年），趙構已死去兩年，但孝宗仍在為養父服喪。每日裡他都身著白衣布袍（孝服）處理朝政。有時，因國事繁忙，不得不一兩個月才去一次德壽宮為養父靈位上香

叩頭。他感到這樣既難盡人子之孝道，又影響對朝政的處理。於是，他便產生了退位的想法。一天，他對右丞相留正說：「天下之禮，莫如重家廟；天下之孝，莫如執父喪。朕若不退休，怎能每日親去德壽宮服喪？」沒過幾天，孝宗趙昚便降下詔旨，宣布傳帝位於太子趙惇，自己以「壽皇聖帝」的名義，住進了改名為重華宮的原德壽宮。

趙惇就是宋光宗，他是趙昚的第三子。趙昚原曾冊立長子趙愭為皇太子，不料趙愭命短，不久就死了。趙昚不喜歡次子趙愷而偏愛三子趙惇，便重立趙惇為太子。當時，太上皇趙構還健在，趙昚便與趙構一起，留心為太子選一位賢淑貌美的妃子，以便將來能入主中宮，做母儀天下的皇后。

一次，趙構的老朋友、善於看相的方士皇甫坦入宮，對太上皇趙構說：「臣曾見過慶遠軍節度使李道之女鳳娘，此女真是貴人之相，可為天下之母。」趙構一直對皇甫坦之言堅信不疑，聽了他的一番話，便立即命趙昚下詔聘李鳳娘入東宮，立為太子妃。

李鳳娘剛入東宮時，太上皇趙構和孝宗趙昚見她端莊秀美，不久又為太子趙惇生下兒子趙擴（後封為嘉王），非常滿意。太子趙惇也很寵愛李鳳娘，對她百依百順。

人的本性是很難長久隱藏和改變的。李鳳娘自生了兒子以後沒多久，便逐漸暴露出了其心胸狹窄、潑辣凶悍的本來面目。她經常在太上皇趙構與孝宗趙昚面前挑撥是非，製造矛盾。儘管太子趙惇對她十分寵愛，但她仍不滿足。為此，太上皇趙構非常後悔，他私下對自己的夫人吳太后說：「此婦人乃將門之後，卻缺少女人的溫柔，不守本分，我當初真不該誤聽皇甫坦的一派胡言！」孝宗皇帝趙昚對兒媳李鳳娘也很不滿，屢屢訓誡，要她恪守婦道，否則，便將她趕出東宮。李鳳娘當時表面上表示改過，可內心卻對孝宗十分憎恨。她要等待時機，加以報復。

孝宗禪位，光宗繼統，李鳳娘便由太子妃一躍而成了位主六宮的皇后。當了皇后，李鳳娘更加神氣起來。如果說在東宮當太子妃時尚有些顧忌與遮掩，那麼，現在地她便把刁蠻凶悍爭寵妒嫉的本性暴露無遺了。儘管

如此，光宗皇帝仍對她寵信有加，一往情深，事事順從，唯唯諾諾，最後，竟然到了既寵愛又畏懼的程度。李鳳娘便利用光宗對她的寵愛與畏懼，開始在朝中勾結太監，干預朝政，禍亂宮闈。

光宗皇帝在矛盾心理的支配下，不久便得了抑鬱症，終日不言不語，一副憂心忡忡的樣子。退居重華宮的壽皇趙昚聽說兒子病了，心裡很著急，趕忙派小太監請來御醫，並按光宗的病狀開了一副處方，同時又派小太監隨御醫出宮將藥方中的藥製成藥丸，準備在光宗來重華宮請安時，送給他服用。但壽皇趙昚一連等了幾天，也未見光宗到來。這時，卻有李鳳娘的心腹太監將壽皇為光宗合藥的事告訴給了皇后李鳳娘。

李鳳娘心裡明白，要想在宮中為所欲為，就必須緊緊抱住皇帝這棵大樹，時時取得皇帝的寵愛與信任，在皇帝的支持和默許下，才能達到自己的目的。所以，她便利用光宗皇帝對自己的寵愛與畏懼心理，再施以各種狐媚邀寵之手段，就能把皇帝牢牢地攥在自己的手心裡。

又過了幾天，光宗雖沒服用壽皇為他配製的藥丸，但經過一段自我調養，病情卻慢慢地好轉了。這時，李鳳娘眼珠一轉，又想出一個鬼主意，她要慫恿光宗皇帝同意立她生的兒子趙擴為太子，使之成為名正言順的皇儲。這一天，李鳳娘讓心腹太監特意到御膳房為光宗準備了一桌他平常最喜歡吃的美味佳餚，李鳳娘又特別請宮女為她梳妝打扮一番，使她更加嫵媚動人，她派人將光宗請到中宮，先使出種種狐媚手段，哄得光宗心神搖盪，情不自禁。李鳳娘便趁此機會，挑撥光宗與壽皇的父子關係，她把壽皇前幾天合藥的事對光宗講了，隨後又進讒言道：「陛下千萬不可服用壽皇拿來的藥，萬一遭遇不測，豈不是貽誤宗廟社稷嗎？」接著，李鳳娘又陪光宗喝了幾杯酒，光宗已有些醉意。李鳳娘接著說道：「陛下，擴兒已長大了，可今仍是嘉王，陛下何不早些冊立為太子，也好讓他助你治理朝政啊！」光宗聽了，當即表示同意。但他又說此事必須奏明壽皇同意才行。李鳳娘聽了，不以為然地說：「有陛下的詔旨就行了，何必去驚動壽皇呢？」光宗說：「父在，子不得自專，何況立儲乃國家大事，豈有不讓壽皇知道之理？」李鳳娘大不高興，酒席也不歡而散。

李鳳娘見光宗堅持一定要徵得壽皇同意才肯立趙擴為太子，便決計找個機會，親自去說動壽皇。又過了幾

天，在重華宮的壽皇趙昚聽說兒子的病好了，非常高興，就派內侍去召光宗，讓他到重華宮飲宴，敘敘父子之情。內侍未找到光宗，卻遇見了李鳳娘。李鳳娘便哄騙內侍，說光宗又病了，正在床上休養。隨後，她便偷偷乘輦去了重華宮。

到了重華宮，見到壽皇，李鳳娘便對壽皇說：「今天皇上身體欠佳，特囑咐臣妾前來侍候壽皇。」壽皇聽了，還真的以為兒子病了。李鳳娘這天顯得特別孝順，非常關心地詢問了壽皇的身體和生活情況。她東拉西扯了一陣之後，才把話題轉向「正軌」。她試探著對壽皇說：「皇上多病，依臣妾愚見，不如馬上立嘉王為太子。」壽皇聽了，搖搖頭說：「皇上登基才一年，便要冊立太子，太早了些。再說，擴兒還小，立儲應擇賢而定，過幾年再定也不晚。」

李鳳娘見壽皇不同意馬上立趙擴為太子，立即變了臉，又露出了她那刁蠻凶悍的本色來。她怒氣衝衝地對壽皇說：「古人有言，立嫡以長。妾係你家以禮所聘娶，嘉王又是妾所親生，為何不能立？」說著，一雙鳳眼盛氣凌人，故意瞟向壽皇身邊的太皇太后謝氏。李鳳娘的這句話是故意說給謝氏聽的，她是想嘲笑壽皇與謝氏，因為光宗趙惇是郭皇后所生，並不是謝后所生。言外之意，趙擴當太子是名正言順的。壽皇趙昚對李鳳娘如此無禮，大為震怒，氣得臉色發白，半天說不出話來。過了好一會兒，才大聲叱責道：「妳敢諷刺我，太無禮了！」李鳳娘並無半點懼色，怒氣衝衝地起身出了重華宮，乘輦回中宮去了。一路上，她對壽皇恨得咬碎了銀牙，心中暗暗盤算，一定得想辦法進一步挑撥光宗與壽皇之間的關係，利用懦弱聽話的光宗，整治壽皇，以出這口惡氣。

李鳳娘為了得到光宗皇帝的專寵，對其他所有受到光宗寵愛的後宮嬪妃都嫉妒得要死。她利用自己的刁蠻和凶悍及光宗對她的畏懼，便將光宗皇帝管得死死的，絕不允許他與其他嬪妃有來往。早在光宗趙惇做太子時，在德壽宮有一女官黃氏，美貌溫柔，因當時太子趙惇僅有李鳳娘一位妃子，孝宗便把黃氏賜與他。光宗即位後，便將黃氏封為貴妃，但懾於皇后李鳳娘的淫威，光宗雖愛黃妃，但又不敢去黃妃宮中。

一天，光宗趁李鳳娘不在中宮，便偷偷溜到了黃貴妃宮中。當李鳳娘回到宮中，得知光宗去了黃貴妃處，便妒火中燒，立即氣沖沖地啟駕也去了黃貴妃寢宮。到了黃貴妃宮門外，李鳳娘並不讓內侍進去通報，便邁步直闖內室。剛一進門，她看見光宗正與黃貴妃異常親熱地坐在一起飲酒談笑。李鳳娘杏眼圓睜，也不向光宗施禮，便大聲嚷道：「皇上龍體稍癒，應知節慾自重，何以跑到這裡來調情作樂？」

光宗看見李鳳娘，猶如老鼠見了貓，趕忙撇下黃貴妃，起身相迎。黃貴妃更是嚇得魂不附體，跪地行禮。李鳳娘冷冷地「哼」了一聲，正眼都不朝她看一下，就一屁股坐在了床榻上。光宗害怕鳳娘會大耍刁潑，連忙上前賠著笑臉，說著好話，然後挽起李鳳娘的衣袖，坐輦回皇后中宮了。

回到中宮，李鳳娘立即換了一副面孔。為攏住皇帝對自己專寵之心，她裝出十分關心愛護皇帝的樣子，淚珠漣漣，抽泣著說道：「臣妾並不是妒忌黃貴妃，真的是為陛下的龍體著想。陛下病體剛剛好轉，不宜縱慾過度，所以臣妾才冒昧勸諫。」光宗聽了，便信以為真，內心還十分感激皇后想的周到。

一波未平，一波又起。作為封建時代的皇帝，作為一個男人，光宗趙惇也並非不好色，他也想幸御更多的後宮佳麗，以滿足自己的淫慾。

一天傍晚，光宗在中宮安歇。臨睡前，有幾名宮人侍候他洗漱，其中有一位宮女端著銅盆及面巾之類的用品，站立在光宗身邊。光宗一抬頭，一眼就看見了那宮女的一雙又白又光潔的玉手，禁不住被撩起了一股慾火，他見李鳳娘不在，便一邊用自己的手撫摸著那宮女的手背，一邊自言自語道：「好一雙玉手！」恰在這時，李鳳娘進門，看見了這一幕。那宮女嚇得趕忙抽回手，端起盆，低著頭退了出去，光宗也裝出了一副若無其事的樣子。

第二天，光宗下早朝後正在御書房內讀書，突然進來一名小太監，說是皇后派他來給皇帝送點東西。光宗一看，是個精美的食盒，以為是皇后給他送來了什麼美味食品，便放下書，想打開食盒去品嚐一番。當盒蓋被揭開的一剎那，只嚇得光宗魂飛魄散，一下子坐到了地上，出了一身冷汗。原來，那盒中裝的根本不是什麼果

脯珍饈，而是一雙被砍斷的血肉模糊的女人之手，手指上還套著一枚指環。光宗認出這正是昨晚端水盆宮女的那雙玉手。李鳳娘為妒意及醋性所促使，竟殘忍地殺害了這名無辜的宮女，並砍下了她的雙手。從這天開始，光宗又開始寢食不安，常被惡夢所驚醒。

一不做，二不休。凶悍的皇后李鳳娘殺死了宮女仍感到不解氣，她還要把光宗寵愛的黃貴妃也置於死地，以斬斷光宗的別戀之情。這一天，光宗皇帝要離開皇宮到京郊去祭祀天地和宗廟。按祭禮規定，這幾天皇帝必須在離宮過夜。光宗不在皇宮，李鳳娘認為這是她對黃貴妃下毒手的極好機會。於是，就在光宗離宮的當天晚上，她便以皇后的身分，命人將黃貴妃召至中宮。她首先責罵黃貴妃是媚惑君主的狐妖，罪同謀逆，她要執行後宮家法，對黃貴妃進行管教和懲罰。於是，李鳳娘命令幾位太監，手執木棍，將黃貴妃杖責一百。一頓亂棍過後，可憐黃貴妃便被當場活活打死。隨後，李鳳娘命人將黃貴妃的屍體拖出城外，草草掩埋。然後又派人到離宮向光宗報告，說黃貴妃突然得暴病身亡。光宗聞報大驚，他怎麼也不相信黃貴妃死得如此之快，他剛剛離宮才一天，黃貴妃就離他而去，光宗心裡明白，一定是皇后李鳳娘妒嫉黃貴妃，乘他離宮之機而害死了她。儘管如此，光宗並不敢派人調查黃貴妃死因，只在心中暗暗思念她，悲憤無比，流下一行行傷心的淚水。

第二天天剛亮，光宗懷著悲痛的心情，去祭壇祭祀天地。突然，天空陰雲密布，狂風大作，雷鳴電閃，傾盆大雨從天而降，祭壇前的蠟燭全被雨淋滅，紙錢祭物被風捲走。光宗勉強冒雨祭完了天地，渾身已被雨水淋透，落湯雞似地趕回了皇宮。

光宗因黃貴妃暴亡，心情鬱悶，再加上被雨淋著了涼，剛一回到宮中，便病倒了。光宗這次病得可不輕，終日臥床，昏迷不醒，不吃也不喝，還直說夢話。有時醒來，也是目光呆滯，眼含淚花，長吁短嘆不止。時間不長，光宗便被折磨得瘦骨嶙峋，變成了一副未老先衰的模樣。他老是做惡夢，經常夢見黃貴妃渾身是血地向他走來，他上前去拉貴妃的手，突然，貴妃的手卻變成了一雙血肉模糊的斷手，嚇得他大叫一聲，從惡夢中驚醒。

光宗的父親、壽皇趙昚已經很久沒有見到兒子了。他十分想念兒子。這天，他從一個小太監口中得知兒子

又得了重病，正臥床昏迷。他一聽就急了，趕忙來到兒子的住處探視。壽皇走近兒子的床榻前，輕輕掀起帷帳，光宗正在昏睡。壽皇只見兒子面容枯瘦蒼白，已被病魔弄得不成樣子了。壽皇一陣心酸，不禁滾下了幾顆淚珠。他不忍驚動兒子，便放下帷帳，坐在那兒靜靜地等候兒子醒來。

就在這時，皇后李鳳娘從外面走了進來，一見壽皇坐在那裡，略顯驚訝，不過馬上就鎮定下來，勉強上前施禮。壽皇一見李鳳娘，氣便不打一處來。他已得知兒子的病與這個不吉祥的黑鳳有直接關係。於是，他生氣地責問道：「皇上有病，妳為何不在身邊侍候？去了哪裡？」李鳳娘不慌不忙地答道：「皇上病重，不能親理朝政，臣妾為趙宋江山社稷著想，不得不去批閱大臣們的奏章。」

壽皇對皇后李鳳娘經常干預朝政，胡作非為已早有耳聞。今日見她非但不加掩飾，反而理直氣壯地說了出來，不由得更加氣惱，大聲訓斥道：「后妃不得干政，這是自太祖以來定下的家法宮規，妳難道不曉得嗎？就是慈聖、宣仁（指仁宗曹皇后、英宗高皇后）兩朝，母后垂簾，也必與宰相商議後，才能決定。妳自恃才高，一切大事獨斷專行，這是有違祖制的！妳明白嗎？」李鳳娘聽了，毫不在乎，反而強辭奪理地爭辯道：「臣妾豈敢違背祖制，所有朝政大事，都是由皇上做主後才決定的，不信，你去問皇上！」

他們的爭吵聲，早已驚醒了病床上的光宗皇帝。但光宗並未插話，仍緊閉著雙眼在裝睡。對李鳳娘的假話，光宗並不敢出來指正。由此可見光宗對李鳳娘的畏懼感有增無減。

壽皇見李鳳娘並不想認錯，就直截了當地說道：「妳也不必瞞我了，妳說實話，皇上的病是怎麼得的？又為何日日加重不見好轉？」壽皇的話，一下子戳到了李鳳娘的痛處，她雖無話可說，但卻放潑要起蠻來，一邊大哭，一邊高聲叫喊：「天有不測風雲，人有旦夕禍福，皇上也吃五穀雜糧，難道就不會生病嗎？他生病與我有何相干？你為什麼把責任都推到我身上？」壽皇見李鳳娘蠻不講理，知道再說下去也無益，便嘆了口氣，瞧了瞧躺在帷帳內的兒子，傷心地一步三回頭地走了。

壽皇剛剛離去，李鳳娘感到氣還沒出夠，又連哭帶罵地鬧騰了一陣，才算完事。從此，她更加憎恨壽皇。

她覺得壽皇是她左右光宗、擅權干政的嚴重障礙，必須想辦法剷除之。怎麼辦呢？思來想去，她感到唯一的辦法是繼續挑撥壽皇與光宗父子之間的關係，以達到讓兒子憎恨老子的目的，然後氣死壽皇。

此後，李鳳娘究竟使用了什麼手段離間光宗與壽皇之間的父子感情，史書並未記述，筆者也不敢妄加猜測。總之，自光宗這次大病初癒後，他就對老父親疏遠冷淡起來了。很長時間都不再去重華宮向父皇問安，甚至當壽皇生辰之日，他都不去祝賀了。

壽皇也感覺到了兒子對他感情上的變化。他很傷感。紹熙五年（西元一一九四年）元月，壽皇於氣急之下病倒了，病情日益加重，昏迷中還時常喊著兒子的名字。可一連三個多月過去了，光宗竟然一次都沒到重華宮探視過。這無疑更刺激了壽皇，壽皇的病情更加嚴重了。

光宗的不孝行為，激怒了滿朝文武大臣，退朝之後，朝臣們議論紛紛，指責光宗皇帝不仁不孝。有人說：「皇上太不像話了！父子至親，天理昭然，太上皇有疾已經三個多月，皇上竟然不聞不問，真乃不孝至極！」對大臣們的指責，光宗竟然裝聾作啞，不予理睬。

有的大臣實在氣憤不過，便直接上疏，請求光宗皇帝去重華宮探望父病。但所有的奏章都被李鳳娘給壓下了，光宗壓根沒見到。

立夏到了，李鳳娘非纏著光宗帶她一起去郊外的玉津園游玩不可，光宗當然不敢不從。帝后車駕出宮時，恰巧被兵部尚書羅點碰見了，羅尚書見皇帝不去探視父病，反卻攜皇后出宮遊玩，很是氣憤，於是，他便跪在路旁，懇請帝后先去重華宮探病。光宗和李鳳娘根本沒有理睬跪在路旁的羅點，揚鞭催馬，出城而去。

次日早朝，又有中書舍人彭龜年伏在殿前叩頭不起。光宗不耐煩地問他有何奏本？彭舍人仍一言不發，只是叩頭不止，直磕得頭破血流，才奏道：「今日之大事，莫過於請陛下去重華宮探視太上皇的病了！」光宗無可奈何地答應道：「朕知道了！」然而，退朝之後，他仍然沒有去重華宮。

光宗的生日名為「重明節」，時間是在金秋九月。這一年從元旦開始，光宗就一直沒去重華宮。「重明節」

快到了，朝臣們認為這是勸光宗去重華宮的最好機會，於是便聯名上疏，請光宗於「重明節」這天去朝賀壽皇，以盡人子之孝。

「重明節」這天早上，光宗在接受了百官的朝賀後，仍沒有要去重華宮的跡象。給事中謝深甫忍不住了，便出班奏道：「太上皇之愛陛下，猶如陛下之愛嘉王。如今，太上皇春秋已高，如陛下再不去盡孝探望，千秋萬歲之後，陛下有何面目以見天下？」光宗聽了這句話，雖覺有些刺耳，但心中似有感悟。沉默了一會兒後，便答應退朝後就去重華宮。

退朝之後，大臣們仍不肯離去，都站在殿外靜靜地等待著。他們要看看光宗皇帝這次是否會履行諾言。等了好半天，光宗才從屏風後面轉出來。大臣們很高興，以為光宗這次是真的要去重華宮探視父皇了。大臣們剛想上前相迎，不料皇后李鳳娘卻從後面跟了出來，她拉住光宗的手，故作嬌媚之態道：「天氣如此涼爽，官家再陪臣妾喝上幾杯嗎？」光宗只得轉身返回。這時，一個名叫陳傅良的大臣，搶步向前，一把拉住光宗的袍襟，說道：「請陛下勿回宮！」而那邊的李鳳娘用力一拉，便把光宗拉入屏風之後，這邊的陳傅良也被帶了過去。李鳳娘回頭見到陳傅良，怒聲斥責道：「這是什麼地方？難道你不怕殺頭嗎？」陳傅良只好退步，走到殿外，便放聲大哭起來。哭聲傳進宮內，李鳳娘命一太監出來喝問：「無故在此痛哭，是何道理？」陳邊哭邊回答道：「子諫父，父不聽，則慟哭。君王乃為父，臣子即是子，力諫不聽，如何不哭？」內侍回宮，把陳的話學說了一遍，李鳳娘大怒，假傳聖旨：「皇帝今日不去重華宮！」

從此之後，大臣們仍不斷上奏，光宗仍是不理不睬。又過了兩個多月，文武百官忍無可忍，便紛紛上疏自劾，要求辭官，以此逼迫光宗去重華宮。可光宗仍是藉故推拖。光宗寵信和畏懼皇后李鳳娘，他的行動已完全被操縱在李鳳娘的手中了。這樣的昏愚皇帝，歷史上也是少見的。

到了第二年五月，壽皇趙昚生命垂危。臨死前，他唯一的願望就是與兒子見上一面，他不時吃力地睜開眼睛，渴望兒子能來到自己的床前，丞相留正聽說此事後，心裡很不是滋味，便冒死闖宮力諫，請求光宗在壽皇死前去重華宮與父親見上最後一面，但光宗卻與留正玩起捉迷藏，他見留正進宮，便拂袖而去。留正緊追在後面，苦苦哀求，一直跟到福寧殿，光宗加快腳步，跨進門檻後，急命內侍關閉殿門，把留正關在了門外。留正被氣得大哭一場，便意冷心灰，掛印離京，回老家去了。

後來，光宗被大臣們實在追纏不過，才派自己的兒子、嘉王趙擴去重華宮與祖父見了最後一面。幾天之後，壽皇趙昚便帶著無限遺恨，離開了人世。

壽皇死後，以樞密使趙汝愚為首的朝臣們，一致要求光宗出面去重華宮主持壽皇的喪禮。光宗雖然答應了，可直到傍晚，也不見他出來，於是群情激憤，大臣們一致認為，光宗已不配再為君父。在趙汝愚的帶領下，朝臣們開始了倒皇運動。他們請出了太皇太后吳氏，請她出來主持喪禮，並以光宗皇帝多病不宜再理政為由，建議他禪位於嘉王趙擴。吳太后同意後，便以太皇太后的名義宣詔，迫光宗趙惇讓出了皇位。

光宗一退位，皇后李鳳娘的好日子也到了盡頭。此後，她便在清冷之中度過了餘生。寧宗慶元六年（西元一二〇〇年），她死於泰安宮，時年五十六歲。

趙宮「黑鳳」李鳳娘之所以能在後宮與朝廷中凶悍霸道，敢於胡作非為，架空當朝天子，蔑視退位「壽皇」，關鍵在於寵愛她的宋光宗太軟弱。李鳳娘恃寵跋扈，雖未對南宋社會造成多大直接危害，由於她的「說一不二」，致使光宗皇帝形同於傀儡，無形中便影響了皇帝才能的正常發揮。同時，由於李鳳娘的無理阻攔，朝臣們一度把主要精力都放在了如何勸諫光宗去重華宮探視壽皇這一雞毛蒜皮小事上了，以致後來竟然因此而造成了朝臣們集體辭職罷官、以示「抗議」的被動局面。也造成了最高決策層的這種「不務正業」的混亂現象，對朝政的正常運轉及國家的治理產生嚴重干擾。

萬氏專斷，天子痴情

徐娘雖半老，皇帝卻愛得死去活來，萬氏真幸運！

明代自成祖之後，便把皇都由南京移到了北京。從成祖至宣宗年間，明朝封建專制主義中央集權制度進一步加強，社會經濟也有了較大發展，社會也比較安定。但自明英宗時期開始，隨之而來的便是明代中葉以後政治上的腐朽反動，皇帝昏庸、貪婪、殘暴，不理朝政；宦官專權、內閣紛爭、藩王作亂，統治階級內部矛盾尖銳、激化起來。明憲宗朱見深就是在這樣的一種社會大環境下登基稱帝的。朱見深在位期間，不愛青春貌美的二八佳麗，反而偏寵比他年長近兩輪、半老徐娘的萬貴妃，堪稱歷史上的一「怪」。

萬貴妃，原名貞兒，祖籍青州諸誠（今山東省益都縣附近）。其父萬貴，原為縣衙掾吏，後因罪流配邊地。當時，萬貞兒年僅四歲，便被充入掖庭為奴。稍長，侍奉剛被冊立為明宣宗皇后的孫氏。孫氏原為貴妃，因善於獻媚，爭寵有術，最後才使明宣宗朱瞻基廢掉胡皇后而改立她為皇后。宣宗駕崩後，其子朱祁鎮即位，是為明英宗，孫氏由皇后變成了太后。這時，萬貞兒已出落得花容月貌，變成了一位婀娜多姿、楚楚動人的少女了。孫太后見她聰明伶俐，又很漂亮，便命她在仁壽宮負責管理服裝衣飾等事務。據說這位萬貞兒的性情與孫太后極其相近，又加之她一直在孫后身邊侍奉多年，耳濡目染，不僅瞭解了許多宮中后妃們爭寵奪愛的內幕，同時也學到了不少這方面的「知識」。這就為她日後爭得明憲宗的寵愛，以一宮婢而榮升為貴妃，並穩立宮中，奠定了堅實的基礎。

朱見深做皇太子時，時常去祖母孫太后的宮中玩耍，每次都是由萬貞兒領著他盡情遊玩。時間久了，次數多了，兩人的關係便日益親密，後來便成了莫逆之交。當時朱見深還是個孩童，他是把萬貞兒當成了一位大姐姐。而萬貞兒卻是個有心人，她不想在宮中當一輩子宮婢，於是，她便把自己的未來押在了這位比自己小十九歲的年幼皇太子身上。她決心靠自己的姿色和媚術，征服皇太子，達到有朝一日出人頭地、入主後宮的目的。

明英宗天順六年（西元一四六二年），孫太后病逝。這時，皇太子朱見深已經十五歲，他見孫太后已死，便把「大姐姐」萬貞兒要進自己的東宮，做了自己的貼身侍女。此時的萬貞兒雖早已年過三十，但仍姿色猶存，看上去比她的實際年齡要小十幾歲，十五歲的皇太子情竇初開，已經懂得了男女之間的事，萬貞兒見太子不忘舊情，心中十分高興。她深知機會難得，此時正是利用女色勾引並牢牢拴住太子的大好時機。於是，萬貞兒便在東宮背著宮人使出了全身解數，用盡種種狐媚手段，將太子拉下了「水」，幹起了風流韻事。

天順八年（西元一四六四年），三十八歲的明英宗朱祁鎮駕崩，十七歲的皇太子朱見深即位，是為明憲宗。新皇帝即位後的第一樁大事便是冊立皇后，如按憲宗皇帝朱見深自己的想法，是想冊立自己十分寵愛的萬貞兒為皇后，然而，按照當時的慣例和禮俗，又是不可能的。因為不僅萬貞兒與皇帝的年齡相差懸殊，更主要的是她非貴望名門出身，以微賤之宮女，想一下子躍上皇后的寶座，為六宮之主，只是夢想而已。

憲宗即位後，後宮有兩宮太后，一是憲宗之母周太后，另一為慈懿錢太后。這兩宮太后為新天子選立皇后之事，費盡了心思。她們在英宗生前親自為兒子選定的十二位賢淑美女中，經過認真挑選，最後初定了王氏、吳氏和柏氏三人為皇后候選人，留在宮中，以做進一步考察。

一日，憲宗生母周太后把司禮監太監牛玉叫到宮中，命他在三女中選定一人為皇后，牛玉便說道：「先帝在世時曾屬意吳、王二女。依老奴看，此二女姿貌相當，不大好區分誰更端莊秀麗。細比較一下，好像吳女更賢淑些。」周太后聽了，當即表示贊同。於是，便由周太后做主，又徵得了錢太后的同意，擇定吳氏為皇后，隨即擇吉日舉行帝后大婚及冊後典禮。迫於禮制與母命，憲宗只得同意冊吳氏為皇后，同時也冊立萬貞兒為嬪妃。

新立的皇后吳氏，出身名門，不僅年輕貌美，而且頗有才學，然而，所有這一切都沒有引起那位青年皇帝的興趣，憲宗將全部的愛情傾注在年逾四旬的萬妃身上。所以，帝后大婚之後，憲宗皇帝極少留宿中宮，幾乎天天都去萬妃的宮中，與萬氏歡宴行樂。

憲宗皇帝的反常行為，使吳皇后又羞又惱，她十分納悶，那徐娘半老的萬妃是靠什麼手段將年輕皇帝的心牢牢地拴住了呢？自己哪一點比不上她呢？她百思不得其解……。

萬貞兒雖沒能入主中宮，登上六宮之主的皇后寶座，但她靠自己的獨到之處及與皇帝多年交情，竟使皇帝對她仍舊一往情深而不喜新厭舊，其寵幸遠遠超過新婚的皇后。所以，萬氏並未因沒當上皇后而懊喪，而仍是信心十足，她似乎堅信，憑著皇帝對自己的寵愛，那「皇后」之位早晚會是自己的。就這樣，萬妃仗著憲宗皇帝的無比寵幸，便在後宮之內飛揚跋扈、傲氣十足起來，不僅隨意打罵宮女，就連吳皇后，她也沒放在眼裡，尤其是在帝后大婚伊始，皇帝不去皇后寢宮，反而經常臨幸她的寢宮，與她朝夕相處，相親相愛，這就更加助長了她的驕氣與傲氣。因此，她每次遇見或謁見吳皇后時，總是瞪著眼板著臉，從不給面子，甚至故意擺架子。使吳皇后異常氣憤。最初，吳皇后礙著憲宗皇帝的面子，強把怒氣和怨恨壓在了心底。到後來，萬妃更加變本加厲地蔑視吳皇后，吳皇后實在忍無可忍，便對她進行斥責。可是，萬妃不僅不加收斂，反而故意對皇后惡語相譏，甚至撒潑辱罵。一次，萬妃再次無禮，惹惱了吳皇后，她命身邊的宮人將萬妃按倒在地，親自取來一根棍子，將萬妃痛打了一頓，這下可捅了「馬蜂窩」，萬妃故意將衣襟扯破，一路飛跑，進宮找到憲宗，大哭大鬧不止。憲宗皇帝見自己的寵妃被打，勃然大怒，起身要去找吳皇后替萬妃出氣。萬妃詭計多端，採取了「欲擒故縱」的策略，故意邊哭邊阻攔憲宗，不讓他去找吳皇后，並說道：「妾妃已年長色弛，不如皇后年輕美麗，妾是請陛下准我出宮，以免皇后生氣，妾也免得再受那杖刑了！」

憲宗皇帝哪裡捨得放萬妃出宮，聽了萬妃的一番話，越發對其憐愛，並對吳皇后恨得咬牙切齒。憲宗把萬妃輕輕攙扶到御榻上，慢慢替萬妃解開衣服，見她雪白嬌嫩的肌膚上面，留下了一道道杖擊的血痕，心痛得流

下了眼淚。他發誓：「如此狠毒之婦人，我若不把她廢掉誓不為人！」

次日清晨，憲宗皇帝早早就去拜見兩宮皇太后，訴說吳皇后如何心狠手辣，不懂禮法，已不堪再居六宮之首，請求太后批准，將吳皇后立即廢除。錢太后因事不關己，抱著少說為佳的態度，不置可否，而憲宗的生母周太后卻認為不可，反對廢后。她說：「冊封皇后僅一月有餘，今若廢去，豈不惹人笑話？」可憲宗皇帝廢后之心已定，堅持非廢不可。最終，周太后因疼愛兒子，也只好不再阻攔，由他去了。

第二天，憲宗升早朝，頒發了一道廢后詔書，宣布廢黜吳皇后，命吳氏移居別宮。憲宗在詔書中說：「先帝為朕簡求賢淑，已定王氏，育於宮中待期。太監牛玉輒以選退吳氏於太后前復選。冊立禮成之後，朕見其舉動輕佻，禮度率略，德不稱位，因察其實，始知非預立者。用是不得已，請命太后，廢吳氏別宮。」吳氏被廢，還牽累株連了不少人。吳氏的父親在女兒被冊立為皇后後，已被授職都督同知，如今女兒被廢，他不僅失了官職，而且被捕下獄，最後問了個戍邊之罪。當初選定吳氏為皇后的司禮太監牛玉，原本是英宗時期有名的頭面太監，並且是英宗死前與太子同受遺言者。然而，憲宗此刻將他也視為吳氏同夥，將他謫往孝陵，到那裡種菜去了。跟隨牛玉獲罪的，還有他的侄子、太常寺少卿牛倫，他的外甥、吏部員外郎楊蹤，他們也都受到了除名的處罰。還有懷寧侯孫鏜，因與牛玉沾親，也受株連，落職閒住了。這是發生在天順八年（西元一四六四年）八月的事。

又過了兩個月，因後宮虛位，萬妃便鼓動憲宗去向太后說情，將她立為皇后。但周太后因萬妃年歲太大，且出身微賤，始終沒有答應。隨後，在周太后的堅持下，命憲宗冊立了與柏氏一起被封為貴妃的王氏為皇后。

萬妃一下子鬥倒了吳皇后，不免威風大振，在宮中更加盛氣凌人，宮婢們都怕她，人人自危。就連新冊立的皇后王氏，萬妃也沒有把她放在眼裡。王皇后原本極為嫻靜，軟弱怕事，她知道皇帝極寵萬妃，且又有被廢的吳氏為前車之鑑，所以，王皇后對萬妃處處忍讓，一點都不敢與之相爭，甘願做一個傀儡皇后，也就心安理得了。

明憲宗何以被比他年長十九歲的萬妃迷得那麼深，那麼久？萬妃何以被明憲宗寵得那麼深，那麼久？當時乃至後世有許多人都感到難以理解。但據有人分析，萬妃之所以得以被久寵不衰，是因為她為人極警敏，隨時都能夠預知明憲宗的心意，滿足他想要得到的歡情。比如，明憲宗喜好去各地游幸，據說也都是由萬妃倡導的。每逢憲宗出行，萬妃都是戎裝騎馬，作為前導，使得憲宗皇帝遊興大增。

憲宗成化二年（西元一四六六年），憲宗最寵愛的萬妃為他生下了第一個兒子。憲宗得子，高興萬分。母以子貴，憲宗立即晉封萬氏為貴妃。同時，為使皇子健康成長，憲宗又派出使臣四處禱告山川諸神，保佑皇子平安。

不料天不遂人願，未待滿月，這位皇子便短命夭折了。憲宗和萬貴妃都十分痛心。萬貴妃還想再生一個，可從此再也沒有懷孕。皇子是奪取皇后寶座的一張王牌，萬貴妃雖失去了這張王牌，但奪取皇后的野心不死。她害怕別的嬪妃有孕，生了皇子會與她爭寵。為此，她一面盡力纏住明憲宗，讓他沒有機會去接近別的妃嬪，一面則派出她的心腹太監和宮女，在宮中到處替她偵察，如果得知哪個嬪妃或宮女懷有身孕，便要立即向她報告，由她設法把胎兒打掉，或把母子一塊除掉。迫於萬貴妃在宮中的權勢與淫威，這些人只好忍痛服從。

一晃幾年過去了，憲宗仍然沒有皇子。宮廷內外，朝野上下都為之憂心，大臣們屢屢請求，要皇帝廣施恩澤，憲宗本人也為此愁眉不展。到成化五年（西元一四六九年），柏賢妃終於躲過了萬貴妃的防範，不但懷了孕，而且為明憲宗生下了皇次子。憲宗當然高興萬分，大舉慶賀，為皇子取名朱祐極，並立即立為皇太子。這個皇子很健康，活潑可愛，憲宗十分喜歡，可到了第二年二月，皇太子突然生起病來，病勢來得兇猛，令御醫們束手無策，僅一天一夜的工夫，便又夭折了。緊接著，那位柏妃也不明不白地死了，憲宗又失一子，號啕大哭，哭得死去活來，宮女和太監們都覺得柏妃母子二人死得奇怪，有人偷偷調查發現，果然是萬貴妃妒火中燒，派人毒死了太子和柏妃，但人們都懾於萬妃的寵勢與淫威，不敢告發。

皇太子朱祐極死後，憲宗謚之為「悼恭太子」，用太子之禮予以殯葬，但這仍無法減輕他的哀思，他非常希望再有位皇子。但實際情況是，萬貴妃由於先前的一時疏忽，致使柏妃懷孕生下了皇子，如今，她對後宮監視得更嚴，幾年過去了，憲宗仍無子嗣的消息。

轉眼到了成化十一年（西元一四七五年）。這天，憲宗思念亡子，百般無聊中召太監張敏替他梳理頭髮。在鏡中，他發現自己已經生了數根白髮，不覺悲涼起自於心，嘆道：「老之將至而無子，可嘆也！」聽到這句話，這位在安樂堂當過門監的張敏，一下子伏倒在地，一邊磕頭，一邊說道：「請萬歲爺恕奴死罪，奴直言相告，萬歲已有子嗣！」憲宗聽了，大吃一驚，趕忙問道：「此話怎講？朕的兒子在哪裡？」張敏又磕一個響頭，回道：「奴才一說出來，恐怕性命難保。請萬歲爺千萬替皇子做主，奴雖死無憾！」這時在旁侍立的司禮監太監懷恩，也跪下來叩頭，為張敏作證：「張敏所言皆是實情。皇子被養育在西內密室，現已六歲了。因怕張揚出去招惹禍患，所以才隱匿至今。」

憲宗又驚又喜，恍惚似在夢中，當下急忙傳旨，擺駕西內，派人速去迎接皇子。

此皇子的由來，還得從成化三年（西元一四六七年）說起。那一年，西南土族作亂，明憲宗派兵前往征討。平定叛亂之後，將大批男女俘虜解入京城。其中有一紀氏女，原是賀縣一土官的女兒，長得美麗機敏，被送入了掖庭。因她性情賢淑，又粗通文墨，便升為女史。不久，又被王皇后看中，命她管理內府庫藏。

一日，憲宗偶然來到內藏，問及內藏現有多少錢財物品，她口齒伶俐，對答如流。憲宗非常高興。同時又見她生得明眸皓齒，嫵媚動人，不覺動了慾念，便在紀女的住室當場召幸了她，而且使她懷了孕。

萬貴妃在宮中的耳目極多。紀女懷孕的消息很快就被她知道了。萬貴妃異常忌恨，便派一名宮女去內藏瞭解實情，命她如果情況屬實，立即將紀女抓來，嚴加懲辦。那宮女是個好心人，她不忍心皇帝的子嗣再遭不測，回去稟報時說：「紀女並非有孕，而是生了可怕的痞病，肚子鼓脹。」萬貴妃半信半疑，還是不太放心，便令紀女搬出內藏，移居與自己住處很近的安樂堂，以便不時加以監督。

十月懷胎，一朝分娩。紀氏在安樂堂終於生下了一個男孩，按說，宮女生了皇子，是件喜事，可紀女卻十

分憂愁。萬貴妃殘害皇子的事，她早有耳聞。她知道自己的兒子也很難逃脫萬貴妃的魔掌，還不如趁早弄死他，或許還能保全自己的性命。於是，她流著淚，咬咬牙，將兒子用布包好，交給門監張敏，讓他帶出宮去溺死。張敏接過小皇子，心中一陣難過。他知道憲宗皇帝年紀越來越大了，先前的幾個皇子不是胎死腹中，便是急症夭折，至今仍無子嗣，大明江山將來可由誰來執掌？如果溺死了皇子，皇嗣無人，自己豈不成了千古罪人？想到這兒，張敏冒著被殺頭的危險，把皇子偷偷藏進密室，取些蜜糖、粉餌之類的食物餵養。由於張敏辦事謹慎小心，一次次躲過了萬貴妃的耳目。不久，廢皇后吳氏知道了消息，便把皇子抱到自己的住處西內，悉心加以照料，皇子才得以安然活了下來。轉眼幾年過去了，皇子已五、六歲了，一直住在西內，連門都不敢出，胎髮都沒剪過……。

憲宗派出的迎使來到西內，紀氏聽說憲宗要召見兒子，知道吉凶難卜，便抱著兒子大哭道：「兒啊，你今日一去，為娘恐性命難保？兒去，若見一穿黃袍，有鬍鬚的人，便是你的父親，你要拜見行禮！」說完，她又為兒子換上一件小紅袍，抱上了一乘小轎，由張敏等人護著，離西內去往憲宗寢宮。

此刻，憲宗正焦急地坐在床邊等候。忽見宮門前一頂小轎停下，一個身穿紅衣、胎髮披肩的小男孩從轎上跳下來，直奔堂前，小孩一見到憲宗，便立即跪倒，口稱：「兒臣叩見父皇。」憲宗悲喜交集，淚如泉湧，趕忙一把將兒子抱入懷中，置於膝上，凝視撫摸了很久，才喃喃說道：「這是我的兒子，長得很像我！」於是，憲宗急命司禮監太監懷恩去內閣報喜，並說明得子的情由，朝臣們聽了，皆大歡喜，次日早朝，一齊向憲宗道賀，憲宗又命內閣起草詔書，頒行天下，封紀氏為淑妃，移居西內，因六歲皇子尚未取名，又命禮部會議，為皇子取名朱祐樘。

這時，大學士商輅仍擔心這位皇子會重蹈前皇太子朱祐極的覆轍，再遭萬貴妃毒手，但他又不敢明說，只藉口便於照料皇子，奏請讓紀妃與皇子同住，憲宗認為有理，便准奏，命紀氏攜皇子居住永壽宮。此後，憲宗也時常駕幸永壽宮，同紀氏歡聚。

憲宗突然喜得皇子，舉朝歡慶，大家都很高興。但唯有萬貴妃一人恨得直咬牙。她好像受到了很大刺激，日夜哀怨哭泣，還邊哭邊罵，說是受了那些沒有良心的人的哄騙，絕不善罷甘休。人們從萬貴妃的神態中感到，此事絕不會就這麼風平浪靜下去。果然不出所料，在這年的六月間，已被封為淑妃的紀氏，忽在永壽宮中暴卒，緊接著，內監張敏也吞金而亡。紀氏是如何死的，傳說不一，有人說她是被萬貴妃派人暗殺而死；也有人說，是紀氏自己上吊死的；還有人說，紀氏的死，是萬貴妃讓為其治病的御醫設法用藥毒死的。好在皇子並未同時遇害。

紀妃暴死不久，皇子朱祐樘便被憲宗立為皇太子，正式成為大明皇儲。但是他的處境仍然相當危險，殺機四伏。因為萬貴妃視他為眼中釘，一直想尋機除掉他，憲宗的母親周太后為了保護孫子，免遭萬妃毒手，命憲宗將祐樘交給她。從此，皇太子朱祐樘便住進了周太后的仁壽宮。周太后對孫兒照管得很細心，隔絕了與外間的一切聯繫。

萬貴妃謀害太子之心不死。一天，她讓人捎信，請太子到她宮中去玩。周太后知道她未安好心，但又找不出理由拒絕，便再三叮嚀孫兒去了之後千萬不要吃任何東西。太子雖小，但很聰穎，警惕性很高，牢牢記住祖母的話。到了萬貴妃宮中，萬貴妃果然拿出不少珍貴食品，讓太子吃。太子見到這些食物，只說已經吃得太飽，吃不下去了。萬貴妃見他不吃，就讓人端來羹湯，說道：「太飽了，吃不下，就喝點湯吧！」太子想不出用什麼話來推脫，一著急，就說了實話：「這湯中有毒嗎？」氣得萬貴妃半晌說不出話來。心想，才幾歲的孩子，就已如此，將來一旦登上皇位，還不殺了我！從此，太子成了萬貴妃的一塊心病。

萬貴妃之所以一直沒有能位晉六宮之主，其中最主要的一個原因，就是因為她出身微賤，這一直是她引以為恥的憾事。所以，為了提高自己的出身「地位」，她想盡了辦法，絞盡了腦汁。當時，朝中有一位閣臣，名叫萬安，四川眉州人，正統年間進士。此人既無才幹，也無學識，更缺品德。但他有一最大本事，就是善於投機鑽營，會拍馬屁。萬安為了繼續往上爬，在萬貴妃寵極一時之際，便透過內監，與萬貴妃拉上了本家，自居

於子侄之輩，並時常藉此向萬貴妃貢納金玉珠寶。萬安之舉，正中萬貴妃下懷，她正在為自己的門第太低而發愁，如今忽有這麼一個中在高第，身為閣臣的人來認本家，自是喜出望外，萬貴妃便授意自己的弟弟、錦衣衛指揮萬通與萬安結識，很快就聯了宗，親密交往起來。萬通的妻子，因可以自由出入內宮，萬安便透過她隨時瞭解宮中發生的一切，對他進一步投機鑽營相當有利。到成化十四年（西元一四七八年），因內閣首輔商輅致仕回鄉，萬安便在萬貴妃的「運動」下，得以升任內閣首輔，成了權傾朝野的官僚，同時也是萬貴妃幫派的核心人物。

萬貴妃還依仗憲宗對她的寵愛，斂財受賄。比如，萬貴妃經常很嚴厲地斥罵或杖責身邊的太監，因此太監們都非常怕她。於是，太監們為了少受斥責，便想方設法討她歡心，而主要手段就是為她蒐羅珍寶錢物。一時間，為萬貴妃幹此事的太監越來越多，其中有不少人，如梁芳、錢能、韋興、韋眷、王敬、汪直等，都是靠行賄萬貴妃而發跡起來的。比如太監梁芳，經常帶領一些小太監，南下蘇州、杭州及廣州等商貿繁華之處，以為宮中採辦珠寶為名，在那裡大肆搜刮民脂民膏。

這些人打著萬貴妃的旗號，騷民擾民，無惡不作。有人將此事奏報給朝廷，憲宗追問起來，梁芳等人便奏稱是為萬貴妃辦事，是萬貴妃派他們出去的。憲宗聽說是自己心愛的妃子所派，也就不再追問了。此後，這些人更加肆無忌憚，有恃無恐，不僅為萬貴妃弄到不少珍奇珠寶，同時，也裝滿了他們自己的腰包。

自從無端冒出個皇太子朱祐樘，萬貴妃幾次加害又未得手，無奈之下，她便對後宮的管制放鬆下來，使得憲宗可以自由地與各嬪妃宮女交歡，廣布雨露恩澤，因此，很快又添了祐杬、祐掄、祐枟等十一位皇子。

太監梁芳等人勾結萬貴妃，大肆侵吞內府錢財，害怕將來太子即位會懲治他們，便找到萬貴妃，請她出面，在憲宗面前讒陷太子，以便廢黜他，另立皇儲。此議正中萬貴妃下懷，既然弄不死太子，那就廢了他。從此以後，萬貴妃一有機會，就對憲宗吵鬧，要求廢掉皇太子朱祐樘，另立邵宸妃的兒子興王朱祐杬。儘管此時萬貴妃已年近六旬，可仍得憲宗寵愛如初。憲宗對她又親又怕，根本離不開她，怎敢不聽她的話呢？

這一天，憲宗找來司禮監太監懷恩商量廢立之事。懷恩聽了，連連搖頭，認為不可。這下卻惹惱了憲宗皇帝，一道詔旨，就把懷恩貶到鳳陽去守皇陵了。就在憲宗想召集群臣商議廢立之際，忽報東嶽泰山發生了大地震，欽天監官員據天象所測，說此「兆」應在東宮，憲宗聽了很害怕，以為是欲廢太子而惹怒了天神，才有此震災發生。於是，他便不再提及易儲之事，這才保住了太子的地位。

萬貴妃雖然一生受寵，以一個卑微的宮女、半老徐娘之身，寵冠後宮，做了二十幾年無名有實的「皇后」，但她終感天不遂人願，主要是兒子早夭，後來一直不孕，未能名正言順地當上六宮之主，尤其是費盡心機也沒能扳倒太子，不免肝火鬱積，得了肝病，於成化二十年（西元一四八四年）春病死宮中，終年六十歲。萬貴妃一死，明憲宗好像失了魂似的，異常傷感。曾淒然地對人說過：「貴妃一去，朕亦不久於人世了！」可見憲宗對萬貴妃的寵愛至死未改。明憲宗還親自主持了萬貴妃的葬禮，一切都如皇后之制，並輟朝七日。

萬貴妃死後，憲宗抑鬱寡歡，心力交瘁，經常獨自一人以淚洗面。不久，便得了重病，於是年秋八月駕崩，追隨萬氏而去，終年僅四十一歲。

明憲宗何以對萬貴妃如此痴情？這實在不是常人按常理所能理解的。也許是欣賞，也許是依賴，總之憲宗對萬氏是言聽計從，寵愛有加。在那樣充滿威脅的環境以及皇權制度下，萬氏懂得如何自保。因此，萬氏才能仰仗天子的寵愛，為所欲為，甚至滅絕人性地去鞏固寵位。女人與女人之間血與肉的傾軋令人觸目驚心。封建社會中宮廷內部你死我活的爭鬥完全扭曲了人性，美者不再美，醜者更加醜，一切皆為皇權所致，皆是封建專制制度使然。萬氏樹黨營私，培植親信，敗壞法紀朝綱；恃寵教唆奴婢、下人騷民擾民，斂財索賄，以至於人民更加貧困，敗壞社會風氣，其罪亦大焉！

「八虎」居首，劉瑾亂政

得寵閹宦亂政，他是一個十足的「典範」。

明弘治十八年（西元一五〇五年）五月，年僅三十六歲的明孝宗病逝於乾清宮。孝宗是明朝歷史上不可多得的一位明君。他在位期間，任用賢臣，勤於治理，裁抑宦官，改變了英宗、憲宗時期太監專政的混亂局面。同時，他還力倡節儉，懲治腐敗，清正廉明，社會上一度出現了安定繁榮的局面，史稱「弘治中興」。只可惜他英年早逝，只在位十八年，他死後，武宗朱厚照繼位，年號正德。

孝宗臨終時，曾把劉健、李東陽、謝遷三位顧命大臣召到身邊，不放心地對他們說：「太子雖然聰明，但是過於好逸樂啊！」言外之意對他兒子朱厚照頗為放心不下。孝宗的擔心並非沒有緣由，朱厚照的確非常聰明，他遇事有主見，文武雙全，且又歌舞、遊獵無所不能，很有做皇帝的才幹。但是，因為孝宗在位時只顧忙於政事，忽略了對兒子的管教，為他安排的少師、少傅又不甚得力，所以，明武宗始終是在小太監們的「關照」下為所欲為地生活，自幼養成了嬉戲無度、玩世不恭的惡習。這批竭盡全力討好主子的小太監中，有一位做得最為「出色」，那就是劉瑾。

劉瑾本姓談，興平（今陝西興平縣）人。四、五歲時，他父親結識了一位姓劉的太監，他的那種榮耀令劉瑾父親羨慕不已，自嘆年齡已過，沒有了機會，便把主意打在劉瑾身上。他強行將兒子閹割後，拜於劉姓門下，不僅兒子改姓劉，連他自己也改名劉榮，意即欲求榮華富貴。

在劉太監的關照下，劉瑾小小年紀就進宮做了太監，在乾清宮做「答應」（廝役）。當時孝宗在位，宮規頗嚴，劉瑾因冒犯宮規險些被處死，後來經人說情才僥倖被赦免。在權臣李廣的引薦下，他被派到東宮侍候皇太

子朱厚照。但他沒想到，這一去，竟決定了他一生的命運。

劉瑾為人極聰明乖巧，他吸取了以往的教訓，養成了處處小心、察言觀色的習慣，不僅不再犯錯，而且千方百計地討好太子，自然太子也對他情有獨鍾。武宗即位後，劉瑾馬上被提升為鐘鼓司掌印太監，這在當時已是一個相當不錯的位置。劉瑾的心裡異常興奮，對自己的前途充滿了幻想和希望。

劉瑾一直仰慕著一個人，就是明英宗時權傾朝野的大太監王振，他希望自己也擁有王振的一切，並在心中細細加以籌劃，覺得自己此時的機遇已不在王振之下。王振從東宮侍奉英宗起家，自己也在東宮侍奉武宗；王振是以歌舞遊獵邀寵於英宗，自己現在是鐘鼓司掌印太監，皇帝出朝時的鐘、鼓、大內伎樂、傳奇、過錦、打稻等雜戲都在自己的掌握之中，武宗素愛玩樂，利用職務之便就可取悅聖上，只要聖上高興，事情就好辦多了。劉瑾思來想去，得意得不能自持，可見前代的弊端陋習影響之深。

劉瑾開始一步步去實現他的野心，他對天子大獻殷勤的功夫可謂超人一等。皇帝年幼好玩樂，他想方設法今天送隻飛鷹、明天獻隻獵犬、後天又奉上一些古董玩物，整日歌舞遊戲不斷，把個少年天子引得心花怒放。遊戲玩膩了，劉瑾又想出新點子。他湊到皇帝的耳邊悄悄對他說：「外面無奇不有，聖上如出宮走走，定能更開心！」武宗聽後滿心歡喜，立即脫下龍袍，換上便服，隨了劉瑾出宮遊玩。所玩者既新鮮又刺激，武宗沉湎於此，早把國政朝綱置之度外。而劉瑾則因討好皇帝有功，迅速被提升為內宮監太監，負責營造宮室、陵墓、冰窖、製作銅錫器的妝奩等事，還總督團營，即在京都的主力軍。

武宗身邊，有群深受寵信的小團體，都是奉命關照武宗的太監，其中馬永成、谷大用、高鳳、羅祥、魏彬、丘聚、張永、劉瑾等八人仰仗武宗的寵信，專橫跋扈、不可一世，結成了一個新的宦官集團，被稱為「八虎」。劉瑾在這「八虎」之中公認最有膽識，最有計謀，也最有口才，被稱為「利嘴劉」。憑著這三寸不爛之舌和他特有的聰敏圓滑，劉瑾在武宗心中的寵位是其他人所不及的，所以成為「八虎之首」，所有的人都要敬他三分。孝宗在世時，劉瑾做事還稍有收斂，因為他知道孝宗的為人。

孝宗去世後，他的膽子就一天天大起來，因此有恃無恐，干預朝政。孝宗的遺詔中曾經列有罷除提督軍營的監槍太監和各城門監局的條款，劉瑾作為內府團營的總督，拒不執行這一決定。他給武宗出主意說：「鎮守太監是肥缺，司禮監歷來從這上面撈到不少好處，聖上下令將各處鎮守內臣撤回，另外再派一些人去，但是這些人不能白白就職，必須每人上貢一萬兩銀子給聖上，聖上豈非一舉兩得！」武宗只顧沉湎於逸樂，即位後幾個月，侍奉遊樂的太監就增加了幾倍，國庫開支巨大，已經入不敷出，正在千方百計徵集賦稅，一聽這話，正中下懷，點頭稱是。同時對劉瑾的寵信又增加幾分，而劉瑾從中所得自不待言。

劉瑾嘗到了討聖上歡心的甜頭，一直想著要滿足武宗的玩心和貪慾。他上奏要求設立皇莊，以斂財富，得到皇上批准，於是皇莊建立並迅速增加到三百多處。其中管莊的宦官、校衛等在皇莊橫行霸道，京師百姓大受騷擾，叫苦不迭。一國之君如此昏聵，且又上行下效，國政豈有不敗之理。

武宗在劉瑾等人的勸誘下只顧享樂，荒淫無度，朝政混亂不堪。朝中大臣對此極為不滿，上下眾說紛紜，大學士劉健、謝遷、李東陽等於是冒死進諫，紛紛上奏章陳，譴責劉瑾等人為了討好皇帝不擇手段，勸阻皇帝不能再無止境地遊樂而置國政於不顧，但成效不大。

這一時期，京師接連陰雨綿綿，兩三個月未見晴天。南京及江南、陝西一帶相繼發生地震，天上沉雷滾滾，大白天黑如夜晚，星斗可見，狂風暴雨，彗星亙空，連明代的祖陵也遭了雷擊。這一切的反常現象使人惶恐不安，均有大禍臨頭之感。儒學家、五官監侯楊源利用天人感應學說解釋給武宗說這一時期星象大變，自然界大災大難：「這都是上天發怒，用以告誡人間國君的！」武宗迷信，聽後大驚失色，但他仍不能找到弊政的根源，一方面有劉瑾等人的慫恿、誘惑，一方面多年惡習難改，所以，儘管眾臣苦口婆心，武宗依然故我。眾人上奏急了，武宗便對劉健等人大發雷霆，指著他們鼻子說：「天下的事難道都是宦官敗壞的？朝廷大臣敗壞的經常是十居六七，你們應該自己知道！」

天子發怒，按理應該沒人敢再諫，可是，武宗沒想到，朝廷上下上疏奏諫的人竟然越來越多。從內閣、六

部大臣、王公顯貴乃至科道官都紛紛上書，譴責時弊，逐漸把矛頭集中於劉瑾「八黨」。劉健、謝遷等人私下議論道：「現在劉瑾八黨日受重用，已經逐漸開始左右朝政，這樣下去怎麼得了！現在看來，要斬草除根而不能扶正。」

於是他們不顧個人安危，接連上奏，堅決要求誅殺劉瑾以挽回朝政。戶部尚書韓文、御史趙佑、給事中陶潛等也輪番上奏彈劾劉瑾「八黨」。他們的奏章一次次被武宗壓在宮中不予理睬，他們不斷地上奏，朝廷上下呼聲越來越高。在這種情況下，武宗也感到事態真的很嚴重，不能不予以重視，他看出此事已激起了滿朝文武的公憤，雖然在感情上仍然對劉瑾等難以割捨，但迫於朝野震動，還是派司禮監王岳等到內閣，與閣臣們商議，他的意思是將劉瑾遣送到南京安置。

但是，閣臣們對他的意見並未採納，堅決要求誅殺劉瑾。劉健盛怒地一把推開案几，高聲道：「先帝駕崩之前，拉著老臣的手，將大事託付給老臣。如今先帝陵墓上的土還未乾，那劉瑾等輩就竟敢如此敗壞，臣死後有何面目去見先帝啊！」說著痛哭失聲。在場的王岳見此情景，也已是怒髮衝冠，王岳雖然也是武宗當太子時就在身邊服侍的宦官，但他性情剛直不阿，平時對劉瑾等人的所作所為也深惡痛絕，他雖一天三次地往返於內閣和宮中上傳下達，但心中早已站在閣臣一邊，對閣臣們的意見慨然讚許。

王岳在武宗面前將劉健等人的態度原原本本上奏給武宗，武宗不得不答應翌日早晨下旨將劉瑾逮捕下獄。劉健等人得知這一消息之後，大受鼓舞，他們又分頭活動，鼓動滿朝文武大臣，準備第二天在朝廷向武宗當面諫爭，讓武宗下詔誅殺「八黨」。

按明代的制度，六部以吏部為首，韓文等聯合上疏，必定要讓吏部尚書的名字列在首位。當時的吏部尚書是焦芳，此人一直與宦官勾勾搭搭，吹吹拍拍，投機逢迎。他是得力於太監的力量，才得以當上吏部尚書的。此時他見朝臣計議已定，王岳也站在他們那邊做為內應，連奏章都準備好了，非常震驚，經過一番考慮，他還是派人飛告劉瑾此事。

這段時間以來，劉瑾等人已如驚弓之鳥，惶惶然不知如何是好，一聽到焦芳送來的消息，其他人嚇到魂飛魄散。但劉瑾較能沉得住氣，他要眾人定下心來，立即商量對策。經過一番謀劃，他們決定要先發制人。當天夜裡，劉瑾就率領其他七人來到乾清宮，團團圍跪在武宗面前，還沒開口，就已經涕淚交流，磕頭如搗蒜，口中連連求饒，面對這些平日不離左右的寵臣，武宗面露不忍之色，決心開始動搖。

劉瑾等人邊求饒邊哭訴：「如果不是皇帝開恩，在下早就被千刀萬剮餵狗了！」武宗問這是何原因，劉瑾說：「皇上不知，在下到此地步，全是王岳所害。」武宗一聽非常吃驚，忙問是怎麼回事，劉瑾說：「王岳勾結閣臣，要控制皇上的行動，所以先要除掉他們所顧忌的人。王岳在外對諫官說：『諸位先生有話只管說。』在內閣議論時，又稱讚他們說得對，這是什麼意思？那駿馬、鷹犬王岳買來進獻過皇上沒有？現在卻只歸罪於我們！」

武宗聽到這裡，已經是怒不可遏，大喝一聲：「把王岳抓來是問！」劉瑾緊接著又說：「狗馬鷹兔對皇上處理國家大事有何損害？外官們之所以敢這樣肆無忌憚地喧嘩，毫無顧忌，就因為司禮監沒有得力的人，否則皇上想做什麼就做什麼，誰還敢多嘴！」劉瑾真不愧為「利嘴劉」，這些話說得著實厲害，他不僅要挑撥皇帝與閣臣之間的關係，而且還有更大的野心。明朝制度規定，凡重大事情的奏章必須彙總於內閣，由內閣大學士提出處理意見，然後再送宮中，讓皇帝批覆方可執行。而皇帝的批示實際上往往由司禮監秉筆太監根據皇帝的旨意代批，或由皇帝委託司禮監秉筆太監代批。所以秉筆太監的權力極大，甚至可以專擅朝政，這樣的位置怎能不令劉瑾垂涎三尺呢？

劉瑾的話說得武宗直點頭。其餘的人也紛紛應聲附和，並一同推舉劉瑾做司禮監。昏庸的武宗完全相信了這批寵臣的讒言，連夜下令：劉瑾入掌司禮監兼提督團營，立即上任。其他七人也被委派重任，分別掌管東廠、西廠等要害部門。接著傳令逮捕王岳等人，將他們放逐到南京去充淨軍。這些巨大變故都發生在瞬間，朝臣們一無所知，政治鬥爭歷來就是這樣嚴酷無情。

次日早朝，眾大臣們按原計畫韓文等上奏請求誅殺劉瑾及其他七人，沒想到事態竟然與他們的預料相反，他們不禁個個目瞪口呆。見此情景，劉健、謝遷、李東陽三位顧命大臣紛紛請求辭職，武宗惟獨留下了李東陽，只為他在處理劉瑾等人問題上態度稍微和緩一些。武宗還任命焦芳入閣，接著派人到押解王岳的途中追殺了王岳。至此，劉瑾等人的地位更加鞏固，自然也就更加趾高氣揚，他在一步步去實現他的夢想。

劉瑾透過這次爭寵鬥爭，掌握了要職，更掌握了武宗，他知道在皇帝面前的寵位已無人可代，行動起來也就更加無所顧忌。

劉瑾的制勝法寶還是取悅皇帝，為此他可謂費盡心思。而他在奏陳請批的時候，總是選在皇帝玩興正濃的時候，他知道皇帝心裡高興，總是有求必應，有時武宗為了不受干擾，還乾脆斥責他說：「我用你們這些人是幹什麼的？這樣來纏我！」而這正是劉瑾求之不得的。久而久之，劉瑾就習慣了自作主張，或以遵旨為名，左右朝政。

掌了大權的劉瑾為鞏固他的寵位，是不會放過曾差一點置他於死地的朝臣們。他開始大肆活動，結黨營私，排斥異己。按照劉瑾的意志，宮中公布了一系列所謂「奸黨」的名單。劉健等五十八人還被強令跪在金水橋邊聽候宣布。此情此景實乃前所未有，欲施報復的人必然是要置敵人於死地而後快，劉瑾這才不過剛剛開始罷了。

內閣大學士劉健、謝遷等人都是頗有威望的重臣元老，他們憤然辭職使朝廷上下嘩然。給事中呂翀、劉茝等六人，南京六科給事中戴銑、御史薄彥微等上疏請求「斥權閹、正國法、留保輔、託大臣，以安社稷」，結果被當眾打了板子。劉瑾借聖旨將他們關入錦衣衛北鎮撫司監獄，其中戴銑因被打得太重，命沉黃泉。

劉瑾還傳令把負責守衛南京、曾經幫助呂翀、劉茝遞奏疏的武靖伯、趙承慶的俸祿削減一半；強迫應天府府尹陸珩、南京兵部尚書林瀚退職還鄉。兵部主事王守仁上疏為戴銑等辯解求援，劉瑾大怒，假托聖旨將王守仁廷杖五十。王守仁被打得皮開肉綻，嘶聲哀號，多次死而復甦，被貶為貴州龍場驛丞。劉瑾仍不甘心，派人

守在路上準備殺掉。王守仁行至浙江錢塘，覺出有人跟蹤要加暗害，便趁夜色正濃，偽裝投江自盡，才得保性命一條。

此時的劉瑾已將十六歲的武宗握於股掌，控制了朝廷大權，終日耀武揚威，專挑別人的毛病，吹毛求疵地指責官員們的所謂過失，各官員皆膽顫心驚，度日如年。戶部尚書韓文平生耿直不阿，曾聯合九卿上疏誅殺劉瑾，劉瑾豈能善罷甘休！他整天派人監視韓文，以便揪住把柄加罪於他。偏偏韓文倒霉，輸入內庫的銀子中被發現摻有假銀，劉瑾借題發揮，一口咬定這事與韓文有關，起碼也是失職所致。欲加之罪，何患無辭！韓文縱有一百張嘴也難以辯解，最後終於被降職致仕（離休）。

韓文忍氣吞聲，離京而去，劉瑾哪肯如此輕易放過韓文，他暗中派人跟蹤韓文，還想伺過加罪。韓文深知自己的處境，只得單乘一頂藍色小轎，帶些簡單的行李，一路上投宿荒村小店以保平安。可他萬萬沒想到，告老還鄉還沒過上幾天清靜的日子，又被以遺失部中冊籍為名抓入監獄。一關就是幾個月，然後又被罰米千石才被釋放，以後又被藉口罰米兩次，韓文一家就這樣被搞得傾家蕩產。這些也僅是遭受迫害者其中幾例而已。

劉瑾的權勢越來越大，連公侯貴族、皇親國戚也沒人敢與他平起平坐。平時人們見了他必要下跪作揖，就是武宗上朝時，劉瑾也是站在武宗的右側，群臣拜完皇帝，還必須向東北作揖，因此人們都稱武宗是「坐的皇帝」，劉瑾是「立的皇帝」。武宗無力也無心治理國家，成了劉瑾利用的傀儡。劉瑾不僅代武宗發號施令，而且把玉璽也帶回家裡，代武宗批示奏疏。下面上奏給皇帝的奏摺必須先用紅色的帖子送給劉瑾，稱為「紅本」，然後再上報通政司，稱為「白本」。奏疏中對劉瑾只准稱呼「劉太監」，不准寫他的名字，否則必定受罰。除此而外，劉瑾還四處安插黨羽，結黨營私，仗著劉瑾的勢力，其餘「七虎」也紛居要職，橫行一時。

儘管人們表面上不得不逢迎劉瑾，但內心中忌恨他的人不斷增加。為了排斥異己，劉瑾開始在全國實行特務統治，他親手設立了內行廠，由他親自指揮。不僅偵察、鎮壓一切反對他的官民，而且東廠、西廠也必須受他監視。為此，偵事機關已增到四處：錦衣衛鎮撫司衙門、東廠、西廠、內行廠。其中內行廠最為殘酷，四處抓人之後便是用刑殘酷，罪無輕重，一律受刑，受罰者帶著一百五十斤重的枷發配充軍，枉死者不計其數。不僅如此，各廠還仗勢欺人，四處招搖撞騙、敲詐勒索，為此，百姓們怨聲載道卻又不敢惹，生怕招來橫禍，家破人亡。

廠衛橫行在全國形成了一股告密的壞風氣，上上下下，人人自危，處處恐怖，致使當時政局愈加腐敗。

劉瑾由受寵而專權，由專權而斂財，在他橫行期間，受賄索賄，大發橫財。家中藏有金銀數百萬，各種珍寶難以計數。錢謙益在其編撰的《列朝詩集》丙集中，收集了時人描述劉瑾耗資數十萬銀子所建的玄明宮（供奉玄天上帝的宮殿）為「千門萬戶誰甲乙，玄明之宮推第一」。為了建造這所極盡奢侈的宮殿，可謂「千人舉杵萬人和」、「千人力盡萬牛死」、「南國楩樟盡，西峰土石窮」。僅為了開一塊供香火的貓竹廠地，劉瑾就拆毀了官民房屋一千九百餘間，發掘了民墳兩千五百餘家。僅一個閹官，竟然橫行至此，可見一國之君的武宗昏聵到何種地步。

劉瑾爭寵專權激化了統治階級內部的明爭暗鬥，也引起了百姓的仇恨。劉瑾曾下令把在京師謀生的外地傭工全數驅逐，一時間無數百姓無計生存。不知他出於什麼樣的心理，竟然要所有的寡婦一律嫁人，結果是民工罵，寡婦哭，京師騷動，斷了生計的民工聚到一起一千多人，公開搶劫，聲言寧可不要命，也一定要殺死劉瑾。劉瑾見狀，不免心虛，他怕出大亂子，所以沒敢大張旗鼓地鎮壓。

劉瑾的所作所為引起的公憤越來越強烈。儘管過去那些公開反對他的人死的死，逃的逃，被放逐，被免職，不同程度地遭到迫害，但是站出來進諫武宗、反對劉瑾專權亂政者仍然大有人在，而且一直未斷。

南京監察史蔣欽在劉瑾公開宣布「奸黨」名單以後，氣憤不已，獨自上疏怒斥劉瑾弄權，力請武宗「亟誅（劉）瑾以謝天下，然後殺臣以謝瑾」。劉瑾豈能容他，將蔣欽重打三十大板之後投入監獄。蔣欽為人耿直，不服劉瑾淫威，過了三天，又上疏表示自己與劉瑾不共戴天的決心。傳說蔣欽起草上疏那天夜裡，天色漆黑，案前的燈一跳一跳地閃。忽然一陣隱隱約約的怪叫聲傳來，嚇得蔣欽毛髮倒豎。片刻，他定下神來，心中暗想：

「這可能就是鬼叫之聲啊！莫非是先人的鬼魂不讓我上疏，免得慘遭大禍？」隨之長嘆一聲，繼而又下定決心：「我業以身許國，不能再想自己的事了。如果辜負了國事，給先人帶來恥辱，反而是不孝！」他咬著牙提起筆：「死就死吧，上疏絕不能改。」

這次上疏後，蔣欽又被打了三十大板，舊創新傷已使蔣欽力不能支，三天之後慘死在獄中。蔣欽以命上疏無效，但這種拚死直諫的精神實在可嘉。

劉瑾一人專寵也引起其餘「七虎」的深深嫉妒。他們無論如何也接受不了劉瑾那一人之下、萬人之上的地位，一場狗咬狗的爭寵鬧劇是在所難免的了，隨之而來的即是劉瑾的末日。

「八虎」之中，有一位太監名叫張永。此人長於習武知兵，「八虎」得勢後，被任以提督團營，兼領神機營的事務，握有軍權。本來張永與劉瑾關係很好，但兩人的性格卻又截然相反，處事方式也不同。劉瑾受寵後，根本不把其他七人放在眼裡，他們有什麼事求辦，經常受白眼遭拒絕，張永勢力較大，對劉瑾也就不太恭敬，漸漸地兩人矛盾越來越深，以至於事事相悖，相去甚遠，劉瑾對此早已耿耿於懷，便在武宗面前進讒言，說張永野心大，現在不能再用，乾脆把他調到南京算了。武宗聽後將信將疑，還未及作出決定，劉瑾就不再允許張永進宮，趕他盡快上路。

張永急急晉見武宗，為自己申辯，指出這分明是劉瑾要加害於他。武宗無奈，召劉瑾前來，本想當面為他二人調和一下，沒想到他們三說兩說便吵了起來，張永氣粗，掄起拳頭便打，其他人急忙上前勸阻，連武宗都親自上前，才算把他們勸開，畢竟兩人都是武宗的左膀右臂，武宗非但沒責怪他們無禮，反而要人置酒，勸他們和好。二人在武宗面前也不敢太放肆，表面上是平息了下來，但彼此結怨越來越深。

正德四年（西元一五〇九年），安化王朱寘鐇叛亂，以討劉瑾為名，起草檄文，興兵起事。朱寘鐇這個人生性狂妄，聽算命先生說他應該大富大貴，便做起皇帝夢來，經過密謀籌劃，決定起兵圓夢。武宗聽到奏報，大驚失色，急忙派右都御史楊一清總制軍務，楊一清為人機智勇敢，曾駐紮陝西多年，熟悉邊防事務，屢立功

勛，只為不肯討好逢迎劉瑾，便被設罪下獄，後來經很多官員相救才得出獄，出了獄又被免職還鄉，先後罰米六百石。這次平定叛亂，被重新啟用。武宗派張永作為督軍，與楊一清同去，並親自戎服送張永到東華門，表示十分關照和信任，劉瑾在一旁看了，心裡酸溜溜的不是滋味。

楊、張二人趕到寧夏，那裡的游擊將軍仇鉞已經平息了叛亂，並把朱寘鐇生擒了。楊、張二人無仗可打，便在寧夏做些安撫工作，然後押送朱寘鐇回京師，一路上二人交往甚密，因都與劉瑾結怨，話題也多圍繞此內容，相談十分投機。楊對張說：「這次平定叛亂，仰仗您的大力，但是外患易除，國家的內患怎麼辦呢？」張永問：「你指的什麼？」楊一清往張永身前湊了湊，在手上寫了一個「瑾」字，張永領會其意，但是面露難色：「這個人每天不離皇上左右，樹大根深，耳目眾多，難啊！」楊一清一拍大腿：「您也是皇上的親信，所以這次討賊皇上才將此重任託付與您，由此可見皇上的心意。如今已經大功告成，凱旋而歸，回去求見皇上議論軍情大事，乘機再揭發劉瑾的奸詐，把上上下下的人情仇怨都說給皇上，提醒他這是心腹之患，皇上聽信您的話一定殺掉劉瑾。除去劉瑾，最受重用的就是您了。這樣定能矯正過去所有弊病，收拾天下人心，那麼您就可以與東漢時期的呂強、五代時的張承業並列，千年之中只稱頌你們三人了。」

一番話說的張永怦然心動，多年來眼見劉瑾飛揚跋扈，他雖然也得志，但落在劉瑾名下豈能甘心，但他還是擔心：「如果不成功怎麼辦？」楊一清說：「只要您說話，事情一定成功。萬一皇上不信，只要您跪在地上磕頭，以死相求，剖心瀝血說明決非妄言，皇上一定被您說動。如果請得聖旨，立即行事，不能有一點遲緩，否則必然招來大禍。」張永終於下定決心，一拍桌子站起身來：「好！老奴怎能顧惜餘生而不報答主子呢？」

張永回到京師以後，立即請求在八月十五日獻俘（向皇帝獻上抓獲的罪犯）。劉瑾卻提出先暫緩幾天。為了爭權奪寵，二人決定鋌而走險。

原來劉瑾不僅野心極大，還非常迷信。一個術士俞日明給他算命，說他的堂孫劉二漢應該大富大貴，遂起了謀反之心，正好劉瑾的哥哥、都督同知劉景祥死了，定在八月十五日那天下葬。劉瑾想乘百官都來送葬時作

亂。有了這樣的陰謀，張永獻俘之事他是定不能答應的。但是已經有人將這一消息悄悄地告訴了張永，張永心中有了底數，決定先下手為強。

八月十一日，張永提前向武宗獻俘，儀式結束後，武宗設宴慰勞張永，劉瑾在旁侍候，因心中有鬼，劉瑾坐立不安。晚上，劉瑾先告退，張永按原定計畫，向武宗告發劉瑾陰謀不法，同時從袖子裡抽出早已寫好的狀子，曆數了劉瑾十七條罪狀。武宗本來心裡高興，多喝了幾杯酒，現在一聽，興致皆無，低著頭說：「劉瑾負我！」張永說：「皇上，這件事要做決定宜早不宜遲，否則的話我必定粉身碎骨，聖上恐怕也會受牽連的。」這時，在場的馬永成等人也附和張永，連連作證，武宗最後終於拍案下了決心，下令連夜逮捕了劉瑾，將他關在菜廠，並派人查封了他在宮內外的住宅。

劉瑾雖然有所感覺，並沒想到會是如此結果，始料未及，已成為階下之囚。

第二天早朝，武宗把張永的奏章交付給內閣。畢竟劉瑾多年來恭侍左右，武宗不忍處死，下旨將劉瑾降為奉御，貶往鳳陽居住，讓他去照管皇陵的香火。

這一事件非同小可，滿城官民驚駭不已，大街小巷中人們都在談論這件事，紛紛做著各式各樣的猜測。獄中的劉瑾並沒有死心，他太瞭解武宗了。武宗心軟，這也是劉瑾抱有希望最重要的原因。他可憐巴巴地上了道白帖，訴說自己赤身被綁，沒一件衣服，乞求皇上給兩件衣服遮體。武宗果然下令給劉瑾故衣百件。張永知道此事後大驚失色，他生怕武宗一時心軟，像上次那樣饒了劉瑾，放虎歸山，那樣的話，他是肯定沒命的。於是，張永竭力慫恿武宗親自去抄劉瑾的家。

八月十四日，武宗率人抄劉瑾的家，其結果令武宗大吃一驚。人們在劉瑾家裡搜出了一顆玉璽，金銀累計數百萬兩，還有珠寶玉帶等違禁品，又察出劉瑾平時常用的扇子內藏著兩把鋒利的匕首。武宗頓時大怒：「這奴才果然反了！馬上押送監獄！」

武宗下令三法司、錦衣衛會同百官在午門外聯合審訊劉瑾。審訊的當天，刑部尚書懾於劉瑾平日的權威，噤

若寒蟬，不敢審問，劉瑾也傲慢無禮，態度強硬，甚至受了刑棍後還神態自若，口中振振有詞，強詞奪理。但是人證物證均在，幾個回合下來，劉瑾已經無言可對，只得低頭伏法。隨後，他的黨羽吏部尚書張綵、掌錦衣衛都指揮楊玉、掌鎮撫司指揮石文義等被捕下獄。武宗這次是真的下了決心，下令把劉瑾千刀萬剮，凌遲三日，然後砍頭示眾，將劉瑾的招供和判決書以及處死他的畫圖在全國各處張貼，對他的族人和同黨一律格殺勿論。

行刑那天，劉瑾被押赴市曹，一路上人山人海，圍觀者無數。當時刑部主事張文麟親眼目睹了劉瑾行刑的全過程，詳記如下：「……凌遲數例該三千三百五十七刀，每十刀一歇一吆喝，頭一日例該先剮三百五十七刀，如大指甲片，在胸膛左右起。初動刀則有血流寸許，再動刀則無血矣。人言犯人受驚，血俱入小腹、小腿肚，剮畢開膛，則血皆從此出。至晚押（劉）瑾順天府宛平縣寄監，釋縛數刻，瑾尚能食粥。次日則押至東角頭。先日瑾就刑，頗言（宮）內事，以麻核桃塞口，數十刀氣絕，時方日昇在彼，與同監斬御史具本奏。奉聖旨：『劉瑾凌遲數足，剉屍，免梟首。』剉屍，當胸一大斧，胸去數丈。」據說劉瑾被處刑那天，過去被劉瑾所害的人家多以一錢買下劉瑾身上片下來的一片肉，祭祀被冤死者，甚至有生啖劉瑾的肉以洩憤的。

劉瑾的親信張綵在獄中，屍體被亂刀斫得粉碎。內閣大臣焦芳、劉宇、曹元，尚書畢亨、朱恩等一共六十多人，分別被降職或流放。

明代是中國歷史上太監專權最盛的朝代，自明朝中葉起便宦禍不斷。大太監王振、汪直等人興風作浪，大搞所謂「土木之變」、「奪門之變」，禍及全國。劉瑾是繼他們之後又一位權傾朝野、爭寵作亂的大太監，雄居當時「八虎」之首。他一生的所作所為又為明代的宦禍推波助瀾，實在是太監亂政的一個典型。劉瑾一生為爭寵可謂費盡心機，得寵後又專橫跋扈，亂政專權，在當時那種政治條件下，最後終遭千刀萬剮勢成其為自然。劉瑾的人雖死，但他一生的活動所帶來的社會影響並未因此消失。他不僅承襲了前代宦官的種種惡習，而且開啟了勾結朝官、組成閹黨的先河。在他身上所表現出的種種特徵，代表了中國古代宦官爭寵專權的某些規律，加深了明代的宦禍，並對這一時期的歷史發展帶來巨大負面影響。

寵至極頂，臣不忠賢

有「萬歲爺」的寵信，跋扈朝綱的閹宦才敢自封「九千歲」！

由朱元璋開創的大明王朝經過二百餘年的風風雨雨，到明神宗、光宗及熹宗統治時期，階級矛盾、民族矛盾和統治階級內部矛盾都非常尖銳、激烈。作為最高統治者的皇帝，深居皇宮，不理朝政；大臣們則分門立戶，追勢逐利；而窮苦的老百姓則賦重役繁，怨聲載道，大明江山，危機四伏，江河日下。尤其是明熹宗上台之後，寵信重用宦官魏忠賢，大樹閹黨，迫害忠良，使已破敗的明朝末年之統治，雪上加霜，走到了崩潰的邊緣。

魏忠賢，明隆慶二年（西元一五六八年）正月出生於河間府肅寧（今河北省肅寧縣）。其父魏志敏，母親劉氏，都是走江湖賣藝的戲子。幼年時的魏忠賢不務正業，閒遊放蕩，不讀書不識字。長大後，更是吃喝玩樂，整日沉溺於酒色和賭博中。後娶了一馬氏女子為妻，還生了一個女兒，但他仍不改嫖賭之惡習，逐漸成了當地一個臭名昭彰的無賴。

不久，他跟隨母親進京投親。在客店裡，他又結識了一班無賴光棍，終日抓骰子，鬥紙牌，暴賭狂飲，惹事生非。在一次聚賭中，魏忠賢手氣不好，越賭越輸，最後落得個分文皆無的結局。賭伴們見他窘態畢露，便紛紛拿他尋開心，當眾凌辱他。魏忠賢受不了眾人的耍笑，一氣之下，拋妻棄女，逃離家門。為了出人頭地，他冥思苦想，最後選擇了入宮當太監這條「黃金」之路。於是，他自己動手割去了生殖器，透過關係，投入宮中服役。

一個二十二歲的有婦之夫，毅然做出如此抉擇，是要下相當大的決心的，更何況在信奉「身體髮膚受之父母，不敢毀傷」的封建時代，割掉男根是件有辱門楣、很不光彩的事。由此可見魏忠賢其人，不只是為了生計，最重要的是野心！當然，當時的魏忠賢並未想到，他的這一舉動改變了他的一生。他還在遮遮掩掩，將自己的名字改成李進忠，以掩人耳目。後來在宮中有了立身之地，他才改回魏姓。「忠賢」據說是皇帝賜給他的名。

魏忠賢被選入宮是在明神宗萬曆十七年（西元一五八九年）。開始，他在司禮秉筆太監孫暹手下當差，屬於宦官中的微賤者，只能幹些灑掃庭院之類的體力活。所以，魏忠賢鬱鬱不得志。他悄悄離開皇宮，跑到了四川，去投靠稅監丘乘雲。誰料他先前的種種惡習，已被比他早入宮的另一個太監徐貴偷偷報告給了丘乘雲。因此，丘乘雲不僅未重用魏忠賢，反而下令將他囚禁在一間小房子內，不給他任何食物，打算活活餓死他。幸虧有個宣武門外柳巷文殊庵的秋月和尚，平素與魏忠賢交往密切，這時恰好雲游到四川，聽說了此事，便在丘乘雲面前為魏忠賢求情說好話。丘乘雲這才放了魏忠賢，並給了他十兩銀子，打發他回京。秋月和尚又給魏忠賢寫了一封推薦書，給他的好友內宮監馬謙太監。在馬謙的關照下，魏忠賢二次入宮，並慢慢地站穩了腳跟。

魏忠賢二次進宮，為了達到真正出人頭地的目的，開始使出渾身解數，不斷巴結、攀附有實權的管事大太監。中國封建制度的弊政即在於此，一旦有了權貴做靠山，便能雞犬俱升！魏忠賢的成功正說明了這一點。魏忠賢首選目標是大太監魏朝，魏忠賢不惜一切討取魏朝的歡心，而且藉機與魏朝結拜為兄弟，可見魏忠賢其人何等工於心計！魏朝很快便把魏忠賢推薦給明光宗皇帝的妃子王才人，當上了管理王才人伙食的典膳太監。

這位王才人是皇長子朱由校的母親。皇長子是未來的皇帝，魏忠賢利用管膳這種方便條件，不時接近朱由校，經常送些美食或珍玩給他，以討朱由校的歡心。後來，朱由校當了皇帝，是為明熹宗，而魏忠賢便理所當然地成了新皇帝熹宗的親信太監。

熹宗朱由校在當皇孫時，有位乳母客氏，定興（今河北定興縣）人。其夫名侯二，他們還有個兒子叫侯國興。客氏是在十八歲那年被選入皇宮的。入宮後，客氏便給朱由校當奶媽。據說客氏面色紅潤，體態豐腴，為

人放蕩。客氏入宮兩年後，侯二便死去了，客氏從此便一直住在皇宮陪伴朱由校，二人情同骨肉。朱由校自小由客氏帶大，因此，對她的感情也相當深厚。

朱由校當皇帝時才十七歲。由於他念念不忘客氏對他的撫養，所以，在他當皇帝還不到一個月時，便封客氏為「奉聖夫人」，並賜給她方二寸餘、四爪龍鈕、重兩百餘兩、刻有「欽賜奉聖夫人客氏印」的金印一顆。客氏成了熹宗的親信人物，也成為魏忠賢邀取皇寵的又一個階梯。

魏忠賢開始向客氏大獻殷勤，目的是博得客氏的歡心，進一步取得皇帝寵信。客氏本是大太監魏朝的「對食者」。所謂「對食者」是明代宮中的一種慣例，即變相夫婦。明朝太監都要輪流在乾清宮值班，可是他們又不能在宮中做飯吃，而宮婢們卻有伙房做飯，於是，太監會結交一名宮婢，請她供給吃食。這種關係被稱為「對食者」或「菜戶」，俗稱「搭伙」。

按理說，魏朝應該是魏忠賢的大恩人，沒有魏朝的積極推薦，魏忠賢很難有機會爬上寵位。但世上恩將仇報的人多的是，魏忠賢也不例外，而且他完全是有目的的過河拆橋。魏忠賢將客氏從魏朝手中奪走，明目張膽地由他與客氏組成「對食者」。據說，魏忠賢雖已閹割，但並未割盡，頗懂得房中術，加上年輕時就是個嫖妓的能手，因此，便很快贏得了客氏的歡心。從此，客氏與魏忠賢日益親密，把魏朝忘在了腦後。由此，魏朝對魏忠賢大為不滿，兩人為奪客氏爭風吃醋，最後竟對罵並動手打了起來。事情的經過是這樣的：一天晚上，魏忠賢與魏朝都喝醉了酒，在乾清宮的暖閣上，兩人爭著擁抱客氏，隨之便互相對罵爭吵起來，當時已是深夜，熹宗朱由校已經上床睡覺。二人的爭吵打鬥聲傳到了熹宗的耳朵裡，他便命人將二魏喊到御榻前令他們跪下，聽候發落。客氏喜新厭舊，熹宗早已有所覺察，於是熹宗當場便問客氏到底喜歡誰？客氏指向魏忠賢。就這樣，熹宗便宣布把客氏許配給了魏忠賢。魏朝只得灰溜溜地退了出去。

魏忠賢有客氏的幫助，日益得到熹宗的信任。不久，魏忠賢便從惜薪司提升為司禮秉筆太監，兼提督寶和等三大店鋪。司禮監秉筆太監是皇帝身邊最親近的人，要時常代皇帝批閱大臣們的上奏章表。但魏忠賢是個不

識字的睜眼瞎子，本無資格擔任，可有客氏的幫忙，糊塗皇帝便將此權勢傾國的要職送給了他，魏忠賢大權在握，從此便與客氏狼狽為奸，在宮中恣意橫行，胡作非為。

魏忠賢為了迎合熹宗好玩不善理政的心理，便極盡心機，予以導引，使其沉湎於糜爛的生活之中，以便自己擅權攬政。魏忠賢唆使皇帝挑選粗壯的宦官三百人，手持龍旗，於左邊列隊；又令宮女三百人，手拿鳳旗，列隊於右邊，大搞所謂「內操」。當時有人曾寫詩予以諷刺：「春晴殿閣鼓聲高，宣召中宮禦內操。不似吳王軍令肅，美人歡笑擁旌旄。」「天子宮中肆六韜，紅妝小隊舞鑾刀，一聞炮火心驚戰，昨日言官諫內操。」非常明顯，這樣的操練不倫不類，不過是討皇帝開心罷了。此外，魏忠賢還經常引誘皇帝與伶人、歌伎們一起廝混，縱狗策馬，射箭打獵，把國家大事丟在一邊。

明熹宗朱由校從小就有一大嗜好，喜歡製作機關、工藝品之類的東西。據說他常自己動手做水玩具。用大木桶、大銅缸之類，鑿孔、裝上機關，形成水珠競噴或瀑布倒懸的小景觀；或者借水的上衝力，使一小木球隨著水勢忽上忽下，盤旋不止，久而不墮。他還特別喜歡自己做木匠活，不但會使用錛、鑿、斧、鋸，而且還能蓋房子、刷油漆，尤其精於雕琢製作小型器件。

他每天從早到晚做個不停，完工了即自我欣賞，喜歡一段時間，不久就扔在一旁。在做這些木工活時，不允許別人觀看，除非是特別親近的人。而魏忠賢、客氏每次都站在一旁喝彩，並且讚不絕口：「這是老天爺賜給萬歲爺如此聰明，凡人哪裡做得到啊！」熹宗聽了非常得意，做得更起勁，對魏忠賢也越發寵信，魏忠賢則更是投其所好，想了好多點子，滿足熹宗的嗜好。

熹宗做木工活的時候，也是他注意力最集中的時候，絕不會為其他事情分神。如果這時有大臣來向他奏報國事，他會很不耐煩。魏忠賢卻抓住這一時機，專找熹宗全神貫注地做活時送上奏章。對別的人熹宗會嚴厲斥責，而對魏忠賢則往往不問究竟，便隨口說：「我知道了，你去辦理好了！」久而久之，魏忠賢仰仗皇帝的寵信，乾脆有時就不再奏報，自己批閱奏章，處理國事，由他代替了皇帝的旨意。大臣們對此雖然明瞭，但都知

魏忠賢在皇帝面前的位置。沒有辦法，只得按照他的意志去辦，這就為魏忠賢擅權提供了方便條件。

魏忠賢在取得皇帝的寵信，掌握了朝廷大權之後，便開始結黨營私，擴大閹黨集團，把那些肯於攀附、阿諛、投靠自己的人統統拉入黨內，成為黨羽，為己所用。天啟初年，於萬曆年間形成的東林黨與閹黨之爭，至此形勢已發生了很大變化。魏忠賢專權後，那些被東林黨罷了官的人，紛紛投靠魏忠賢，如司禮監太監王體乾、李永貞、石元雅、涂文輔等都成了他的黨羽。魏忠賢還自兼領東廠，用黨羽田爾耕掌錦衣衛事，許顯純為鎮撫理刑，監視內外動靜，伺機鎮壓異己。

對於朝中大臣，魏忠賢採取的是順我者昌的方針，並以升官晉爵作為手段。於是，在魏忠賢的淫威下，一些趨炎附勢之徒，紛紛投在魏忠賢麾下，先後集有八十多名大臣，形成了臭名遠揚的「閹黨」，諸如「五虎」、「五彪」、「十狗」、「十孩兒」、「四十孫」等都是閹黨中的骨幹。其中，以「五虎」、「五彪」尤為親信。

所謂「五虎」全是文官，有僉都御史崔呈秀、兵部尚書田吉、工部尚書吳淳夫、副都御史李夔龍、太常卿倪文煥。「五彪」全是武官，他們是左都督田爾耕、錦衣衛都指揮僉事許顯純、錦衣衛指揮崔應元、東司理刑楊寰、東廠理刑官孫雲鶴。此外，「十狗」中以吏部尚書周應秋為首。周應秋善於巴結，他為了攀上魏黨高枝，曾絞盡了腦汁。據說周家的廚子善烹調，尤其擅長燒豬蹄。於是，周應秋便經常請魏忠賢的侄子魏良卿到家中吃飯，每餐都要獻上拿手好菜燒豬蹄，魏良卿吃得高興，酒足飯飽之後，便在魏忠賢面前替周應秋說了一些好話，他便立即發跡了，官至吏部尚書，成了魏忠賢的忠實爪牙之一。當人們知道了周的發跡原因之後，便嘲諷他為「煨蹄總憲」。

不僅僅一般官員成了魏忠賢的走狗，就連當時的內閣首輔大學士顧秉謙、魏廣微也都成了魏忠賢的閹門黨羽。當時百宮中的一些宵小，都拜倒在魏的門下，充當乾兒子。時已老態龍鍾的禮部尚書顧秉謙捋著長鬚對魏忠賢說：「本欲為兒，惜須已白。」於是顧秉謙不顧廉恥，竟讓自己的四個兒子都認魏忠賢做祖爺，他自己則甘願當了魏忠賢的間接「兒子」。魏忠賢心花怒放，賞給顧秉謙紋銀二百兩。

近人岳鴻舉寫詩譏諷顧秉謙：「乾兒義子拜盈門，妙語流傳最斷魂。強欲為兒無那老，捋鬚自嘆不如孫。」魏廣微也積極效仿，要求魏忠賢收認他為侄子。魏忠賢見他年歲太大，不忍使其降輩，結果認做兄弟。這二人因賣身投靠，都深得魏忠賢的賞識。自天啟六年（西元一六二六年）以後，朝廷內外大權均已歸於魏忠賢，自內閣六部以至四方總督、巡撫，幾乎全被「閹黨」所占據。

魏忠賢依仗自己已經取得的寵位與權勢，開始不斷地排斥異己，打擊政敵，殘害無辜，在朝廷內外，興起一次次冤獄。魏忠賢從他的拜把兄弟魏朝手中奪走了客氏後，仍不罷休，不久，他假傳聖旨，把魏朝趕出了京城，發配到鳳陽守皇陵。魏朝（此時已改名王國臣）在半途逃跑，被魏忠賢派出的爪牙在薊縣北山寺中逮捕，押解到獻縣時，被活活勒死。

大太監王安，為人剛直，性情疏闊，是熹宗之父光宗臨死時的託孤之臣。後來，王安見魏忠賢權勢益大，曾教訓過他。這使魏忠賢懷恨在心，總想找機會報復。不久，機會來了。熹宗命令王安掌司禮監，王安因故辭讓不任。於是，魏忠賢便唆使給事中霍維華彈劾王安，客氏又從中添油加醋，於是熹宗下旨，另用王體乾掌司禮監，革除王安的職務，降王安為南海淨軍，勒令自裁。王安到南海之後，只能幹些太監中最低賤的活，等於做苦役，還被斷絕了飲食，餓得只能用蘆葦充飢。三天之後，便被另一名太監，魏忠賢的心腹、提督南海子的劉朝殺死，替魏忠賢出了氣，報了前仇。

魏忠賢與客氏在朝中胡作非為，引起了以張皇后為首的後宮嬪妃們的不滿，她們不時向皇帝告發魏忠賢與客氏的劣行惡跡，因而，便引起了魏忠賢的惱怒，他先後採取了種種卑鄙殘酷的手段，予以打擊陷害。先是客氏偵知張皇后有了身孕，便指使心腹宮女，藉口為皇后按摩，設法使皇后流產，致使熹宗無子絕後。

魏、客二人隨之又誣告皇后不是其父張國紀的親生女。他們買通死刑強盜孫二，讓他胡說皇后是自己的親生女，以此來誣陷張皇后出身不正，以達到熹宗廢后的目的，此計未成後，他們又誣告皇后的父親張國紀謀反，想以此株連皇后，不料熹宗並未相信，這一惡招又落空了。張皇后雖然未被廢掉，但她生的三男二女，都

先後被魏忠賢的爪牙們暗害，一個也沒有活成。

張皇后沒被害成，魏忠賢又把魔爪伸向了後宮其他嬪妃。光宗的趙選侍，因對魏氏不滿，被他知道後，假傳一道聖旨，逼其自殺身亡。裕妃張氏，懷孕後，客氏與魏忠賢瞞著帝后，硬是把裕妃囚入冷宮，不給飲食，剛好天降大雨，裕妃口渴難忍，便接喝屋簷水解渴，結果中毒而死。成妃李氏，被客氏和魏忠賢禁閉半個多月，雖然身邊預先藏有食物，未被餓死，後來也被貶為宮人。宮嬪馮貴人曾勸皇帝停練內操，魏忠賢便假傳聖旨，說她犯了誹謗罪，迫她自殺而死。魏忠賢勾結客氏，殘害後宮，已達到了無以復加的程度。他們利用皇帝的昏庸懦弱，草菅后妃之命，為歷朝歷代所罕見。

魏忠賢大樹閹黨，把持朝政後，對異黨東林黨人及一切與自己政見不合的政敵，對所有不滿自己行為、彈劾過自己的大臣，統統給以嚴厲打擊，置之死地而後快。因此，天啟年間，冤獄不斷，朝堂內外，常被血雨腥風所籠罩。

魏忠賢用以誣陷忠良、大興冤獄的工具是明代特有的特務機構「東廠」與「錦衣衛」，統稱為「廠衛」。當時魏忠賢便是以司禮秉筆太監身分兼領廠事，魏忠賢所控制的廠衛特務機構，黨羽布滿天下，無論任何人，膽敢對魏忠賢稍有不滿，一旦被這些黨羽偵知，立刻就將其抓進監獄，嚴刑拷問，拚命逼供。有的甚至被割舌、剝皮，並株連九族。

魏忠賢以為用殘酷的高壓政策，就能鉗住朝臣之口，就可鎮住百姓之不滿，以此來維護他們的既得權益。恰恰相反，魏忠賢與客氏恃寵擅權的不法行為，早就引起了朝中正直大臣們的強烈不滿。早在天啟初年，就有御史畢佐周、劉蘭等人想拆散魏忠賢與客氏，以削弱其勢力，他們曾建議熹宗把客氏遣送出宮，大學士劉一燝也極力贊同。但熹宗對客氏戀戀不捨，藉口照顧皇后而沒有採納。後來雖在大多數朝臣的壓力之下，客氏一度出宮，但很快便又被熹宗召回。

天啟四年（西元一六二四年）六月，給事中傅櫆與魏忠賢的外甥傅應星結拜為兄弟，向皇帝誣告中書汪文

言，將他捕入詔獄，並牽連左光斗、魏大中，目的在於擴大冤案，誣陷更多的人。魏忠賢的種種罪行，深深激怒了副都御史楊漣，他拍案而起，在府中與崑山文人張一宿磋商後，由張一宿起草了著名的彈劾魏忠賢二十四條大罪的奏疏，疏中引用當時流傳於長安的一句民謠：「天子之怒易解，忠賢之怒難調。」並說即使把魏忠賢寸寸臠割也不足以盡他的罪惡。

奏疏寫成後，楊漣打算在午朝時面奏，不料次日免朝，楊漣擔心隔一個晚上會洩露祕密，就按例封進。奏疏剛呈送給熹宗皇帝，魏忠賢知道了，便惴惴不安，害怕災禍臨頭，就請求大學士韓爌去為他說情，但被拒絕。不得已，他便趕緊跑到皇帝面前去哭訴，請求辭去東廠職務。這時，客氏、王體乾也百般為他辯解。結果，昏庸的熹宗皇帝不僅沒治魏忠賢的罪，第二天，反把楊漣痛斥責罵一頓。

楊漣感到非常氣憤，希望能上朝時伺機面奏。魏忠賢得知後，就遏制熹宗一連三天不上朝。到第四天，熹宗出御皇極門，兩邊侍衛刀劍加倍於平時，侍班的宦僚更加嚴謹，並規定左班諸臣不許擅出奏事，但跟隨楊漣上疏的人很多，包括東林黨人黃尊素、李應升，給事中陳良訓、魏大中及御史袁化中、周宗建等，不下百餘疏。而熹宗仍置之不理，還下了一道措辭嚴厲的諭旨，極力袒護魏忠賢：「朕在襁褓時，便靠魏忠賢護衛，至聖母去世後，朕飽嘗憂患，平時的服食起居，多虧了魏忠賢伺候。當皇考彌留之際，曾說宦官中忠心正直，不避形跡的，只有魏忠賢一人。現在居然被楊漣一再誣告，而大小臣工又隨聲附和，不斷來打擾朕。天下大事，事事都是朕親自裁斷的，魏忠賢有何專擅？有何疑忌？朕追念往事，何忍忘忠賢今昔之勞，動不動就聽信謠言，拿忠賢問罪！」有了熹宗的「寵信」這張保護傘，任何彈劾奏疏都成了一張廢紙，魏忠賢仍然可以為所欲為，掌權如故。

魏忠賢靠著皇帝的無上寵信和保護，愈加囂張妄為，他要藉機把所有反對他的政敵統統除掉。魏忠賢的黨羽、大學士顧秉謙偷偷地為魏忠賢開了張黑名單，讓魏忠賢分別收拾他們。魏忠賢首先接受心腹王體乾的建議，啟用廷杖，威脅廷臣。廷杖是明朝祖傳懲處大臣的一種刑罰。

廷臣不論職位高低，只要惹惱皇帝，就可以下令把該大臣拖下殿去痛打一頓，有的則被當場擊斃。執行廷杖時，由司禮監的太監監杖，由錦衣衛的旗校手執大木棍，輪換著行杖。從正德年間開始，太監劉瑾當權，又規定被廷杖者必須脫光衣服，這樣打得更重。這種殘暴的懲罰方式，時時威脅著大臣。魏忠賢便決定利用廷杖報復彈劾他的大臣。

不久，有工部郎中萬燝上疏指責魏忠賢：「魏忠賢完全盜竊大權，生殺予奪，在他掌握之中，致使內廷外朝都只知道有魏忠賢，而不知道有皇上，這樣豈可以還讓他留在皇上左右一天呢？」萬燝的上疏，正好撞在了魏忠賢的「槍口上」，魏忠賢立即假傳聖旨，將萬燝用杖擊斃。

魏忠賢的爪牙、內侍曹大、傅國興挾人命劫財途中，就被御史林汝翥杖責。幾天後，魏忠賢知道了此事，便傳旨要逮捕林汝翥。林汝翥害怕自己會落得個像萬燝那樣的下場，死於廷杖之下，慌忙逃往外地。魏忠賢懷疑他是躲到同鄉葉向高家中去了，便派人包圍了葉向高的住宅，入內搜查，侮辱婦女。葉向高是當朝首輔大臣，是反魏忠賢勢力的後台。葉向高深感自己受到了莫大侮辱，同時感到身為宰輔，對魏黨如此恣肆，自己卻無能為力，遂上疏辭官，返回了故里。葉向高辭官，這在魏忠賢專權的道路上，無疑是去掉了一大塊絆腳石。隨之，林汝翥被提回，挨了一頓棍子，雖幸未被打死，卻也失去了官職。

其後，魏忠賢又把毒手伸向了與楊漣關係密切的汪文言。汪文言是內閣中書，魏忠賢指使黨羽阮大鋮以交通左光斗謀取奸利之罪名，矯旨把汪文言逮捕下獄。天啟五年（西元一六二五年）五月間，由魏忠賢的得力爪牙、錦衣衛指揮，掌北鎮撫司許顯純對東林黨人汪文言嚴刑拷打，又假造口供，牽連到趙南星、楊漣、左光斗、魏大中、繆昌期、袁化中等二十幾個人。不久，便逮捕了楊漣、周朝瑞、左光斗、顧大成、袁化中，押在北鎮撫司，誣指他們收納熊廷弼的賄金，隨即對楊、左兩人非法拷打，但他們都未承認收受賄金。至七月間，左、楊、魏在同一天晚上被獄卒處死。又過了一個月，袁、周二人也相繼死在獄中。製造了楊漣冤獄後，魏忠賢又以遼東經略熊廷弼侵盜軍資十七萬的罪名，將其砍頭並「傳首九邊」，毀壞了遼東邊防，為建州女真蠶食

遼東提供了方便。

魏忠賢欲對東林黨人一網打盡。不久，便藉故罷了尚書李宗延、張向達、侍郎公鼐等五十餘位大臣的官職，造成朝署為之一空。株連所及，連稱讚楊漣奏章的大臣也不放過，中書令吳懷賢在讀楊漣奏章時，曾拍案稱讚，被家奴告發後，便被魏忠賢殺死；武將蔣應陽剛剛為熊廷弼被害鳴冤，也慘遭殺害。至同年十二月，魏忠賢等人又以朝廷的名義，把東林黨人姓名榜示全國，共三百零九人，榜中除了東林黨人，還有東林黨的同情者和雖非東林黨但也反對閹黨的正直官吏。凡是榜上有名的，生者削職為民，死者追奪官爵。

魏忠賢及其黨羽還經常利用廠衛的特務爪牙，製造白色恐怖，殘害無辜之百姓。由魏忠賢直接指揮的東廠特務們，仗勢欺人，到處橫行霸道，凡是被他們捉到的人，不管是否有罪，先毒打一頓再說。如國戚李承恩是寧安大長公主的兒子，家裡放著公主賞賜給他的東西。魏忠賢的爪牙們誣陷他偷竊皇帝乘坐的御車，佩戴皇帝用的物件，結果被判了死刑。老百姓在閒談時，如果觸犯魏忠賢，每每被逮捕屠殺，甚至剝皮、割舌。被害者無法統計。在全國，尤其是在京師，充滿血腥味的恐怖氣氛，沉重地壓在人們心頭，透不過氣來。大家在路上見面時，只能交流一下眼神，從不敢交談。

魏忠賢隨著皇帝對他寵信的加深和權位的上升，生活方面也愈加奢靡腐朽。有些太監為討好魏忠賢，竟尊稱他為「九千歲」，魏忠賢當然樂得接受，意思是魏忠賢的地位與稱「萬歲」的皇帝只一步之遙了。魏忠賢每年都要到全國各地遊玩幾次。每次出遊，總是坐著四匹馬拉的十分華麗的彩車，上面加有羽幢青蓋，車子奔馳如飛，饒鼓響箭的聲音在揚起的黃塵中轟鳴。車子兩邊有龐大的儀仗隊、護衛，緊隨車子飛跑。其他還有供應食物的廚子、作樂的優伶、百戲及輿隸等跟隨在車後，數以千計。車隊所經之處，官吏士紳在路旁跪拜，高呼「九千歲」，而魏忠賢卻趾高氣揚，連正眼都不瞧他們一下。

每年的正月三十日是魏忠賢的生日，所以每當元宵節剛過，大小官僚就忙著準備為魏忠賢祝壽。送禮者在大門外排成了長隊，從早至晚，絡繹不絕。等到正月三十這天，前來拜壽的官員更是擦背摩肩，你擁我擠，甚至有的人為了能擠上前去，把衣服都扯破了，腳也踩傷了。乾清宮門內的台階上，堆滿了官員們送來的各樣禮物。拜壽的人一般進門就喊：「九千歲。」更有甚者，有人竟扯破了嗓子高喊：「九千九百歲爺爺！」整整一天之內，「千歲」之聲不絕於耳。

與魏忠賢相好的客氏，由於皇帝的寵愛及依靠著魏忠賢的權勢，也是耀武揚威，不可一世。她每年都要回老家三四次，行前，都要由熹宗皇帝親傳特旨，派出隨行人員數百人，組成盛大的儀仗隊，前呼後擁。司禮監當班監官、典簿及文書房官員等，都跪在寶寧門內的路旁叩頭，客氏朝誰瞟一眼，點一下頭或笑一下，都被看做是莫大的榮幸。後人劉若愚在《酌中志》中曾記載了客氏出行的聲勢：「燈火簇烈，照如白晝，衣服鮮美，儼若神仙，人如流水，馬若游龍。」京中百姓還以為是熹宗皇帝出巡的儀仗呢。

當她的儀仗隊經由乾清宮門前朝臣都必須下轎的地方時，她卻根本不下轎，大搖大擺地就過去了。她家中僕人成群，見她到家，都爭先恐後到廳堂上參拜，向她叩頭請安，高呼：「老祖太太千歲！」她一高興，就撒下一大把銀子進行賞賜。

魏忠賢與客氏互相勾結，當他們的權勢達到極頂時，連皇帝都不放在眼裡了。如魏忠賢在紫禁城內組織太監和宮女演練內操時，鳴金擊鼓，燃放火器之聲，驚天動地，擾得後宮不得安寧。魏忠賢身著盔甲，騎著高頭大馬，檢閱操練隊伍。有時熹宗皇帝也在現場，魏忠賢連馬都不下，鞭馬急馳，毫無臣禮可言。天啟五年（西元一六二五年）五月十八日，熹宗到西苑遊玩，恰巧魏忠賢與客氏先他一步也來到西苑，並坐上皇帝的專用龍船，遊蕩於湖中。熹宗晚至，魏、客二人假裝未看見，不肯讓船。熹宗因二人都是他所寵愛者，也不計較，便上了一艘小船，由兩個小太監搖櫓划船。魏忠賢與客氏在大船上敲鑼打鼓，歡樂暢飲。熹宗在小船上卻淒淒冷冷，毫無情趣。突然，湖面颳起一陣狂風，把小船吹得左搖右擺，失去重心，一下子翻到了湖裡。結果，兩個小太監全被淹死，熹宗雖被岸上會水的太監救起，也差點丟了性命。

隨著魏忠賢的氣勢熏灼，趨炎附勢者為討魏忠賢高興，也是挖空心思，絞盡腦汁。天啟六年（西元

一六二六年）六月，浙江巡撫潘汝楨為了拍魏忠賢的馬屁，第一個上疏請建立魏忠賢生祠，就是在魏忠賢活著時為他立廟。潘汝楨在奏疏中稱：「東廠魏忠賢，心勤體國，念切恤民，浙江百姓對他戴德無窮，公請建生祠。」昏聵的熹宗皇帝竟然立即批准，詔示：「宜從眾請，用建生祠，著即該地方營造，以垂不朽，祠名永恩。」潘汝楨得到皇帝御批，便立即下令百姓們聚資營造魏祠。許多窮苦人家被弄得傾家蕩產。兩個多月後，在潘汝楨的親自督造下，全國第一座魏忠賢的生祠，便聳立在杭州西子湖畔。其規模之宏偉，建築之精巧，堪與帝王宮殿媲美，祠中的魏忠賢塑像，用純金鑄造，腹中五臟六腑都是用珠寶瑪瑙製成，衣著華麗，與帝王服飾相當。

該祠落成那天，潘汝楨率當地文武官員向魏忠賢塑像三拜九叩，一時間鞭炮齊鳴，鼓樂喧天，弄得烏煙瘴氣，一派阿諛奉承之聲。隨後，消息傳開，全國各地不少官員都到杭州禮拜、學習，準備回去效仿建祠。

至天啟七年（西元一六二七年）春天，為魏忠賢建祠之風越刮越厲害，全國各地，上至封疆大吏，下至普通武夫、商人、奴僕、流氓等等，競相效尤，紛紛為之建祠。

如蘇州的「普惠祠」、松江的「德馨祠」、揚州的「沾恩祠」、淮安的「瞻德祠」、北京的「隆恩祠」、「廣仁祠」、「茂勳祠」以及河南、河北、山東、山西、湖廣、四川等地三十餘縣，均建了魏祠。這些生祠都建得十分講究。如南京的魏祠，共三大間，供奉魏忠賢畫像三幅。正間的一幅，魏忠賢身著朝服，坐在太師椅上，兩旁各有一位小太監執團扇和牙笏肅立。正間裡還供奉一尊木雕魏忠賢像。左面一間的魏忠賢像，畫魏氏身穿金盔金甲，兩邊有執刀劍的武士侍立。右房內的魏忠賢像則穿便衣，頭戴方巾，兩旁皆小太監恭候。在丹樨左側，豎立一塊巨大的石碑，上刻魏忠賢入宮始末，在丹樨之右的大石碑上，則大書魏忠賢輔佐幼帝等「功業」。祠外建有儀門，建此祠花費達數十萬兩白銀。

蘇州巡撫劉詔給魏忠賢建祠，不惜工本，耗費頗巨。魏忠賢的頭像上帶有冕旒，依照的是皇帝佩戴的帽子。還有的地方給魏忠賢像用珍貴的沉香木，大小身形及五官手足等都與真人一模一樣。天津巡撫黃遠泰，在

所建的魏祠竣工時，對雕像五拜三叩首，嘴裡不住地念叨：「某事賴九千歲扶植」，「某月荷九千歲提拔」，表現出對魏忠賢一派感恩戴德的醜態。更有甚者，如松江監生陸萬齡，甚至荒唐地提出在京師國子監西面建魏忠賢生祠，與孔子平起平坐，祭祀孔子的父親啟聖公時，讓魏忠賢的父親配享。

各地建祠，你爭我比，耗費了百姓無數資財。每修一座祠，至少花銀幾萬兩，多者達數十萬兩。僅開封一地，因修建生祠就拆毀民房兩千餘間。臨清更甚，一次拆民房萬餘間。這種禍國殃民的做法，招致天怒人怨，百姓唾罵。同時，也遭到一些正直官員的反對，但反對者又無一不被魏忠賢及爪牙害死，如薊州道台胡士容、遵化道台耿如杞，就是因為不同意修建生祠和不對魏像下拜而被抓進監獄，白白送了性命。

魏忠賢一人受寵掌權，全家人跟其沾光，可謂「一人得道，雞犬升天」。魏忠賢為培植自己的勢力，壯大閹黨隊伍，首先把自己原在老家務農的族侄魏良卿過繼為兒子，然後便任用魏良卿在錦衣衛管文件的簽發，兼掌南鎮撫司的大權，以進一步強化特務統治。

不久，在魏忠賢的一手扶植下，魏良卿被封為肅寧伯，皇上還賜給他良屋美宅和莊田鐵券。最後，魏良卿一直升至寧國公之位。拜封那天，京中諸府衙門都送去了吹捧他的賀文，以致使京城店鋪中凡可以製作賀文掛軸的綾、羅、綢、緞之類，很快被購買一空。此外，魏忠賢的族孫魏希孔、魏希孟、魏希堯、魏希舜、魏鵬程，親戚董芳名、王選、楊六奇、楊祚昌等，都官拜左、右都督及都督同知、僉事等職。連他的相好客氏的弟弟客光先，也被擢至都督之職。此後，魏忠賢又貪攬袁崇煥的軍功及報建三大殿的功勞，假熹宗之手，大封族人及死黨，族孫魏良棟、魏鵬翼還是個嬰兒，也竟然被封為太子太保、少師。

一般來說，靠諂媚邀寵而得勢者，一旦失寵或沒了靠山，很快便被扔進谷底，摔得粉身碎骨。正當魏忠賢在寵位與權力的頂峰上為所欲為的時候，天啟七年（西元一六二七年）八月二十六日，明熹宗朱由校因縱慾過度，突然死去。皇位由朱由校的弟弟、信王朱由檢繼承，是為崇禎皇帝。

熹宗一死，魏忠賢便如坐針氈，惶惶不可終日，預感到末日來臨了。據說，魏忠賢想乘熹宗死去的機會，

圖謀篡政奪取皇位。魏忠賢將兵部尚書、死黨崔呈秀叫來，密令他放棄守孝，入朝視事，以伺機兵變奪權。但崔認為時機未到，不能妄動，魏忠賢這才作罷。

崇禎皇帝一直對魏忠賢及其閹黨的所作所為極為反感。他當皇帝後，便尋找機會，準備將魏忠賢及其一黨徹底剷除。崇禎皇帝首先罷免了魏忠賢死黨、兵部尚書崔呈秀的官職，隨後又將第一個為魏忠賢立生祠的浙江巡撫潘汝楨罷官遣鄉。崇禎皇帝著手清除閹黨的兆頭一出現，閹黨內部便開始瓦解。閹黨、御史楊維恆第一個向崇禎帝上書攻訐崔呈秀。接著，主事陸澄原、錢元慤等也紛紛彈劾魏忠賢。有個嘉興貢生、錢嘉拍案而起，上疏彈劾魏忠賢十大罪狀：與皇帝並列、危害皇后、大搞內操、目無皇祖、剋扣藩王封贈、目無聖人、濫收爵位、掩邊將軍功、搜刮百姓、行賄受賄。崇禎接到此奏疏後，立即派人將魏忠賢叫到面前，讓太監把此奏疏讀給他聽。魏忠賢聽完，嚇得失魂落魄，魏忠賢想用重金收買侍候崇禎皇帝的太監徐應元，請他給予通融，結果遭到了崇禎帝的斥責。

十一月，崇禎帝詔旨將魏忠賢發配到鳳陽當淨軍。魏忠賢在去鳳陽途中，仍賊心不死，率一夥死黨亡命徒，身懷利刃，前呼後擁，招搖過市。崇禎帝聞報後，立即下令兵部，讓錦衣衛派人火速將魏忠賢一夥逮捕押京審判。魏忠賢的死黨李永貞聽到消息後，連忙派人趕在錦衣衛之前，密報魏忠賢。此刻，魏忠賢正與乾兒子李朝欽等人宿息於阜城南關尤氏旅店。他知難逃一死，便與李朝欽痛飲至四更天，隨後一起吊死在店中。

崇禎帝下令把魏忠賢的屍體肢解，懸其首級於河南示眾。同時將客氏抄家，在浣衣局令乾清宮牌子趙本岐將客氏笞殺，然後焚屍揚灰。客氏之子侯國興、其弟客光先與魏良卿等被斬首於鬧市，並暴屍街頭，抄了他們的家產。魏忠賢及其黨羽惡貫滿盈，均落得個可恥的下場。

魏忠賢可謂明代宦官中受寵至極、貪弊至甚的一個典型。綜觀其一生，能夠由一個無賴爬至「九千歲」的寶座，其實所用伎倆並不複雜，也無更特殊之處，無非是心黑、貪婪、逢迎。心黑者，不惜殘害無辜，甚至有恩於他之人；貪婪者，不顧廉恥，大發不義之財；逢迎者，拋開國家社稷，一味討皇帝歡心。於是乎，順我者

昌，逆我者亡，加深了明代的宦禍，加速了明朝的滅亡。但是，中國的封建制度的特徵之一是一朝天子一朝臣，魏忠賢這一天啟年間的重臣寵宦在離開熹宗帝這一靠山之後，便不可能再保住寵位，只落個死無葬身之地。他的死，一方面說明他一生爭寵弄寵禍亂朝廷惡貫滿盈，死有餘辜，另一方面，也進一步暴露了封建專制制度的弊端。寵位之哄未因魏忠賢之死而終結，相反，卻愈演愈烈，這是封建制度所決定的歷史必然。

柔佞奸相，和珅貪財

恃寵而斂財暴富，依佞而專權擅政，不可能長久，曇花一現而已。

大清王朝定鼎中原之後，經過康熙、雍正和乾隆時期的治理，使明朝末年遭受嚴重破壞的社會經濟、文化有了很大程度的恢復與發展，出現了所謂的「康乾盛世」。然而，海內昇平，諸業穩定，也便助長了最高統治者的享樂、奢靡、腐敗之風。清朝自乾隆後期開始，在繁榮的背後，已有衰敗的危機顯露。號稱「十全老人」的乾隆皇帝，自認為已功德圓滿，便開始不思進取，一味追求虛榮，講究排場。乾隆的所作所為，便給他身邊的一些阿諛奉承、溜鬚拍馬之徒創造了「進取」的條件。這其中有一人表現最為突出，他就是乾隆朝的寵臣、大貪汙犯和珅。

和珅，字致齋，滿洲正紅旗人，姓鈕祜祿氏。生於乾隆十五年（西元一七五〇年）。其家並不顯貴，父名常保，襲三等輕車都尉之職，曾任福建副都統。幼年和珅，相貌英俊，聰明乖巧，比較招人喜愛。年十歲左右，進八旗子弟學校——咸安宮官學，學習《四書》、《五經》及漢、滿、蒙、藏文字。由於和珅好學上進，成績良好，頗得他的老師吳省蘭、吳省欽的賞識。在學校，他除了正課之外，還常常習詩練字，並取得了一些成績，使他成了當時八旗子弟中的佼佼者。乾隆三十四年（西元一七六九年），二十歲的和珅承襲了其父常保的三等輕車都尉的世職，同年，又以滿洲官學生員的身分被選到宮廷鑾儀衛當差。當時，官居刑部尚書、兼戶部侍郎、正黃旗滿洲都統的英廉看中了年輕的和珅，便將自己的孫女許配給了和珅。

在英廉的薦舉下，和珅於乾隆三十七年（西元一七七二年）被授予三等侍衛之職，充任粘竿處侍衛，負責皇帝的儀仗事宜。粘竿處侍衛經常伴駕，接近皇帝，很容易升遷。加上和珅聰明能幹，知書識禮，能說會道，又相貌堂堂，一有機會就會飛黃騰達。

機遇終於來了。乾隆四十年（西元一七七五年）裡的一天，由和珅等人扈從乾隆帝出宮。乾隆帝在輿車中閱讀邸報，當看到某處一名要犯因看管不嚴而逃跑時，隨口就誦了句《論語》上的話：「虎兕出於柙，龜玉毀於櫝中，是誰之過歟？」旁邊的不少侍衛聽了，都大眼瞪小眼，不知道皇上說的是什麼意思。和珅讀過《論語》。記得典之所出，當即接口道：「典守者不得辭其責。」乾隆帝舉目觀瞧，見答話者是一位氣宇軒昂的年輕侍衛，很高興，便把他叫到自己面前，微笑著問他讀了哪些書，以及他的家世等等。

乾隆帝回到皇宮，仍念念不忘這位他認為才貌出眾的侍衛，此後，便對和珅「恩禮日隆」、「恩寵有加」。很快，和珅便被封官加爵，一躍而為朝廷首輔重臣。

從乾隆四十一年（西元一七七六年）至乾隆四十五年（西元一七八〇年），短短的五年之內，和珅的官職便由戶部侍郎、軍機大臣等升至戶部尚書、議政大臣，高官得做，駿馬得騎，平步青雲，掌管了朝中財政大權（戶部）、用人權（吏部）、司法權（刑部）和文化大權（《四庫全書》正總裁），集諸權於一身。從爵位上，和珅從三等輕車都尉晉陞為一等男、忠襄伯、一等忠襄公。他的全家也從正紅旗抬入正黃旗。

和珅得寵至極，官階爵位突升，時人頗難理解，於是便演繹出了一些「傳聞」，為此事添加了不少神祕色彩。據說，早在弘曆（乾隆皇帝）當皇子的雍正年間，有一個妃子，容貌姣好。某次，十幾歲的弘曆見該妃正對鏡理妝，便情不自禁地從她身後伸手捂她的兩眼。那妃子驚慌失措，不知是皇子，就舉起梳子向後猛擊，恰巧擊中了弘曆的前額，留下一條傷痕。雍正帝皇后見到傷痕，追問緣由，弘曆不敢隱瞞，便說了實情。皇后大怒，下令該妃子自縊。弘曆又驚又怕，也不敢為心愛的妃子求情，就偷偷地在已吊死的妃子脖上點了個小紅點，默默祈禱說：「今生今世是我把妳害死了，如果妳死後有靈，二十年後再聚吧。」後來，據說乾隆皇帝見

了和珅，感覺和珅就是那妃子轉世，於是，便對和珅格外垂恩寵戀。

傳聞當然不足為信。其實，和珅的發跡開始是偶然的機遇和肚子裡的墨水，後來和珅的得寵榮升，完全靠的是他「為人狡黠，善於逢迎。」這也是中國封建社會大多數受寵官員的一貫手法，因為人君大都喜歡阿諛奉承、溜鬚拍馬的臣子。和珅自從升為侍衛後，常在乾隆皇帝身邊，對乾隆皇帝的性情喜好、生活習慣都留心觀察。由於他「善體聖心」，把乾隆皇帝的個性、特點、愛憎都瞭解得十分清楚。什麼時候幹什麼，什麼時候要什麼，他幾乎都能猜出，有時不等乾隆開口，他就把要做的事情早準備好了。和珅花費心機，曲意奉承，從方方面面博取乾隆皇帝的歡心。因此，他才獲得了乾隆皇帝對他的無比寵信。

和珅「逢迎」乾隆皇帝，無處不顯其能。比如，乾隆皇帝自命風雅，喜好吟詩作賦，和珅便依仗幼年的「詩底」，進一步在詩賦上下功夫，以作隨時應答。乾隆皇帝好虛榮，講排場，和珅便陪駕巡幸江南，遊覽避暑山莊等地，且不惜重金大興土木，擴建圓明園、避暑山莊，甚至為乾隆皇帝的退位作好了療養的準備，修建了寧壽宮。乾隆皇帝性喜古董，雅愛收藏，和珅會挖空心思羅致進奉。乾隆帝篤信佛教，和珅就弄一金佛奉上。和珅會無微不至地照顧、關心乾隆的生活。如乾隆帝咳嗽時，他能殷勤地捧上痰盂。

和珅知道，要取得皇上的寵信，不僅僅對皇上本人要曲意逢迎，同時對皇上身邊的人、親屬等也應極力討好，以使他們能在皇上面前替自己說句好話，那作用也是不小的。比如，乾隆皇帝特別疼愛小女兒和孝公主，常說：「我這個小女兒長得像我，一定有福氣。」「可惜不是男孩，要是男孩我一定立為太子。」公主性格剛毅，經常女扮男裝，跟隨父親打獵。和珅為取寵於乾隆，就特別討好這位公主。一次，和珅陪乾隆和公主去游圓明園，走到一家由皇商經營的店鋪門前，見有一件大紅呢袱衣掛在那裡，公主見了，微露喜悅之色。公主臉上這細微的表情，一般人不會去注意，可善於察言觀色的和珅卻看在了眼裡，他以高價把這件衣服買了下來，進獻給公主，頗得公主歡心。

平時，和珅還以小恩小惠，賄買乾隆皇帝身邊的一些宦官，這些人雖地位卑微，但他們常在皇帝身邊，無

意間的幾句美言，對和珅的前程都起很大作用。凡此種種，和珅的所作所為，無不十分「迎合」乾隆皇帝的心意，由此更受寵幸。甚至，乾隆竟把自己的小女兒和孝公主下嫁給和珅之子豐紳殷德做妻子。當年，英國使者馬戛爾尼曾得出這樣的結論：「乾隆皇帝對自己兒子的愛護，遠不如對和珅的寵幸。」

和珅之所以深得乾隆皇帝的寵愛，也不僅僅在於他善於「逢迎、討好皇帝」，他還具備辦事幹練的才能，的確幹了幾件頗使乾隆皇帝高興的「大事」。

第一件事就是利用主掌財政的便利，為乾隆皇帝外出巡遊「籌措」到大筆錢財。乾隆皇帝喜好外出巡遊，據統計，從乾隆四十五年（西元一七八〇年）到五十九年（西元一七九四年）的十五年間，他兩次巡幸江南，三次登臨五台山，並巡幸了盛京、曲阜和天津等地。每次出巡，都要耗費大量錢財。而乾隆帝又不想動用國庫的錢。於是，就給主管戶部及內務府事務的和珅一個極好的表現機會。他為了聚斂到可供乾隆帝揮霍的大量錢財，便獨出心裁，設立「密記處」，實行「議罪銀制度」。所謂「議罪銀制度」，就是花錢抵罪的意思，即破財免災。「議罪銀制度」的實行，地主官員就有了公然向皇帝「行賄」的名目。

大員們不可能沒有一點過失，為了免於被皇上抓住把柄，就趕快交錢認「罪」。更有甚者，有些地方官員本無過失，但為求早日升遷，便想走獻納行賄之捷徑，隨便為自己找一條「罪行」，然後把白花花的銀子送上去就行了。這種「議罪銀」制度在清代一共實行了十五年（乾隆四十五年至五十九年），為乾隆皇帝聚斂了大量的財富，彌補了他外出巡幸及大興土木的巨額開銷的缺額。據有關史料記載，乾隆末年，平均每年有五項重大的「議罪銀」，罰銀總數每年近三十萬兩之多。名目也五花八門，比如，有某個地方的老百姓自殺身亡，當地官員便將此作為自己的「過失」，交納「議罪銀」八萬兩。另一個地方的犯人越獄，當地大員藉此交納議罪銀三萬兩。這些錢八成以上繳到內務府銀庫——皇帝的私人腰包裡去了。乾隆皇帝當然高興，對和珅焉有不加寵愛之理呢？

和珅在主管密記處、主抓「議罪銀」的同時，為自己也撈取了不少好處。從和珅的府宅到辦公的公署有一

條狹長彎曲的小巷子。自從實行「議罪銀」制度以後，常有一些穿官服的大員徘徊於這條小胡同裡，目的是為了面見和珅，托請他代奏代交「議罪銀」，這些人當然不會讓和珅「白盡義務」，大量的賄銀，流進了和珅的腰包。因為清朝的官服上都有繡有圖案的「補子」，時間長了，人們便給這條巷子起了個雅號「補子胡同」，還有人為此作了一首諷刺詩：「繡衣成巷接公衙，曲曲彎彎路不差，莫笑此間街道窄，有門能達相公家。」

在和珅接管戶部之前，因乾隆皇帝的無度揮霍和不斷用兵，國庫已日見支絀；內務府銀庫也逐漸入不敷出，以致要由戶部銀庫「接濟」。而和珅主管戶部、實行「議罪銀」制度後，大量聚斂錢財，不久，便使內務府銀庫「歲為盈積」，乾隆皇帝私庫膨脹，和珅的寵位也日益牢固。

和珅辦的第二件深得乾隆皇帝賞識的大事，是處理李侍堯的貪汙案。李侍堯是降清的明將李永芳的四世孫，時任雲貴總督兼武英殿大學士（宰相銜）。李侍堯「短小精敏，過目成誦」，且頗具將才，曾深得乾隆皇帝倚重。可他因「年老位高，平日兒畜和珅」，視和珅為兒輩，不買帳，因而便得罪了和珅。和珅為此很氣惱，總想尋個機會整整他。

乾隆四十五年（西元一七八〇年），雲南糧儲道有個叫海寧的人因調職入京謝恩，和珅把他請入府中，與他交談中，詢問李侍堯在雲貴總督任上的所作所為。從海寧的話中，和珅掌握了李侍堯貪汙的證據，隨後便奏明乾隆帝。乾隆詔令和珅前往雲南查辦此案。和珅在辦案過程中，不僅查清了李侍堯貪汙的事實，而且還查出了雲南吏治廢壞、各府州縣財政的嚴重虧空等問題。回京後，他還向乾隆皇帝面陳了雲南的鹽務、錢法、邊防、貿易、外事等問題的現狀和解決問題的意見。乾隆帝非常滿意。於是，不僅查出了李侍堯（後乾隆開恩，免其死）貪汙之事，同時和珅還因辦事幹練而連獲褒獎和晉陞。此後，和珅還參辦了貪官王亶望、伍拉納等案件，既討好了皇帝，也抬高了自己的身價。

和珅逢迎、討好乾隆皇帝，目的是為了得到皇寵。但當他一旦獲得了寵位和高官顯爵之後，便開始利用這種條件，在朝廷內外拉幫結黨、排斥異己，擅權跋扈、胡作非為。

和珅與乾隆皇帝結成兒女親家之後，由朝廷重臣變成了皇親國戚雙重身分，身價驟增十倍，更加驕橫跋扈，膽壯氣粗起來。為了鞏固自己的權位，和珅四處糾集同類，結黨營私，組織自己的「和家班子」。

他首先把自己的胞弟和琳拉到自己的麾下。在和珅的幫助下，和琳先得杭州織造之肥缺，繼又遷升湖廣道御史、四川總督等職。在和珅暗中參與下，和琳又因彈劾湖北按察史李天境而獲乾隆帝「伉直」的嘉獎。此後和琳被清廷賞戴三眼花翎（死後晉贈一等公爵）。和琳理所當然地要為兄長效力，以報薦舉之恩。和珅還把大學士傅恆的兒子、乾隆帝的親侄子福長安引進軍機處，充當他的幫兇，以便聯手對付政敵阿桂。

蘇陵阿是滿洲正白旗人，歷任內閣中書、吏部員外郎等職，是和琳的姻親，因此關係，也被和珅提拔為戶部尚書、兩江總督。蘇陵阿無德無能，且貪婪無比，及赴兩江總督之任，竟對下人說：「皇上叫老朽到這兒掙一份棺材錢來了。」後來軍機大臣、首輔阿桂去世，和珅竟然把兩耳重聽、老眼昏花、不辨親友、舉動要人攙扶的七十餘歲老翁蘇陵阿推薦為東閣大學士，同時擔任軍機，時人笑為「活傀儡」。

紈褲子弟國泰，也是和珅的同黨。國泰在山東巡撫任上因貪贓枉法被御史錢灃彈劾後，和珅不僅不用力查辦，反卻百般維護，以減輕其罪行。當時，乾隆帝命和珅與錢灃同往山東查辦此案，和珅為使國泰有所準備，銷毀罪證，便在啟程之前，急派心腹火速先行，為國泰傳遞消息。誰知錢灃也多了個心眼，他沒有與和珅一同啟程，而是先行一步。走至半路，便遇到和珅送信的心腹。錢灃假作不識，未動聲色，等那位信使送信回來，錢灃便命人抓住此人，並搜出了國泰給和珅的回書，內雜不少暗語，意思是告訴和珅，說府庫虧空已無法填補。後來和珅到達山東，仍想敷衍了事，開庫按查時，見庫錢並不缺少，就下令「起行還往」。不料錢灃十分仔細，發現庫中之銀規格不一（庫銀五十兩一錠），便下令封庫。

第二天，錢灃通知各商人，誰借錢給府庫，趕快來認領，否則一律沒收入官。結果商人紛紛前來領錢，國泰貪汙、虧空庫銀兩百萬兩的大案終於曝光，和珅愛莫能助，也只得順水推舟，查辦了國泰。除上述諸人外，和珅還把自己的老師吳省蘭、李璜、李光雲等提升為高官，拉入自己的幫黨之內。

和珅在拉幫結黨、組成親信班子的同時，對與他政見不合、疏遠他或攻擊過他的異己分子，則予極力排斥打擊，甚至置之於死地。和珅排斥打擊的頭號政敵是大學士阿桂。阿桂出身於滿洲顯貴世家，是乾隆朝軍功卓著的重臣，既得皇上倚重，也得民眾之心。阿桂是軍機首輔大臣，地位也高於和珅。二人的矛盾起始於鎮壓蘇四十三領導的回民起義。當時乾隆任命和珅為欽差大臣，偕大學士阿桂前往督師。

阿桂因前事治河未畢，令和珅領兵先行。不久，部將海蘭察首戰告捷，和珅為邀功，便想乘阿桂未到前線，打個大勝仗，以博得乾隆皇帝的歡心。因此，根本不懂軍事的和珅，在大戰條件尚未成熟之際，就強令出軍攻擊起義軍，結果清軍大敗，連總兵圖欽保也歿於戰陣。和珅見事不妙，便想方設法推卸責任，謊稱海蘭察等將領不聽調遣，故而敗陣。阿桂到達前沿後，先是聽信了和珅的話，欲治罪海蘭察等人，後來，他作了進一步調查後，知道了兵敗的真正原因，便斥責了和珅，由此，二人便埋下了不和的種子。

和珅受寵後，對皇上一昧逢迎，也使耿直的阿桂十分鄙視，儘管二人同在軍機執政，阿桂總是對和珅避而遠之。和珅幾次排擠打擊阿桂，都因乾隆帝的從中調和未有達到目的。因為乾隆還算一代明君，他既寵信和珅，同時又非常看重阿桂的才學能力，於是乾隆帝想了個兩全其美的辦法，在繼續委任阿桂為首輔大臣的同時，又常常把他派往京外各地去督辦諸事。如乾隆四十四年（西元一七七九年）派阿桂到儀封、蘭陽治河；同年秋，再派他去河南治河；乾隆四十九年（西元一七八四年）派阿桂鎮壓甘肅回民起義；次年，又派他勘察河南河工；乾隆五十一年（西元一七八六年）去勘清口堤工；乾隆五十二年（西元一七八七年）去督察睢州十三堡地方黃河缺口，乾隆五十三年（西元一七八八年）按湖北荊州水災……。這樣一來，阿桂雖名為首輔，卻經常不在京師，朝廷軍機大事，悉由和珅一人決斷，和珅大權在握，卻仍不滿足，處心積慮地排斥打擊阿桂，直至阿桂死去。

和珅出力排擠打擊的還有軍機大臣王傑。據說王傑頗具才學，且性情耿直，敢於直言，對和珅的所作所為非常看不順眼。一次，王傑在軍機處值班，和珅看著王傑的手說：「你的手好嫩啊。」王傑當即回諷道：「手

雖嫩，卻不撈錢！」和珅聽了又羞又惱，甩袖而去。此後，和珅便處處刁難王傑，王傑無法忍受，藉口「足疾」退出了軍機處。

再如，兩江總督書麟，閩浙總督覺羅長麟都因違忤和珅，先後被遣戍新疆。內閣大學士嵇璜年老持重，「遇事端謹有識」，不與和珅同流，和珅便在皇帝面前講他的壞話，因而屢遭乾隆帝的訓斥。兩廣總督朱珪，曾任皇子顒琰的老師，乾隆召他進京任大學士，和珅忌妒，暗中將顒琰給朱珪的賀詩獻給乾隆，並暗示這是收買人心，交結不正常，激起乾隆大怒，朱珪幾乎丟了性命，被降為安徽巡撫。

阿桂死後，和珅便升任軍機處首輔大臣，獨攬軍政大權，更加肆無忌憚，利用皇帝的寵幸，私自改變內閣、六部及軍機處的制度。他擅自規定軍機處人員不設具體定額，人員由軍機大臣自行選拔，也不必通知皇帝，以便於扶植親信。另外，又在軍機處上下行文中獨署己銜，改變過去大臣給皇帝的奏章直達御前的舊制，規定先向軍機處提交副本，這樣，他就把各地上奏皇帝的權力控制起來，既控制了言論，又防備了大臣對他的彈劾。尤其是各地官員給皇上的貢品，皇上收不收、收多少，都要由和珅決定。這個辦法的實行，和珅既可以培植親信，又可以從中漁利，真是一舉雙得。

和珅在朝中大權在握二十年，顯赫一時。就是和府的家奴差役，也都仗勢欺人，橫行無忌。和珅經常派出差役四處探查，探詢百姓對他的反映，「攜徒眾持兵刃為暴民間，官吏莫敢問」。一次，有幾個和珅的「鷹犬」來到博山縣酗酒滋事，被縣役抓去。知縣武虛谷升堂審問，那些人根本不把一個地方的七品官放在眼裡，仍是趾高氣揚，不但不認錯，反而出言不遜大鬧縣衙。武知縣大怒，將他們拘捕起來。和珅知道消息後，不僅放了人，還將知縣免了官。

和珅因寵而擅權，跋扈朝野，眾多朝臣大都敢怒不敢言，雖有正直之士曾奮起彈劾和珅，但終因和珅勢力強大，黨羽眾多，又有皇上當「保護傘」，所以，他們都遭致了失敗，反被和珅打擊迫害。如，有一位名叫管世銘的侍御，正直敢言，在與友人飲酒時說出要彈劾和珅的話，「是夕侍御歸邸舍遽卒」，便不明不白地死了。

御史曹錫寶不敢正面觸及和珅，就上書彈劾和珅的家奴劉全，揭發劉全營建的私宅比皇宮的房子還好。曹錫寶寫好奏摺後去徵求同鄉吳省欽的意見，誰知吳省欽是和珅的老師，也是和珅的同黨。吳將此事報告了和珅。和珅向劉全傳遞消息，令他連夜將房舍裝飾突出部分拆掉。待奉旨勘察到現場時，當然是什麼也未查出來。結果曹錫寶反以誣告罪被罷官，革職留任。

還有一位叫尹壯圖的雲南籍官員，於乾隆五十五年（西元一七九〇年）上奏「議罪銀」制度不合政體，指出地方督撫大員有過失應該罷斥，交幾萬兩罰銀充公，只會助長貪汙，即使清廉的官員也不得不借助屬員的資助，此後屬員貪贓，官員則不得不為之庇護。尹壯圖的意見十分中肯，擊中了時弊，但乾隆帝卻大不高興，下旨尹壯圖指實復奏。尹壯圖本是據理分析，一時拿不出證據。但他知道全國有不少地方的府庫已虧空，就再次上奏，請求朝廷派滿洲大員同往密查。

和珅深知此中利害，如果查出各省府庫虧空的實情，自己掌權以來貪汙營利的罪名就會成立。於是，他急忙向皇帝推薦自己的黨羽、戶部侍郎慶成與尹壯圖同往密查。和珅的陰謀尹壯圖毫不知曉，仍被蒙在鼓裡，對慶成未做任何防備。慶成為了使各地方府庫有時間借款填充，每到一地，先「游宴數日」，各府庫乘機大做「手腳」，待到查究之時，被查諸省府庫皆未虧空，尹壯圖則最終被「下刑部治罪。」

和珅在為皇帝斂財的同時，他一刻都沒有忘記打著皇帝的招牌，貪婪地為自己撈取大量錢財。他有幾種慣用手段，一是索賄受賄。和珅受寵於乾隆皇帝，並且掌有宰相實權，地方官員升遷，和珅一句頂千鈞，所以，一般官員，都要巴結他，以重金賄賂他。一次，有位張姓官員受一巡撫派遣向和珅行賄，送上白銀二十萬兩，本想藉機見見和珅，聯絡一下「感情」，可結果不僅未見到和珅，連和府的大管家劉全都未露面，只是一個年輕的「門子」出來打發了事。

和珅主管「議罪銀」制度的實施，同時也是代奏人，那些向皇帝送銀子的人，誰不得同時向和珅送上一份呢？和珅索賄受賄的渠道多種多樣。比如，乾隆皇帝經常外出巡幸，在巡遊江南出發之前，都要由和珅奉旨籌

辦各項事宜，諸如物色能工巧匠，購買名貴木材，建造龍舟，令各地疏濬水路、整修旱道，規模巨大，場面豪華。和珅行文沿途各省、撫台、衙門，令地方官抓緊時間修建行宮，迎接聖駕。各地方官深恐接駕不周，惹下大禍，便紛紛向和珅行賄，以重金買通和珅，請他從中周旋，乾隆南巡一次，和珅的腰包鼓脹一回。

和珅在承辦各項事務中，所受賄金不計其數。為了存放金銀珠寶，和府所蓋的庫房年年增加，仍是不夠用。有一年，陝西撫台派員押送賄銀二十萬兩來到和府，府上的一個內監問是什麼貨色？護送者答：「足色紋銀。」內監連看都沒看，便告之手下的人，將這些「粗貨」放入外庫。兩淮鹽政使征瑞，先後向和珅行賄白銀四十萬兩，數量之巨，駭人聽聞，而和珅卻認為極其正常。和珅索賄，官員行賄，錢來何處？一是搜刮民財，二是貪汙公款。於是，腐敗之風，瀰漫全國。

和珅斂財的第二種手段是貪汙。和珅一直掌管著各地方官員上貢給皇帝的貢品、禮物的收轉渠道。和珅即利用這一特權和便利條件，從中貪汙、剋扣貢品，歸為己有。按常規，凡大臣進貢的貢品，乾隆一般只收一兩件，所以，凡透過和珅之手送入內宮的，除一兩件外，其餘全部留在了和珅府內。不透過和珅而直接進獻的，因與皇帝的特殊關係，和珅出入宮中也可以隨手取得。

比如，有個叫孫士毅的官員出使安南歸來，在宮門外等候晉見乾隆皇帝，恰巧和珅經過，便問孫帶了什麼寶物獻給皇上？孫出示了手中捏著的一件寶貝——用明珠雕成的鼻煙壺，大如雀卵。和珅眼饞得很，便愛不釋手地對孫說：「送我如何？」孫面露難色，趕忙解釋道：「我已奏知皇上了，不便相送。」和珅冷笑一聲，沒再說什麼，拂袖而去。過了幾天，和珅又碰到了孫士毅，和珅主動上前，對孫說道：「我也得了個鼻煙壺，只不知比你那個怎麼樣？」孫上前仔細一瞧，和珅手中所拿正是前幾天自己進貢給皇上的那件。

和珅經常把大臣們及外地官員貢給皇帝的貢品中上等品扣下，留給自己，而把次等的獻給乾隆皇帝，可謂膽大包天。他家的珍珠寶石比皇宮裡的個兒還大，質還好，量還多。一次，乾隆帝的七皇子不慎在皇宮玩耍時打破了父皇的一件心愛碧玉盤。他怕父皇怪罪，就跑來找和珅幫忙。和珅開始不管，七皇子趕忙送上一串名貴珍珠，和珅才從家裡拿來一個碧玉盤給他。皇子一看，這個碧玉盤比打碎的那個要貴重好幾倍。此外，和珅還大量貪汙他主管的修建各種大工程的用款，數額巨大，難以計數。

和珅還利用寵信及職權，大肆兼併占用土地，和珅將土地租給貧苦農民，自己從中收取地租田賦。和珅手中有餘錢，還大放高利貸，以牟取暴利。據薛福成《庸庵筆記》記載，和珅家有當鋪七十五處，「通州、薊州當鋪，資本十餘萬，與民爭利」，是絕對有根據的。

乾隆執政後期，好大喜功，自稱「十全老人」，性喜巡遊，倦於政事，而和珅則處處逢迎，深得皇帝歡心和寵幸，和珅總攬朝政，貪婪成性，身為皇子的顒琰（後來的嘉慶皇帝），早就對和珅的所作所為氣憤和不滿。但鑑於父皇的權威，他也是敢怒不敢言，只好忍著。

乾隆六十年（西元一七九五年），在皇位六十年的乾隆帝已是八十五歲的老翁了。乾隆帝當年登基稱帝時，曾發下誓願，如果自己的皇位滿一甲子（六十年），就傳給皇子，絕不超過自己的祖父康熙皇帝六十一年的在位時間。一天，他召集和珅及諸大臣商議立太子準備讓位的事。

和珅一聽乾隆要退位，就難保住自己的權位和寵信，乾隆一旦讓位於新皇帝，自己的地位很可能不穩，甚至完蛋。於是，他上前奏道：「我國歷史上帝堯活到一百歲，在位七十三年才傳位於舜。聖上龍體康泰，精力充沛，再在位一二十年傳與皇子，也不算遲，何必急於議論此事呢？」乾隆講了他的心意，和珅也再無話可說。乾隆命人從「正大光明」匾後取來立儲密匣，裡面有一幅御筆親書的絹條：「傳位十五皇子顒琰。」隨後，詔令草擬詔書，待九月三日正式宣布退位及立皇太子。

和珅平時並未將十五皇子顒琰放在眼裡，這回已知立顒琰為皇儲，和珅便於九月二日送給未來新皇帝一對金玉如意，以討其歡心。顒琰不為其所動，但此時仍不露聲色，他要待時機成熟後，再行一舉剷除之。

次年元旦，乾隆皇帝正式退位，讓位於皇子顒琰。顒琰即位，改元嘉慶。然而，退位為太上皇的乾隆皇帝仍不願放權，他在《上諭》中稱：「歸政後，凡遇軍國大事，及用人行政諸大端，豈能置之不問，仍當躬親指

教。」然而，乾隆帝年歲已高，繼續執政已力不從心，於是，他更加依靠豢養了二十多年的寵臣和珅，和珅成了乾隆的「代言人」，根本不把新皇帝嘉慶帝放在眼裡。和珅派自己的黨羽吳省蘭為嘉慶帝的侍讀，實際是他派到嘉慶帝身邊的耳目，以監視嘉慶帝的言行。他還把嘉慶帝原來的師傅、兩廣總督兼左都御史朱珪降為安徽巡撫，以削弱嘉慶帝的勢力。所有這些，嘉慶帝看在眼裡，記在心上，卻隱忍不發，並處處表現出與和珅無爭的樣子。即便有人彈劾和珅「越權」時，嘉慶帝反而卻說：「朕正依靠和相公處理大事呢。」嘉慶帝的韜晦之計，的確麻痺了和珅，使狡黠的和珅放鬆了警惕。

嘉慶四年（西元一七九九年）正月初三日，太上皇乾隆病逝。隨即，親政了的嘉慶皇帝便以迅雷不及掩耳之勢，向他父親的寵臣和珅舉起了屠刀。正月初四，嘉慶帝下令褫奪和珅軍機大臣、九門提督的官職，令其為乾隆守靈，不得擅離。正月初五，大臣王念孫、劉墉等上疏彈劾和珅。正月初八，嘉慶帝下令逮捕和珅。旨諭云：「和珅欺罔擅專，罪情重大，著即革職，鎖交刑部嚴訊。」同時，派大臣查抄和珅家產。正月十一，宣布和珅二十條大罪。正月十七日，宣布查抄和珅家產，一共一百零九個項目。

在查抄和珅家產的清單中，有房屋兩千餘間，田地八千餘頃，銀號四十二家，當鋪七十五家，古玩鋪十五家。有珍珠一百七十九掛，東珠八百九十四粒，紅寶石頂子七十三個，翡翠翎管八百三十五個，奇楠香朝珠六百九十八掛。有赤金大碗五十對，金銀元寶各一千個，赤金四百八十萬兩，沙金兩百餘萬兩，白銀九百四十萬兩，洋錢五萬八千元，貂皮一千五百零二件，雜皮一千兩百四十三件。查抄的和珅全部家產估算，共和白銀八到十億兩之巨。

當時清政府年總收入為七千萬兩白銀，和珅當政二十年，其家產比清廷十年的總收入還要多。就連和珅的家奴也都成了巨富。如大管家劉全被沒收的家產折合二十萬兩白銀；和府太監呼什圖籍沒家產也有十餘萬兩銀子之多。在查抄中人們發現，和珅家裡妻妾眾多，美女孌童、豔婢俊僕、侍衛太監等，不少於皇宮；和家的房屋華麗得像圓明園。他在河北冀州修的墳塋，有正殿五間，東西配殿各五間，外牆周長兩百丈，大門稱宮門，牆外房屋兩百餘間，稱為「和陵」。

和珅罪惡昭彰，十惡不赦，靠著皇寵和手中的權力，大批的民脂民膏流進了和珅的口袋中。在嘉慶帝公布了和珅的二十條大罪之後，朝臣們紛紛要求處斬和珅。但在和珅兒媳、嘉慶帝的妹妹、和孝公主的哀求下，嘉慶皇帝「不忍令肆市，著即賜自盡」。

正月十八，和珅被賜死時，面對白練一條，寫下一首絕命詩：「五十年來幻夢真，今朝撒手謝紅塵。他時水泛含龍日，認取香煙是後身。」和珅死後，屍體被草草埋葬於薊州劉村。

和珅本是大清朝顯赫一時的朝臣，也是中國歷史上以權謀私的典型人物。他的一生成功也好，失敗也罷，無不打著時代的烙印，濃縮著封建制度的種種弊政。凡為官者，多數為貪，但貪到和珅這種程度者實在是極少。和珅恃寵弄權，得意忘形，最終送了性命，而錢財、權勢則生不帶來，死不帶去，實乃令人慨嘆。只是歷代掌權者貪風不絕於世，確是留給後人的一大啟示：為貪者戒之！蒼天在上，手莫伸，伸手必被捉！

梳頭太監，得寵終生

梳一次時髦的髮型，便獲寵終生，真是「馬屁」拍到了「點」子上。

西元一八四〇年，爆發了中英鴉片戰爭，西方列強用堅船利炮敲開了古老中國的大門，從此，中國便走上了半殖民地半封建化道路，腐敗、反動的清政府也成了帝國主義的走狗與幫兇。西元一八六一年，咸豐皇帝病逝，他的妻子、清朝末年守舊勢力的代表、劊殺維新派的兇手那拉氏慈禧太后便開始了長達近半個世紀的垂簾聽政生涯。此間，在慈禧太后的身邊有一位頗受她寵信、對她關懷備至、體貼入微的閹宦，此人名叫李蓮英。

李蓮英，原名李英泰，字靈傑，入宮後賜名「連英」，後被誤寫為蓮英。清朝道光二十八年（西元一八四八年）十月十七日出生於直隸河間府大城縣李家村。李蓮英家境貧寒，兄弟五人，他行二。由於父母早亡，無人管教，李蓮英從小就偷雞摸狗，是當地有名的無賴。稍大之後，更不務正業，被人拉入販私團夥，幹起了販賣硝礦的買賣。在一次販運過程中，被人舉報，李蓮英遭刑拘，被抓進了本縣監獄。出獄後，他無以為生計，便跟人學習縫製皮鞋。因此，綽號「皮硝李」便代替了他的原名「李英泰」。

做皮鞋的活兒又髒又累，收入也不豐厚。李蓮英剛幹了兩年，就又開始「跳槽」，想擺脫清貧，找一份既不用辛勤勞作，又能吃香喝辣的美差事。明清京郊直隸一帶是盛產太監的地方。李蓮英有位同鄉叫沈蘭玉，當時就在北京皇宮慈禧太后身邊當太監。李蓮英聽說沈蘭玉在宮中養尊處優，生活很好，很是羨慕。「對！進宮當太監去！」李蓮英想到這兒，便隻身來到北京城，託人找到了沈蘭玉的住處。在李蓮英的一再懇求下，沈蘭

玉念及同鄉之情，便引導他先淨了身，然後推薦他進了皇宮，在慈禧太后的梳頭房做了一名小太監。

梳頭房裡有許多太監，各有分工，並不是每個人都能有幸為太后梳頭，尤其是剛入宮的小太監。當時，梳頭房裡的太監地位比較低。李蓮英不甘心就這麼默默無聞地在梳頭房待上一輩子。他常常冥思苦想，怎樣才能博得太后的寵愛，以便出人頭地呢？

之後機會終於來了。慈禧太后非常愛美，一直刻意追求穿著打扮，尤其特別鍾愛自己的一頭烏髮，經常喜歡變換著做成各種新奇的髮型。最近，她聽說京城又在流行一種新髮式，她就命令為她梳頭的太監照這種新髮式為她梳頭。梳頭太監按慈禧的描繪，梳了一遍又一遍，可慈禧一照鏡子，覺得離自己想像的式樣差得太遠。於是，再換一個太監。可這位太監左梳右梳，仍是不合慈禧的心意。一連換了幾個太監，誰也沒能梳成慈禧要求的那種髮型。

慈禧為梳不成新髮式而大不高興，主管太監也為此事而憂心忡忡。某一日，沈蘭玉偶然在太監們休息的「闒闒房」裡談及此事。說者無意，聽者有心，李蓮英靈機一動，立即感到他出人頭地的機會來了。此後，每有閒暇，李蓮英便偷偷喬裝溜出皇宮，到大街上觀看婦女們的髮型。李蓮英是流氓出身，曾常去妓院狎妓。以他的親身體會，妓女們的髮型一般來說是最新潮的。於是，李蓮英就跑遍了京城各大有名的妓院，仔細觀察妓女們的新型髮式，然後銘記在心。回到住處，再回味揣摩，苦苦練習，幾天之後，李蓮英終於學會了做這種新式髮型。

李蓮英非常興奮，急忙去找同鄉沈蘭玉，並偷偷送了禮，然後便央求沈蘭玉推薦他去給慈禧太后梳頭，做新髮型。沈蘭玉等人這些天正在為太后的髮式而犯愁。聽李蓮英說他會梳這種髮式，沈蘭玉當然高興，立即帶他去見慈禧太后。走在去後宮的路上，李蓮英的心「咚、咚」跳個不停，他默默地為自己祈禱：願神靈保佑，此去一舉成功！因為他知道，自己後半生能否飛黃騰達，就全憑這次梳頭了！

來到慈禧寢宮，李蓮英便使出全身解數，按照自己從妓女頭上學來的最新流行髮型式樣，精心地為慈禧梳

成了一個最新髮型。慈禧太后妝成之後，對著大鏡子左顧右盼，仔細觀瞧，看著那從未見過的新髮式，不由得心花怒放，幾天來因髮式不如意而籠罩在心頭上的陰雲，一掃而光。慈禧太后立即賞了李蓮英，便指定要李蓮英以後專為她梳頭。李蓮英由此便開始受到慈禧太后的格外恩寵，發跡起來了，也為他日後當上太監總管，權傾朝野，奠定了基礎。

李蓮英當上梳頭太監之後，為了進一步得到慈禧太后的寵愛，格外注重察言觀色，不久便摸透了慈禧太后的全部好惡。所以，在日常服侍太后生活的過程中，凡事未等慈禧開口，李蓮英已經早就準備妥當了，因此，慈禧太后便對他更加寵幸，甚至一刻也離不開他了。

李蓮英突然受寵，一下子成了慈禧太后身邊的紅人，致使不少與李蓮英同時入宮甚至比他早入宮的太監們的嫉妒，不少人還不失時機地在太后面前進讒，說李蓮英的壞話。然而，這些人在服侍慈禧日常生活方面，卻誰也比不上李蓮英。

太監們輪流休假，每當李蓮英休假，由別的太監代他值班時，沒有一個不挨慈禧太后斥罵，因為這些人誰也不如李蓮英對慈禧的好惡揣摩得那麼準。太監們挨了慈禧的打罵，只好哀求李蓮英不要再休假。那些經常背地進讒者，後來也不敢在太后面前對李蓮英說三道四了。

李蓮英很聰明，他知道要想在寵位上站穩腳跟，還要在其他方面討慈禧太后的歡心。所以，在處處小心謹慎的情況下，他挖空心思尋找討慈禧高興的機會。慈禧的寢宮離太監們值班的房間比較近，有時慈禧高興了會過來坐一坐，與太監們話家常。這本是一件極平常的小事，其他太監誰也沒因此而聯想過什麼。可李蓮英卻眼珠一轉，想到要藉此來進一步與太后聯絡感情，再博太后的歡心。太監值班房內共有十把座椅，慈禧每次所坐，並不固定。李蓮英留心觀察，慈禧每次來過之後，他就把慈禧坐過的椅子用黃緞布精心地包上。在中國古代，黃色是皇帝和皇后專用的顏色，其他人一律不准使用。這些椅子一經李蓮英用黃緞布包上，其他人就再也不敢坐了。時間不長，慈禧先後坐過的八把椅子，全被李蓮英蒙上了黃緞子，十分醒目。後來慈禧知道了此

事，對李蓮英的忠心、細心大加讚賞，也就更加另眼看待他了。

李蓮英還處處投慈禧之所好，以便進一步邀寵。慈禧喜歡化妝成各種佛教傳說中的人物拍照片。比如，慈禧要扮成觀音大士，頭戴毗羅帽，外加五佛冠，左手持淨水瓶，右手執柳枝，站在盛開的荷花叢前。李蓮英則身著戲裝，頭戴武士帽，雙手合十，兩臂肘上捧著金剛杵，裝扮成護法神韋馱天尊。

李蓮英受寵之後，尤其是當了總管太監，地位上升，腰包也就鼓了起來。他在北京城內已修建了豪華的府宅。為了炫耀自己，還在府宅大門上掛一塊「總管李寓」的橫匾。一次，李蓮英陪慈禧到恭親王奕訢家去，恰好從李蓮英府宅門前經過。慈禧一眼便看見了大門上的「總管李寓」四字，並側過臉連瞧了好幾眼。慈禧當時雖沒說什麼，但這個小動作卻被狡猾的李蓮英看見了。到了恭親王府，慈禧剛一落座，李蓮英便找個藉口向慈禧請一會兒假。慈禧同意後，李蓮英飛快奔回家中，趕快命人將大門上的「總管李寓」之匾摘下來。然後又一陣風似的趕回恭親王府，跪在慈禧身邊稟道：「奴才在宮中當差，總也不回家，那些家人不懂規矩，竟然在奴才的大門上掛了『總管李寓』幾個字，時才被奴才發現了，立刻請假回家，把字摘了，並把那個混帳的家人打了一頓板子，送交內務府嚴辦，以儆效尤！」慈禧聽了，哈哈大笑，誇讚道：「小李子，既然你已經處理了，就不必再交內務府了！」李蓮英為討慈禧歡心，謹小慎微，由此可見一斑。

慈禧太后篤信佛教，每年她過生日那天，都要舉行「放生」儀式，以祈積累「陰功」，長命百歲。這一年，慈禧太后六十歲生日快要到了。李蓮英認為這又是一次討好太后、表現自己的大好時機。慈禧每年生日「放生」，基本都是在頤和園放鳥和魚。於是，李蓮英便在鳥和魚的身上打上了主意。

事先，他命人買了許多鳥，偷偷地進行「訓練」。最後，直到把鳥訓練得能在打開籠子後，在天空中飛上一圈，然後再自動回到籠中。慈禧太后六十歲生日到了。這一天，慈禧在眾人的陪同下，首先來到了頤和園的佛香閣下，只見在「雲輝玉宇」牌樓下邊的地上，擺著一溜鳥籠子，籠子裡關著各式各樣的小鳥，嘰嘰喳喳，啪搭啪搭，惹人喜歡。時至正午，李蓮英恭恭敬敬地請慈禧太后「放生」。慈禧太后在一位宮女的攙扶下，逐一

將鳥籠子打開。剎那間，百鳥騰空，紛紛飛走。慈禧太后放空了地上擺著的所有鳥籠，李蓮英吩咐小太監又搬來一批鳥籠，慈禧太后再從頭「放生」一次。就這樣，慈禧一連「放生」數次，所有的鳥兒都飛走了。

這時，只見李蓮英一揮手，又有幾個小太監拎來幾隻鳥籠子，一字排開。這些便是經過李蓮英「訓練」過的鳥。慈禧太后照例打開籠門，鳥兒們拍動翅膀，飛上天空。這些鳥兒在空中飛了一圈後又紛紛飛回各自的籠中。慈禧太后很納悶，就回過頭來問李蓮英：「小李子，這些鳥兒怎麼不飛走哇？」李蓮英趕緊跪下磕頭，並回道：「喳！奴才回老佛爺的話，這是老佛爺慈悲之心所致，這些鳥兒對老佛爺感恩戴德，才不忍心飛走，這也是老佛爺上承天意，下順民心所致，是吉祥佳瑞之兆，老佛爺定然萬壽無疆！」伶牙俐齒的李蓮英一番阿諛吹捧，只聽得慈禧身旁的許多人臉上都露出了不易察覺的訕笑，就連慈禧太后自己也感覺到吹捧得有些「肉麻」。她猜測這些鳥是李蓮英事先調教過的。慈禧怕周圍的人恥笑她昏庸無知，於是，把臉一沉，對李蓮英大聲訓斥道：「膽大的奴才，竟敢在我壽誕之日，把馴熟了的鳥拿來讓我放生。你如此這般，是想騙取賞銀，還是存心愚弄我？」

慈禧突然發怒，使本來歡樂的氣氛一下子變得緊張起來。隨行的大臣、太監和宮女們個個斂息屏氣，面面相覷。李蓮英似乎預料到會有這麼個結果，所以，他做了兩手準備。他絲毫沒有緊張和害怕，他給慈禧磕了兩個頭，然後從從容容地回答道：「奴才萬萬不敢愚弄老佛爺，的的確確是老佛爺洪福齊天，上天才降下吉祥。如果是奴才欺騙老佛爺，就請老佛爺以犯上之罪處死奴才。不過，在老佛爺降罪之前，奴才還有個大膽的請求。」慈禧太后鐵青著臉，沒好氣地說道：「說吧！你這奴才還有什麼請求？」李蓮英向前跪爬了兩步，再磕一個響頭，才說道：「老佛爺放生的盛典還沒有進行完畢，湖畔尚有百桶金色大鯉魚，等待老佛爺放生。自古以來，有訓練鳥的，可是還沒有聽說能訓練魚的。奴才懇請老佛爺放魚，以測天意。奴才即或能訓練鳥兒可斷不能訓練魚兒呀！放生鯉魚之後，老佛爺再降罪不遲。」

慈禧想想，李蓮英的話也在理，便在眾人的簇擁下，越過牌樓，來到昆明湖畔。只見沿湖石階之上有著數

百個大桶，桶內的大鯉魚，金翅金鱗，活蹦亂跳。慈禧太后走到其中一個桶前，輕輕用手扶了一下桶幫，說了句：「放！」小太監們便一擁而上，把一百桶大鯉魚全都放到昆明湖中去了。岸上的人們都瞪大了眼睛，盯著水中的那些大鯉魚。說也奇怪，那些金紅色的大鯉魚剛往湖中游了一段後，又都紛紛掉過頭來，游向岸邊，並齊刷刷地排成一個大橫排，停在湖邊的石階下，魚頭朝向岸上的慈禧，尾巴微微擺動，好似在朝拜一般。岸上眾人，包括慈禧太后在內，一時都看呆了。

這就是李蓮英為討好慈禧太后而留的「第二手」。此間奧祕，只有李蓮英的幾個心腹知道。李蓮英為策劃此舉，可謂是機關算盡，絞盡了腦汁。原來，李蓮英事先密令幾個心腹小太監買來許多魚蟲，裝進一些小紗布口袋裡，然後再把這些小紗布袋用線固定在湖邊石頭台階下邊的水中。紗布網眼比較大，魚蟲可以從網眼中慢慢游出來。於是，台階下邊的水中，便集中了一大片魚蟲。當鯉魚被放進水中後，發現湖邊台階下有許多魚蟲，必然會游過來吃魚蟲，從而自然排成一列，乍看去，真像「朝拜」一般，其實是在那裡覓食。

李蓮英的這一招確實奏效。慈禧太后的臉立刻「由陰轉晴」，並露出了笑容。這時，滿面春風的李蓮英，不失時機地急步走到慈禧面前，雙膝跪倒，高聲奏道：「啟奏老佛爺，上天有眼，老佛爺洪福齊天，愛民如子。今日是老佛爺的六十壽誕，天降吉祥，放鳥，鳥不飛走；放魚，魚不游去，這是有目共睹的吉祥瑞兆，哪裡是奴才指使的呀？這是天意呀！若說奴才愚弄老佛爺，奴才萬萬不敢，若說今天奴才要討賞銀，卻是討定了。老佛爺萬壽無疆！」說完，李蓮英又連磕三個響頭，手舞足蹈地仍不肯站起來。眾大臣和太監、宮女們也都不知其中奧祕，也認為是天意所為，便一齊跪下，三呼「萬歲」！這回慈禧老太太可高興壞了，眼睛笑得眯成了一條縫，有了騰雲駕霧的感覺。她當時一激動，便當眾把自己脖子上戴的一串朝珠取下來，親自給李蓮英戴上。

李蓮英為了邀寵、固寵，除了要手腕、吹捧阿諛之外，還時時注意宮廷中的政治動向，抓緊一切機會，在政治上投靠慈禧，甘當慈禧的心腹和走狗。早在咸豐皇帝在世時，咸豐帝曾與大臣肅順背後議論，擔心自己死

後，慈禧可能會母以子貴，干預朝政。咸豐還把慈禧與漢武帝時的鉤弋夫人進行了比喻，言外之意，是對慈禧頗不放心，暗示想把她處置了。李蓮英碰巧那天在宮中當班，在暗中無意聽到了咸豐皇帝的這番話，李蓮英為了取得慈禧的信任和寵幸，連夜從狗洞中爬出皇宮，溜到慈禧的妹夫醇親王奕的家中，把他偷聽到的咸豐皇帝的話一字不漏地告訴了奕夫婦。

慈禧的妹妹聽了，非常害怕，徹夜未眠。第二天一大早就趕入宮中，與姐姐慈禧研究對策。隨後，慈禧的妹妹便領著年幼的外甥、皇太子載淳去給咸豐皇帝請安，藉機替慈禧說了不少好話，並以帝后之情和父子之情打動咸豐皇帝的心，從中斡旋、排解。從而暫時打消了咸豐皇帝要廢黜慈禧的念頭。李蓮英由於這次告密有功，被慈禧視若心腹。

李蓮英靠各種手段取媚於慈禧，同時也贏得了慈禧的寵信。慈禧喜歡看戲，每次都讓李蓮英坐在她身邊。慈禧在用膳時，碰到有可口菜餚，寧肯自己少吃，也要留給李蓮英。如果有李蓮英喜愛吃的飯菜時，乾脆一口不動，讓小太監送去給李蓮英。李蓮英四十歲生日時，慈禧按賞賜總督、巡撫大員的規格，賞賜給李蓮英大量的蟒緞，還親筆寫了「福」、「壽」字，送給李蓮英。

李蓮英使用各種辦法討得了慈禧太后的至高寵幸，同時，慈禧太后也得到了李蓮英更加無微不至的關懷與照顧。比如，慈禧太后生了病，李蓮英親自為她熬煎湯藥，端到床前，一匙一匙地餵。並且幾天幾夜衣不解帶，服侍在慈禧的病床前。當慈禧心情稍好時，李蓮英便發揮自己善講故事、出口幽默的特長，為慈禧講笑話，為她消愁解悶。當慈禧病痛發作時，李蓮英則「割股灼艾，以分其痛。」後來，慈禧逢人便講「李蓮英有孝子之心，非常人所能比。」

庚子八國聯軍攻入北京，慈禧等人倉皇西逃。由於道途比較艱辛，李蓮英時常置自己的冷暖而不顧，更加盡心盡力地照顧安排好慈禧的飲食起居。一日，車駕途經山西某阪道時，因路面不平，慈禧太后乘坐的馬車突然向一側傾斜，眼看慈禧太后就要從車中摔下來。說時遲，那時快，李蓮英急步衝上前去，用肩抵住車幫，才

使慈禧太后轉危為安。而李蓮英卻因用力過猛，傷及腰肋，口吐數口鮮血。李蓮英養傷時，慈禧太后經常至榻前撫慰，並說要厚賞他。李蓮英則流著眼淚說：「這是奴才應盡的職責，談不上什麼功勞。老佛爺能逢吉康安，奴才就是死了也不後悔。」

李蓮英在向慈禧太后邀寵、討好的同時，當然也沒有忘記在位的光緒皇帝。因為他害怕有朝一日太后結束垂簾聽政，還政於光緒，會對自己的前途不利，所以，他便想方設法去巴結光緒皇帝。思來想去，李蓮英便在自己年輕貌美的妹妹身上打開了主意。他要把自己的妹妹送進後宮，給光緒當妃子，以取得接近皇帝的捷徑。可光緒皇帝對李蓮英的媚態一直很反感。所以，他對李蓮英的妹妹根本不感興趣，未予理睬，更談不上納為妃嬪了。

李蓮英見沒拍成光緒皇帝的馬屁，便回過頭來，繼續巴結慈禧太后，把妹妹送到慈禧宮中，去陪侍慈禧太后。李蓮英的妹妹果不負其兄的厚望，沒幾天，便得到了慈禧太后的寵愛，有時連吃飯都讓她作陪，並親暱地稱她為「大姑娘」，這位李大姑娘有了慈禧的寵愛，身價倍增，不少皇親見了她都要以禮相待，而那些為了討好慈禧太后的官員們，則爭相讓自己的眷屬去巴結李大姑娘。

本已得寵的李蓮英，如今又有妹妹的幫助，更是紅上加紫，威焰灼人，滿朝文武，均未放在他的眼裡。如有哪位大臣對他有輕蔑之舉，他便伺機進行報復。比如，李鴻章由直隸總督入朝為首輔大臣，自以為功高爵顯，便瞧不起同僚，對太監李蓮英當然也不會高看一眼。李蓮英對李鴻章瞧不起他很生氣，便想找碴戲弄他一下。

一天，李蓮英見到李鴻章，對他說：「老佛爺要維修頤和園，但國庫又拿不出多少錢來，公為國家重臣，何不出點錢，為眾臣起個帶頭作用？」李鴻章當然願意討好慈禧太后，聽李蓮英這麼一說，連連點頭稱是。李蓮英又說：「這樣吧，我先讓人領您到頤和園看看，查看一下應該修的地方，將來出錢多少也好有個譜兒。」李鴻章認為李蓮英說得在理，便跟著一名小太監進入了頤和園。清代頤和園是皇家園林，屬於禁地，沒有詔旨，王公大臣也不准私自入內。那邊李鴻章剛一進園，這邊李蓮英便馬上上奏光緒皇帝，說李鴻章無詔旨擅入

禁地，不知何意？光緒皇帝大怒，便下詔將李鴻章交部議處。李鴻章知是受了李蓮英的捉弄，但也是啞巴吃黃連，有苦說不出，白白受了一次窩囊氣。

李蓮英對那些他看不起的官員，還經常使用地痞流氓們慣用的手法，極盡汙辱之能事。一次，李蓮英閒著沒事，來到了儀鸞殿旁的一間大臣休息室喝茶聊天。隔著玻璃窗，李蓮英見大學士福錕朝屋門走來。李蓮英急忙往口中含了一大口碎茶葉，站在門裡。當福錕剛一推簾邁腳進門檻時，李蓮英假裝沒看見，將口中的茶沫猛然向門外吐出，恰好全都吐在了福錕的臉上。福錕準備要罵人時，一抬頭發現是李總管，只好忍住怒意。李蓮英卻故意笑著說：「實在抱歉，不知中堂到此。」福錕用手擦了擦臉，憤憤而去。

李蓮英仗著自己受寵於慈禧太后，以至到後來連光緒皇帝都不屑一顧了。這其中除了光緒皇帝有位無權及未納他妹妹為妃之外，還因為一件小事，使李蓮英開始結怨於光緒皇帝。事情的經過是這樣的：慈禧太后喜愛聽戲，李蓮英為投太后所好，博其歡心，便拜梨園京劇演員為師，學唱京劇。李蓮英天賦較好，後來竟能在不少劇目中串演不同角色，如老生、老旦、黑頭等，尤其是擅演黑頭，惟妙惟肖。

一次，慈禧太后與光緒皇帝一同在皇宮閱是樓西明間觀看京劇《黃金台》，李蓮英在劇中反串田單。該劇有一處劇情是田單查夜猝見太子，驚慌失措，踢飛了燈籠。台上的李蓮英因用力過猛，致使一道具燈籠被踢下舞台，落到觀眾席上，並恰巧擊中了光緒皇帝的前額。光緒皇帝大怒，詔令將李蓮英打四十板子。李蓮英這回可真害怕了，趕忙跪哭，請慈禧太后為他求情。

慈禧心疼李蓮英，便對光緒皇帝說：「小李子也不是故意的，四十板子就免了吧！」太后的話，光緒皇帝不敢不聽。李蓮英儘管沒挨到板子，但從此卻對光緒皇帝心懷不滿。因為李蓮英也清楚，朝廷大權仍握在慈禧太后手裡，光緒皇帝不過徒有虛名罷了。因此，李蓮英一遇機會就在慈禧太后面前進讒，說光緒皇帝如何不尊重太后，挑撥太后與皇帝之間的關係。以致後來光緒皇帝主張維新變法時，李蓮英始終站在守舊的慈禧太后一邊，攻擊新法不可行，反對維新變法。

李蓮英因有慈禧太后這個最大的保護傘，便在朝廷內外營私舞弊，貪汙受賄，窮奢極欲。李蓮英在有清一代太監中是向上爬得最快也最高的一個。同治六年（西元一八六七年），李蓮英十九歲，即被封為太監二總管。同治八年（西元一八六九年），太監安德海被殺，二十一歲的李蓮英即晉陞為太監大總管。正如《李蓮英墓葬碑文》中所記的那樣：「此掖廷人破格之舉，自開國以來未有若是之光榮者也。」慈禧太后還不顧祖制，親賜李蓮英二品頂戴，貴穿黃馬褂。從此，李蓮英權傾朝野，炙手可熱。

慈禧還不顧輿論反對，居然於光緒十二年（西元一八八六年）親派李蓮英以監軍的身分，與醇親王奕、北洋大臣李鴻章一起去視察北洋海軍。是年九月，李蓮英隨奕、李鴻章檢閱了旅順、威海衛、煙台等處砲臺及水陸操練。這就開創了有清以來太監干政的惡劣先例。清朝祖制，太監干政是要犯死罪的，安德海已成前車之鑑。李蓮英自知有太后撐腰，但也不是無所顧忌。所以，此次出巡，李蓮英極為謹慎，一改往日在宮中的那種跋扈神態，唯唯諾諾，出行之前，他特地把二品頂戴改成了四品頂戴，因為清朝祖制規定太監最高不過四品。到了船上，他不敢去住專為他準備的僅次於七王爺的豪華客艙，而是主動要求住在七王爺的套間裡。同時，他不與任何官員接觸，平時只在奕身邊站班侍候，低眉斂目，不置一詞，自言是太后派來伺候七王爺的。晚上，還親自動手給七王爺奕洗腳。就這樣，檢閱歸來，李蓮英不僅未遭彈劾獲罪，反而博得了奕的好感。李蓮英在各方面謹慎圓滑，也是他終生受寵，未遭厄運的一大訣竅。

李蓮英在慈禧的恩寵下，還大肆斂財，收受賄賂。李蓮英首先是夥同慈禧賣官鬻爵，從中剋扣貪汙。「一任清知府，十萬雪花銀」。花錢買官者大都要走李蓮英的「後門」，先送上一筆賄金，然後才能買到官位。於是乎，白花花的銀子，便流進了李蓮英的腰包。及至八國聯軍攻入京師，慈禧一行逃往西安時，李蓮英仍未忘記串通慈禧太后，以「國難」初期，廉價賣官，一個道台的「價格」只在一萬兩銀子，而李蓮英索賄的銀子，也並不比這個數少多少。平時，李蓮英更是肆無忌憚地向地方官員敲詐勒索了。因為許多地方官為了升遷晉職，都要孝敬老佛爺慈禧太后，而李蓮英又是慈禧的大紅人，那些人自然要先買通李蓮英了。比如，在慈禧太后慶

祝六十壽辰時，全國各地的大員們，爭相恭送壽禮，以博慈禧太后好感。這些人因遠離京師，不知「行情」，便紛紛向李蓮英送禮，以打聽各種消息，諮詢主意。李蓮英由此又大大地發了一筆橫財。

李蓮英詭計多端，斂財亦是如此。有一位官員要為慈禧太后送禮，便從洋商手裡買來一台自鳴鐘。該鐘在打點時，鐘上的閣樓中就出來一個小機器人，手中捧著一個條幅，上面寫著「萬壽無疆」四個字。報完時之後，小機器人會自動捲起條幅，退回閣樓。但那位官員不知道這個做工精巧的鐘能否得到慈禧太后的歡心，就去向李蓮英詢問。李蓮英一看，不由得暗暗高興，覺得發橫財的機會又到了。於是，他裝出一副很關心的樣子對那個大臣說：「這小鐘倒是挺討人喜歡的，不過，萬一那機器小人失靈了怎麼辦？如果那條幅展開只露出三個字，成了『萬壽無』而缺個『疆』字，老人家，您這頂戴花翎和身家性命不都玩完了嗎？您說是不？」那位官員聽了，嚇出了一身冷汗，十分感激李蓮英的指點，急急忙忙去退了貨，張羅著買別的禮品去了。

隨後，李蓮英又使人故意在洋商住處附近把他所說的一番話傳播開來，這下子洋商可倒了楣，這座造工精美、價格昂貴的機器鐘，再也沒人買了。這時，李蓮英派人到洋商那裡，用非常低廉的價格把這座鐘買到了手。然後，他找一手巧的工匠，把小機器人手中條幅上的字改寫成四個「壽」字，每一個「壽」字用一種字體，這樣，即便機械發生故障，條幅上只有「壽」字，再不必擔心出現「萬壽無」這樣的不吉字句了。最後，李蓮英又把那位官員找來，用高價把座鐘賣給了他。那官員一則為討慈禧歡心，二怕得罪李蓮英，明知李蓮英在其中搗了鬼，也只好再花冤枉錢買下了這座鐘。李蓮英略施小計，就大大地撈了一把。

李蓮英對那些想透過他升官的人，只要對方肯出大價錢，一律會設法授以高官顯位。比如孫毓文，就是因為甘心賣身投靠李蓮英，不顧人們的恥笑，送了厚禮，並結拜為異姓兄弟，才榮升為軍機大臣的。當然，由於李蓮英做事比較謹慎，有時索賄受賄並不明目張膽，而是採取比較隱蔽的手法，以遮人耳目。

比如，曾有一位姓關的地方官（道台），很有錢，便來到北京城，想花錢弄個高官。但苦於送禮無門。於是有人給他出主意說：「如今若想升遷，只有走李總管的門路。」可他又聽說那李總管的門並不容易進。怎麼

辦呢？關道台正在發愁之際，恰巧在京為官的一位朋友來館驛看他。寒暄過後，那位朋友便邀他去游白雲觀。關道台正在為找不到送禮弄官門路而發愁，雖無心思遊玩，但礙於朋友盛情邀請，也只得隨朋友上了車，來到了白雲觀。進了觀門，有一位鶴髮童顏的老道士迎接了他們，並以「流霞酒」和「青精飯」招待他們。朋友向老道士詢問觀中近況，老道士告訴他：「最近幾天一直很忙，剛才宮中李總管來此誦經，明日太后還要駕臨進香，所有人等正忙著準備接駕呢。」一旁的關道台聽說李蓮英曾來此誦經，便向道士詢問他多長時間來一次？道士看了關道台一眼，並沒有回答。

飯後，關道台與朋友到院中樹蔭下乘涼，關道台便乘機將他此行來京的目的及要賄走李蓮英的「後門」之事向朋友講述了一遍。朋友想了想說：「我與道士雖很熟，但李蓮英卻不容易接近，我即便求道士幫忙，成功的可能性也不大。」關道台說：「我此次進京，前後花費已不少。如果此次能成功，對您我當另有厚報。」於是，朋友便求道士為之通融。他們相約明日具體詳談。

第二天，關道台雖早早就到了白雲觀門口，但因當天有慈禧太后駕臨，白雲觀戒嚴，閒雜人等一律迴避，不得入內，關道台自然是沒見到老道士。第三天，老道士出觀辦事，關道台又白跑了一趟。一直等到第四天，關道台與朋友再一次來到白雲觀，才見到了老道士。老道士將關道台迎入一房內，經過一番討價還價，最後以四十萬兩白銀「成交」，其中給李蓮英三十二萬兩，其餘為道士的「好處費」。又過了不多日，一道諭旨頒下，關道台終得被放某省巡撫。他心裡自然明白，這是李蓮英收了賄銀後「運動」的結果。一些地方官員聽說此事，紛紛舉重金託人厚賄李蓮英，以謀得官職的提升。李蓮英自然是「來者不拒」，大量的白銀流入了腰包，而行賄者自然也都達到了預期目的。

據有人粗略統計，「庚子事變」之前，李蓮英已斂得白銀達數百萬兩。西逃之時，因時間倉促，他所藏的資財被人洩露，大部分被外人所攫得。回京之後，未出數年，他又得白銀不下二百萬兩，堪稱當時巨富。所以，至李蓮英死後，於宮廷內外留下了大量的遺產。據說僅在宮中的銀子就達三百多萬兩，宮外的銀號、金店存款

尚未統計在內。宮內的太監們為爭奪李蓮英的遺產，因分贓不均，竟大打出手。後來隆裕太后寵幸的太監小德張，見自己也撈不到這筆財富，便奏明隆裕太后，將李蓮英存在宮中的錢財全部充公。結果，這筆巨款竟落入了隆裕太后的腰包。這自然是後話。

李蓮英斂財受賄，專權跋扈，也曾引起一些正直大臣的反對，比如御史朱一新，就曾向光緒皇帝上奏，抨擊李蓮英干預朝政和軍事，把李蓮英比做唐朝的監軍太監。結果因慈禧太后的庇護，李蓮英不僅未獲致罪，朱一新卻被藉故免了官職。

自光緒三十四年（西元一九〇八年）六月以後，七十四歲高齡的慈禧太后病情日益加重。據說，李蓮英深知寵愛自己的慈禧太后將不久於人世，他擔心慈禧太后一死，自己必然要遭人暗算。所以，他在慈禧生前謀劃了兩件事：一是害死與自己有隙怨的光緒皇帝，以避免日後遭其毒手。

此事見載於慈禧御前女官德齡的《瀛台泣血記》，其中寫道：「萬惡的李蓮英眼看太后的壽命已經不久，自己的靠山，快要發生問題了，便暗自著急起來。他想與其待光緒掌了權來和自己算帳，不如自己先下手的好。經過了幾度的籌思，他的毒計便決定了。『近來奴婢聽許多人說，萬歲爺的身子很不好！』湊某一個機會，他就悄悄地向太后說，語氣是非常的奸猾。『奴婢願意去瞧瞧他，或者可以使他的身體好起來』。他這一串說話的深意，當時太后究竟有沒有聽清楚，實在沒有人敢斷定了。但為稍存忠厚起見，我們不妨姑且說她因為病中精神恍惚，所以沒有窺測到李蓮英的真意。就在李蓮英說過這一番話的第二天，光緒便好端端地也害起厲害的病來了。當下少不得就召御醫進宮診視，無奈他們誰都想不到其中會有下毒的陰謀。診下他的脈，一個也說不出是什麼病症。只得隨便煮一些開胃安神的藥讓他喝，只有光緒自己心裡是明白的。他料定必是給李蓮英在飲食中下了毒，存心要謀殺他。但李蓮英究竟下了什麼毒呢？應該怎樣才解救得轉，他就無法可想了。那時只有一個人是可以救他的，那就是太后。可惜太后到底不曾出來干涉。於是她就在無形中幫助李蓮英達到了目的。」

第二件事是李蓮英在慈禧死前勾上了光緒皇帝的皇后隆裕，並得到了隆裕皇后的歡心與寵愛。果不出李蓮英所料，慈禧太后剛死，他就被解除了太監總管的職務，並離開了皇宮。攝政王載灃早已垂涎李蓮英的財富，想藉機除掉他，侵吞他的巨額財產。可是，這時隆裕皇后卻出面庇護了李蓮英，所以載灃也沒能扳倒他。就是這樣，李蓮英狡詐機敏，保身有術，得寵終生，最後於宣統三年（西元一九一一年）老死於家，終年六十三歲。

李蓮英邀寵有術，加之其為人謹慎奸猾，所以能終生得寵。李蓮英得寵之日，正值慈禧太后當政之時。這一時期也正值中國封建社會走向衰敗沒落之際，新舊勢力鬥爭非常激烈。以慈禧太后為代表的反動腐朽的封建舊勢力，極力反對變法維新。在這場新舊勢力的鬥爭中，李蓮英理所當然地站在了慈禧的一邊，充當了剿殺維新派、維護舊勢力的爪牙與幫兇，對近世中國社會的發展與進步，無疑是產生了阻礙作用。此外，李蓮英或公開或祕密地賣官鬻爵，大肆收受賄賂，一方面，嚴重破壞了清代的吏治制度，助長了官場（社會）的腐敗；同時，由於大量錢財流進了李蓮英的腰包，既影響了國家的財政收入，也使窮苦百姓陷入更加貧困之中。可以說，近世中國屢遭外強凌辱，淪為半殖民地，除了各種社會原因外，統治者慈禧應負主要責任，而她的寵宦李蓮英「助紂為虐」，也難辭其咎！

沉睡的帝國：
皇權的篡奪與后妃、外戚、宦官間的寵鬥

作　　者	魏鑒勛、張國慶、蔣瑋
發 行 人	林敬彬
主　　編	楊安瑜
編　　輯	李睿薇
封面設計	蔡致傑
編輯協力	陳于雯、林裕強
出　　版	大旗出版社
發　　行	大都會文化事業有限公司 11051 台北市信義區基隆路一段 432 號 4 樓之 9 讀者服務專線：（02）27235216 讀者服務傳真：（02）27235220 電子郵件信箱：metro@ms21.hinet.net 網　　　址：www.metrobook.com.tw
郵政劃撥	14050529 大都會文化事業有限公司
出版日期	2020 年 10 月初版一刷
定　　價	420 元
ISBN	978-986-99045-8-2
書　　號	History-130

Metropolitan Culture Enterprise Co., Ltd.
4F-9, Double Hero Bldg., 432, Keelung Rd., Sec. 1,
Taipei 11051, Taiwan
Tel:+886-2-2723-5216　Fax:+886-2-2723-5220
E-mail:metro@ms21.hinet.net
Web-site:www.metrobook.com.tw

◎本書由遼寧人民出版社授權繁體字版之出版發行。
◎本書如有缺頁、破損、裝訂錯誤，請寄回本公司更換。

版權所有 · 翻印必究
Printed in Taiwan. All rights reserved.

國家圖書館出版品預行編目（CIP）資料

沉睡的帝國：皇權的篡奪與后妃、外戚、宦官間的寵鬥
/ 魏鑒勛、張國慶、蔣瑋著 . -- 初版 -- 臺北市：大旗出
版：大都會文化發行 , 2020.10 ; 464 面 ; 17×23 公分 . --
(History-130)
ISBN 978-986-99045-8-2(平裝)

1. 中國史

610　　　　　　　　109011583

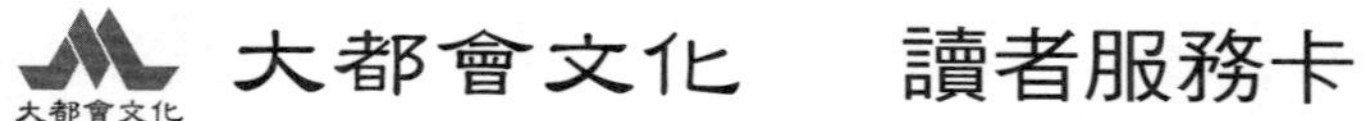

大都會文化　讀者服務卡

書名：沉睡的帝國：皇權的篡奪與后妃、外戚、宦官間的寵鬥

謝謝您選擇了這本書！期待您的支持與建議，讓我們能有更多聯繫與互動的機會。

A. 您在何時購得本書：　　年　　月　　日

B. 您在何處購得本書：　　書店，位於　　（市、縣）

C. 您從哪裡得知本書的消息：

1. □書店　2. □報章雜誌　3. □電臺活動　4. □網路資訊
5. □書籤宣傳品等　6. □親友介紹　7. □書評　8. □其他

D. 您購買本書的動機：（可複選）

1. □對主題或內容感興趣　2. □工作需要　3. □生活需要
4. □自我進修　5. □內容為流行熱門話題　6. □其他

E. 您最喜歡本書的：（可複選）

1. □內容題材　2. □字體大小　3. □翻譯文筆　4. □封面　5. □編排方式　6. □其他

F. 您認為本書的封面：1. □非常出色　2. □普通　3. □毫不起眼　4. □其他

G. 您認為本書的編排：1. □非常出色　2. □普通　3. □毫不起眼　4. □其他

H. 您通常以哪些方式購書：（可複選）

1. □逛書店　2. □書展　3. □劃撥郵購　4. □團體訂購　5. □網路購書　6. □其他

I. 您希望我們出版哪類書籍：（可複選）

1. □旅遊　2. □流行文化　3. □生活休閒　4. □美容保養　5. □散文小品
6. □科學新知　7. □藝術音樂　8. □致富理財　9. □工商企管　10. □科幻推理
11. □史地類　12. □勵志傳記　13. □電影小說　14. □語言學習（_____ 語）
15. □幽默諧趣　16. □其他

J. 您對本書（系）的建議：

K. 您對本出版社的建議：

讀者小檔案

姓名：______________ 性別：□男　□女　生日：____年____月____日

年齡：□20歲以下 □21～30歲 □31～40歲 □41～50歲 □51歲以上

職業：1.□學生 2.□軍公教 3.□大眾傳播 4.□服務業 5.□金融業 6.□製造業
7.□資訊業 8.□自由業 9.□家管 10.□退休 11.□其他

學歷：□國小或以下 □國中 □高中／高職 □大學／大專 □研究所以上

通訊地址：______________________________

電話：（H）______________（O）______________ 傳真：______________

行動電話：______________ E-Mail：______________________

◎謝謝您購買本書，歡迎您上大都會文化網站（www.metrobook.com.tw）登錄會員，或至Facebook（www.facebook.com/metrobook2）為我們按個讚，您將不定期收到最新的圖書訊息與電子報。

沉睡的帝國

魏鑒勛、張國慶、蔣瑋◎合著

皇權的篡奪與
后妃、外戚、宦官間的寵鬥

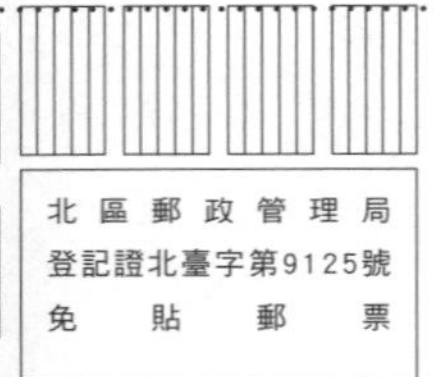

大都會文化事業有限公司
讀者服務部　收
11051臺北市信義區基隆路一段432號4樓之9

寄回這張服務卡〔免貼郵票〕
您可以：
◎不定期收到最新出版訊息
◎參加各項回饋優惠活動

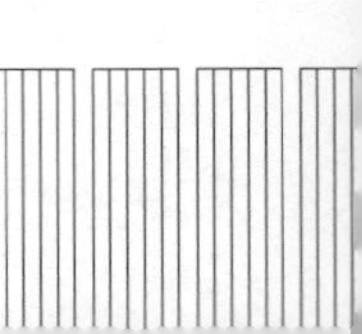